图表细说

汽车电控柴油发动机原理、故障检测与维修

孙余凯　项绮明　孙 静　等编著

化学工业出版社

·北京·

本书根据广大汽车维修人员的实际需要而编写，系统全面地介绍了汽车电控柴油发动机的结构、工作原理、检测与维修方法。内容包括柴油发动机基本知识，柴油发动机电控燃油喷射系统基本知识，柴油发动机几种典型电控系统，共轨式柴油发动机电控燃油喷射系统，柴油发动机排气净化与SCR控制技术，柴油发动机其他辅助装置，柴油发动机电控系统电路识图技能，柴油发动机电控系统故障诊断与维修基本技能，柴油发动机常用传感器的检测与维修，柴油发动机常用喷油器的检测与维修，柴油发动机各种泵类零部件的检测与维修，柴油发动机常见故障检修方法与实例。本书采用图表归纳的方式介绍每一个问题，便于阅读和查找原理、检测与维修方法，并提供了大量的具体车型检测与维修示例、数据供查阅和对比参考。

本书内容全面新颖、分类明确、图文同表、浅显易懂，具有较强的实用性和可操作性，既可供职业技术院校汽车维修专业师生参考，也可供专业汽车技术与维修人员查阅。

图书在版编目（CIP）数据

图表细说汽车电控柴油发动机原理、故障检测与维修/孙余凯等编著．—北京：化学工业出版社，2018.8（2023.1重印）

ISBN 978-7-122-32368-2

Ⅰ.①图…　Ⅱ.①孙…　Ⅲ.①汽车-柴油机-理论-图集②汽车-柴油机-故障检测-图集③汽车-柴油机-车辆修理-图集　Ⅳ.①U472.43-64

中国版本图书馆CIP数据核字（2018）第125657号

责任编辑：陈景薇　　文字编辑：张燕文

责任校对：宋　夏　　装帧设计：王晓宇

出版发行：化学工业出版社（北京市东城区青年湖南街13号　邮政编码100011）

印　　装：大厂聚鑫印刷有限责任公司

787mm×1092mm　1/16　印张22　字数538千字　2023年1月北京第1版第3次印刷

购书咨询：010-64518888　　售后服务：010-64518899

网　　址：http://www.cip.com.cn

凡购买本书，如有缺损质量问题，本社销售中心负责调换。

定　　价：96.00元

前言
Foreword

本书在编写过程中从汽车维修人员日常诊断与维修电控柴油发动机的实际工作需要出发，在内容上力求简明实用，对原理阐述简略，尽量以简捷的图表介绍电控柴油发动机的原理、电控系统识图技能、故障检测、维修操作方法等，通俗易懂，使读者学习后，可以迅速应用到实际工作中。

本书有下述几个特点。

1. 内容直观，便于理解

本书对原理阐述简略，尽量以简捷的图表和简略的说明方式介绍汽车电控柴油发动机的基本知识、识图技能、诊断手段、故障检测与维修方面的知识，便于读者理解。

2. 内容全面，适用范围广

本书内容涵盖了现在柴油汽车上使用的大部分电控系统，既有原理分析、识图技能，又有诊断与维修方法，还提供了一些检修实例，既适用于初学者，也兼顾了不同技术水平的读者的需要。

3. 突出实用

在介绍柴油发动机及其电控系统故障诊断与维修技能时，通常以典型结构、典型线路（电路）为例，尽量不涉及复杂的原理推导或计算，并以通俗易懂的图表及简略的文字来说明柴油发动机及其电控系统的基本原理、常用的检测与维修方法，目的就是为了使读者能快速读懂并能够迅速应用到实际工作中去。

4. 图文同表，阅读方便

本书把相关问题的图片与它的对应文字都归纳在同一个表内，阅读时，无需翻页对照，作为维修手册使用时也便于查找。

5. 便于举一反三

本书在介绍电控柴油发动机的检测与维修技能时，系统地归纳了维修工作中较常见的方法，并结合一些实际检测与维修的实例，帮助读者提升实际诊断与维修技能，便于读者举一反三。

6. 分类明确、便于查找

本书在内容上虽涉及了许多具体的、典型的品牌柴油发动机的电控系统，但在编排上分类明确、层次分明、重点突出、便于查找。

7. 起点低，便于自学

本书最大的特点是便于自学，可供具有初中文化程度以上的初学者使用，在无条件参加学习班的情况下，读者如能认真学习钻研本书，可初学入门，再通过自己的检修实践逐步提高认识，有望成为一名熟练的维修人员。

本书主要由孙余凯、项绮明、孙静编著，此外参与编写的还有吴鸣山、项宏宇、余成、孙余明、吴永平、周志平、孙余正、刘跃、孙庆华、张朝纲、孙余平、叶亚东、金宜全、孙莹、陈帆、丁秀梅、王国珍、刘伟、孟泉、韩明佳、刘忠梅、孙永章、潘童、夏立柱、罗国风、陈芳、刘军中。

本书在编写过程中，参考了很多相关资料，在这里谨向有关单位和作者致谢，同时对给予我们支持和帮助的有关专家和部门深表谢意！

由于汽车电控柴油机新技术的不断更新，其检测与维修技术发展极为迅速，限于我们水平，书中存在的不足之处，诚请广大读者批评指正。

编著者

目录

Contents

第1章 柴油发动机基本知识 1

第2章 柴油发动机电控燃油喷射系统基本知识 13

第3章 柴油发动机几种典型电控系统

35

第4章 共轨式柴油发动机电控燃油喷射系统

64

第5章 柴油发动机排气净化与SCR控制技术

第6章 柴油发动机其他系统辅助装置

第7章 柴油发动机电控系统电路识图技能

第8章 柴油发动机电控系统故障诊断与维修基本技能

第9章 柴油发动机常用传感器的检测

248

第10章 柴油发动机常用喷油器的检测与维修

266

第11章 柴油发动机各种泵类件的检测与维修

287

第12章 柴油发动机常见故障检修方法与实例

316

参考文献

342

第1章 柴油发动机基本知识

由于柴油发动机技术不断更新，除了重型载货汽车大量使用柴油发动机外，越来越多的轿车及轻型商用车也采用了小排量的柴油发动机。

1.1 柴油发动机常用术语及其与汽油发动机的差异

柴油车是柴油汽车的简称，是指这类车辆上搭载的发动机所使用的燃料为柴油，这类发动机就为柴油发动机，简称柴油机。

(1) 柴油发动机常用术语

汽车发动机是一台由许多机构和系统组成的复杂机器，通常将其主要的运动关系通过一些术语来进行描述。表 1-1 中列出了汽车柴油发动机常用术语及其含义。

表 1-1 汽车柴油发动机常用术语及其含义

术语与字母代号		含义
术语	字母代号	
上止点	—	活塞在气缸内作往复直线运动时，活塞向上运动到最高位置，即活塞顶部距离曲轴旋转中心最远的极限位置，如右图所示
下止点	—	活塞在气缸内作往复直线运动时，活塞向下运动到最低位置，即活塞顶部距离曲轴旋转中心最近的极限位置，如右图所示
活塞行程	S	活塞由一个止点到另一个止点运动一次的行程，亦即上、下两止点之间的距离
燃烧室容积	U_c	活塞位于上止点时，活塞顶上部整个空间的容积，如右图所示
气缸工作容积	U_h	活塞从一个止点移动到另一个止点所扫过的空间容积称为气缸工作容积，又称单缸排量，它取决于气缸直径和活塞行程，如右图所示
气缸总容积	U_a	活塞位于下止点时，活塞顶上部整个空间的容积称为气缸总容积。气缸总容积等于气缸工作容积与燃烧室容积之和，其数学表达式为 $U_a=U_c+U_h$
曲轴半径	R	曲轴与连杆大端连接的中心到曲轴旋转中心的距离称为曲轴半径

续表

<table>
<tr><th colspan="2">术语与字母代号</th><th colspan="3" rowspan="2">含　　义</th></tr>
<tr><th>术语</th><th>字母代号</th></tr>
<tr><td rowspan="6">发动机排量</td><td rowspan="6">U_L</td><td rowspan="6">多缸发动机所有气缸工作容积的总和称为发动机排量或发动机工作容积。轿车的级别划分是以发动机排量作为依据的</td><td>排量情况</td><td>车辆类型</td></tr>
<tr><td>发动机排量小于或等于1L</td><td>属于微型车</td></tr>
<tr><td>发动机排量大于1L且小于或等于1.6L</td><td>属于普通级轿车</td></tr>
<tr><td>发动机排量大于1.6L且小于或等于2.5L</td><td>属于中级轿车</td></tr>
<tr><td>发动机排量大于2.5L且小于或等于4L</td><td>属于中高级轿车</td></tr>
<tr><td>发动机排量大于4L</td><td>属于高级轿车</td></tr>
<tr><td>压缩比</td><td>ε</td><td colspan="3">气缸总容积与燃烧室容积之比称为压缩比，其数学表达式为
$$\varepsilon=\frac{U_a}{U_c}=1+\frac{U_h}{U_c}$$
压缩比表示活塞由下止点移动到上止点时，气缸内气体被压缩的程度。压缩比越大，压缩终了时气缸内的压力和温度就越高，燃烧效率就越高。柴油发动机的压缩比通常在16～22之间，比汽油发动机的压缩比大</td></tr>
<tr><td>发动机工作循环</td><td>—</td><td colspan="3">发动机的活塞在气缸内往复运动时，依次完成进气行程、压缩行程、做功行程和排气行程，构成了一个工作循环，亦即在气缸内进行的每一次把燃料燃烧的热能转化为机械能的一系列连续过程</td></tr>
<tr><td>工况</td><td>—</td><td colspan="3">发动机在某一时刻的运行状况称为工况，以该时刻发动机输出的有功功率和曲轴转速表示。曲轴转速就是发动机转速</td></tr>
<tr><td>发动机转速</td><td>n</td><td colspan="3">发动机的转速是指发动机曲轴每分钟所转过的圈数，用字母 n 表示。发动机转速的高低关系到单位时间内做功次数的多少</td></tr>
<tr><td>负荷率</td><td>—</td><td colspan="3">负荷率简称负荷，是发动机在某一转速下发出的有效功率和相同转速下所能发出的最大有效功率的比值</td></tr>
</table>

(2) 柴油发动机与汽油发动机总体结构与工作方面的差异

由于汽油与柴油两种燃料性质的差异，故柴油发动机与汽油发动机在总体结构与工作上是有一定区别的，具体情况见表1-2。

表1-2　柴油发动机与汽油发动机总体结构与工作方面的差异

项目		柴油发动机	汽油发动机
总体结构方面		一般包括两大机构和四大系统，即曲轴连杆机构、配气机构、燃料供给系统、润滑系统、冷却系统和启动系统	一般包括两大机构和五大系统，即曲轴连杆机构、配气机构、燃料供给系统、润滑系统、冷却系统、点火系统和启动系统
工作方面	进气行程	仅吸进新鲜空气	吸进燃油与空气混合气（如果属于缸内直喷，则吸进空气）
	压缩行程	活塞压缩的是空气，压缩比在16～22之间，压缩终了温度在530～730℃之间	活塞压缩的是可燃混合气，压缩比在7～13之间，压缩终了温度在300～400℃之间
	做功行程	燃油喷进高温、高压的空气中，自行着火，亦即自行压燃着火	利用火花塞把压缩混合气强制点火，亦即采用点火方式把混合气点燃着火
	排气行程	活塞强力把气体排出气缸外，主要排放物有CO、HC(少)、NO_x、黑烟(多)	活塞强力把气体排出气缸外，主要排放物有CO、HC(多)、NO_x、黑烟(少)
	功率输出调整方法	利用控制喷油泵来改变燃油的供给量，但进入气缸的空气量不能调整	采用控制节气门的开度来改变可燃混合气的供给量

(3) 柴油发动机的主要特点

了解了柴油发动机与汽油发动机的主要差异后，就可以归纳出柴油发动机的几个主要特点，具体情况见表 1-3。

表 1-3 柴油发动机的主要特点

项目	具体说明
效率与故障率	柴油机的压缩比大(15～22),热效率高(30%～40%),经济性好;没有点火系统,油路系统机件精密度高、耐用,故障率低
混合气的形成	柴油机混合气的形成、点火与燃烧方式与汽油机不同。其高压柴油喷入燃烧室,混合气是在燃烧室内形成的,压燃后边喷射边燃烧
排放方面	柴油机的 CO 与 HC 排放量较低,但 NO_x 较多,大负荷情况下较容易产生碳烟;排气噪声大,废气中含 SO_2
结构方面	柴油机结构复杂,质量大,材料好,加工精度高,故制造成本较高

1.2 柴油发动机可燃混合气的形成及空气涡流

由于柴油发动机具有热效率高、可靠性好、排气污染少以及在较大功率范围内适用性好等特点，故应用越来越广泛。

(1) 柴油发动机可燃混合气的形成

由于柴油与汽油的理化特性不同，故柴油发动机的燃料供给、着火与燃烧方式与汽油发动机是不一样的。表 1-4 中列出了柴油发动机的燃烧特点与可燃混合气的形成。

表 1-4 柴油发动机的燃烧特点与可燃混合气的形成

项目	具体说明
燃烧特点	柴油发动机可燃混合气的燃烧特点主要有以下几个方面:①吸入气缸的是新鲜空气,被压缩的也是新鲜空气;②柴油通过高压喷入气缸,在气缸内形成可燃混合气;③柴油与空气混合时间极短,仅占 15°～35°曲轴转角;④气缸内混合气成分不均匀且不断变化;⑤没有外源点火,采用压燃方式,也就是在压缩行程接近终了时,将柴油喷入气缸,使之与空气混合为可燃混合气,并利用空气压缩所形成的高温使其自行发火燃烧;⑥混合与燃烧重叠进行;⑦质量调节,也就是负荷与转速不是通过进气节流,而是通过燃料量来进行的
混合气的形成方式	柴油发动机的混合气形成有两种方式:一种为空间雾化混合方式,即直接把柴油喷射到燃烧室空间,经雾化、蒸发与空气混合,形成雾状混合气的方式;另一种是油膜蒸发混合方式,也就是把柴油顺着气流的运动方向,涂到气缸壁面形成油膜,油膜受热蒸发,并与空气形成均匀混合气的方式。在柴油实际喷射中,两种混合方式兼而有之,只是多少、主次有所不同

(2) 柴油发动机可燃混合气的空气涡流

为了保证柴油与空气更好的混合，通常需要有适当的空气涡流。表 1-5 中列出了柴油发动机可燃混合气的空气涡流类型与特点。

表 1-5 柴油发动机可燃混合气的空气涡流类型与特点

项目	具体说明
进气涡流	进气涡流是指在进气过程中,使进入气缸内的空气形成绕气缸中心高速旋转的气流,该涡流速度能够达到曲轴转速的 6～10 倍,且一直持续到燃烧膨胀过程。图(a)为直臂形结构的进气涡流示意图,图(b)为弯臂形结构的进气涡流示意图 涡流 涡流 (a) 直臂形 (b) 弯臂形

续表

项目	具体说明
挤压涡流	挤压涡流简称挤流，它是指在压缩过程中形成的空气运动。挤压涡流的产生和活塞顶挖坑（亦即燃烧室的形状）形状有关，柴油发动机活塞顶挖坑形状较多，它们都是为了在满足不同要求的情况下，使燃油与空气的混合与燃烧效果最佳。挤压涡流的形成有正挤流与逆挤流两种情况
	如图(a)所示，当活塞接近压缩上止点时，活塞顶上部的环形空间中的气体被挤入活塞顶部的凹坑内，所形成的气体运动，即为正挤流 如图(b)所示，当活塞下行时，活塞顶凹坑内的气流向外流到环形空间，即为逆挤流 (a) 正挤流　(b) 逆挤流
燃烧涡、紊流	燃烧涡、紊流是指利用柴油燃烧的能量，冲击没有燃烧的混合气，来使混合气涡流或紊流。它也是为了使燃油与空气的混合与燃烧效果最佳

1.3 柴油发动机燃烧室

柴油发动机的燃烧室是混合气燃烧的地方。柴油发动机燃烧室的结构形式虽然较多，但归纳起来主要有直喷式燃烧室与分隔式燃烧室两大类。

(1) 直喷式燃烧室

直喷式燃烧室有开式与半开式两大类型，其中半开式还可以分为 M 型、U 型、D 型与紊流型。

直喷式燃烧室的典型特征就是燃烧室不分开，仅有一个燃烧室，大都采用凹坑形式，通常位于活塞顶面和气缸盖底平面之间，燃料直接喷入该燃烧室内和空气进行混合燃烧。在进气过程中通过切向气道、螺旋气道或导气屏产生的涡流运动促进混合气形成。下面介绍最常用的直喷式 ω 形燃烧室与球形燃烧室的结构与特点，供参考。

① ω 形燃烧室的结构与特点见表 1-6。

表 1-6　ω 形燃烧室的结构与特点

项目	具体说明	
典型结构	右图是一种 ω 形燃烧室的典型结构示意图。该类型燃烧室的凹坑较浅、底部较平，空气压缩涡流小，主要采用喷油嘴高压喷油到燃烧室空间和新鲜空气混合，属于空间雾化混合方式。ω 形燃烧室有其优点但也有一定的不足之处	
优点	ω 形燃烧室的结构简单、紧凑，由于空间小、传热少，动力性、经济性和启动性均较好，故广泛应用在一些中小型高速柴油发动机上	
不足	ω 形燃烧室对喷油系统要求较高，需要较高的喷油压力，喷油嘴的喷孔也较多且小，工作起来较粗暴	

② 球形燃烧室的结构与特点见表 1-7。

表 1-7　球形燃烧室的结构与特点

项目	具体说明
典型结构	右图是一种球形燃烧室的典型结构示意图。该类型燃烧室的凹坑呈球状，较深，同时产生较强的空气涡流，喷油嘴顺气流喷射，在强涡流气流的带动下，燃油被涂布到球形燃烧室壁面上，形成一层油膜，属于油膜蒸发为主的混合方式
优点	由于强烈涡流，故空气利用率较高，加之其燃料的燃烧是逐层蒸发燃烧的，故工作起来较为柔和。另外，由于球形燃烧室对燃油系统要求不高，故可以使用单喷孔喷油器，喷油压力也不高
不足	启动性能不佳，主要是由于启动时机体温度较低，油膜较难蒸发燃烧；低速性能欠佳，这也是导致该类燃烧室不能被广泛应用的主要原因

（2）分隔式燃烧室

分隔式燃烧室有涡流室式燃烧室、预燃室式燃烧室与 Lanova（空气存储室）式燃烧室三种类型，但 Lanova（空气存储室）式燃烧室应用较少，这里不作介绍。

分隔式燃烧室的典型特征是燃烧室被分隔成主、副两个燃烧室，两者由一个或多个通道相通。主燃烧室通常位于缸盖底平面与活塞顶面之间，副燃烧室在气缸盖内，容积约为总压缩容积的 50%～80%。燃料先喷入气缸盖中的副燃烧室内进行预燃烧，再经过通道喷到活塞顶上的主燃烧室进一步燃烧。

① 涡流室式燃烧室的结构与特点见表 1-8。

表 1-8　涡流室式燃烧室的结构与特点

项目	具体说明
示意图	(a) 典型结构　(b) 双涡流式　(c) 铲式　(d) 球式　(e) 吊钟式　(f) 组合式
结构特点	涡流室式燃烧室是在压缩行程中，气缸中的空气被活塞挤压，经过通道流入涡流室形成有序的强烈涡流。图(a)是一种涡流室式燃烧室的典型结构示意图。该类燃烧室分为主、副两个燃烧室，各个燃烧室的形状、类型如下 涡流室式燃烧室的主燃烧室活塞顶形状有各种不同凹坑，常见的有双涡流式凹坑[图(b)]、铲式凹坑[图(c)]等 涡流室式燃烧室的副燃烧室形状有球式[图(d)]、吊钟式[图(e)]和组合式[图(f)，由一段球形、一段柱形与一段锥形共同构成]等
工作特点	在上述强烈涡流形成后，接近压缩上止点时，喷油器开始顺气流喷油，在强涡流气流带动下，燃油被涂布到燃烧室壁面上，形成油膜。同时，也有少量油雾分散在燃烧室空间，着火形成火源，并点燃从壁面蒸发出来的可燃混合气，迅速燃烧，高温、高压气体经通道喷入燃烧室，形成二次涡流，与主燃烧室内的空气进一步混合燃烧
优缺点	由于涡流室式燃烧室采用了强烈有序的气体二次涡流，空气利用率高，对喷雾质量要求不高，可采用单喷孔喷油嘴，喷油压力较低，喷油嘴故障率较低，调整方便，工作比较柔和。不足之处是副燃烧室相对散热面积大，又直接和冷却液接触，加之由于主、副燃烧室之间的通道会节流，从而导致了热利用率低、经济性差，启动也比较困难。为了改善启动性能，有的另设置了副喷孔（启动喷孔），使在启动时，从喷油嘴喷出的燃油可通过副喷孔直接喷入活塞顶的主燃烧室温度较高处，以保证燃料容易着火燃烧

② 预燃室式燃烧室的结构与特点见表 1-9。

表 1-9 预燃室式燃烧室的结构与特点

项目	具体说明
典型结构	右图是一种预燃室式燃烧室的典型结构示意图。其主燃烧室和副燃烧室的通道截面较小，且方向和喷油方向相对。其工作特点是压缩时，空气经通道被压向副燃烧室，从而形成强烈的紊流，燃料逆气流方向喷射，与空气相撞混合，并着火燃烧，所以副燃烧室也称为预燃烧室。然后，没有完全燃烧的混合气经通道至主燃烧室，和主燃烧室中的空气进一步混合燃烧
工作情况	预燃室式燃烧室的工作情况要比涡流室式燃烧室柔和，且可以燃用多种燃料，但由于其节流损失比涡流室式燃烧室更大，故经济性能较差

1.4 柴油发动机基本构成

发动机是汽车的心脏，是一种将其他形式的能量转换为机械能的动力装置。柴油发动机将柴油与空气混合送入机器内部燃烧而产生热能，再将热能转换为机械能驱动车辆行驶。

(1) 柴油发动机总体结构

柴油发动机与汽油发动机一样，均属于内燃机，燃料在其内部燃烧，是各种柴油汽车的动力源。由于柴油发动机具有功率大、经济性好等特点，故应用越来越广泛。

① 一般柴油机的总体结构见表 1-10。

表 1-10 一般柴油机的总体结构

项目	具体说明
典型外形	右图所示为典型汽车柴油发动机总体结构示意图，柴油发动机的燃料是采用压燃点火燃烧的，故柴油发动机没有点火系统
总体结构	柴油发动机在结构上，一般包括两大机构和四大系统，两大机构为曲轴连杆结构、配气机构，四大系统为燃料供给系统、润滑系统、冷却系统、启动系统

② 单体泵式柴油机的总体结构见表 1-11。

表 1-11 单体泵式柴油机的总体结构

项目	具体说明
典型外形	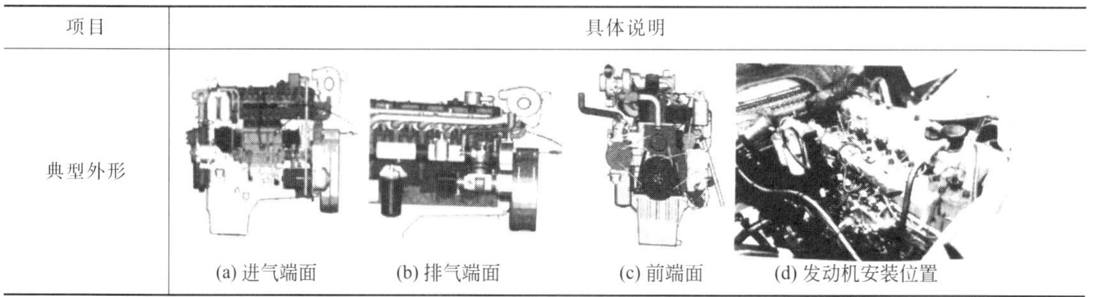 (a) 进气端面　(b) 排气端面　(c) 前端面　(d) 发动机安装位置

续表

项目	具体说明
总体结构	上图所示是一种电控高压单体泵式柴油发动机典型外形示意图。这类柴油发动机主要由燃油供给系统的低压部分、高压部分、电控单元和传感器等组成
单体泵的特点	单体泵是通过制成一体的电磁阀来控制高压柴油喷射系统工作的，电磁阀触发的时刻（即关闭时刻）确定供油起点，电磁阀触发时间长短决定喷油量大小。电控单体泵安装在每个缸体外部，直接由发动机凸轮轴上的喷油凸轮驱动。高压燃油由单体泵通过高压油管、高压连接管送入喷油器，然后喷入气缸内燃烧室。由于单体泵结构的布置对气缸盖变动不大，故这种方式很受发动机生产厂家的欢迎，我国许多柴油机企业如大柴、玉柴、潍柴等都采用单体泵

(2) 柴油发动机各组成部分

上面已经介绍过，柴油发动机主要由两大机构和四大系统共同组成，下面介绍这些机构和系统的典型结构及其作用。

① 曲轴连杆机构的典型结构与作用见表1-12。

表1-12　曲轴连杆机构的典型结构与作用

项目	具体说明
典型结构	右图为曲轴连杆机构的典型结构示意图，该机构主要由机体组（主要有气缸体、气缸盖、气缸垫、油底壳、发动机支承等零部件）、活塞连杆组（主要有活塞、活塞环、活塞销、连杆、连杆轴瓦等零部件）与曲轴飞轮组（主要有曲轴、扭转减振器、飞轮等零部件）三个部分共同组成 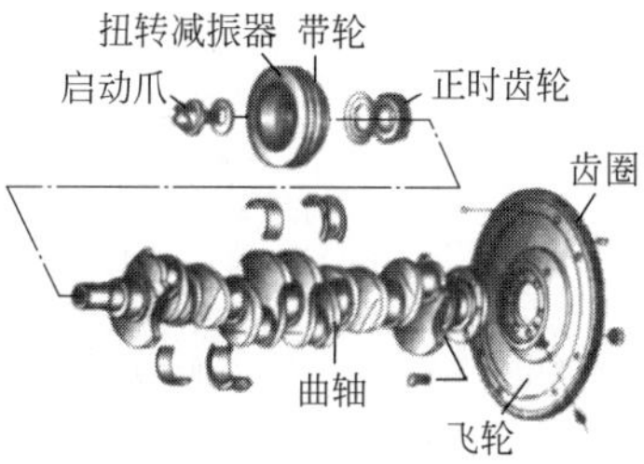 扭转减振器 带轮 启动爪 正时齿轮 齿圈 曲轴 飞轮
作用	曲轴连杆机构的作用是把燃料燃烧而作用于活塞顶上的力转变为曲轴的转矩并对外输出。该结构是发动机实现工作循环、完成能量转换的主要运动零件。在做功行程中，活塞承受燃气压力，在气缸内作直线运动，然后通过连杆转换成曲轴的旋转运动，并由曲轴对外输出动力。而在进气、压缩和排气行程中，飞轮释放能量，又把曲轴的旋转运动转化成活塞的直线运动

② 配气机构的典型结构与作用见表1-13。

表1-13　配气机构的典型结构与作用

项目	具体说明
典型结构	配气机构大多采用顶置气门式配气机构，一般由气门组（主要零件包括气门、气门座、气门弹簧、气门锁片、气门导管、气门弹簧座、气门油封等，主要用来封闭进、排气道）和气门传动组（它是指从正时齿轮开始至推动气门动作的所有零件，主要有正时齿轮、凸轮轴、挺柱、推杆、摇臂和摇臂轴等，主要是使气门定时开启和关闭）共同组成，其典型结构如右图所示 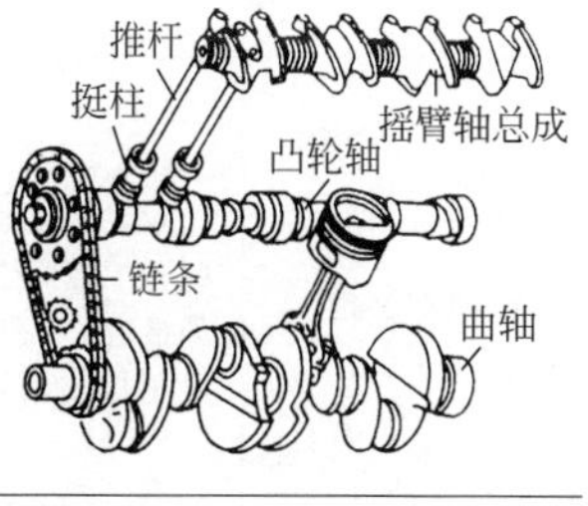 推杆 挺柱 摇臂轴总成 凸轮轴 链条 曲轴
作用	配气机构是发动机进气和排气控制机构，其作用是按照发动机各缸工作循环和工作顺序的要求，定时开启和关闭各缸进、排气门，使新鲜空气得以及时充分地进入气缸，做功后产生的废气得以及时彻底地排出气缸，从而实现了换气过程。当进、排气门关闭时，还能保证气缸的密封

③ 燃料供给系统的典型结构与作用见表1-14。

表 1-14 燃料供给系统的典型结构与作用

项目	具体说明
典型结构	燃料供给系统的常用部件主要包括空气滤清器、进气管道、进气歧管、燃油箱、燃油滤清器、输油泵、喷油泵、喷油器等，其典型结构如右图所示 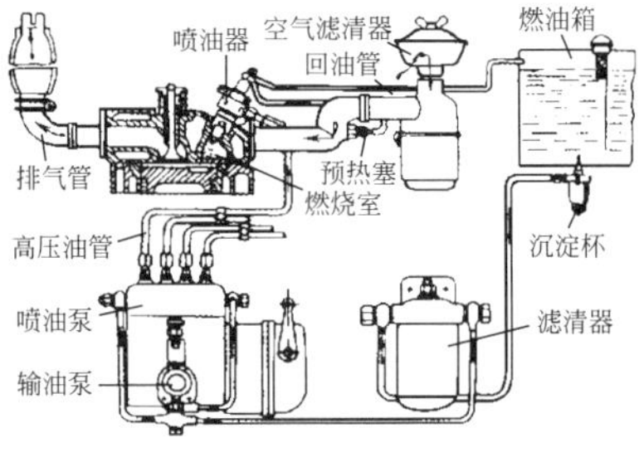
作用	燃料供给系统的作用是不断地输送滤清的燃油和清洁的新鲜空气，根据发动机各种不同工况的要求，把柴油和空气分别供入气缸，然后在燃烧室内形成混合气进行燃烧，并把燃烧后的废气排到大气中去

④ 润滑系统的典型结构与作用见表 1-15。

表 1-15 润滑系统的典型结构与作用

项目	具体说明
典型结构	发动机工作时，有许多相互配合零件产生相对运动，如曲轴与主轴承，活塞、活塞环与气缸壁，气门与气门导管，挺柱或摇臂与凸轮等。在这些相对运动零件表面之间，必然产生摩擦，而金属表面之间的摩擦不仅会增加发动机的功率损耗，使零件表面迅速磨损，而且摩擦产生的大量热量还会造成零件表面的烧损，甚至导致发动机不能运转。因此，为了减轻磨损，减小摩擦阻力，延长使用寿命，发动机上都设置了润滑系统。润滑系统通常由润滑油道、机油泵、机油滤清器和一些阀门等组成，其典型结构如右图所示 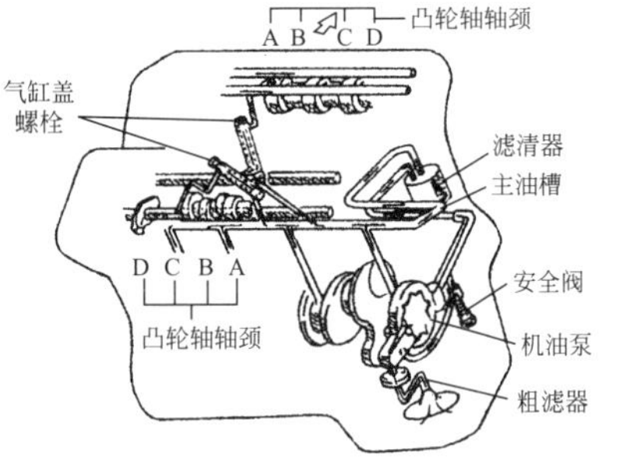
作用	润滑系统的作用是向作相对运动的零件表面输送定量的清洁润滑油，以实现液体摩擦，减小摩擦阻力，减轻机件的磨损，并起到对零件表面进行清洗、冷却、防锈和密封的作用

⑤ 冷却系统的典型结构与作用见表 1-16。

表 1-16 冷却系统的典型结构与作用

项目	具体说明
典型结构	发动机上采用的冷却方式主要有水冷与风冷两种。水冷式发动机的冷却系统主要部件有冷却液套、水泵、风扇、散热器、节温器等。风冷式发动机主要结构是风扇与散热片等 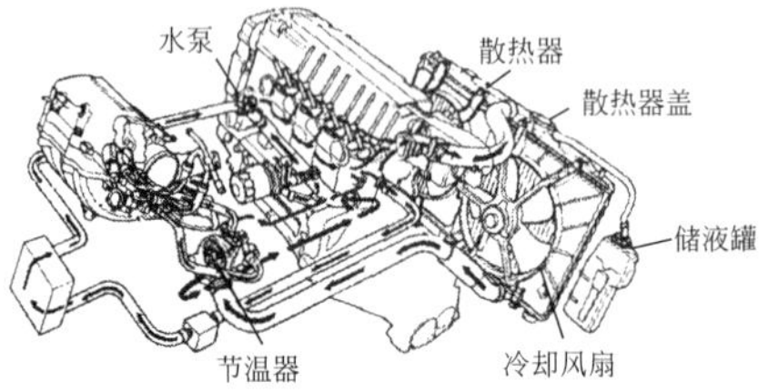
作用	冷却系统的作用是使工作中的发动机得到适度的冷却，从而保持在最适宜的温度范围内工作。如果发动机冷却不足，由于气缸充气量减少和燃烧不正常，发动机功率下降，使转变为有用功的热量减少，还会使磨损加剧

⑥ 启动系统的典型结构与作用见表 1-17。

表 1-17 启动系统的典型结构与作用

项目	具体说明
典型结构	要使发动机从静止状态过渡到工作状态，必须先用外力转动发动机的曲轴，使活塞作往复直线运动，当可燃混合气燃烧膨胀做功，推动活塞向下运动使曲轴旋转时，发动机才能自行运转，工作循环才能自动进行。因此，曲轴在外力作用下开始转动到发动机开始自动怠速运转的全过程，即为发动机的启动。完成启动全过程所需要的装置，称为发动机的启动系统（或装置）。目前，几乎所有的汽车发动机均采用电力启动系统，主要由蓄电池、点火开关、启动继电器、起动机等组成。右图是一种典型的启动系统示意图 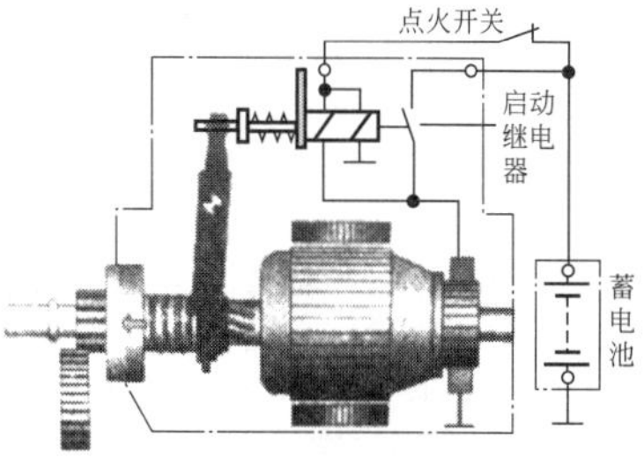
作用	启动系统利用电动外力驱动发动机的曲轴转动，直到发动机开始自动地进行怠速运转

1.5 柴油发动机燃料供给系统的基本构成与燃油流动路线

无论哪一种型号的柴油发动机或不同生产厂家生产的柴油发动机，都必须要具备燃料供给系统。

（1）燃料供给系统的基本构成

柴油发动机燃料供给系统通常包括燃油供给与空气供给几个部分。表 1-18 列出了柴油发动机燃料供给系统的基本构成。

表 1-18 柴油发动机燃料供给系统的基本构成

项目		具体说明
功能		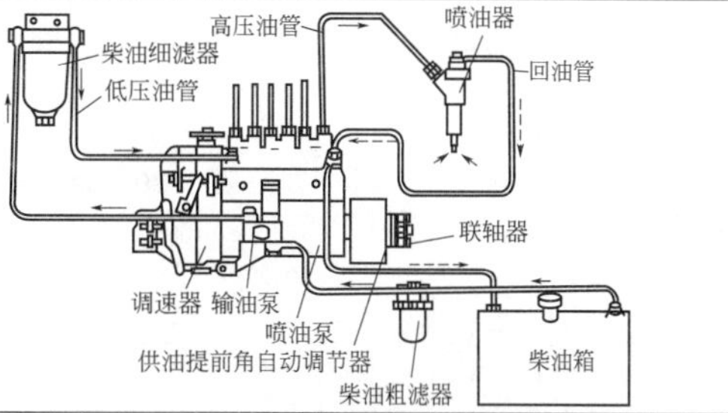 柴油发动机燃料供给系统用来完成燃料的储存、滤清和输送工作，根据柴油机各种不同工况的要求，定时、定量、定压并采用一定的喷雾方式喷入燃烧室，使其与空气迅速而良好地混合和燃烧，并把废气排入大气
典型结构		柴油发动机燃料供给系统典型组成如右图所示
	燃油供给系统	柴油发动机的燃油供给系统主要由柴油箱、输油泵、滤清器、喷油泵、低压油管、高压油管以及喷油器与回油管等共同构成 低压油路是指从柴油箱到喷油泵入口处之间的油路，油压通常在 0.15～0.3MPa 之间 高压油路是指从喷油泵到喷油器之间的油路，油压通常在 10MPa 以上 由于输油泵的供油量比喷油泵的最大喷油量大 3～4 倍，故大量多余的燃油会经喷油泵进油室的一端限压阀和回油管流回输油泵的进口或直接流回柴油箱。喷油器工作间隙泄漏的极少量柴油，也会经回油管流回柴油箱 柴油滤清器有粗与细两种，通常粗滤器设置在输油泵之前，细滤器设置在输油泵之后 为了保证各气缸供油的一致性，连接喷油泵与喷油器的钢制高压油管的直径和长度基本相同
	空气供给系统	柴油发动机的空气供给系统主要由空气滤清器、进气管等构成，有的柴油机还设置了增压器和中冷器
	混合气形成	柴油发动机的混合气形成方式与汽油发动机差别较大，柴油机的混合气是在燃烧室内形成的
	废气排出系统	柴油发动机的废气排出系统主要由排气管和排气消声器等共同构成

(2) 燃料供给系统燃油流动路线

在对柴油发动机燃料供给系统进行检修时，以燃油的流动路线来进行检测、分析和排除故障往往会事半功倍。表 1-19 列出了柴油发动机燃料供给系统燃油流动路线。

表 1-19 柴油发动机燃料供给系统燃油流动路线

项目	具体说明
柴油流动路线	柴油箱→柴油粗滤器→输油泵→柴油细滤器→低压油管→喷油泵→高压油管→喷油器→燃烧室
多余燃油流动路线	输油泵的供油量比喷油泵的最大喷油量大 3～4 倍，大量多余的燃油经喷油泵进油室的一端限压阀和回油管流回输油泵的进口或直接流回柴油箱。喷油器工作间隙泄漏的极少量柴油也经回油管流回柴油箱
低压油路	在上述柴油流动路线中，属于低压油路的是：柴油箱→柴油粗滤器→输油泵→柴油细滤器→低压油管。也就是说，从柴油箱到喷油泵入口之间的油路属于低压油路，其油压通常在 0.15～0.3MPa 之间
高压油路	在上述柴油流动路线中，属于高压油路的是：喷油泵→高压油管→喷油器。也就是说，从喷油泵到喷油器之间的油路属于高压油路，油压通常在 10MPa 以上

1.6 单缸二行程柴油发动机的工作特点和工作原理

(1) 单缸二行程柴油发动机的工作特点

带有换气泵的单缸二行程柴油发动机的工作原理与二行程汽油发动机的工作原理有很多相似之处，所不同的是进入气缸的不是混合气，而是纯空气。新鲜空气由换气泵把压力提高到 120～140kPa 后，经气缸外部的空气室和气缸上的进气口进入气缸内，而废气则由专设的排气门排出。

(2) 单缸二行程柴油发动机的工作原理

单缸二行程柴油发动机的工作原理可以从表 1-20 所列的第一与第二这两个行程来具体说明。

表 1-20 单缸二行程柴油发动机的工作原理

行程		具体说明	
第一行程	换气	活塞由下止点向上止点运动，行程开始之前，进气口与排气口均已经开启，由换气泵把提高压力的空气泵入气缸进行换气，如右图所示	喷油器 换气泵 排气门 空气 空气 进气孔 活塞
	压缩	活塞继续上行，进气口关闭，继而排气阀也关闭，开始压缩缸内的空气，当活塞接近上止点时，喷油器向缸内喷入雾状柴油，柴油迅速与空气混合形成可燃混合气并自行着火燃烧，如右图所示	喷油器 空气

续表

行程		具体说明	
第二行程	做功	当活塞到达上止点后，着火燃烧的高温、高压气体推动活塞下行做功，如右图所示	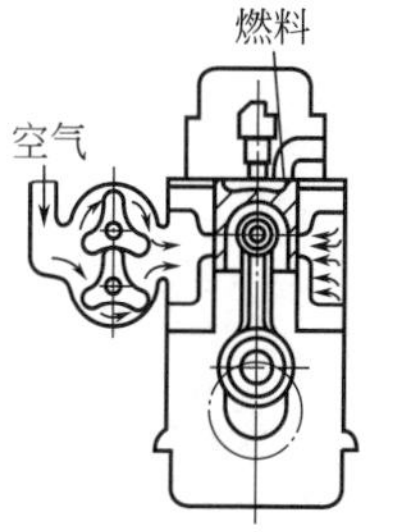
	排气	当活塞下行至约 2/3 行程时，排气口开启，废气靠自身压力排出气缸，此后进气口再次开启，进行换气，如右图所示	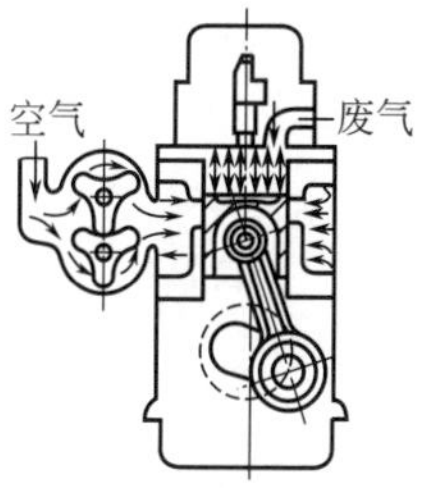

1.7 单缸四行程柴油发动机与汽油发动机的异同点及其工作原理

(1) 单缸四行程柴油发动机与汽油发动机的异同点

表 1-21 列出了单缸四行程柴油发动机与单缸四行程汽油发动机的异同点。

表 1-21 单缸四行程柴油发动机与单缸四行程汽油发动机的异同点

项目		具体说明
相同点	工作循环	每个工作循环均包括进气行程、压缩行程、做功行程与排气行程，每个行程各占 180°曲轴转角，也就是曲轴每旋转两圈完成一个工作循环
	做功行程	在四个活塞行程中，只有一个做功行程，其余三个均为耗功行程。显然，在做功行程曲轴旋转的角速度要比其他三个行程时大得多，即在一个工作循环内曲轴的角速度是不均匀的，导致发动机的转速稳定性差、工作不平稳、振动大。为了改善曲轴旋转的不均匀性，通常采用在曲轴上安装转动惯量较大的飞轮或采用多缸发动机并使其按一定的工作顺序依次进行工作。现在的汽车上多采用四缸、六缸或八缸发动机
不同点	可燃混合气	汽油发动机的汽油与空气在气缸外混合（缸内直喷方式除外），进气行程进入气缸的是可燃混合气 柴油发动机的柴油与空气在气缸内混合，进气行程进入气缸的为纯空气
	点火方式	汽油发动机在压缩终了时，由火花塞强制点火。由于这类发动机具有点火系统，故通常又将其称为点燃式发动机 柴油发动机中的柴油是靠气缸内的高温远高于柴油的自燃温度而自燃的，故这类发动机没有点火系统，通常又将其称为压燃式发动机
	噪声	汽油发动机的压缩比较小，而柴油发动机的压缩比较大；汽油发动机的噪声小，而柴油发动机的噪声大

(2) 单缸四行程柴油发动机工作原理

单缸四行程柴油发动机的工作原理可以从表 1-22 所列的四个行程来具体说明。

表 1-22 单缸四行程柴油发动机工作原理

行程	具体说明	行程	具体说明
第一行程：进气行程	如右图所示，进入气缸的不是混合气，而是纯空气，由于柴油发动机进气系统阻力较小，故其进气终点压力比汽油发动机高，但进气终点温度比汽油发动机低 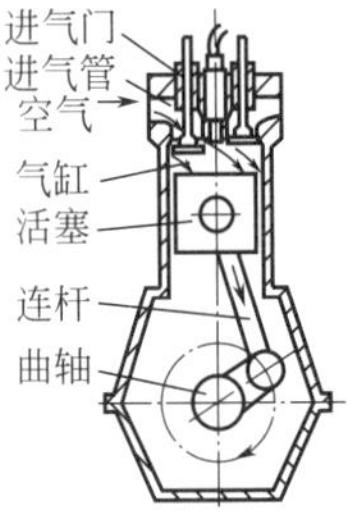	第三行程：做功行程	如右图所示，柴油发动机在压缩行程终了时，喷油泵把高压柴油经喷油器呈雾状喷入气缸内的高温高压空气中，迅速汽化并和空气形成混合气。此时，由于气缸内的温度远高于柴油的自燃温度，故可使柴油立即自燃着火，且此后一段时间内边喷油边燃烧，气缸内的压力与温度急剧升高，就会推动活塞下行做功。在做功行程中，瞬时压力可达 5～10MPa，温度可达 1530～1930℃；做功终了时，压力为 0.2～0.4MPa，温度也会下降 1/3 左右 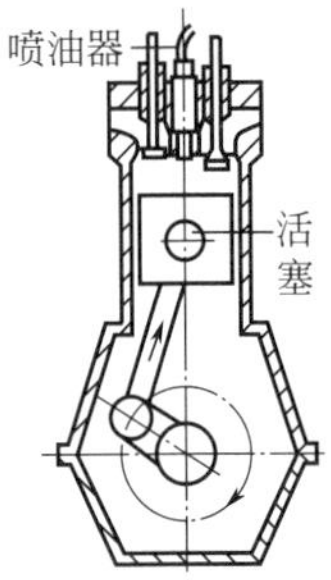
第二行程：压缩行程	如右图所示，压缩行程是将进入气缸的纯空气进行压缩。由于柴油发动机的压缩比高，压缩终了时的温度与压力均比汽油发动机高，压力可达 3～5MPa，温度可达 530～730℃，大大超过了柴油自燃温度 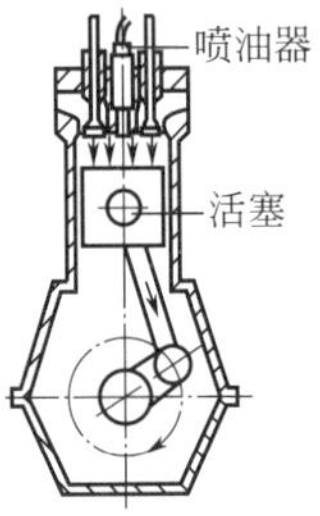	第四行程：排气行程	如右图所示，柴油发动机的排气行程与汽油发动机基本相同，仅是排气终了时，气缸内的压力为 0.105～0.125MPa，温度也比汽油发动机低 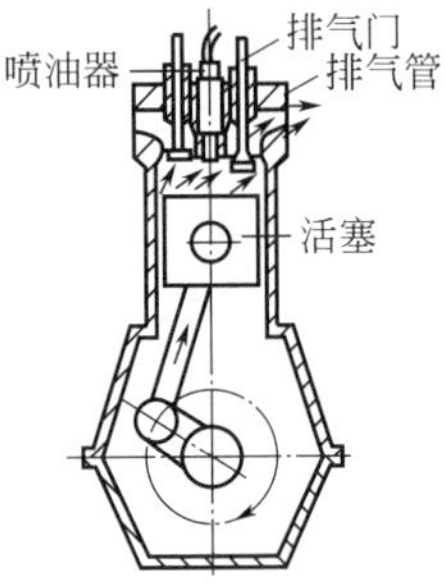

第2章 柴油发动机电控燃油喷射系统基本知识

2.1 柴油发动机电控燃油喷射系统简介

柴油发动机电控燃油喷射系统对其动力性能、经济性能、运转性能以及排放性能均有极大的影响。

(1) 电控燃油喷射系统发展历程中的典型系统

柴油发动机电控燃油喷射系统的发展经历了三个主要阶段，这三个阶段出现的典型系统见表2-1。

表2-1 柴油发动机电控燃油喷射系统发展历程中的典型系统

项目	具体说明
电控燃油喷射系统的特点	柴油发动机应用了电控技术以后，由电控单元(ECU)精确控制柴油机的供油、点火、喷油及配气正时等参数，可使柴油机在各种工况下均能按最佳状态运行，从而大幅度降低了排放污染，提高了经济性，改善了动力性
各阶段典型系统	第一阶段是位置控制阶段，在该阶段中出现的典型系统有德国BOSCH公司(博世公司)的RP39型与RP43型电控直列喷油泵系统，日本小松公司的KP21型电控直列喷油泵系统，日本电装公司的ECD-V1型电控分配泵系统，英国LUCAS公司的EPIC型电控分配泵系统，美国STANADYNE公司的PCF型电控分配泵系统等 第二阶段是时间控制阶段，在该阶段中出现的典型系统有德国BOSCH公司(博世公司)的PDE27/PDE28系统，英国LUCAS公司的EUI系统，美国底特律阿列森公司的DDEC系统等 第三阶段是时间-压力控制阶段，在该阶段中出现的典型系统有高压共轨系统和中压共轨系统(也称蓄压式共轨系统)
三个阶段的比较	柴油机电控系统发展的第一与第二阶段，电控系统虽然有了很大的进步，但却存在一个无法克服的缺陷，就是燃油压力受柴油机转速的影响。而与之相比的共轨电控燃油喷射系统是一种理想的燃油喷射系统。该系统不再采用传统的柱塞泵脉动供油方式，油泵的作用仅是为一个公共蓄压室(共轨管)建立压力，该压力作用到每一个电控喷油器。高压电磁阀控制喷油器的开启，以实现每一次的喷油控制；而喷油压力、喷油量以及喷油正时采用电控单元(ECU)进行灵活控制；喷油速率也是通过对喷油器内部结构的特殊设计，或者通过高速电磁阀的多次动作，而自由选择或灵活控制

(2) 电控燃油喷射系统与传统燃油喷射系统的比较

表2-2列出了汽车柴油发动机电控燃油喷射系统与传统机械燃油喷射系统的比较情况，供参考。

表 2-2 电控燃油喷射系统与传统机械燃油喷射系统的比较情况

项目	传统机械燃油喷射系统	电控燃油喷射系统
喷油量与喷油时刻	传统机械控制式燃油泵对喷油量和喷油时刻(正时)的调整，是通过离心飞块在转速变化时所引起的离心力的变化使调节套筒(拉杆)移动来实现的，由于中间需要通过一系列机械传动机构，故从转速的变化到离心力的变化到调节机构的移动将产生滞后现象，而且调节的范围和精度也受到限制	电控燃油喷射系统对喷油正时的控制精度高[高于0.5℃A(曲轴转角)]，反应速度快；对喷油量的控制精确、灵活、快速，喷油量可随意调节，可实现预喷射和后喷射，喷油有规律；由于电控系统采用电动式执行器，如步进电机、电磁线圈等直接驱动控制套筒移动，来实现对柴油机的电子控制，故零部件磨损少，长期工作稳定性高，结构也相对简单，可靠性高，维修方便，适用性强，可以在新、老发动机上应用
转速和负载	传统机械喷射系统的供油量和喷油正时不仅受转速和负载的影响，还受进气温度、冷却水温度、进气压力等因素的影响	电控燃油喷射系统对影响柴油机喷油量和喷油时刻的不利因素，通过相应的传感器向电控单元输入信号，经分析、计算后向执行器发出控制指令；喷油压力高(高压共轨电控喷射系统高达200MPa)，不受发动机转速的影响，从而优化了燃烧过程

(3) 不同类型电控燃油喷射系统的控制特点

汽车柴油发动机电控燃油喷射系统根据喷油量的控制方式不同可以分为三大类，具体情况见表 2-3。

表 2-3 汽车柴油发动机电控燃油喷射系统控制类型及其特点

项目		具体说明
位置控制系统	控制原理	位置控制系统是在不改变传统喷油系统工作原理与基本结构的情况下，采用电控组件来代替调速器和供油提前器，来对分配式喷油泵的油量调节套筒或柱塞式喷油泵的供油齿杆的位置，以及油泵主动轴和从动轴的相对位置进行调节，以实现对喷油量和喷油正时的控制
	特点	采用位置控制方式的喷射系统，由于不必对柴油机的结构进行较大的改动，故十分方便对现有机型进行技术改造，不足之处是控制系统执行频率响应较慢、控制频率低、控制精度不够稳定，喷油量和喷油压力较难控制，无法改变传统喷油系统固有的喷射特性，很难较大幅度提高喷射性能
时间控制系统	控制原理	时间控制系统是在高压油路中，采用电磁阀直接控制喷油开始时间和结束时间，以此来改变喷油量和喷油正时
	特点	采用时间控制方式的喷射系统，具有直接控制、响应快、喷射压力高(峰值压力可达240MPa)等特点，不足之处是无法实现喷油压力的灵活调整，而且也较难实现预喷射或分段喷射方式
时间-位置控制系统	控制原理	时间-位置控制系统就是应用十分广泛的共轨喷射系统，该系统不再采用喷油系统柱塞泵分缸脉动供油原理，而是采用一个设置在喷油泵与喷油器之间具有较大容量的共轨管，把高压油泵输出的燃油蓄积起来，并使压力稳定，然后通过高压油管输送给每个喷油器，由喷油器上的电磁阀控制喷射的开始与终止时间
	特点	共轨喷射系统喷油器上的电磁阀起作用的时刻决定喷油正时，起作用的持续时间和共轨压力决定喷油量。由于该系统采用压力时间式燃油计量原理，故将其称为时间-位置控制式电控喷射系统

2.2 柴油发动机电控燃油喷射系统的控制功能与控制方式

柴油发动机电控燃油喷射系统是在传统的机械控制式柴油机的基础上发展起来的，其控制功能更加强大，控制也更加精确。

(1) 电控燃油喷射系统的控制内容和功能

柴油机的电控技术应用越来越广泛，表 2-4 列出了柴油发动机电控燃油喷射系统的控制内容和功能。

表 2-4 柴油发动机电控燃油喷射系统的控制内容和功能

项目	具体说明
喷油量控制	喷油量控制是柴油机电控系统一项重要控制内容。电控系统会根据发动机转速信号与加速踏板位置传感器信号计算出基本喷油量，同时也依据进气温度、进气压力、冷却液温度等产生的修正信号对喷油量进行精细的修正，并通过电磁溢流阀的快速响应，对喷油量进行精确控制 另外，有些电控系统还具有燃油特性修正、低温启动后的修正、急减速时的修正等功能，以满足不同工况与不同工作条件变化时的需要
喷油正时控制	喷油正时取决于发动机转速传感器信号与加速踏板位置传感器信号，再通过冷却液温度传感器、进气温度传感器、进气压力传感器等提供的信号进行修正，并由着火正时传感器检测实际燃烧开始的时刻，以实现对喷油正时的闭环控制，由此可排除因燃油十六烷值与大气条件的变化而引起的喷油正时的差异，实现对喷油正时的最佳控制
怠速控制	柴油发动机怠速运转时，如果发电机、空调压缩机、动力转向液压油泵等装置工作状态发生变化，将会引起柴油机负荷的变化，进而导致发动机转速也发生变化 为了保持怠速的平稳，柴油机电控系统会通过反馈控制系统对喷油量进行控制，以便把怠速控制在所设定的目标转速值上
各缸喷油量不均匀修正	各缸喷油量不均匀修正又称怠速颤振控制。在多缸柴油机工作时，即使喷油量控制指令值一定，但由于各缸喷油泵的性能差异，各缸喷油量也会有一定的差异，进而引起发动机转速的波动，也就是怠速颤振 为了消除怠速颤振，柴油机电控系统通过各缸在做功行程时的曲轴转速变化，来判断各缸喷油量的差异，然后利用电磁溢流阀的快速响应性能，及时修正各缸的喷油量，以降低发动机转速的波动，实际上就是按各缸转速无波动偏差来控制各缸的喷油量
排气再循环控制	排气再循环(EGR)，主要功能是电控单元(ECU)通过控制参与再循环的排气量，来减少排气中的 NO_x 排放量
进气节流控制	发动机处于怠速运转时，电控系统通过对节气门的开度进行控制，来控制进气量，以降低怠速时的振动与噪声。而在停车时，电控系统关闭节气门，中断进气，以减轻发动机的振动
增压控制	主要是通过柴油发动机电控系统来对增压压力和进气量、空燃比进行控制
进气涡流强度控制	柴油发动机电控系统通过控制进气通道的变化，以便在不同转速与负荷下更好地组织进气涡流，以便改善燃烧质量，提高发动机的动力性、经济性，降低排放
启动预热控制	在不同的启动条件下，柴油发动机电控系统通过控制启动预热塞的通电时间，来改善柴油机的低温启动性能和稳定低温怠速运转
自诊断与故障保护功能	柴油机电控系统大都具有故障自诊断功能和故障保护功能。该项功能与汽油机电控系统中的故障自诊断与失效保护功能基本相同

(2) 电控燃油喷射系统的控制方式

柴油发动机电控燃油喷射系统的控制方式主要有开环控制、闭环控制、开环-闭环组合（复合式）控制三大类，这三类控制方式对柱塞式喷油泵和分配泵均适用。

① 开环控制方式的结构与特点见表 2-5。

表 2-5 开环控制方式的结构与特点

项目	具体说明
结构示意图	右图所示为燃油喷射系统的开环控制方式示意图。该控制方式的最大特点是采用电控装置取代了喷油提前角调节装置 位置传感器 控制器 调整位置

续表

项目	具体说明
液压活塞	在分配泵凸轮滚环上设置一个液压活塞，液压活塞由一个电磁阀控制，凸轮滚环的实际位置由活塞位置传感器进行检测。电磁阀控制流入活塞或流出活塞的通路，使活塞到达所要求的位置，此位置就是调整点，该调整点由电控单元(ECU)根据发动机的转速、总供油量与冷却液温度来确定
最佳喷油提前角	最佳喷油提前角在研制开发电控系统时就确定好，并预先存储在电控单元(ECU)中，也就是说，凸轮滚环位置和喷油提前角的关系是预先设定好的
不足之处	开环控制会因为零件的磨损、喷孔的堵塞等原因，造成即使是相同型号的不同发动机或同一台发动机在不同的使用阶段，喷油提前角都会出现差异

② 闭环控制方式的结构与特点见表 2-6。

表 2-6 闭环控制方式的结构与特点

项目	具体说明
结构示意图	右图所示为燃油喷射系统的闭环控制方式示意图。该控制方式是通过检测实际喷油提前角，调节流入正时活塞的压力，在发动机工况及工作条件变化时，及时对喷油提前角进行调整 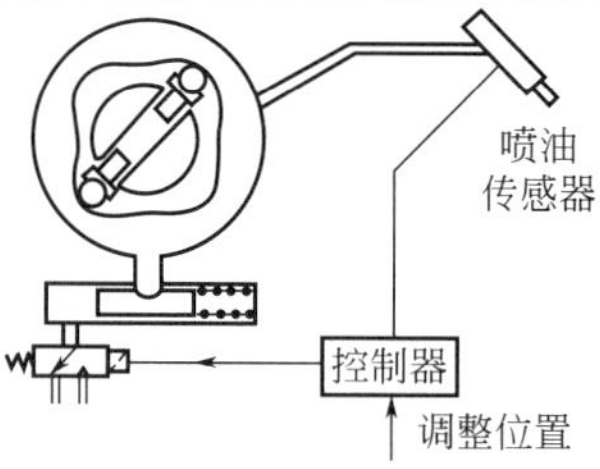 喷油传感器 控制器 调整位置
控制特点	在采用闭环控制方式的系统中，一旦电控单元(ECU)根据反馈回来的信息判断实际喷油正时偏离调整点时，ECU 就会输出控制信号，通过电磁阀控制正时活塞使其回到调整点。通常采用喷油传感器或着火正时传感器来反馈实际的喷油正时

③ 开环、闭环组合控制的结构与特点见表 2-7。

表 2-7 开环、闭环组合控制的结构与特点

项目	具体说明
结构示意图	右图所示为燃油喷射系统的开环、闭环组合控制方式示意图。该控制方式是将闭环系统与凸轮滚环位置的定位控制结合起来，用于克服传统闭环系统响应速度慢的不足 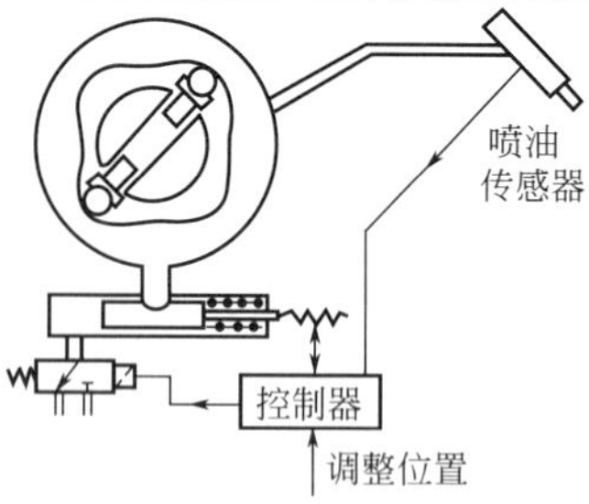 喷油传感器 控制器 调整位置
控制特点	在采用开环、闭环组合控制方式的系统中，一旦调整点和实际喷油正时出现误差时，电控单元(ECU)就会得知活塞移动的距离，进而来对误差进行补偿。通常是在相邻两次喷油间就能够达到调整点

2.3 电控燃油喷射系统的组成与工作原理

柴油机电子控制技术发展很快，很多功能各异的柴油机电子控制装置和系统相继出现。

(1) 柴油机电控系统的主要优点

柴油机采用电子控制方式以后，其控制优越性是传统的机械控制方式无法相比的，

表2-8中列出了柴油机电控系统的主要优点。

表2-8 柴油机电控系统的主要优点

项目	具体说明
提高了柴油机的经济性,降低了排放污染	①喷油提前角对柴油机的动力性、经济性和排放影响很大。使柴油机的动力性和经济性最好、排放最小的喷油提前角,称为最佳喷油提前角。最佳喷油提前角受发动机转速、负荷、冷却液温度、燃油温度、进气温度和进气压力等诸多因素的影响。柴油机电控系统可以在不同的工况与不同的工作条件下,对喷油提前角进行精确控制,而且始终保持在最佳值,由此既可降低燃油消耗,也减少了排放污染 ②除了能够对喷油提前角进行精确控制外,柴油机电控系统还能够对喷油量进行精确控制,而且可以在不同工况和不同工作条件下对喷油量进行校正补偿,对喷射压力进行精确控制 上述两个方面的控制内容,对于传统的柴油机机械喷油系统来说,是很难做到的
提高了柴油机工作的可靠性	①在柴油发动机运转过程中,电控系统会随时监测着影响发动机工作可靠性的主要参数,如机油压力、冷却液温度、排气温度、曲轴轴承温度、转速等,当监测到某一项或几项参数出现异常、超出设定值时,电控单元(ECU)一方面发出报警信息(报警显示),同时还会控制相应的执行器进行相应的调整,直到有关参数或状态恢复正常为止。而对于某些对发动机可靠性影响很大的重要参数,柴油机电控系统还具有双重或多重保护措施,其目的就是为了防止发生重大事故。例如柴油机的最高转速,一旦柴油机出现“飞车”,转速达到最大转速时,柴油机电控系统一方面会控制调节齿杆迅速减油回复零位,另一方面还会切断高压泵进油管路上的电磁阀,迅速切断油路或关闭进气通路,以使发动机迅速停机 ②柴油机电控系统还具有自诊断与支撑功能。前者可以对系统中出现的故障进行自诊断,以便于排除故障,后者可以保证发动机在非关键部位或环节出现故障时,能够在准正常状态下运转
可对柴油机运行工况进行实时高精度控制	由于柴油机电控系统是以微电脑为核心构成的,可以对各种运行参数与控制信息进行监测与处理,而微电脑对信息的处理速度通常属于毫秒级,远高于机械控制装置,故当柴油机及其系统的运行参数或状态偏离目标值时,柴油机电控系统就会立即进行调节与控制,由此就实现了对柴油机运行工况的实时高精度控制
具有较强的适用性	对于不同用途、不同机型的柴油发动机,柴油机电控系统适用性很强。它是通过改变电控单元(ECU)中EPROM的软件程序,来实现改型匹配的。例如全能电动调速器,其出厂前软件编程中就已经预设置了各种不同调速率的程序,而且在控制盒上设置了调速率的转换开关,使用者就可根据柴油机的用途和要求来设定不同的调速率,由此大大提高了电动调速器的匹配适应能力

(2) 电控燃油喷射系统的基本构成

柴油发动机电控燃油喷射系统的基本构成和汽油发动机电控系统一样，也是由信号输入装置、电子控制单元（ECU）和执行器三大部分共同构成的，各部分具体构成情况如下。

① 输入信号装置与输入信号。输入信号装置通常指的是各种具有检测功能的传感器，输入信号通常是指各种控制开关信号。

目前，柴油机电控系统中应用了各种不同类型、不同功能的传感器，如曲轴位置传感器、凸轮轴位置传感器、加速踏板位置传感器、发动机转速传感器、齿杆位置传感器、喷油提前角传感器、冷却液温度传感器、油压和油温传感器等。这些传感器输入信号给柴油机电控单元（ECU），用于发动机在整个工作范围内控制最优燃油喷射量、喷射时间，以减小废气排放并提高发动机功率的燃油经济性。

a. 温度类传感器的功能见表2-9。

表2-9 温度类传感器的功能

项目	具体说明
冷却液温度传感器	冷却液温度传感器用于检测发动机冷却水的温度,并将检测到的信号转换为电压后提供给柴油机电控单元(ECU),作为ECU对喷油量与喷油正时修正所依据的信号

续表

项目	具体说明
进气温度传感器	进气温度传感器用于对进气的温度进行检测，柴油机电控单元（ECU）会依据该信号对喷油量和喷油正时进行修正

b. 位置类传感器的功能见表 2-10。

表 2-10 位置类传感器的功能

项目	具体说明
转速传感器、曲轴位置传感器	转速传感器、曲轴位置传感器用于检测发动机的转速或曲轴位置，与加速踏板位置传感器配合共同决定喷油量与喷油提前角，是柴油机电控系统的主控制信号
加速踏板位置传感器	加速踏板位置传感器用于检测加速踏板的位置，也就是发动机的负荷信号，该信号提供给 ECU 后，和转速信号共同决定柴油机的喷油量和喷油提前角，也是柴油机电控系统的主控制信号
溢流环位置传感器	溢流环位置传感器用于对溢流控制电磁铁电枢的位置进行检测，用于反馈控制溢流环的位置。该传感器主要应用于 ECD-Ⅰ型电控系统中
正时活塞位置传感器	正时活塞位置传感器用于检测电子控制定时器正时活塞的位置，将喷油正时提前量信号提供给柴油机电控单元（ECU）。该传感器主要应用于 ECD-Ⅰ型电控系统中
控制杆位置传感器	控制杆位置传感器用于检测电子控制柱塞式喷油泵调速器中控制杆的位置
控制套筒位置传感器	控制套筒位置传感器用于检测电子控制分配式喷油泵调速器中控制套筒的位置，将燃油喷射量的增减信号反馈给柴油机电控单元（ECU）

c. 其他类型传感器的功能见表 2-11。

表 2-11 其他类型传感器的功能

项目	具体说明
进气压力传感器	进气压力传感器用于对进气的压力进行检测，柴油机电控单元（ECU）会依据该信号对喷油量和喷油正时进行修正
泵角传感器	泵角传感器用于检测喷油泵轴转角，和曲轴位置传感器配合共同控制喷油量，而且保证在喷油正时发生变化时也不会影响喷油量
着火传感器	着火传感器用于检测燃烧室内燃油开始燃烧的时刻，柴油机电控单元（ECU）会依据该信号对喷油正时进行修正

d. 控制开关信号的功能见表 2-12。

表 2-12 控制开关信号的功能

项目	具体说明
E/G 开关	E/G 开关也就是 E/G 发动机点火开关，用于向柴油机电控单元（ECU）提供发动机工作状态的信号
A/C 开关	A/C 开关也就是空调开关，用于向柴油机电控单元（ECU）提供空调工作状态的信号，是怠速控制信号之一
动力转向油压开关	动力转向油压开关用于检测动力转向管路油压的变化情况，该信号提供给柴油机电控单元（ECU），作为怠速控制信号之一
空挡启动开关	空挡启动开关向柴油机电控单元（ECU）提供自动变速器是否处于空挡位置的信号，作为怠速控制信号之一

② 电控单元（ECU）与执行器的功能见表 2-13。

表 2-13 电控单元（ECU）与执行器的功能

项目	具体说明
电控单元（ECU）	电控单元(ECU)负责处理所有信息、执行程序,并将运行结果作为控制指令输出给执行器。此外,还有通信功能,即和其他控制系统(如传动装置控制单元)进行数据输送和交换,同时考虑到其他系统的实时情况,适当修正燃油系统的执行指令,也就是适当修正喷油量、喷油提前角等
执行器	柴油机电控系统的执行器主要分为执行电器与机械执行机构两个部分。在柴油机执行器中,采用的执行电器主要有电动调速器、溢流控制电磁阀、电子控制正时控制阀、电子控制正时器、电磁溢流阀、高速电磁阀、电子液力控制喷油器等 执行器根据柴油机电控单元(ECU)输出的指令,驱动调节喷油量与喷油正时的相应机构,从而调节柴油机的运行状态。在直列泵系统中,有调速器执行器(调节喷油泵的齿杆位移)和提前执行器(调节发动机驱动轴和喷油泵凸轮轴的相位差,从而调节喷油时间),在分配泵系统中,还有一些特殊的执行器

(3) 电控燃油喷射系统的工作原理

柴油发动机电控燃油喷射系统的工作原理和汽油发动机十分相似，具体见表 2-14。

表 2-14 柴油发动机电控燃油喷射系统的工作原理

项目	具体说明
输入信号的处理	在柴油机电控系统中,各种输入信号通过传感器及其他信号输入装置输送到电控单元(ECU)中,这些信号经 ECU 内部的输入回路或模/数(A/D)转换器输入到控制中心的 CPU(中央处理器)中
存储器存储的信息	在电控单元(ECU)中,设置有多种存储器,在存储器中,存有发动机的各有关调控参数或状态的目标数据,这些目标数据是柴油机的各种不同参数和最优运行结果的综合,一般是通过统计或实测得到的。当由传感器检测到的发动机的某一实际参数输入到 CPU 后,首先与存储器中的相应参数和最优运行结果进行比较,如果两者相同,则电控单元(ECU)保持原状态,发动机继续按当前状态运行。一旦实际参数偏离目标参数时,电控单元(ECU)就会根据偏离值的大小和方向按一定的控制对策进行相关信息的处理
数字信号的处理方式	在电控单元(ECU)中,对数字信号的处理方式有两种: ①根据预定控制规律的控制算法,对输入信号进行直接运算与处理,然后输出控制指令 ②对输入的数字信号进行特征抽取,也就是对输入信号的处理并非为了得到直接控制决策,而是从大量的输入信号中抽取那些有用的信息,然后根据所抽取的特征值来决定控制决策,经运算处理后 CPU 通过 I/O(输入/输出)接口输出控制指令信号,经输出回路放大后,去控制各有关执行器动作,使发动机相应参数或状态向目标值逼近,接近程度也可通过相应的传感器来进行检测,并把检测结果反馈给电控单元(ECU),以实现闭环控制,使柴油机始终运行在最佳状态

2.4 几种博世柴油发动机电控燃油喷射系统的基本构成

德国博世公司生产的柴油发动机电控燃油喷射系统在我国应用相当普遍，下面介绍几种典型的电控燃油喷射系统基本构成。

(1) 博世电控分配泵燃油系统

德国博世公司生产的柴油发动机电控分配泵燃油系统主要由三个方面的电路元件组成，具体见表 2-15。

表 2-15 博世电控分配泵燃油系统

<table>
<tr><th>项目</th><th>具体说明</th></tr>
<tr><td>博世电控分配泵燃油系统原理简图</td><td>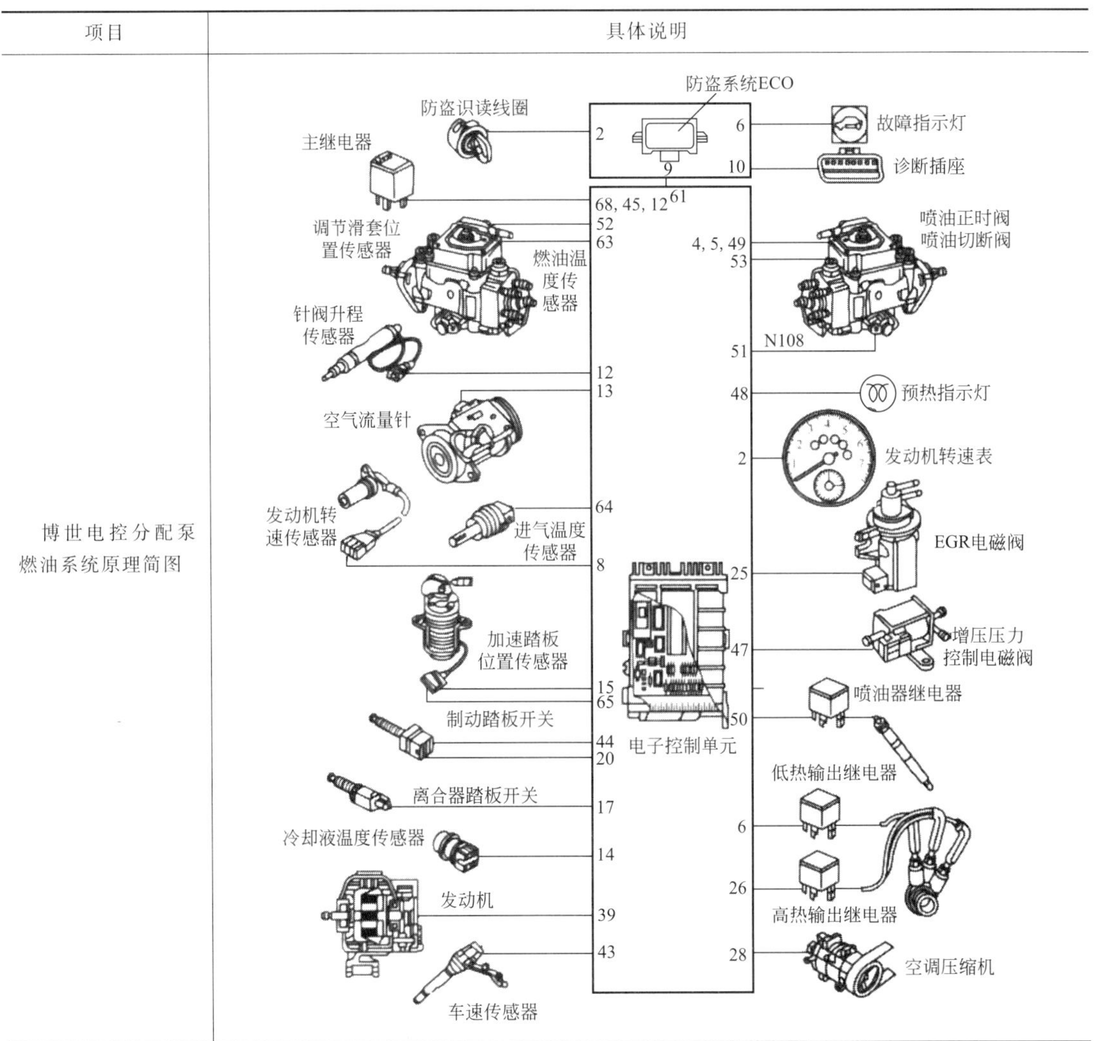
</td></tr>
<tr><td>三个主要组成部分说明</td><td>该系统主要由信号输入装置与输入信号(各种传感器、开关等信号)、电子控制单元(ECU)和执行器(执行电器与机械执行机构)三个部分组成
输入部分包括各种传感器与开关信号。其中传感器主要有发动机转速传感器、冷却液温度传感器、进气温度传感器、燃油温度传感器、调节滑套位置传感器(或称调节活塞运动传感器)、针阀升程传感器、车速传感器、加速踏板位置传感器、大气压力传感器、空气流量传感器;开关信号主要有制动灯开关信号、离合器踏板开关信号、制动踏板开关信号等
电控单元(ECU)是这个控制系统的核心,ECU接收各种传感器与开关提供的信号,然后经过计算、分析、处理后,输出相应的控制信号给执行器,来完成相应的动作
执行器部分主要包括故障指示灯、喷油正时阀、燃油切断阀、预热指示灯、发动机转速表、EGR电磁阀、增压压力控制电磁阀、喷油器继电器、低热输出继电器、高热输出继电器、空调压缩机、诊断插座等</td></tr>
</table>

(2) 博世电控泵喷嘴燃油系统

德国博世公司生产的柴油发动机电控泵喷嘴燃油系统主要由三个方面的电路元件组成,具体见表 2-16。

表 2-16　博世电控泵喷嘴燃油系统

项目	具体说明
博世电控泵喷嘴燃油系统原理简图	空气流量计 发动机转速传感器 凸轮轴位置传感器 加速踏板位置传感器 强制降挡开关 怠速开关 冷却液温度传感器 进气歧管压力传感器 进气温度传感器 制动灯开关 CCS制动踏板开关 燃油温度传感器 大气压力传感器 发动机ECU ABS ECU 自动变速器ECU J52 预热塞与继电器 泵喷嘴电磁阀 预热指示器 EGR电磁阀 增压压力控制电磁阀 进气歧管翻板转换阀 J445 燃油冷却泵与继电器
三个主要组成部分说明	该系统主要由信号输入装置与输入信号(各种传感器、开关等信号)、电子控制单元(ECU)和执行器三个部分组成 输入部分包括各种传感器与开关信号。其中传感器主要有发动机转速传感器、冷却液温度传感器、霍尔传感器(或称气缸判别传感器)、进气温度传感器、燃油温度传感器、进气歧管压力传感器(或称增压传感器);开关信号主要有加速踏板开关信号、制动踏板开关信号等 电控单元(ECU)是这个控制系统的核心,ECU接收各种传感器与开关提供的信号,然后经过计算、分析、处理后,输出相应的控制信号给执行器,来完成相应的动作 执行器部分主要包括预热塞与继电器、泵喷嘴电磁阀、预热指示灯、EGR电磁阀、增压压力控制电磁阀、进气歧管翻板转换阀、燃油冷却泵与继电器等

(3) 博世电控高压共轨燃油系统

德国博世公司生产的柴油发动机电控高压共轨燃油系统主要由三个方面的电路元件组成，具体见表 2-17。

表 2-17　博世电控高压共轨燃油系统

项目	具体说明
博世电控高压共轨燃油系统原理简图	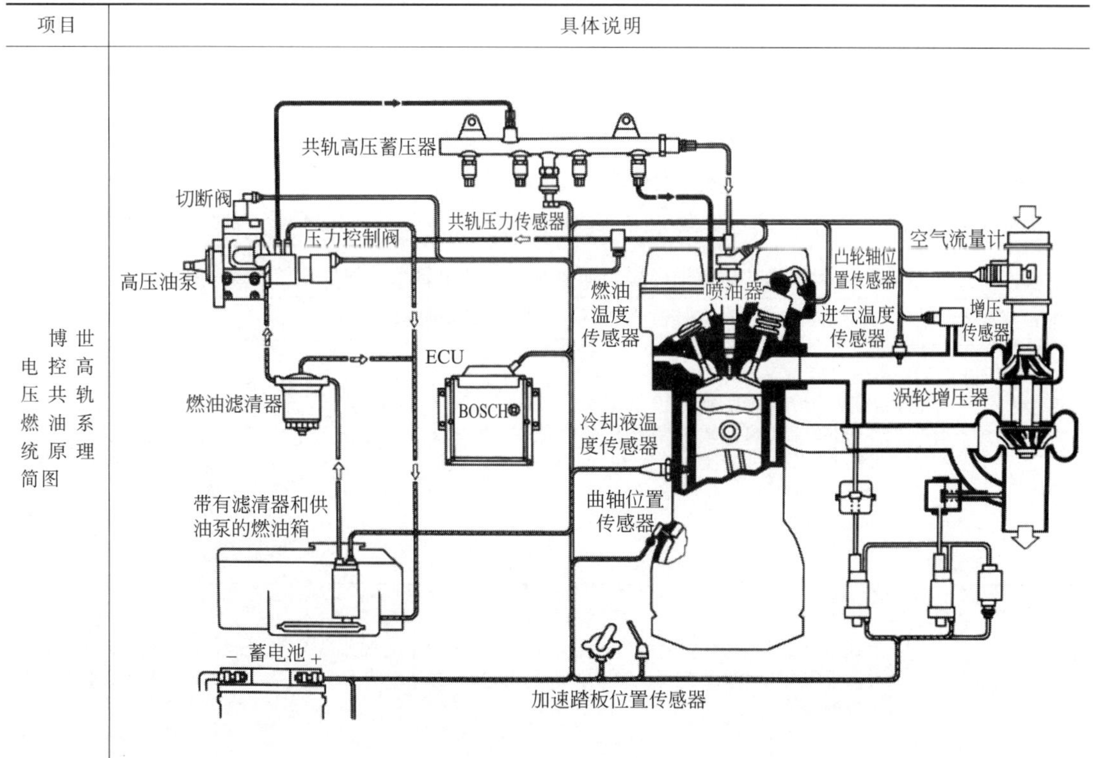

续表

项目	具体说明
三个主要组成部分说明	该系统主要由信号输入装置与输入信号(各种传感器、开关等信号)、电子控制单元 ECU 和执行器三个部分组成 输入部分包括各种传感器与开关信号。其中传感器主要有发动机转速传感器(或称曲轴位置传感器)、冷却液温度传感器、凸轮轴位置传感器(或称气缸判别传感器)、共轨压力传感器、进气温度传感器、空气流量传感器、燃油温度传感器、进气歧管压力传感器(或称增压传感器)、加速踏板位置传感器;开关信号主要有制动开关信号、怠速开关信号等 电控单元(ECU)是这个控制系统的核心,ECU 接收各种传感器与开关提供的信号,然后经过计算、分析、处理后,输出相应的控制信号给执行器,来完成相应的动作 执行器部分主要包括压力控制阀、燃油切断阀、喷油器电磁线圈、增压器以及其他各种电磁阀等

(4) 柴油机共轨燃油喷射燃油供给系统常用调压阀

表 2-18 列出了汽车柴油机共轨燃油喷射燃油供给系统常用调压阀的典型结构及其工作原理。

表 2-18 汽车柴油机共轨燃油喷射燃油供给系统常用调压阀的典型结构及其工作原理

项目		具体说明	
功能与典型结构		右图所示为汽车柴油机共轨燃油喷射燃油供给系统使用的调压阀的典型结构,该类调压阀通常安装在高压泵旁边或共轨管上。其作用是根据柴油发动机的负荷状态实时地调整和保持共轨管中的燃油压力	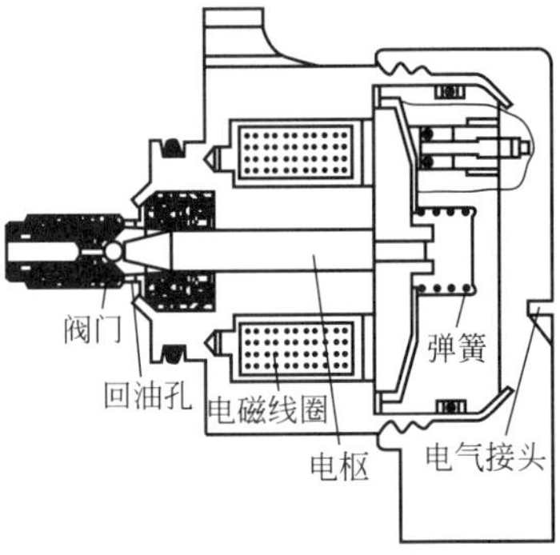
工作原理	调压阀没有工作	当调压阀没有工作时,由于其电磁线圈没有通电,故高压泵的出口压力大于弹簧的弹力→阀门被顶开。依据输油量的不同,调节打开的程度	
	调压阀通电工作	一旦共轨管中的压力需要提高时,调压阀线圈就会受控通电工作→电枢获得一个附加的作用力→阀门被压紧,进而使共轨管中的压力升高,直至平衡,此时调压阀门就会停留在一定的开启位置,以便使压力保持不变	

(5) 柴油机共轨燃油喷射燃油供给部分共轨管系统

表 2-19 列出了汽车柴油机共轨燃油喷射燃油供给部分共轨管系统的典型结构及其特点。

表 2-19 柴油机共轨燃油喷射燃油供给部分共轨管系统的典型结构及其特点

项目	具体说明	
功能与典型结构	右图所示为汽车柴油机共轨燃油喷射燃油供给系统使用的共轨管的典型结构,其作用是储存由高压油泵产生的高压燃油并分配到各个气缸的喷油器。共轨管上还设置有共轨压力传感器、限压阀与流量限制器,共同用来稳定共轨管中燃油的压力	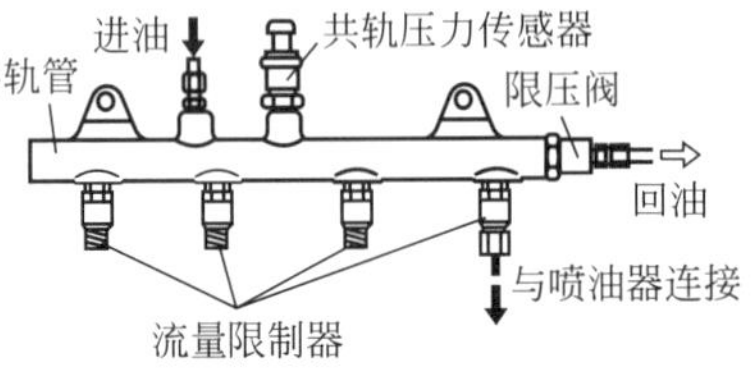
共轨压力传感器	共轨压力传感器通常固定在共轨管上,用于检测共轨管中燃油的压力,并将该压力信号转换为电压信号后提供给电控单元(ECU)进行分析、判断,并根据判断结果发出控制指令,控制相关部件工作进行压力的调整	

续表

项目	具体说明
限压阀	限压阀又称为压力限制器，其典型结构如右图所示。其主要作用是限制共轨管中燃油的压力。一旦燃油压力超过弹簧的弹力时，阀门就会自动打开进行泄压，高压油就会经通流孔与回油孔流回油箱 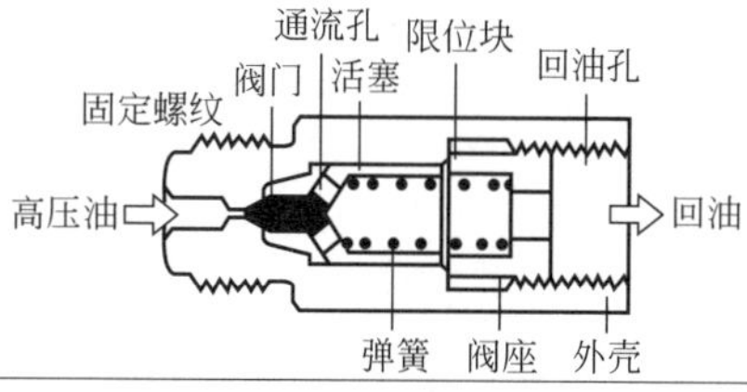
流量限制器	流量限制器的典型结构如右图所示。其主要作用是防止喷油器出现持续喷油现象。当活塞处在静止状态时，由于受弹簧力的作用，总处于堵头的一端。在一次喷油后，由于喷油器端的压力下降，故活塞在共轨压力的作用下就会向喷油器端移动，但并不会关闭密封座面，仅是喷油器出现持续喷油，一旦活塞移动量大到一定程度时，才会封闭通往喷油器的通道而使供油被切断 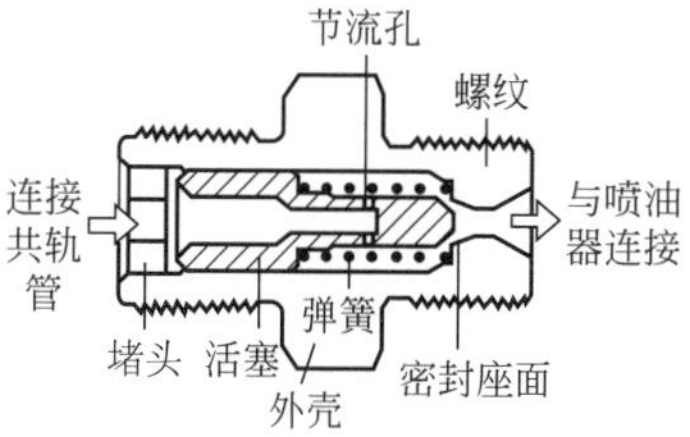

2.5 汽油发动机 EFI 与柴油发动机 ECD 电控燃油喷射系统的差异

为了适应严格的汽车排放标准，降低燃油消耗率，限制噪声，汽车汽油发动机和柴油发动机越来越多地采用了电控燃油喷射方式。

(1) 电控燃油喷射系统的基本构成及其控制功能

电控燃油喷射系统在汽油和柴油发动机上均得到了广泛的应用，表 2-20 列出了这两类发动机电控燃油喷射系统的基本构成及其控制功能。

表 2-20 汽油和柴油发动机电控燃油喷射系统的基本构成及其控制功能

项目	具体说明
缩写字母含义	在汽油发动机电控燃油喷射系统中，通常采用 EFI 来表示其电控系统，EFI 为英文 Electronic Fuel Injection 首字母 在柴油发动机电控燃油喷射系统中，通常采用 ECD 来表示其电控系统，ECD 为英文 Electronic Control Diesel 首字母
基本构成示意图	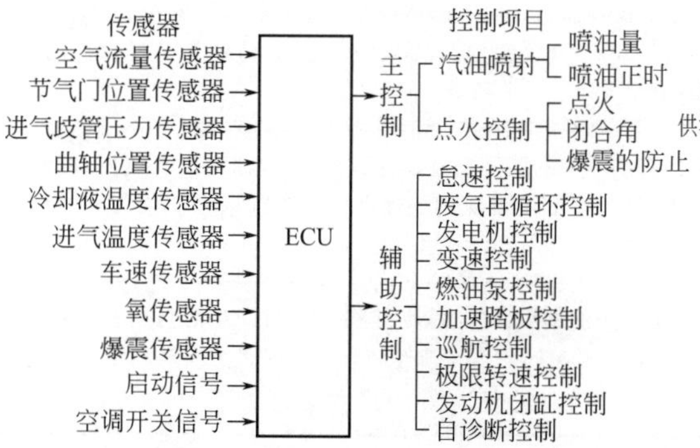 (a) EFI电控燃油喷射系统基本构成 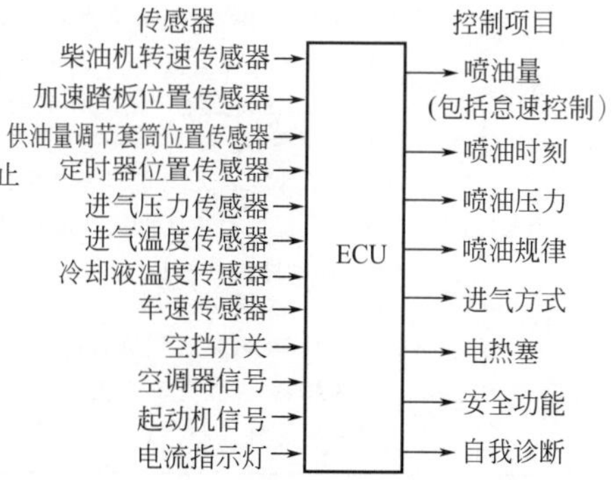 (b) ECD电控燃油喷射系统基本构成

续表

项目	具体说明
基本构成说明	汽油和柴油发动机电控燃油喷射系统通常都是由传感器、电控单元(ECU)与执行器三大部分构成的。各种传感器为ECU提供发动机的工况和使用条件的信息,供ECU作出判断和计算,然后向执行器(对于汽油机来说,为喷油器与点火电子组件;对于柴油机来说,为喷油泵)输出控制指令信号,对供油量和供油正时进行调节,以便达到调节发动机运行状态的目的
控制功能	汽油机与柴油机电控燃油喷射系统均采用多功能控制方式。在EFI电控系统中,控制功能中最主要的是汽油喷射和点火控制;在ECD电控系统中,最主要的是供油量与供油时刻的控制

(2) EFI电控系统对汽油喷射和点火控制的方式

在EFI电控系统中，汽油喷射包括喷油量和喷射正时的控制，而点火控制包括点火时刻、闭合角控制以及防止爆震控制。

① EFI电控系统对汽油喷射的控制方式见表2-21。

表2-21 EFI电控系统对汽油喷射的控制方式

项目	具体说明
控制目标	①EFI电控系统对汽油喷射的控制目标包括理论空燃比控制与稀薄燃烧控制。电控单元(ECU)根据空气流量传感器(或进气歧管压力传感器)和发动机转速传感器输送来的反映进气量的电信号计算出基本喷油量;同时,还接收冷却液温度、进气温度、节气门位置等传感器检测到的表征发动机运行工况的信息作为喷油量的校正信号,以使发动机获得该工况下运行的最佳空燃比 ②在电控间歇喷射系统中,当采用与发动机转动同步的顺序独立喷射方式时,电控单元(ECU)不仅要控制喷油量,还会根据发动机各自的点火顺序,把喷射时间控制在最佳时刻
喷油器控制	EFI电控系统使用的喷油器为电磁式,喷油器的通、断电均由电控单元(ECU)控制。ECU以电脉冲方式向喷油器输出控制电流。当电脉冲从零升起时,喷油器因通电而开启;当电脉冲回落到零时,喷油器又因断电而关闭。ECU利用控制指令信号持续时间的长短,来控制喷油嘴的喷油量

② EFI电控系统对点火的控制方式见表2-22。

表2-22 EFI电控系统对点火的控制方式

项目	具体说明
ESA含义	ESA是英文Electronic Spark Advance的首字母,其含义为电子点火提前控制,是汽油机点火系统的重要控制功能
点火提前角控制	电子点火提前控制功能是将发动机各运行工况下的最佳点火正时数据存储在ECU中,ECU根据发动机的转速与负荷情况,来确定基本电子点火提前角,同时也依据其他信号对其进行修正,控制点火正时,以便得到最佳的点火提前角
闭合角控制	为了保证点火线圈初级电路具有足够大的断开电流,以便产生足够高的次级电压,同时也要防止通电时间过长而造成点火线圈过热损坏,ECU会根据蓄电池电压和转速等信号,控制点火线圈初级电路的通电时间,也就是对闭合角进行控制
爆震控制	一旦ECU接收到爆震传感器输送来的爆震信号后,立即将点火时间推迟(通过点火电子组件),以避免爆震;在没有爆震的情况下,ECU采用提前角反馈控制方式。安装了废气涡轮增压器的发动机上常采用这种控制方式

(3) ECD电控系统对柴油供油量和供油时刻的控制方式

在ECD电控系统中，对柴油的喷射主要是供油时刻与供油量的控制。

① ECD 电控系统对柴油供油时刻的控制方式见表 2-23。

表 2-23 ECD 电控系统对柴油供油时刻的控制方式

项目	具体说明	
控制方式	ECU 根据柴油机转速与加速踏板位置等传感器输送来的信号，经计算初步确定一个供油时刻，然后依据冷却液温度、进气压力等传感器的信号和起动机信号进行修正，最后确定理想的供油时刻（也就是喷油提前器活塞目标位置）。ECU 将喷油提前器活塞的实际位置和目标位置进行比较，并对控制信号进行调整，也就是按喷油提前器活塞位置传感器信号进行反馈修正之后，确定最佳供油时刻	喷油泵 修正供油时刻 反馈控制 高压腔 低压腔 功率放大 喷油提前器活塞位置传感器 喷油提前器活塞 供油正时控制电磁阀 供油正时控制电磁阀线圈 可动铁芯 弹簧
反馈控制	右图所示为喷油提前器反馈控制示意图。ECU 根据最后确定的供油时刻，输出控制信号给供油正时控制电磁阀线圈，当电磁阀工作后产生的电磁力吸引可动铁芯→弹簧被压缩向右移动→喷油提前器由高压腔通往低压腔的油路被打开，使喷油提前器活塞两侧的压差缩小→活塞向右移动→供油时刻被推迟，供油提前角减小	

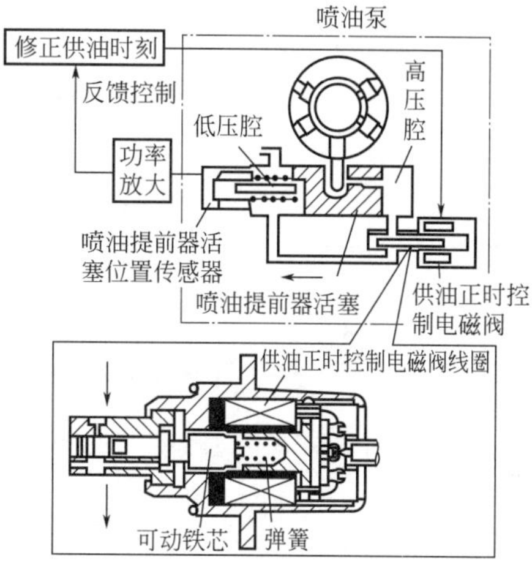

② ECD 电控系统对柴油供油量的控制方式见表 2-24。

表 2-24 ECD 电控系统对柴油供油量的控制方式

项目	具体说明	
反馈控制	右图所示为供油量调节电磁阀反馈控制示意图。ECU 将修正后的结果作为控制信号传送给供油量控制电磁阀，电磁阀工作后产生的电磁力吸引可动铁芯。控制信号电流越大，磁场就越强，在电磁力的作用下，可动铁芯克服弹簧力向左移动，通过杠杆把供油量调节套筒推向右方，以使供油量增加	喷油泵 供油量控制电磁阀 供油量调节套筒位置传感器 修正供油量 反馈控制 供油量调节套筒 可动铁芯 功率放大
控制过程	①在 ECD 电控系统中，ECU 根据加速踏板位置传感器与柴油机转速传感器输送来的信号，先计算出基本喷油量（基本喷油量用来保证发动机具有整体优良的动力性、经济性、排放性能及调速性能），然后依据冷却液温度、进气温度、进气压力等传感器信号以及起动机信号，来对基本喷油量进行修正，最后计算出供油量调节套筒的目标位置 ②一旦 ECU 计算出供油量调节套筒的目标位置后，就会将该数据与调节套筒的实际位置进行比较，并对输送给供油量控制电磁阀的电流进行调整，也就是按供油量调节套筒位置传感器的信号进行反馈修正之后，精确地确定柴油机在各种环境下运转的最佳供油量	

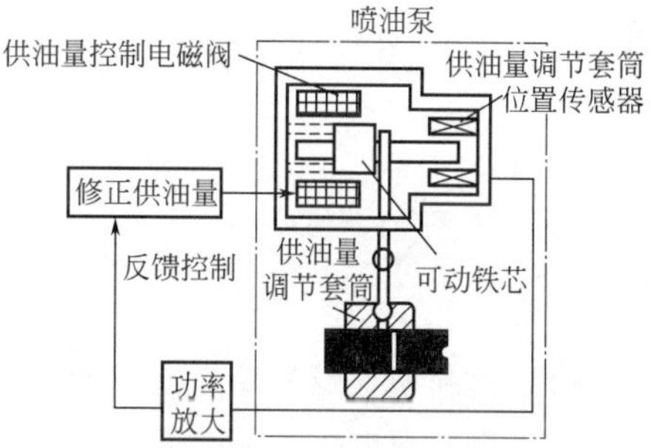

(4) 汽油 EFI 与柴油 ECD 电控系统的差异

汽油 EFI 与柴油 ECD 电控系统的组成和工作情况基本相同，均是以各种传感器输送来的信号提供给 ECU，来确定并修改油量，以提供最佳的油量。但由于两者结构、性能等方面的不同，故 EFI 与 ECD 系统在传感器、控制功能、反馈控制和经济性等方面有一定的差异，具体见表 2-25。

表 2-25 汽油 EFI 与柴油 ECD 电控系统的差异

项目		具体说明
传感器	EFI 系统	以空气流量传感器(或进气歧管压力传感器)与发动机转速传感器提供给 ECU 的、反映空气量的电信号作为控制基础,依据空气量,确定喷油量,为汽油机各个工况提供最佳空燃比。理论空燃比控制在 14.7(有的厂家为 14.8)附近,稀薄燃烧空燃比通常控制在 20 左右。采用爆震传感器是为了尽量不降低涡轮增压发动机的压缩比
	ECD 系统	电控单元(ECU)根据加速踏板位置与柴油机转速等传感器输送来的信号,作为供油量的控制基础,然后依据其他传感器的信号,对基本喷油量进行修正。加速踏板位置传感器仅是将驾驶员的意图提供给 ECU,驾驶员并不直接操纵供油量。因柴油机的平均过量空气系数 $\alpha>1$,故用空气量作为控制基础不精确。同时,柴油机排气中残留的氧气量较多,氧传感器的控制灵敏度不够($\alpha=1$ 附近最灵敏),所以 ECD 系统没有设置氧传感器
控制功能		①由于汽油机和柴油机的工作原理不同,从而决定了柴油机没有点火系统,故柴油机没有点火正时的控制,也没有设置爆震传感器 ②如同汽油机点火正时的控制,柴油机具有供油时刻的控制,它是通过定时器位置传感器,也就是喷油提前器活塞位置传感器信号进行反馈修正之后,来控制最佳供油提前角的
反馈控制	EFI 系统	喷油器采用闭环控制方式,氧传感器设置在排气管中,输出一个废气中含氧量信号反馈给 ECU,由 ECU 修正并通过喷油器喷油,将空燃比控制在理论空燃比附近,并配合使用三元催化转化器后处理装置,使排气中的有害成分 CO、HC、NO_x 等大幅度降低
	ECD 系统	通过喷油泵供油量调节电磁阀进行反馈控制,对供油量进行修正。由喷油提前角反馈控制修正供油时刻
经济性		由于不受爆震的限制,以及柴油自燃的需要,柴油机的压缩比很高,热效率和经济性均好于汽油机。和汽油机相比,柴油机高达 45%的工作效率是汽油机可望而不可即的,这是柴油机省油的根本原因

2.6 汽油发动机电控系统与共轨柴油喷射电控系统的差异

柴油机电控燃油喷射系统是在汽油机电控燃油喷射系统的基础上发展起来的，先是形成了位置控制型和时间控制型两种基本类型，后期又形成了共轨柴油喷射方式。

(1) 共轨电控燃油喷射系统的基本构成及其控制功能

柴油机共轨电控燃油喷射系统不仅可以更加精确地控制喷油量和喷油正时，还能实现对喷油规律和喷油压力的独立控制，表 2-26 列出了共轨电控燃油喷射系统的基本构成及其控制功能。由于汽油机电控燃油喷射系统的基本构成及其控制功能在前面已经介绍过，故这里就不再重述。

表 2-26 共轨电控燃油喷射系统的基本构成及其控制功能

项目	具体说明
基本构成	柴油机共轨电控燃油喷射系统通常也由传感器、电控单元(ECU)与执行器三大部分构成。各种传感器为 ECU 提供发动机的工况和使用条件的信息,供 ECU 作出判断和计算,然后向执行器输出指令控制信号,来对喷油量和喷油正时进行调节,以便达到调节发动机运行状态的目的
控制功能	柴油机共轨电控燃油喷射系统与汽油机电控燃油喷射系统一样,也采用多功能控制方式。但在柴油机共轨电控燃油喷射系统中,控制功能中最主要的是喷油量与喷油时刻的控制,同时还有喷油压力与喷油规律的控制。表 2-27 中列出了柴油机共轨和汽油机电控燃油喷射系统对比情况

表 2-27 柴油机共轨和汽油机电控燃油喷射系统对比情况

项目				汽油机电控燃油喷射系统	柴油机共轨电控燃油喷射系统
相同点	组成			是由传感器、电控单元(ECU)与执行器三大部分组成	
相同点	工作过程			各种传感器向 ECU 输送检测到的信息,供 ECU 作出判断和计算,然后向执行器发出控制指令电信号	
不同点	主要控制项目	喷油控制	喷油量	根据发动机的转速和进气量确定基本喷油量	根据加速踏板位置传感器和柴油机转速等确定基本喷油量
不同点	主要控制项目	喷油控制	喷油时刻	根据点火基准计算出各缸的喷油时刻	根据加速踏板位置传感器和柴油机转速确定基本喷油时刻
不同点	主要控制项目	点火控制		根据发动机转速和进气量确定基本点火提前角	无
不同点	主要控制项目	喷油压力控制		无,喷射压力为 0.2～0.35MPa	喷射压力为 120～140MPa,通过供油量控制阀进行控制
不同点	主要控制项目	喷油规律控制		无	采用预喷射和主喷射
不同点	动力性			差	好
不同点	经济性			差,热效率 30%左右	好,热效率 45%左右
不同点	环保性			差	好

(2) 柴油机共轨电控燃油喷射系统的控制方式

① 共轨电控燃油喷射系统喷油量与喷油时刻控制方式见表 2-28。

表 2-28 共轨电控燃油喷射系统喷油量与喷油时刻控制方式

项目	具体说明
喷油量控制	电控单元(ECU)根据加速踏板位置与柴油机转速传感器等输送来的信号,先确定基本喷油量,然后依据进气管压力和燃油温度等传感器信号以及启动开关输入的信号,对基本喷油量进行修正,最后计算出最佳喷油量,并控制喷油器喷油。ECU 通过控制驱动喷油器的电脉冲宽度(通电时间)来控制喷油量
喷油时刻控制	电控单元(ECU)根据柴油机转速与加速踏板位置传感器输送来的信号,经计算初步确定一个喷油时刻,然后依据冷却液温度、进气管压力等传感器的信号和启动开关信号进行修正,最后确定理想的喷油时刻。ECU 就会按此时刻控制喷油器通电,也就是 ECU 对喷油器通电的时刻决定了喷油始点

② 共轨电控燃油喷射系统喷油规律控制方式见表 2-29。

表 2-29 共轨电控燃油喷射系统喷油规律控制方式

项目	具体说明	
喷油规律的重要性	喷油规律是指喷油速率随时间或曲轴转角的变化关系,而喷油速率则是单位时间的喷油量。由于喷油规律对柴油机的性能影响重大,故针对具有不同混合气形成与燃烧方式的柴油机,应选择不同的喷油规律	
喷油规律特性	在喷油分配管式电控柴油喷射系统中,当喷油压力保持不变时,喷油量仅取决于 ECU 对喷油器的通电脉冲宽度。因此,只要改变控制脉冲就可以改变喷油规律,也就是可以实现主喷射和预喷射功能,右图所示即为所述的喷油规律控制方式的曲线。主喷射为喷油量较大的喷射过程,预喷射是在主喷射之前且喷射量很少的喷射过程	

③ 共轨电控燃油喷射系统喷油压力控制方式见表 2-30。

表 2-30 共轨电控燃油喷射系统喷油压力控制方式

项目	具体说明
喷油压力控制示意图	喷油压力等于燃油分配管内燃油的压力。在燃油分配管上设置有燃油压力传感器、流量限制器与限压阀等，右图所示就是一种电控柴油喷射较典型的系统简图。该系统中的燃油分配管相当于柴油机共轨电控燃油喷射系统中的共轨管 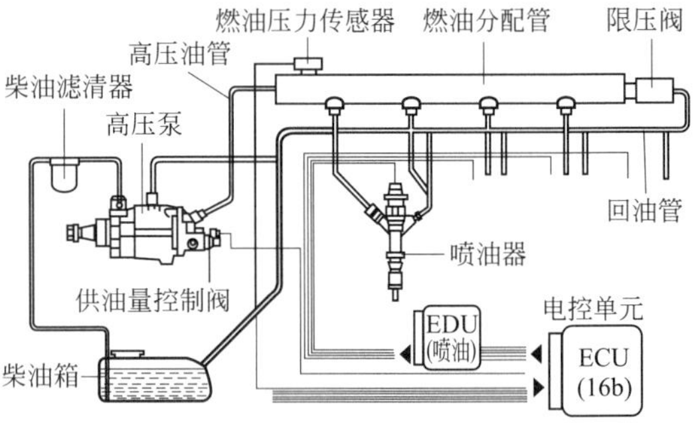 （图中标注：燃油压力传感器、燃油分配管、限压阀、高压油管、柴油滤清器、高压泵、回油管、喷油器、供油量控制阀、电控单元、EDU（喷油）、ECU（16b）、柴油箱）
高压泵	高压泵不同于机械控制柴油喷射系统中的喷油泵，其功能只有一个，就是对燃油进行增压，故常称其为高压泵，又称为高压输油泵。通过高压泵增压后的燃油供入燃油分配管内。喷油压力不取决于发动机转速和喷油量，喷油压力的建立与燃油的喷射之间不存在依存关系。不管在什么情况下，均可以保证有较高的喷油压力
压力控制方式	燃油分配管式电控柴油喷射系统容易实现喷油压力的独立控制。电控单元（ECU）根据柴油机工况的要求，对燃油分配管内的油压进行调节，并根据燃油压力传感器的信号，对油压进行反馈控制，使燃油分配管中的油压被稳定在目标值范围内，具体控制方式如下
	当油压低于目标值时，ECU 就会给供油量控制阀通电→控制阀关闭→供入燃油分配管内的燃油数量增多→油压增高
	当油压高于目标值时，ECU 就会断开供油量控制阀的供电→控制阀开启→部分燃油就会经控制阀流入高压泵的低压油腔→供入燃油分配管内的燃油数量减少→油压降低

(3) 柴油机共轨与汽油机电控燃油喷射系统喷油控制方式的差异

由于柴油机共轨与汽油机电控燃油喷射系统的结构、工作原理、混合气的形成、燃烧室的形状、可燃混合气的燃烧方式、性能等的不同，故两者在许多方面存在一定的差异。

① 喷油量控制方面的差异见表 2-31。

表 2-31 喷油量控制方面的差异

项目	具体说明
汽油机电控燃油喷射系统	汽油机电控燃油喷射系统是通过空气流量传感器（或进气歧管压力传感器）与发动机转速传感器提供给 ECU 的信号确定空气质量，每个工况都有理论空燃比，再根据公式"空燃比＝空气质量/燃油质量"来确定喷油量，为汽油机各个工况提供最佳空燃比
	汽油机电控燃油喷射系统采用闭环控制方式，氧传感器设置在排气管中，输出一个废气中含氧量信号反馈给 ECU，由 ECU 修正后通过喷油器喷油，将空燃比控制在理论空燃比附近，并配合使用三元催化转化器后处理装置，使排气中的有害成分 CO、HC、NO_x 等大幅度降低。采用爆震传感器的目的，是为了能够有效地监控发动机爆震，尽量不要使发动机的压缩比降低
柴油机共轨电控燃油喷射系统	电控单元（ECU）根据加速踏板位置与柴油机转速等传感器输送来的信号，作为供油量的控制基础，然后依据其他传感器的信号，对基本喷油量进行修正。加速踏板位置传感器仅是将驾驶员的意图提供给 ECU，驾驶员并不直接操纵供油量。因柴油机的平均过量空气系数 $\alpha>1$，故用空气量作为控制基础不精确。同时，柴油机排气中残留的氧气量较多，氧传感器的控制灵敏度不够（$\alpha=1$ 附近最灵敏），所以柴油机共轨电控燃油喷射系统没有设置氧传感器

② 点火正时与喷油时刻控制方面的差异见表 2-32。

表 2-32 点火正时与喷油时刻控制方面的差异

项目	具体说明
汽油机电控燃油喷射系统	要使汽油机输出的功率最大、油耗最低，燃油喷射后的混合气应在最佳点火提前角时点火，故汽油机要对点火正时进行控制
柴油机共轨电控燃油喷射系统	①柴油机与汽油机工作原理不同，柴油机没有设置点火系统，所以柴油机共轨电控燃油喷射系统不需要点火正时的控制，也不需要爆震传感器 ②柴油机共轨电控燃油喷射系统是在压缩终了才进行喷油，而混合气燃烧的好坏对发动机性能影响很大，就如同汽油机点火正时控制，柴油机共轨电控燃油喷射系统设置了喷油时刻控制功能

③ 喷油压力与喷油规律控制方面的差异。柴油机共轨与汽油机电控燃油喷射系统虽然都是以各个传感器为 ECU 提供相关信号来确定并修正喷油量，以提供最佳喷油量，但在喷油压力与喷油规律控制方面有一定的差异。

a. 汽油机电控燃油喷射系统喷油压力与喷油规律的控制见表 2-33。

表 2-33 汽油机电控燃油喷射系统喷油压力与喷油规律的控制

项目	具体说明
喷油压力	汽油机电控燃油喷射系统目前应用较多的为缸外喷射，它是以 0.2～0.35MPa 的压力把汽油喷射到进气管或进气道内 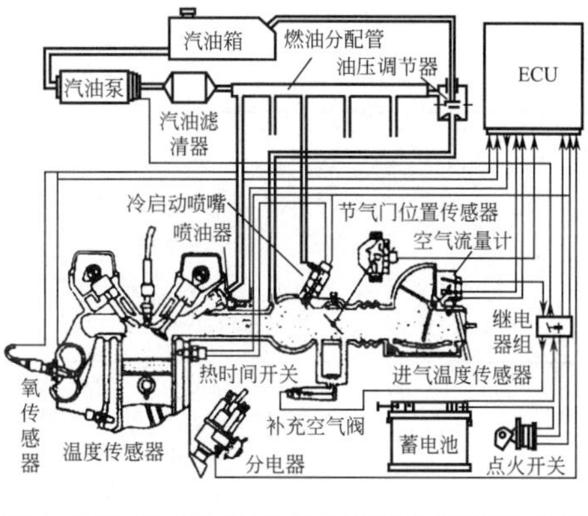
燃油供给方式	右图所示为博世公司的 L 型汽油喷射系统示意图。汽油箱内的汽油被电动汽油泵吸出并加压到 0.35MPa 左右，被分配到燃油分配管，燃油分配管后端的油压调节器用于将燃油供给系统的压力和进气管压力之差（也就是喷油压力）保持恒定，用于保证喷油量在各种负荷条件下均能够只取决于喷油持续时间或控制脉冲宽度，以便实现电控单元（ECU）对喷油量的精确控制
燃油分配管	在 L 型汽油喷射系统中，燃油分配管又称为共轨管，它的作用是把汽油均匀、等压地输送给各缸喷油器。由于燃油分配管的容积较大，故具有储油蓄压、减缓油压脉动的作用
备注	由于汽油机的可燃混合气在气缸外部开始形成并延续到进气行程和压缩行程终了，时间较长，到压缩终了时，火花塞点燃可燃混合气，迅速燃烧，故汽油机电控燃油喷射系统的喷射压力较小，电动汽油泵就能够满足它的增压，没有必要对它的喷油压力进行控制，也没有必要对喷油规律进行控制

b. 柴油机共轨电控燃油喷射系统喷油压力与喷油规律的控制见表 2-34。

表 2-34 柴油机共轨电控燃油喷射系统喷油压力与喷油规律的控制

项目		具体说明
喷油压力的控制	喷射方法	由于柴油黏度大，不易挥发，一般不能像汽油机那样在气缸外部形成可燃混合气，故柴油机采用高压喷射的方法，在接近压缩行程终了时，柴油以雾状的形式直接喷入燃烧室内，雾状的柴油在炽热的空气中受热、蒸发、扩散，并和空气混合形成可燃混合气，最终自行发火燃烧
	喷油压力	和汽油机相比，柴油机混合气形成的时间极短，仅占 15°～35°曲轴转角。燃烧室各处的混合气成分很不均匀，且随时间而发生变化，故柴油机燃油分配管的工作压力较高，燃油分配管需要承受较高的燃油压力，通常在 120～140MPa 之间，喷油压力和喷油泵转速没有关系，且可任意调整，故可实现根据需要来控制喷油压力与喷油速率
	备注	由于柴油机共轨电控燃油喷射系统是在恒定压力下控制喷油正时与喷油量的，故可避免传统喷油泵因脉动供油而造成的输出峰值转矩过大和小喷油量较难稳定控制等问题的出现

续表

项目	具体说明
喷油规律的控制	在柴油机共轨电控燃油喷射系统中，针对具有不同混合气形成和燃烧方式的柴油机，应选择不同的喷油规律。柴油机的可燃混合气是在气缸内部形成的，它有统一式燃烧室（又称直接喷射式燃烧室）与分隔式燃烧室两大类。其中，分隔式燃烧室的主燃烧室在气缸内，副燃烧室则铸在气缸盖上，燃烧是在两个部分内先后进行的，也就是先在副燃烧室内燃烧，而后进入主燃烧室燃烧。这类燃烧室采用了预喷射和主喷射，预喷射可以缩短主喷射的着火延迟期，还可降低 NO_x 排放

2.7 机械柴油喷射与电控共轨柴油喷射的差异

柴油发动机传统机械喷油系统以其可靠性高、容易维护而一直在发展和使用。随着人们对能源、环保意识和要求日益提高，在传统机械柴油喷射系统的基础上，人们又开发出了符合当前需要的电控共轨柴油喷射系统。

（1）传统机械柴油喷射系统的特点

传统机械柴油喷射系统的特点见表 2-35。

表 2-35 传统机械柴油喷射系统的特点

项目	具体说明
系统简图	右图所示为传统机械柴油喷射系统原理简图。该系统主要由油箱、低压输油泵、燃油滤清器、喷油泵、喷油器以及油管等组成 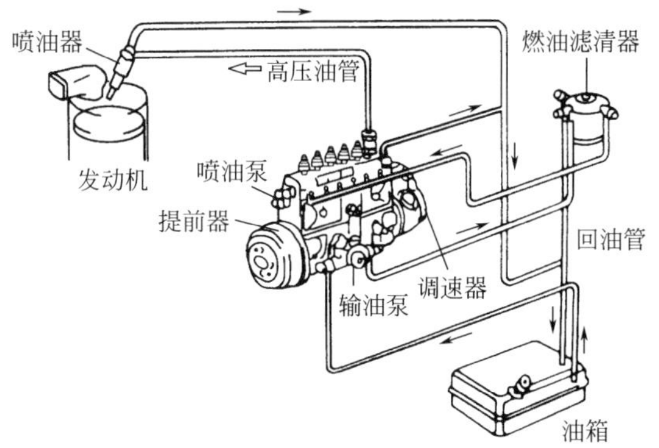
工作过程	发动机曲轴通过齿轮带动喷油泵的凸轮轴转动，将燃油从油箱送到输油泵，形成低压，再经过燃油滤清器，一部分供给高压的喷油泵，另一部分回到油箱。进入喷油泵的燃油，通过高压油管输送到喷油器，当压力超过喷油器的开启压力时，喷油器开启，进行喷油
喷油泵的控制	喷油泵的控制依赖于发动机。主要体现：发动机给喷油泵提供动力，发动机每旋转 2 圈各缸做功 1 次，喷油泵旋转 1 圈，对各缸进行 1 次燃油喷射。由此可见，喷油泵喷油的大体时刻就由发动机间接控制，并且柴油机供油压力随发动机转速的变化较大
喷油提前器的作用	喷油提前器是在发动机转速较高时使喷油泵的凸轮轴相应地提前一个角度，以满足发动机高速时的需要
调速器的作用	调速器是通过感应元件感知发动机的各种工作情况，对柴油发动机进行控制，主要是满足怠速时的稳定性与超过标定转速时的断油，其余工况依靠感应元件与调速器内弹簧的平衡来稳定发动机的转速
特点	直列式喷油泵与 VE 分配泵就属于上述的传统机械式喷油泵。传统机械柴油喷射发动机虽然简单，但无法有效地对喷油时刻与喷油过程进行精确控制，也无法满足节能和环保的要求

（2）电控共轨柴油喷射系统的特点

① 共轨技术的发展阶段及其特点。共轨燃油喷射系统是在避免了传统燃油喷射系统缺点的基础上发展起来的，并得到了快速的发展。

a. 共轨技术的发展阶段见表 2-36。

表 2-36 共轨技术的发展阶段

项目	具体说明
各个阶段的主要喷射参数	世界各主要汽车生产厂家推出了多种共轨系统方案并与整车进行匹配应用。例如日本电装公司的ECD-2-U2系统就是一种较典型的电控高压共轨燃油喷射系统，该系统不但可以进行三角形喷射，而且还能实现预喷射和靴形喷射。由各国发展的情况来看，共轨喷射技术的发展大体可分为三个阶段，各个阶段的主要喷射参数见表2-37。可以看出，共轨喷射发展的各个阶段的主要喷射参数都有不小的改进
最高喷射压力	共轨喷射的最高喷射压力在每个阶段都在提高，这对于喷射品质的提高具有十分重要的意义。因为压力越高，燃油雾化越好，颗粒越小、越均匀，燃烧就会越充分，这对经济性、动力性以及排放性均较为有利，但对喷射系统的设计方案提出了更高的要求
喷射次数	每一阶段的喷射次数不断增加，喷射次数增加可以满足发动机燃烧与排放的多次喷射，可以控制燃烧的不同阶段喷油量与喷油速率，保证燃烧更充分，从而提高了热效率
最小稳定喷射量	在最小稳定喷射量上，三个阶段的每次喷射量在下降，这说明每次喷射时可使喷射更均匀、更细密，喷油与断油更干脆，反应更灵敏，响应特性更好，这将有利于柴油的燃烧，也减少了积炭的产生

表 2-37 共轨喷射系统的发展阶段

共轨喷射系统的发展阶段	第一阶段	第二阶段	第三阶段
最高喷射压力/MPa	135～140	160	180
喷射次数/次	1～2	1～4	1～5
最小稳定喷射量/mm^3	2～3	1～2	1

b. 共轨技术的特点见表2-38。

表 2-38 共轨技术的特点

项目	具体说明
采用电控装置与高速电磁阀	高压共轨系统采用了先进的电子控制装置，配备了高速电磁开关阀，高速电磁开关阀频响高，控制灵活
供油方式与适用场合	采用共轨供油方式，系统结构移植方便，适用场合范围广
喷油正时与喷油量	共轨系统对喷油正时与喷油量的控制相互独立，喷油压力与喷油持续期不会受发动机负荷的影响；各缸的喷油压力、喷油量和喷油始点可自由调整，故可实现对喷油正时、喷油量和喷油速率的最优控制；喷射压力很高但喷射可靠，可实现多种喷油规律的控制。这些特点对实现柴油机高效、清洁、低噪声的燃烧过程起到了显著的作用
减少了废气的排放	由于共轨系统的喷油压力柔性可调，故在不同的负荷与转速下均可确定所需的最佳喷油压力。同时，又由于实现了对喷油正时、喷油量与喷油速率的最优控制，也改善了柴油机的燃烧过程，减少了排放颗粒与NO_x的排放，降低了燃烧噪声，改善了燃油的经济性
不足之处	电控高压共轨燃油喷射系统的不足之处：系统结构复杂；为了实现精确控制，对传感器的精度要求较高；随着共轨压力的不断提高，对共轨系统各个零部件的性能要求也越来越苛刻；采用电控共轨燃油喷射系统后，需要对发动机结构进行相应的改进，尤其是对缸盖的设计，由此就会使电控共轨燃油喷射系统的应用成本升高

② 电控共轨柴油喷射系统的组成。电控共轨柴油喷射系统的应用，是为了满足日益严格的废气排放标准而采取的必然措施。

a. 电控共轨柴油喷射系统见表2-39。

表 2-39 电控共轨柴油喷射系统

项目	具体说明
电控共轨柴油喷射系统外形示意图	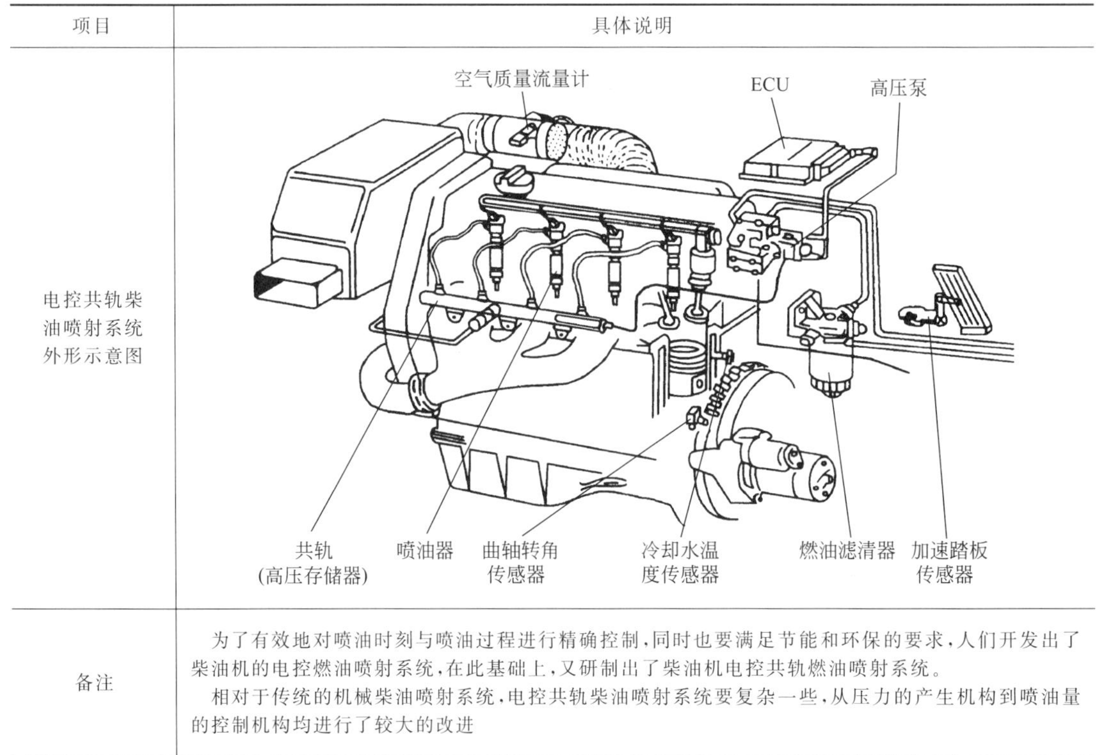
备注	为了有效地对喷油时刻与喷油过程进行精确控制，同时也要满足节能和环保的要求，人们开发出了柴油机的电控燃油喷射系统，在此基础上，又研制出了柴油机电控共轨燃油喷射系统。 相对于传统的机械柴油喷射系统，电控共轨柴油喷射系统要复杂一些，从压力的产生机构到喷油量的控制机构均进行了较大的改进

b. 共轨系统构成见表 2-40。

表 2-40 共轨系统构成

项目	具体说明
共轨系统构成示意图	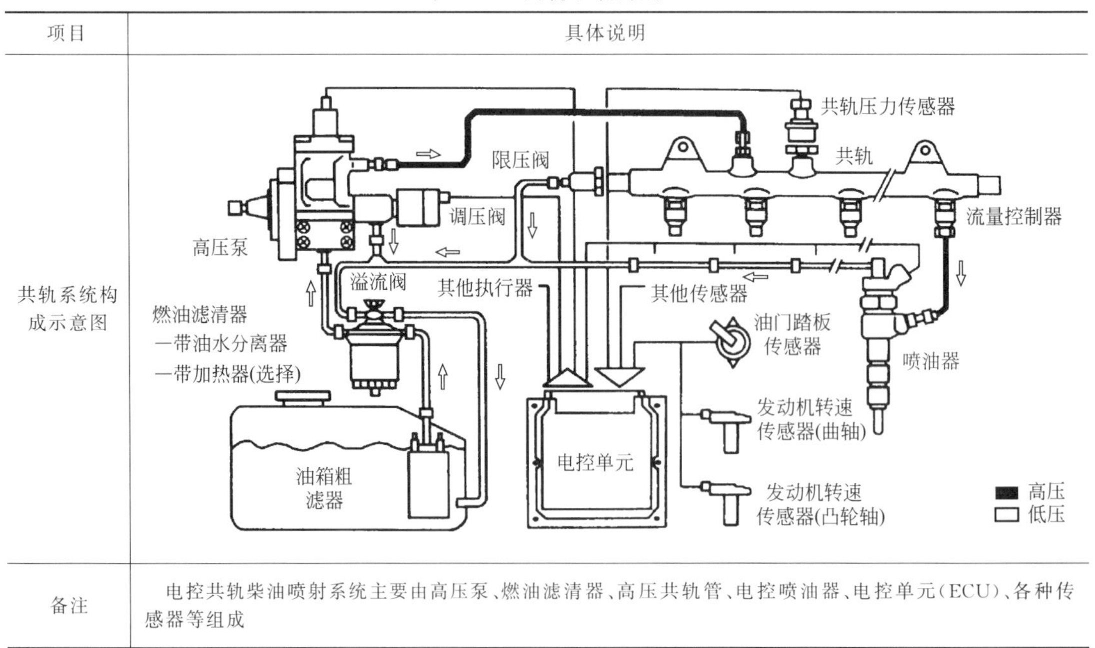
备注	电控共轨柴油喷射系统主要由高压泵、燃油滤清器、高压共轨管、电控喷油器、电控单元(ECU)、各种传感器等组成

③ 电控共轨柴油喷射系统的原理。机构的改进决定了电控共轨喷油系统相对于传统机械喷油系统的工作情况有所差异，表 2-41 列出了电控共轨柴油喷射系统的原理。

表 2-41 电控共轨柴油喷射系统的原理

项目	具体说明
工作方式	电控共轨柴油喷射系统是通过共轨直接或间接地形成恒定的高压燃油，分送到每个喷油器，并借助于集成在每个喷油器上的高速电磁开关阀的开启和关闭，定时、定量地控制喷油器喷射到燃烧室内的油量，由此来实现柴油发动机的最佳雾化、燃烧与最少的排放污染
供油方式	电控共轨柴油喷射系统是指高压油泵、压力传感器与电控单元(ECU)组成的闭环系统中，把喷射压力的产生与喷射过程彼此完全分开的一种供油方式。也就是由高压油泵将高压燃油输送给公共供油管，通过对公共供油管内的油压实现精确控制，使高压油管压力大小和发动机的转速没有关系，这样就可以大幅度减小柴油机供油压力随发动机转速的改变而发生变化的可能性，这也弥补了传统机械式喷射柴油机的这一缺陷。电控单元(ECU)控制喷油器的喷油量，而喷油量的大小则仅与燃油轨(公共供油管)压力和电磁阀开启时间长短有关

(3) 机械柴油喷射与电控共轨柴油喷射的差异

了解了传统机械柴油喷射系统与电控共轨柴油喷射系统的特点后，可以看出两者的差异主要表现在燃油的供给方式和对喷油时刻的选择上。

① 系统示意图对比。这里给出了燃油供给方式的简图，燃油系统油压的情况以及喷油率、压力、供油率、凸轮升程曲线的对比，具体见表 2-42。

表 2-42 系统示意图对比

项目	图式
机械柴油喷射与电控共轨柴油喷射燃油供给方式比较简图	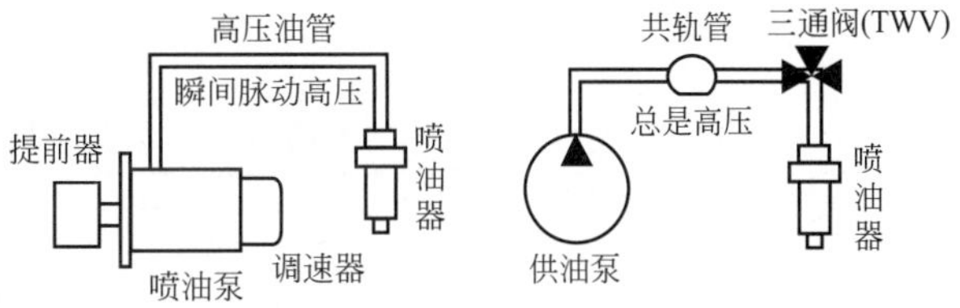 高压油管 瞬间脉动高压 提前器 喷油器 喷油泵 调速器 (a) 机械式；共轨管 三通阀(TWV) 总是高压 喷油器 供油泵 (b) 共轨式
机械柴油喷射与电控共轨柴油喷射喷油率、压力、供油率、凸轮升程曲线对比	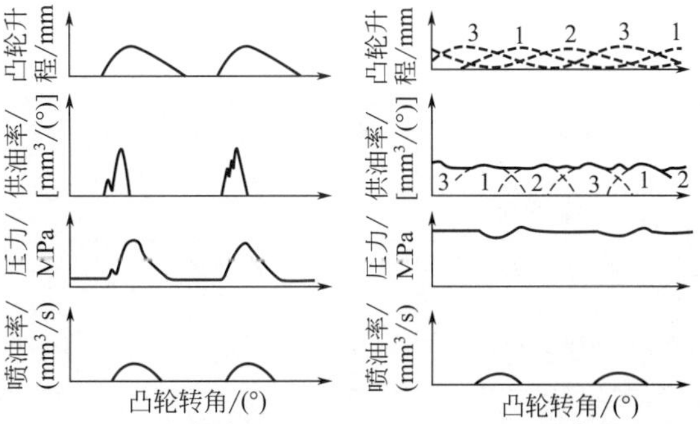 凸轮升程/mm 供油率/[mm³/(°)] 压力/MPa 喷油率/(mm³/s) 凸轮转角/(°) (a) 机械式；凸轮升程/mm 供油率/[mm³/(°)] 压力/MPa 喷油率/(mm³/s) 凸轮转角/(°) (b) 共轨式
机械柴油喷射与电控共轨柴油喷射油压情况比较简图	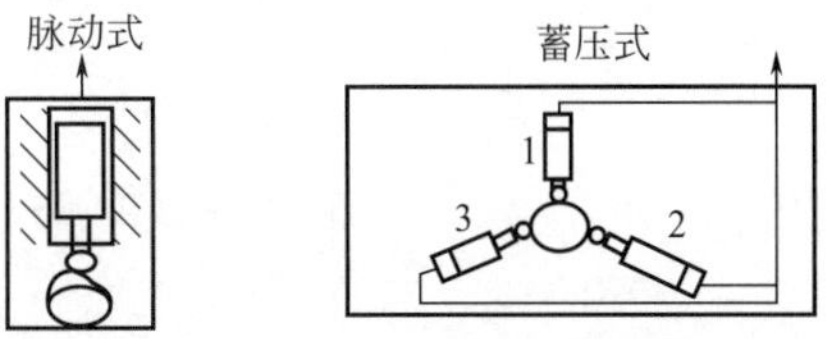 脉动式 (a) 机械式；蓄压式 (b) 共轨式 如图(a)所示，传统机械柴油喷射系统高压油管中的油压是瞬间脉动高压，主要是由柱塞连续供油形成的；而图(b)所示的电控共轨柴油喷射系统，其高压油管中的压力总保持在比较恒定的范围内

② 系统对比说明。根据以上对传统机械柴油喷射系统与电控共轨柴油喷射系统特点分析不难看出，两者差异主要表现在表 2-43 所列的几个方面。

表 2-43 系统对比说明

项目		具体说明
传统机械柴油喷射系统	油压	传统机械柴油喷射系统高压油管中的油压是瞬间脉动高压，主要是由柱塞连续供油形成的。这种脉动直接影响了喷油器喷油的稳定性，易导致喷油器出现喷油波动现象，在高压油管中使燃油产生压力波→压力波在高压油管中来回振荡→在下一个循环中会产生波动的叠加或减弱效应。因此会造成喷出的油雾颗粒不均匀，容易出现二次喷射或多次喷射→燃烧不充分，经济性变差，动力性下降，热效率降低，排放物增加等不良后果
	喷油量	传统机械柴油喷射系统的喷油量主要受负荷的影响，负荷调整喷油量，通过提前器和调速器对比油量进行修正，但无法实现精确控制
电控共轨柴油喷射系统	油压	电控共轨柴油喷射系统高压油管中的压力总保持在比较恒定的范围内，这是由于高压泵产生的脉动油压在共轨管内的容积增加时，产生谐振效应，使压力的波动大大减小，当油压变化时，压力调节器会把喷油器的燃油压力调节到较为恒定的状态
	喷油量	电控共轨柴油喷射系统的喷油量是由多种因素来综合控制的，控制喷油量的基本因素有负荷(通常是指油门开度)、转速、水温、进气温度和油温，以及燃油油压以及尾气中所含氧气量的多少。在确定喷油量的同时，电控单元(ECU)还控制电磁阀开启时间的长短，来确定每次喷油量的大小

③ 性能对比与分析。传统机械柴油喷射系统与电控共轨柴油喷射系统的性能对比与分析见表 2-44，供参考。

表 2-44 传统机械柴油喷射系统与电控共轨柴油喷射系统的性能对比与分析

项目		传统机械柴油喷射系统	电控共轨柴油喷射系统
参数调节	喷油量	喷油泵、调速器、提前器	喷油器、二通或三通阀(TWV)、ECU
	喷油时间	喷油泵、调速器、提前器	喷油器、二通或三通阀(TWV)、ECU
	燃油升压	喷油泵	供油泵
	燃油分配	喷油泵	共轨管
	喷油压力	转速、喷油量的变化可产生影响	供油泵、共轨压力调节器、二通或三通阀(TWV)
	喷油次数	1 次	多次(1～5 次，由 ECU 控制)
	喷油量/(mm^3/次)	由负荷与转速控制	可达到 1
系统特点	喷油量	不能自由调节	可自由调节(根据负荷、转速以及其他传感器来确定)
	喷油压力	不能自由调节	可自由调节(要在允许值范围内)
	喷油时间	根据提前器可略微调节	可自由调节
	喷油率	不能自由调节	可自由调节
	预喷射	无法实现	可以实现
主要组成部分	传感器	提前器中转速感应快，调速器中转速感应快	转速传感器、油门开度传感器、压力传感器、温度传感器、曲轴转角传感器、其他传感器
	控制器	没有电控单元(ECU)	具有电控单元(ECU)
	执行器	针阀偶件、提前器、调速器	喷油器电磁阀、压力调节阀、溢流阀、二通或三通阀(TWV)

第3章　柴油发动机几种典型电控系统

经过多年的发展，柴油机电子控制系统（简称电控系统，下同）越来越成熟，功能各异的柴油机电控系统相继开发研制和生产投放市场。本章介绍几种市场上拥有量较大、有一定代表性的柴油机电控系统。

3.1　柴油发动机电控喷油泵燃油喷射系统

柴油发动机电控喷油泵的主体和普通喷油泵没有什么区别，仅是调速器与喷油提前角调节器（即时间控制器）由电子控制单元（ECU）来进行控制。

(1) 基本构成

电控喷油泵燃油喷射系统是在普通喷油泵供油系统的基础上改进后得到的，表 3-1 中列出了电控喷油泵燃油喷射系统基本构成，供参考。

表 3-1　电控喷油泵燃油喷射系统基本构成

<table>
<tr><th>项目</th><th colspan="2">具体说明</th></tr>
<tr><td>基本构成</td><td>右图所示为电控喷油泵燃油喷射系统基本构成示意图，主要由信号输入装置与输入信号（各种传感器、开关等信号）、电子控制单元（ECU）和执行器（执行电器与机械执行机构）三个部分组成</td><td rowspan="2">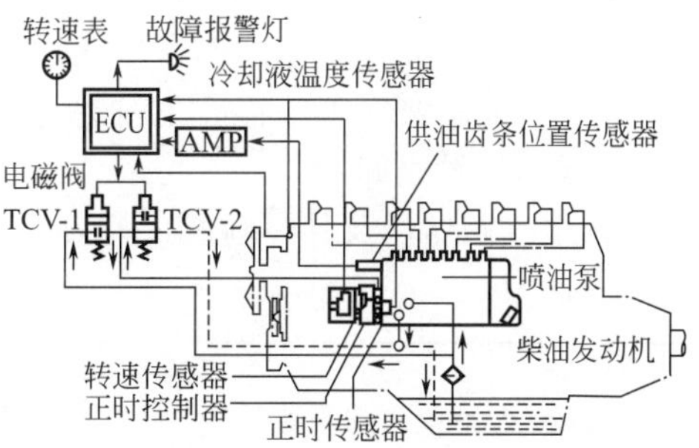
</td></tr>
<tr><td>特点</td><td>在电控喷油泵燃油喷射系统中，通常都由调速器执行机构控制调节齿条的位置，来对供油量进行控制，而由提前器执行机构对发动机驱动轴与喷油泵凸轮轴之间的相位差进行控制，以实现对喷油时间的控制。调速器执行机构与提前器执行机构是电控喷油泵系统中的两个特殊机构</td></tr>
<tr><td>传感器</td><td colspan="2">从各个传感器送来的信号由电控单元（ECU）进行处理，与发动机负荷及转速状态相适应的信号送往电子调速器与电磁阀（TCV-1 与 TCV-2），使调速器与提前器动作。而在调速器与提前器中，有检测实际动作值的传感器。将这些传感器送来的反馈信号输送到电控单元（ECU），以控制最佳的喷油量与喷油时间。电控喷油泵燃油喷射系统常用的传感器有冷却液温度传感器、时间传感器（正时传感器）、N-TDC（转速-凸轮轴位置）传感器、加速踏板位置传感器等</td></tr>
</table>

(2) 工作原理

表 3-2 列出了柴油发动机电控喷油泵燃油喷射系统工作原理。

表 3-2　电控喷油泵燃油喷射系统工作原理

项目	具体说明
原理简图	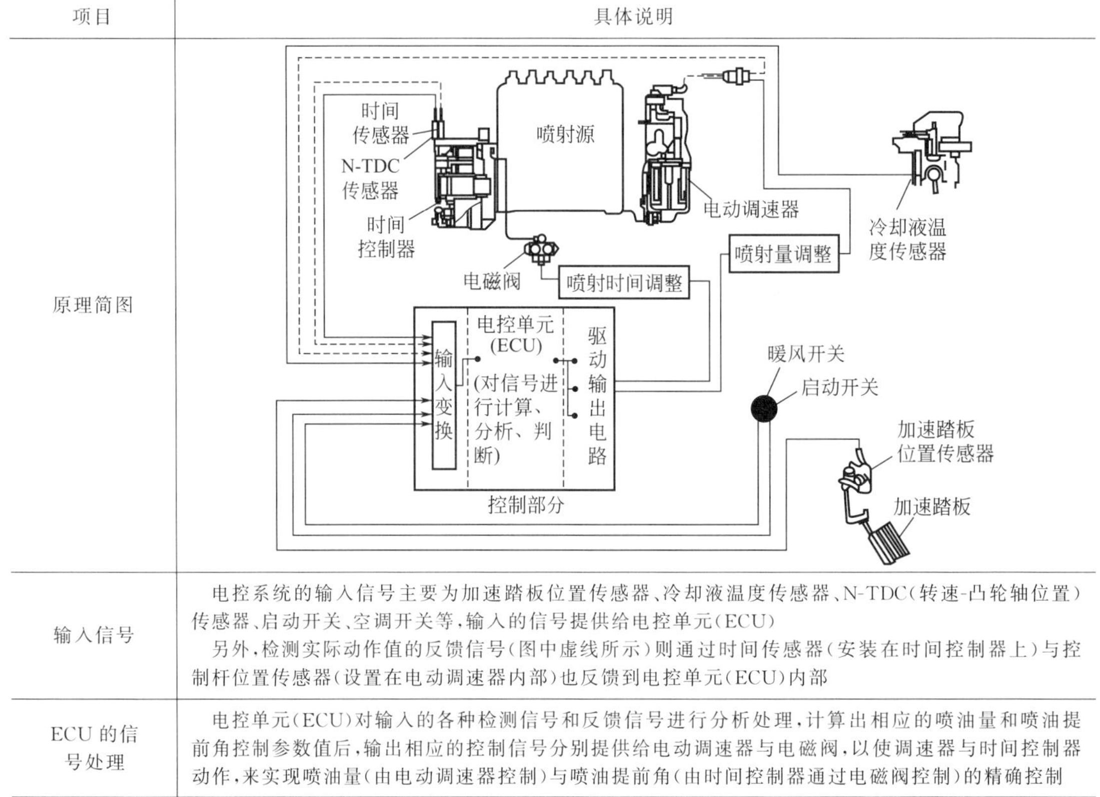
输入信号	电控系统的输入信号主要为加速踏板位置传感器、冷却液温度传感器、N-TDC(转速-凸轮轴位置)传感器、启动开关、空调开关等，输入的信号提供给电控单元(ECU) 另外，检测实际动作值的反馈信号(图中虚线所示)则通过时间传感器(安装在时间控制器上)与控制杆位置传感器(设置在电动调速器内部)也反馈到电控单元(ECU)内部
ECU 的信号处理	电控单元(ECU)对输入的各种检测信号和反馈信号进行分析处理，计算出相应的喷油量和喷油提前角控制参数值后，输出相应的控制信号分别提供给电动调速器与电磁阀，以使调速器与时间控制器动作，来实现喷油量(由电动调速器控制)与喷油提前角(由时间控制器通过电磁阀控制)的精确控制

(3) 喷油提前角控制原理

对电控喷油泵燃油喷射系统喷油提前角控制原理进行分析时，应围绕喷油提前角控制方式、电磁阀结构及其控制与时间控制器结构及其控制三个方面来进行。

① 喷油提前角控制方式。喷油提前角的控制信号来自于电控单元（ECU），具体控制方式为由 ECU 控制电磁阀线圈的供电，而由电磁阀来控制发动机机油泵进入时间控制器中的油压，进而使时间控制器动作，以此来实现改变喷油泵凸轮轴和喷油泵驱动轴（曲轴）的相对位置，从而达到对喷油提前角控制的目的。时间控制器通常设置在喷油泵驱动轴（曲轴）和喷油泵凸轮轴之间。

② 电磁阀结构及其控制原理见表 3-3。

表 3-3　电磁阀结构及其控制原理

项目	具体说明	
结构	电磁阀的典型结构如右图所示。该电磁阀为双组式，共有三个输油通道 P 孔通发动机主油道，控制压力油是从 P 孔进入电磁阀的 R 孔为回油通道，有一部分机油是从 R 孔流回柴油发动机的油底壳的 A 管是通往时间控制器的油道，控制油是从电磁阀经 A 管流入时间控制器的	来自控制器的驱动信号 电磁阀 柱塞座 阀 (开阀时) A管 通往时间控制器 P孔 来自发动机的机油泵 通往发动机 R孔

续表

项目	具体说明
控制原理	电磁阀的控制信号来自于电控单元(ECU),通过控制从 R 孔流回发动机的油量来控制从 A 管进入时间控制器的油压,进而通过控制时间控制器内活塞的位置,来实现对喷油提前角的调整

③ 时间控制器结构及其控制原理见表 3-4。

表 3-4　时间控制器结构及其控制原理

项目	具体说明
结构	右图所示为时间控制器典型结构示意图,该控制器主要由缸筒、活塞、凸轮、法兰与圆盘等组成
控制原理	时间控制器受电磁阀流入的油压大小的控制,油压的大小会使活塞位置发生改变,进而通过活塞上的销带动凸轮偏转,从而使法兰(泵轴)相对于圆盘(发动机曲轴)偏转一定角度,来实现对喷油提前角的调整

(4) 喷油量控制原理

电控喷油泵燃油喷射系统喷油量控制原理可从电动调速器结构、电控单元(ECU)的控制方式等几个方面来进行分析,具体见表 3-5。

表 3-5　电控喷油泵燃油喷射系统喷油量控制原理

项目	具体说明
电动调速器典型结构	右图所示为电动调速器的典型结构,该类调速器通常由电动助推器、连杆机构、控制杆和控制杆位置传感器等组成,控制杆位置传感器安装在电动调速器壳体内部
控制对象	喷油量的控制是由电控单元(ECU)输出的信号控制电动调速器进行动作来实现的,也就是根据实际情况对喷油量进行增加或减少
控制方式	电控单元(ECU)输出的控制信号加到电动调速器上,用于控制电动助推器进行上、下移动,而电动助推器上、下移动的动作则通过连杆机构变换为控制杆的水平移动,以此来实现对喷油量进行增加或减少的控制

3.2　柴油发动机电控分配泵燃油喷射系统

柴油发动机电控分配泵燃油喷射系统实际上也属于电控喷油泵系统,仅是在上述喷油泵的基础上又进行了改进。

(1) 基本构成与控制方式

电控分配泵燃油喷射系统在普通喷油泵供油系统的基础上进行较为合理的改进。

① 电控分配泵燃油喷射系统的基本构成见表 3-6。

表 3-6 电控分配泵燃油喷射系统的基本构成

项目	具体说明
示意图	右图所示为电控分配泵燃油喷射系统基本构成示意图
组成部分	电控分配泵燃油喷射系统与上述电控喷油泵燃油喷射系统的构成十分相似，区别仅在喷油泵结构上。主要也是由信号输入装置与输入信号（各种传感器、开关等信号）、电子控制单元（ECU）和执行器（执行电器与机械执行机构）三个部分组成

② 电控分配泵燃油喷射系统的主要特点与类型见表 3-7。

表 3-7 电控分配泵燃油喷射系统的主要特点与类型

项目	具体说明
喷油方式	电控分配泵燃油喷射系统中喷油方式如右图所示。电控单元（ECU）根据各种传感器检测到的信息，分析、判断出发动机的实际运行情况，然后电控单元（ECU）输出控制信号来完成各种功能，如喷油量控制、喷油时间控制、怠速转速控制、故障诊断功能控制与故障应急功能控制等 不同的车型，电控单元（ECU）控制的具体内容有一定的差异，有些车型可以实现前三项控制，有些车型仅对喷油时间进行控制
控制类型	电控分配泵燃油喷射系统根据喷油量、喷油时间的控制方法可分为位置控制方式与时间控制方式两大类

③ 电控分配泵燃油喷射系统喷油量、喷油时间的位置控制方式见表 3-8。

表 3-8 电控分配泵燃油喷射系统喷油量、喷油时间的位置控制方式

项目	具体说明
基本特点	在采用位置控制方式的电控分配泵燃油喷射系统中，是把 VE 分配泵中的机械调速器转换为电子控制执行机构。其基本特点是保留了机械分配泵的溢油环，采用旋转式电磁铁，而不再使用杠杆；电磁铁中控制轴旋转改变了控制轴下端偏心球的位置，通过直接对溢油环进行控制来控制喷油量。具体控制方式可以从喷油量控制与喷油时间控制两个方面来说明
喷油量控制	电控单元（ECU）根据发动机状态计算出目标喷油量，然后把结果输出到驱动电路。驱动电路根据 ECU 的指令一方面反馈控制执行机构的位置，另一方面控制输出。由此就可把 VE 分配泵的溢油环控制在目标位置，使喷油量被控制在最佳状态
喷油时间控制	VE 分配泵的提前器活塞内设置了连通高压腔与低压腔的通道，并采用占空比来控制正时调节阀，从而使正时活塞两侧的压力差发生变化，进而使喷油时间得到控制。另外，还采用传感器测出正时活塞的位置，以便进行反馈控制

④ 电控分配泵燃油喷射系统喷油量、喷油时间的时间控制方式。在采用时间控制方式的电控分配泵燃油喷射系统中，电控单元（ECU）内设置了时钟，通过时钟控制喷油终了时刻，来对喷油量进行控制。由执行机构的电磁阀来对喷油终了时刻进行控制，对每一次喷油过程均可以控制。

⑤ 电控分配泵燃油喷射系统常用的传感器主要有冷却液温度传感器、进气歧管温度传感器、燃油温度传感器、发动机转速传感器、车速传感器、调节滑套位置传感器（或调节活塞运动传感器）、针阀升程传感器、加速踏板位置传感器、大气压力传感器、空气流量传感器、制动灯开关、离合器踏板开关、制动踏板开关等。

(2) 工作原理

① 电控分配泵燃油喷射系统原理简图与说明见表 3-9。

表 3-9 电控分配泵燃油喷射系统原理简图与说明

项目	具体说明
电控分配泵燃油喷射系统原理简图	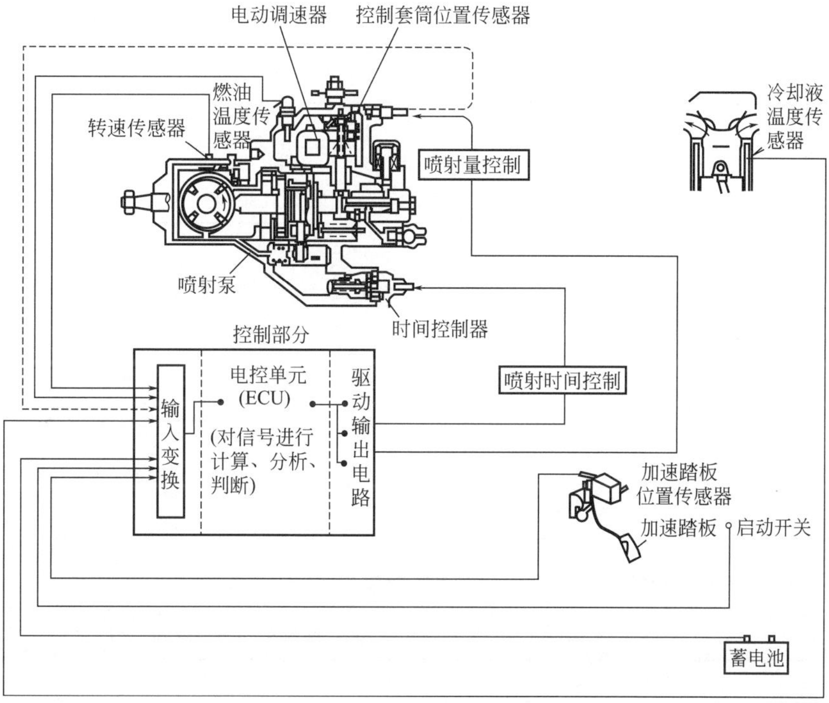 电动调速器 控制套筒位置传感器 燃油温度传感器 转速传感器 冷却液温度传感器 喷射量控制 喷射泵 时间控制器 控制部分 输入变换 电控单元(ECU) (对信号进行计算、分析、判断) 驱动输出电路 喷射时间控制 加速踏板位置传感器 加速踏板 启动开关 蓄电池
输入信号	电控系统的输入信号主要为加速踏板位置传感器、冷却液温度传感器、转速传感器、燃油温度传感器、启动开关等提供的信号，输入的信号提供给电控单元(ECU) 另外，检测实际动作值的反馈信号(图中虚线所示)通过控制套筒位置传感器也反馈到电控单元(ECU)内部
ECU 的信号处理	电控单元(ECU)对输入的各种检测信号和反馈信号进行分析处理，计算出相应的喷油量和喷油提前角控制参数值后，输出相应的控制信号，分别提供给电动调速器与时间控制器，以使调速器与时间控制器动作，来实现喷油量与喷油提前角的精确控制

② 电控分配泵燃油喷射系统的原理简介。对电控分配泵燃油喷射系统的工作原理进行分析，也是从喷油量控制、喷油提前角控制这两个方面入手进行。

a. 电控分配泵燃油喷射系统调速器结构见表 3-10。

表 3-10 电控分配泵燃油喷射系统调速器结构

项目	具体说明
调速器与转子式执行器的结构示意图	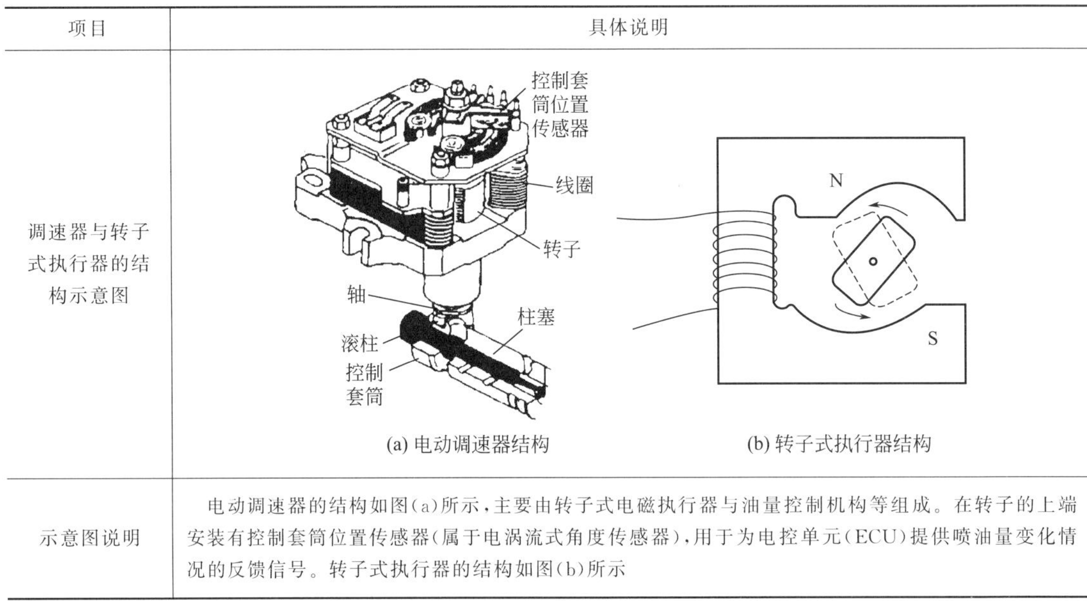 (a) 电动调速器结构　(b) 转子式执行器结构
示意图说明	电动调速器的结构如图(a)所示，主要由转子式电磁执行器与油量控制机构等组成。在转子的上端安装有控制套筒位置传感器(属于电涡流式角度传感器)，用于为电控单元(ECU)提供喷油量变化情况的反馈信号。转子式执行器的结构如图(b)所示

b. 电控分配泵燃油喷射系统喷油量控制原理见表 3-11。

表 3-11 电控分配泵燃油喷射系统喷油量控制原理

项目	具体说明
喷油量控制方式	喷油量的控制主要是电控单元(ECU)输出的控制信号，对电动调速器中的控制套筒的位置进行控制，以此来实现对喷油量的增加或减少的控制
控制原理	如表 3-10 中的图(b)所示，非对称磁极铁芯上绕有线圈，电控单元(ECU)根据有关输入信号的情况，通过改变输出信号波形中的占空比，来对流入该线圈中的电流大小进行控制，可实现转子在 0°～60°范围内进行旋转。再通过转子轴端偏心安装的滚柱来改变控制套筒的位置，就可以达到对喷油量增加或减少进行控制的目的。当转子旋转时，轴端偏心安装的滚柱就会拨动控制套筒沿柱塞作轴向移动，由此就可以实现喷油量的增减

c. 电控分配泵燃油喷射系统时间控制器结构见表 3-12。

表 3-12 电控分配泵燃油喷射系统时间控制器结构

项目	具体说明	
时间控制器的结构示意图	电控分配泵燃油喷射系统喷油提前角的控制是由时间控制器(定时器)来实现的。时间控制器的结构如右图所示，主要由正时控制阀(TCV 阀)与正时活塞等组成	高压室(来自泵内) 正时控制阀 来自控制中心的驱动信号 正时活塞 回位弹簧 提前作用 低压室(通向输油泵吸入口)
示意图说明	正时控制阀的控制信号来自于电控单元(ECU)，其作用是控制连接正时活塞高压室与低压室的中间通路，用以控制通往正时活塞高压室的油压来实现对喷油提前角的控制。具体工作情况可从表 3-13 中的控制阀通电、断电等几个方面来进行分析	

d. 电控分配泵燃油喷射系统喷油提前角控制原理见表 3-13。

表 3-13 电控分配泵燃油喷射系统喷油提前角控制原理

项目	具体说明
控制阀通电	当正时控制阀线圈电流通路形成时，控制阀就会工作→高压室与低压室连通→正时活塞两端的油压差消失，在回位弹簧的作用下，正时活塞回位，从而推迟了喷油时间
控制阀断电	当正时控制阀线圈电流通路断开时，控制阀就会停止工作→高压室与低压室隔断→正时活塞在高压油压力的作用下压缩回位弹簧向下移动→凸轮盘相对于滚柱的位置产生偏转，从而使喷油时间提前
控制特点	由上述分析可看出，喷油提前角的控制是电控单元(ECU)通过控制正时控制阀线圈通电时间的长短来实现的。通电时间长，喷油提前角减小；通电时间短，则喷油提前角增大

③ 喷油泵与调速器结构。柴油发动机使用的电控分配泵类型较多，使用较广泛的为 COVEC-Ⅰ型喷油泵和日本五十铃公司的 I-TEC 型喷油泵，表 3-14 列出了这两种喷油泵以及与其配套的电动调速器的结构。

表 3-14 两种喷油泵以及与其配套的电动调速器的结构

项目	COVEC-Ⅰ型	I-TEC 型
喷油泵结构	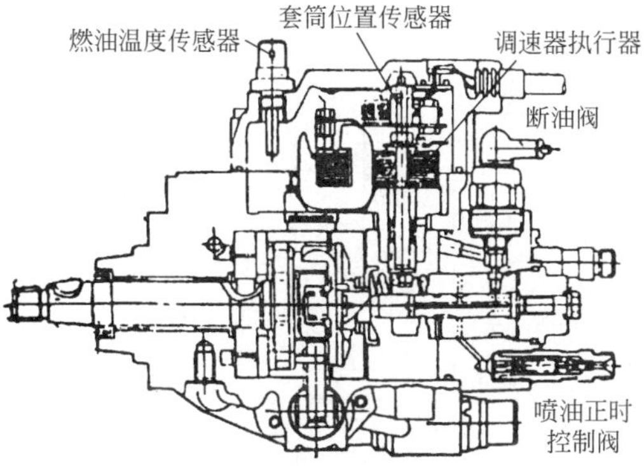 燃油温度传感器 套筒位置传感器 调速器执行器 断油阀 喷油正时控制阀	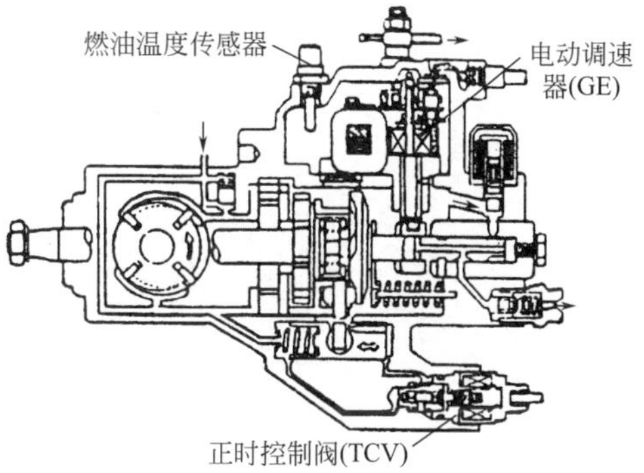 燃油温度传感器 电动调速器(GE) 正时控制阀(TCV)
配套的电动调速器结构	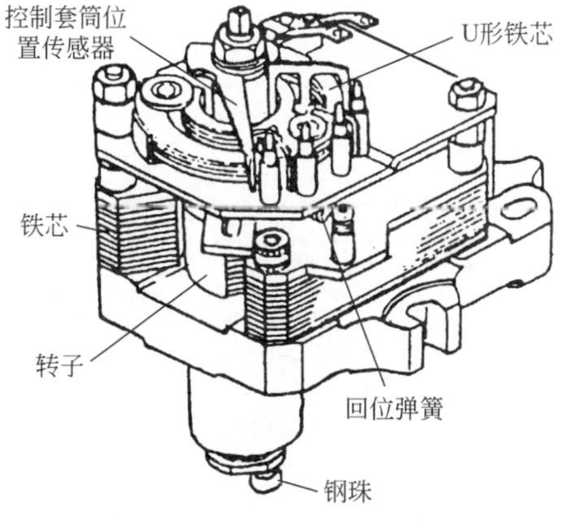 控制套筒位置传感器 U形铁芯 铁芯 转子 回位弹簧 钢珠	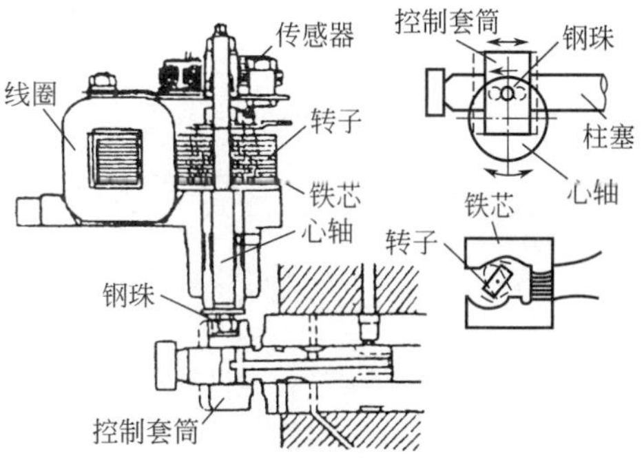 传感器 控制套筒 钢珠 线圈 转子 柱塞 铁芯 心轴 心轴 铁芯 转子 钢珠 控制套筒

3.3 柴油发动机 ECD-Ⅰ型电控系统

ECD-Ⅰ是日本丰田公司开发的一种汽车柴油发动机电控系统，是在保留了一部分机械控制式喷油泵的机械控制机构的基础上改进得到的。

(1) 特点与结构

柴油发动机 ECD-Ⅰ型电控系统对喷油量与喷油提前角的控制方式与电控分配泵式电控系统十分相似。

① ECD-Ⅰ型电控系统特点与结构示意图见表 3-15。

表 3-15　ECD-Ⅰ型电控系统特点与结构示意图

项目	具体说明
特点	柴油发动机 ECD-Ⅰ型电控系统对喷油量与喷油提前角的控制方式与电控分配泵式电控系统最大不同之处是，其采用溢流控制电磁阀使控制杆移动控制溢流环（控制套筒）的位置来实现对喷油量的控制
ECD-Ⅰ型电控系统结构示意	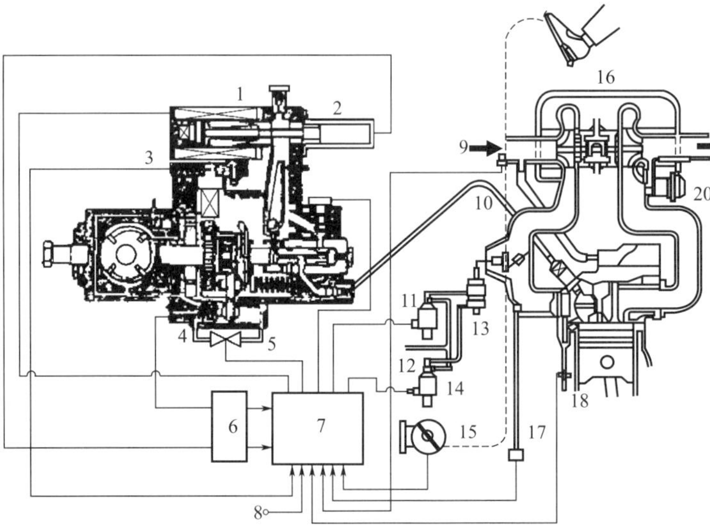 1—溢流控制电磁铁；2—溢流环位置传感器；3—转速传感器；4—正时活塞位置传感器；5—正时控制阀；6—点火放大器；7—电控单元 ECU；8—E/G 开关（发动机开关）信号，A/C 开关（空调开关）信号，空挡启动开关信号；9—进气与进气温度传感器；10—喉管总成；11，14—VSV 阀（真空控制阀）；12—真空；13—膜片；15—加速踏板位置传感器；16—加速踏板；17—进气压力传感器；18—冷却液温度传感器；19—排气；20—排放阀

② ECD-Ⅰ型电控系统结构示意图说明见表 3-16。

表 3-16　ECD-Ⅰ型电控系统结构示意图说明

项目	具体说明
输入信号	电控系统的输入信号主要为加速踏板位置传感器、冷却液温度传感器、转速传感器、进气温度传感器、进气压力传感器、发动机开关（E/G）信号、空调开关（A/C 开关）信号、空挡启动开关信号等，输入的信号提供给电控单元（ECU） 另外，检测实际动作值的反馈信号则通过溢流环位置传感器、正时活塞位置传感器也反馈到电控单元 ECU 内部
ECU 的信号处理	电控单元（ECU）对输入的各种检测信号和反馈信号进行分析处理，计算出相应的喷油量和喷油提前角控制参数值后，输出相应的控制信号分别提供给控制喷油量的溢流控制电磁阀和控制喷油提前角的正时控制阀，由这些执行器来实现喷油量与喷油提前角的精确控制 另外，电控单元（ECU）还输出控制信号对进气节流、排气再循环的真空控制阀（VSV 阀）等进行控制

(2) 工作原理

对柴油发动机 ECD-Ⅰ型电控系统工作原理的分析，也是从喷油量控制、喷油提前角控制这两方面来进行。

① ECD-Ⅰ型电控系统喷油量控制原理见表 3-17。

表 3-17 ECD-Ⅰ型电控系统喷油量控制原理

项目	具体说明
溢流控制电磁铁的结构	右图所示为溢流控制电磁铁的结构示意图，该电磁铁主要由定子线圈、弹簧、动铁芯、溢流环位置传感器等构成。溢流环位置传感器由一组线圈与铁芯构成，该铁芯会随电磁铁动铁芯的移动改变其在线圈中的位置，进而使电感量改变，电磁线圈就会有相应的电压信号输出 溢流环位置传感器 线圈 铁芯 定子线圈 线圈 动铁芯 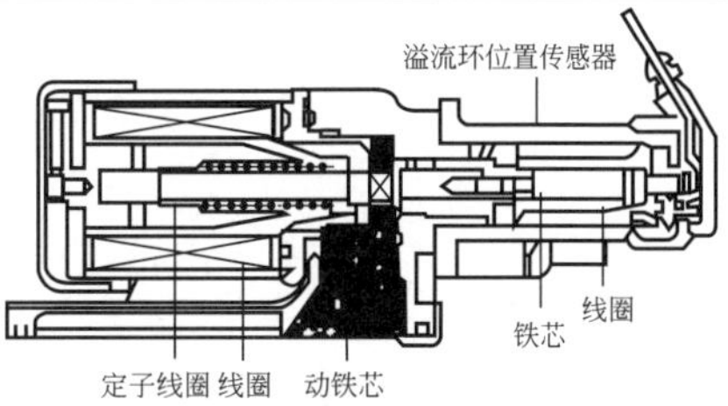
控制方式	在ECD-Ⅰ型电控系统中，喷油量的控制是由溢流控制电磁铁驱动控制杆的移动→控制溢流环(控制套筒)位置的改变来实现的
控制原理	溢流控制电磁铁定子线圈电流的大小受电控单元(ECU)输出信号的控制，当线圈通电时，产生的电磁吸引力就会吸引动铁芯克服弹簧的弹力而移动。移动的结果就可实现对喷油量的控制。也就是说，ECU控制流入定子线圈中电流的大小来控制动铁芯的移动，然后通过控制杆控制溢流环(控制套筒)的位置来实现对喷油量的控制。通常，流入定子线圈中的电流在0.4～0.9A之间变化
需要说明的问题	ECD-Ⅰ型电控系统对溢流控制电磁铁动铁芯内回位弹簧的弹力要求很高，因为当控制电流一定时，弹簧弹力的大小直接影响动铁芯的移动量，进而也就直接影响了喷油量。故当车辆出现喷油量异常故障时，对该弹簧的检查应放在首要位置

② ECD-Ⅰ型电控系统喷油提前角控制原理。在ECD-Ⅰ型电控系统中，喷油提前角的控制是由正时控制阀与正时控制器来实现的，这两个主要部件的结构及其工作情况介绍如下。

a. ECD-Ⅰ型电控系统正时控制阀的结构与原理见表3-18。

表 3-18 ECD-Ⅰ型电控系统正时控制阀的结构与原理

项目	具体说明	
结构	右图所示为ECD-Ⅰ型电控系统中使用的正时控制阀结构示意图。该阀主要由电磁线圈、动铁芯、弹簧等组成	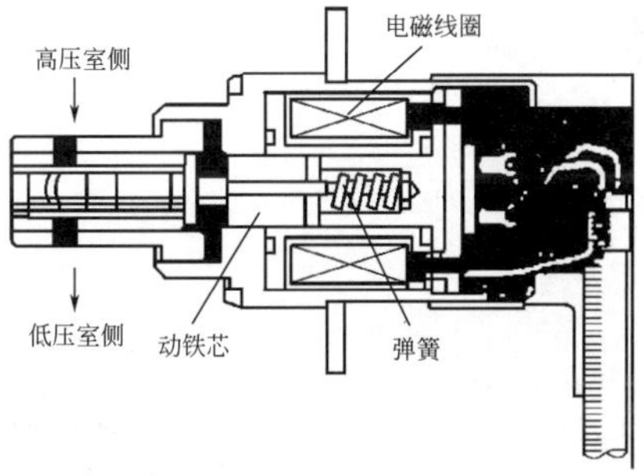 高压室侧 电磁线圈 低压室侧 动铁芯 弹簧
原理	该控制阀的电磁线圈受电控单元(ECU)输出信号的控制。当正时控制阀电磁线圈的电流通路形成时，电磁力就会吸引动铁芯，动铁芯就会克服弹簧的弹力而向右移动，由此就会把正时控制器的高压室与低压室的油路接通。当正时控制阀电磁线圈的电流通路断开时，在弹簧力的作用下，动铁芯就会向左移动，由此就会把正时控制器的高压室与低压室的油路断开	

b. ECD-Ⅰ型电控系统正时控制器的结构与原理见表3-19。

表 3-19 ECD-Ⅰ型电控系统正时控制器的结构与原理

项目	具体说明	
结构	右图所示为ECD-Ⅰ型电控系统中使用的正时控制器结构示意图。正时控制器正时活塞两端的油压受电磁控制阀的控制。具体工作情况可以从控制阀线圈通电与断电等几个方面来说明	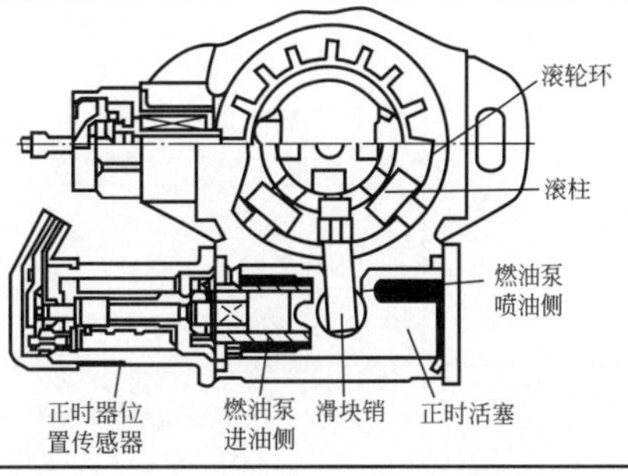 滚轮环 滚柱 燃油泵喷油侧 正时器位置传感器 燃油泵进油侧 滑块销 正时活塞
线圈通电	当控制阀线圈通电时，正时活塞高、低压室就会被连通→两室中的压力差消失→正时活塞在回位弹簧的作用下向右移动，通过滑块销使喷油提前角增大	

续表

项目	具体说明
线圈断电	当控制阀线圈断电时，正时活塞高、低压室就会被切断→正时活塞在高压油压力的作用下压缩回位弹簧向左移动，通过滑块销使喷油提前角减小
检测信号	在正时活塞移动时，其左端的正时位置传感器的铁芯也相应移动，传感器线圈就会把喷油提前角变化的信号，输送给电控单元（ECU）
备注	ECD-Ⅱ型电控系统与日本五十铃公司的I-TEC型控制系统均采用上述的喷油正时控制方式

3.4 柴油发动机ECD-Ⅱ型电控系统

ECD-Ⅱ型电控系统是日本丰田公司开发的另一种汽车柴油发动机电控系统，该电控系统与ECD-Ⅰ型电控系统相比有了很大的改进。

（1）特点与结构

柴油发动机ECD-Ⅱ型电控系统对喷油量与喷油提前角的控制方式与电控分配泵式电控系统有了很大的区别。

① ECD-Ⅱ型电控系统特点。柴油发动机ECD-Ⅱ型电控系统对喷油量的控制是通过电控单元（ECU）对电磁溢流阀线圈的控制，再由正时开关溢流通路来实现的，也就是通过控制停止喷油的时间长短来控制喷油量。同时，在喷油提前角控制中采用了着火正时传感器来对燃烧室内开始燃烧的时刻进行检测，从而使点火提前角的控制更加精确。

② ECD-Ⅱ型电控系统结构示意图见表3-20。

表3-20 ECD-Ⅱ型电控系统结构示意图

项目	具体说明
ECD-Ⅱ型电控系统结构示意图	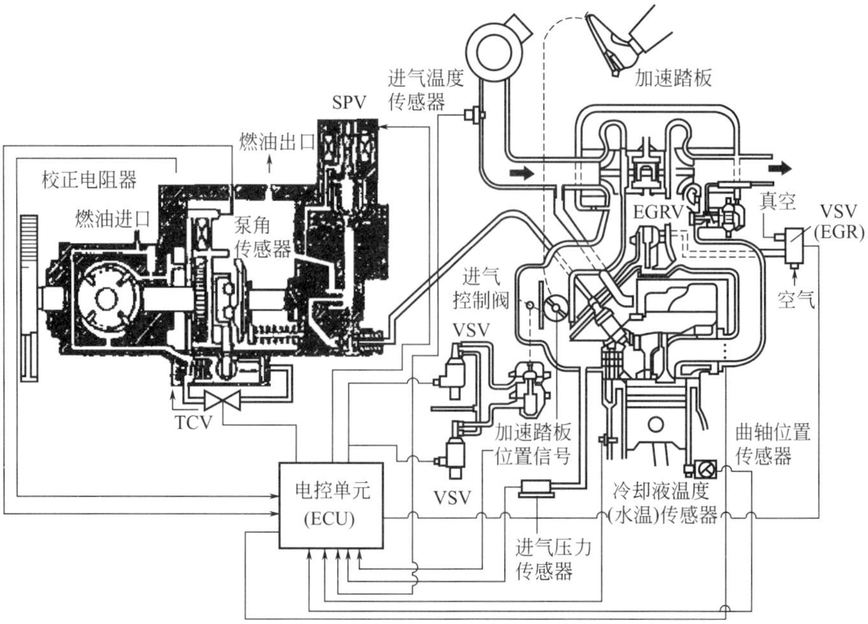
结构示意图说明	TCV为正时控制阀，SPV为电磁溢流阀，VSV为电控真空通道控制阀，EGRV为排气再循环控制阀

③ ECD-Ⅱ型电控系统输入信号与 ECU 的信号处理情况见表 3-21。

表 3-21 ECD-Ⅱ型电控系统输入信号与 ECU 的信号处理情况

项目	具体说明
输入信号	ECD-Ⅱ型电控系统的输入信号主要为加速踏板位置传感器、冷却液温度传感器、曲轴位置传感器、进气温度传感器、进气压力传感器、泵角传感器等提供的信号，输入的信号提供给电控单元(ECU) 另外，检测实际动作值的反馈信号则通过正时活塞位置传感器、校正电阻器等也反馈到电控单元(ECU)的内部
ECU 的信号处理情况	电控单元(ECU)对输入的各种检测信号和反馈信号进行分析处理，计算出相应的喷油量和喷油提前角控制参数值后，输出相应的控制信号，分别提供给控制喷油量的溢流控制电磁阀和控制喷油提前角的正时控制电磁阀，由这些执行器来实现喷油量与喷油提前角的精确控制 另外，电控单元(ECU)还输出控制信号对进气节流(进气控制阀)、排气再循环的真空通道控制阀(VSV 阀)等进行控制

(2) 主要控制功能

柴油发动机 ECD-Ⅱ型电控系统控制功能归纳起来主要有八个方面，具体情况见表 3-22。

表 3-22 柴油发动机 ECD-Ⅱ型电控系统控制功能

项目	具体说明
喷油量控制	该电控系统依据曲轴位置传感器(发动机转速传感器)与加速踏板位置传感器信号决定基本喷油量，再根据冷却液温度传感器、进气温度传感器、进气压力传感器等修正信号对基本喷油量进行修正，依靠电磁溢流阀的快速响应特性，对喷油量进行精确控制。为了满足不同的使用要求与环境，该系统还具有燃油特性修正、低温启动后的修正、急减速时的修正等控制功能
喷油提前角控制	基本喷油提前角也依据曲轴位置传感器(发动机转速传感器)与加速踏板位置传感器信号来决定，再根据冷却液温度传感器、进气温度传感器、进气压力传感器信号对基本喷油提前角进行修正，同时还根据着火正时传感器检测到的实际燃烧开始时间，对喷油提前角作进一步的修正，以减小燃油十六烷值与大气条件变化对喷油提前角的影响
怠速控制	在发动机怠速运转情况下，如果发动机因空调、发电机、动力转向油泵等附属装置工作状态发生变化导致发动机负荷变化时，ECD-Ⅱ型电控系统采用反馈控制方式对喷油量进行控制，可以把发动机的转速控制在所设定的目标转速上进行稳定运转。在 ECD-Ⅱ型电控系统 ECU 的存储器中，预先存储了大量的不同工作状态及工作条件的目标怠速转速供控制时对比参考
进气节流控制	该电控系统是通过控制节流阀的开度来实现对进气量的控制的，怠速时节流进气，发动机停机时关闭进气，以便降低怠速时的振动、噪声以及停机时的振动。控制信号来自于 ECU，ECU 通过控制真空电磁阀(VSV 阀)，而由真空电磁阀对真空气室进行控制，来实现对节流阀的控制
各缸喷油量不均匀修正	该电控系统能够通过曲轴位置传感器检测曲轴转速的变化情况，以此来判断各缸喷油量的差异，然后利用电磁溢流阀的快速响应性能，及时对各缸的喷油量进行修正，以降低发动机转速的波动，也就是按各缸间转速无波动偏差来控制各缸的喷油量，以便消除怠速颤振现象
EGR 排气再循环控制	该电控系统的 EGR 排气再循环控制方式与汽油发动机一样，也是通过控制参与再循环的排气量，来减少 NO_x 的排放量
启动预热控制	该电控系统的电控单元(ECU)输出的控制信号对启动预热塞的通电时间进行控制，以提高发动机的低温启动性能
自诊断和安全保护	ECD-Ⅱ型电控系统与汽油机的电控系统一样，也具有故障自诊断和安全保护功能，用于对控制系统的工作情况进行监测，一旦监测到故障情况时，一方面会把监测到的故障以代码的形式存储起来，另一方面采用预先存储在 ECU 中的固定程序，控制发动机进入强制运转状态，以便驾驶员能够把车辆开到修理厂。但上述固定程序仅能维持基本功能，不能保证正常运行性能

(3) 与ECD-Ⅰ型电控系统的差异

① ECD-Ⅱ型电控系统与ECD-Ⅰ型电控系统的原理示意图见表3-23。

表3-23 ECD-Ⅱ型电控系统与ECD-Ⅰ型电控系统的原理示意图

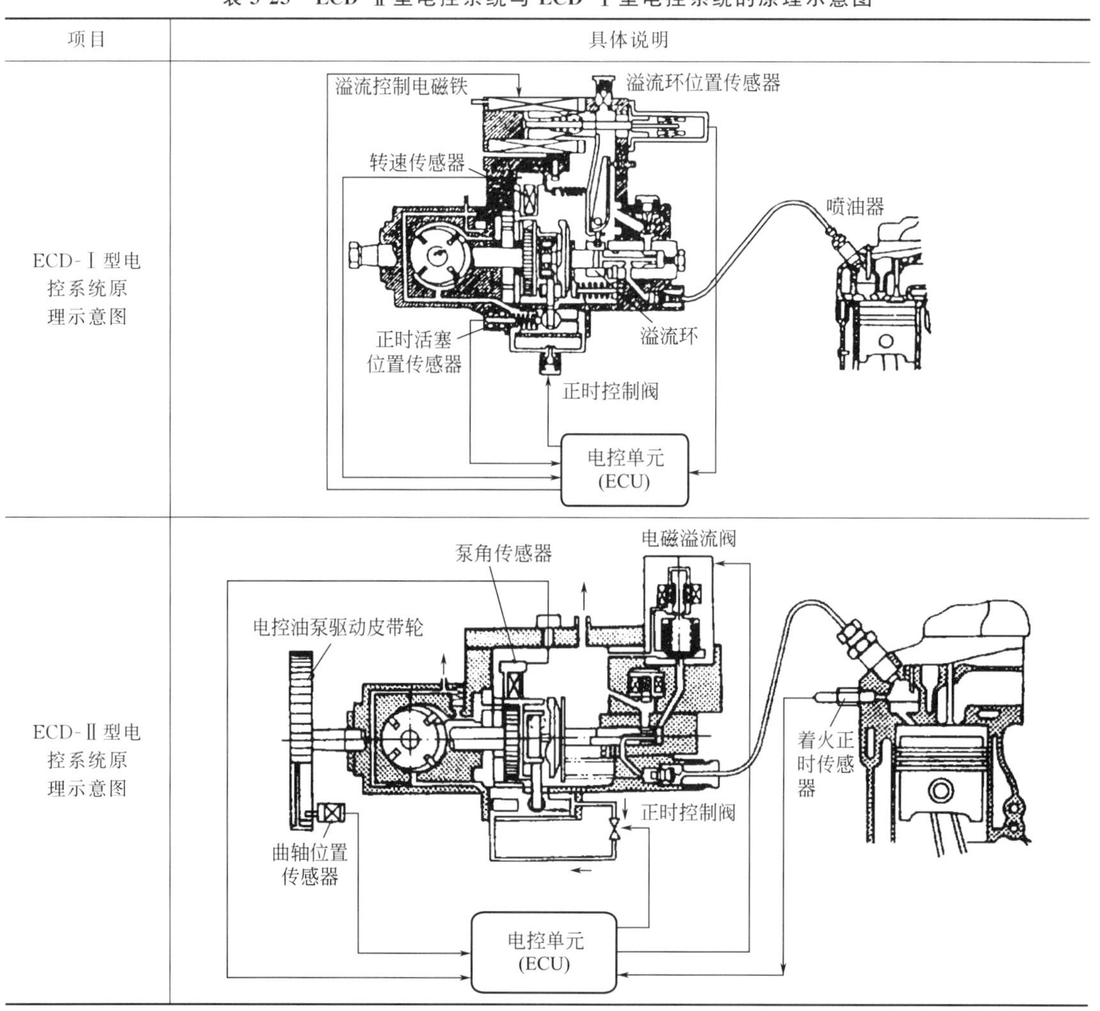

项目	具体说明
ECD-Ⅰ型电控系统原理示意图	（示意图）
ECD-Ⅱ型电控系统原理示意图	（示意图）

② ECD-Ⅱ型电控系统与ECD-Ⅰ型电控系统的主要差异见表3-24。

表3-24 ECD-Ⅱ型电控系统与ECD-Ⅰ型电控系统的主要差异

项目		具体说明
结构方面	电磁溢流阀	ECD-Ⅱ型电控系统采用电磁溢流阀取代了ECD-Ⅰ型电控系统中的溢流环(控制套筒)、溢流控制电磁铁与溢流环位置传感器
	传感器	ECD-Ⅱ型电控系统增加了用于检测泵角的泵角传感器，该传感器设置在滚柱环上；采用曲轴位置传感器来检测发动机转速与曲轴位置；取消了ECD-Ⅰ型电控系统中的正时活塞位置传感器，而采用着火正时传感器检测燃烧室内开始燃烧时刻
工作原理方面	喷油器的控制	ECD-Ⅱ型电控系统对喷油器的控制，是通过电磁溢流阀直接控制柱塞的溢流通路，也就是通过直接对高压燃油的溢油通路进行控制来实现对喷油器的控制，由此可大大提高喷油量的控制精度
	喷油提前角的控制	ECD-Ⅱ型电控系统对喷油提前角的控制，由电控单元(ECU)根据曲轴位置传感器与泵角传感器的信号来计算确定，且由着火正时传感器的信号进行修正，电控单元(ECU)通过输出控制指令信号，驱动正时控制阀从而控制正时活塞的位置来实现喷油提前角的控制

(4) 喷油量控制原理

柴油发动机 ECD-Ⅱ型电控系统采用典型的分配式燃油喷射方式，由于其采用了电磁溢流阀，故其控制精度得到了提高。

① 分析 ECD-Ⅱ型电控系统喷油量控制原理之前的几点说明见表 3-25。

表 3-25 分析 ECD-Ⅱ型电控系统喷油量控制原理之前的几点说明

项目	具体说明
分配式燃油泵喷射量控制方式	分配式燃油泵的燃油是通过柱塞在高压室加压，经过高压油管输送到喷油器，再由喷油器喷射到燃烧室内。喷油量的控制是通过控制柱塞泵高压室和低压室之间的通路，也就是溢油通路开启的时刻，进而使柱塞的泵油行程(有效行程)得到改变来实现的
ECD-Ⅰ型电控系统的控制精度与速度	在普通机械控制式和 ECD-Ⅰ型电控系统中，均是通过控制溢流环(控制套筒)的移动从而控制高压室与低压室连通的时刻，来实现对喷油量的控制的。而溢流环的移动，通常是由离心飞块的离心力或溢流控制电磁铁的动铁芯所受电磁力通过机械传动来控制的，且通过溢流环位置传感器检测溢流控制电磁铁动铁芯的位置，向电控单元(ECU)间接反馈溢流环的位置。故其控制精度较低，响应速度也较慢
ECD-Ⅱ型电控系统的控制精度与速度	在 ECD-Ⅱ型电控系统中，由于采用了电磁溢流阀直接控制溢流的通路，故控制方式相对简单，控制性能较好，响应速度也较快，能够精确地控制燃油喷射量

② 电磁溢流阀的基本要求与组成特点见表 3-26。

表 3-26 电磁溢流阀的基本要求与组成特点

项目	具体说明
基本要求	①阻力要小。电磁溢流阀形成的溢流通路，其开闭面积必须足够大，也就是要尽可能减小高压燃油溢出的流动阻力，使停止喷油更干脆 ②保持高压燃油。当电控单元(ECU)输出的信号控制溢流电磁阀线圈使其阀门关闭时，高压室内的高压燃油必须要保持 ③响应速度要快。溢流电磁阀线圈受电控单元(ECU)输出信号控制时，响应的速度要快，以保证发动机高速运转时也能够精确控制喷油量 ④功耗要小。溢流电磁阀线圈的控制电压通常为 12V 或在 12V 以下，其功率消耗要求尽可能小，以防其长时间工作过热损坏
组成特点	柴油发动机 ECD-Ⅱ型电控系统所使用的电磁溢流阀结构如右图所示，主要由电枢、电磁线圈、辅助阀、主阀等组成。该电磁阀采用双重阀结构。辅助阀为一小电磁阀，其打开与关闭受电控单元(ECU)的控制；主阀为液压阀，它的打开与关闭受燃油压力的控制

③ 电磁溢流阀工作原理。电磁溢流阀的工作主要分为平时状态、压缩喷射、辅助溢流与主溢流几个阶段，这几个阶段的工作情况介绍如下。

a. 电磁溢流阀的平时状态见表 3-27。

表 3-27 电磁溢流阀的平时状态

项目	具体说明	
平时状态的含义	电磁溢流阀平时状态，就是电控单元(ECU)没有控制信号输出，电磁阀线圈无控制信号，电流通路没有形成，辅助阀处于打开状态，主阀处于关闭状态，此时的状态亦即静态	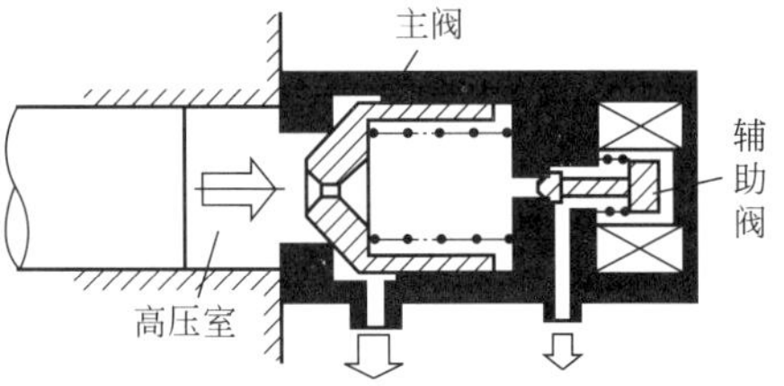 主阀 辅助阀 高压室
示意图	右图所示为电磁溢流阀平时状态时的结构示意图，此时高压室的燃油压力趋于平稳，没有流动的状态	

b. 电磁溢流阀压缩喷射示意图与特性曲线见表 3-28。

表 3-28 电磁溢流阀压缩喷射示意图与特性曲线

项目	具体说明
压缩喷射示意图与特性曲线	 喷油开始 柱塞行程 指令信号 (a) 工作原理示意图　(b) 特性曲线
原理说明	如图(a)所示，在此状态时，柱塞右移，高压室的燃油压力升高，高压燃油经主阀上的小孔作用在主阀的右侧。当电控单元(ECU)有控制信号输出时，就会使辅助电磁阀线圈得电工作，致使辅助阀被关闭，由此就会使主阀左右两面的燃油压力(压强)相等。由于此时主阀右边的受压面积大于左边的受压面积，故主阀右边的总压力大于左边的总压力，在该压力差的作用下，加上弹簧弹力的作用，就会把主阀压紧在阀座上，也就是关闭了溢流通道→高压室的燃油就会经高压油管最终由喷油器喷出。图(b)示出了控制信号波形、柱塞行程以及喷油开始的时刻

c. 电磁溢流阀辅助溢流示意图与特性曲线见表 3-29。

表 3-29 电磁溢流阀辅助溢流示意图与特性曲线

项目	具体说明
辅助溢流示意图与特性曲线	 辅助阀打开 (a) 工作原理示意图　(b) 特性曲线
原理说明	一旦喷油停止后，电控单元(ECU)输出的控制信号也消失→辅助电磁阀线圈中的电流通路也会被切断→辅助电磁阀就会打开→燃油就会从主阀右边流出，使主阀右边的油压迅速下降，如图(a)所示，图(b)示出了控制信号的控制波形，以及辅助阀在控制信号的下降沿状态时打开的情况

d. 电磁溢流阀主溢流示意图与特性曲线见表 3-30。

表 3-30 电磁溢流阀主溢流示意图与特性曲线

项目	具体说明
主溢流示意图与特性曲线	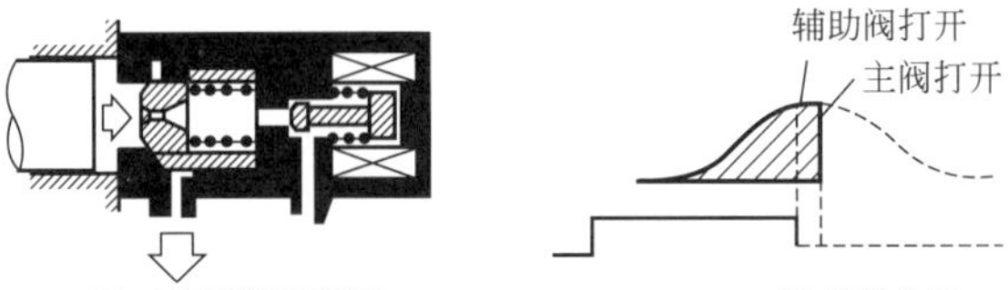 辅助阀打开 主阀打开 (a) 工作原理示意图　(b) 特性曲线

续表

项目	具体说明
原理说明	如图(a)所示,一旦辅助电磁阀打开把主阀右侧的油压泄放掉以后,主阀左侧的高压油就会将主阀打开,高压室内的燃油迅速流入低压室,使高压室的压力迅速降低,喷油器就会停止喷油。图(b)示出了电控单元(ECU)输出的控制信号波形、辅助阀打开的时刻以及主阀打开的时刻

e. 电磁溢流阀响应特性曲线示意图与特点见表 3-31。

表 3-31　电磁溢流阀响应特性曲线示意图与特点

项目	具体说明	
响应特性曲线示意图	右图所示为电磁溢流阀的响应特性曲线,该图给出了电磁阀驱动指令电压曲线、辅助阀行程曲线、输油管压力曲线以及柱塞行程曲线	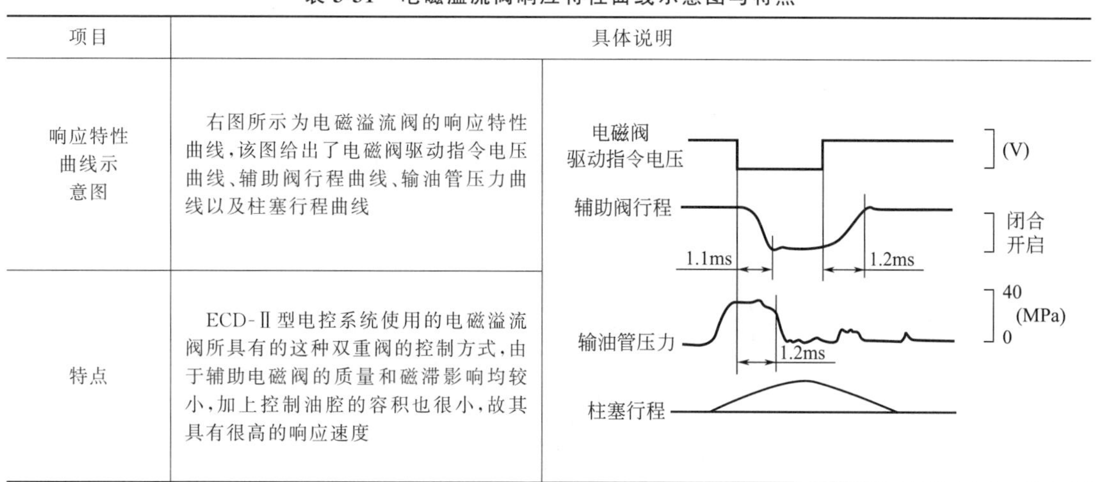
特点	ECD-Ⅱ型电控系统使用的电磁溢流阀所具有的这种双重阀的控制方式,由于辅助电磁阀的质量和磁滞影响均较小,加上控制油腔的容积也很小,故其具有很高的响应速度	

④ 喷油量控制方式。ECD-Ⅱ型电控系统对喷油量的控制方式有别于 ECD-Ⅰ型电控系统，具体情况介绍如下。

a. 喷油量控制方式简图与控制特性曲线见表 3-32。

表 3-32　喷油量控制方式简图与控制特性曲线

项目	具体说明
控制方式简图与控制特性曲线	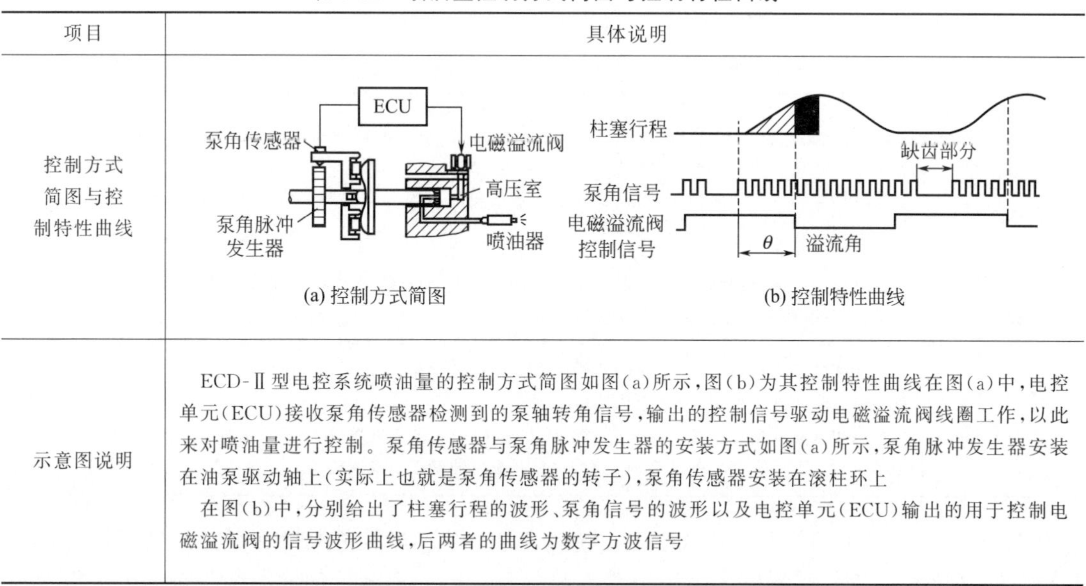 (a) 控制方式简图　(b) 控制特性曲线
示意图说明	ECD-Ⅱ型电控系统喷油量的控制方式简图如图(a)所示,图(b)为其控制特性曲线在图(a)中,电控单元(ECU)接收泵角传感器检测到的泵轴转角信号,输出的控制信号驱动电磁溢流阀线圈工作,以此来对喷油量进行控制。泵角传感器与泵角脉冲发生器的安装方式如图(a)所示,泵角脉冲发生器安装在油泵驱动轴上(实际上也就是泵角传感器的转子),泵角传感器安装在滚柱环上 在图(b)中,分别给出了柱塞行程的波形、泵角信号的波形以及电控单元(ECU)输出的用于控制电磁溢流阀的信号波形曲线,后两者的曲线为数字方波信号

b. 泵角传感器中泵角脉冲发生器的结构与特点见表 3-33。

表 3-33 泵角传感器中泵角脉冲发生器的结构与特点

项目	具体说明	
泵角脉冲发生器的结构示意图	泵角脉冲发生器的结构示意图如右图所示，在其圆周上共有56个齿，在90°的间隔位置上共有四处各缺2个齿。两个齿间所对应的泵轴转角为5.625°，对应的曲轴转角为11.25°	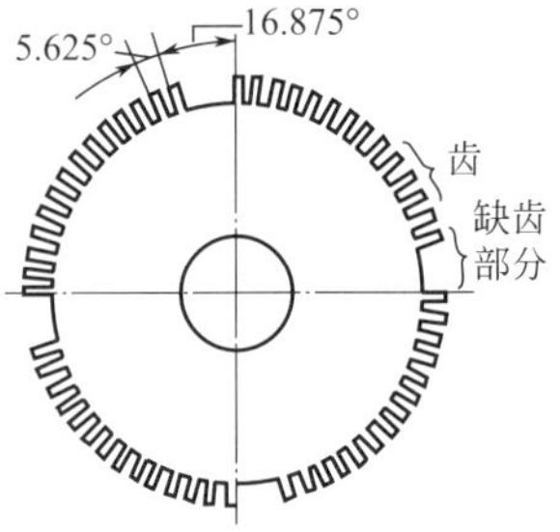
特点	泵角脉冲发生器的每一个缺齿部分后的第一个泵角脉冲信号对应的正好为柱塞开始泵油的位置，也就是端面凸轮顶起滚轮驱动柱塞开始压缩燃油的位置	

c. 泵角传感器中传感元件的结构与输出波形见表 3-34。

表 3-34 泵角传感器中传感元件的结构与输出波形

项目	具体说明
泵角传感器中的传感元件的结构与输出波形	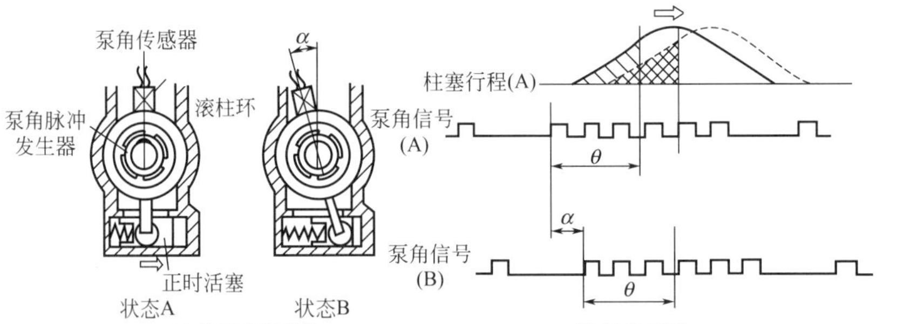 (a) 传感元件结构 (b) 输出波形
示意图说明	图(a)所示为泵角传感元件的结构，它分为两种状态，即状态A与状态B，分别对应于图(b)输出波形中的A与B两种波形

d. 泵角传感器中传感元件的特点见表 3-35。

表 3-35 泵角传感器中传感元件的特点

项目	具体说明
泵角传感器的作用	泵角传感器检测到的信号是提供给电控单元(ECU)的，而ECU则根据该泵角脉冲信号去控制电磁溢流阀控制信号的溢流角 θ 的大小，实际上就是通过对电磁溢流阀电磁线圈电流的关断时刻进行控制，来对喷油量进行控制
电磁溢流阀工作情况	在柱塞的吸油行程结束时，电磁溢流阀应再次关闭，即从波形图上看，在缺齿的前两个脉冲波处，电磁溢流阀线圈将通电，为下一次喷油做好前期准备
喷油量与溢流角 θ 的关系	当改变喷油提前角时，由于端面凸轮相对于滚柱环的位置发生偏转角度 α，由此就会使柱塞的压缩开始点发生改变。再者，因泵角传感器是安装在滚柱环上的，会随滚柱环一起偏转一个 α 角度，故泵角信号也会相应偏移一个 α 角度，如表 3-34 图(b)中的泵角信号(B)，但溢流角 θ 不会改变，因而喷油量也不会因喷油提前角的改变而受影响，也就是喷油量仅取决于溢流角 θ 的大小

⑤ 喷油量的修正和控制。上面已经说过，ECD-Ⅱ型电控系统中的ECU是根据发动机转速与加速踏板位置传感器信号来确定基本喷油量，且又依据冷却液温度、进气温度以及进气压力等信号来对喷油量进行修正，此外其还具有下面介绍的几种修正和控制功能。

a. ECD-Ⅱ型电控系统燃油特性修正控制功能见表 3-36。

表3-36 ECD-Ⅱ型电控系统燃油特性修正控制功能

项目	具体说明
修正的原因	柴油的品质、类型、温度对发动机的工作性能有很大的影响，当这些因素变化时，对喷油量也会产生影响，必须加以修正。ECD-Ⅱ型电控系统具有根据燃油温度、燃油特性来对喷油量进行修正的功能
修正方法	ECD-Ⅱ型电控系统是利用怠速控制(ISC)的修正量来测定燃油的黏度，然后根据燃油黏度对怠速喷油修正量进行控制。例如，当燃油温度较高或使用的燃油黏度较低时，喷油量就会减少且怠速转速降低。为了使怠速稳定，系统一方面采用较大的怠速控制修正量，另一方面根据检测到的该修正量值，对燃油喷射量进行最佳控制。右图所示即为该系统燃油特性的修正控制效果。图示表明，即使在高温下用特3号柴油(冬天用的柴油)，也可以得到与常温下使用2号柴油时几乎一样的加速性能 加速时间 0⟶100km/h 原来的 无修正 有修正 2号常温 特3号常温

b. ECD-Ⅱ型电控系统其他修正控制功能见表3-37。

表3-37 ECD-Ⅱ型电控系统其他修正控制功能

项目	具体说明
低温喷油量修正	当发动机在低温条件下运行时，因柴油黏度高等因素引起的摩擦损耗就会增大→柴油机的实际输出功率降低，这种情况尤其是在低温启动后的低速运转情况下，影响更加明显。同时，由于进气温度低，空气密度较高，此时系统就会根据冷却液温度与转速对喷油量进行修正。右图所示即为低温时喷油量的修正效果 加速时间 0℃启动后 0⟶40km/h 无修正 有修正
急减速修正	为了防止急减速时柴油机的转速急剧降低，ECD-Ⅱ型电控系统会根据检测到的情况，对喷油量进行相应的修正
低速反馈控制	ECD-Ⅱ型电控系统采用反馈控制的方式来对柴油机的控制偏差与状态的改变进行调节。发动机在低速运行时，系统会根据不同发动机之间的差异与运行条件的改变，随时对低速时发动机转速的变化量进行计算，然后根据转速变化量来对喷油量进行修正，以保证低速运行时平稳

(5) 喷油提前角的控制原理

喷油提前角也就是喷油正时，它是柴油发动机电控系统需要控制的最重要指标之一，也是ECD-Ⅱ型电控系统的一项主要控制功能。

① 分析柴油发动机ECD-Ⅱ型电控系统喷油提前角控制原理之前的几点说明见表3-38。

表3-38 分析柴油发动机ECD-Ⅱ型电控系统喷油提前角控制原理之前的几点说明

项目	具体说明
控制顺序	在ECD-Ⅱ型电控系统中，分配泵是通过正时活塞的移动来改变端面凸轮和滚轮的相对位置，进而实现喷油提前角的控制的，而正时活塞的位置则是由加在其上面的液压力大小来决定的。电控单元(ECU)通过控制正时控制电磁阀线圈的电流接通与关断来控制作用在正时活塞上的油压，进而实现对喷油提前角的控制
反馈控制	为了实现喷油提前角的反馈控制，ECD-Ⅰ型电控系统是利用正时活塞位置传感器反馈给ECU的实际控制结果信号；而ECD-Ⅱ型电控系统则是依据曲轴位置传感器信号与泵角传感器缺齿部分信号的相位差，由ECU计算出滚环的偏转角度，来确定控制的实际结果。同时，在ECD-Ⅱ型电控系统中，还设置了着火正时传感器，用于检测实际的着火时刻，并把检测到的信号提供给电控单元(ECU)。这样，ECU就会根据着火正时传感器与曲轴位置传感器信号的相位差，计算出喷油提前角的修正量，由此就可以消除燃油性能与大气压力变化对燃烧着火点的影响，从而保证了在各种运行情况下与各种工作条件下均能够精确地控制喷油提前角

② 喷油提前角控制方式。ECD-Ⅱ型电控系统对喷油提前角的控制方式有别于ECD-Ⅰ

型电控系统，具体情况如下。

a. ECD-Ⅱ型电控系统确定喷油提前角的依据见表 3-39。

表 3-39 ECD-Ⅱ型电控系统确定喷油提前角的依据

项目	具体说明
控制方式示意图	右图所示为 ECD-Ⅱ型电控系统喷油提前角的控制方式示意图
确定喷油提前角的依据	电控单元(ECU)是依据泵角传感器以及曲轴位置传感器提供的信号来确定喷油提前角的。泵角传感器为 ECU 提供燃油何时开始喷射的信号；而曲轴位置传感器则为 ECU 提供曲轴基准位置的参考信号
ECU 的控制方式	ECU 会根据泵角传感器和曲轴位置传感器提供的信号来确定喷油提前角。而确定基本喷油提前角的控制信号来自于加速踏板位置传感器与转速信号，并根据冷却液温度、进气温度与进气压力传感器等信号加以修正

b. 曲轴位置传感器元件的安装位置见表 3-40。

表 3-40 曲轴位置传感器元件的安装位置

项目	具体说明
ECD-Ⅱ型电控系统曲轴位置传感器元件的安装位置	ECD-Ⅱ型电控系统中的曲轴位置传感器的转子与传感头的安装位置如表 3-41 中所列。可以看出，ECD-Ⅱ型电控系统中的曲轴位置传感器的转子安装在曲轴上，而传感头则安装在气缸体上(如右图所示)，这样就能在曲轴的 360°转角产生一个脉冲信号。从表 3-41 中还可看出，ECD-Ⅱ型电控系统使用的传感器传感头的安装位置半径大，产生的脉冲数多，由此可大大提高喷油提前角的控制精度
ECD-Ⅰ型电控系统曲轴位置传感器元件的安装位置	ECD-Ⅰ型电控系统由于曲轴位置传感器元件是安装在油泵的驱动边缘处，故要在曲轴的 720°转角才能产生一个脉冲

表 3-41 ECD-Ⅰ型电控系统与 ECD-Ⅱ型电控系统曲轴位置传感器转子与传感头的安装位置

电控系统	传感器转子(脉冲发生器)			传感头		
	安装位置	半径/mm	产生的脉冲数	安装位置	半径/mm	调节装置
ECD-Ⅰ型	油泵驱动皮带轮	52.7	1 个脉冲/2 转	油泵轮缘	50	需要调整
ECD-Ⅱ型	曲轴	85	1 个脉冲/转	前缸体	122.5	自动校准

c. 其他方面说明。在 ECD-Ⅱ型电控系统中，厂家为了提高每个喷油泵喷油提前角的精度，每个喷油泵均具有经生产线实际测量得到的实际喷油提前角数据，而且还设置了修正电

位器，该电位器安装在喷油泵上，通过对该电位器电阻值进行调整，就可对该泵的喷油提前角进行校正。

③ 柴油机 ECD-Ⅱ型电控系统启动时喷油提前角的控制方式与特点见表 3-42。

表 3-42 柴油机 ECD-Ⅱ型电控系统启动时喷油提前角的控制方式与特点

项目	具体说明
控制方式	当需要启动柴油发动机时，由于启动时发动机的转速很低，曲轴位置传感器信号电压也很低，故ECD-Ⅱ型电控系统采用开环控制方式来控制喷油提前角，也就是电控单元(ECU)根据加速踏板位置传感器信号、转速信号、启动开关信号控制正时控制阀(TCV 阀)来控制喷油提前角。一旦达到设定的正常转速时，系统才会进入闭环控制方式
特点	在 ECD-Ⅱ型电控系统中，由于曲轴位置传感器安装位置的变化，使发动机由开环控制转变为闭环反馈控制时的发动机转速降低→发动机开环控制的转速范围缩小，也就是缩小了开环控制的区域，由此就可减少每次启动时间的偏差，而使启动性能得到大幅改善

④ 着火正时传感器。柴油机 ECD-Ⅱ型电控系统中使用的着火正时传感器是用来检测实际的着火时刻的，并把检测到的信号转换为电信号。

a. 着火正时传感器的结构见表 3-43。

表 3-43 着火正时传感器的结构

项目	具体说明
结构示意图	右图所示为 ECD-Ⅱ型电控系统中使用的着火正时传感器结构，主要由光敏三极管、石英棒、信号线、壳体等组成 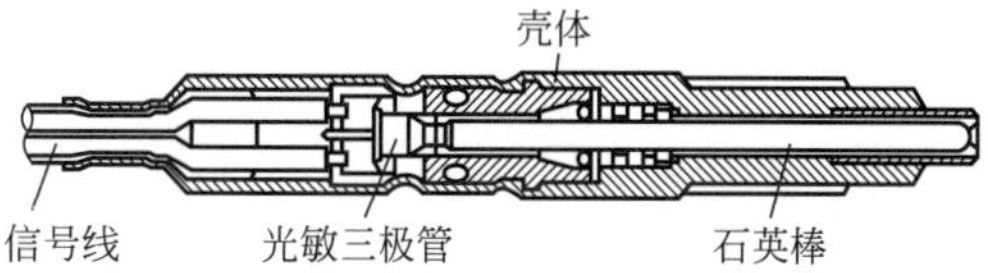
信息检测方式	燃烧室内燃烧光通过石英棒导入光敏三极管，由光敏三极管将燃烧光转变为电信号后，提供给电控单元(ECU)。这样，ECU 就会根据该信号判断出实际的着火时刻，并以此来对喷油提前角进行修正

b. 着火正时传感器的特点见表 3-44。

表 3-44 着火正时传感器的特点

项目	具体说明
发动机启动性能方面	ECD-Ⅱ型电控系统使用了着火正时传感器以后，就可以及时地检测到实际的着火时刻，并对喷油提前角进行修正，由此就可减小因大气压力的变化对发动机启动性能的影响。这主要是由于在其他运行条件相同的情况下，进气压力的变化会造成实际着火时刻的变化，如果此时喷油提前角不进行相应的修正，必然对发动机的性能产生影响
使发动机的性能不受柴油品质的影响	安装了着火正时传感器以后，还会使发动机的性能不受柴油品质的影响。这是由于在相同运行条件下，使用不同十六烷值(右图所示为十六烷值与发动机性能之间的关系曲线)的柴油时，其实际着火的时刻是不一样的，通过着火正时传感器对实际着火时刻进行检测，再对喷油提前角进行修正，就可以消除因柴油品质的差异对发动机性能的影响 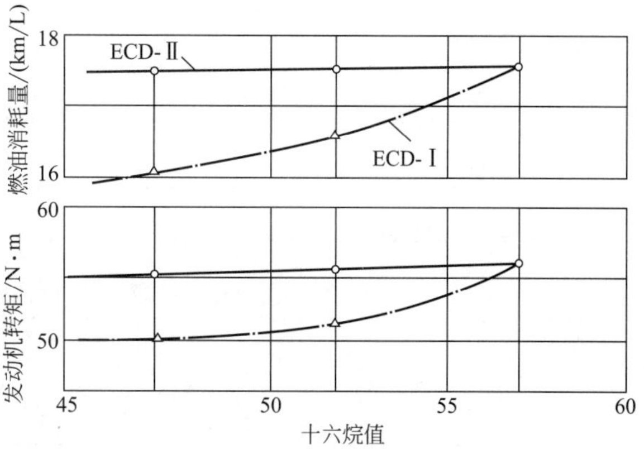

续表

项目	具体说明
发动机性能差别方面	着火正时传感器还能够消除因喷油泵机械结构差异与其他因素所引起的发动机性能的差别。这是由于同一类型的喷油泵，各喷油泵之间机械结构或多或少都存在一些差异，故在相同的控制条件下，实际的着火时刻也会有一定的差异，安装了着火正时传感器以后，就可以减小因这些差异对发动机性能的影响

3.5 柴油发动机电控泵喷嘴燃油喷射系统

柴油发动机电控泵喷嘴燃油喷射系统与上述的电控喷油泵系统有较大的区别，是一种应用较广的电控燃油喷射系统。

(1) 基本构成与说明

电控泵喷嘴燃油喷射系统有多种结构形式，它们的共同点都是把喷油泵与喷油器组合在一起。

① 电控泵喷嘴燃油喷射系统基本构成见表 3-45。

表 3-45 电控泵喷嘴燃油喷射系统基本构成

项目	具体说明
基本构成示意图	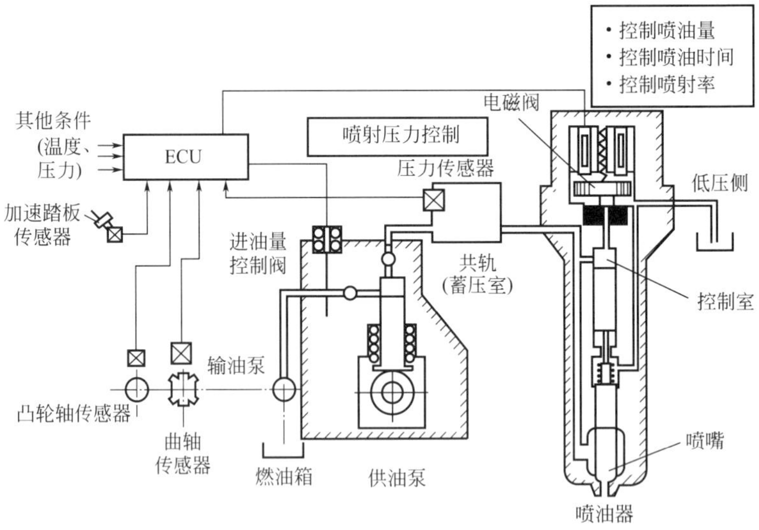
示意图说明	该系统最大的特点是把压油机构与喷油器组合在一起，是一种高压油管长度为零的燃油系统。由于没有高压油管，故高压系统的容积可以最大限度地减小，这对高压化十分有利

② 电控泵喷嘴燃油喷射系统工作特点见表 3-46。

表 3-46 电控泵喷嘴燃油喷射系统工作特点

项目	具体说明
燃油喷射方面	电控单元(ECU)根据安装在飞轮以及凸轮轴相关部件的两个转速传感器检测到的发动机转速与曲轴转角、加速踏板位置传感器信号及其他传感器的信号进行最佳燃油喷射控制

续表

项目	具体说明
柱塞与喷油器方面	柱塞通过摇臂由凸轮轴驱动，压缩燃油；喷油器的高速电磁阀为常开方式，燃油通过气缸盖内部的油路流动；在电磁阀关闭时，柱塞开始向喷油嘴压油，燃油从喷油嘴喷入气缸；当电磁阀打开时，溢油开始，喷油结束。该电磁阀的开闭是由电控单元(ECU)来控制的，根据发动机的运行状态，可以实现最佳喷油量与最佳喷油时间的控制
传感器应用方面	电控泵喷嘴燃油喷射系统常用的传感器和开关主要有冷却液温度传感器、进气歧管温度传感器、燃油温度传感器、发动机转速传感器、霍尔传感器(或气缸判别传感器)、加速踏板位置传感器、大气压力传感器、进气歧管压力传感器(或增压传感器)、空气流量传感器、制动灯开关、离合器踏板开关、制动踏板开关、强制降挡开关、怠速开关等

③ 泵喷嘴外形与喷油方式示意图见表 3-47。

表 3-47 泵喷嘴外形与喷油方式示意图

项目	具体说明
泵喷嘴外形与喷油方式示意图	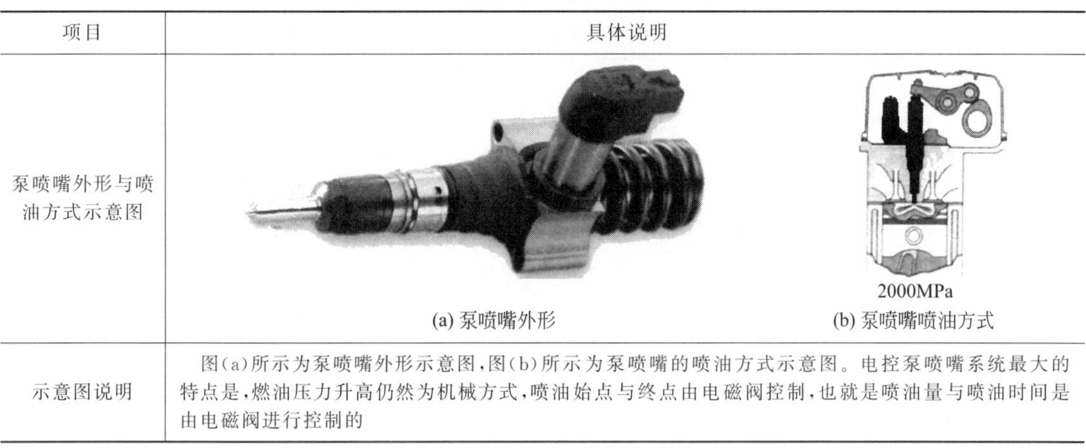 (a) 泵喷嘴外形 (b) 泵喷嘴喷油方式
示意图说明	图(a)所示为泵喷嘴外形示意图，图(b)所示为泵喷嘴的喷油方式示意图。电控泵喷嘴系统最大的特点是，燃油压力升高仍然为机械方式，喷油始点与终点由电磁阀控制，也就是喷油量与喷油时间是由电磁阀进行控制的

(2) 工作原理

泵喷嘴是喷油泵-喷油器的简称，各国开发使用的电控泵喷嘴燃油喷射系统的结构类型较多，这里不可能一一介绍，仅以具有代表性且应用较广泛的系统来说明其工作原理。

① 电控泵喷嘴燃油喷射系统两种原理示意图及其说明见表 3-48。

表 3-48 电控泵喷嘴燃油喷射系统两种原理示意图及其说明

项目	具体说明
原理示意图	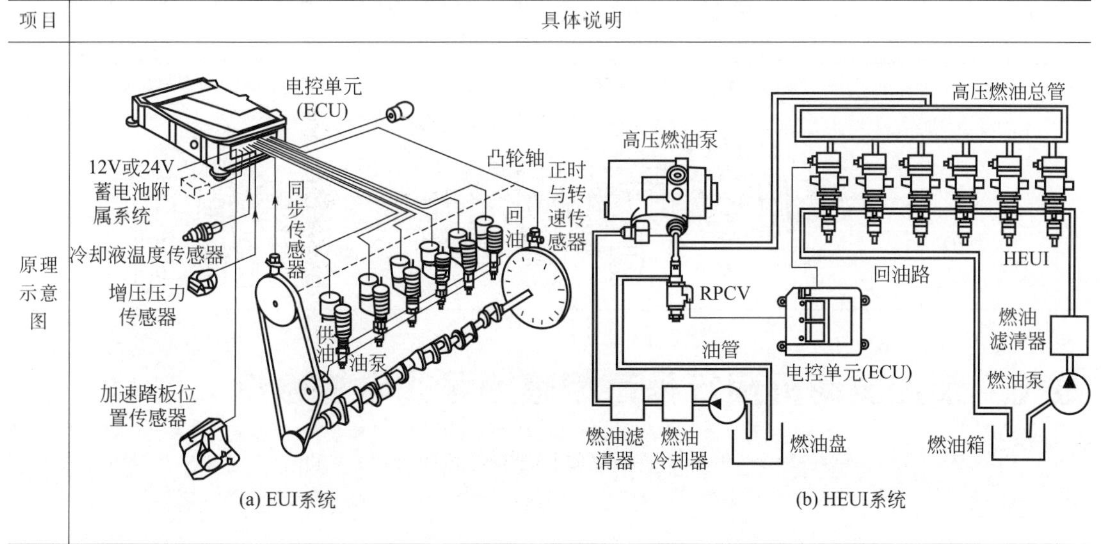 (a) EUI系统 (b) HEUI系统

续表

项目	具体说明
示意图说明	图(a)所示为英国 Lucas 公司开发的一种车用电控泵喷嘴燃油喷射系统原理示意图。在该图中,电控单元(ECU)根据柴油机转速传感器、加速踏板位置传感器、冷却液温度传感器、增压压力传感器等送来的信号,控制泵喷嘴上的电磁阀,以实现对喷油提前角与喷油量的精确控制 图(b)所示为 Caterpillar 公司开发的 HEUI 系统。HEUI 是 Hydraulic Electronic Unit Injector 首字母,是一种较为实用的电控泵喷嘴燃油喷射系统。该系统最大的特点是喷油泵的柱塞采用液压驱动,这种驱动方式可以使喷油压力等控制不会受到发动机转速和负荷变化的影响 柱塞式高压燃油泵把压力升高到 4～23MPa 并泵入蓄压总管,通过控制阀作用在加压柱塞上,使加压柱塞下面的小活塞能够产生 30～120MPa 的喷油压力,由喷油嘴喷出。电控单元(ECU)根据各有关输入信号控制喷油正时、喷油持续时间(实际上就是控制喷油量)

② 电控泵喷嘴燃油喷射系统电磁阀及其控制方式见表 3-49。

表 3-49　电控泵喷嘴燃油喷射系统电磁阀及其控制方式

项目	具体说明
电磁阀	电控泵喷嘴燃油喷射系统通常是通过高速电磁阀的打开与关闭来控制高压燃油的回油通路的开闭,从而控制喷油开始与停止的时刻来实现对喷油提前角和喷油量的控制
控制方式	高速电磁阀受电控单元(ECU)输出信号的控制,而 ECU 则根据发动机转速传感器、加速踏板位置传感器、冷却液温度传感器、进气温度传感器、进气压力传感器的输入信号,经分析处理,计算出相应的最佳控制参数值,进而控制高速电磁阀电磁线圈电流的接通与断开的时刻和通断时间的长短,来实现对喷油提前角与喷油量的实时、精确控制

③ 几种电控泵喷嘴燃油喷射系统常见的泵喷嘴结构形式见表 3-50。

表 3-50　几种电控泵喷嘴燃油喷射系统常见的泵喷嘴结构形式

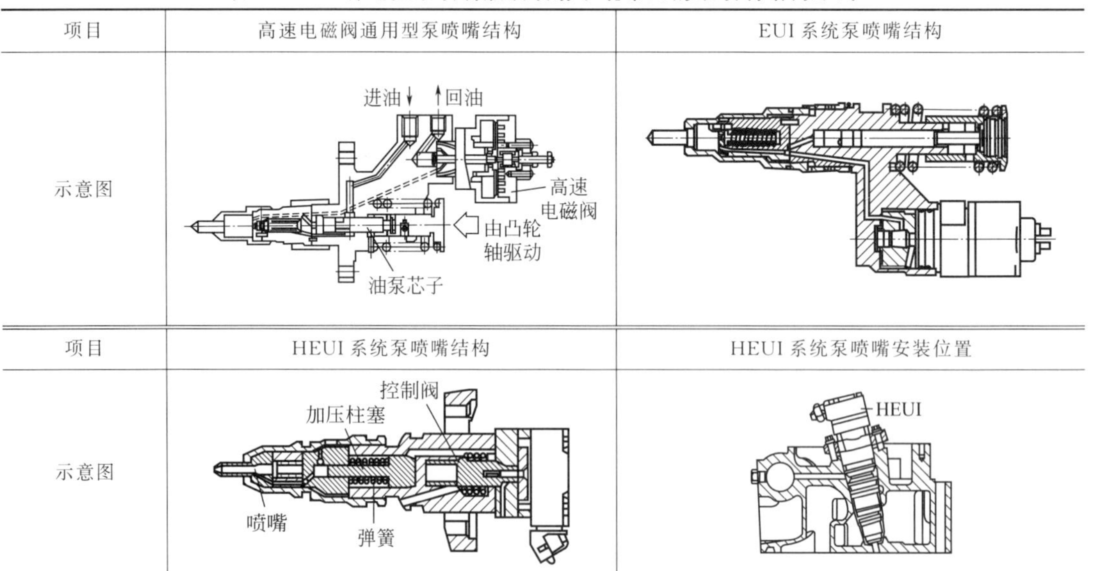

项目	高速电磁阀通用型泵喷嘴结构	EUI 系统泵喷嘴结构
示意图		
项目	HEUI 系统泵喷嘴结构	HEUI 系统泵喷嘴安装位置
示意图		

3.6　柴油发动机预行程可控喷油泵式电控系统

预行程可控喷油泵式电控系统又称为电控预行程可控喷油泵或电控供油速率可控喷油泵。

(1) 设计思路

在柴油电控喷射系统中，喷油泵的喷射压力对于柴油机可燃混合气的形成和燃烧质量影响较大，特别是直喷式柴油机，为了得到良好的燃烧性能，要求喷油压力较高。

① 预行程可控喷油泵式电控系统高压油管中压力计算公式见表 3-51。

表 3-51 预行程可控喷油泵式电控系统高压油管中压力计算公式

项目	具体说明
压力计算表达式	柱塞式喷油泵高压油管中的压力通常可以采用以下数学表达式来表示： $p=\frac{E}{a}\times\frac{1}{A_p}VN_p$ $V=CA_{p1}$
公式中字母含义	p 为高压油管内的压力，Pa；E 为燃油的体积弹性模量，Pa/(r/min)；a 为燃油中的声速，m/s；V 为喷油泵的静态供油速率(每度凸轮轴转角的喷油量，以下简称供油速率)m^3/s；C 为喷油泵的凸轮速度(柱塞速度)m/s；A_p 为高压油管的流通截面积，m^2；A_{p1} 为柱塞的截面积，m^2；N_p 为喷油泵转速，r/min

② 预行程可控喷油泵式电控系统的设计思路见表 3-52。

表 3-52 预行程可控喷油泵式电控系统的设计思路

项目	具体说明
压力计算公式分析	从上述压力计算公式中可以看出，柱塞式喷油泵的高压油管内的压力与喷油泵转速和静态供油速率成正比。故发动机在高速运转时，高压油管内的压力会随喷油泵转速的升高而上升。反之，发动机在低速运转时高压油管内的压力会随喷油泵转速下降而降低
设计思路	对于普通柱塞式喷油泵来说，其供油速率为定值，如果要改善低速时可燃混合气的形成和燃烧质量，必须保证低速时就要有较高的喷油压力，也就是喷油泵要有较高的供油速率。但这将又会导致发动机高速运转时高压油管内的压力上升得太高，这是不允许的。当然，如果喷油泵的供油速率是可变的，就可以解决上述矛盾，可以保证低速时具有较高的喷油压力，而在高速时高压油管内的压力又不至于过高，这种燃油喷射泵最符合柴油发动机的工作特性，属于最佳选择，电控预行程可控喷油泵就是基于这一思路设计出来的

(2) 系统特性

预行程可控喷油泵式电控系统解决了柴油喷射系统供油压力会随发动机转速改变的这一矛盾。

① 预行程可控喷油泵式电控系统预行程的含义与特点见表 3-53。

表 3-53 预行程可控喷油泵式电控系统预行程的含义与特点

项目	具体说明
预行程的含义	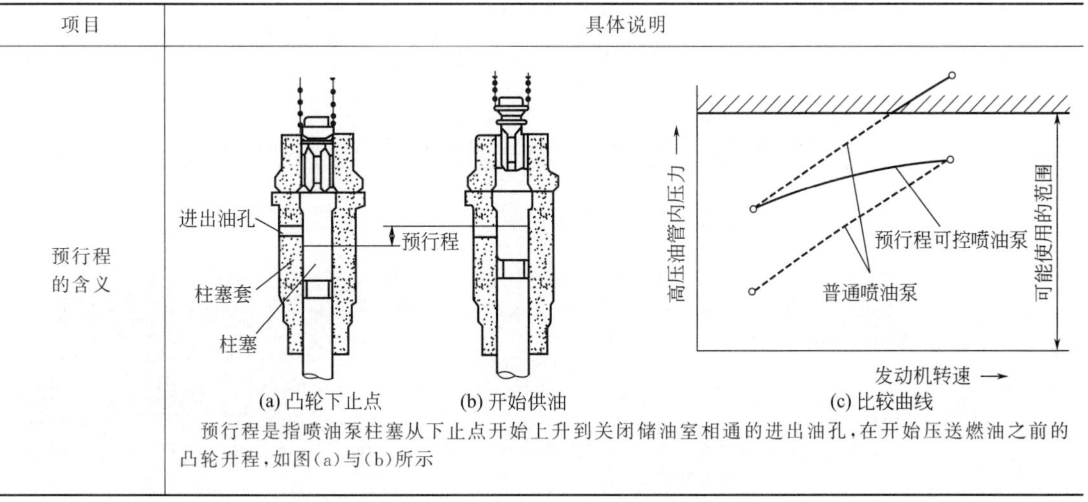 (a) 凸轮下止点 (b) 开始供油 (c) 比较曲线 预行程是指喷油泵柱塞从下止点开始上升到关闭储油室相通的进出油孔，在开始压送燃油之前的凸轮升程，如图(a)与(b)所示

续表

项目	具体说明
预行程的特点	普通柱塞式喷油泵的进出油孔通常设置在柱塞套筒上，当柱塞关闭进出油孔时，开始泵油的预行程是无法变动的，因此供油速率也是一定的。由于预行程可控喷油泵式电控系统把预行程改成了可调整方式，使供油速率可以自由调整，由此就可使发动机在低速运转时增大预行程，使转速提高、供油速率增大，使高压油管内的压力升高；而在发动机高速运行时，采用常规的预行程来保持原来的供油速率，控制高压管内压力，防止其过分升高。图(c)所示为预行程可控喷油泵与普通喷油泵喷油管内压力比较曲线

② 预行程的特性比较见表 3-54。

表 3-54 预行程的特性比较

项目	具体说明
特性曲线	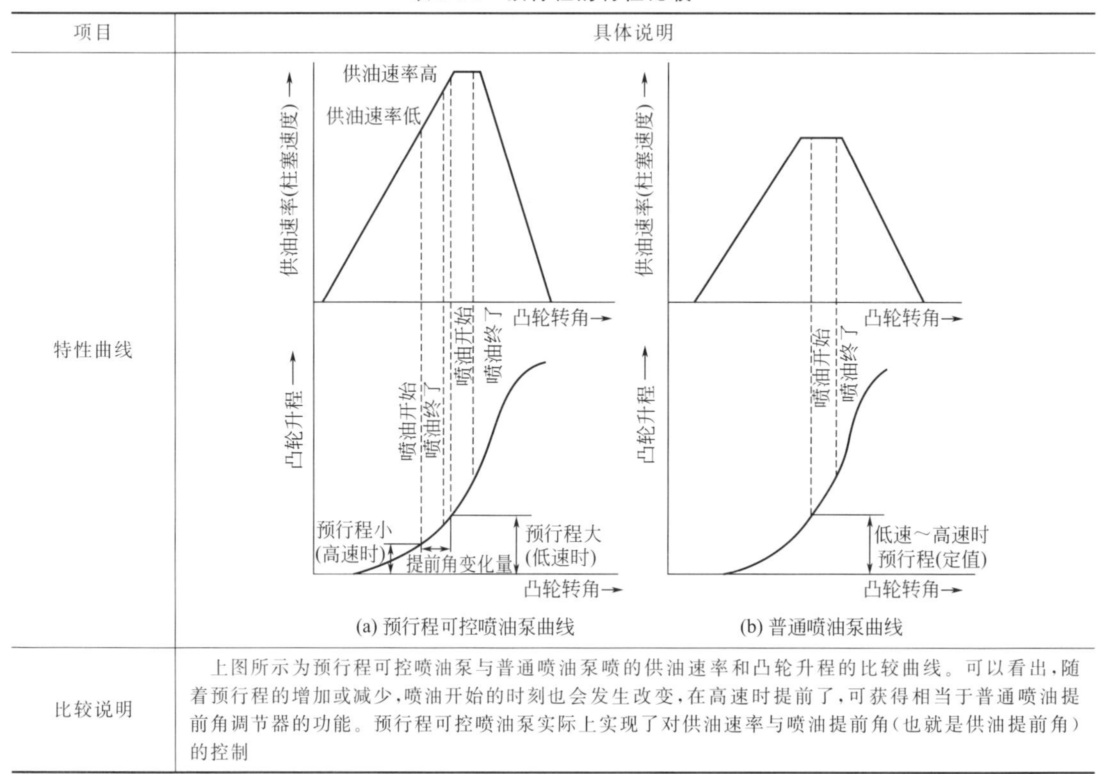 (a) 预行程可控喷油泵曲线　(b) 普通喷油泵曲线
比较说明	上图所示为预行程可控喷油泵与普通喷油泵喷的供油速率和凸轮升程的比较曲线。可以看出，随着预行程的增加或减少，喷油开始的时刻也会发生改变，在高速时提前了，可获得相当于普通喷油提前角调节器的功能。预行程可控喷油泵实际上实现了对供油速率与喷油提前角(也就是供油提前角)的控制

(3) 喷油泵的结构

预行程可控喷油泵式电控系统的关键部件就是喷油泵，表 3-55 列出了喷油泵的典型结构及其与普通喷油泵的比较。

表 3-55 预行程可控喷油泵的典型结构及其与普通喷油泵的比较

项目	具体说明
预行程可控喷油泵典型外部结构	右图所示为预行程可控喷油泵典型外部结构示意图，该喷油泵是在普通喷油泵的基础上发展起来的，其与普通喷油泵最大的区别是将预行程改成了可控方式。预行程可控喷油泵的结构特点主要表现在以下所述的两个方面 ①预行程可控喷油泵在柱塞套筒的下方设置了一个控制套筒，通过调节杆的上下移动，来控制预行程量的变化 ②预行程可控喷油泵的进油口设置在柱塞上，其燃油的喷射过程和普通喷油泵不同

续表

项目	具体说明
预行程可控喷油泵与普通喷油泵的内部结构比较	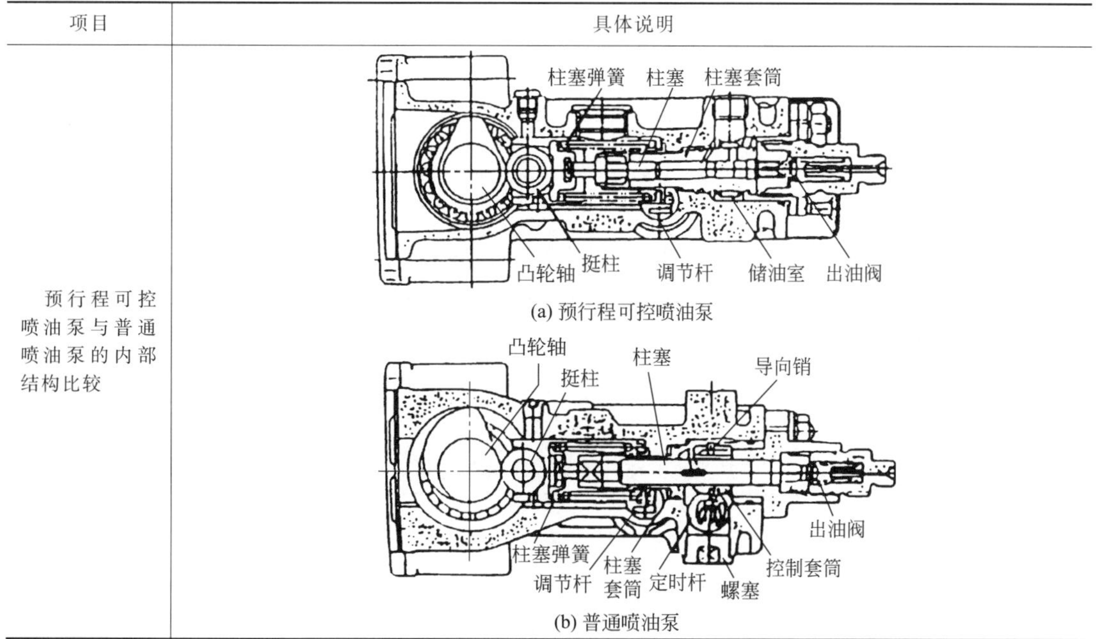(a) 预行程可控喷油泵 (b) 普通喷油泵

(4) 喷油泵的工作过程和特点

电控预行程可控喷油泵的工作过程主要分为四个阶段，这四个阶段的具体工作情况如下。

① 预行程可控喷油泵式电控系统喷油泵的工作过程见表 3-56。

表 3-56 预行程可控喷油泵式电控系统喷油泵的工作过程

阶段	项目	具体说明	阶段	项目	具体说明
1	进油过程	如右图所示，当凸轮升程处于低位置时，柱塞上的进油孔位于控制套筒的下边，储油室的燃油从柱塞上的进油孔进入压力室，此时压力室和储油室连通，故压力室内的压力不会升高 出油口 压力室 控制套筒 螺旋槽 储油室 进油口	3	喷油过程	如右图所示，由于预行程可控喷油泵柱塞上的凹槽和柱塞中心进油孔连通，故从柱塞上行到进油孔被控制套筒关闭时起，到柱塞上的凹槽和控制套筒上的出油孔连通为止，此间柱塞上的进油孔和凹槽均被关闭，随着柱塞的上升，压力室的燃油被压送到喷油器(也就是喷油过程)，柱塞的这段行程即为有效泵油行程。在柱塞总行程(由凸轮升程所决定)一定时，预行程越大，有效泵油行程越小，泵油量越小，喷油量越少；反之，预行程越小，有效泵油行程越大，泵油量越大，喷油量也越多
2	开始压油	如右图所示，当柱塞被凸轮顶起就会开始上升，一旦上升到柱塞上的进油孔被控制套筒关闭位置时，所对应的凸轮升程就为预行程，此后压力室内的压力开始上升并开始压油	4	停止喷油	如右图所示，当柱塞上的凹槽和控制套筒上的出油口连通时，压力室内的高压燃油就会通过柱塞上的出油口、凹槽排到储油室→压力室内的油压急剧下降，喷油泵也就停止了喷油

② 预行程可控喷油泵式电控系统喷油泵的工作特点见表3-57。

表3-57 预行程可控喷油泵式电控系统喷油泵的工作特点

项目	具体说明
泵油量控制关系	从电控预行程可控喷油泵的工作过程可以看出，泵油量的大小取决于柱塞的有效泵油行程，而有效泵油行程又取决于开始泵油的时刻与停止泵油的时刻
开始泵油时刻与停止泵油时刻的依据	开始泵油时刻取决于预行程的大小，而停止泵油时刻则决定于柱塞上的螺旋凹槽和控制套筒上的出油口的相对位置，也就是由调速器控制油量控制齿条转动柱塞来实现。当柱塞和控制套筒圆周位置一定时，只要使控制套筒能够沿着柱塞进行上下移动，就可以使预行程发生改变，进而使开始喷油时刻发生改变→喷油量发生改变，同时也改变了喷油提前角。预行程小，喷油时刻就会提前，喷油量大；预行程大，喷油开始时刻就会晚，喷油量小

(5) 控制机构的工作情况

与普通喷油泵不同，预行程可控喷油泵式电控系统设置了预行程控制机构，该机构的工作情况见表3-58。

表3-58 预行程控制机构的工作情况

项目	具体说明
控制机构特点	预行程控制机构如右图所示。在该机构中，控制套筒可以在导向杆的引导下进行上下移动，而控制套筒的上下移动，是由预行程执行机构（螺旋电磁线圈）通过U形接头转动定时杆，并由其上的销钉拨动控制套筒进行上下移动，以此来实现预行程的调整的 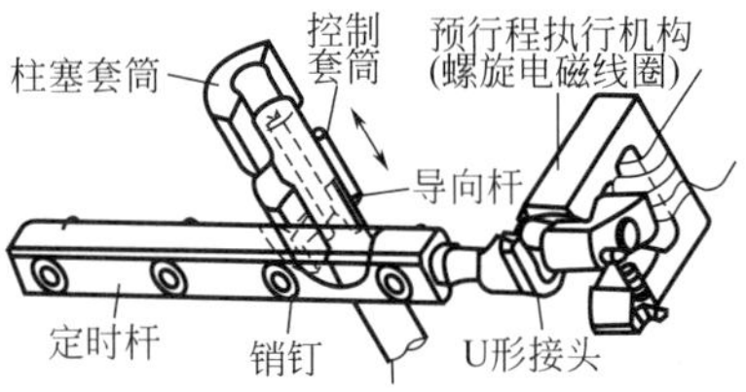
控制方式	电控单元（ECU）根据发动机的转速、负荷、冷却液温度、进气温度、进气压力（增压压力）等相关信号，计算出最佳控制参数值后，输出控制指令给执行机构，控制螺旋电磁线圈执行机构动作，对预行程进行控制，同时也依据预行程位置传感器的反馈信号对预行程进行修正

(6) 电控系统的工作情况

预行程可控喷油泵式电控系统的工作情况与普通喷油泵的电控系统有一定的差别，具体情况如下。

① 预行程可控喷油泵式电控系统的组成见表3-59。

表3-59 预行程可控喷油泵式电控系统的组成

项目	具体说明	
控制功能	预行程可控喷油泵式电控系统的主要控制功能有以下几个方面：预行程控制（供油速率与喷油提前角控制），喷油量控制，自动控制车辆经济速度行驶，经济行驶监控，故障自诊断等	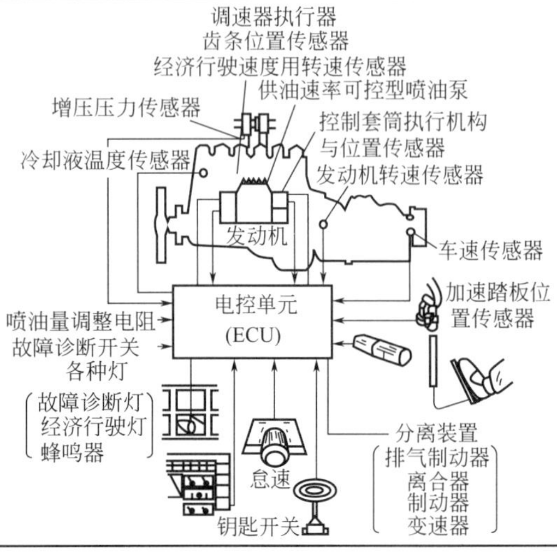
基本组成	右图所示为预行程可控喷油泵式电控系统的基本组成示意图。该系统主要是由输入信号、执行器与电控单元ECU三大部分构成 电控系统的输入信号主要有冷却液温度传感器信号、加速踏板位置传感器信号、发动机转速传感器信号、增压压力传感器（进气压力传感器）信号、车速传感器信号、控制套筒位置传感器信号、齿条位置传感器信号等 执行器主要有控制套筒执行机构（螺旋电磁线圈）、电动调速器、故障指示灯（又称故障诊断灯）、经济行驶灯与蜂鸣器等 电控单元（ECU）是整个控制系统的核心，所有输入信号都被输入该装置中，所有的执行器都被该装置输出的控制信号所控制	

② 预行程可控喷油泵式电控系统的控制原理见表 3-60。

表 3-60 预行程可控喷油泵式电控系统的控制原理

项目	具体说明
预行程控制	预行程可控喷油泵式电子控制系统对预行程的控制是依据发动机转速、负荷、冷却水温度等信号，由电控单元(ECU)计算出最佳控制参数值后，输出控制信号控制螺旋电磁线圈来进行反馈控制。反馈信号由控制套筒位置传感器输入给 ECU
喷油量控制	预行程可控喷油泵式电子控制系统对喷油量的控制，是依据发动机转速、负荷、冷却水温度、增压压力等信号，由电控单元(ECU)计算出最佳喷油量的控制参数值，输出控制信号控制电动调速器来改变油量控制齿条的位置，进而来对喷油量进行控制的
备注	在预行程可控喷油泵式电子控制系统中，由于改变预行程的同时也改变了喷油提前角，所以该系统没有再设喷油提前角控制装置，由此则可使喷油提前角的响应性得到很大的改善，从而可使发动机过渡运转时的喷油提前角的控制精度得到很大的提高，同时也使低温启动性能得到了改善

3.7 国产玉柴 G6000 单体泵柴油发动机电控燃油喷射系统

国产玉柴系列电控单体泵柴油机在重型、中型车上应用较多，这里以 G6000 电控柴油机为例来简介玉柴单体泵柴油机电控燃油喷射系统。

(1) 系统组成

为国产玉柴 G6000 单体泵柴油机燃油喷射配套的电控系统生产商是德国博世与美国的德尔福公司。表 3-61 列出了玉柴单体泵柴油机电控燃油喷射系统基本组成。

表 3-61 玉柴单体泵柴油机电控燃油喷射系统基本组成

项目	具体说明
系统基本组成	右图所示为玉柴单体泵柴油机电控燃油喷射系统基本组成示意图，其中的电控系统为控制核心，主要由各种传感器、电控单元(ECU)、各种执行器与控制线束等组成 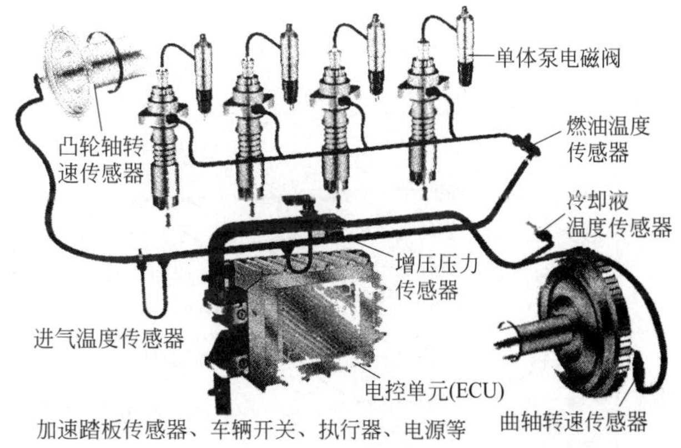
功能	玉柴单体泵电控燃油喷射系统可以对柴油机进行启动控制、怠速控制与微调、怠速停机控制、油门控制、油门跛行回家控制、发动机转速限速控制、故障指示灯控制、空调控制等
ECU	右图所示为电控单元(ECU)的外形示意图。该组件是电气控制部分的核心，其内部集成了柴油机与车辆的控制系统，它通过接收传感器提供的发动机各种工况的信息，经过分析、判断、处理，并根据预先存储的控制方式和程序，输出控制信号对执行器(单体泵电磁阀等)进行控制，除了控制喷油以外，还具有故障诊断、网络管理、标定与监测等功能 

(2) 主要组件

国产玉柴 G6000 单体泵柴油机电控燃油喷射系统主要组件除了上面介绍的电控单元（ECU）外，还有传感器与执行器、控制线束，表 3-62 列出了这几种重要元件的使用情况。

表 3-62 主要组件使用情况

项目	具体说明
传感器	电控系统使用的传感器和开关主要有曲轴转速传感器、凸轮轴转速传感器、加速踏板位置传感器、冷却液温度传感器、燃油温度传感器、进气温度传感器、增压压力传感器以及空调开关、怠速控制开关、排气制动开关等。传感器信号属于输入信号，这些信号包括数字信号、模拟信号与脉冲信号，主要是送给电控单元(ECU)
执行器	电控系统被 ECU 控制的执行器主要有单体泵电磁阀、排气制动阀、风扇、水温过高指示灯、故障指示灯等
控制线束	控制线束用于连接各种传感器、开关及蓄电池、执行器与 ECU 等。运行中柴油机和车辆的一些机械参数与热力学参数通过传感器转换为电信号后，经相应的线路传送给 ECU；ECU 输出的控制信号则通过相应的线路驱动执行器工作

3.8 日本五十铃汽车柴油发动机 TICS 电控系统

TICS 是 Timing & Injection Control System 首字母，其含义为喷油正时和喷射率控制系统。

(1) 组成与特点

TICS 系统为日本五十铃公司开发的柴油发动机电控系统，应用在五十铃重型载货汽车 6HK1-TC 系列柴油发动机上，表 3-63 列出了该控制系统的组成与特点。

表 3-63 TICS 式电控系统组成与特点

项目	具体说明
组成	下图所示为 TICS 式电控系统基本组成示意图。该电控系统分为机械与电路两个部分 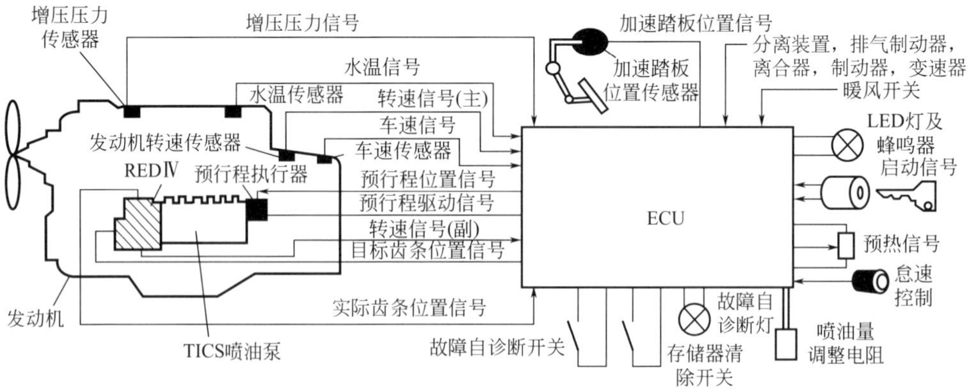 机械部分主要为一个带有 RED Ⅳ 型电子调速器与预行程执行器的喷油泵，该喷油泵结构特殊，具体情况见后面的介绍 电路部分则由电控单元(ECU)、各种传感器与执行器构成的电控回路组成。电路部分的输入信号主要有发动机曲轴转速传感器、油门位置传感器、冷却液温度传感器(水温传感器)、进气压力传感器、车速传感器、齿条位置传感器、预行程位置传感器等提供的信号。通过电路部分的输入信号，电控单元 ECU 经过预先设定好的程序进行核算，然后输出控制指令给执行机构，从而使发动机的工作状况得到改变。执行机构主要是预行程执行器、RED Ⅳ 型电子调速器等

续表

项目	具体说明
特点	TICS 电控系统在基本保持了直喷发动机低油耗的同时，还改善了排放性能，减小了氮氧化物的排放；ECU 控制电子调速器根据各工况调节油量；没有使用正时器，而由电子预行程执行器进行控制，改变喷油正时；在冷启动时加大提前角以改善启动性能；系统所具有的自诊断系统能够对有关故障进行诊断，便于维修人员读取后参考，对故障进行有的放矢的维修

(2) TICS 喷油泵

柴油发动机 TICS 电控系统以电控单元（ECU）为核心，自动控制喷油量、喷油正时以及喷油速率，表 3-64 中列出了该系统使用的 TICS 喷油泵情况。

表 3-64 TICS 喷油泵情况

项目	具体说明
主体结构	TICS 喷油泵采用的是传统的直列柱塞泵体。泵体部分主要零部件为柱塞与柱塞套、凸轮轴、滚轮体、柱塞弹簧、转动套和齿圈、出油阀与阀座以及压紧管夹等
预行程	该喷油泵与普通直列泵最大的区别是在柱塞套筒的下方设置有一个正时套，通过正时杆的上下移动来控制预行程的变化 柱塞预行程是指柱塞从上止点开始上升到关闭与储油室相通的进出油孔的一段行程，换句话说就是柱塞上行过程中开始加压燃油之前的凸轮升程
燃油喷射过程	由于 TICS 电控系统喷油泵的进出油口设置在柱塞上，和一般喷油泵的进出油孔设置在柱塞套筒上不同，这就决定了其燃油的喷射过程和普通喷油泵不同。其工作过程分为进油、压油喷射、停止喷油供给三个过程

(3) REV Ⅳ 电子调速器与预行程执行器

表 3-65 中列出了 TICS 电控系统 REV Ⅳ 型电子调速器与电子预行程执行器的结构特点，供参考。

表 3-65 TICS 电控系统 REV Ⅳ 型电子调速器与电子预行程执行器的结构特点

<table>
<tr><th colspan="2">项目</th><th>具体说明</th></tr>
<tr><td rowspan="2">REV Ⅳ 电子调速器</td><td>结构</td><td>右图所示为 REV Ⅳ 型电子调速器结构示意图，该调速器主要由线性直流电动机、控制齿条、齿条传感器、连杆、停止杆、壳体等构成。从工作原理上分，REV Ⅳ 型电子调速器由输入部分、控制部分与执行部分组成
控制齿条 齿条 停止杆 停止侧 椭圆孔 齿条传感器 连杆 后壳 外壳 连杆 停油螺栓 线性直流电动机</td></tr>
<tr><td>原理</td><td>①正常工作时，REV Ⅳ 型电子调速器中的齿条位置传感器发出的信号作为输入信号，通过模/数(A/D)转换器转换为数字信号，再传送给电控单元(ECU)
②在控制部分，输入的数字信号与 ROM 中存储的数据进行比较，通过比较得出的执行参数，再传送给执行部分
③线性直流电动机根据执行参数进行动作，从而推动线圈上下移动，也就是带动齿条水平运动，用于调整控制喷油量的大小
④当操作停止杆时，停止杆带动齿条移向停油方向，用于保证停止杆在任何紧急情况下均能够使发动机自动熄火</td></tr>
<tr><td colspan="2">预行程执行器</td><td>电子预行程执行器主要由预行程传感器与执行机构组成。电控单元(ECU)根据正时传感器的信号判断实际供油正时，实时对比发动机各种工况下的理论参数，然后输出正时控制信号，使正时执行器动作，控制正时套的上下移动，从而来改变喷油泵中柱塞套筒与柱塞的相对位置，也就是使柱塞的有效行程得到改变，进而来改变喷油正时</td></tr>
</table>

第4章 共轨式柴油发动机电控燃油喷射系统

采用电控共轨式技术的柴油机，能够有效地实现柴油机全工况范围的性能最优化，这是柴油机划时代的技术突破。

4.1 柴油发动机共轨式燃油喷射系统概述

柴油机电子控制燃油喷射技术从诞生至今已经取得了巨大的进步，而目前开发的共轨电控燃油喷射系统是今后发展的主流。

(1) 高压共轨的含义及其特点

了解了高压共轨的含义及其特点对理解这类柴油发动机的工作原理很有好处，表4-1列出了柴油发动机高压共轨的含义及其特点。

表4-1 柴油发动机高压共轨的含义及其特点

项目	具体说明
高压共轨含义	高压共轨是指在由高压油泵、压力传感器和电控单元(ECU)组成的闭环系统中，将喷射压力的产生和喷射过程彼此完全分开的一种供油方式。简单来说，高压共轨就是把所有的喷油器连接到一个公共油轨上，油轨中时刻维持着非常高的喷射压力，喷油器的开启和关闭完全靠电磁阀来实现，由此就可对喷油量进行精确控制。喷油量的大小取决于燃油导轨(公共供油管)压力与电磁阀开启时间的长短
主要特点	在高压共轨电控系统中，高压油泵把高压燃油输送到燃油导轨(公共供油管)，通过对燃油导轨内油压的精确控制，使高压油管压力大小与发动机的转速无关，可以大幅度减小柴油机供油压力随发动机转速的变化，由此而弥补了传统柴油机的某些缺陷

(2) 共轨式电控喷射系统喷油特性

采用了共轨式电控燃油喷射系统的柴油发动机，其喷油特性与普通喷油系统有了很大的区别，具体情况见下面的介绍。

① 普通喷油系统的喷油特性见表4-2。

表4-2 普通喷油系统的喷油特性

项目	具体说明
无法实现后喷射	在普通喷油系统中(如直列泵、分配泵喷油系统等)，只有主喷射而没有预喷射和后喷射，就是在电磁阀控制的分配泵中也仅能实现预喷射，而无法实现后喷射

续表

项目	具体说明
喷油压力和喷油量的特性	普通喷油系统中压力的产生和喷油量的计算，是通过凸轮和供油柱塞来实现的。这种方法对喷油特性来说，会产生下列现象：喷油压力随转速和喷油量的增加而升高；喷油过程中喷油压力上升，但在喷油终了时又会降低到喷油器的关闭压力 上述两种情况往往会产生下列后果：小喷油量时的喷油压力低；峰值喷油压力是平均喷油压力的2倍以上；喷油过程曲线近似于三角形，这不利于充分燃烧
峰值喷油压力方面	峰值喷油压力对喷油泵进气驱动装置构件承受的负荷具有决定性的影响。对普通喷油系统而言，它是燃烧室中混合气形成品质好坏的评价尺度

② 共轨式电控喷射系统理想的喷油特性要求见表 4-3。

表 4-3 共轨式电控喷射系统理想的喷油特性要求

项目	具体说明
基本要求	对理想的喷油特性，除了普通喷油特性的要求之外，还应具有独立性与喷油初期这两个方面的基本要求
独立性	对发动机的任何一个工况点，喷油压力与喷油量的确定，都应该是互为独立的
喷油初期	喷油初期（也就是喷油开始到燃烧开始之间的点火延迟期内）的喷油量要尽可能小

③ 共轨式电控喷射系统理想喷油特性的实现。要实现柴油发动机共轨式电控喷射系统理想的喷油特性，对系统中的某些关键零件的工作情况有一定要求，具体如下。

a. 喷油特性曲线与喷油特性决定因素见表 4-4。

表 4-4 共轨式电控喷射系统喷油特性曲线与喷油特性决定因素

项目	具体说明	
喷油特性曲线	带有预喷射和主喷射的共轨燃油系统可以实现理想的喷油特性，如右图所示	
喷油特性决定因素	对于采用模块式结构的共轨喷油系统，其喷油特性主要取决于下列组件：电磁阀控制的喷油器（通常安装在气缸盖上）；压力存储器（共轨管）；高压泵；电控单元（ECU）；曲轴转速传感器；凸轮轴相位传感器	

b. 高压泵的结构、喷油器工作情况与喷油正时的要求见表 4-5。

表 4-5 高压泵的结构、喷油器工作情况与喷油正时的要求

项目	具体说明
高压泵的结构	在小型乘用车上使用的共轨喷油系统中，产生喷油压力的高压泵采用径向柱塞泵，其转速以固定的传动比和发动机转速相关，而压力的建立和喷油量无关。由于供油具有连续性，故高压泵通常比普通喷油系统中使用的高压泵小得多，峰值驱动转矩也较小
喷油器工作情况	喷油器由喷油机械部分与电磁阀共同构成，并通过高压油管和共轨管相连接，喷油器电磁阀的电流通路受电控单元（ECU）的控制，电磁阀得电后就开始喷油。在一定压力下，喷射的燃油量和电磁阀的通电时间成正比，而与发动机或泵的转速没有关系（属于时间控制的喷油方式） 喷油量是通过喷油机械部分与电磁阀控制的相互配合来实现的，且受 ECU 输出、经有关部分转换后的高电压和大电流控制，由此提高了电磁阀的响应特性
喷油正时	喷油正时是通过电控系统中的角度-时间系统来进行控制的。这主要依赖于曲轴上安装的一个转速传感器，同时，为了识别缸序或相位，在凸轮轴上也安装了一个相位传感器

(3) 共轨式喷射系统喷油类型

柴油发动机共轨式喷射系统燃油的喷射方式主要有预喷射、主喷射与后喷射三种，这三种喷射方式都有其各自的特点。

① 共轨式喷射系统预喷射方式的基本特性见表 4-6。

表 4-6 共轨式喷射系统预喷射方式的基本特性

项目	具体说明
预喷射时间要求	柴油发动机共轨式喷射系统的预喷射可以在上止点前 90°内进行。如果预喷射的喷油始点早于上止点前 40°曲轴转角，则燃油可能会喷到活塞顶面和气缸壁上，使润滑油稀释到不允许的程度
预喷射基本特性	预喷射时，少量燃油（1～4mm³）喷入气缸，促使燃烧室产生预调节，由此可有效地改善燃烧效率。压缩压力会因预反应或局部燃烧而略有提高，由此可缩短主喷油量的着火延迟期，使燃烧压力上升幅度与燃烧压力峰值降低，燃烧就会呈较为柔和状态，这种效果减小了燃烧噪声和燃油消耗，许多情况下还会使排放降低

② 共轨式喷射系统预喷射方式的特性曲线见表 4-7。

表 4-7 共轨式喷射系统预喷射方式的特性曲线

项目	具体说明
特性曲线示意图	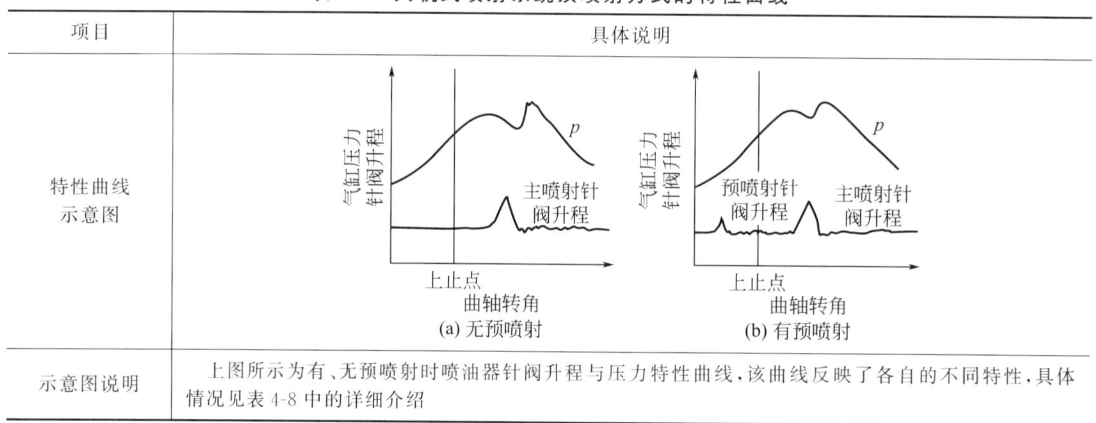 (a) 无预喷射 (b) 有预喷射
示意图说明	上图所示为有、无预喷射时喷油器针阀升程与压力特性曲线，该曲线反映了各自的不同特性，具体情况见表 4-8 中的详细介绍

③ 无预喷射和有预喷射时的特点见表 4-8。

表 4-8 无预喷射和有预喷射时的特点

项目	具体说明
无预喷射	如表 4-7 中的图(a)所示，在无预喷射时的压力特性曲线中，在上止点前的范围内，压力上升还较平缓，但随着燃烧的开始压力迅速上升，当达到压力最大值时，就会形成一个较陡的尖峰。压力上升幅度的增加和尖峰导致柴油机的燃烧噪声会明显提高
有预喷射	如表 4-7 中的图(b)所示，在有预喷射时的压力特性曲线中，在上止点前的范围内，压力值略高，但燃烧压力的上升变缓。预喷射间通过缩短着火延迟期而有助于发动机转矩的增加。根据主喷射始点和预喷射与主喷射之间的时间间隔的不同，燃油消耗会降低或增加

④ 共轨式喷射系统主喷射与后喷射的特点见表 4-9。

表 4-9 共轨式喷射系统主喷射与后喷射的特点

项目	具体说明
主喷射	柴油发动机共轨式喷射系统的主喷射提供了发动机输出功率所需要的能量，由此也就基本上决定了发动机的转矩。在共轨喷油系统中，整个主喷射过程的喷射压力近似于恒定不变状态
后喷射	柴油发动机共轨式喷射系统的后喷射对于那些催化 NO_x 的催化器而言，燃油充当了还原剂，用于还原 NO_x。后喷射是在主喷射之后的做功行程或排气行程中进行，其范围通常在上止点后 200°内。与预喷射和主喷射不同，后喷射的燃油在气缸中不会燃烧，而是在废气中剩余热量的作用下蒸发，带入 NO_x 催化器中作为 NO_x 的还原剂，以降低废气中 NO_x 的含量。过迟的后喷射会导致燃油稀释发动机的润滑油，其喷射范围是由发动机生产厂家通过多次试验后确定的

(4) 高压共轨电控燃油喷射系统基本构成

高压共轨电控燃油喷射系统因其喷油压力、时间、油量以及喷油规律柔性可调，性能优越，故被现在的新型柴油汽车广泛采用。

① 高压共轨电控燃油喷射系统典型结构见表4-10。

表4-10 高压共轨电控燃油喷射系统典型结构

项目	具体说明
共轨电控燃油喷射系统典型结构示意图	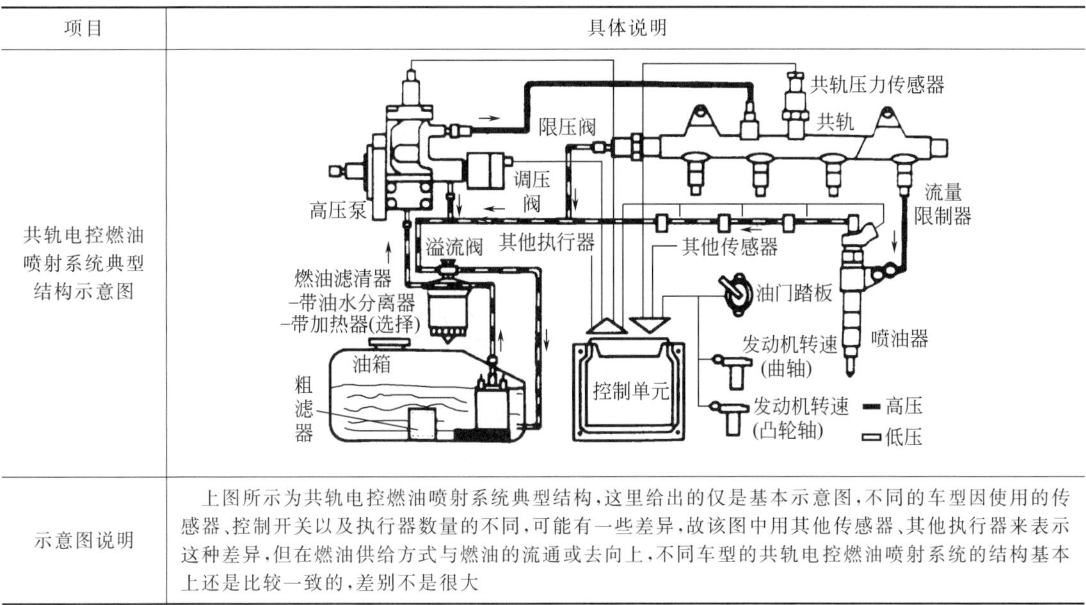
示意图说明	上图所示为共轨电控燃油喷射系统典型结构，这里给出的仅是基本示意图，不同的车型因使用的传感器、控制开关以及执行器数量的不同，可能有一些差异，故该图中用其他传感器、其他执行器来表示这种差异，但在燃油供给方式与燃油的流通或去向上，不同车型的共轨电控燃油喷射系统的结构基本上还是比较一致的，差别不是很大

② 高压共轨电控燃油喷射系统基本构成见表4-11。

表4-11 高压共轨电控燃油喷射系统基本构成

项目	具体说明
基本构成	由于高压共轨电控燃油喷射优越性突出，故世界上一些大的汽车厂家或研究单位，都推出了不同版本的高压共轨系统，不同的高压共轨电控燃油喷射系统主要是由两大部分组成，各部分的具体组成情况如下
电子控制系统	电子控制系统主要由各种传感器、电子控制单元(ECU)和各种执行器三大部分组成 高压共轨电控燃油喷射系统使用的传感器，基本结构与原理和汽油机电控系统的传感器基本相同 电子控制单元(ECU)接收各种传感器送来的信息，输出的信号用于控制执行器的工作。也就是说，由各种传感器采集的数据，都被送入ECU，在ECU内部与预先存储在存储器中的、经过大量试验得到的最佳喷油量、喷油时间和喷油规律的数据进行比较、分析，计算出当前状态的最佳参数，其运行速度达2000万次/s 执行器受电控单元(ECU)输出信号的控制。也就是说，通过ECU计算出的最佳参数，通过执行机构(电磁阀等)控制电动输油泵、高压油泵、废气再循环等机构工作，使喷油器按最佳的喷油量、喷油时间和喷油规律进行喷油，控制输出的速度达2000万次/s以上，具体控制原理和汽油机电控燃油喷射相似
燃油供给系统	燃油供给系统主要由低压油路与高压油路组成。主要零部件有高压泵、调压阀、高压存储器(共轨管)、电控喷油器等

(5) 高压共轨电控燃油喷射系统工作原理

虽然不同厂家、不同车型所采用的高压共轨电控燃油喷射系统有一定差异，但其喷油原理基本相同。

① 高压共轨电控燃油喷射系统工作原理见表4-12。

表 4-12 高压共轨电控燃油喷射系统工作原理

项目	具体说明	
喷油方式基本原理	右图所示为高压共轨电控燃油喷射系统的喷油方式，其基本原理是，供油泵把燃油加压成高压供入共轨内，共轨实际上是一个燃油分配管。存储在共轨内的燃油在适当的时刻通过喷油器喷入发动机气缸内。电控共轨系统中的喷油器是由电磁阀控制的喷油阀，电磁阀的开启与关闭由电控单元（ECU）进行控制。具体控制情况如下	≤1600MPa
喷油压力（共轨压力）的调节	共轨压力传感器用于对共轨内的燃油压力进行检测，并把检测到的情况提供给电控单元（ECU），由 ECU 对供油泵的供油量进行调整，以控制共轨压力，共轨压力实际上就是喷油压力。另外，还可以根据发动机转速、喷油量的大小与设定的最佳值（指令值）始终一致进行反馈控制	
喷油量的调节	也就是以发动机的转速和加速踏板位置信息等为基础，由电控单元（ECU）计算出最佳喷油量，通过控制喷油器电磁阀的通电和断电时刻，来直接对喷油参数进行控制	
喷油率的调节	也就是根据发动机实际运行的需要，设置并控制喷油率，以实现预喷射、后喷射、多段喷射等功能	
喷油时间的调节	也就是根据发动机的转速与负荷量参数，电控单元（ECU）计算出最佳喷油时间，然后通过控制喷油器电磁阀在适当的时刻开启，在合适的时刻关闭等，来准确控制喷油时间	

② 传感器与开关信号。高压共轨电控燃油喷射系统常用的传感器和开关主要有冷却液温度传感器、进气歧管温度传感器、燃油温度传感器、发动机转速传感器（或曲轴位置传感器）、凸轮轴位置传感器（或气缸判别传感器）、加速踏板位置传感器、共轨压力传感器、进气歧管压力传感器（或增压传感器），空气流量传感器、离合器踏板开关、制动开关、怠速开关。

(6) 共轨式燃油喷射系统结构与控制框图

尽管不同厂家、不同车型柴油发动机共轨式燃油喷射系统所使用的元件或部件的数量有一定差异，但它们的总体结构与控制框图却大同小异。

① 共轨式电控燃油喷射系统的控制框图见表 4-13。

表 4-13 共轨式电控燃油喷射系统的控制框图

项目	具体说明
控制系统控制框图	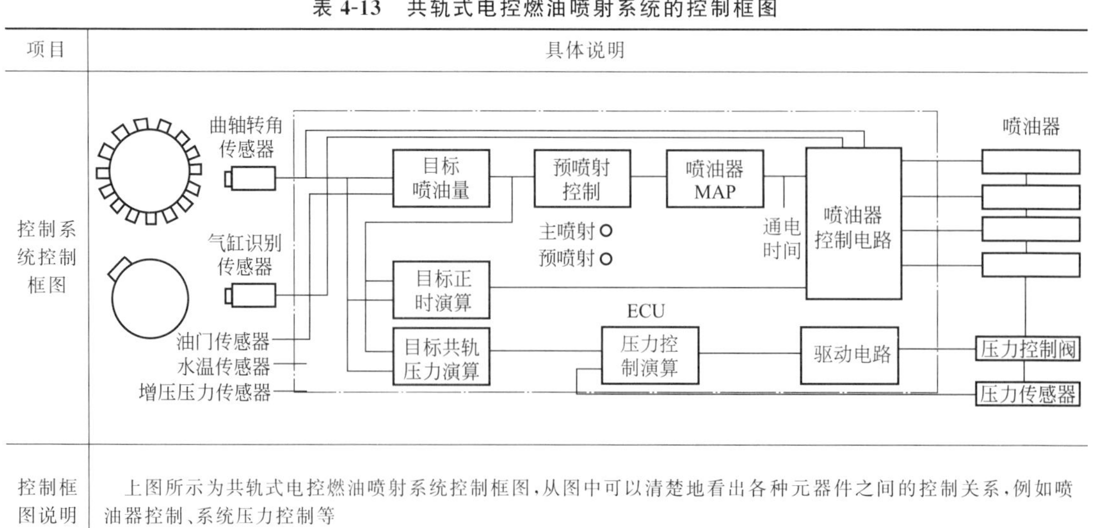
控制框图说明	上图所示为共轨式电控燃油喷射系统控制框图，从图中可以清楚地看出各种元器件之间的控制关系，例如喷油器控制、系统压力控制等

② 电控单元（ECU）与有关器件的控制关系见表 4-14。

表 4-14 电控单元（ECU）与有关器件的控制关系

项目	具体说明	
示意图	右图所示为共轨式电控燃油喷射系统电控单元(ECU)与有关器件的控制关系示意图识图指导	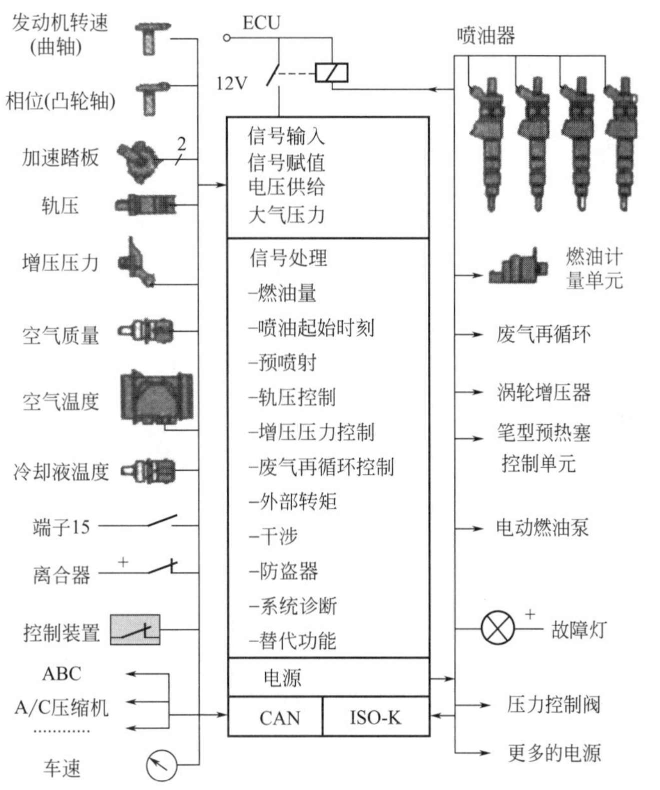 发动机转速(曲轴) 相位(凸轮轴) 加速踏板 轨压 增压压力 空气质量 空气温度 冷却液温度 端子15 离合器 控制装置 ABC A/C压缩机 ………… 车速 ECU 12V 信号输入 信号赋值 电压供给 大气压力 信号处理 -燃油量 -喷油起始时刻 -预喷射 -轨压控制 -增压压力控制 -废气再循环控制 -外部转矩 -干涉 -防盗器 -系统诊断 -替代功能 电源 CAN ISO-K 喷油器 燃油计量单元 废气再循环 涡轮增压器 笔型预热塞控制单元 电动燃油泵 故障灯 压力控制阀 更多的电源
识图指导	图的左边部分为提供给电控单元(ECU)的各种输入信号(包括各种传感器输入信号、控制开关输入信号)	
	图的中间部分为ECU(图中仅给出了ECU可以控制的部分基本功能,不同的车型有一定的差异)	
	图的右边部分为被ECU输出信号控制的各种执行器(图中仅给出了常见的执行器,不同的车型有一定的差异)	

4.2 德国博世公司的 CR 共轨式喷射系统

高压共轨电控燃油喷射系统是一个严格的时间控制系统，必须精确控制喷油器电磁阀的工作过程，以实现灵活的喷油规律控制，这是高压共轨控制的核心，也是难点之一。

(1) 系统结构

德国博世公司属于最早研制成功柴油发动机共轨式电控燃油喷射系统的厂家之一，该公司的 CR 共轨式喷射系统的结构如表 4-15 所示。

表 4-15 CR 共轨式喷射系统的结构

项目	具体说明
CR 共轨式喷射系统结构说明	下图所示为德国博世(BOSCH)公司广泛应用在柴油发动机上的 CR 共轨式电控燃油喷射系统典型结构简图。德国 BENZ、BMW、AUDI 公司开发的柴油机许多都采用该电控系统,例如 BMW 公司开发的 ALPINA D10 型柴油机就采用了 CR 共轨式电控燃油喷射系统,该柴油机的喷射压力高达 160MPa,主要为 BMW 5 系车型提供动力,其在动力性与排放方面均达到了前所未有的高水平

续表

项目	具体说明
结构示意图	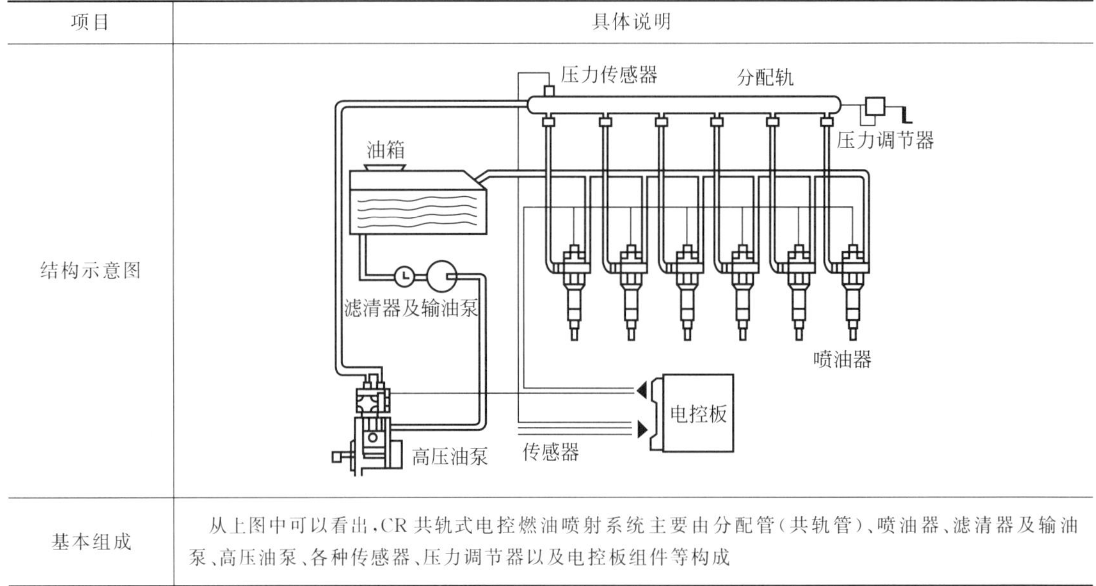
基本组成	从上图中可以看出，CR共轨式电控燃油喷射系统主要由分配管（共轨管）、喷油器、滤清器及输油泵、高压油泵、各种传感器、压力调节器以及电控板组件等构成

（2）系统特点

德国BOSCH公司的CR共轨式喷射系统成功地实现了低的初始喷油率、预喷射和多次喷射。表4-16中列出了该系统的主要特点。

表4-16 CR共轨式电控燃油喷射系统的主要特点

项目	具体说明
高压油泵	高压油泵是一种带有电控压力调节器的径向柱塞泵，用于把柴油以高压的形式送到蓄压器（也就是共轨管）内。高压油泵可以实现部分停缸控制，这样可以节省低压时油泵的功率损耗
喷油器	发动机每一缸都使用一个独立的高压电磁阀来控制喷油器的工作，每个喷油器通过各自的一根高压油管连接到共轨轨道上。喷油器的电磁阀为二位二通阀，其开启与关闭时间之和不超过0.27s
共轨油压	共轨管中的共轨油压可以在15～140MPa之间自由调节，而喷射时的最高油压可达120～150MPa，系统中的油压由电控回路控制

4.3 美国BKM公司的Servojet共轨式喷射系统

美国BKM公司的Servojet共轨式喷射系统是一种与柴油机配套用的中压（蓄压）共轨电控燃油喷射系统。

（1）系统结构

对于高压共轨燃油喷射系统，从高压油泵到喷油器的针阀，整个系统均处于持续高压作用之下，故对系统的密封性要求十分严格，有时由于泄漏还会带来安全问题，这是高压共轨燃油喷射系统较难解决的问题。而中压共轨燃油喷射系统是针对这一问题的一种解决方案，该喷射系统的典型结构如表4-17中所列。

表 4-17 Servojet 共轨式电控燃油喷射系统结构

项目	具体说明
Servojet 共轨式电控燃油喷射系统结构示意图	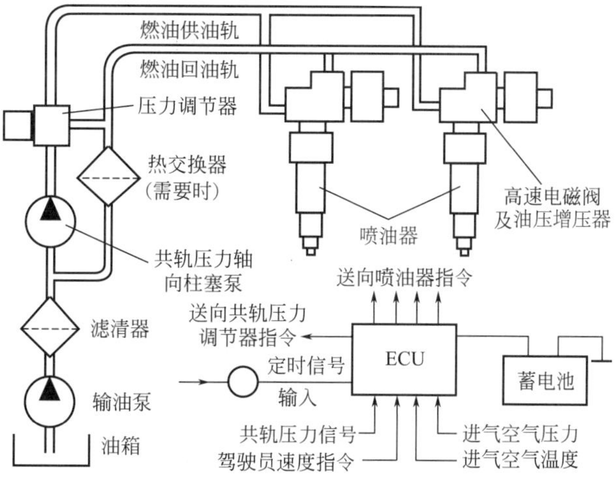 燃油供油轨 燃油回油轨 压力调节器 热交换器 (需要时) 共轨压力轴 向柱塞泵 滤清器 输油泵 油箱 喷油器 高速电磁阀 及油压增压器 送向喷油器指令 送向共轨压力 调节器指令 定时信号 输入 ECU 蓄电池 共轨压力信号 驾驶员速度指令 进气空气压力 进气空气温度
组成说明	上图所示为美国 BKM 公司的 Servojet 共轨式电控燃油喷射系统的典型结构。与高压共轨电控燃油喷射系统相对应，在该系统中，共轨中的压力处于 10～20MPa 之间，高压喷射压力则通过喷油器中的液压放大活塞来实现，可达到足够大的压力。该系统主要由输油泵、压力调节阀、燃油供油轨、高速电磁阀、油压增压器、蓄压式喷油器、电子控制单元(ECU)、各种传感器等组成

(2) 工作原理

Servojet 共轨式电控燃油喷射系统在天然气/柴油双燃料发动机上得到了广泛的应用，用于控制柴油喷射。表 4-18 中列出了该喷射系统的工作原理。

表 4-18 Servojet 共轨式电控燃油喷射系统工作原理

项目	具体说明
燃油压力	输油泵向共轨系统提供中压燃油，利用喷油器中的增压活塞使中压燃油的压力进一步提高。通过调节共轨压力可控制最高喷射压力和喷油量。当电磁阀通电时，回油通道关闭，共轨燃油进入增压活塞上方，活塞下行。油压增压器的增压比可达 10～15，10MPa 的共轨燃油压力在增压柱塞下方可被增压到 100～160MPa
喷油过程	高压燃油通过蓄压腔单向阀进入蓄压腔及喷油器储油槽和针阀上部。此时，由于受到针阀尾部的燃油压力和喷油器弹簧的预紧力作用，针阀不会开启喷油。当电磁阀断电而打开回油通道时，增压活塞上方燃油泄压。增压活塞与增压柱塞上行，使增压柱塞下方和针阀尾部处的油压也降低。蓄压腔中高压燃油通过喷油器储油槽作用在针阀上，使针阀开启，实现高压喷油
其他方面	喷油器的喷油始点，取决于电磁阀断电时刻，喷油终点决定于共轨压力与针阀弹簧的预紧力。同时，最高喷油压力、喷油量、喷油速率(简称喷油率)均受共轨油压的控制

4.4 日本电装公司的 ECD-U2 共轨式喷射系统

日本电装公司的 ECD-U2 共轨式喷射系统是在丰田公司与马自达公司的协助下研制完成并投入应用的。

（1）前期产品简介

电装公司的ECD-U2共轨式喷射系统前期产品就是其第一代的ECD-U2系统，该系统的具体情况如表4-19中所列。

表4-19 ECD-U2共轨式喷射系统前期产品简介

项目	具体说明
典型结构示意图	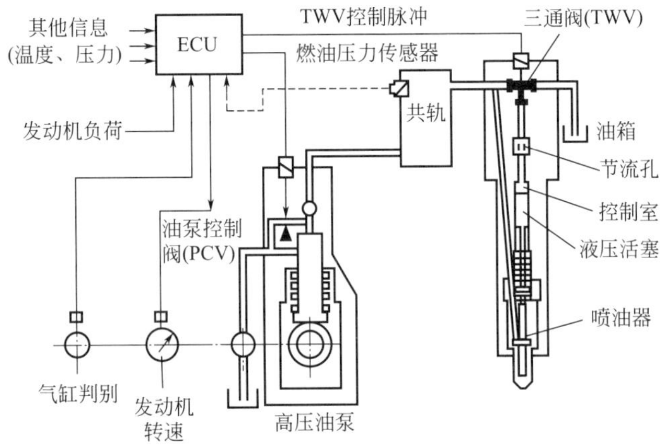
特点	上图所示为日本电装公司的ECD-U2共轨式喷射系统的第一代ECD-U2系统典型结构示意图。第一代ECD-U2系统建立在新的供油概念基础之上，其主要特点是有广泛的控制自由度，且不会损害发动机基本性能。通过电磁三通阀控制，可以自由调节喷油压力（共轨压力控制）、喷油量、喷油率图形以及喷油正时。而且凸轮每转一圈柱塞往复3次，故启动时共轨油压上升很快，可以保证发动机快速启动，高压油泵供油量通过燃油压力传感器、电控单元（ECU）、电磁三通阀来计量。喷油压力可达120MPa，喷油正时为柔性调节，通过选择喷油器内节流孔径尺寸和共轨管压力，就可以改变喷油率图形。这些对于燃油经济性、排放性能以及低速特性的改善，均有明显的效果

（2）第二代产品组成特点

电装公司的ECD-U2共轨式喷射系统第二代ECD-U2共轨系统的最高喷射压力可达180MPa，喷雾更加细微化。

① 典型结构。电装公司的第二代ECD-U2共轨系统在三菱、日野、日产等汽车公司生产的大中型商用车以及部分小型乘用车上均有应用。

第二代ECD-U2共轨系统的特点见表4-20。

表4-20 第二代ECD-U2共轨系统的特点

项目	具体说明
燃油压力	第二代ECD-U2共轨系统的最高喷射压力可达180MPa，从而使喷雾更加细微化，由此可以促进完全燃烧并实现尾气净化的最大化
喷射方式	第二代ECD-U2共轨系统可以实现高精度多次喷射，一个燃烧周期最多可实现先导喷射、预喷射、主喷射、后喷射、延迟喷射共五次喷射，最短喷射时间仅为0.4ms。该特点可使燃油更加充分燃烧，同时也可有效地减少振动与噪声

② 第二代ECD-U2共轨系统的典型结构与燃油供给系统见表4-21。

表 4-21 第二代 ECD-U2 共轨系统的典型结构与燃油供给系统

项目	具体说明
典型结构	右图所示为日本电装公司的第二代 ECD-U2 共轨系统典型结构示意图，主要由燃油供给系统与控制系统两大部分构成
燃油供给系统	燃油供给系统主要由油箱、柴油滤清器、输油泵、高压供油泵、共轨管 CR、压力限制器、液流缓冲器、高压油管、喷油器等组成

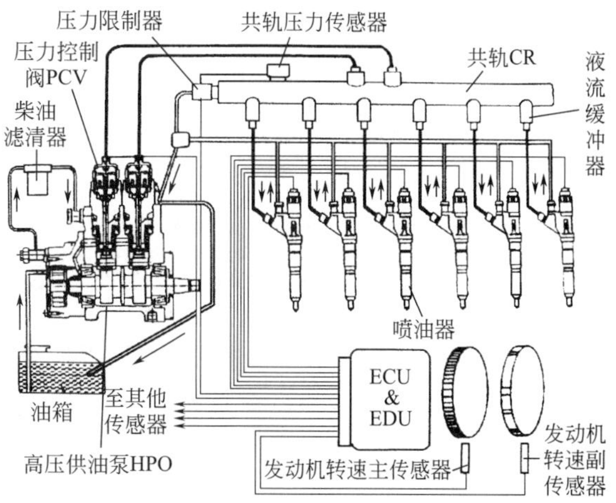

③ 第二代 ECD-U2 共轨系统的控制系统部分见表 4-22。

表 4-22 第二代 ECD-U2 共轨系统的控制系统部分

项目	具体说明
基本组成	控制系统主要由各种功能检测传感器、电控单元(ECU)、各种不同功能的控制开关以及各种执行器等组成
传感器	传感器主要有发动机转速主传感器、发动机转速副传感器、冷却液温度传感器、燃油温度传感器、加速踏板传感器、进气压力传感器、共轨压力传感器、增压压力传感器
控制开关	控制开关主要有点火开关、怠速调整开关、加速踏板开关、空挡保护开关、离合器开关、发动机停机开关
执行器	执行器主要有压力控制阀 PCV(该阀的线圈电阻为 2.9～3.5Ω)、喷油器电磁阀 TWV(该阀的线圈电阻为 0.35～0.55Ω)、发动机转速表、发动机故障检测诊断灯等

④ 系统基本原理。我国上柴、锡柴生产的部分柴油机也使用电装公司的第二代 ECD-U2 共轨系统。该系统的工作情况如表 4-23 中所列。

表 4-23 第二代 ECD-U2 共轨系统基本原理

项目	具体说明
输油泵	第二代 ECD-U2 共轨系统中的输油泵用于把柴油提供给高压供油泵，再由高压供油泵把燃油加压后输送给共轨管 CR，共轨管内的高压柴油经过高压油管分送到各个喷油器
ECU 控制	电控单元(ECU)接收各种传感器与控制开关送来的各种信息，经分析后判断发动机的工况，确定共轨压力 MAP 图中的基本轨压，再根据共轨压力传感器的信号进行修正，然后向 PCV 阀输出脉冲控制信号，由 PCV 阀来控制高压供油泵向共轨管提供燃油，从而形成了对共轨压力的闭环控制 同时，ECU 还根据发动机的运行情况，从各 MAP 图中确定基本喷油量、喷油时间与喷油提前角，再根据冷却液温度与油温以及其他信息进行修正，并把脉冲控制信号传送给各缸喷油器 TWV 阀，TWV 阀就会控制喷油器的打开或关闭，将高压柴油通过喷油器喷射到燃烧室，从而实现了喷油量、喷油时间与喷油率的最佳控制

(3) 第二代系统使用的高压供油泵

高压供油泵是电装公司第二代 ECD-U2 共轨式电控燃油喷射系统的关键部件，是燃油供给系统的核心。

① 高压供油泵的组成情况。表 4-24 中列出了电装公司第二代 ECD-U2 共轨式电控燃油喷射系统高压供油泵的组成情况，供参考。

表 4-24 第二代 ECD-U2 共轨式电控燃油喷射系统高压供油泵的组成情况

项目	具体说明
高压供油泵的组成示意图	右图所示为电装公司的第二代 ECD-U2 共轨式电控燃油喷射系统高压供油泵的组成情况。ECD-U2 系统应用在大小不同的车辆上时，所使用的高压供油泵的型号也不同。在大型商用车上使用第二代 ECD-U2 系统时，高压供油泵的型号为 HP0；在中型商用车上使用第二代 ECD-U2 系统时，高压供油泵的型号为 HP4；在小型乘用车上使用第二代 ECD-U2 系统时，高压供油泵的型号为 HP3 （图中标注：出油阀、柱塞、PCV 阀接头、PCV阀、泵腔、进油口、柱塞弹簧、挺杆、凸轮） 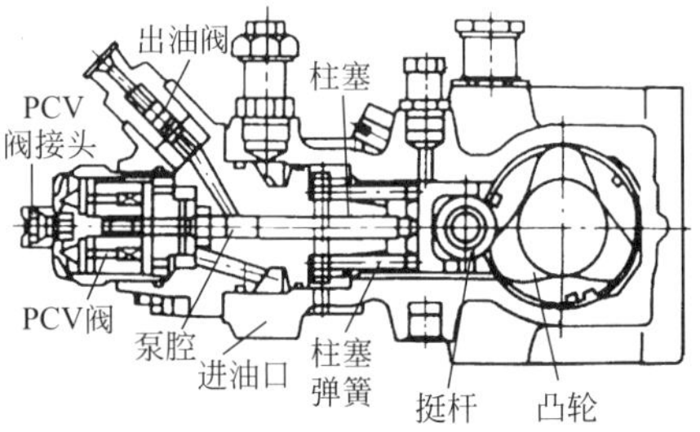
结构说明	①以在 6 缸发动机上使用的 HP0 高压供油泵为例，其通常有 2 个工作缸，3 个作用凸轮。这种高压供油泵主要由凸轮、挺杆、柱塞弹簧、泵腔、出油阀、PCV 阀等组成 ②3 个作用凸轮由发动机带动旋转，用于驱动挺杆、柱塞向上运动；柱塞弹簧的作用是使柱塞、挺杆及时下移回位；出油阀是一种高压单向阀，可以有效地防止共轨内的高压柴油倒流；PCV 阀的作用是受电控单元（ECU）输出信号的控制，去控制 HP0 内回油通道的打开或关闭

② 高压供油泵的工作情况。表 4-25 中列出了电装公司第二代 ECD-U2 共轨式电控燃油喷射系统高压供油泵的工作情况。

表 4-25 第二代 ECD-U2 共轨式电控燃油喷射系统高压供油泵的工作情况

项目	具体说明
高压供油泵的工作情况示意图	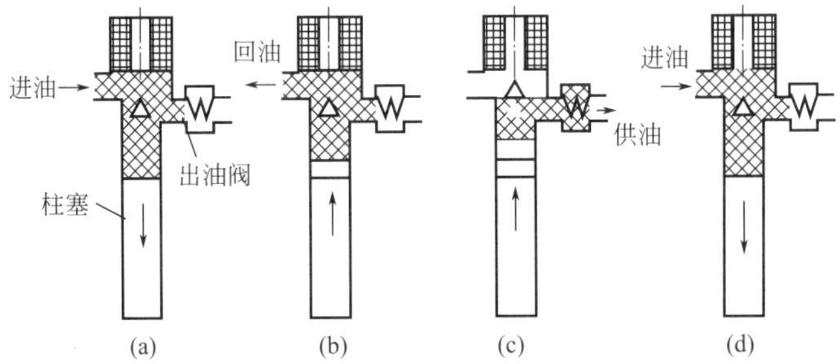 （图中标注：进油、回油、供油、进油、出油阀、柱塞；(a) (b) (c) (d)）
吸油过程	如图(a)所示，当凸轮凸缘下降时→柱塞与挺杆也下移→高压供油泵的泵腔容积增大，此时，由于 PCV 阀没有控制信号而处于常开状态，故低压油腔中的柴油就会进入泵腔中
无效供油过程	如图(b)所示，当凸轮凸缘上升时，就会推动柱塞上行→泵腔容积变小，此时，由于 PCV 阀仍然没有控制信号而处于常开状态，故泵腔内的柴油经 PCV 阀与回油通道流回低压油腔中，不会向共轨管供油，共轨管内的压力也不会上升
有效供油过程	如图(c)所示，当凸轮凸缘继续上升时，就会推动柱塞上行→泵腔容积变小，此时，由于 PCV 阀接收到电控单元（ECU）输出的脉冲控制信号而处于关闭状态，故泵腔内的柴油压力迅速升高，一旦该压力大于共轨管内的压力时，出油阀就会打开，高压柴油就会经出油阀流向共轨管内→共轨管内的压力随之上升
供油结束，进油开始	如图(d)所示，当凸轮的凸缘下降时，柱塞也会下移→泵腔内的压力降低→出油阀关闭，供油结束，此时，由于 PCV 阀上的控制信号消失而又恢复为原来的开启状态→低压柴油进入泵腔而进入下一个循环

续表

项目	具体说明
PCV 阀的轨压控制特点	电控单元(ECU)通过向 PCV 阀输出一定占空比的脉冲控制信号，来控制 PCV 阀关闭回油通道的时刻与持续的时间，以便调节泵腔内被压缩的柴油量，也就是控制高压泵供油量，最终使共轨内的柴油压力得到控制。燃油在没有经过压缩的状况下进行回油，从而避免了高压回油，这种调节方法不会产生额外的泵油量和功率消耗，最大驱动转矩只有传统直列泵的 1/3

(4) 第二代系统使用的共轨管 CR

电装公司第二代 ECD-U2 共轨式电控燃油喷射系统使用的共轨管 CR 也是燃油供给系统的重要部件。

① 共轨管 CR 的组成情况。共轨管 CR 的作用是向各喷油器分配柴油和进行蓄压，表 4-26 中列出了共轨管 CR 的组成情况。

表 4-26 共轨管 CR 的组成情况

项目	具体说明	
共轨管 CR 的组成	右图所示为电装公司第二代 ECD-U2 共轨式电控燃油喷射系统使用的共轨管 CR 的组成情况	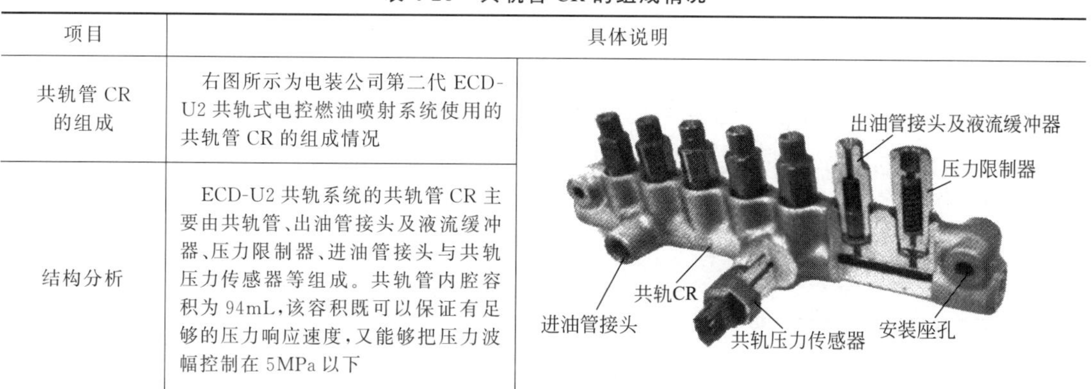
结构分析	ECD-U2 共轨系统的共轨管 CR 主要由共轨管、出油管接头及液流缓冲器、压力限制器、进油管接头与共轨压力传感器等组成。共轨管内腔容积为 94mL，该容积既可以保证有足够的压力响应速度，又能够把压力波幅控制在 5MPa 以下	

② 共轨管 CR 上各组成件的情况。共轨管 CR 属于一种重要的组合件，下面介绍安装在共轨管 CR 上的各组成件的情况，供参考。

a. 液流缓冲器的结构与工作特点见表 4-27。

表 4-27 液流缓冲器的结构与工作特点

项目	具体说明
液流缓冲器的结构示意图	活塞 量孔 (ϕ0.7mm) 球的升程 最大升程时的球 弹簧 喷油器 接头(收敛缝) 垫块(压入) 球 支撑块弹簧 壳体(渗碳)
示意图说明	上图所示为电装公司第二代 ECD-U2 共轨式电控燃油喷射系统使用的液流缓冲器结构示意图。该液流缓冲器和高压油管接头制成一体，可以保证在出现燃油泄漏故障时，及时切断共轨向外的供油，也可减小共轨与高压油管中的压力波动
工作特点	当出现高压油管破裂或喷油器持续喷油等严重泄漏现象，量孔处的流量不能及时供应活塞右侧的泄漏，致使活塞左右压力差骤升时，活塞在巨大的压力差的作用下会迅速推动球阀落座，把出油口关闭，从而切断了共轨向外供油，避免了燃油泄漏造成的危险和损失

b. 压力限制器的结构与工作特点见表 4-28。

表 4-28 压力限制器的结构与工作特点

项目	具体说明
压力限制器的结构示意图	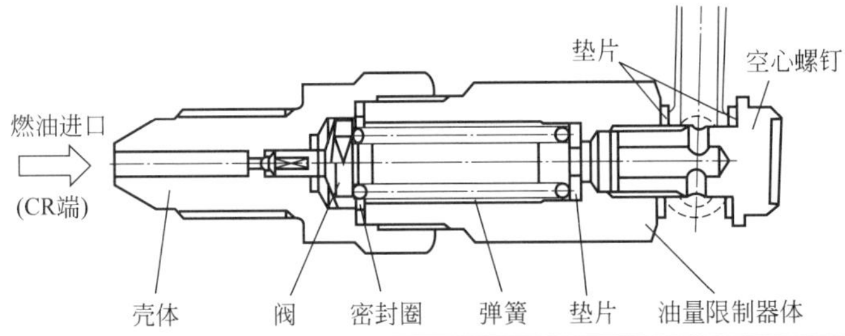
示意图说明	上图所示为电装公司第二代 ECD-U2 共轨式电控燃油喷射系统使用的压力限制器结构示意图。该压力限制器主要由燃油进、出油口接头及阀和阀座、弹簧、壳体等组成
工作特点	当共轨压力传感器、ECU 或 PCV 阀等出现故障，导致压力控制失灵时，进油口接头处的压力就会持续升高直到极限值，过高的压力就会推动阀向右移动而离开阀座，这样，部分燃油就会经阀的缝隙、回油管回流到油箱，由此就降低了共轨管内燃油的压力，从而就可确保共轨管内压力处在安全值范围内

(5) 第二代系统使用的喷油器

喷油器属于电控方式，其电磁阀线圈的电流通路受电控单元（ECU）的控制，喷油器的结构与工作情况如下。

① 喷油器的结构见表 4-29。

表 4-29 喷油器的结构

项目	具体说明
结构示意图	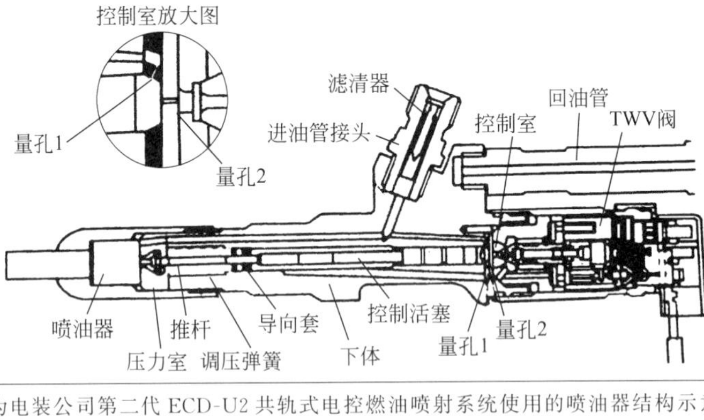
示意图说明	上图所示为电装公司第二代 ECD-U2 共轨式电控燃油喷射系统使用的喷油器结构示意图。该喷油器主要由喷油嘴、喷油器电磁阀 TWV、控制室、压力室、调压弹簧、控制活塞、量孔等组成。它的顶端印有快速识别代码 QR，安装喷油器时，要将该代码输入到电控单元(ECU)中，由此可把各缸喷油量的差别控制在 1.5%左右

② 喷油器的工作情况见表 4-30。

表 4-30 喷油器的工作情况

项目	具体说明
不喷油状态	高压燃油是经进油管接头进入喷油器的，一路经量孔 1 进入右方的控制室，TWV 阀因没有接收到 ECU 输出的喷油控制脉冲信号而关闭回油通道，控制室内的油压对控制活塞产生向左的推力；另一路高压燃油进入左方的压力室，压力室油压与调压弹簧共同形成对控制活塞的向右合推力。由于控制活塞右端受力面积远比推杆左端的大，导致向左推力大于向右合推力，控制活塞把喷油器针阀紧压在阀座上，不会喷油

续表

项目	具体说明
喷油过程	当电控单元(ECU)有喷油控制脉冲信号并提供给 TWV 阀时,TWV 阀就会开启回油通道,控制室内的高压燃油就会流经量孔 2、回油通道流回油箱,控制室内油压下降,向左推力小于向右合推力→喷油器针阀开启,开始喷油
喷油结束	一旦电控单元(ECU)喷油控制脉冲消失,TWV 阀就会重新关闭回油通道,控制室内的高压油压就会迅速升高→向左推力又大于向右合推力→喷油器针阀重新关闭,从而完成了一个喷油循环过程

4.5　圣达菲的 D4EA 共轨式电控燃油喷射系统

圣达菲（Santa Fe）汽车是韩国现代公司开发的一款 SUV 车型，与其配套使用的柴油发动机为 D4EA 型，是一种增压共轨电控燃油喷射发动机。

(1) 组成特点

圣达菲的 D4EA 型柴油发动机不仅使用了高压共轨电控燃油喷射系统，还配备了 VGT（Variable Geometry Turbocharger，可变截面涡轮增压器）系统，从而使整个发动机的性能得到了进一步提高。

① D4EA 共轨式电控高压燃油喷射系统组成见表 4-31。

表 4-31　D4EA 共轨式电控高压燃油喷射系统组成

项目	具体说明
D4EA 共轨式电控高压燃油喷射系统的结构示意图	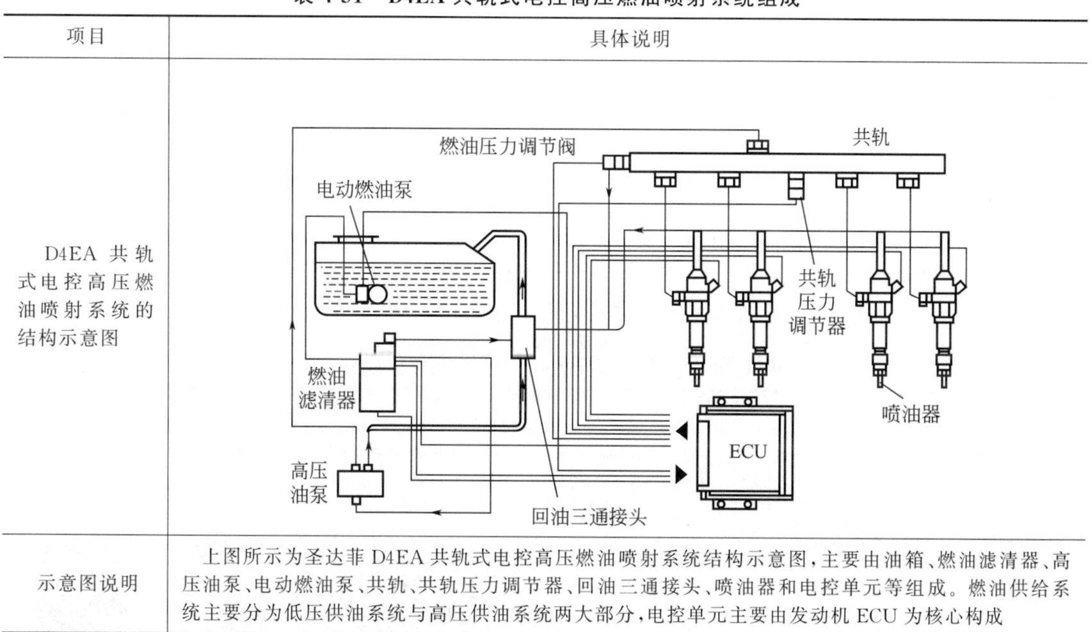
示意图说明	上图所示为圣达菲 D4EA 共轨式电控高压燃油喷射系统结构示意图,主要由油箱、燃油滤清器、高压油泵、电动燃油泵、共轨、共轨压力调节器、回油三通接头、喷油器和电控单元等组成。燃油供给系统主要分为低压供油系统与高压供油系统两大部分,电控单元主要由发动机 ECU 为核心构成

② 燃油系统与 VGT 工作情况见表 4-32。

表 4-32　燃油系统与 VGT 工作情况

项目	具体说明
燃油系统工作情况	在圣达菲 D4EA 共轨式电控高压燃油喷射系统中,由各种传感器实时监测发动机的实际运行情况,并把监测到的信号提供给电控单元(ECU),ECU 根据预先设计和存储的计算程序计算后,确定适合于该运行状态的喷油压力、喷油量、喷油时间以及喷油规律,以使发动机的工作始终处于最佳状态

续表

项目	具体说明
VGT 工作情况	VGT 是可变截面涡轮增压器的简称，该项技术是在普通废气涡轮增压器的基础上，在涡轮侧增加了涡轮转动叶片和调整机构，电控单元(ECU)通过控制 VGT 阀、膜盒式真空执行器来控制转动叶片的角度。具体工作情况如下 当发动机处于低速运转时，废气的动能较小，膜盒式真空执行器使活动叶片组处于关闭位置，叶片间通道截面变小，废气进入涡轮机的速度加大，涡轮机的转速提高，同轴带动压气机使充气量较普通的增压器增多 当发动机处于高速运转时，废气的动能变大，膜盒式真空执行器使活动叶片组逐步打开，最终全部打开，叶片间通道截面变大，废气进入涡轮机的速度变小→涡轮机的转速被限制在规定的范围内 上述控制过程可实现发动机在任何转速下维持所需要的增压值，从而弥补了传统涡轮增压器低速时出现涡轮迟滞的不足，保证强劲的动力输出始终稳定

(2) 低压燃油通路

圣达菲的 D4EA 共轨式电控燃油喷射系统低压燃油通路主要由带有前置滤清器的油箱、低压油泵、燃油滤清器、低压燃油输送管路等组成。

① 低压燃油通路中的低压油泵与低压燃油输送管路情况见表 4-33。

表 4-33 低压燃油通路中的低压油泵与低压燃油输送管路情况

项目	具体说明
低压油泵	低压油泵用于从油箱中抽取燃油，然后持续地向高压泵提供定量的燃油。该油泵为直列式电动燃油泵，其结构示意图如右图所示，它连接在油箱和燃油滤清器之间，安装在油箱外的燃油管路上(装在汽车地板总成上)。其工作原理与电控汽油机中的汽油泵相似 圣达菲的 D4EA 共轨式电控燃油喷射系统的燃油泵既可以使用带有前置过滤器的电动燃油泵，也可以采用机械传动的齿轮式燃油泵 出油 连接 电动机 电动机 滚子叶片泵 限压阀 泵油元件 进油
低压燃油输送管路	在低压燃油输送管路中，厂家采用挠性燃油管路取代传统方式中的钢管，由此可使车辆在转向或发动机出现移动等情况时，不会造成燃油系统管路损坏

② 燃油滤清器的作用及其组成件的特点见表 4-34。

表 4-34 燃油滤清器的作用及其组成件的特点

项目	具体说明	
燃油滤清器作用	为了保护泵元件、出油阀与喷油器元件不会被柴油中的杂质、污垢损伤而早期损坏，D4EA 共轨式电控燃油喷射系统低压油路中设置了燃油滤清器	
设置有手动输油泵	燃油滤清器上盖设置了手动输油泵(燃油系统放气用)，并安装了燃油温度传感器与燃油加热器，如右图所示	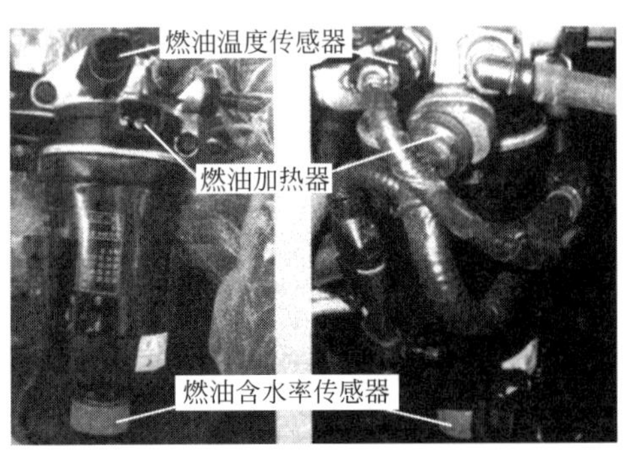
油水分离器与燃油含水率传感器	考虑到柴油可能会以乳液形式或游离形式(如因温度变化而引起的水分凝结等)而含有水分，如果这些水分进入喷射系统，极有可能造成腐蚀性损伤。燃油滤清器中组合有油水分离器，在燃油滤清器的下部还安装了燃油含水率传感器如右图所示，一旦水位达到一定高度时，报警灯就会点亮，以告知驾驶员进行处理	

(3) 高压燃油通路

圣达菲的 D4EA 共轨式电控燃油喷射系统高压燃油通路主要由高压油泵、共轨、共轨压力传感器、共轨压力调节阀、流量限制器、喷油器、高压油管等组成。

① 高压油泵。圣达菲的 D4EA 共轨式电控燃油喷射系统高压油泵用于把燃油压力提高到最高的系统压力 135MPa 后，经高压油管进入管状的共轨内。表 4-35 列出了该高压油泵的结构及其工作情况。

表 4-35　高压油泵的结构及其工作情况

项目	具体说明	
结构示意图	右图所示为圣达菲的 D4EA 共轨式电控燃油喷射系统高压油泵外形结构示意图。该油泵安装在气缸盖的后端面上，由凸轮轴进行驱动	 (a) 外形 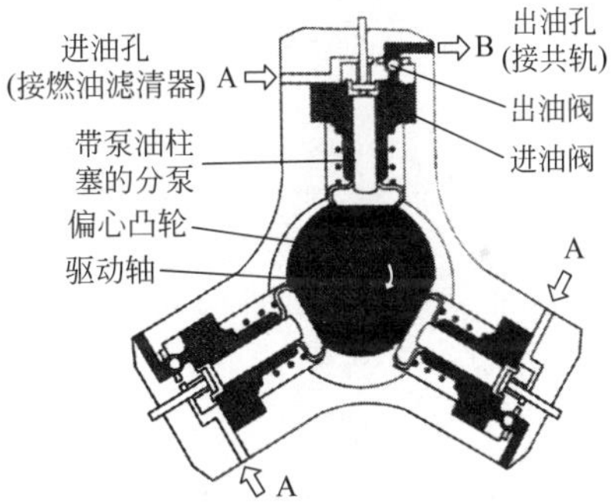
工作情况	低压油泵从油箱中抽取的燃油，经过一个带有油水分离器的燃油滤清器后进入高压油泵。如图(b)所示，燃油进入油泵后，被其内部 3 个相互呈 120°径向分布的柱塞进行压缩。带偏心凸轮的驱动轴，根据凸轮相位的变化把泵柱塞推上或压下。具体工作情况如下所述 当柱塞达到下止点后向上运动时，则进油阀被关闭，柱塞腔内的燃油被压缩，一旦压缩压力达到共轨压力时，出油阀就会被打开，被压缩的燃油随之进入高压回路，这种情况在上止点前，柱塞一直泵送燃油(属于供油行程)，而达到上止点后，压力下降，出油阀关闭 当柱塞向下运动时，由于容积的增大，剩下的燃油降压，直到柱塞腔中的压力低于低压油泵的供油压力时，进油阀被再次打开，进入下一轮的工作循环	进油孔(接燃油滤清器) A B 出油孔(接共轨) 出油阀 进油阀 带泵油柱塞的分泵 偏心凸轮 驱动轴 A A (b) 剖面

② 共轨、共轨压力传感器与调节阀。共轨压力传感器与共轨压力调节阀是安装在共轨上的两个重要部件，下面介绍共轨、共轨压力传感器与调节阀的结构与工作情况。

a. 共轨、共轨压力传感器的结构与工作情况见表 4-36。

表 4-36　共轨、共轨压力传感器的结构与工作情况

项目	具体说明
共轨	右图所示为共轨和共轨压力传感器的外形与安装位置示意图。高压燃油被储存在共轨内，即使有大量的燃油被抽出时，共轨内仍然可以继续将其内部压力保持恒定，由此可以确保喷油压力从喷油嘴开启的那一刻就保持恒定。共轨同时还具有对燃油进行分配的作用 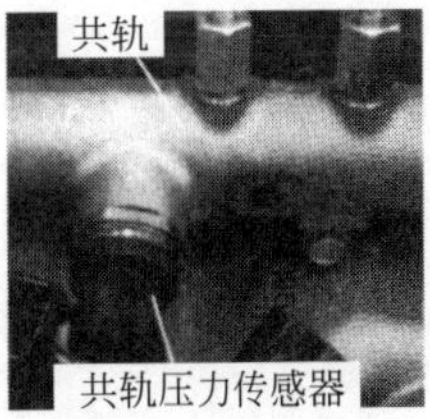 共轨 共轨压力传感器
共轨压力传感器	共轨压力传感器安装在共轨上。该传感器主要由焊接在压力装置上的集成传感器部分、装有电子检测回路的印制电路板、装有电子插入式连接线的传感器外壳等构成 燃油通过共轨上的一个小孔流向共轨压力传感器，有压力的燃油通过一个盲孔到达传感器膜片

b. 共轨压力调节阀的结构与工作情况见表 4-37。

表 4-37　共轨压力调节阀的结构与工作情况

项目	具体说明
共轨压力调节阀的结构与安装位置示意图	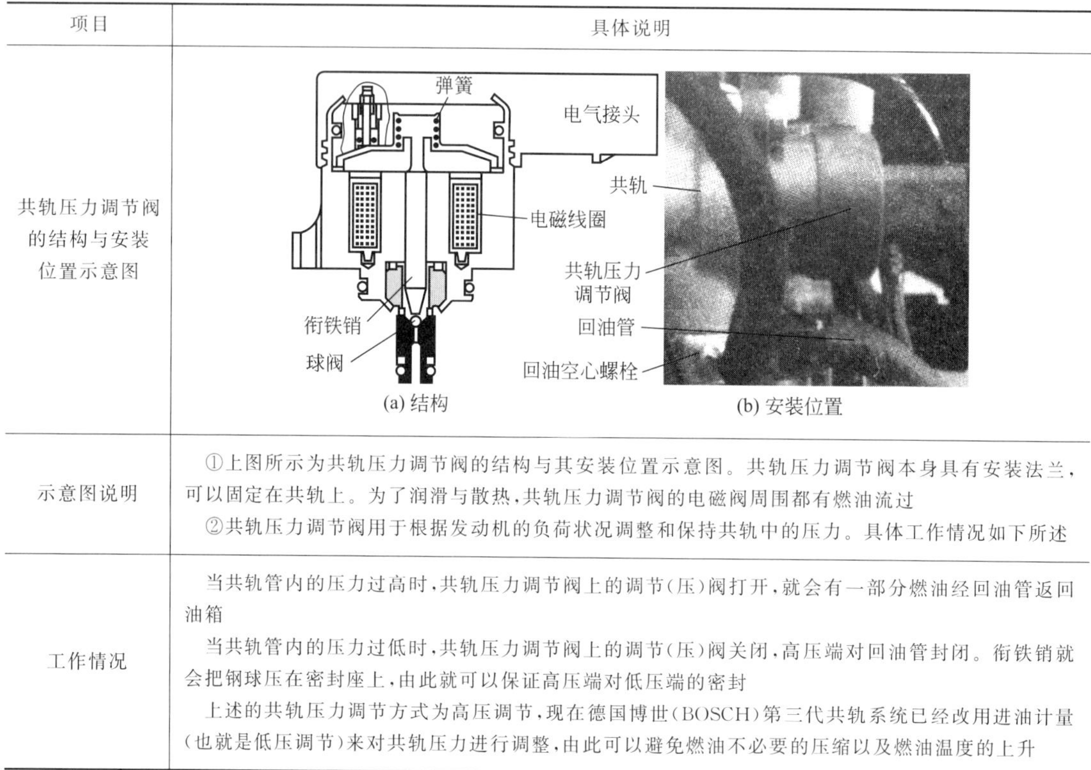 (a) 结构　(b) 安装位置
示意图说明	①上图所示为共轨压力调节阀的结构与其安装位置示意图。共轨压力调节阀本身具有安装法兰，可以固定在共轨上。为了润滑与散热，共轨压力调节阀的电磁阀周围都有燃油流过 ②共轨压力调节阀用于根据发动机的负荷状况调整和保持共轨中的压力。具体工作情况如下所述
工作情况	当共轨管内的压力过高时，共轨压力调节阀上的调节(压)阀打开，就会有一部分燃油经回油管返回油箱 当共轨管内的压力过低时，共轨压力调节阀上的调节(压)阀关闭，高压端对回油管封闭。衔铁销就会把钢球压在密封座上，由此就可以保证高压端对低压端的密封 上述的共轨压力调节方式为高压调节，现在德国博世(BOSCH)第三代共轨系统已经改用进油计量(也就是低压调节)来对共轨压力进行调整，由此可以避免燃油不必要的压缩以及燃油温度的上升

③ 流量限制器。其被用来防止喷油器可能出现的持续喷油现象。如果共轨流出的油量超过最大流量时，流量限制器就会自动关闭流向相应喷油器的进油口，以防止其继续喷油。

a. 结构及工作情况见表 4-38。

表 4-38　流量限制器的结构及工作情况

项目	具体说明	
流量限制器结构示意图	右图所示为流量限制器的结构示意图。该流量限制器的金属外壳两端均为外螺纹，上端的螺纹拧在共轨上，下端的螺纹用于拧入喷油器的进油管。外壳的两端均有孔，用于和共轨或喷油器进油管建立液压联系	通向共轨的接头 堵头 活塞 弹簧 外壳 通往喷油器的接头
活塞的结构情况	流量限制器的内部有一个活塞，一根弹簧将该活塞向共轨方向压紧。活塞上的纵向孔与进油孔和出油孔相连接，纵向孔直径在末端是缩小的，从而可以起到精确计量的节流效果	
流量限制器的工作情况	流量限制器在正常工作状态时，其内的活塞处于静止状态，也就是靠在共轨端的限位体上。当一次喷油后，喷油器端的压力略有下降时，活塞就会向喷油器方向运动；活塞压出的燃油体积补偿了喷油器喷出的燃油体积；在喷油终了时，活塞停止运动，但不会关闭密封锥面，而弹簧把活塞压回静止位置，燃油经节流孔中流出	

b. 保护原理。保护，实际上就是泄油量过大保护。一旦喷出的油量过大时，活塞就会从静止位置移动到出油端的密封锥面上，从而关闭了通往喷油器的进油口→发动机就会立即停机。

④ 喷油器。圣达菲的 D4EA 共轨式电控燃油喷射系统的喷油器主要由孔式喷油嘴、液压伺服系统与电磁阀等构成。

a. 喷油器的结构及其控制信号来源见表 4-39。

表 4-39　喷油器的结构及其控制信号来源

<table>
<tr><th>项目</th><th colspan="2">具体说明</th></tr>
<tr><td>喷油器的结构示意图</td><td>右图所示为圣达菲 D4EA 共轨式电控燃油喷射系统使用的喷油器结构示意图。来自高压共轨管的燃油，经高压通道流向喷油嘴，同时经节流孔流回控制腔，控制腔和回油管路相连接，途经一个由电磁阀控制的泄油孔</td><td rowspan="2">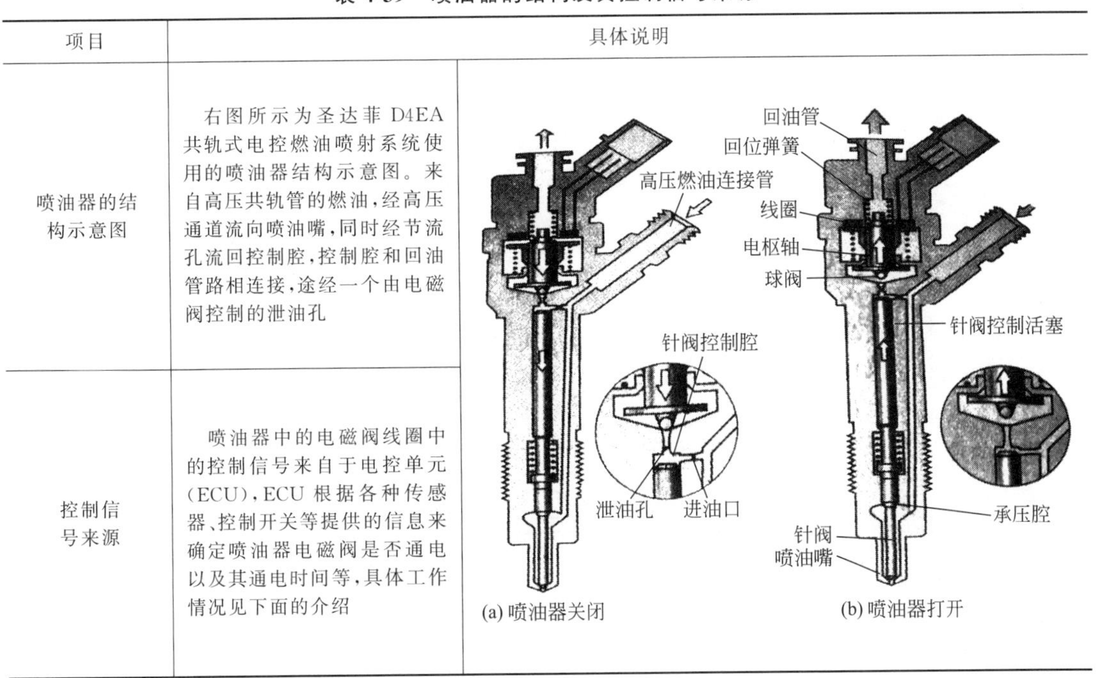

(a) 喷油器关闭　(b) 喷油器打开</td></tr>
<tr><td>控制信号来源</td><td>喷油器中的电磁阀线圈中的控制信号来自于电控单元(ECU)，ECU 根据各种传感器、控制开关等提供的信息来确定喷油器电磁阀是否通电以及其通电时间等，具体工作情况见下面的介绍</td></tr>
</table>

b. 喷油器电磁阀的工作情况见表 4-40。

表 4-40　喷油器电磁阀的工作情况

项目	具体说明
电磁阀没有通电	当电控单元(ECU)没有控制信号加到电磁阀线圈上时，喷油器的泄油孔处于关闭状态，由于作用在针阀控制活塞的液压力超过了它在喷油嘴针阀的承受力→针阀被迫进入阀座→高压通道与燃烧室之间被隔离、密封
电磁阀通电	当电控单元(ECU)有控制信号加到电磁阀线圈上时，喷油器的泄油孔被打开→针阀控制腔的压力降低→作用于活塞顶部的压力也随之下降。一旦压力降低到低于喷油嘴针阀的承受力→针阀被迫打开→燃油就会经喷油孔喷入燃烧室。实际上这是一套液压放大系统，当电磁阀打开泄油孔时，就会使针阀控制腔内的压力降低，由此就会产生控制柱塞的上下压差，在压差的作用下针阀就会被打开 需要说明的是，燃油还会在针阀与控制柱塞处产生泄漏，这些油则会通过回油管，与高压泵出来的回油一起流回油箱中

(4) 电子控制系统的组成

圣达菲 D4EA 高压共轨式燃油喷射的电子控制系统生产厂家将该类电控系统简称为 EDC，采用该电控系统的车辆，例如 VGT 型车的百公里油耗仅为 6.3L，比同等排量的汽油车省油 30%～40%。

圣达菲的 D4EA 共轨式燃油喷射电子控制系统主要由三大部分组成，具体情况如表 4-41 中所列。

表 4-41 D4EA 共轨式燃油喷射电子控制系统的组成

项目	具体说明	
组成示意图	右图所示为圣达菲的 D4EA 共轨式燃油喷射电子控制系统组成示意图。该电子控制系统主要由信号输入、电控单元(ECU)与各种执行器共三个部分组成。各个组成部分的作用如下	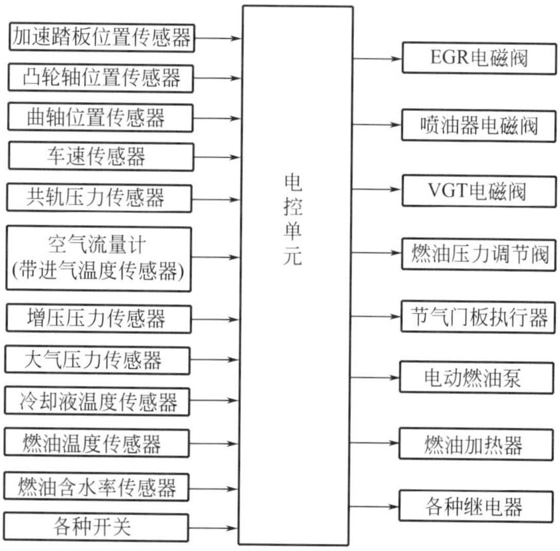 加速踏板位置传感器 凸轮轴位置传感器 曲轴位置传感器 车速传感器 共轨压力传感器 空气流量计(带进气温度传感器) 增压压力传感器 大气压力传感器 冷却液温度传感器 燃油温度传感器 燃油含水率传感器 各种开关 → 电控单元 → EGR电磁阀 喷油器电磁阀 VGT电磁阀 燃油压力调节阀 节气门板执行器 电动燃油泵 燃油加热器 各种继电器
三个组成部分的作用	信号输入部分主要是指各种不同功能的传感器与控制开关。传感器用于监测发动机运行状况和额定数值，各种开关用于向 ECU 提供驾驶员操作状况。这些输入信号均被转换为电信号后提供给 ECU 电控单元(ECU)根据预先存储在 ECU 内部存储器中的数学计算方式(调节算法)，按一定的数学计算过程处理信息，然后输出控制指令(电信号)给执行器 执行器在电控单元(ECU)控制指令的控制下，进行相应功能的动作，从而实现某项功能，例如控制喷油器喷油等	

(5) 电子控制系统中使用的传感器与 ECU

圣达菲的 D4EA 共轨式燃油喷射电子控制系统中使用的传感器主要有曲轴位置传感器、凸轮轴位置传感器、加速踏板位置传感器、增压压力传感器、大气压力传感器、共轨压力传感器、冷却液温度传感器、进气温度传感器、燃油温度传感器、燃油含水量传感器、空气流量传感器等。

① 位置传感器。圣达菲的 D4EA 共轨式燃油喷射电子控制系统中的位置传感器主要有曲轴位置传感器、凸轮轴位置传感器、加速踏板位置传感器，这些传感器的具体情况见表 4-42。

表 4-42 曲轴位置传感器、凸轮轴位置传感器、加速踏板位置传感器的具体情况

项目	具体说明
曲轴位置传感器	右图所示为曲轴位置传感器外形示意图，该传感器为电磁感应式，主要由 57 个短齿槽与 1 个长齿槽的信号轮和传感器组成。其中的信号轮采用 4 个螺钉(非对称分布)安装在飞轮第 4 道曲拐的后方，它有 57 个短齿槽(齿间角度为 6°)与 1 个长齿槽(齿间角度为 18°) 当发动机工作时，曲轴每转过 1 圈，曲轴位置传感器的电磁感应线圈会输出 57 个规则的交流脉冲电压信号与 1 个畸变的交变电压信号 曲轴位置传感器输出的信号提供给 ECU 后，ECU 就会根据该传感器提供的信号，计算出曲轴的转速和确定 1 缸上止点的位置 

续表

项目	具体说明
凸轮轴位置传感器	右图所示为凸轮轴位置传感器外形示意图，该传感器利用霍尔效应来确定凸轮轴的位置。它的铁磁性材料安装在凸轮轴上，并随之旋转。当该齿经过传感器的半导体片时，其磁场就会使半导体内的电子和经过晶片的电流方向垂直，故产生一个短暂的信号电压(霍尔电压) 凸轮轴位置传感器输出的信号提供给 ECU 后，ECU 就会根据该传感器提供的信号，判断出 1 缸的压缩上止点
加速踏板位置传感器	加速踏板位置传感器安装在加速踏板处。该传感器内部通过分压计产生的电压作为加速踏板设置的一个函数，利用预先存储在 ECU 中程序规定的特性曲线，就可以根据该电压计算出踏板的实际位置 从安全性、可靠性出发，加速踏板位置传感器内部采用了双电位计式结构，以保证车辆的绝对安全

② 压力传感器。圣达菲的 D4EA 共轨式燃油喷射电子控制系统中的压力传感器主要有增压压力传感器、大气压力传感器、共轨压力传感器，这些传感器的具体情况见表 4-43。

表 4-43 增压压力传感器、大气压力传感器、共轨压力传感器的具体情况

项目	具体说明
增压压力传感器	增压压力传感器位于增压器后方的进气管处，用于监测增压后的进气压力。设置增压压力传感器的目的，主要是为了实现对增压后的进气压力进行闭环控制 ECU 根据发动机当前工况下相关传感器输入的信号，计算出理论所需的增压后的进气压力，通过占空比信号调整 VGT 电磁阀的开度来实现对增压后进气压力的控制，并依靠增压压力传感器监测当前实际增压后进气压力，将其和理论值进行对比修正，以实现对增压后的进气压力的闭环控制
大气压力传感器	大气压力传感器位于 ECU 内部，当车辆行驶在不同海拔高度的路面上时，该传感器输出的信号电压值也不一样，ECU 通过该电压，来对进气量进行修正，以实现燃油喷射最佳。在海平面上，大气压力设定为 100kPa，相应的大气压力传感器输出的信号电压为 4V 左右
共轨压力传感器	共轨压力传感器安装在共轨上，用于监测共轨内燃油的压力。设置该传感器的目的，是为了实现对燃油压力进行闭环控制 ECU 根据发动机当前工况下相关传感器提供的信号，计算出理论所需的共轨压力，通过调节共轨压力调节阀的开度来实现轨压控制，并依靠共轨压力传感器监测当前实际轨压，将其和理论轨压进行对比修正，以实现闭环控制

③ 温度传感器。圣达菲的 D4EA 共轨式燃油喷射电子控制系统中的温度传感器主要有冷却液温度传感器、进气温度传感器、燃油温度传感器，这些传感器的具体情况见表 4-44。

表 4-44 冷却液温度传感器、进气温度传感器、燃油温度传感器的具体情况

项目	具体说明
冷却液温度传感器	发动机冷却液温度传感器安装在气缸盖的后方，由 NTC(负温度系数)热敏电阻构成，当冷却液温度发生变化时，该传感器的电阻值也会相应改变，水温越低电阻值越大；反之，水温越高电阻值越小。ECU 根据该传感器提供的电压来计算当前的水温
进气温度传感器	进气温度传感器与热膜式空气流量传感器组合在一起，用于对进入的空气温度进行监测，并将监测到的结果提供给 ECU
燃油温度传感器	燃油温度传感器安装在燃油滤清器的上盖处，用于监测燃油的温度。当燃油温度低于 0℃时，ECU 就会控制燃油加热继电器线圈通电，使其常开触点闭合，控制燃油加热器进入加热状态，为燃油加热

④ 其他传感器和 ECU。圣达菲的 D4EA 共轨式燃油喷射电子控制系统中除了上述的几种类型的传感器之外，还有空气流量传感器、燃油含水量传感器，这两种传感器和 ECU 的具体情况见表 4-45。

表 4-45 燃油含水量传感器、空气流量传感器与 ECU 的具体情况

项目	具体说明
空气流量传感器	右图所示为空气流量传感器的结构示意图，该传感器安装在增压器前方的进气总管处，为热膜式，与进气温度传感器组合在一起，可同时对进气量与进气温度进行监测。工作原理和电控汽油机中的热膜式空气流量传感器的工作原理基本相同
燃油含水量传感器	燃油含水量传感器安装在燃油滤清器的底部，用于监测燃油滤清器内水位的高度。一旦燃油滤清器内的水位(由于水的密度大于柴油的密度，故燃油滤清器内的水沉积于下部)达到设计高度时，仪表板内的水位报警灯就会点亮，以提醒驾驶员及时排水
ECU	ECU 是一种电子综合控制装置，它具有以下一些功能：为电控系统中的有关元件提供 5V 或 12V 的直流电压，接收各种传感器或其他装置送来的输入信息；存储、计算、分析处理各种操作信息；输出执行指令，把弱信号变为强信号的执行指令；输出故障信息；具有自我修正功能等

(6) 电子控制系统中使用的执行器

圣达菲的 D4EA 共轨式燃油喷射电子控制系统中使用的执行器主要有喷油器电磁阀、燃油压力调节阀、EGR 电磁阀、VGT、节气门板执行器、燃油加热器、电动燃油泵以及各种继电器（如发动机控制继电器、燃油加热继电器、燃油泵继电器等）。

① 喷油器电磁阀与燃油压力调节阀。喷油器电磁阀与燃油压力调节阀线圈中的电流通路均受电控单元（ECU）输出信号的控制，具体情况见表 4-46。

表 4-46 喷油器电磁阀与燃油压力调节阀的具体情况

项目	具体说明
喷油器电磁阀	喷油时刻与喷油量的调整，是 ECU 根据当前发动机的工况，通过占空比信号控制喷油器电磁线圈与共轨压力共同作用的喷油器来实现的。同时，ECU 还依据发动机的运行情况，实时地对喷油器的通电时刻与通电时间进行修正 喷油器电磁阀的开启与关闭的时间决定了喷油正时，而电磁阀开启时间的长短是决定喷油量大小的主要因素。同时，ECU 还通过占空比信号对喷油器的喷油规律(预喷射、主喷射等)进行控制
燃油压力调节阀	ECU 是通过燃油压力调节阀来对共轨中的燃油压力进行控制和调整的，是通过控制调节阀线圈中的电流脉宽调制来实现的，具体控制与调整情况如下 当调压阀受 ECU 控制电流控制时，电磁线圈的电磁力把衔铁销压在密封座面上→调压阀关闭，此时由于高压端对低压端是密封的→共轨压力升高 当 ECU 控制电流消失，调压阀不受 ECU 控制时，电磁线圈无电磁力作用在衔铁销上→调压阀打开，此时有一部分燃油经集油管流回油箱→共轨压力下降

② 节气门板执行器与电动燃油泵。节气门板执行器的阀门线圈受电控单元（ECU）输出信号的控制，而电动燃油泵则受 ECU 输出信号的间接控制，具体情况见表 4-47。

表 4-47　节气门板执行器与电动燃油泵的具体情况

项目	具体说明
节气门板执行器	节气门板执行器用于实现在车辆熄火时控制节气门里的阀门关闭，以保证发动机能够迅速熄火，以减少熄火时的抖动；同时，该装置还可以防止行车中“飞车”现象的发生 当把点火开关置于 OFF 位置时，ECU 控制节气门板执行器使节气门里的阀门迅速关闭，使发动机在断油的同时切断进气，由此可以防止熄火时发动机可能出现的抖动现象 当发动机熄火数秒以后，ECU 又会控制节气门板执行器使节气门里的阀门打开，以便为下一次启动进气做好准备 当发动机处于正常工作时，ECU 会控制节气门板执行器使节气门里的阀门一直保持在完全打开的状态，这一点和电控汽油发动机的节气门不同 在行车过程中，如果出现“飞车”现象，则 ECU 在切断燃油的同时，又会切断进气，这样可以有效地防止“飞车”现象，避免重大事故的发生
电动燃油泵	电动燃油泵受燃油泵继电器的控制，而燃油泵继电器线圈的电流通路又受发动机电控单元(ECU)输出信号的控制。当点火开关处于 ON 位置时，电动燃油泵运行约 2s(可以明显听到燃油泵工作时的噪声)

③ EGR 电磁阀。EGR 电磁阀线圈中的电流通路受电控单元（ECU）输出信号的控制，具体情况见表 4-48。

表 4-48　EGR 电磁阀的具体情况

项目	具体说明
安装位置	如右图所示，EGR 电磁阀及真空执行器安装在排气歧管上，利用 EGR 阀通气管把 EGR 阀与进、排气歧管连通。排气歧管中的废气是由 EGR 阀进入进气歧管，再进入气缸的，以实现废气的再循环。这种使废气重新进入燃烧室并和新鲜空气一起再燃烧的方法，是一种降低排气中所含 NO_x 的有效措施。由于再循环的废气具有惰性，燃烧速度将会放慢，导致燃烧室中火焰温度降低，由此可以使 NO_x 的生成量减少。但是，废气再循环中引入的废气量必须适当。如果引入的废气量过少，对降低 NO_x 的生成量效果不明显；但如果引入的废气量过多，则不仅会使混合气着火性能变差→发动机的输出功率下降，而且还会造成发动机的排放性能恶化
控制特点	电控单元(ECU)根据冷却液温度传感器、空气流量传感器、曲轴位置传感器等信号给废气再循环 EGR 电磁阀提供不同占空比的控制信号，使 EGR 电磁阀具有不同的打开、关闭频率，以便获得控制 EGR 阀不同开度时所需要的各种真空度，实现发动机不同工况时最佳的废气再循环。脉冲电压信号的占空比越大，电磁阀打开的时间越长，则真空度越大，EGR 阀开度越大，废气再循环率越大；反之，脉冲电压信号的占空比越小，电磁阀打开的时间越短，则真空度越小，EGR 阀开度越小，废气再循环率越小，一旦小到一定值时，EGR 控制阀就会关闭，使废气再循环系统停止工作

④ VGT。圣达菲的 D4EA 共轨式燃油喷射电子控制系统中使用的 VGT 电磁阀线圈中的电流通路受电控单元（ECU）输出信号的控制。

a. VGT 的外形结构见表 4-49。

表 4-49　VGT 的外形结构

项目	具体说明
普通增压器的不足	柴油发动机功率的大小，和发动机的进气量有直接的关系，在发动机配置不变的情况下，只有提高进气量，才能增大喷油量，才能使发动机的功率得到提升 在普通的废气涡轮增压器中，涡轮机转子叶片和壳体之间的截面积是固定不变的，在废气冲击下它的转速和发动机的转速有关。当发动机低速工作时，废气的动能小，涡轮机的转子转速较低，同轴带动压气机的充气量相对较少，增压后的进气压力较低；而发动机高速运转时，废气的动能大，同轴带动压气机的充气量相对较多，增压后的进气压力较高。这种充气量的差异，限制了发动机中低速时功率的提升。而可变截面废气涡轮增压器 VGT 正是为了克服上述不足而出现的，由此可以提高发动机中低速时的充气量，使发动机的功率得到提高，基本上消除了普通涡轮增压器低转速时的涡轮迟滞现象

续表

项目	具体说明
可变截面废气涡轮增压器外形结构	右图所示为美国 Garrett 公司生产的可变截面废气涡轮增压器外形结构。没有采用 VGT 的 D4EA 柴油机（安装有旁通阀式涡轮增压器）的最大输出功率为 83kW，最大输出转矩为 255N·m；而采用 VGT 的 D4EA 柴油机的最大输出功率增加了 9kW，达到了 92kW，最大输出转矩为 285N·m，增加了 30N·m。由此可见，VGT 系统对提高发动机的动力性有明显的作用 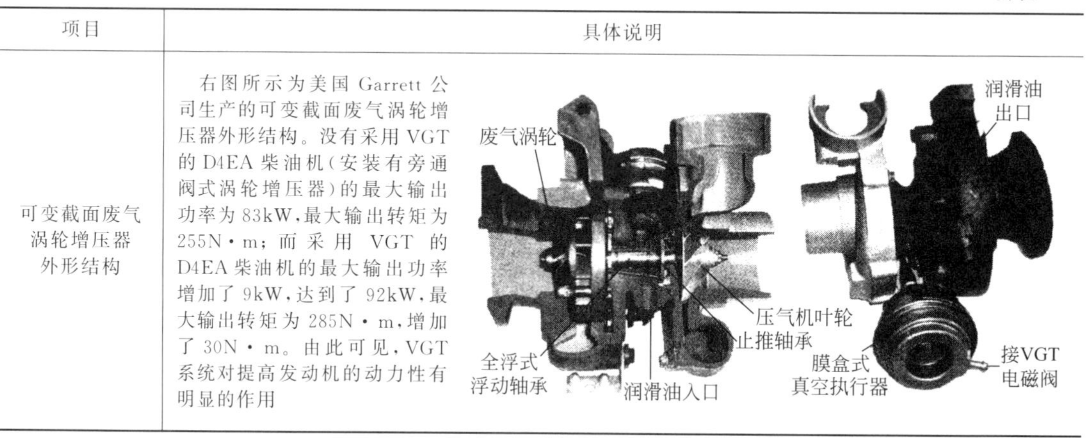

b. VGT 涡轮机侧结构和工作原理见表 4-50。

表 4-50 VGT 涡轮机侧结构和工作原理

项目		具体说明
涡轮机侧结构		该涡轮增压器的压气机部分结构和一般废气涡轮增压器基本相同，但在涡轮机侧除了具有涡轮转子外，还具有转动叶片组、传动及操纵机构（包括膜盒式真空执行器与 VGT 电磁阀等）。右图所示为可变截面废气涡轮增压器涡轮机侧结构示意图。涡轮机转子一侧的圆形固定盘上安装有转动叶片组，它的几何位置由电控单元（ECU）通过控制 VGT 电磁阀、膜盒式真空执行器来进行控制 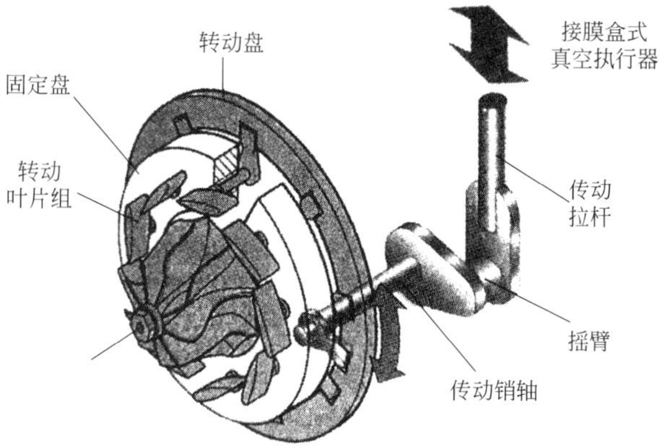 转动盘 固定盘 转动叶片组 接膜盒式真空执行器 传动拉杆 摇臂 传动销轴
工作原理	中低速工况	如右图所示，当发动机中低速运转时，废气动能较小，膜盒式真空执行器的活动叶片组处于最大关闭位置，叶片间的通道截面变小，导致废气进入涡轮机的速度加大，从而使涡轮机转速提高→同轴带动的压气机使进气量较普通的增压器增多 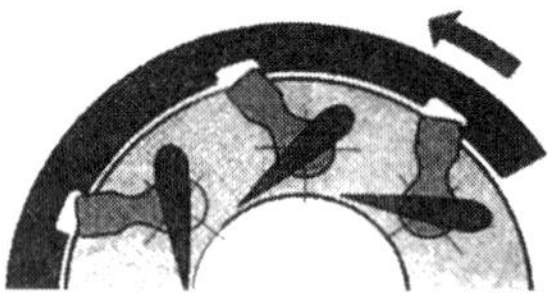
	高速工况	如右图所示，当发动机高速运转时，废气动能增加，膜盒式真空执行器推动活动叶片组逐步打开，最终到全部打开位置，叶片间的通道截面增大，导致废气进入涡轮机的速度减慢，从而使涡轮机转速降低→同轴带动的压气机使进气量维持在合适的范围内 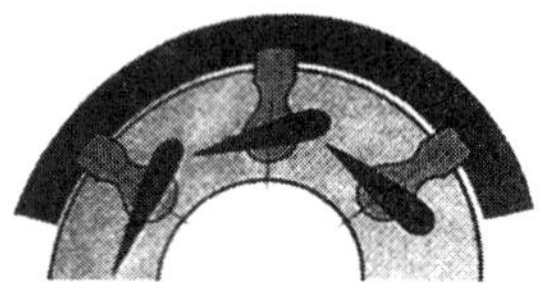

(7) 系统故障代码

采用圣达菲的 D4EA 共轨式电控燃油喷射系统的车辆，可以采用 Hi-Ds-Scanner 故障诊断仪来读取电控单元（ECU）中存储的故障代码。各种故障代码及其含义、故障灯的状态等内容见表 4-51。

表 4-51 圣达菲的 D4EA 共轨式电控燃油喷射系统故障代码及其含义、故障灯的状态

代码	故障灯	含义	代码	故障灯	含义
P0110	亮	进气温度传感器电路故障	P1181	亮	燃油压力监控故障
P0111	灭	大气温度传感器故障	P1190	灭	进气节流阀执行器故障
P0115	灭	发动机冷却液温度故障	P1325	灭	预热指示灯故障
P0120	亮	节气门位置传感器 1 故障	P1526	灭	传感器电源电压故障
P0180	亮	燃油温度传感器故障	P1530	灭	最大车速限制故障
P0190	亮	燃油共轨压力传感器故障	P1609	灭	发动机防盗锁止系统故障
P0201	亮	1 号气缸喷油器电路故障	P1613	灭	电压(ECU 内部)调节器故障
P0202	亮	2 号气缸喷油器电路故障	P1616	灭	主继电器故障
P0203	亮	3 号气缸喷油器电路故障	P1622	灭	空调继电器故障
P0204	亮	4 号气缸喷油器电路故障	P1623	灭	发动机检查灯故障
P0220	亮	节气门位置传感器 2 故障	P1624	灭	散热器冷却风扇故障
P0230	灭	电动燃油泵继电器故障	P1625	灭	空调冷凝器风扇故障
P0340	亮	CMP/发动机转速传感器故障	P1629	灭	预热指示灯故障
P0403	灭	废气再循环电磁阀故障	P1633	灭	发动机防盗锁止系统状态指示灯故障
P0500	灭	车速传感器故障	P1634	灭	定速控制灯故障
P0560	灭	蓄电池电压故障	P1635	灭	水加热器继电器故障
P0600	灭	CAN 总线诊断故障	P1638	灭	微控制器故障
P0601	灭	电可擦除只读存储器和设置	P1639	亮	监控 ADC 故障
P0703	灭	制动开关故障	P1645	灭	1 号电容器电压故障
P0704	灭	离合器开关故障	P1652	灭	点火开关故障
P1170	灭	大气压力传感器故障	P1653	灭	点火开关断开后检查故障
P1180	灭	共轨压力调节器故障	P1660	灭	定速控制开关故障

(8) 系统数据流

采用圣达菲的 D4EA 共轨式电控燃油喷射系统的车辆，可以采用 Hi-Ds-Scanner 故障诊断仪来读取电控单元（ECU）中存储的数据流。各种数据流的名称及其数据见表 4-52，供维修故障时对比参考。表 4-52 中的数据是在怠速状态下读得的。

表 4-52 圣达菲的 D4EA 共轨式电控燃油喷射系统各种数据流的名称及其数据

名称	数值	名称	数值
蓄电池电压	14.1V	车速	0km/h
进气量	34.3kg/h	燃油压力(共轨压力)	27.1MPa
进气量	347.9mg/h(冲程)	燃油管路压力调节器(共轨压力调节阀)	17.90%
进气温度	52℃	EGR 调节阀	5%
油门位置(开度)	0%	大气压力	100kPa
油门位置(电压)	728.25mV	离合器开关(仅 MT)	ON
冷却液温度	85℃	IST 齿轮开关(仅 MT)	OFF
燃油温度	51℃	制动开关	OFF
发动机转速	819r/min	喷油器驱动电压	79.2V

续表

名称	数值	名称	数值
发动机报警灯	OFF	空调继电器	OFF
预热塞继电器	OFF	空调压力开关	OFF
燃油喷射量	6×10^{-3}mL	空调开关	OFF
燃油泵继电器	ON	进气节气阀执行器	0%
风扇低速	OFF	进气管压力传感器	101.9kPa
风扇高速	OFF	VGT执行器	75%

4.6 韩国现代公司的CRDI共轨式电控燃油喷射系统

CRDI为英文Common Rail Direct Injection首字母，意为高压共轨柴油直喷技术，该系统集计算机控制技术、传感器检测技术与先进的喷油方式为一体，是一种把喷射压力的产生和喷射过程完全分开的供油方式。

(1) 系统结构与工作情况

CRDI共轨式电控燃油喷射系统主要应用于D-engine、A-engine、J3-engine这三大类型的发动机上。

① CRDI共轨式电控燃油喷射系统结构见表4-53。

表4-53 CRDI共轨式电控燃油喷射系统结构

项目	具体说明
CRDI共轨式电控燃油喷射系统结构示意图	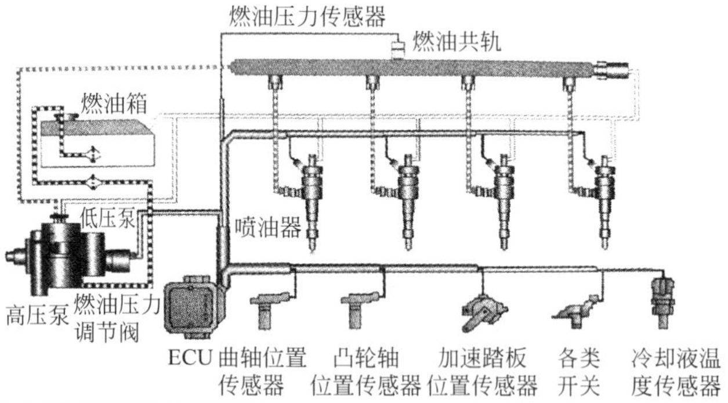
示意图说明	上图所示为CRDI共轨式电控燃油喷射系统结构示意图。该系统主要由低压泵、燃油滤清器、高压泵、共轨、燃油压力调节器、带电磁阀的喷油器、发动机电子控制单元ECU(Electronic Control Unit，或者为发动机电控模块ECM，即Electronic Control Module)，以及各类传感器与各类控制开关等组成

② CRDI共轨式电控燃油喷射系统工作情况见表4-54。

表4-54 CRDI共轨式电控燃油喷射系统工作情况

项目	具体说明
供油过程	低压泵用于把柴油从油箱内吸出，该燃油先经燃油滤清器过滤，然后输送到高压泵，经过高压泵输出的高压燃油储存在共轨中，再经高压输油管提供给各缸喷油器，喷油器电磁阀线圈的电流通路受ECU输出信号的控制而动作，由此可以控制喷油的开始时刻与终止时刻

续表

项目	具体说明
控制情况	共轨管中的油压由高压泵、压力传感器与 ECU 组成的闭环控制系统来进行调节。喷油器电磁阀开启的时刻取决于喷油正时，共轨压力与电磁阀开启时间取决于喷油量的大小，各种工况的基本喷油正时、喷油量与喷射压力均预先存储在 ECU 中，ECU 根据各个传感器输送来的信号进行修正，以实现喷油正时、喷油量与喷油速率的最佳控制以及喷射压力的柔性调节，使柴油机的燃烧过程得到充分改善，由此可以大大减少 PM 与 NO_x 的排放

(2) 系统主要部件

CRDI 共轨式电控燃油喷射系统使用的零部件较多，但其主要部件除了高、低压泵外，就是燃油压力调节器与喷油器了。

① 高、低压泵的结构特点见表 4-55。

表 4-55　高、低压泵的结构特点

项目	具体说明
低压泵	右图所示为 CRDI 共轨式电控燃油喷射系统中使用低压泵的外形示意图。这是一种齿轮泵，用于从油箱中把燃油吸出后提供给高压泵。低压泵的工作负压在 50～100kPa，输出压力为 450kPa，其输出量和发动机的转速有关
高压泵	高压泵用于将燃油加压保持在共轨管路中。其最大泵油压力为 135MPa 左右。CRDI 共轨式电控燃油喷射系统中高压泵、低压泵与燃油压力调节器三者组合为一个整体。高压泵由三个彼此间隔 120°的径向柱塞泵组成，如右图所示。而径向柱塞泵又由带调整垫片的进油阀、球形的出油阀及柱塞构成，由三瓣偏心凸轮驱动进行工作。高压泵的润滑与冷却是由燃油自身来完成的 偏心轴 挺杆 回油管 凸轮 活塞 压力调节阀 入口阀 高压弹簧 低压泵

② 燃油压力调节器与喷油器的结构特点见表 4-56。

表 4-56　燃油压力调节器与喷油器的结构特点

项目	具体说明
燃油压力调节器	上面已经讲过，燃油压力调节器与高压泵、低压泵、燃油压力调节器三者组合为一个整体。燃油压力调节器的铭牌标识为 BOSCH CR/DRVFK/10S，0281002732，HYUNDAI 31402-27010 燃油压力调节器受 ECU 的控制其阀门会开启和关闭（见右图），采用电流控制方式，ECU 根据安装在共轨上的燃油压力传感器采集的燃油压力信号，然后输出控制信号来对燃油压力进行调整 无电流 有电流 开启 关闭

续表

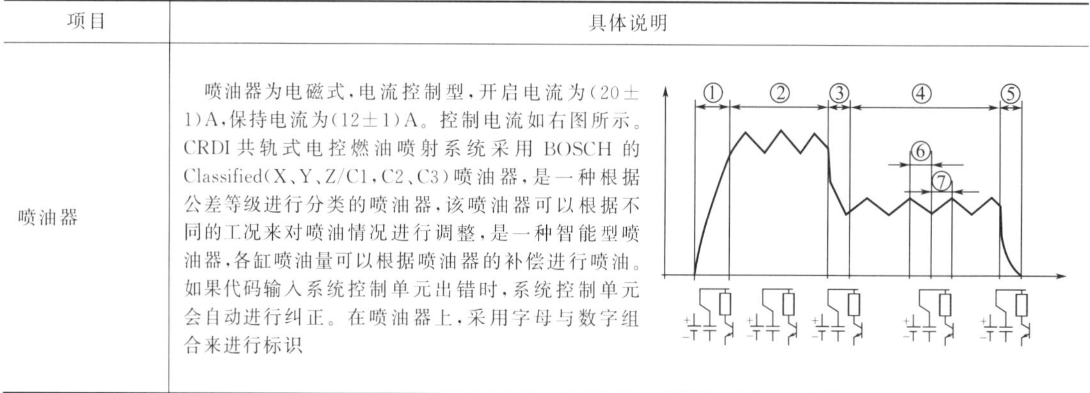

项目	具体说明
喷油器	喷油器为电磁式，电流控制型，开启电流为(20±1)A，保持电流为(12±1)A。控制电流如右图所示。CRDI共轨式电控燃油喷射系统采用BOSCH的Classified(X、Y、Z/C1、C2、C3)喷油器，是一种根据公差等级进行分类的喷油器，该喷油器可以根据不同的工况来对喷油情况进行调整，是一种智能型喷油器，各缸喷油量可以根据喷油器的补偿进行喷油。如果代码输入系统控制单元出错时，系统控制单元会自动进行纠正。在喷油器上，采用字母与数字组合来进行标识

(3) **CRDI的发动机管理系统EMS**

ENS是英文Engine Management System首字母，意为发动机管理系统。

① ENS的结构与特点。ENS是德国BOSCH（博世）集团韩国公司开发的产品，是利用BOSCH第二代共轨技术开发成功的。

a. CRDI的发动机管理系统中EMS的组成见表4-57。

表4-57 CRDI的发动机管理系统中EMS的组成

项目	具体说明
EMS组成示意图	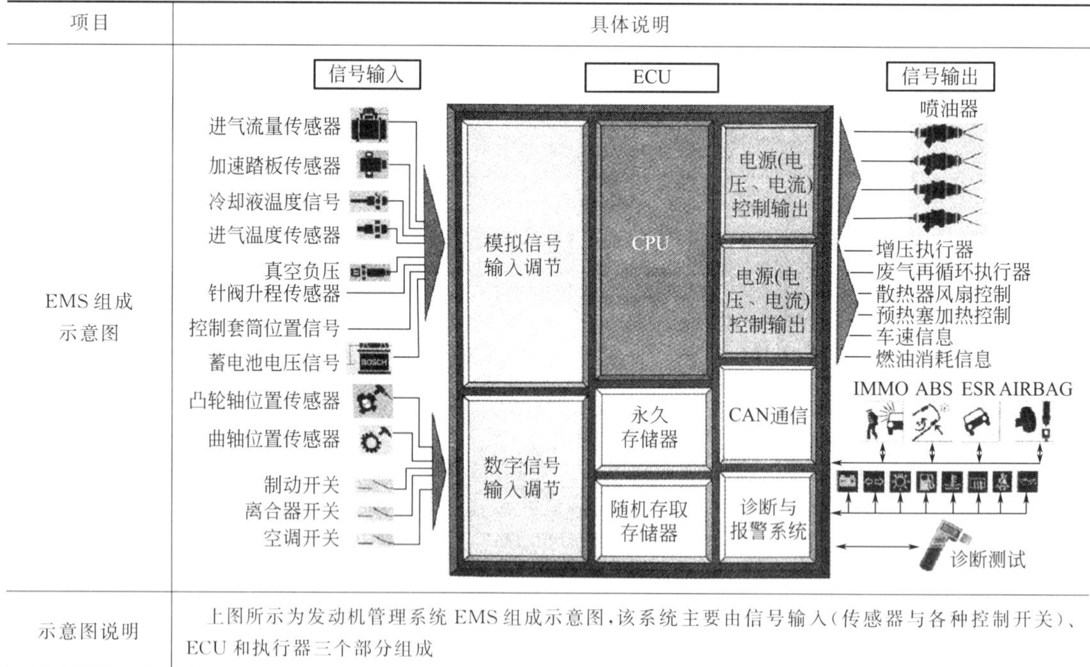
示意图说明	上图所示为发动机管理系统EMS组成示意图，该系统主要由信号输入(传感器与各种控制开关)、ECU和执行器三个部分组成

b. CRDI的发动机管理系统中EMS的工作情况见表4-58。

表4-58 CRDI的发动机管理系统中EMS的工作情况

项目	具体说明
控制关系	信号输入部分主要为各种传感器与控制开关，控制单元(ECU)通过接收各个传感器输送来的发动机运行信号，通过相应的计算、分析处理后，就会输出相应的控制指令信号给执行机构。可以实现对喷油量、喷油正时、喷油压力、怠速、预热等功能进行控制

续表

项目	具体说明
喷油量控制	喷油量的大小主要由加在喷油器线圈上的脉宽信号来进行控制，发动机根据加速踏板位置传感器APS信号与发动机转速RPM信号来计算基本喷油量，然后再根据水温传感器WTS、进气温度传感器IAT等信号进行修正，以确定最佳喷油量
正时控制	根据喷射方式的不同，喷油正时有预喷射正时与主喷射正时。通常低速时采用预喷射，以便减少主喷射的噪声。通过改变喷油器电磁阀的脉冲信号，来实现预喷射和主喷射的正时控制
怠速控制	怠速控制主要是根据发动机冷却液温度信号来进行调整，冷却液温度低时的怠速要比冷却液温度高时的转速高。另外，加速踏板出现问题时，怠速转速也会提高，以保持让驾驶员能够把车辆开到维修部门的最低转速

② CRDI的发动机管理系统中ECU的结构与特点。ECU又称“行车电脑”“车载电脑”等。表4-59中列出了ECU的结构与特点。

表4-59 ECU的结构与特点

项目	具体说明
实现的功能	ECU是发动机管理系统EMS的核心，是采集、分析运算信号，并发出控制指令的单元。也就是说，ECU接收到传感器采集的信号后，经过运算分析发出控制指令，以实现喷油量控制、喷油正时控制、喷射压力控制、怠速控制、EGR控制、冷却风扇控制、预热控制等
ECU组成	发动机管理系统中使用的ECU与普通的单片机一样，主要由中央控制器(CPU，又称微处理器)、ROM与RAM(均为存储器)、I/O(输入/输出)接口、A/D(模拟/数字)转换器以及整形、放大、驱动等大规模集成电路等组成
外形特点	由于柴油机高压共轨的喷油器采用电流驱动方式，工作电流较大，ECU内部多采用大功率三极管作为电子开关来对其电流进行通断控制，大功率管电流大、易发热，故必须要考虑散热。而普通汽油机的喷油器采用电压控制方式，电流相对较小，故控制喷油的电源模块相对要小，因而柴油机的ECU通常都比汽油机的体积大
控制特点	CRDI共轨式电控燃油喷射系统使用的ECU采用16位进行数据传输，处理速度较快，完全可以满足该系统对数据处理的要求

③ CRDI的发动机管理系统中的位置传感器。CRDI共轨式电控燃油喷射系统使用的位置传感器有加速踏板位置传感器、曲轴位置传感器与凸轮轴位置传感器，这些传感器的安装情况见表4-60。

表4-60 加速踏板位置传感器、曲轴位置传感器与凸轮轴位置传感器的安装情况

项目	具体说明
加速踏板位置传感器	加速踏板位置传感器在系统电路中厂家将其简称为APS，为ECU控制喷油量与喷油正时提供重要检测信号。柴油发动机加速踏板位置传感器有两个，其中一个单独连接到ECU(其安装位置如右图所示)，以防止信息受到干扰，如果该传感器发生故障，则其典型特征为加速不良

续表

项目	具体说明
曲轴位置传感器与凸轮轴位置传感器	曲轴位置传感器(CKP),凸轮轴位置传感器(CMP),其作用是提供转速信号与喷油正时信号。对于柴油机来说,曲轴位置传感器与凸轮轴位置传感器必须配合一致才能喷油。曲轴位置传感器的安装位置如右图所示,该传感器的铭牌标识为HYUNDAI,39180-27000;凸轮轴位置传感器的铭牌标识为HYUNDAI,39300-27000 

④ CRDI的发动机管理系统中的温度传感器。CRDI共轨式电控燃油喷射系统使用的温度传感器有冷却液温度传感器、燃油温度传感器，这些传感器的安装情况见表4-61。

表4-61 冷却液温度传感器、燃油温度传感器的安装情况

项目	具体说明
冷却液温度传感器	冷却液温度传感器的安装位置如右图所示,其主要作用是检测冷却液的温度(燃油冷却控制),当该传感器检测到的温度达到一定数值时,就会打开节温器和冷却风扇进行散热 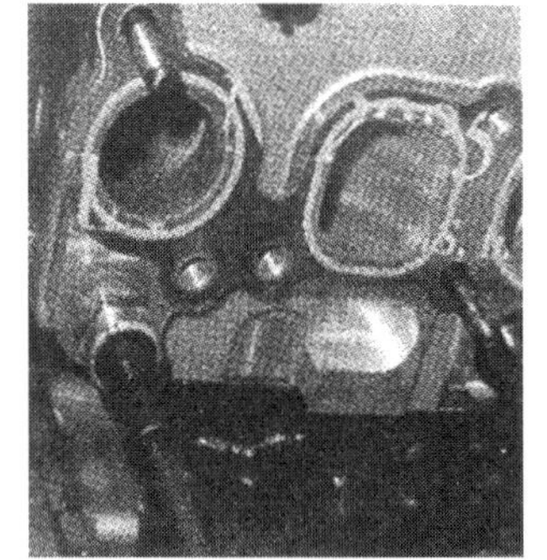
燃油温度传感器	燃油温度传感器(FTS)设置在滤清器和高压泵之间,如右图所示。柴油系统只能靠自身燃油润滑,因柴油供油系统不能有水,如果进水,高压泵、油轨、喷油器就会报废。当柴油温度升高(90℃以上)时,其黏度和密度下降,润滑物质也会失效,润滑效果变差。燃油温度通常控制在40～50℃之间。燃油温度传感器的作用就是将燃油温度信号提供给ECU,以控制燃油温度 

⑤ 燃油压力传感器的安装位置及输出电压与压力关系曲线见表4-62。

表 4-62　燃油压力传感器的安装位置与输出电压及压力关系曲线

项目	具体说明
安装位置及输出电压与压力关系曲线示意图	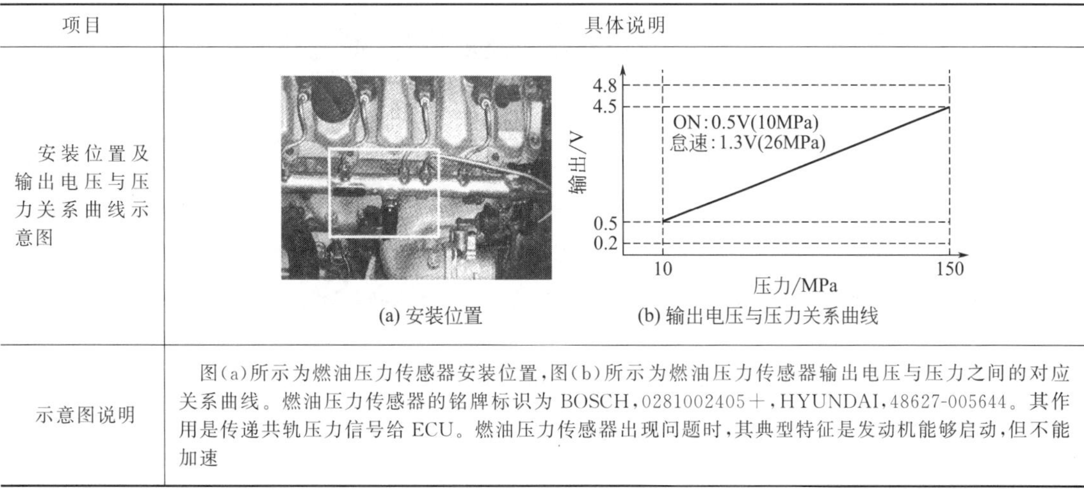 (a) 安装位置　(b) 输出电压与压力关系曲线
示意图说明	图(a)所示为燃油压力传感器安装位置,图(b)所示为燃油压力传感器输出电压与压力之间的对应关系曲线。燃油压力传感器的铭牌标识为 BOSCH,0281002405＋,HYUNDAI,48627-005644。其作用是传递共轨压力信号给 ECU。燃油压力传感器出现问题时,其典型特征是发动机能够启动,但不能加速

⑥ 空气流量传感器的安装位置与作用见表 4-63。

表 4-63　空气流量传感器的安装位置与作用

项目	具体说明
安装位置示意图	空气流量传感器(MAF)的铭牌标识为 BOSCH,0281002600,HYUNDAI,28164-27900,安装位置如右图所示
作用	空气流量传感器的作用是将空气流量信号转换为电信号后输送给 ECU,由 ECU 经计算、分析、处理后输出控制信号来确定喷油量,同时也确定废气再循环(EGR,Exhaust Gas Recirculation)的流量。如果空气流量传感器出现问题,其故障的典型特征是 EGR 系统不能正常工作,发动机的转速被限制在 2500r/min 左右

⑦ 离合器开关、制动开关的安装位置与作用见表 4-64。

表 4-64　离合器开关、制动开关的安装位置与作用

项目	具体说明
离合器开关	CRDI 共轨式电控燃油喷射系统使用的离合器开关安装位置如右图所示,其作用为取消巡航控制,换挡期间通过控制喷油量来对发动机的转速进行控制,以防止发生冲击现象
制动开关	制动开关用于接通制动指示灯电路,同时也将制动信号输送给 ECU,由 ECU 输出控制信号进行断油控制,以便快速降低发动机的转速到最低转速

4.7 依维柯的 SOFIM8140 共轨式喷射系统

依维柯的 SOFIM8140 共轨式喷射系统是在引进 SOFIM 柴油机先进技术的基础上，研制开发出来的。

(1) 结构与特点

依维柯的 SOFIM8140 共轨式喷射系统采用了柴油机共轨燃油喷射技术与可变喷嘴增压器技术。

① SOFIM8140 共轨式喷射系统的基本结构见表 4-65。

表 4-65 SOFIM8140 共轨式喷射系统的基本结构

项目	具体说明
基本结构示意图	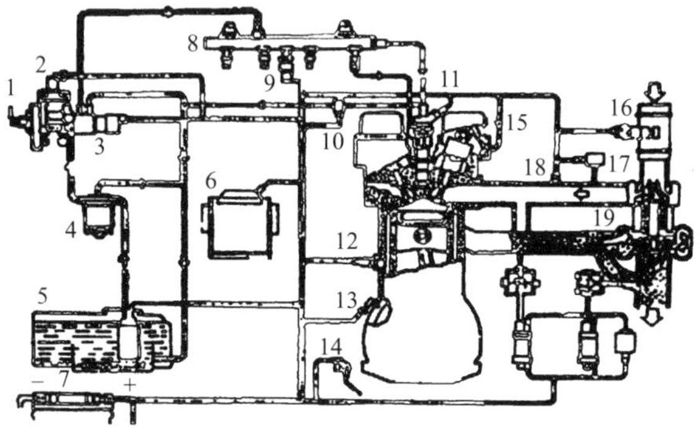 1—高压油泵；2—切断阀；3—压力调节阀；4—燃油滤清器；5—燃油箱和电动燃油泵；6—ECU；7—蓄电池；8—共轨；9—燃油压力传感器；10—燃油温度传感器；11—喷油器；12—冷却液温度传感器；13—飞轮传感器；14—加速踏板传感器；15—凸轮轴相位传感器；16—空气流量传感器；17—增压压力传感器；18—进气温度传感器；19—VGT 可变喷嘴增压器控制电磁阀

② SOFIM8140 共轨式喷射系统的基本特点见表 4-66。

表 4-66 SOFIM8140 共轨式喷射系统的基本特点

项目	具体说明
基本组成	依维柯的 SOFIM8140 共轨式喷射系统主要由高压油泵、共轨、带电磁阀的喷油器、ECU 与各种传感器等组成
共轨方面	高压共轨燃油喷射系统采用共轨将高压燃油蓄积起来，再通过高压油泵输送到各个喷油器，通过 ECU 控制喷油器上电磁阀的动作来控制喷油的开始与终止
油压调整	共轨内的油压由高压油泵、压力传感器与 ECU 组成的闭环系统来进行调整
喷油方面	喷油器电磁阀通电开启的时刻决定了喷油正时，共轨压力与喷油器电磁阀开启时间的长短决定了喷油量的大小
ECU 控制情况	发动机各工况的基本喷油正时、喷油量和喷射压力预先存储在 ECU 的 ROM 中，ECU 根据相关传感器提供的信号进行修正后，就可以实现对喷油量、喷油正时与喷油速率的最佳控制，还可实现对喷射压力的柔性调整，由此可使柴油机的燃烧过程得到有效改善，使 PM 与 NO_x 的排放大为减少

(2) 主要部件

依维柯的 SOFIM8140 共轨式喷射系统使用的主要部件有高压油泵、压力调节器、喷油器与可变喷嘴增压器。

① 高压油泵与压力调节器。依维柯的 SOFIM8140 共轨式喷射系统使用的压力调节器安装在高压油泵上，表 4-67 中列出了这两个部件的基本情况。

表 4-67 高压油泵与压力调节器的基本情况

项目		具体说明
高压油泵	结构	依维柯的 SOFIM8140 共轨式喷射系统使用的高压油泵型号为 CP1，是德国 BOSCH 公司的产品，其结构如右图所示。该油泵是由三个彼此间隔 120°的径向柱塞泵组成。径向柱塞泵由带有调整垫片的进油阀、球形的出油阀和柱塞构成，由三瓣偏心凸轮驱动进行工作 (a) 高压油泵的纵截面 (b) 高压油泵的横截面
	特点	由于 CP1 径向柱塞泵的打开与关闭时间相对传统的喷油泵显著减少，而且泵的功能仅仅是将共轨持久地保持在相同的压力状态，故不需要对其相位进行调整。同时，该高压燃油泵的润滑与冷却均是通过其自身燃油来实现的
压力调节器		ECU 是依据安装在共轨上的压力传感器提供的压力信息，输出 PWM(脉宽调制)控制信号来对压力调节器进行控制的，用于保证共轨中的燃油压力保持在 25～135MPa 范围内

② 喷油器。依维柯的 SOFIM8140 共轨式喷射系统使用的喷油器型号为 DSLA136P，是德国 BOSCH 公司的产品，表 4-68 中列出了该喷油器的基本情况。

表 4-68 喷油器的基本情况

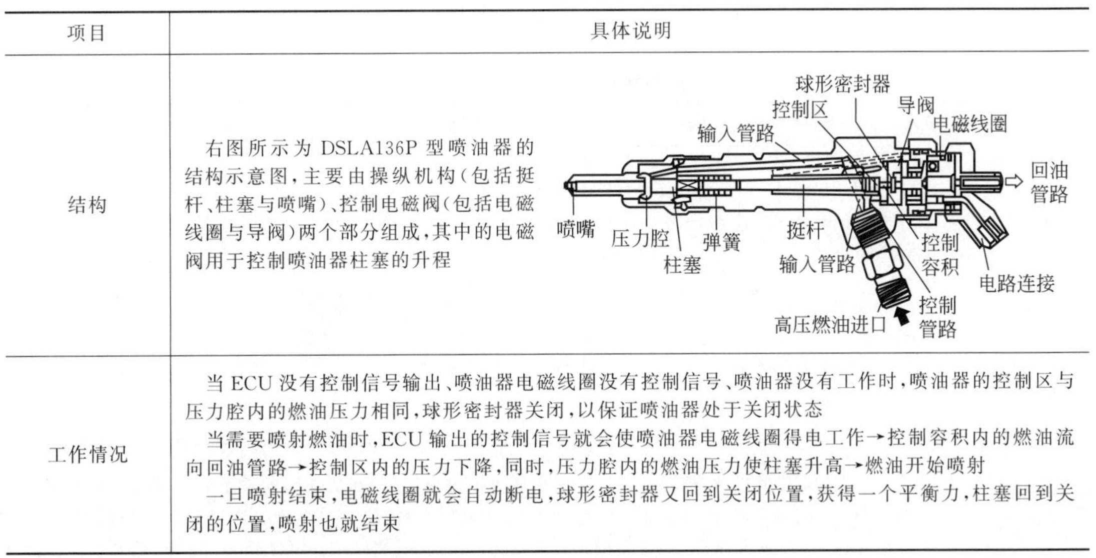

项目	具体说明
结构	右图所示为 DSLA136P 型喷油器的结构示意图，主要由操纵机构(包括挺杆、柱塞与喷嘴)、控制电磁阀(包括电磁线圈与导阀)两个部分组成，其中的电磁阀用于控制喷油器柱塞的升程
工作情况	当 ECU 没有控制信号输出、喷油器电磁线圈没有控制信号、喷油器没有工作时，喷油器的控制区与压力腔内的燃油压力相同，球形密封器关闭，以保证喷油器处于关闭状态 当需要喷射燃油时，ECU 输出的控制信号就会使喷油器电磁线圈得电工作→控制容积内的燃油流向回油管路→控制区内的压力下降，同时，压力腔内的燃油压力使柱塞升高→燃油开始喷射 一旦喷射结束，电磁线圈就会自动断电，球形密封器又回到关闭位置，获得一个平衡力，柱塞回到关闭的位置，喷射也就结束

③ 可变喷嘴增压器。依维柯的 SOFIM8140 共轨式喷射系统使用的可变喷嘴增压器型号为 GT2256V，是上海联信公司的产品，表 4-69 中列出了可变喷嘴增压器的基本情况。

表 4-69 可变喷嘴增压器的基本情况

项目	具体说明
外形结构与工作情况示意图	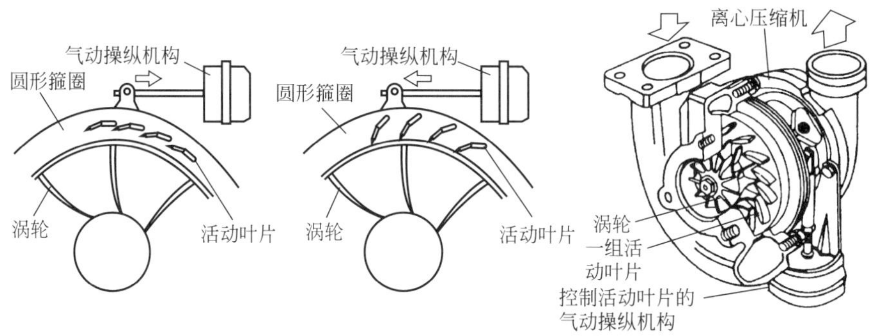 气动操纵机构 圆形箍圈 涡轮 活动叶片 (a) 低转速时活动叶片的形状 气动操纵机构 圆形箍圈 涡轮 活动叶片 (b) 高转速时活动叶片的形状 离心压缩机 涡轮 一组活动叶片 控制活动叶片的气动操纵机构 (c) 外形结构
示意图说明	图(c)所示为GT2256V型可变喷嘴增压器的外形结构示意图。该增压器的最大特点是加快增压器在发动机低转速时涡轮中回流废气的速度，进而使发动机在低转速时就可以获得最大的容积效率，并可在每一个转速下持续调整涡轮中废气的速度
工作情况	当发动机在低转速下工作时，废气的动能小，此时活动叶片处于完全关闭状态，如图(a)所示，叶片与叶片之间的截面小，故而增大了进口气体的速度→增压器速度增大 当发动机转速增加时，ECU就会通过操纵机构控制电磁阀使活动叶片缓慢打开，如图(b)所示，叶片与叶片之间的截面增大，故而减慢了流向涡轮的废气流量，使涡轮的速度稳定

(3) 电子控制系统

依维柯的SOFIM8140共轨式喷射电子控制系统用来对喷油量、喷油正时、喷射压力进行控制，同时还对可变喷嘴增压器、故障自诊断等功能进行控制。

① 喷油量与喷油正时控制。依维柯的SOFIM8140共轨式喷射电子控制系统对喷油量与喷油正时的控制情况见下面的介绍。

a. 喷油量控制情况见表4-70。

表 4-70 喷油量的控制情况

项目	具体说明
控制情况说明	在SOFIM8140共轨式喷射控制系统中，喷油量的大小是由作用在喷油器电磁线圈上的脉冲宽度来控制的。ECU根据各种传感器监测到的发动机工况，计算出最佳喷油量。ECU的计算通常分为计算基本喷油量与计算脉冲宽度两步来进行
计算基本喷油量	ECU根据加速踏板位置传感器与发动机转速传感器提供的信号，首先计算出基本喷油量。然后再依据冷却液温度传感器、进气温度传感器、进气压力传感器以及起动机等的信号，对基本喷油量进行修正，以确定最佳喷油量
计算脉冲宽度	计算脉冲宽度的目的，是为了确定实现最佳喷油量所需的、作用在喷油器上控制其线圈的通电时间。通电时间越长，喷油量越多。加速时，ECU通过减小喷油器线圈的通电时间来抑制排气烟度。当转速达到4250r/min时，ECU缩短喷油器线圈的通电时间；当转速超过5000r/min时，断开喷油器线圈的供电，以防出现“飞车”现象

b. 喷油正时的控制情况见表 4-71。

表 4-71 喷油正时的控制情况

项目	具体说明
控制情况说明	在 SOFIM8140 共轨式喷射控制系统中，根据喷射方式的不同，喷油正时有预喷油正时与主喷油正时两种情况。通常，当发动机转速低于 2800r/min 时，采用预喷射方式，以减少直喷出现的噪声。通过改变提供给喷油器线圈的脉冲信号时刻，就可以自由地控制预喷射和主喷射的喷油正时。ECU 的计算通常分为计算基本喷油正时与计算时间两步来进行
计算基本喷油正时	首先依据发动机转速与负荷以及存储在 ECU 中的 MAP 图确定基本喷油正时，然后再依据冷却液温度传感器、进气压力传感器等信号，对基本喷油正时进行修正，获得最佳喷油提前角(单位为曲轴转角)后，以确定最终的喷油始点
计算时间	ECU 根据发动机的转速，把最佳喷油提前角所对应的曲轴转角换算为时间，来确定脉冲信号的起始时刻

② 喷射压力、可变喷嘴增压器与故障自诊断控制。依维柯的 SOFIM8140 共轨式喷射电子控制系统对喷射压力、可变喷嘴增压器与故障自诊断的控制情况见表 4-72。

表 4-72 喷射压力、可变喷嘴增压器与故障自诊断的控制情况

项目	具体说明
喷射压力控制	SOFIM8140 共轨式喷射电子控制系统可以自由地对喷射压力进行控制。喷射压力也就是共轨压力，它是根据燃油压力传感器反馈给 ECU 的信号，通过改变高压燃油泵的供油量来进行控制的。压力范围在 25～135MPa 之间。喷射压力的目标值是根据发动机转速与负荷确定的基本喷射压力进行相应修正(如冷却液温度信号等)后获得的，而反馈修正值是根据喷射压力目标值与燃油压力传感器检测到的实际共轨压力之间的差值得到的。通常情况下，当燃油温度超过 75℃ 时，ECU 就会控制降低喷射压力，以对燃油温度进行控制。但在喷油量相同的情况下，喷射压力越低，喷油器线圈通电的时间就会越长
可变喷嘴增压器控制	柴油发动机的转速不容易提高，如要提高其输出功率，就必须增大柴油机的转矩，因此，涡轮增压器非常有效。SOFIM8140 共轨式喷射系统采用了先进的可变喷嘴增压器，根据发动机的转速与负荷，ECU 通过改变增压器可变喷嘴的几何形状，就可以实现增压器速度的连续调整，由此就可以提高柴油机的转矩，使其输出功率增大
故障自诊断控制	SOFIM8140 共轨式喷射电子控制系统具有故障自诊断功能，当出现故障时，发动机故障指示灯就会点亮，以告知驾驶员电控系统出现了问题；与此同时，ECU 还将故障情况以代码的形式存储到故障存储器中，以供维修人员调取。调取的方法是通过专门的故障诊断仪，并经转换器 99331043 连接到 38 端子的诊断接口后，就可把存储的故障码读出，这样就可以有的放矢地去检修故障了

4.8 卡特彼勒公司的 HEUI 共轨式喷射系统

卡特彼勒（Caterpillar）公司开发的 HEUI 共轨式喷射系统以其精确的控制、可靠的性能、具有故障自诊断功能和通用性较强等优点得到了广泛的应用。

(1) 系统组成与工作情况

①系统组成。卡特彼勒公司的 HEUI 共轨式电控燃油喷射系统也是各缸共用同一个高

压油轨，其基本结构示意图及说明见表 4-73。

表 4-73　HEUI 共轨式电控燃油喷射系统基本结构示意图及说明

项目	具体说明
结构示意图	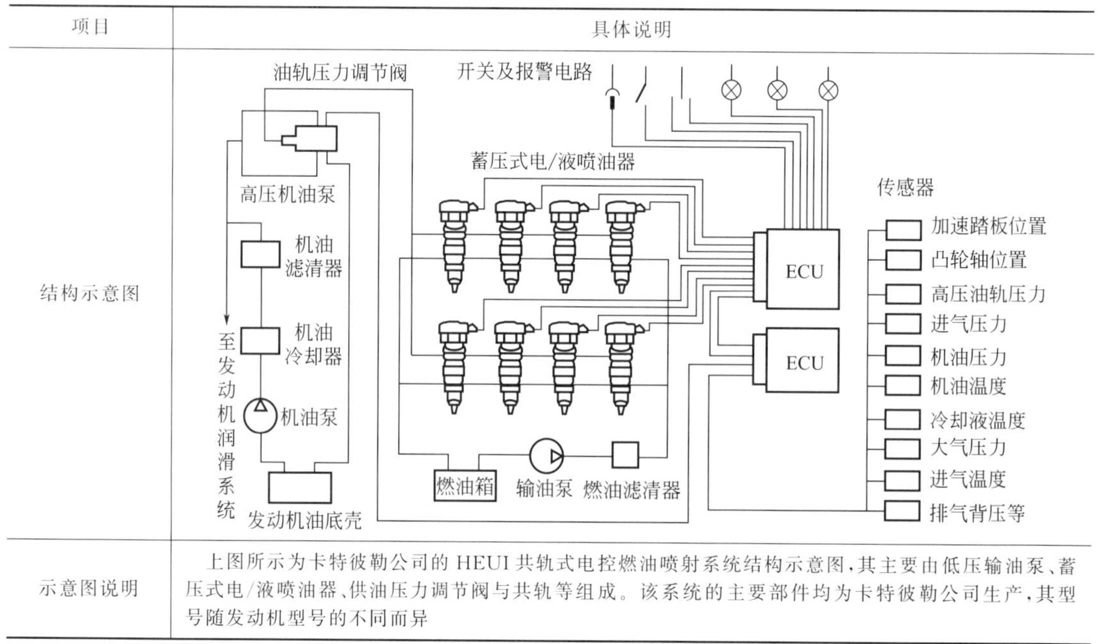
示意图说明	上图所示为卡特彼勒公司的 HEUI 共轨式电控燃油喷射系统结构示意图，其主要由低压输油泵、蓄压式电/液喷油器、供油压力调节阀与共轨等组成。该系统的主要部件均为卡特彼勒公司生产，其型号随发动机型号的不同而异

② 工作情况。卡特彼勒公司的 HEUI 共轨式电控燃油喷射系统中的喷油压力、喷油量、喷油速率和喷油正时等均由 ECU 独立控制。系统具体工作情况见表 4-74。

表 4-74　HEUI 共轨式电控燃油喷射系统工作情况

项目	具体说明
喷油量与喷油正时的控制	发动机的转速信号与加速踏板位置(负荷)信号是 ECU 控制喷油量和喷油正时的主要信号。ECU 根据接收到的上述两种信号来确定基本喷油量与基本喷油正时，然后根据其他传感器的输入信号来进行修正，以便确定最终的喷油量与喷油正时。通过控制油轨压力调节阀来控制油轨中的油压，进而进行喷油量的控制；而喷油正时是通过控制喷油器电磁阀的通电时间来实现的
系统油轨情况	从 HEUI 共轨式电控燃油喷射系统的上述结构可以看出，机油泵是从发动机油底壳中泵油的，泵出的机油经冷却器与机油滤清器后分为两路：一路经机油通道后进入发动机的润滑系统；另一路进入高压机油泵。通过由 ECU 控制的油轨压力调节阀的调节后进入高压油轨(控制燃油喷射的高压油轨)。同时，柴油由燃油输送泵从油箱中泵出，经燃油滤清器过滤后进入燃油油管(属于低压油)。由此可见，该系统有两条油轨：一条为控制燃油喷射的高压机油油轨，另一条为柴油共轨
对喷油器的控制情况	喷油器喷油时刻(喷油正时)取决于喷油器电磁阀的通电时刻，而电磁阀的通电时刻是由 ECU 进行控制的；而另一方面，由于喷油器内针阀回位弹簧的弹力是一定的，停止喷油时喷油器油腔内的压力(闭阀压力)也是一定的，故喷油正时一定时，喷油器喷油时间也就固定了。这样，由于喷油器喷孔尺寸一定，喷油时间一定，故控制喷油压力就可以控制喷油量；而在增压活塞与柱塞尺寸一定时，喷油压力(增压压力)取决于高压共轨中的油压，而高压共轨中的油压是 ECU 根据各种传感器信号通过油轨压力调节阀来控制的。所以，ECU 根据各种传感器输入的信号与内存中的程序计算出喷油量与喷油正时，通过控制喷油器电磁阀线圈来控制供油正时，通过控制高压油轨压力调节阀来控制高压油轨的油压，进而控制喷油器的喷油量、喷油速率与喷油压力。燃油压力传感器安装在燃油油轨上，用于对喷油量进行闭环控制

(2) 主要部件

卡特彼勒公司的 HEUI 共轨式电控燃油喷射系统使用的主要部件有多种，但多数都与前面介绍的基本相同，故不再重述，这里仅介绍油轨与蓄压式电/液喷油器。

① 高压油轨的工作情况见表 4-75。

表 4-75　高压油轨的工作情况

项目	具体说明
当需要油轨压力较高	高压油轨简称油轨，又称为油腔，其内的压力，受 ECU 输出的脉冲宽度调制信号的控制。右图为高压油轨结构简图，该图所示为油轨压力较高时的状态。当需要油轨压力升高时，ECU 加大了通往位于油轨压力调节阀上的高速电磁阀控制信号中有效脉冲的宽度→提升阀向右移动，从而关闭了滑阀的泄油通道→滑阀在通过滑阀内部截流孔油压的作用下也向右移动→通往油底壳的回油通道被关闭，由此就会使高压油轨内的压力上升 ECU电脉冲信号　提升阀　滑阀　O形圈　高压油泵来油　衔铁　电磁线圈　阀体　回到油底壳　到高压油轨
当需要油轨压力较低	右图所示为油轨压力较低时的状态。当需要油轨压力较低时，ECU 减小了通往位于油轨压力调节阀上的高速电磁阀控制信号中有效脉冲的宽度→提升阀向左移动，从而打开了滑阀的泄油通道，滑阀在油轨压力的作用下也向左移动→滑阀在移动过程中打开了通往油底壳的回油通道，由此就会使高压油轨内的压力下降 ECU电脉冲信号　提升阀　滑阀　O形圈　高压油泵来油　衔铁　电磁线圈　阀体　回到油底壳　到高压油轨
控制说明	由上述分析可以看出，ECU 输出信号中的脉冲宽度决定了滑阀的位置，而滑阀的位置又决定了高压油轨中的油压，也就是说，高压油轨中的油压是 ECU 依据传感器的输入信号来进行独立控制的

② 蓄压式电/液喷油器结构及其工作情况见表 4-76。

表 4-76　蓄压式电/液喷油器结构及其工作情况

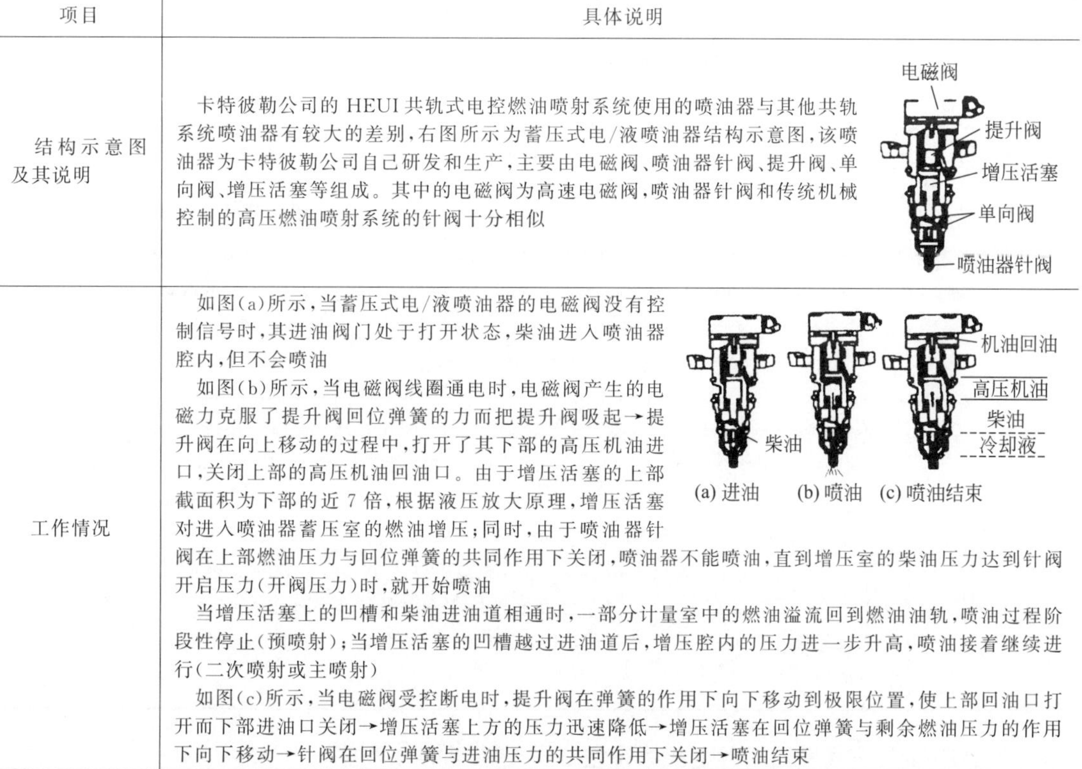

项目	具体说明
结构示意图及其说明	卡特彼勒公司的 HEUI 共轨式电控燃油喷射系统使用的喷油器与其他共轨系统喷油器有较大的差别，右图所示为蓄压式电/液喷油器结构示意图，该喷油器为卡特彼勒公司自己研发和生产，主要由电磁阀、喷油器针阀、提升阀、单向阀、增压活塞等组成。其中的电磁阀为高速电磁阀，喷油器针阀和传统机械控制的高压燃油喷射系统的针阀十分相似 电磁阀　提升阀　增压活塞　单向阀　喷油器针阀
工作情况	如图(a)所示，当蓄压式电/液喷油器的电磁阀没有控制信号时，其进油阀门处于打开状态，柴油进入喷油器腔内，但不会喷油 如图(b)所示，当电磁阀线圈通电时，电磁阀产生的电磁力克服了提升阀回位弹簧的力而把提升阀吸起→提升阀在向上移动的过程中，打开了其下部的高压机油进口，关闭上部的高压机油回油口。由于增压活塞的上部截面积为下部的近 7 倍，根据液压放大原理，增压活塞对进入喷油器蓄压室的燃油增压；同时，由于喷油器针阀在上部燃油压力与回位弹簧的共同作用下关闭，喷油器不能喷油，直到增压室的柴油压力达到针阀开启压力(开阀压力)时，就开始喷油 当增压活塞上的凹槽和柴油进油道相通时，一部分计量室中的燃油溢流回到燃油油轨，喷油过程阶段性停止(预喷射)；当增压活塞的凹槽越过进油道后，增压腔内的压力进一步升高，喷油接着继续进行(二次喷射或主喷射) 如图(c)所示，当电磁阀受控断电时，提升阀在弹簧的作用下向下移动到极限位置，使上部回油口打开而下部进油口关闭→增压活塞上方的压力迅速降低→增压活塞在回位弹簧与剩余燃油压力的作用下向下移动→针阀在回位弹簧与进油压力的共同作用下关闭→喷油结束 机油回油　高压机油　柴油　冷却液　柴油 (a) 进油　(b) 喷油　(c) 喷油结束

4.9 美国 ITEC 公司的 HEUI 共轨式燃油喷射系统

ITEC 是英文 International Truck and Engine Corporation 首字母，该公司生产的 HEUI 共轨式燃油喷射系统是一种电动液压喷油系统。

(1) 结构与特点

HEUI 共轨式燃油喷射电控系统中使用的是 Diamond logic 计算机，也就是该系统中的 ECM（柴油机控制模块）。

① HEUI 共轨式电控燃油喷射系统的结构特点见表 4-77。

表 4-77 HEUI 共轨式电控燃油喷射系统的结构特点

项目	具体说明
结构示意图	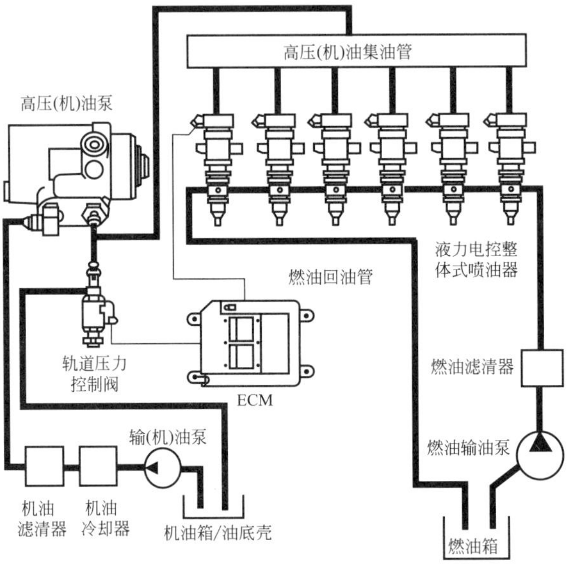 HEUI 共轨式电控燃油喷射系统的结构特点与传统的柴油机喷油系统差别很大、右图所示为 ITEC 公司开发生产的 HEUI 共轨式电控燃油喷射系统的典型结构示意图，这类电控系统已经在 T444E RTE 型柴油机上得到了应用，该柴油发动机为直喷、增压、V 型 8 缸，其排量为 7. 3L，压缩比为 17. 5：1，额定功率为 169. 3kW(3000r/min)，最大转矩为 610N·m(2000r/min)
特点	传统柴油机喷油器针阀的移动是依靠喷油泵压出 10MPa 以上的高压燃油使针阀离座，与此同时，高压燃油从喷油器孔口以雾状喷出。但 HEUI 系统喷油器针阀的离座位移并不是靠燃油，而是靠 3～19MPa 的高压机油，当喷油器针阀离座后，从另一条油路来的燃油不再需要传统的高压喷油泵，而仅需要 200kPa 左右的低压柴油输油泵即可使燃油形成喷雾 电动液压喷油系统是以液压驱动，而不是机械驱动，故其喷射速率并不依赖于发动机的转速。该系统中有一个增压器活塞，其作用是将液压增大，并施加给柱塞。通过对液压输入压力的调整变动，就可以使喷射压力被控制在 19～120MPa 之间。且无论发动机在空转还是在高速运转，均可以保持这样的高压

② HEUI 共轨式燃油喷射电控系统组成与特点见表 4-78。

表 4-78 HEUI 共轨式燃油喷射电控系统组成与特点

项目	具体说明
组成情况	HEUI 共轨式燃油喷射电控系统和普通汽油机的控制系统大同小异，右图所示为 HEUI 共轨式燃油喷射电控系统的基本组成，也是由信号输入、电控单元的控制模块 ECM 以及执行器三个部分共同组成，但该系统在 ECM 与执行器之间增加了一个电子驱动装置 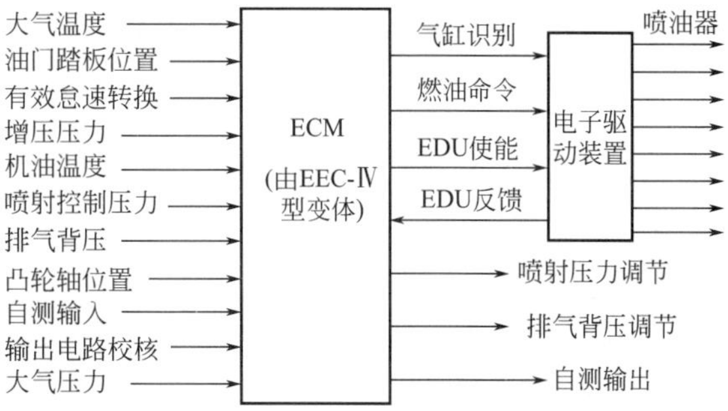
特点	电子控制模块 ECM 是一个微处理器，用于监控车辆和发动机上各传感器，然后顺序输出适宜的控制指令。和机械式调节器相比，ECM 有更多的输入信息，故其可以为各种运行工况计算出最佳的喷油速率与喷油时间。由于 ECM 的驱动功率不足，故增设了喷油器驱动模块（通常简称为 EDU）。EDU 把精确控制信号（电流脉冲）传送给喷油器螺线管，以使螺线管获得足够的电压和电流。EDU 输出脉冲的起始时刻和持续时间均由 ECM 进行控制，实际上 EDU 的作用就像一个继电器

(2) 系统使用的喷油器

HEUI 共轨式燃油喷射系统使用的喷油器属于液力电控整体方式。

① 液力电控整体喷油器结构特点见表 4-79。

表 4-79 液力电控整体喷油器结构特点

项目	具体说明
结构示意图及其特点	右图所示为液力电控整体喷油器的外形结构示意图，其主要由螺线管、控制阀、增压器活塞与柱塞、喷嘴等组成。经过增压处理后的燃油会产生液压能量，喷油器就是利用该能量来实现喷射功能的。液力电控整体喷油器是由液压进行驱动的，实现液压驱动的是高压油泵提供的高压机油 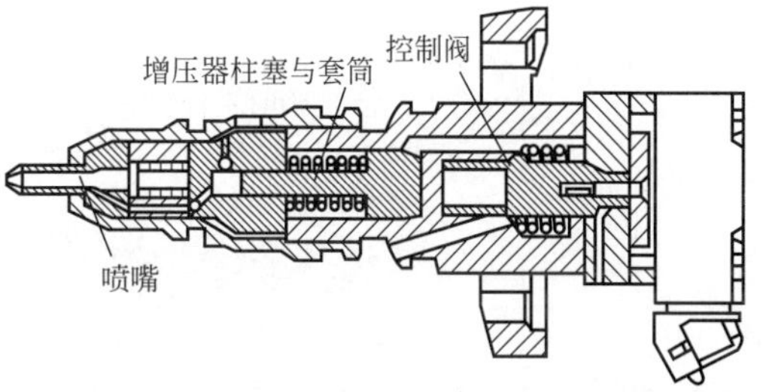
喷油数量	机油泵的压力控制着增压器活塞与柱塞运行的速度，也就控制着喷射速率。喷出的燃油数量取决于两个因素，一个是由 EDU 输出脉冲的持续时间，另一个就是螺线管的通电（励磁）时间。只要螺线管处于通电状态，并且提升阀已经离开基座，高压机油就会把增压器活塞与柱塞继续向左推动，直到增压器活塞抵到中孔的底部为止

② 液力电控整体喷油器各组成件的作用见表 4-80。

表 4-80 液力电控整体喷油器各组成件的作用

项目	具体说明
螺线管	螺线管实际上就是一种快速动作的电动磁铁，当其线圈中有电流通过时，它就会把提升阀拔起，使其脱离基座

续表

项目	具体说明
控制阀	控制阀由弹簧支撑在基座上。在这种封闭式的位置上，输入的高压机油会受到阻力，使泄油孔打开，准备把机油排出。当螺线管通电时，控制阀就会被快速提起并脱离基座，此时高压机油的泄油孔是关闭着的，输入口则是打开着的
增压器活塞与柱塞	当控制阀把输入口打开时，高压机油进入到喷油器内，并向增压器活塞的顶部施压。该压力依赖于增压器逐步增强，并把增压器活塞与柱塞向左推动。柱塞向左移动，就会使喷油器油腔内的燃油增压，从而使喷嘴打开。 增压器活塞表面积约为柱塞表面积的 7 倍，如果不考虑流量损失，柱塞左方燃油压力为增压器活塞顶部机油压力的 7 倍。在两种油液实际的流动过程中，机油压力的变化为 3～19MPa，喷油器油腔内燃油的压力在 30ms（发动机转速 1～2r/min）的时间内，可迅速增至 19～120MPa
喷嘴	除了喷油制动阀之外的整个喷嘴装置均采用了传统的设计方式。在柱塞向左运动期间，制动阀的钢球位于基座上，而且是密封的，以防止高压燃油发生泄漏。在柱塞返回期间，钢球会脱离基座，以便使柱塞孔充满燃油。喷嘴阀是向内打开型，在燃油压力超过弹簧的支撑力时，这个阀就会脱离基座，高压燃油就会通过喷嘴顶部以雾状喷出

（3）系统使用的其他主要部件

在 HEUI 共轨式燃油喷射系统中，除了液力电控整体喷油器外，还有高压机油泵与油轨压力控制阀，这两个部件的作用见表 4-81。

表 4-81　高压机油泵与油轨压力控制阀的作用

项目	具体说明
高压机油泵	高压机油泵是一种由齿轮驱动的七塞式固定排量轴向活塞泵。该泵在发动机正常运行期间，输出的压力由油轨压力控制阀（RPCV）进行控制，过量的燃油也由这个阀排到回油管路中。而发动机在特定条件下所需要的压力是由 ECM 来确定的
油轨压力控制阀	油轨压力控制阀简称 RPCV，是一种电子控制型漏油阀，用于把过量的燃油排到回油管路中，以此来实现对机油泵输出压力的精确控制。ECM 向 RPCV 输出的是一条可变的信号流，由该信号流来确定油泵的输出压力。具体工作情况如下 在发动机正常运行期间，油泵压力可维持在 3～19MPa 这一范围的任何一个点上 在冷态启动发动机时，油泵的压力会稍高，这是因为冷油更浓稠和喷油器的内部组件动作较慢造成的。较高的压力有助于喷油器以更快的速度喷射出燃油，直到油的黏度降低时，压力才会恢复到正常水平

4.10　西门子 PCR-2 型压电控制高压共轨式柴油喷射系统

PCR-2 是德国西门子（SIEMENS）公司开发的最新一代、满足欧Ⅳ排放标准的压电控制高压共轨式柴油喷射系统。

（1）系统组成及其特点

西门子 PCR-2 型压电控制高压共轨式柴油喷射系统的压力范围可达 20～150MPa，预喷射油量仅为 1～1.5mL。

① PCR-2 型压电控制高压共轨式柴油喷射系统的组成见表 4-82。

表 4-82　PCR-2 型压电控制高压共轨式柴油喷射系统的组成

项目	具体说明
PCR-2 型压电控制高压共轨式柴油喷射系统结构示意图	右图所示为西门子 PCR-2 型压电控制高压共轨式柴油喷射系统组成示意图 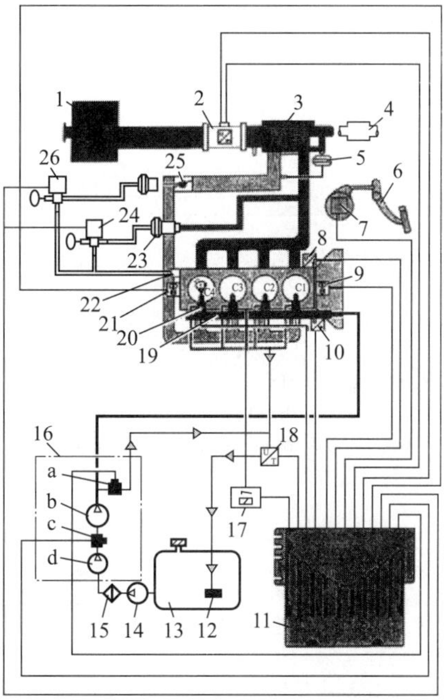 1—空气滤清器；2—带有进气温度传感器的空气质量流量计；3—废气涡轮增压器；4—废气催化器；5—废气放气阀；6—油门踏板；7—油门踏板传感器；8—冷却液温度传感器；9—曲轴转角传感器；10—共轨压力传感器；11—发动机电控单元 ECU；12—燃油箱油位传感器；13—燃油箱；14—燃油泵；15—燃油滤清器；16—共轨燃油泵(DCP)；17—预热继电器；18—燃油温度传感器；19—共轨管；20—喷油器；21—凸轮轴位置传感器；22—真空管；23—EGR 阀；24—EGR 调节阀(EPW)；25—节气门；26—节气门调节阀；a—高压调节阀(PCV)；b—高压泵(HPP)；c—容积流量调节阀(VCV)；d—初级输油泵(ITP)；C1—第 1 缸；C2—第 2 缸；C3—第 3 缸；C4—第 4 缸
示意图说明	西门子 PCR-2 型压电控制高压共轨式柴油喷射系统主要由共轨燃油泵(DCP)、共轨管(燃油分配管)、高压油管与压电控制喷油器等组成。其中共轨燃油泵由容积流量调节阀(VCV)、初级输油泵(ITP)、高压燃油泵(HPP)与高压调节阀(PCV)等组成

② PCR-2 型压电控制高压共轨式柴油喷射系统的特点见表 4-83。

表 4-83　PCR-2 型压电控制高压共轨式柴油喷射系统的特点

项目	具体说明
喷油泵调节方面	西门子 PCR-2 型压电控制高压共轨式柴油喷射系统的特点是可根据发动机运转工况的需要来对泵油量进行调节，由此可提高柴油机的运行效率
燃油输送方面	柴油被初级输油泵从油箱中抽出，然后送往容积流量调节阀。该阀可以调整进入高压油泵的燃油量。初级输油泵与高压油泵均由发动机直接驱动。高压油泵送往共轨管中的油压可高达 150MPa
系统压力方面	由高压油泵产生的系统压力和发动机的转速没有关系，且可与发动机的运转工况相匹配。由于共轨管有一定的储油容积，故可保证在整个喷油过程持续期间喷油压力近似保持恒定
喷油器方面	喷油器经高压油管和共轨管相连通。这种压电控制的喷油器，其开启时间非常短，而且可以按照发动机 ECU 输出的控制信号任意选择喷油始点与喷油量，尤其是可以进行预喷射。这非常有利于降低燃烧噪声、减少机械负荷和降低废气排放

(2) 系统主要部件

PCR-2 型压电控制高压共轨式柴油喷射系统的核心部件为适用于小喷油量的压电控油器、具有流量和压力调节功能的调节阀、共轨燃油泵以及具有压电驱动器的电控单元(ECU)。

① 共轨燃油泵。PCR-2 型压电控制高压共轨式柴油喷射系统是为气缸排量小的轿车而开发的，故共轨燃油泵必须满足这一要求。

a. 共轨燃油泵的结构与特点见表 4-84。

表 4-84 共轨燃油泵的结构与特点

项目	具体说明	
外形结构示意图	右图所示为 PCR-2 型压电控制高压共轨式柴油喷射系统共轨燃油泵外形结构示意图。该燃油泵主要由高压调节阀、高压泵单元、容积流量调节阀、初级输油泵、高压接头等组成	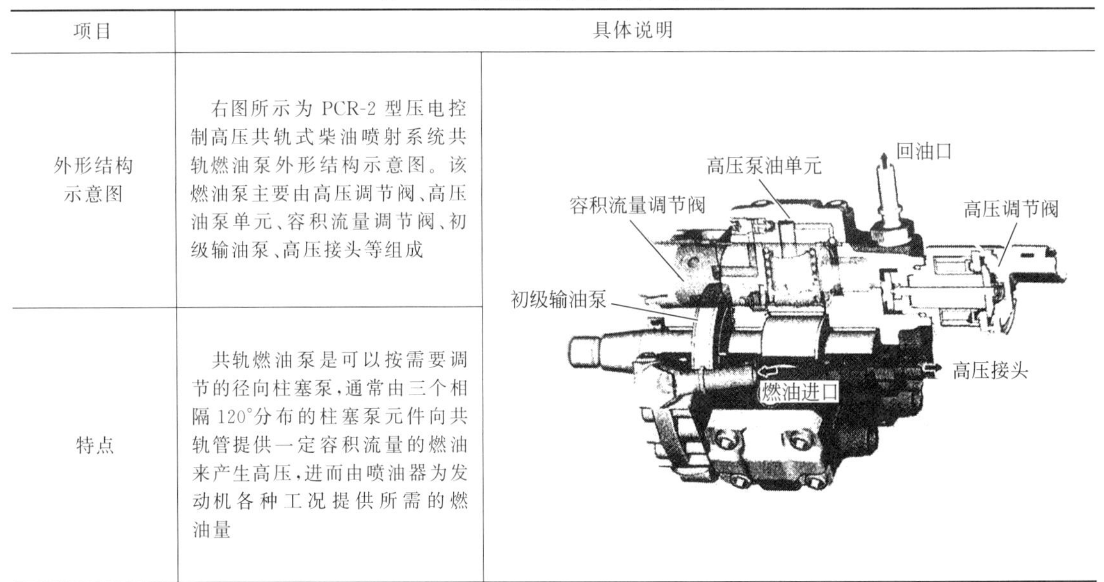
特点	共轨燃油泵是可以按需要调节的径向柱塞泵，通常由三个相隔 120°分布的柱塞泵元件向共轨管提供一定容积流量的燃油来产生高压，进而由喷油器为发动机各种工况提供所需的燃油量	

b. 共轨燃油泵的工作情况见表 4-85。

表 4-85 共轨燃油泵的工作情况

项目	具体说明	
燃油吸入	如图(a)所示，当柱塞向下移动时，在油缸中产生的负压就会克服弹簧力的作用把进油阀打开，来自容积流量调节阀的燃油被吸入。同时，由于油缸与环形油道之间的压力差把出油阀关闭	进油阀 进油阀 出油阀 进油口 出油阀 环形油道中的燃油压力 柱塞 偏心轮 偏心轮 (a) 燃油吸入 (b) 燃油输送
燃油输送	如图(b)所示，当偏心轮向上推动柱塞时，在弹簧力与油缸中建立起来的油压共同作用下使进油阀关闭。一旦油缸中的油压超过环形油道中的压力时，出油阀就会被打开	

c. 共轨燃油泵的泵油流程见表 4-86。

表 4-86　共轨燃油泵的泵油流程

项目	具体说明
油箱燃油泵油流程	右图所示为共轨燃油泵与外部的连接情况示意图。燃油从油箱经滤清器由整体式初级输油泵泵出，然后分别送往润滑阀与容积流量调节阀 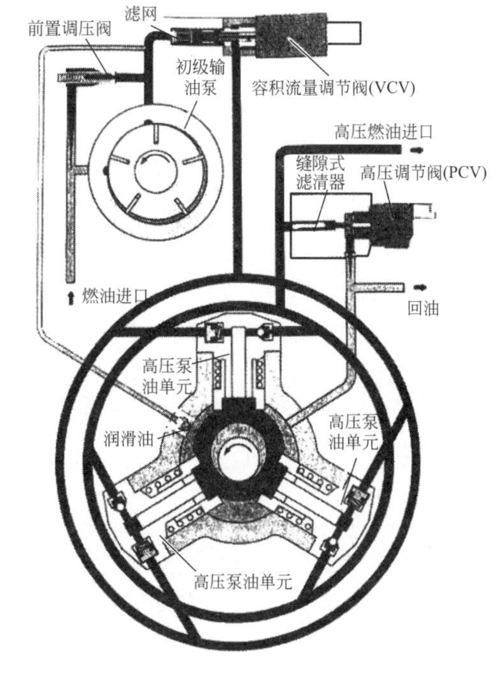
燃油回流方面	前置调压阀和初级输油泵并联，当容积流量调节阀关闭时它被打开，将燃油重新引回到初级输油泵进油口，经过润滑阀的燃油被导入泵的内腔用于润滑，然后再流回到回油管路
燃油量方面	由发动机 ECU 控制的容积流量调节阀来确定进入高压泵三个泵油元件中的燃油量。三个泵油元件输出的高压燃油汇集在一起后再输往高压燃油出口。在高压油路和回油管路之间设置了高压调节阀，用于调节送往高压燃油出口的燃油量，由此就可以对共轨管中的燃油压力进行调节

② 压电喷油器。

a. 结构及其特点。PCR-2 型压电控制高压共轨式柴油喷射系统使用的喷油器，是一种新型压电控制式喷油器。表 4-87 列出了该喷油器的结构及特点。

表 4-87　喷油器的结构及特点

项目	具体说明
结构	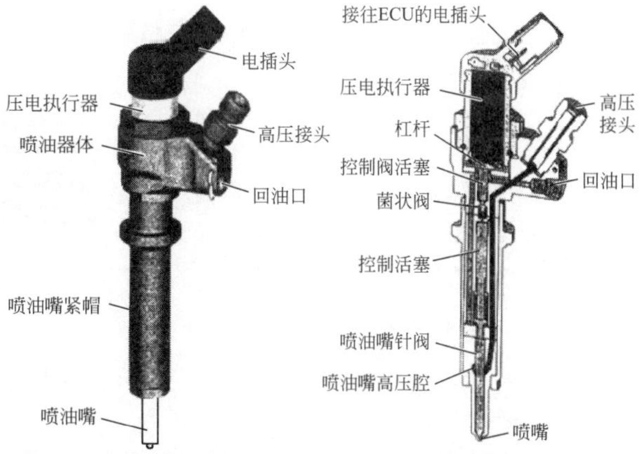 图(a)所示为压电喷油器的外形结构示意图，图(b)所示为压电喷油器的横剖视图 (a) 外形结构示意图　(b) 横剖视图
特点	压电喷油器能够实现非常迅速而精确的喷油量控制与计量，重复性也相当好。由于其开启速度比其他类型的喷油器快很多倍，允许预喷射与主喷射之间的时间间隔很短，且可以自由选择，故可使柴油机获得相当柔和的燃烧过程，也使燃烧噪声大为降低 压电喷油器受发动机 ECU 的控制。由于压电执行器能够回收能量，故 ECU 所需的控制能量要比其他系统低得多 由于 ECU 采用较简单的电流控制方式，故具有较高的电磁兼容性与抗干扰性

b.压电喷油器的工作情况。可以从喷油器断电、喷油器通电两个方面来进行说明，具体情况如下。

ⅰ.压电喷油器的工作情况示意图见表4-88。

表4-88　压电喷油器的工作情况示意图

项目	具体说明
工作情况示意图	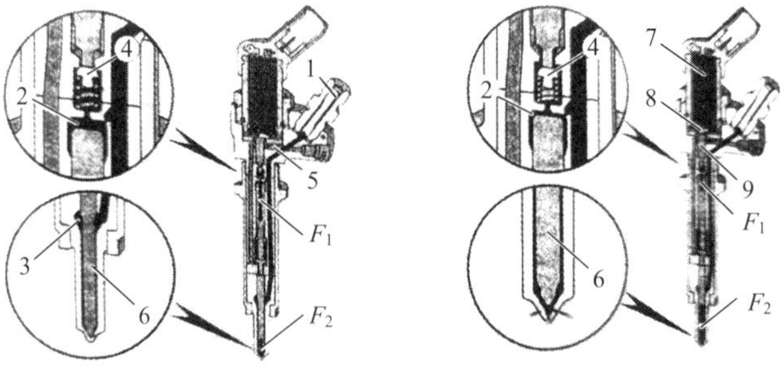 (a) 断电状态　(b) 通电状态 1—高压燃油接头；2—控制室；3—高压腔；4—菌状阀；5—回油道；6—喷嘴针阀；7—压电执行器；8—杠杆；9—控制阀活塞；F_1—作用在控制活塞上的力；F_2—作用在喷嘴针阀尖端的力

ⅱ.压电喷油器的工作情况介绍见表4-89。

表4-89　压电喷油器的工作情况介绍

项目	具体说明
喷油器断电	如表4-88中图(a)所示，来自共轨管的高压燃油经进油口进入控制室2与喷嘴高压腔3，腔内的菌状阀4在弹簧力的作用下把通往回油道5的孔关闭。由于控制室内控制活塞的面积大于喷嘴针阀尖端的面积，故控制室内的燃油高压施加在喷嘴尖端上的液压力 F_2 较大→喷嘴处于关闭状态 在发动机停机时，连接控制室与回油口的菌状阀以及喷嘴针阀均处于关闭状态。为了喷嘴针阀与针阀体导向孔之间的润滑，有少量燃油从高压侧经其间的间隙直接泄漏到回油孔
喷油器通电	如表4-88中图(b)所示，喷油器一旦受发动机ECU输出信号的控制通电时，压电执行器7就会借助于杠杆8推动阀活塞9使菌状阀4把控制室2通往回油道5的孔打开→控制室内的压力降低→作用在喷嘴针阀尖端的液压力 F_2 > 控制活塞上的液压力 F_1→喷嘴针阀6向上移动→燃油经5个喷孔喷入燃烧室 喷油结束后，由于控制室内控制活塞的面积大于喷嘴针阀尖端的面积，故控制室内的燃油高压施加在喷嘴尖端上的液压力 F_2 较大→喷嘴进入关闭状态
压电驱动执行器	右图所示为压电执行器的结构示意图。由多层压电元件构成的压电组件在接收到发动机ECU输出的电脉冲信号时，会产生轴向伸展力，该伸展力就会驱动杠杆推动阀的活塞，从而使喷油器喷油 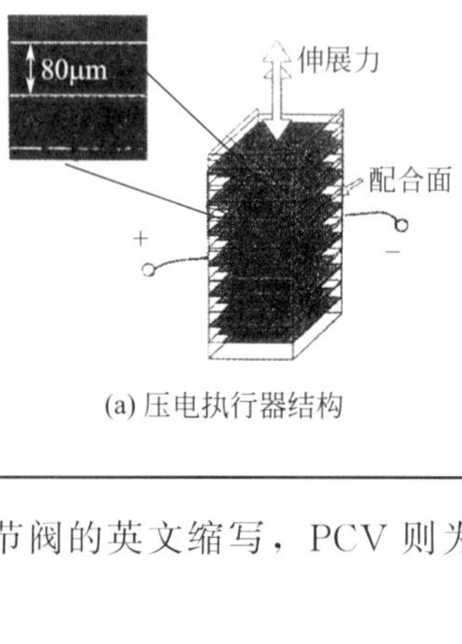 80μm　伸展力　配合面　+　− (a) 压电执行器结构 　(b) 压电执行器模块

③ VCV与PCV。VCV是容积流量调节阀的英文缩写，PCV则为高压调节阀的英文缩写，这两种调节阀均安装在共轨燃油泵上。

a.VCV的外形结构示意图见表4-90。

表 4-90　VCV 的外形结构示意图

项目	具体说明
外形结构示意图	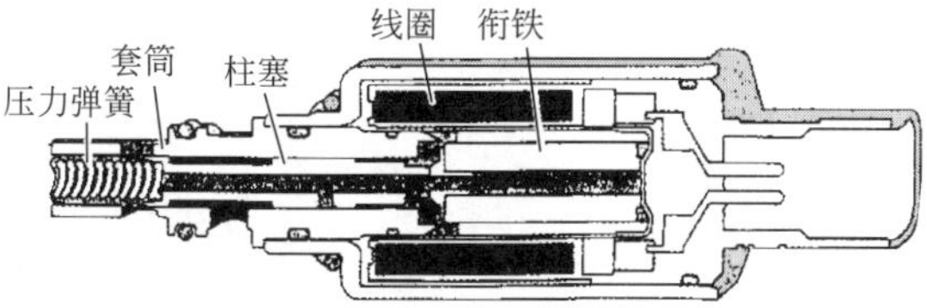
示意图说明	VCV 被直接拧在共轨泵上，用于调节从初级输油泵输送到高压泵油单元中的燃油量，故高压泵输送的高压燃油量从低压端就开始和发动机的需要相匹配，由此减少了高压泵的功率消耗

b. VCV 的工作情况见表 4-91。

表 4-91　VCV 的工作情况

项目	具体说明
工作情况示意图	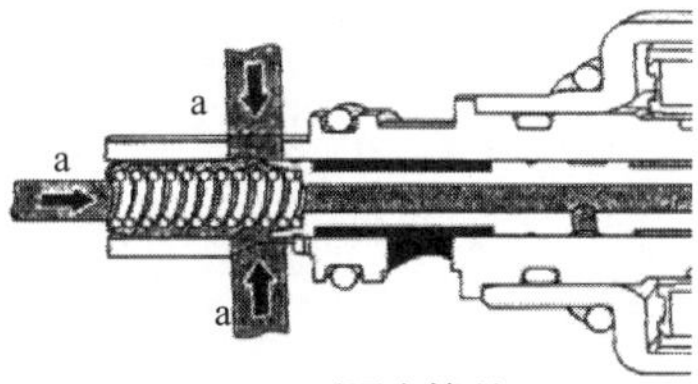 (a) 不通电情况 a—初级输油泵来的燃油 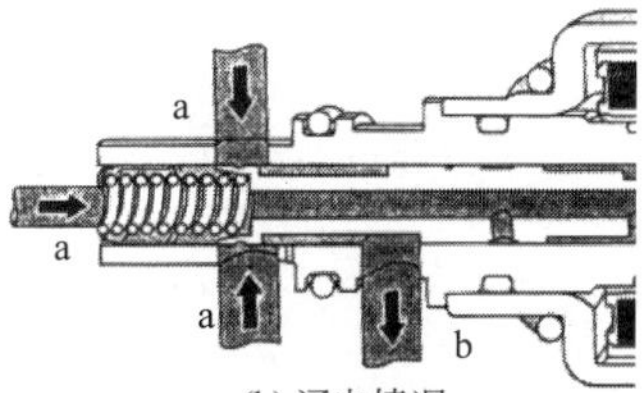 (b) 通电情况 a—初级输油泵来的燃油； b—输往高压泵的燃油
不通电	如图(a)所示，当容积流量调节阀线圈没有通电时，在弹簧力的作用下，活塞切断了两条通路之间的连接→流向高压泵的燃油流动通路被断开
通电	如图(b)所示，当容积流量调节阀线圈受 ECU 的控制通电时，衔铁在电磁吸力的作用下，克服弹簧力使活塞被推动→接通了两条通路之间的连接。由于衔铁的电磁力和通电电流成正比→两条通路之间开启的流通截面也和电流成正比(比例电磁换向阀)

c. PCV 的外形结构与工作情况见表 4-92。

表 4-92　PCV 的外形结构与工作情况

项目	具体说明
外形结构	右图所示为高压调节阀的外形结构示意图，该阀采用法兰直接固定在共轨管上，用于调节共轨泵高压出口处(也就是共轨管中)的燃油压力 另外，高压调节阀还能够抑制共轨泵输送燃油时和喷油过程中所产生的燃油压力波动现象。高压调节阀受发动机 ECU 的控制，故可以保证发动机各种运行工况均有一个最佳的共轨压力。具体工作情况如下 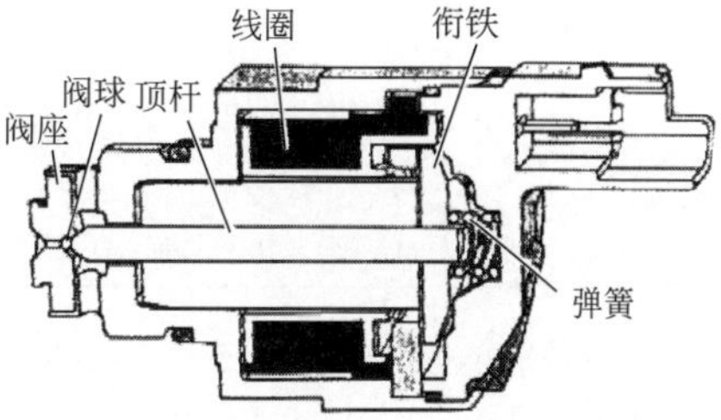

续表

项目	具体说明
工作情况	如图(a)所示，当发动机ECU没有控制信号输出，高压调节阀没有通电时，该阀中的阀球仅受弹簧力的作用，故仅能够维持较低的燃油压力 如图(b)所示，当高压调节阀受发动机ECU输出信号的控制通电时，该阀线圈通电产生的电磁力吸动衔铁，把电磁力经推杆传给阀球。衔铁的吸力，也就是阀球上的压力与线圈中的电流成正比(比例电磁换向阀) (a)断电状态 (b)通电状态

④ 共轨管与高压油管、高压传感器。其均属于高压部分的零件，后两者分别安装在共轨管的不同位置上。

a. 共轨管与高压油管的具体情况见表4-93。

表4-93 共轨管与高压油管的具体情况

项目	具体说明	
共轨管与高压油管示意图	右图所示为共轨管与高压油管的结构示意图。共轨管相当于高压燃油的储存器，供给喷油器在所有运转工况下所需要的燃油量	接到喷油器的高压油管 接到共轨燃油泵的高压油管
特点	利用共轨管的这种高压储存功能，可以抑制喷油过程中产生的燃油压力波动现象。共轨管中的燃油压力由安装在共轨管上的高压传感器进行检测，并反馈给ECU，以实现闭环控制，保证燃油压力的稳定	

b. 高压传感器结构、作用与原理见表4-94。

表4-94 高压传感器结构、作用与原理

项目	具体说明	
结构与作用	右图所示为高压传感器外形结构示意图。该传感器直接安装在共轨管上，且采用软钢圆形垫片密封，用于检测共轨管中的燃油压力，并将其转换为电压信号后提供给发动机ECU，ECU会根据该信号，利用预先存储的特性曲线来计算喷油器的开启持续时间，并借助于高压调节阀来对高压进行调整	插头 橡胶密封垫 接触电桥 带计量电子电路的印制电路板 接触电桥 磷化金属导线 钢膜上的传感元件 高压油道
原理	高压传感器中的钢膜随着共轨管中燃油压力的高低发生相应的变形，其传感元件的电阻值也随之变化。这种电阻值的变化被电子电路计算并转换为电压信号后提供给发动机ECU	

⑤ 发动机ECU是整个柴油机柴油喷射电子控制系统的核心，其内部压电驱动器用来驱动喷油器。

a. 电控系统的组成特点见表4-95。

表 4-95　电控系统的组成特点

项目	具体说明	
系统组成示意图	右图所示为 PCR-2 型压电控制高压共轨式柴油喷射电控系统基本构成示意图。与其他电控系统一样，该电控系统也是由三大部分构成，即信号输入部分、发动机电控单元（ECU）部分与执行器部分。电路中凡是箭头朝向发动机电控单元（ECU）方框部分的均为信号输入部分，凡是从发动机电控单元（ECU）部分出发箭头朝外指向的元件，就为执行器；双向箭头表示输入与输出信号可以相互交换，如诊断接口、CAN 总线	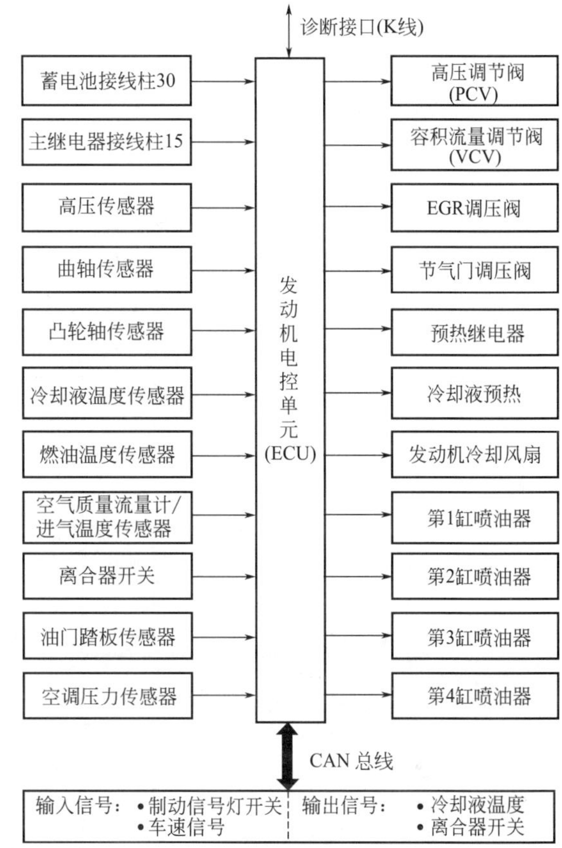 诊断接口(K线) 蓄电池接线柱30 主继电器接线柱15 高压传感器 曲轴传感器 凸轮轴传感器 冷却液温度传感器 燃油温度传感器 空气质量流量计/进气温度传感器 离合器开关 油门踏板传感器 空调压力传感器 发动机电控单元(ECU) 高压调节阀(PCV) 容积流量调节阀(VCV) EGR调压阀 节气门调压阀 预热继电器 冷却液预热 发动机冷却风扇 第1缸喷油器 第2缸喷油器 第3缸喷油器 第4缸喷油器 CAN 总线 输入信号：•制动信号灯开关 •车速信号 输出信号：•冷却液温度 •离合器开关
控制关系	ECU 用于检测调节发动机全部工作情况，并根据驾驶员的操作情况以及车辆的运行数据（如发动机转速、行驶速度、冷却液温度、进气空气质量等）计算出发动机运转所需要输出的数据（如喷油量等）。发动机 ECU 还通过 CAN 总线和其他 ECU（如 ABS、ASR、ESP 等）进行数据交换	

b. 电控系统功能方框图见表 4-96。

表 4-96　电控系统功能方框图

项目	具体说明
系统功能方框示意图	
示意图说明	发动机与汽车行驶所需要的功能块以及调整实时应用数据组都集成在 ECU 中。西门子压电共轨喷油系统的软件是以转矩控制方式为基础的，并主要由上图所示的功能框图中的模块组合而成。此外，用户专用的功能块及其软件也可以集成在 ECU 中

4.11 博世压电控制高压共轨式柴油喷射系统

博世压电控制高压共轨式柴油喷射系统为德国博世公司研制、开发的第三代汽车柴油发动机电控喷射系统。

(1) 系统组成及其特点

博世压电控制高压共轨式柴油喷射系统的燃油压力可达160MPa，对喷油器的控制采用了压电方式。

① 博世压电控制高压共轨式柴油喷射系统的基本组成见表4-97。

表4-97 博世压电控制高压共轨式柴油喷射系统的基本组成

项目	具体说明
博世压电控制高压共轨式柴油喷射系统基本组成示意图	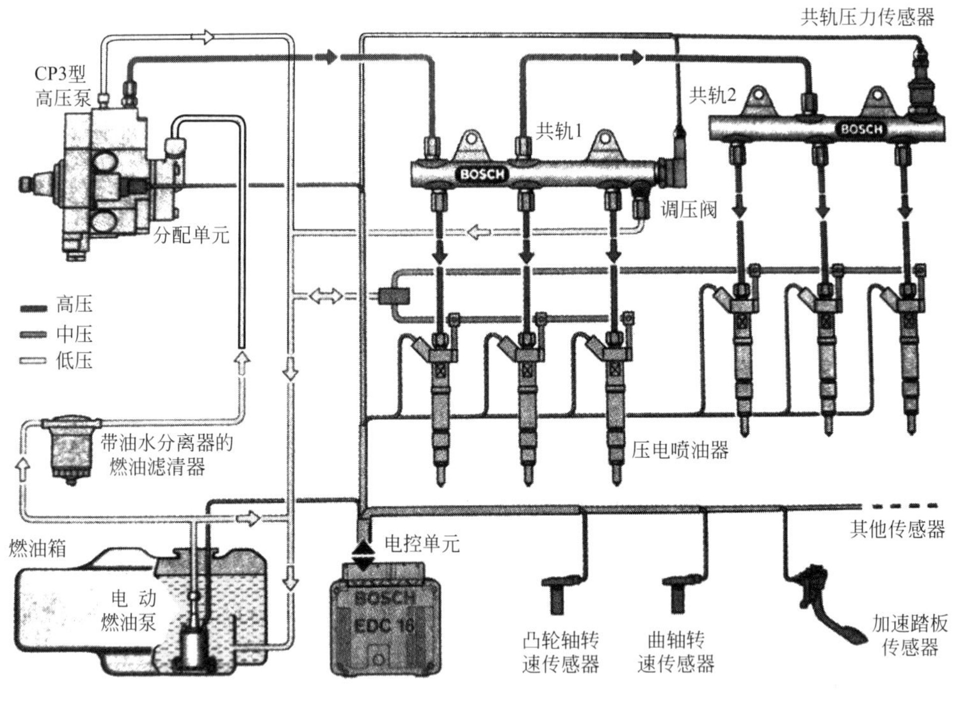
低压油路	低压电动燃油泵把燃油输送给具有泵油量调节功能的高压油泵，其中的分配单元将进入的燃油分成两路：一路提供给泵油元件；另一路用于冷却传动机构、润滑轴承。高压油泵把燃油压缩到最高压力(160MPa)，并将其提供给共轨。安装在共轨上的共轨压力传感器实时地采集燃油压力，并通过集成在高压油泵上的分配单元进行燃油压力调节，而安装在共轨上的压力调节阀则用于在汽车加速行驶时快速泄压
高压油路	高压燃油经共轨通往压电喷油器，该喷油器由ECU根据运行工况来进行控制，能够精确地对喷油始点与喷油持续期进行调节，并可柔性控制喷油规律形状(喷油相位、喷油次数与喷油量)

② 博世压电控制高压共轨式柴油喷射系统的基本特点见表4-98。

表 4-98 博世压电控制高压共轨式柴油喷射系统的基本特点

项目	具体说明
喷油器开闭更迅速	博世压电控制高压共轨式柴油喷射系统最显著的特点是集成在喷油器体内的压电执行器能够使喷油器比高速电磁阀控制的喷油器更迅速地开闭
能够降低柴油机排放	与迄今为止最好的高速电磁阀控制的喷油器系统相比，同在 160MPa 系统压力下，压电喷油器能够降低柴油机排放有害物高达约 20%，而且其新颖的调节功能有助于提高喷油量的计量精度，甚至用在重型汽车上不采用排气后处理装置也能够满足欧Ⅳ废气排放标准，同时还能提高功率 5%，或降低油耗 3%左右

(2) 系统主要部件

博世压电控制高压共轨式柴油喷射系统具有每循环可多次喷射功能，故其主要部件在结构上也进行了不少的创新。

① 高压泵与共轨总成情况介绍见表 4-99。

表 4-99 高压泵与共轨总成情况介绍

项目	具体说明
高压泵	右图所示为高压油泵外形示意图，其型号为 CP3. X，是一种泵油量可调高压径向式柱塞泵，它有三个柱塞与安装在钢壳体中的多边凸轮轴。当油泵转速达到 4000r/min 时，能够提供高达 160MPa 喷油压力。通过向共轨精确地提供燃油来调节共轨压力，以便维持系统喷油压力，由此可减少被压缩为高压的燃油量，油泵所消耗的功率也会减少
共轨总成	如右图所示，为了对共轨燃油的压力进行调整，在共轨两端轴向分别安装了最新一代的压力传感器与调压阀。电磁式调压阀由供电电流的占空比来进行控制，通过优化电磁回路和减小磁滞回线能迅速和精确地调整共轨压力，由此就可以在各种不同体积流量下保持共轨压力稳定。共轨容积是经过合理计算与实际试验得到的，以保证其能够满足最佳工作状态的需要 低压燃油接头 高压燃油接头 BOSCH 共轨调压阀 共轨压力传感器

② 喷油器的基本结构及其特点见表 4-100。

表 4-100 喷油器的基本结构及其特点

项目	具体说明
喷油器的结构	右图所示为压电控制式喷油器的结构示意图，该喷油器与其他喷油器最大的不同是其内部设置了压电执行器模块，该模块由一种采用多层技术的 PZT(PieZoelectric Transition)压电跃变陶瓷组成，这种陶瓷材料是一种铅-锆-钛混合物，而在烧结工艺过程中插入的电极则由银-钯合金制成 喷嘴针阀 液压接杆 高压油道 电接头 控制模块 压电执行器模块 回油接头
喷油器的特点	和电磁阀式喷油器相比，压电控制式喷油器具有响应速度特别快的特点，是一种机电一体化式结合非常紧密的喷油器件，它就好像是一个多层陶瓷电容器，只要一通电就会立即充电，在 0.1ms 内就会发生晶格变形，变化非常快。如果将其与电磁阀式喷油器性能进行比较，则压电执行器具有以下几个方面的特点：压电执行器实际上没有滞后时间；开关非常迅速而精确；可重复性非常好；没有因结构方面存在的间隙误差；在使用寿命期内性能稳定

③ 喷油器的工作情况。博世压电控制高压共轨式柴油喷射系统使用的喷油器的工作情况可以从下面介绍的几个方面来进行说明。

a. 喷油器针阀运动路径及其特点见表 4-101。

表 4-101 喷油器针阀运动路径及其特点

项目	具体说明
针阀运动路径示意图	右图所示为压电喷油器的工作原理示意图。该喷油器的喷嘴针阀是由一个伺服阀来进行控制的，喷油量则由其控制持续期决定，而实现压电喷油器功能的主要零件为压电执行器、液压接杆、伺服阀与喷嘴
针阀运动路径特点	由于压电执行器集成在喷油器体内，故取消了电磁阀控制的喷油器中把喷嘴针阀运动传递到控制室的控制柱塞。和常规的电磁阀控制的喷油器相比，压电喷油器的液压传递路线从 152mm 缩短到 42mm，减少了约 2/3。最大的喷嘴针阀运动速度可达 1.3m/s，比其他喷油器高约 1 倍

b. 喷油器的喷嘴模块特点见表 4-102。

表 4-102 喷油器的喷嘴模块特点

项目	具体说明
喷油器喷嘴模块的特点	由于该喷油器要把很多功能的零件均集成在一块很小的空间内，故其喷嘴采用了模块方式，这就是喷嘴模块，该模块必须将喷嘴与阀块的各种不同的功能结合在一起，如右图所示，也就是说，喷嘴模块必须能够在三种不同的情况(启动位置、针阀开启、针阀关闭)下工作。由于压电喷油器没有从高压油路向低压油路泄漏的部位，故也提高了整个系统的液压效率，还能够实现很短的喷射间隔
示意图说明	在图(b)中，旁通油道关闭，以实现正常的喷油功能，而节流孔出油/进油；而在图(c)中，旁通油道打开，两个节流孔进油

④ ECU 内部功能及其压电执行器驱动级的结构见表 4-103。

表 4-103 ECU 内部功能及其压电执行器驱动级的结构

项目	具体说明
压电执行器驱动级的结构示意图	右图所示为博世压电控制高压共轨式柴油喷射系统 ECU 内部压电执行器驱动级的结构示意图。驱动级主要由带有直流/直流变压器和蓄能器的能量单元、带有变压器部件与驱动器集成电路的充放电单元、带有驱动器集成电路的气缸选择单元三部分构成。直流/直流变压器用于提供必需的高电压。为了节省能量，在放电过程中，压电执行器的能量被返回到蓄能器中，由此可使变压器的结构尺寸非常紧凑 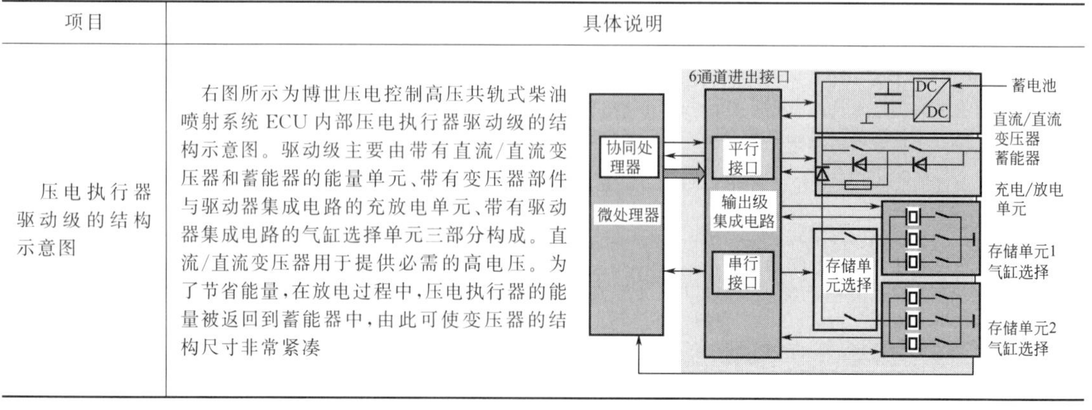

续表

项目	具体说明
ECU 内部内部功能	博世压电控制高压共轨式柴油喷射系统 ECU 内部用于控制与调节压电喷油器所需的所有软、硬件功能均属于新开发，并集成在发动机 ECU 上，模块式的软件设计采用了压电特有的功能取代了其他共轨系统的电磁阀功能

4.12 国产锡柴电控高压共轨式燃油喷射系统

为国产锡柴电控高压共轨式燃油喷射配套的电控系统生产商为德国博世和西门子 VDO、美国的德尔福、日本的电装公司。

(1) 系统基本组成

虽然锡柴电控高压共轨式燃油喷射式柴油机使用了多家电控系统，但控制的基本方式却大同小异。

① 锡柴电控高压共轨式燃油喷射系统基本组成与功能见表 4-104。

表 4-104 锡柴电控高压共轨式燃油喷射系统基本组成与功能

项目	具体说明	
组成	右图所示为锡柴电控高压共轨式燃油喷射系统基本组成示意图，主要由高压油泵、高压油管、高压油管、喷油器、ECU 以及各类传感器等组成。在该图中，也画出了柴油的流动路线，其中的黑色箭头表示低压柴油流动路线，空白箭头表示高压柴油流动的路线；发动机 ECU 或 EDU 黑色箭头朝外表示信号去各个执行器，黑色箭头朝向 ECU 或 EDU 表示来自各传感器或开关的信号	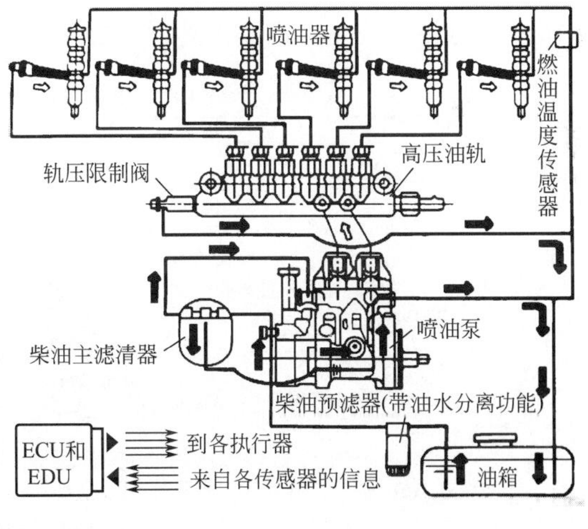
功能	锡柴电控高压共轨式燃油喷射系统可以对柴油机喷油止时、喷油量以及喷油压力等进行控制。高压油泵的驱动转矩通常仅相当于直列泵的 1/3～1/5	

② ECU 外形及其控制方式见表 4-105。

表 4-105 ECU 外形及其控制方式

项目	具体说明	
ECU 外形示意图	右图所示为锡柴电控高压共轨式燃油喷射 ECU 的外形示意图。ECU 的输入信号为加速踏板位置传感器、反馈信号传感器、燃油温度传感器，以及其他传感器和开关信号	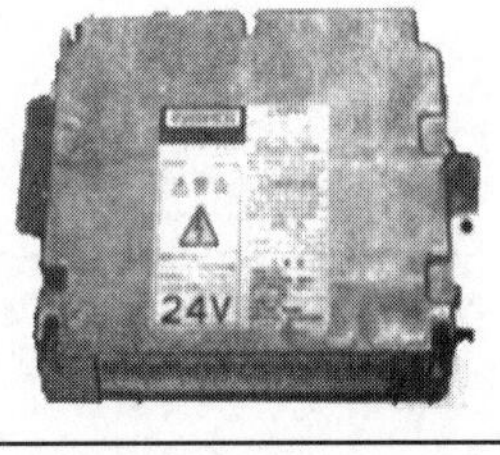
ECU 控制方式	ECU 根据各传感器输入的信号和内存程序，计算出喷油量和喷油开始时刻，然后向执行器输出控制其工作的指令。执行器根据 ECU 的控制信号，对柴油机的喷油量与喷油正时进行调节	

（2）几种电控高压共轨式燃油喷射系统

下面介绍的一汽锡柴的几种采用电控高压共轨式燃油喷射方式的柴油机均属于国Ⅳ标准的产品。

① 电装电控系统。在锡柴的柴油发动机中，使用电装电控系统的柴油机型号有CA6DL1-E4、CADL1-E4R、CA6DL2-E4R系列等。

a. 三种采用电装的柴油机电控高压共轨系统的组成见表4-106。

表4-106 三种采用电装的柴油机电控高压共轨系统的组成

发动机型号	CA6DL1-E4	CADL1-E4R、CA6DL2-E4R
组成示意图	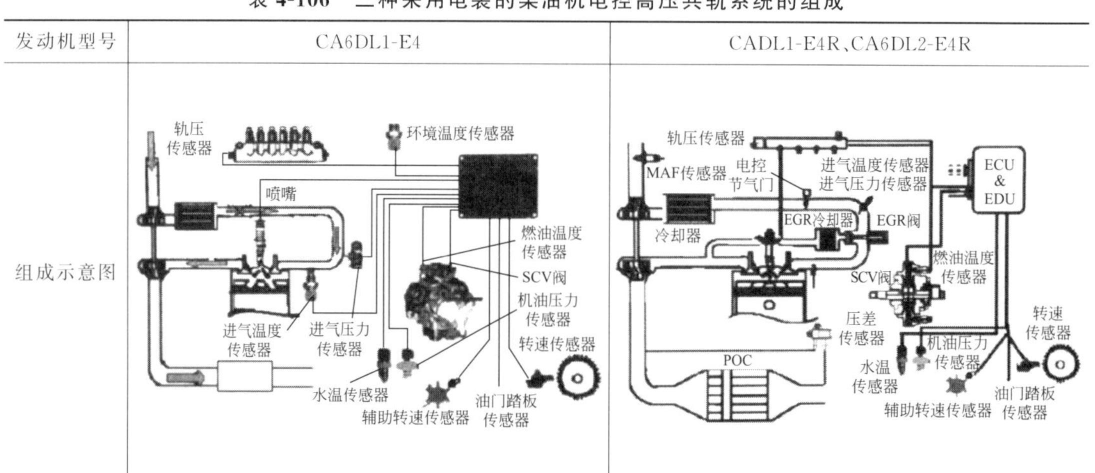	

b. 电装电控系统主要组成件外形见表4-107。

表4-107 电装电控系统主要组成件外形

项目	具体说明	
组成件外形	右图所示为CA6DL1-E4、CADL1-E4R、CA6DL2-E4R系列柴油机电控系统中使用的ECU与各种传感器的外形示意图	机油压力传感器、ECU、EGR阀、节气门、SCV阀、燃油温度传感器、车速传感器、进气压力传感器、辅助转速传感器、进气温度传感器、MAF传感器、水温传感器、轨压传感器、DPS传感器
环境温度传感器	环境温度传感器用于检测柴油机周围环境大气的温度，作为SCR后处理系统进行NO_x排放控制的基本参数	
节气门	节气门是EGR柴油机的重要部件，它是一个内部带闭环控制的智能执行蝶阀，用于调节节气门开度。在没有通电或出现故障时，节气门处于全开状态	
EGR阀	EGR阀安装在EGR冷却器下游，通过CAN总线与ECU相连，该阀属于双提升阀结构，可以满足大废气流量和大废气压差的运行情况。DPS传感器用于检测颗粒后处理器（POC）两端的压差	

c. ECU安装位置与主要性能参数见表4-108。

表 4-108 ECU 安装位置与主要性能参数

项目	具体说明	
ECU 安装位置示意图	上述这三个系列柴油机的 ECU 在柴油机上的安装位置如右图所示。ECU 安装在柴油机的机体上，为了防水，采用尘密设计，防水等级为 IP6K9K	ECU
主要性能参数	ECU 的主要性能参数：使用电压范围为直流 16～32V；额定电压为直流 24V；使用温度范围为－30～＋120℃；储存温度范围为－40～＋125℃	

② 博世 EDC17CV44 电控系统。在锡柴的柴油发动机中，使用博世 EDC17CV44 电控系统的柴油机型号有 CA6DL2-E4。表 4-109 列出了该柴油机电控高压共轨系统的组成。

表 4-109 采用博世 EDC17CV44 的柴油机电控高压共轨系统的组成

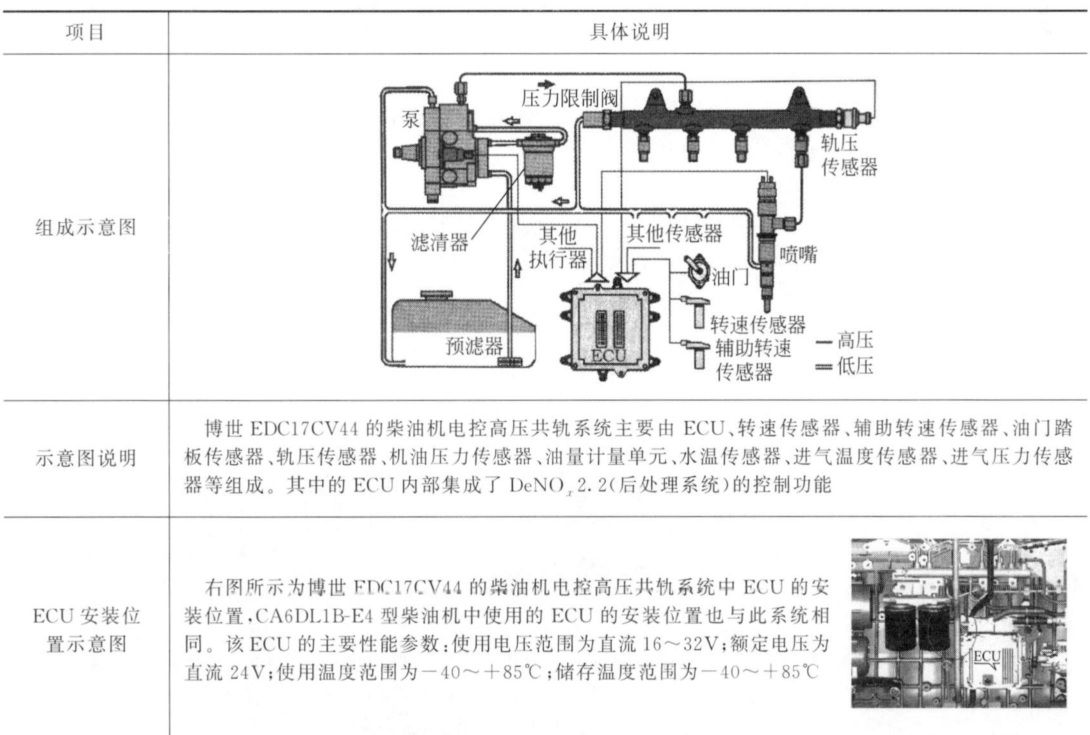

项目	具体说明
组成示意图	
示意图说明	博世 EDC17CV44 的柴油机电控高压共轨系统主要由 ECU、转速传感器、辅助转速传感器、油门踏板传感器、轨压传感器、机油压力传感器、油量计量单元、水温传感器、进气温度传感器、进气压力传感器等组成。其中的 ECU 内部集成了 $DeNO_x$ 2.2(后处理系统)的控制功能
ECU 安装位置示意图	右图所示为博世 EDC17CV44 的柴油机电控高压共轨系统中 ECU 的安装位置，CA6DL1B-E4 型柴油机中使用的 ECU 的安装位置也与此系统相同。该 ECU 的主要性能参数：使用电压范围为直流 16～32V；额定电压为直流 24V；使用温度范围为－40～＋85℃；储存温度范围为－40～＋85℃

4.13 国产潍柴共轨式燃油喷射系统

潍柴柴油机高压共轨式燃油喷射系统主要由燃油喷射系统与电子控制系统两部分构成。

(1) 系统组成特点

潍柴生产的电控高压共轨式燃油喷射柴油机多采用 BOSCH 公司生产的高压共轨电控系统。表 4-110 中列出了国产潍柴共轨式燃油喷射系统的组成特点。

表 4-110 国产潍柴共轨式燃油喷射系统的组成特点

项目	具体说明	
组成	右图所示为潍柴生产的电控高压共轨式燃油喷射柴油机燃油喷射系统的组成示意图，其主要由低压油路、高压油路、回油油路几个部分组成	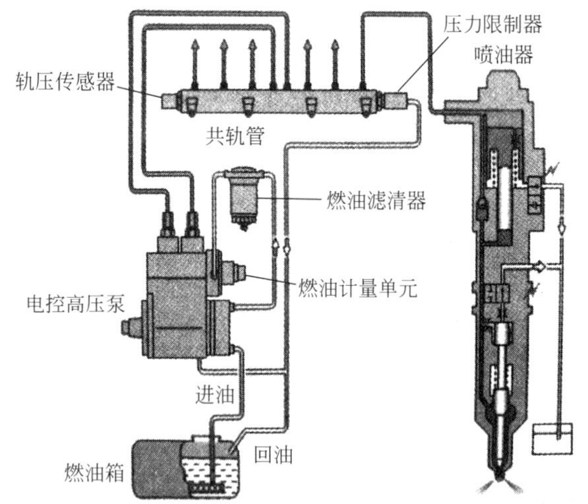 压力限制器 喷油器 轨压传感器 共轨管 燃油滤清器 燃油计量单元 电控高压泵 进油 回油 燃油箱
特点	燃油喷射系统最大的特点是把喷射压力的产生与喷射过程完全分开。由高压油泵将高压燃油输送到共轨管，不再采用传统的柱塞泵脉动供油的原理，而是通过共轨管直接或间接地形成恒定的高压燃油，分送到每个喷油器，并借助于集成在每个喷油器上的高速电磁阀的开启与闭合，定时、定量地控制喷油器喷射到柴油机燃烧室的油量，从而保证柴油机达到最佳的燃油比和良好的雾化，以及最佳的着火时间	

(2) 潍柴德龙 WP 系列柴油机共轨式燃油喷射系统

潍柴德龙 WP 系列柴油机常见的主要有 WP10 与 WP12 两大系列，它们均可以满足国Ⅲ排放标准。

① WP 系列柴油机共轨式燃油喷射系统组成。从使用的情况来看，潍柴德龙 WP 系列柴油机使用的电控高压共轨式燃油喷射系统可以与多种大、中、小型的柴油机相匹配。

a. WP 系列柴油机共轨式燃油喷射系统的基本组成见表 4-111。

表 4-111 WP 系列柴油机共轨式燃油喷射系统的基本组成

项目	具体说明
WP 系列柴油机共轨式燃油喷射系统组成示意图	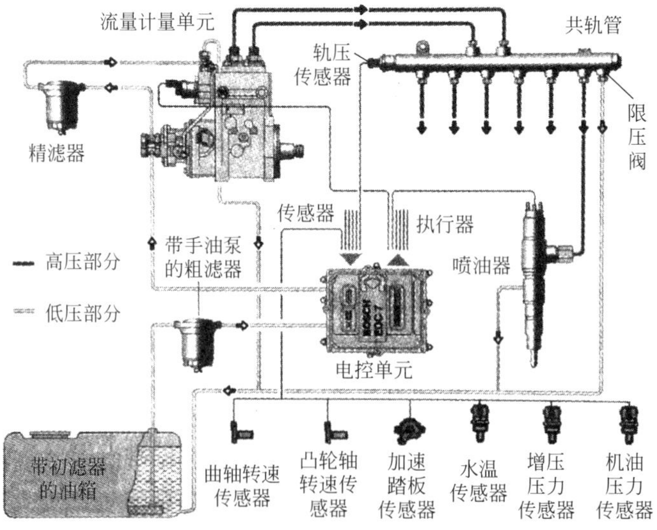 流量计量单元 共轨管 轨压传感器 限压阀 精滤器 传感器 执行器 带手油泵的粗滤器 高压部分 低压部分 喷油器 电控单元 带初滤器的油箱 曲轴转速传感器 凸轮轴转速传感器 加速踏板传感器 水温传感器 增压压力传感器 机油压力传感器
示意图说明	潍柴德龙 WP 系列柴油机使用的电控高压共轨式燃油喷射系统主要由高压油泵、共轨管、各种传感器、各种执行器、电控单元(ECU)、喷油器、柴油滤清器、低压油管、高压油管、调压器、燃油箱、线束等组成

b. 粗滤器、ECU与高压油泵外形示意图见表4-112。

表4-112 粗滤器、ECU与高压油泵外形示意图

项目	具体说明
粗滤器、ECU与高压油泵外形示意图	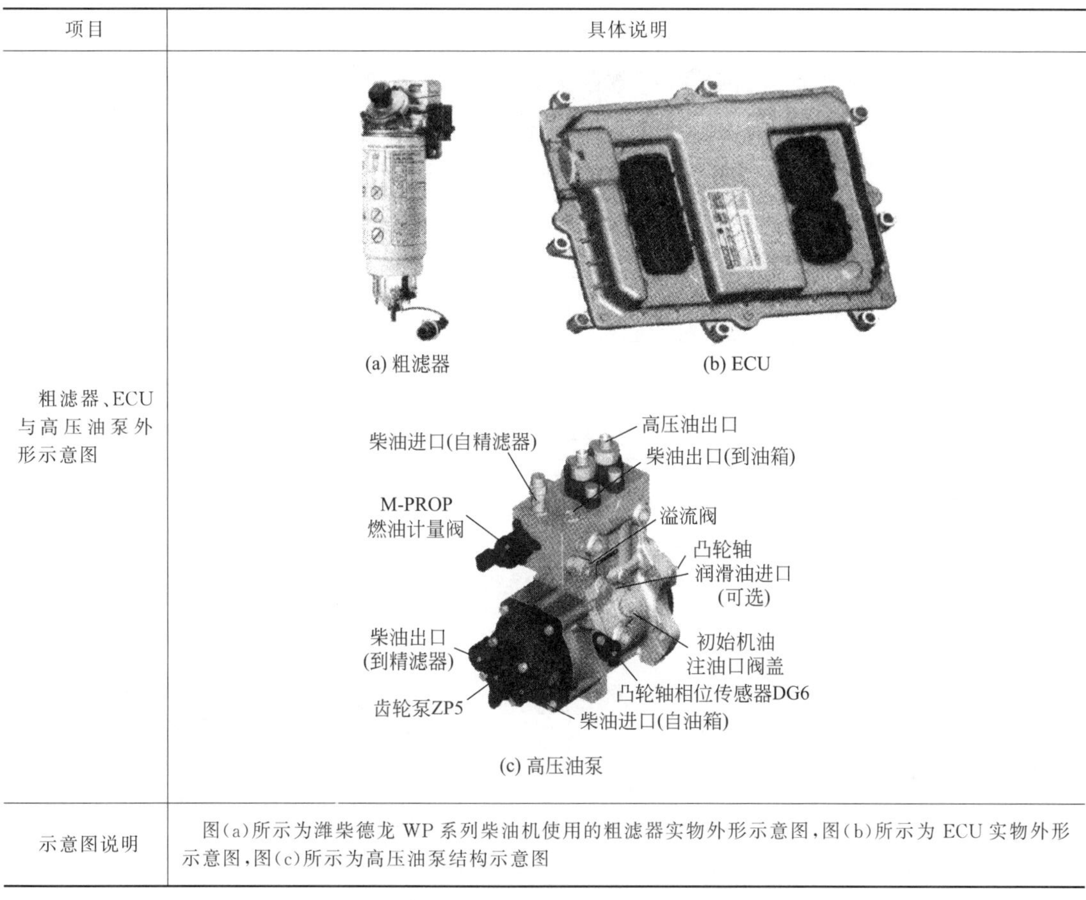 (a) 粗滤器 (b) ECU (c) 高压油泵
示意图说明	图(a)所示为潍柴德龙WP系列柴油机使用的粗滤器实物外形示意图，图(b)所示为ECU实物外形示意图，图(c)所示为高压油泵结构示意图

② WP系列柴油机共轨式燃油喷射系统的基本原理见表4-113。

表4-113 WP系列柴油机共轨式燃油喷射系统的基本原理

项目	具体说明
低压部分	燃油从油箱吸入带手油泵的粗滤器[见表4-112中图(a)]→发动机电控单元ECU[见表4-112中图(b)]→高压油泵[见表4-112中图(c)]，经过高压油泵前端的齿轮泵加压后，输入到发动机自带的燃油精滤器，然后再次进入高压油泵
高压部分	高压油泵用于把燃油加压到160MPa后，经两路燃油管输送到高压共轨管(见右图)，高压油泵上另一路的回油管用于把系统中多余的燃油输送到回油管路中。燃油以高压状态储存在高压共轨管中，通过6根输油管给喷油器提供压力稳定的燃油。高压共轨管的另一端安装了一只限压阀，用于把超过工作条件的燃油输送到回油管中

③ 元件位置与ECU连接情况。国产潍柴德龙WP系列柴油机共轨式燃油喷射系统中元件的位置与ECU的连接情况如下。

a. 共轨式燃油喷射系统中元件的位置见表 4-114。

表 4-114 共轨式燃油喷射系统中元件的位置

项目	具体说明
元件位置示意图	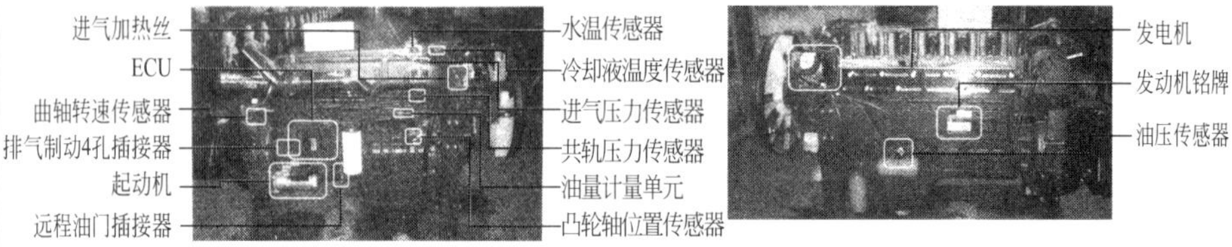 进气加热丝 ECU 曲轴转速传感器 排气制动4孔插接器 起动机 远程油门插接器 水温传感器 冷却液温度传感器 进气压力传感器 共轨压力传感器 油量计量单元 凸轮轴位置传感器 发电机 发动机铭牌 油压传感器
示意图说明	上图所示为潍柴德龙 WP10 系列柴油发动机上主要电气元件所在的位置示意图。其他 WP 系列型号的柴油发动机所使用的传感器与此基本相同，仅安装位置上略有差别

b. ECU 外形和连接情况示意图及其说明见表 4-115。

表 4-115 ECU 外形和连接情况示意图及其说明

项目	具体说明	
ECU 外形和连接情况示意图	WP 系列柴油机 ECU 为德国 BOSCH 公司的产品，其外形以及插接件端子连接的线束情况如右图所示	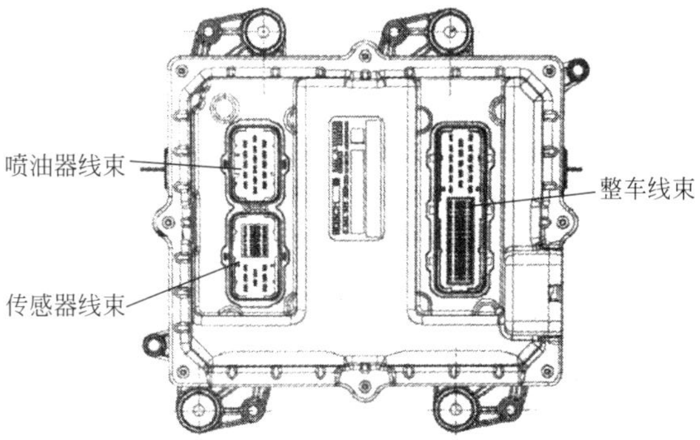 喷油器线束 整车线束 传感器线束
示意图说明	ECU 是控制系统的核心，用于对来自发动机上传感器的信号和储存的参数值进行比较、计算，确定最佳运行参数；执行器按照最佳参数对喷油压力、喷油量、喷油时间、喷油规律等进行控制，驱动喷油系统，使柴油机工作状态达到最佳	

c. ECU 线束接口示意图及其说明见表 4-116。

表 4-116 ECU 线束接口示意图及其说明

项目	具体说明
ECU 线束接口示意图	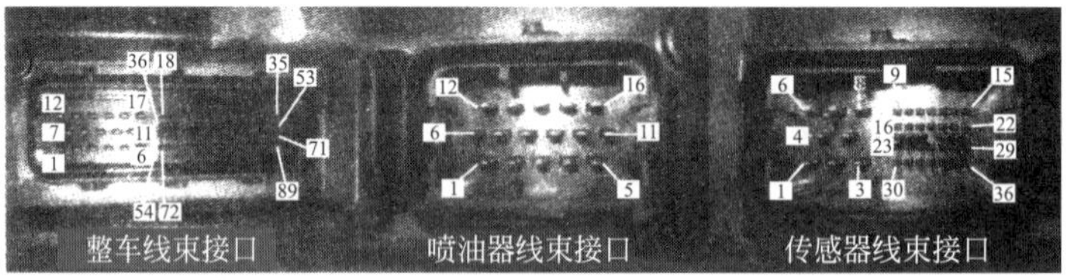 36 18 35 53 12 17 7 11 71 1 6 89 54 72 整车线束接口 12 16 6 11 1 5 喷油器线束接口 6 9 15 8 4 16 22 23 29 1 3 30 36 传感器线束接口
ECU 线束说明	ECU 上 3 个插槽所对应线束分别为发动机传感器线束、喷油器线束与整车线束。其中传感器、喷油器线束在发动机出厂时就已经安装好，传感器线束用于把发动机上 6 个传感器信号以及与整车相关的 V4 线束传输来的信号输入到 ECU 中。V4 主要包括排气制动开关、排气制动电磁阀、空调压缩机继电器以及 ECU 输出的电源信号。喷油器线束主要包括 6 个缸对应的 6 个喷油器以及控制高压油泵的流量计量单元

④ 电控系统的特点与喷油器的结构。国产潍柴德龙 WP 系列柴油机共轨式燃油喷射系统使用的喷油器属于电控方式，电控系统的特点与喷油器的结构见表 4-117。

表 4-117　电控系统的特点与喷油器的结构

项目	具体说明	
电控系统特点	国产潍柴德龙 WP 系列柴油机共轨式燃油喷射电控系统主要由传感器、ECU 与执行器三个部分组成。用于对喷油系统进行电子控制，以实现对喷油量、喷油正时随运行工况的实时控制。采用转速、温度、压力等传感器，将实时监测的参数同步输入发动机上的 ECU，与预先存储的参数值进行比较，经过处理计算按照最佳值对喷油泵、喷油器、预热塞等执行器进行控制，驱动喷油系统，使柴油机运行状态始终处于最佳状态	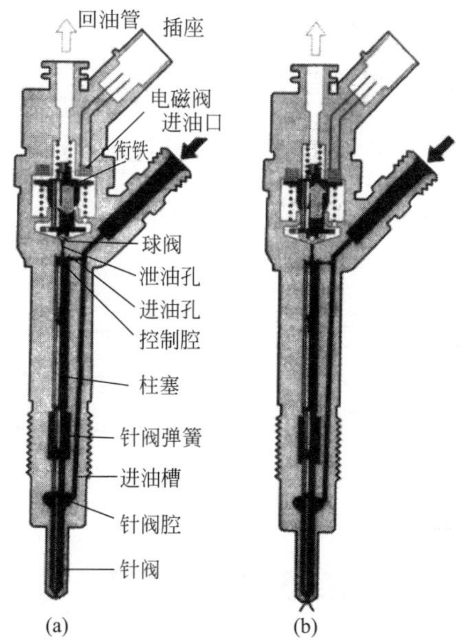 回油管 插座 电磁阀 进油口 衔铁 球阀 泄油孔 进油孔 控制腔 柱塞 针阀弹簧 进油槽 针阀腔 针阀 (a)　(b)
喷油器的结构	右图所示为电控喷油器结构示意图。燃油输入到喷油器后，喷油器内部安装有受 ECU 控制的电磁阀，ECU 根据输入的发动机上各传感器以及整车电控元件的信号，再经过 ECU 内部软件程序的计算、分析、处理后，输出的控制信号控制喷油器内部电磁阀喷射的开始与终止时间，电磁阀起作用的时刻决定喷油正时，起作用的持续时间和共轨压力决定喷油量，从而达到控制燃油的目的	

第5章 柴油发动机排气净化与SCR控制技术

为了控制环境污染源，现在制定的机动车排放标准，对柴油机提出了更为苛刻的废气排放和节能要求，为了满足这种要求，各主要柴油机生产厂家在排气净化上也进行了相应的技术改造，采用了一些先进的排放控制技术。本章主要介绍这方面的内容。

5.1 柴油发动机排气净化与 SCR 控制技术概述

排气净化就是利用一切方法和手段使机动车排出的尾气中，对人类及其生存环境造成伤害的废气越少越好。 SCR 是英文 Selective Catalytic Reduction 首字母，其含义为选择性催化还原器。这是当今控制机动车尾气排放最先进的技术之一。

(1) 柴油发动机排放的主要污染物的产生情况

了解柴油发动机排放的主要污染物的产生情况，是为了更好地控制它，表 5-1 列出了柴油发动机排放的主要污染物的产生情况及其控制措施。

表 5-1 柴油发动机排放的主要污染物的产生情况及其控制措施

项目	具体说明
主要污染物的产生情况	柴油发动机燃烧的柴油主要成分为碳氢化合物，完全燃烧后的柴油仅产生 CO_2 与 H_2O。不过，由于可燃混合气是在燃烧前和燃烧中的极短时间内形成的，形成的混合气往往是不均匀的，在高温和氧气丰富的环境中极易形成氮氧化物(NO_x)，而在高温缺氧的环境下燃油还容易发生裂解、脱氧，进而出现不完全燃烧现象而生成一氧化碳(CO)与碳烟粒子，在低温及混合气过稀的情况下，也容易生成没有燃烧的碳氢化物(HC)。另外，燃油中所含的硫还会使柴油发动机在燃烧过程中产生二氧化硫(SO_2)和三氧化硫(SO_3)。其中碳烟排放量较大，约为汽油发动机的 20 倍，这也是柴油发动机排放中需要重点控制的对象之一
排放对比	由于柴油发动机与汽油发动机燃烧的燃料不同，故两者产生的污染物也不一样，柴油发动机与汽油发动机燃烧排放的污染物对比情况见表 5-2，供参考

表 5-2 柴油发动机与汽油发动机燃烧排放的污染物对比情况

污染物成分	柴油机	汽油机	污染物成分	柴油机	汽油机
CO	<0.2%	0.5%～2.5%	SO_2	<0.02%	0.08%
HC	<0.1%	0.2%～0.5%	碳烟	<0.025g/m³	0.005～0.05g/m³
NO_x	<0.25%	0.25%～0.5%	铅	没有	有

(2) 控制柴油排放物的难点与国标排放控制的基本要求

为了环境保护的需要，近年来我国相继推出了多项控制车辆排放的标准，表5-3列出了控制柴油排放物的难点与国标排放控制的基本要求。

表5-3 控制柴油排放物的难点与国标排放控制的基本要求

项目	具体说明
控制柴油排放物的难点	柴油发动机的排放污染物成分很多，根据技术控制标准需要控制的污染物有颗粒(PM)、氮氧化物(NO_x)、一氧化碳(CO)和碳氢化物(HC)共4种。通常柴油发动机的CO和HC排放控制较为容易，但PM与NO_x排放较难控制，而且PM排放与NO_x排放、NO_x排放与燃油经济性之间又相互矛盾。因此，降低NO_x与PM的排放、降低燃油消耗是柴油发动机开发的重点
国标排放控制的基本要求	国标GB 17691—2005《车用压燃式、气体燃料点燃式发动机与汽车排气污染物排放限制及测量方法(中国的Ⅲ、Ⅳ、Ⅴ阶段)》，对发动机排气污染物限值提出了明确的要求。稳态循环试验ESC和负荷烟度ELR试验值见表5-4

表5-4 ESC和ELR试验限值

阶段	CO/(g/kW·h)	HC/(g/kW·h)	NO_x/(g/kW·h)	PM/(g/kW·h)	烟度/m^{-1}
Ⅲ	2.1	0.66	5.0	0.10	0.8
Ⅳ	1.5	0.46	3.5	0.02	0.5
Ⅴ	1.5	0.46	2.0	0.02	0.5

由表5-4可以看出，国Ⅳ标准要求在国Ⅲ限值的基础上，氮氧化物（NO_x）进一步降低30%，颗粒（PM）降低80%，一氧化碳（CO）和碳氢化物（HC）及烟度也有一定程度的降低。

(3) 柴油发动机排放的主要污染物的控制措施

对柴油发动机排放物的控制重点为固体颗粒碳烟和NO_x，其次为HC。不过，由于NO_x和颗粒之间相互关联，也就是在一方改善的同时，另一方则会恶化，这对控制柴油发动机的排放造成了一定的难度。减少柴油发动机排放污染物的控制措施常见有表5-5所列的几种。

表5-5 柴油发动机排放的主要污染物的控制措施

项目	具体说明
采用废气涡轮增压器增压	采用废气涡轮增压的柴油机，可以使除NO_x外的所有排放物均减少，如果在废气增压器系统中再设置中冷器，则既可以减少排放污染，又能够提高柴油机的性能
采用分隔式燃烧室	分隔式燃烧室在结构上是采用主、副燃烧室分别设置的，而副燃烧室中的混合气浓度大，温度峰值低，使NO_x的生成较为困难；而主燃烧室中的空气量多，而且此时活塞已经下移，最高温度低，这对NO_x的生成也极为不利。同时，由于采用了分级燃烧方式，空气得到了充分的利用，故也使HC、CO排放大大减少
减少喷油提前角	虽然减少喷油提前角后，最高燃烧温度随之下降会减少NO_x的排放，但这会引起碳烟增加和发动机功率下降。故采用这种方法时，一定要对各个方面综合起来进行考虑
设置碳烟净化装置	设置碳烟净化装置后，废气在通过蒸发器的水层时，水吸收热而蒸发，经过冷凝管，形成以碳粒为核心的水滴，最后被过滤器滤除，而水滴又经回流管流回蒸发器。这种控制污染物的措施虽好，但增加了碳烟净化装置，必须定期对其进行加水和清洗过滤器

续表

项目	具体说明
采用进气管喷水或柴油掺水方式	由于水分蒸发会吸收热量，柴油掺水降低了混合气中柴油的含量，从而降低了燃烧温度，由此可使生成的 NO_x 减少。虽然加少量水不会对发动机的功率产生严重影响，但加水容易形成腐蚀性物质，这也是这种方法的不足之处
采用 SCR 技术	由于各国对汽车排放要求越来越高，而在燃烧方面，目前技术状况下能采用的技术措施多已采用，仅依靠系统的优化已无法满足更高要求，更多的是将其与机后净化措施 SCR 技术相结合，来满足更为苛刻的排放要求。SCR 技术可以大大降低 NO_x 的排放，这是内燃机排放控制领域的技术突破

5.2 废气再循环系统

废气再循环系统（EGR 系统），是一种用来控制排放的装置，作为降低 NO_x 的有效措施，它是将一部分废气引入进气管与新气混合后进入气缸燃烧，从而实现再循环。

(1) 基本原理

表 5-6 列出了废气再循环系统的基本原理、要求以及三元催化转换器的主要功能，供参考。

表 5-6 废气再循环系统的基本原理、要求以及三元催化转换器的主要功能

项目	具体说明
基本原理	废气再循环系统净化 NO_x 的基本原理是热容理论的具体应用。由于废气中的主要成分为 CO_2、H_2O 和 N_2 等，气体的比热容较高，当新气与废气混合后热容量随之增大。加热这种经过废气稀释后的混合气，温度每升高 1℃所需要的热量随之增加，在燃料燃烧放热量不变的情况下，最高燃烧温度可降低。同时废气对新气的稀释作用意味着降低了氧的浓度，从而可以使 NO_x 在燃烧过程中的生成受到抑制
要求	废气再循环对 NO_x 排放量的降低作用，无论对于汽油机还是柴油机，效果均较好。但随着废气回流率的增加，将会使燃烧速度减慢、燃烧稳定性变差，也会使 HC 排放量上升，以致功率下降、燃油消耗增大。因此，采用 EGR 系统时，必须对废气回流率进行适当控制
三元催化转换器功能	右图所示为三元催化转换器安装示意图。三元催化转换器是安装在汽车排气系统中最重要的机外净化装置。三元催化是指将汽车尾气排出的一氧化碳（CO）、碳氢化合物（HC）和氮氧化合物（NO_x）等有害气体通过氧化和还原作用转变成无害的二氧化碳（CO_2）、水（H_2O）和氮气（N_2）的一种处理方式。三元催化转换器的载体部分是一块多孔陶瓷材料，安装在特制的排气管当中。之所以称其为载体，是因为它本身并不参加催化反应，而是在上面覆盖着一层铂、钯、铑等贵重金属

(2) 类型与特点

废气再循环主要有内部废气再循环与外部废气再循环两大类，它们各自的特点见表 5-7。

表 5-7 发动机内部废气再循环与外部废气再循环的特点

项目	具体说明
内部废气再循环	右图所示为发动机的内部废气再循环的原理示意图。它是通过气门重叠角来实现的，具体情况如下所述 在进、排气行程中，由于进气门提前开启、排气门滞后关闭而存在进、排气门同时开启的现象，该现象即为气门重叠。进气门提前开启，用于增加空气进气量；而排气门滞后关闭，用于尽量排出气缸内的残余废气。通过合适的气门重叠角，就可以实现发动机内部的废气再循环 内部废气再循环可以有效地降低氮氧化合物（NO_x）的生成量。和外部废气再循环一样，氮氧化合物（NO_x）生成量的减少也是通过引入废气来降低燃烧温度的方法来实现的 在排气行程中，进气门与排气门同时开启，于是借助于进气歧管产生的较高真空度，燃烧室中一部分已经燃烧过的气体又被吸入到进气道，在下一个进气行程会被吸入燃烧室再次参加燃烧
外部废气再循环	如右图所示，外部废气再循环通过催化转化器上的一根连接管来抽取废气后，通过再循环阀导入发动机燃烧室内参加燃烧，用以降低最高燃烧温度，从而使氮氧化物（NO_x）的产生量得以减少 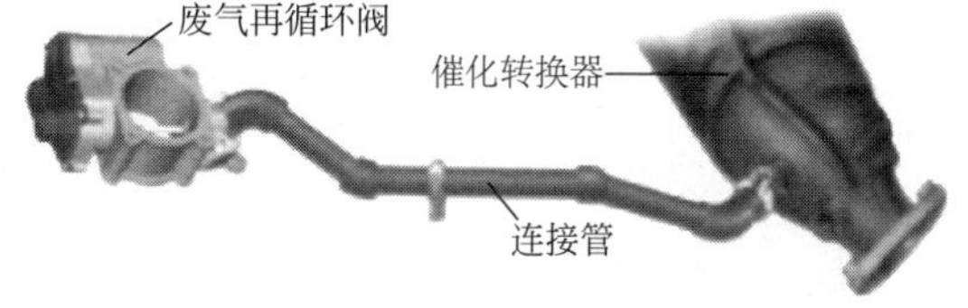

5.3 柴油发动机排气净化后处理系统

随着社会的发展，人们对环境的保护意识越来越高，对汽车发动机的品质提出了越来越高的要求，这也迫使各汽车生产厂家在尾气排放上不断地进行技术更新。

(1) 排放净化控制技术方案

上面已经说过，排放控制的难点主要是由于 PM 与 NO_x 两者具有互逆性，需兼顾两者进行排放控制。表 5-8 列出了排放净化控制技术的几种方案。

表 5-8 排放净化控制技术的几种方案

项目	具体说明
技术方案	目前，柴油发动机排放控制主要有三种技术方案：机前处理、机内净化、后处理。这三种技术方案的具体情况如下 机前处理主要是通过改善燃油品质，以便减少 PM 的排放 机内净化有优化燃烧室、改进进气系统以及采用电控高压喷射技术等，也就是采用先进的燃烧控制技术来实现发动机缸内清洁燃烧，其目的就是通过改善燃烧，来减少 NO_x 以及 PM 的生成 后处理是指利用各种过滤净化装置或催化转化器，对排气进行处理。该技术方案是用来提高排放国家标准等级的有效手段

续表

项目	具体说明
PM与NO_x产生特点	PM是一种复合物,主要有机油消耗产生的可溶挥发性有机颗粒物、燃油消耗产生的可溶有机颗粒物、硫酸盐、水及不可溶的有机颗粒物等成分。因此,控制PM排放的有效措施是采用高压喷射、控制机油消耗、选择品质好的燃油等 由于NO_x主要是在高温富氧情况下产生的,影响它的关键因素是燃烧温度。控制燃烧温度的方法有增压中冷技术,降低进气温度,降低压缩比,推迟喷油时间;采用废气再循环EGR来控制燃烧速度和温度,降低氧浓度等。减少NO_x排放的后处理装置主要由采用尿素溶液作为还原剂的SCR系统、被动型的$DeNO_x$(去氮氧化物)氧化催化器等

(2)排放后处理技术特点

排放后处理技术方案根据排放标准的要求不同而不一样，主要有SCR、EGR+DPF、SCR+DOC+DPF几种，现将其各自特点分述如下。

① 排放后处理技术方案选型与SCR、EGR+DPF特点见表5-9。

表5-9 排放后处理技术方案选型与SCR、EGR+DPF特点

项目	具体说明
排放后处理技术方案选型	排放后处理技术方案主要有SCR、EGR+DPF、SCR+DOC+DPF。其中,长途载货汽车一般采用SCR技术,短途运输或公交车一般采用EGR+DPF技术。对于长途货车来说,燃油经济性是最关键的因素。用户在考虑燃油成本后,一般选择添加尿素的SCR技术的柴油车,同时,柴油颗粒捕捉器必须经常清洁,对长途使用者来说这种维护困难并且无法保证。对于短途运输或公交车,燃油成本不再是关键因素,并且颗粒捕捉器也容易维护,所以使用者考虑EGR+DPF技术的柴油车
SCR特点	该技术路线是先通过机前处理、机内净化,降低PM,同时允许NO_x有一定程度的升高,升高的NO_x采用SCR系统催化还原,达到同时降低PM与NO_x的目的
EGR+DPF特点	EGR为废气再循环的英文缩写;DPF为英文Diesel Particulate Filter首字母,其含义为柴油颗粒过滤器。该技术路线是先通过废气再循环降低NO_x的排放,同时允许PM有一定程度的升高,升高的PM采用颗粒捕捉器DPF进行捕集,由此也可以实现同时降低PM与NO_x的目的

② SCR+DOC+DPF技术方案的特点见表5-10。

表5-10 SCR+DOC+DPF技术方案的特点

项目	具体说明
SCR+DOC+DPF技术方案示意图	SCR+DOC+DPF技术方案属于京V方案,如右图所示。柴油颗粒过滤器(DPF)又称颗粒捕捉器,它主要通过扩散、沉积和撞击机理来过滤捕捉柴油机排气中的微粒。排气流经捕捉器时,其中微粒被捕捉到过滤体的滤芯内,剩下的较清洁的排气排入大气中;DOC为英文Diesel Oxidation Catalysis首字母,其含义为颗粒物的氧化催化器,它是在蜂窝陶瓷载体上涂覆贵金属催化剂(如Pt/Pb等),其目的主要是降低活化能与提供反应物,具体情况见下面的介绍 EGR处理后的气体 DOC+DPF处理后的气体 EGR DOC DPF SCR
降低活化能	为了降低柴油机尾气中的HC、CO与SOF的化学反应活化能,使这些物质能与尾气中的氧气在较低的温度下进行氧化反应,并最终转化为CO_2与H_2O
提供反应物	用于把排气中的NO氧化成NO_2,为DPF被动再生提供足够的反应物,以实现较高DPF被动再生效率

③ DOC+DPF系统化学反应原理见表5-11。

表 5-11 DOC+DPF 系统化学反应原理

项目	具体说明
NO_2 的生成与 DPF 的捕集效率	当柴油发动机排气流过氧化催化器 DOC 时，在 200～600℃温度条件下，首先 CO 与 HC 几乎全部被氧化成 CO_2 与 H_2O，同时 NO 被转化为 NO_2；排气从 DOC 出来进入颗粒捕捉器 DPF 后，其中微粒被捕捉到过滤体的滤芯内，剩下较清洁的排气排入大气中，DPF 的捕捉效率可达 95%以上
NO_2 的氧化能力	NO_2 对被捕捉的颗粒具有很强的氧化能力，利用产生的 NO_2 作为氧化剂除去微粒捕捉器中的微粒并生成 CO_2，而 NO_2 又被还原为 NO，从而达到去除微粒的目的

(3) SCR 与 EGR+DPF 系统的工作情况

EGR 系统在电控汽油喷射发动机中也经常看到。EGR+DPF 组成的排气净化系统可同时降低 PM 与 NO_x。

① SCR 系统的工作情况。

a. SCR 系统的基本组成见表 5-12。

表 5-12 SCR 系统的基本组成

<table>
<tr><th>项目</th><th colspan="2">具体说明</th></tr>
<tr><td>基本组成示意图</td><td>右图所示为 SCR 系统的基本组成示意图，主要由催化器系统、尿素供应系统、尿素喷射与控制系统三部分共同组成。各个系统的具体情况如下</td><td rowspan="3">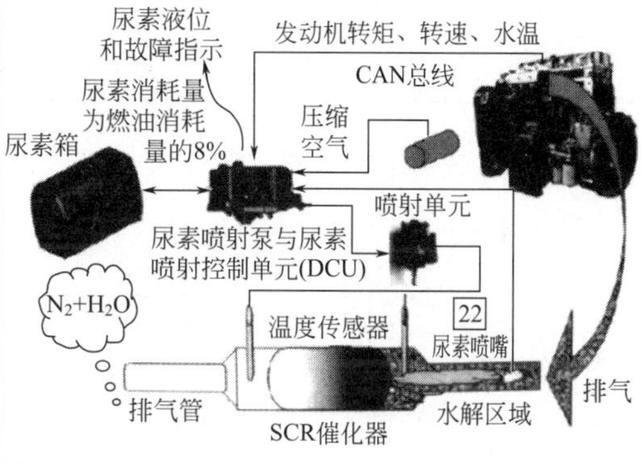
</td></tr>
<tr><td>催化器系统</td><td>催化器系统通常安装在排气管上，将一种化学物质涂敷在载体表面，在有氨气的情况下，可以把 NO_x 转化为无毒的物质</td></tr>
<tr><td>尿素供应系统</td><td>尿素供应系统把 32.5%的尿素水溶液存储在尿素罐内</td></tr>
<tr><td>尿素喷射与控制系统</td><td colspan="2">尿素喷射与控制系统要对尿素喷射量进行精确控制，以保证 NH_3 与 NO_x 有适当的比例。要使尿素喷射功能正常，必须满足以下条件：空气压力为 0.2～0.5MPa；尿素罐液位≥5%；EGP(尿素喷射泵)温度为 200℃；发动机冷却液温度≥70℃；尿素溶液温度为－7～40℃；海拔高度<1600m；发动机工作在排放区</td></tr>
</table>

b. SCR 系统的原理图与 DCU 原理示意图见表 5-13。

表 5-13 SCR 系统的原理图与 DCU 原理示意图

<table>
<tr><th>项目</th><th colspan="2">具体说明</th></tr>
<tr><td>原理图</td><td>右图所示为 SCR 系统原理图，其控制核心为后处理电控单元(DCU)，DCU 接收各种传感器送来的检测信号，经分析、处理后，输出控制指令信号给执行器。SCR 系统的工作原理是利用尿素在尾气管道中经过加热水解成氨气 NH_3，氨气和 NO_x 在催化剂的作用下，反应生成无毒的氮气 N_2 和水</td><td>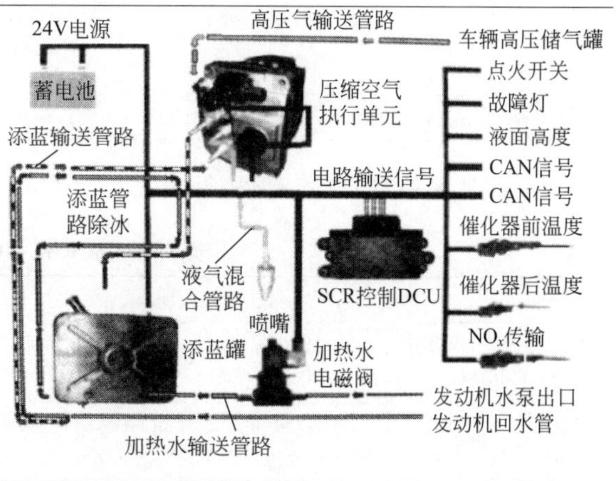
</td></tr>
</table>

续表

项目	具体说明
DCU原理示意图	右图所示为 SCR 后处理电控单元（DCU）的控制原理示意图。DCU 通过 CAN 总线与发动机电控单元（ECU）进行通信，以获取发动机运行状态数据，同时采集催化器前、后温度信号，根据预先存储在 DCU 中的各种脉谱信息，适时计算发动机实际工作情况下 SCR 系统的喷射量，从而使发动机排气中的 NO_x 被精确还原 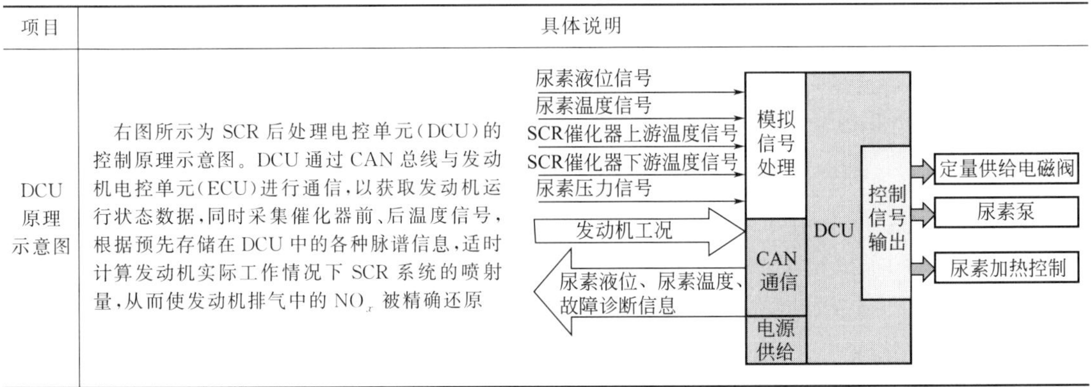

c. SCR 系统动作情况。SCR 是由电控单元 ECU（或 ECM）控制加料泵非常精确地喷射液体尿素到催化器上游的排气系统中，把发动机排气产生的氮氧化物 NO_x 转化成氮气和水。

ⅰ. SCR 系统的工作流程见表 5-14。

表 5-14　SCR 系统的工作流程

项目	具体说明
工作流程示意图	右图所示为 SCR 系统工作流程示意图（以康明斯 ISLe 系列发动机为例） 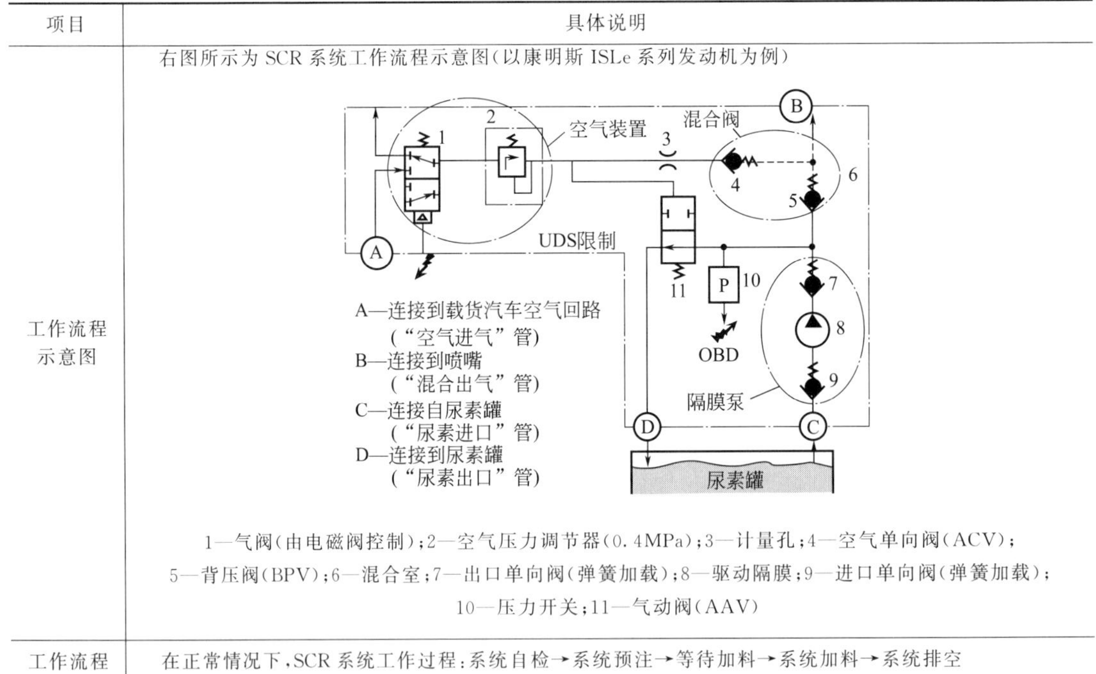 1—气阀（由电磁阀控制）；2—空气压力调节器（0.4MPa）；3—计量孔；4—空气单向阀（ACV）；5—背压阀（BPV）；6—混合室；7—出口单向阀（弹簧加载）；8—驱动隔膜；9—进口单向阀（弹簧加载）；10—压力开关；11—气动阀（AAV）
工作流程	在正常情况下，SCR 系统工作过程：系统自检→系统预注→等待加料→系统加料→系统排空

ⅱ. SCR 系统的自检与预注见表 5-15。

表 5-15　SCR 系统的自检与预注

项目	具体说明	
系统自检	当钥匙开关置于 ON 位置时，加料器得电工作进行自检。驱动电机转一下，使驱动轮上的一个金属参考点与电路板上的监测点对正后，驱动电机停止转动。此时尿素输送泵驱动杆处于释放状态	
系统预注	排空气	每次发动机启动成功、开始运行时，系统都会开始预注阶段。加料器内隔膜泵开始全速运转，尿素溶液通过隔膜泵循环并流回尿素罐中，以便排空系统中的空气。这一过程大约持续 30s

续表

项目		具体说明
系统预注	预注阶段成功	如果预注阶段成功：空气电磁阀在预注阶段末期通电打开，使压缩空气进入加料器；系统对尿素压力进行检查；隔膜泵停止工作
	预注阶段不成功	如果预注阶段不成功：空气电磁阀立即断电，切断空气，隔膜泵电机再次全速运转 30s；这一过程可重复 20 次，如果 20 次后仍然不成功，SCR 泵状态异常，系统指示加料器错误

ⅲ. SCR 系统的等待加料与系统加料见表 5-16。

表 5-16　SCR 系统的等待加料与系统加料

项目	具体说明
等待加料	①在预注阶段末期，空气电磁阀打开，加料器电机停止工作；②压缩空气一直进入喷嘴，隔膜泵不转，不喷射尿素；③加料器准备好进行加料阶段，由发动机电控单元 ECU（或 ECM）根据发动机产生的氮氧化物和排气温度进行控制；④除非满足喷入尿素的条件成立，加料器不会开始加入尿素，但是发动机运转时，空气通过加料器、喷嘴尿素供应管和喷嘴持续加入，以避免喷嘴堵塞；⑤在加料阶段，空气压力调节在 40kPa，空气持续穿过空气电磁阀进入喷嘴
系统加料	加入尿素的基本条件如下 ①在催化器进口和出口排气温度均达到 200℃以上；②没有与 SCR 系统相关的 OBD 故障代码；③尿素罐液位高于 6%；④空气压力高于 0.4MPa；⑤尿素罐内尿素温度超过－5℃；⑥ECU（或 ECM）根据氮氧化物算法，发出喷射控制指令

ⅳ. SCR 系统的系统排空与总结见表 5-17。

表 5-17　SCR 系统的系统排空与总结

项目	具体说明
系统排空	①当钥匙开关转到 OFF（断开）位置后，系统进入清除阶段，压缩空气从喷嘴和加料器中流出；②空气把任何残留的尿素从系统中排出，否则这些液滴可能会造成加料器单向阀或喷油器喷嘴堵塞，该阶段将延续 30s 左右，然后系统关闭；③每次钥匙开关关闭循环，都会进行排空处理；④如果在发动机正常运行期间，SCR 系统出现异常，则 SCR 系统会自动关闭
总结	为了满足我国的国Ⅳ排放标准，多数汽车厂家通常都采用在发动机机内减少 PM 排放，在废气中处理 NO_x 的措施。所以 SCR 系统是客车和中型、重型载货汽车要想达到国Ⅳ排放标准的必备配置

② EGR＋DPF 系统的工作情况。

a. EGR＋DPF 系统结构见表 5-18。

表 5-18　EGR＋DPF 系统结构

项目	具体说明
系统结构示意图	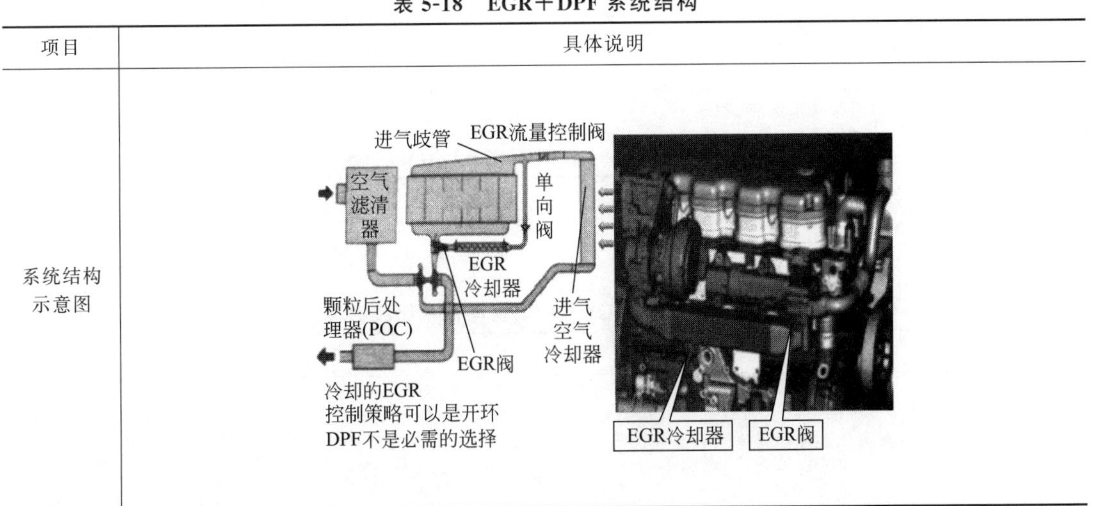

续表

项目	具体说明
示意图说明	EGR+DPF 系统的工作情况是这样的：先通过 EGR 系统，把 NO_x 排放值尽可能降低，再通过颗粒捕捉器把颗粒的排放值减小到低于标准值

b. EGR+DPF 系统工作情况见表 5-19。

表 5-19 EGR+DPF 系统工作情况

项目	具体说明
EGR	EGR 系统由 EGR 阀、控制器、EGR 冷却器与 EGR 连接管路等组成。其基本工作情况是这样的：将柴油发动机的一部分排气冷却后，再返回到发动机气缸，参与燃烧过程。废气中有 CO_2、H_2O、N_2 等，其中 CO_2、H_2O 的比热容较高，这样就可以增加发动机气缸内混合气的比热容，降低可燃混合气着火的缸内温度，使燃烧过程温度降低。同时，引入 EGR 后，缸内混合气氧的浓度降低，燃烧速度和放热速度也减慢，由此可以有效地减少 NO_x 排放物的生成
DPF	DPF 又称金属颗粒捕捉器，该装置收集颗粒的情况是这样的：直接捕捉无法通过载体通道的较大的颗粒物；颗粒沿载体通道流动过程中，由于温度梯度，使小颗粒在低温表面被金属颗粒捕捉器捕捉；载体通道表面的金属毡具有吸附能力，金属颗粒捕捉器可以把表面的小颗粒捕捉

（4）SCR 与 EGR+DPF 系统性能比较

SCR 与 EGR+DPF 属于两种不同的、排放效果均较好的排放控制系统，两者各有其不同的特点。

① 使用情况比较。SCR 与 EGR+DPF 均采用的是后处理技术路线，两者使用情况的对比见表 5-20。

表 5-20 SCR 与 EGR+DPF 使用情况的对比

项目	SCR	EGR+DPF
燃油喷射系统	最高喷射压力为 160MPa	最高喷射压力为 180MPa
发动机强度	最大气缸压为 16MPa	需要高强度结构，最大气缸压力为 18MPa
增压强度	直到国Ⅴ均可使用与国Ⅲ相同的增压系统	需要高增压系统进行补偿 EGR 造成的功率损失，到国Ⅴ甚至可能需要两级增压
冷却系统	不需要	需要加大冷却系统的散热能力
润滑系统	只需要使用 CF-4 级润滑油	缸套摩擦副需要重新设计，需要 HI-4 级润滑油
燃油消耗率	相对国Ⅲ发动机燃油可节约 5%左右	相对国Ⅲ发动机燃油消耗增加 5%左右
还原剂	需要尿素水溶液（添蓝）	不需要
敏感性	相对不敏感	对燃油中含硫量敏感

② 特点比较。这里所说的 SCR 与 EGR+DPF 两种技术路线的特点，主要是指技术与应用两个方面，具体情况见表 5-21。

表 5-21 SCR 与 EGR+DPF 两种技术路线的特点

项目	技术方面	应用方面
SCR	①发动机排放标准可以达到欧Ⅲ排放及其以上的要求；②需要高压燃油喷射系统；③需要尿素计量系统	①需要添加尿素基础设施；②不需要很高的燃油品质；③相对欧Ⅲ，燃油消耗有所改进；④SCR 耐久性通常较好；⑤SCR 集成在消声器中

续表

项目	技术方面	应用方面
EGR+DPF	①新发动机设计——EGR系统；②由于EGR，需要增加冷却系统容量；③需要高压燃油喷射系统(180MPa)；④需要额外的进气量计量系统；⑤需要适应高原性的开发	①需要含硫量低的燃油(硫会腐蚀EGR冷却系统并使DPF催化器再生的活性降低)；②燃油消耗量增加；③要考虑发动机与DPF系统的可靠性；④DPF集成在消声器中，需阶段性地清除积尘

③ 国Ⅳ技术路线比较。实现国Ⅳ排放标准时，采用SCR与EGR+DPF两种技术路线的比较情况见表5-22。

表5-22 实现国Ⅳ排放标准时SCR与EGR+DPF两种技术路线的比较

项目	排放		适应性		使用
SCR	柴油机高NO_x排放	柴油机低PM排放	柴油机本体改动小	整车改动大	使用时需要加尿素水溶液
EGR+DPF	柴油机原机低NO_x排放	柴油机中等PM排放	柴油机本体改动大	整车改动小	使用过程免维护

④ 各自的优缺点。SCR与EGR+DPF两种技术路线各有其特点，表5-23中列出了SCR与EGR+DPF两种技术的优缺点。

表5-23 SCR与EGR+DPF两种技术的优缺点

项目	技术特点	经济性	燃料	方便性	燃油要求	排放特点	最大亮点
SCR	适应未来排放需求	有一定的优势(约3%～5%)	柴油+尿素	整车改动大，整车投资大	中、低硫柴油；机油与国Ⅲ可通用	柴油机高NO_x排放；低温排放性能差	经济性好
EGR+DPF	适应未来排放需求	与国Ⅲ基本一致	柴油	配套方便，整车投资小	低硫柴油；指定机油	柴油机原机低NO_x排放；低温排放性能好	免维护

⑤ 对比总结。SCR技术相对于EGR+DPF技术路线，具有油耗低、对发动机的结构及电控系统功能改变小、对燃油中的含硫量相对不敏感等优点，只要解决尿素水溶液（添蓝）加注问题，是一种发展潜力较大的新技术路线。

(5) SCR系统使用的还原剂

SCR系统使用的还原剂为添蓝（Adbule），其基本特性及其与排气中有关的气体的反应情况见表5-24。

表5-24 SCR系统使用的还原剂及其与排气中有关的气体的反应情况

项目	具体说明
添蓝特性	添蓝实际上是一种标准化尿素(NH_2CONH_2)水溶液，其质量分数为31.8%～33.2%，20℃时的密度为1087～1093kg/m^3
尿素的分解	尿素(NH_2CONH_2)在排气管混合区遇到高温分解成氨气(NH_3)和二氧化碳，与排气充分混合后进入SCR催化器。其化学反应式为 $NH_2CONH_2+H_2O\xrightarrow[200℃以上]{水解}2NH_3+CO_2$

续表

项目	具体说明
NH_3 与排气的反应	在 SCR 催化器中，NH_3 与排气中的 NO 和 NO_2 反应产生氮气和水(还原反应)。其化学反应式为 $NO+NO_2+2NH_3 \longrightarrow 2N_2+3H_2O$　　$4NO+O_2+4NH_3 \longrightarrow 4N_2+6H_2O$ $2NO_2+O_2+4NH_3 \longrightarrow 3N_2+6H_2O$ 但下列反应必须避免，即 NH_3 和 O_2 直接反应。其化学反应式为 $4NH_3+5O_2 \longrightarrow 4NO+6H_2O$ 如此，又生成了氮氧化物，SCR 催化器必须抑制氨气的直接氧化过程，即催化作用必须有选择性
氨催化器	为了防止发动机整个使用寿命过程中氨气的泄漏，SCR 催化器后设置有氨催化器，在这个催化器中，NH_3 与 O_2 反应生成氮气和水。其化学反应式为 $4NH_3+3O_2 \longrightarrow 2N_2+6H_2O$
总结	由上述反应情况的分析可以看出，添蓝作为还原剂，催化器保证化学反应速度及还原反应的选择性

(6) 后处理电控系统主要生产厂家与应用情况

目前，后处理技术所需要的电控系统生产厂家主要为德国的博世公司（CR 系统）、美国德尔福公司（MultecDCR 系统）和日本电装公司（ECD-U2 系统），具体车型使用情况见表 5-25。

表 5-25　后处理电控系统具体车型使用情况

生产厂家	车型
博世公司	CA4DC2 系列发动机
	朝柴 CY4100、CY4102 系列；襄樊客车、襄樊工程车、少林客车、山东聊城中通客车；杨动 485、490 柴油机；配北京轻卡、长安厢式货车、长安面包车
	长城汽车
	江铃驭胜
	玉柴 6A、6G、6J、6K 系列发动机；中通客车、宇通客车
	东风御风
美国德尔福公司	起亚汽车
	东风标致
	玉柴 4G、6L、6M 系列发动机，东风柳汽、北汽福田
	雷诺汽车
	宝马汽车
日本电装公司	威驰汽车

5.4　柴油发动机压缩空气辅助喷射 SCR 系统

加装压缩空气辅助喷射 SCR 系统的柴油发动机，通过机前处理、机内净化以及 SCR 系统的催化还原，就可以满足国Ⅳ排放标准。

(1) 系统结构与原理

以丹麦 GRUNDFOS 公司生产的柴油发动机压缩空气辅助喷射 SCR 系统为例，该系统的结构与原理见下面的介绍。

① 柴油发动机压缩空气辅助喷射 SCR 系统结构见表 5-26。

表 5-26 柴油发动机压缩空气辅助喷射 SCR 系统结构

项目	具体说明
柴油发动机压缩空气辅助喷射 SCR 系统结构示意图	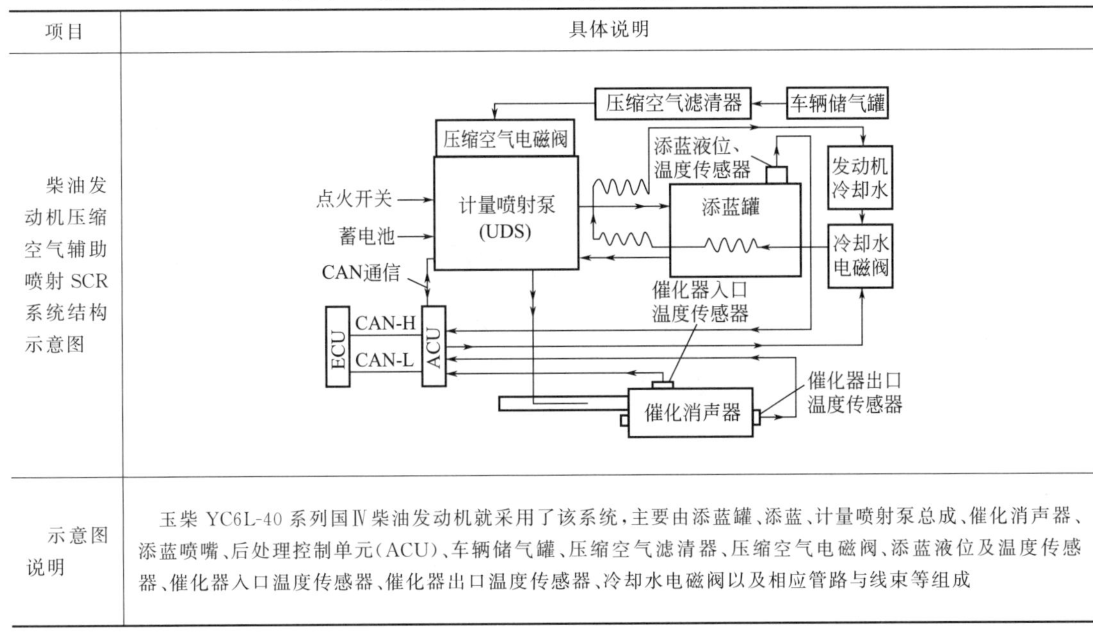
示意图说明	玉柴 YC6L-40 系列国Ⅳ柴油发动机就采用了该系统，主要由添蓝罐、添蓝、计量喷射泵总成、催化消声器、添蓝喷嘴、后处理控制单元(ACU)、车辆储气罐、压缩空气滤清器、压缩空气电磁阀、添蓝液位及温度传感器、催化器入口温度传感器、催化器出口温度传感器、冷却水电磁阀以及相应管路与线束等组成

② 柴油发动机压缩空气辅助喷射 SCR 系统原理见表 5-27。

表 5-27 柴油发动机压缩空气辅助喷射 SCR 系统原理

项目	具体说明
柴油发动机压缩空气辅助喷射 SCR 系统原理示意图	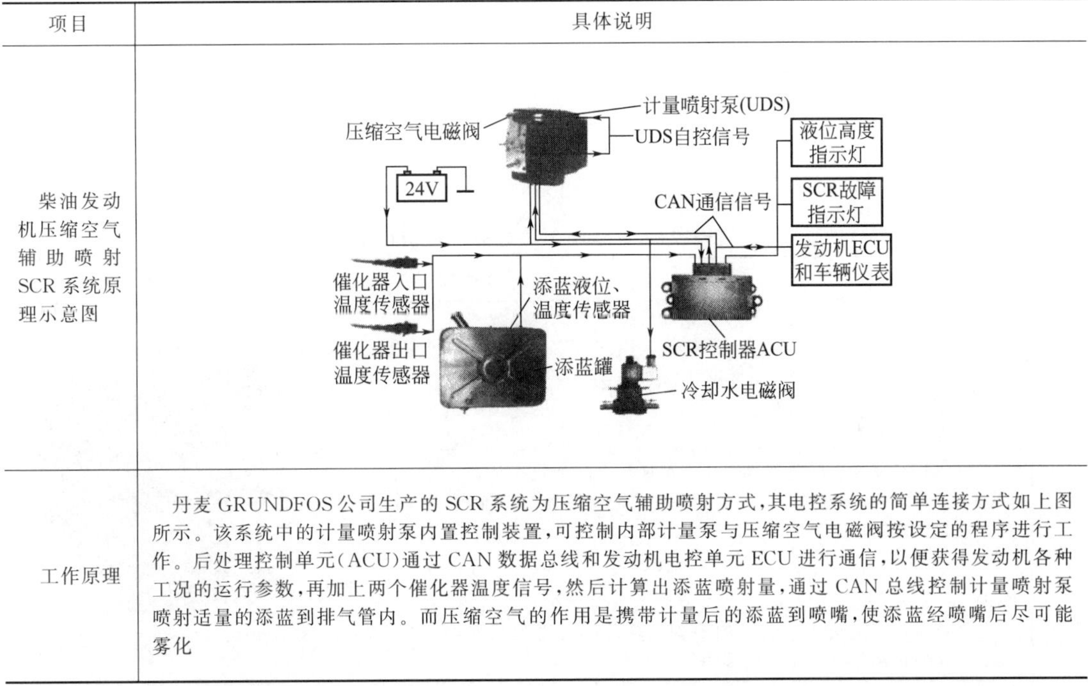
工作原理	丹麦 GRUNDFOS 公司生产的 SCR 系统为压缩空气辅助喷射方式，其电控系统的简单连接方式如上图所示。该系统中的计量喷射泵内置控制装置，可控制内部计量泵与压缩空气电磁阀按设定的程序进行工作。后处理控制单元(ACU)通过 CAN 数据总线和发动机电控单元 ECU 进行通信，以便获得发动机各种工况的运行参数，再加上两个催化器温度信号，然后计算出添蓝喷射量，通过 CAN 总线控制计量喷射泵喷射适量的添蓝到排气管内。而压缩空气的作用是携带计量后的添蓝到喷嘴，使添蓝经喷嘴后尽可能雾化

(2) 系统的管路

管路将各主要部件之间连通起来，柴油发动机压缩空气辅助喷射 SCR 系统使用的管路情况见表 5-28。

表 5-28 柴油发动机压缩空气辅助喷射 SCR 系统的管路

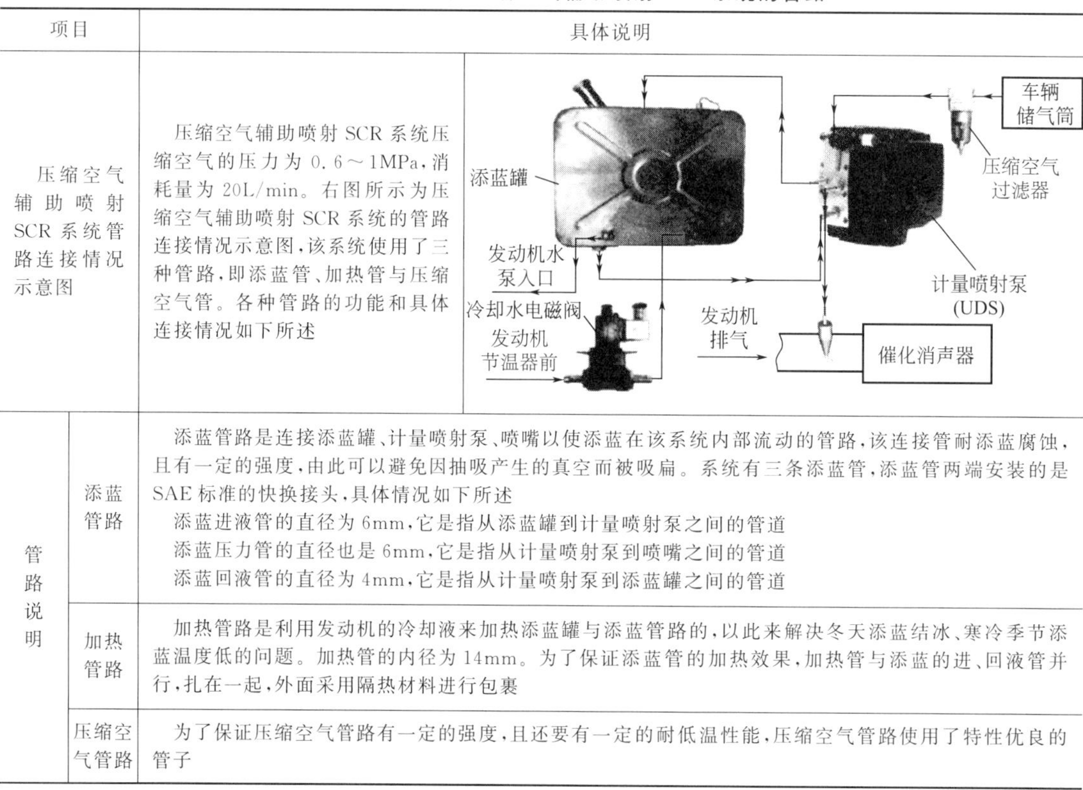

项目		具体说明	
压缩空气辅助喷射SCR系统管路连接情况示意图		压缩空气辅助喷射 SCR 系统压缩空气的压力为 0.6～1MPa，消耗量为 20L/min。右图所示为压缩空气辅助喷射 SCR 系统的管路连接情况示意图，该系统使用了三种管路，即添蓝管、加热管与压缩空气管。各种管路的功能和具体连接情况如下所述	（图）
管路说明	添蓝管路	添蓝管路是连接添蓝罐、计量喷射泵、喷嘴以使添蓝在该系统内部流动的管路，该连接管耐添蓝腐蚀，且有一定的强度，由此可以避免因抽吸产生的真空而被吸扁。系统有三条添蓝管，添蓝管两端安装的是 SAE 标准的快换接头，具体情况如下所述 添蓝进液管的直径为 6mm，它是指从添蓝罐到计量喷射泵之间的管道 添蓝压力管的直径也是 6mm，它是指从计量喷射泵到喷嘴之间的管道 添蓝回液管的直径为 4mm，它是指从计量喷射泵到添蓝罐之间的管道	
	加热管路	加热管路是利用发动机的冷却液来加热添蓝罐与添蓝管路的，以此来解决冬天添蓝结冰、寒冷季节添蓝温度低的问题。加热管的内径为 14mm。为了保证添蓝管的加热效果，加热管与添蓝的进、回液管并行，扎在一起，外面采用隔热材料进行包裹	
	压缩空气管路	为了保证压缩空气管路有一定的强度，且还要有一定的耐低温性能，压缩空气管路使用了特性优良的管子	

(3) 计量喷射泵总成

在压缩空气辅助喷射 SCR 系统中，除了 ACU 外，计量喷射泵总成就是比较贵重的组件了，故对其的拆装一定要仔细、小心。

① 计量喷射泵总成的结构特点。计量喷射泵总成上有多个接头与外部零件相连接，这些接头既有液体接头，也有电气接头。具体情况见表 5-29。

表 5-29 计量喷射泵总成的结构特点

项目		具体说明	
外形结构示意图		右图所示为计量喷射泵总成外形示意图。该总成内部集成了计量泵、压缩空气电磁阀、加热器、控制器(具有自诊断与 OBD 功能)等组件。其有 3 个液体(添蓝)接头、1 个压缩空气入口接头以及 2 个电气接头(2 针的压缩空气电磁阀插头与 37 针的计量喷射泵控制器插头)	压缩空气入口 压缩空气电磁阀插头(2针) 添蓝回液口(回添蓝罐) 添蓝出口(接喷嘴) 添蓝入口(来自添蓝罐) 计量喷射泵控制器插头(37针)
特点	防结冰	计量喷射泵总成内部控制电路具有自动加热功能。在寒冷季节，计量喷射泵可控制其内部的加热器自动加热，以防添蓝结冰	
	安装方式	对计量喷射泵进行安装时，应使其 Z 轴保持垂直，使用 4 个 M8 螺栓固定，安装面平面度误差要求在 0.5mm 以内。由于压缩空气电磁阀工作时发热量较大，故其安装部位应远离热源，且通风应良好	
	连接方式	计量喷射泵与喷嘴之间的连接管采用的是软管，这样就允许其与排气管之间可以存在相对振动的可能	
	管路布置	计量喷射泵靠近添蓝罐安装的目的，是为了减少供液管路内部截留空气的可能性，供液管越短越好。管路越长越要仔细布置管路，使管路从添蓝罐出液口到计量喷射泵添蓝入口的管路一路上行，避免局部拱形，以防形成空气截留区	

② 自诊断与OBD功能。计量喷射泵总成内部的控制器具有故障自诊断与OBD功能，这些功能的具有情况见表5-30。

表 5-30 故障自诊断与 OBD 功能

项目	具体说明
OBD含义	OBD是英文On-Board Diagnostics首字母，是一种排放控制用随车电脑诊断系统。国Ⅳ排放法规要求SCR系统电控单元内部必须集成OBD功能，用于保证SCR正常工作，当影响发动机排放的电控系统出现问题时及时进行报警和进行失效处理
OBD功能	OBD系统时刻监测着可能引起添蓝喷射量不准，从而导致发动机排放恶化的故障，一旦出现此类故障，SCR电控单元立即报警，并点亮SCR故障灯，并在CAN总线上发布信息。系统具体诊断情况如下所述
	SCR电控单元实时监测各种传感器的工作状况，被监测的传感器主要包括添蓝液面高度和温度传感器，计量喷射泵上的添蓝压力、添蓝温度、催化器温度传感器（入口与出口），这些传感器的工作状态一旦出现异常，就会直接影响添蓝的喷射量，从而造成排放超标，系统就会以点亮故障灯的方式提醒驾驶员
	在各种传感器工作正常的情况下，系统也会时刻判断各子系统的工作是否满足要求，监测的内容包括添蓝罐的添蓝溶液是否耗尽，添蓝泵的压力是否正常，SCR系统是否出现泄漏，添蓝压力是否正常
	通过模型来预测当前系统的工作情况，然后和实际的工作情况进行比较，根据模型和实际工作情况之间的差异，来判断各子系统的工作状况，通常主要是检测催化器是否存在，化冰电磁阀是否接通，添蓝使用量是否正常，催化器前、后温度传感器工作是否正常

③ 计量喷射泵总成的工作特点。计量喷射泵总成内部设置的控制器具有故障自诊断与OBD功能，时刻监测着有关部位的工作情况，表5-31列出了计量喷射泵总成的工作情况。

表 5-31 计量喷射泵总成的工作情况

项目	具体说明
回位	正常情况下，当打开钥匙后可听到计量喷射泵总成内部泵运转时发出的短促的声音，这是电动机回到停车位置，属于正常现象
启动排空	当发动机启动时，泵进入启动排空模式，泵将添蓝抽入，再通过回液口回到添蓝罐，这样持续进行30s，然后内部控制器接通压缩空气电磁阀
计量喷射	如果压缩空气压力正常，且启动排空模式成功完成，则计量喷射泵就会进入计量喷射模式，根据ACU发出的指令控制添蓝的喷射量，如果排气温度低于200℃，添蓝喷射量为零，但压缩空气持续喷射
扫残液	当启动钥匙关闭后，泵自动开始吹扫，压缩空气继续喷射30s，以扫净喷嘴管路中的残液，避免添蓝结晶而导致管路堵塞
化冰	在寒冷季节，计量喷射泵内部的控制器会自动控制内部设置的加热器进行加热，这是为了防止添蓝结冰而导致管路堵塞

(4) 添蓝喷嘴

添蓝喷嘴用于把计量喷射泵送来的添蓝与空气混合物顺流喷入排气管，并使喷出的添蓝均匀雾化。

① 与添蓝喷嘴使用有关的知识见表5-32。

表 5-32 与添蓝喷嘴使用有关的知识

项目	具体说明
系统参数	在压缩空气辅助喷射SCR系统中，添蓝应符合DIN 70070标准，需经过100μm滤芯过滤。添蓝入口最大流量为25L/h，添蓝喷射能力为0～7.5L/h

续表

项目	具体说明
被控方式	添蓝喷嘴属于没有电磁阀控制方式(而 BOSCH 公司第二代 $DeNO_{x2}$ 系统采用了带电磁阀控制的添蓝喷嘴),添蓝量的精确控制情况是这样的:ACU 通过 CAN 总线与发动机 ECU 进行通信,获取发动机运行工况数据,并采集催化器前、后温度信号,根据预先存储的 MAP 图,适时计算发动机实际工作情况下 SCR 系统的添蓝喷射量,同时 ACU 通过 CAN 总线控制计量喷射泵总成 UDS 喷射适量的添蓝到排气管内,从而使发动机排气中的 NO_x 成分被精确还原。压缩空气的作用是携带计量后的添蓝到喷嘴,使添蓝经喷嘴后尽可能良好雾化

② 与添蓝喷嘴安装有关的知识见表 5-33。

表 5-33 与添蓝喷嘴安装有关的知识

项目	具体说明
安装距离	添蓝喷嘴通常安装在排气管上。为了保证添蓝尽可能雾化并与排气均匀混合,喷嘴到催化消声器入口之间的距离应大于 300mm,该距离越大混合效果越好
安装方式	添蓝垂直于排气管轴线安装。如右图所示,喷嘴安装位置处是一段直管,在上面开有一个直径约 32mm 的孔,喷嘴座没有螺纹的一头插在该孔中,其台阶肩部与排气管外表靠紧在一起,转动安装座会有止口(半圆形缺口)朝向排气下游。喷嘴弯头一端是插入安装座的,壳体上的圆筒形凸起落入安装座上的止口,并采用螺母紧固。这种安装方式完全可以满足喷嘴的朝向与喷孔在排气上的位置要求,可实现喷嘴的喷雾方向和排气流向保持一致 螺母 凸起 喷嘴 止口 安装座
安装管路	添蓝对普通钢材有一定的腐蚀性,故添蓝喷嘴是一个不锈钢喷射器,为了整个系统的防腐,在其安装位置上游 200mm 到催化消声器之间的管路均采用了不锈钢材料。为了防止氨气外泄,喷嘴和催化器之间没有使用管接头与金属软管。而喷嘴与计量喷射泵出口采用特制的软管进行连接,且管路走向从喷射单元到喷嘴一路下行,以避免 U 形管路

(5) 添蓝罐、催化消声器与压缩空气过滤器

柴油发动机压缩空气辅助喷射 SCR 系统中的添蓝罐、催化消声器与压缩空气过滤器的特点如下。

① 添蓝罐的特点与安装位置见表 5-34。

表 5-34 添蓝罐的特点与安装位置

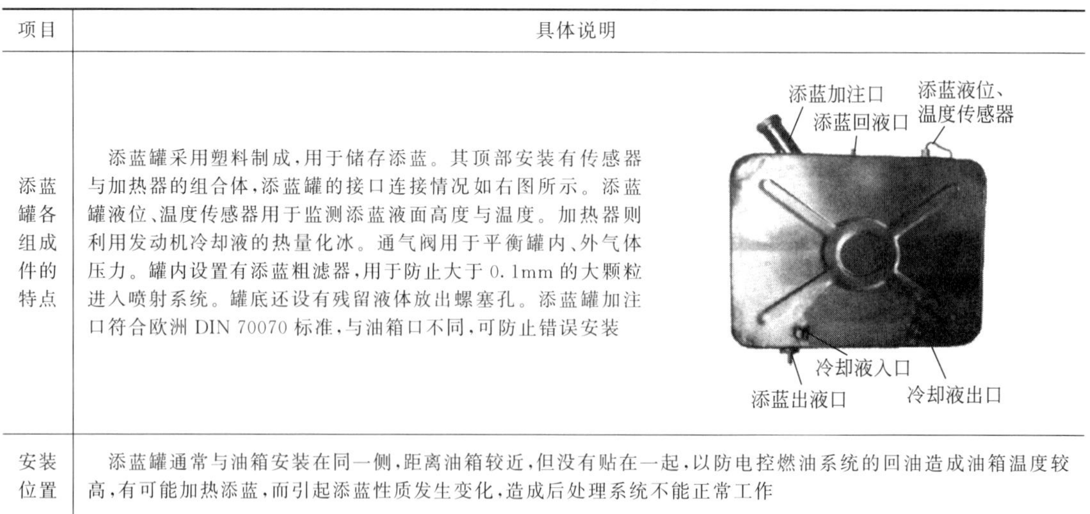

项目	具体说明
添蓝罐各组成件的特点	添蓝罐采用塑料制成,用于储存添蓝。其顶部安装有传感器与加热器的组合体,添蓝罐的接口连接情况如右图所示。添蓝罐液位、温度传感器用于监测添蓝液面高度与温度。加热器则利用发动机冷却液的热量化冰。通气阀用于平衡罐内、外气体压力。罐内设置有添蓝粗滤器,用于防止大于 0.1mm 的大颗粒进入喷射系统。罐底还设有残留液体放出螺塞孔。添蓝罐加注口符合欧洲 DIN 70070 标准,与油箱口不同,可防止错误安装
安装位置	添蓝罐通常与油箱安装在同一侧,距离油箱较近,但没有贴在一起,以防电控燃油系统的回油造成油箱温度较高,有可能加热添蓝,而引起添蓝性质发生变化,造成后处理系统不能正常工作

② 催化消声器的作用、结构与类型见表 5-35。

表 5-35 催化消声器的作用、结构与类型

项目	具体说明
作用	催化消声器的主要作用是催化氮氧化物的还原反应和降低发动机的排气噪声，是 SCR 催化器与发动机排气消声器的组合体
结构	催化消声器采用不锈钢制成，内置 SCR 催化器芯子与消声管路，表层不锈钢板下部安装有绝热材料，运行过程中表面温度低于 200℃。催化器前后分别安装有温度传感器（催化器入口温度传感器与催化器出口温度传感器）。为防止插错，催化器前、后传感器使用了不同的插接件
类型	催化消声器主要有箱式与桶式两种类型，以满足不同的需要。箱式催化消声器支架与车辆大梁之间的连接不需要使用弹性减振装置，而桶式催化消声器需要安装弹性减振装置

③ 压缩空气过滤器的作用与安装方式见表 5-36。

表 5-36 压缩空气过滤器的作用与安装方式

项目	具体说明	
作用	计量喷射泵压缩空气品质要求为：最大颗粒直径为 15μm，杂质小于 8mg/m³，机油含量小于 5mg/m³。压缩空气过滤器就是为了满足这一要求而设置的	压缩空气入口 压缩空气出口 放水口
安装方式	如右图所示，压缩空气过滤器采用垂直安装方式，其放水口应朝下。在维修拆卸安装时，一定要注意压缩空气的流动方向，不得接反	

(6) 电气控制线路

不同的厂家，其 SCR 系统的电气控制线路有一定的差别，丹麦 GRUNDFOS 公司生产的柴油发动机压缩空气辅助喷射 SCR 系统的电气控制线路的情况见下面的介绍。

① 柴油发动机压缩空气辅助喷射 SCR 系统的电气控制线路示意图见表 5-37。

表 5-37 柴油发动机压缩空气辅助喷射 SCR 系统的电气控制线路示意图

<table>
<tr><th>项目</th><th>具体说明</th></tr>
<tr><td>压缩空气辅助喷射 SCR 系统控制线路示意图</td><td>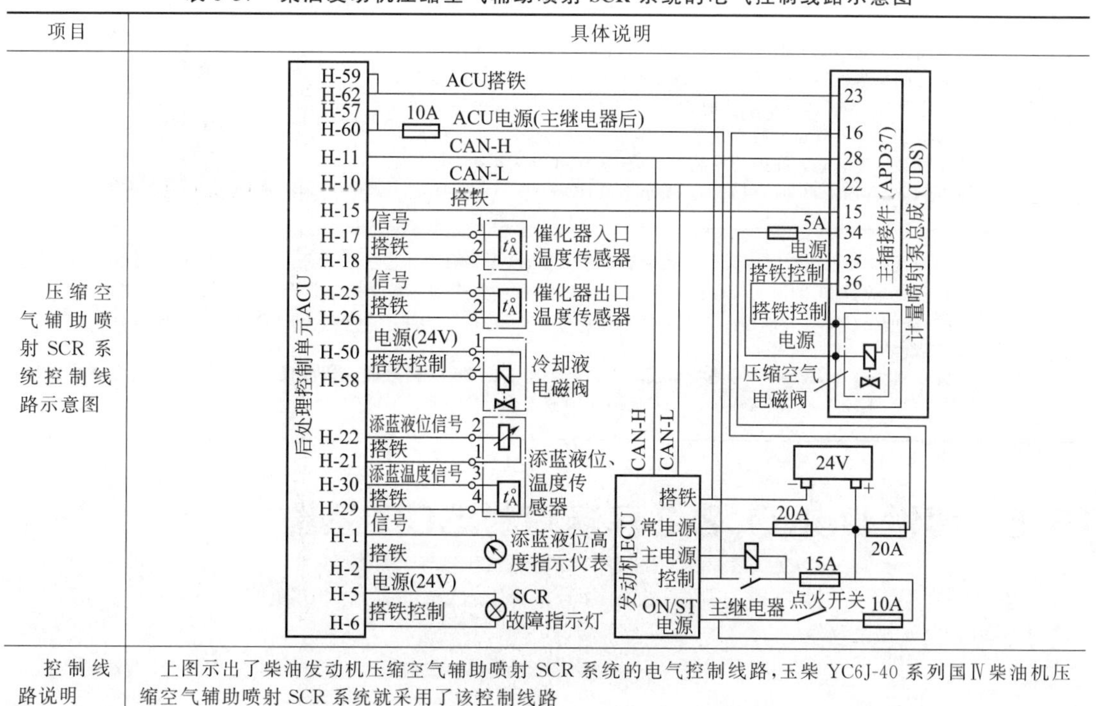
</td></tr>
<tr><td>控制线路说明</td><td>上图示出了柴油发动机压缩空气辅助喷射 SCR 系统的电气控制线路，玉柴 YC6J-40 系列国Ⅳ柴油机压缩空气辅助喷射 SCR 系统就采用了该控制线路</td></tr>
</table>

② 柴油发动机压缩空气辅助喷射 SCR 系统的电气控制线路工作情况见表 5-38。

表 5-38 柴油发动机压缩空气辅助喷射 SCR 系统的电气控制线路工作情况

项目	具体说明
CAN	后处理控制单元(ACU)、计量喷射泵总成(内部集成了计量泵、压缩空气电磁阀、加热器、控制器等)UDS 和发动机 ECU 之间采用数据 CAN 总线进行通信
ACU	ACU 是英文 After-treatment Control Unit 首字母，是 SCR 系统的一个独立的电控单元。其外形如右图所示，其工作环境温度在 −40～85℃ 之间。该控制器通常安装在环境温度低于 85℃、没有水淋、尘土少、振动小的场所
	ACU 的主要功能是计算添蓝喷射量、化冰控制、催化器温度与添蓝液位控制、温度传感器信号处理和实现 OBD 功能
	ACU 的输入信号包括发动机的运行参数(通过 CAN 通信从 ECU 获得)、催化器入口与出口温度信号、添蓝液位与温度信号等
	ACU 的控制部件包括冷却液电磁阀、SCR 故障指示灯、添蓝液位指示仪表与添蓝计量泵、压缩空气电磁阀(后两者组合在 UDS 内)
	ACU 通过 CAN 总线和发动机 ECU 进行通信，以得到发动机运行工况的数据，同时也采集催化器前、后温度信号，然后根据预先存储的各种脉谱，适时地计算发动机实际工作情况下 SCR 系统的添蓝喷射量，故而保证了发动机排气中的 NO_x 成分被精确还原

(7) 冷却液电磁阀

压缩空气辅助喷射 SCR 系统使用的冷却液电磁阀是用来为系统化冰的，具体情况见表 5-39。

表 5-39 柴油发动机压缩空气辅助喷射 SCR 系统冷却液电磁阀

项目	具体说明
冷却液电磁阀外形示意图	右图所示为冷却液电磁阀外形示意图，其工作环境温度在 −40～80℃之间。当电控单元通过添蓝罐温度传感器感应到添蓝温度低于一定程度、判断出系统结冰时，就会通电接通电磁阀，热的发动机冷却液就会顺着管道流向添蓝罐和添蓝泵内置的换热器，这些地方的冰就会迅速融化。在拆卸安装冷却液电磁阀时，一定要注意其安装方向(冷却液入口与出口)，而且要求电磁铁朝上
化冰功能	为保证 SCR 系统在寒冷天气下也能够正常工作，就需要有化冰与加热装置。一旦后处理控制单元 ACU 通过安装在添蓝罐上的温度传感器判断出添蓝结冰，发动机冷却水温度超过 70℃，ACU 就会通电接通冷却水电磁阀，热的冷却水就会流到添蓝罐的热交换器解冻添蓝，同时由于冷却液水管与添蓝罐并行而且扎在一起，添蓝管内部的结冰也会融化 为了避免寒冷天气由于管路结冰或添蓝结晶带来的问题，SCR 系统在寒冷天气运行过程中也会进行加热，反复接通、关闭冷却水电磁阀，以使添蓝罐内的液温保持在 7～15℃之间

5.5 博世 $DeNO_x$2.2 尿素喷射 SCR 系统

博世 $DeNO_x$2.2 尿素喷射 SCR 系统为德国 BOSCH 公司的产品，加装该系统的柴油发动机可以满足国Ⅳ排放的要求。

(1) 基本组成

配装博世 DeNO$_x$ 2.2 尿素喷射 SCR 系统的柴油机厂家较多，以国内的一汽锡柴等系列柴油发动机为例。表 5-40 列出了电控尿素喷射 SCR 系统的基本组成，供参考。

表 5-40 电控尿素喷射 SCR 系统的基本组成

型号	锡柴 CA6DL1-E4、CA6DL2-E4 系列柴油机	锡柴 CA6DL1-32E4 系列柴油机
基本组成	空气；发动机冷却水；供给模块；温度传感器；尿素箱；尿素液位传感器；喷射控制模块；执行器；传感器；Engine CAN1；Diagnostic CAN2；温度传感器；尿素喷射模块；温度传感器；氧化催化器；SCR催化器	尿素泵；DCU；尿素箱；尿素液位传感器；Engine CAN；DiagnCAN；发动机排气；尿素喷嘴；排温传感器；NO$_x$传感器
说明	该系列柴油机的 SCR 后处理控制为新增加的控制功能，电气部分功能集成在发动机 ECU 整车端，其主要功能有尿素泵控制（尿素泵接口）、喷射阀控制（尿素喷嘴）、检测尿素液位温度（尿素液位温度传感器）、尿素管加热（尿素管加热器）、检测 NO$_x$ 含量（NO$_x$ 传感器）、检测排气温度（排气温度传感器）、检测环境温度（环境温度传感器）等	该系列柴油机的 SCR 后处理系统控制部分包括尿素喷射系统硬件与软件。尿素喷射系统硬件主要由 DCU、尿素泵、尿素喷嘴、排温传感器、NO$_x$ 传感器、尿素液位传感器等组成。SCR 系统通过读取柴油机当前状态以及各种传感器的信息，计算出处理定量废气需要的尿素量，同时定量配给尿素至废气中

(2) 后处理器电路

图 5-1 所示为博世 DeNO$_x$ 2.2 尿素喷射 SCR 系统后处理器电路原理图，在该图中仅给出了与 SCR 系统有关元器件或部件的标注说明。表 5-41 中列出了与 SCR 系统有关的控制单元引脚功能说明，供读识该图时参考。

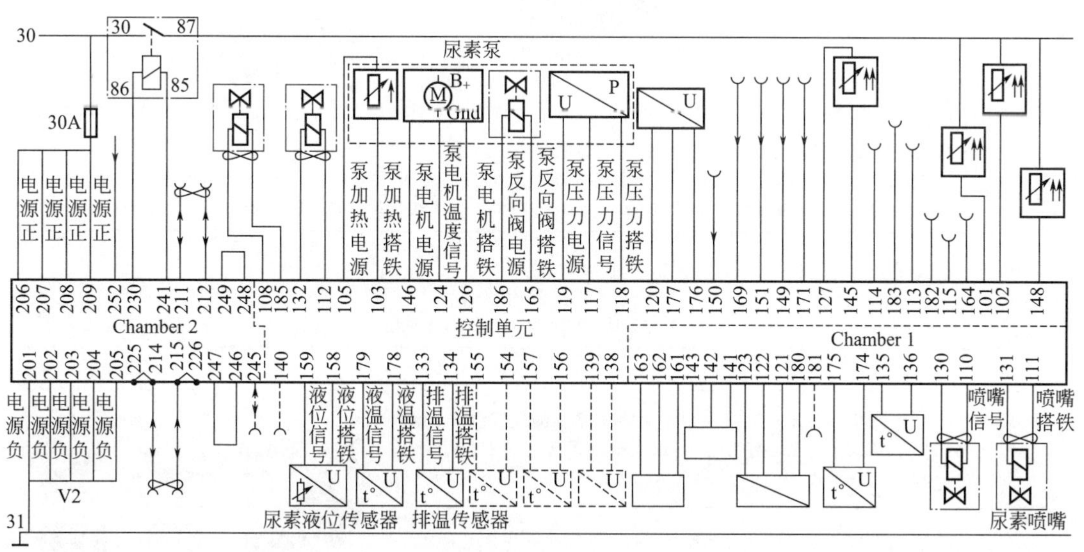

图 5-1 博世 DeNO$_x$ 2.2 尿素喷射 SCR 系统后处理器电路原理图

表 5-41 与 SCR 系统有关的控制单元引脚功能说明

引脚号	功能说明	引脚号	功能说明
103	控制单元内部控制尿素泵加热器搭铁端	158	控制单元内部控制液位传感器搭铁端
105	控制单元内部控制尿素泵加热器＋B 电源电压输出端	159	液位传感器监测到的液位信号输入端
111	控制单元内部控制尿素喷嘴搭铁端	165	控制单元内部控制尿素泵内部反向阀搭铁端
117	尿素泵压力传感器信号输入端	178	控制单元内部控制液位温度传感器搭铁端
118	控制单元内部控制尿素泵压力传感器搭铁端	179	液位温度传感器监测信号输入端
124	尿素泵电机温度信号输入端	186	控制单元内部控制尿素泵内部反向阀＋B 电源电压输出端
126	控制单元内部控制尿素泵电机搭铁端	201～205	控制系统内部搭铁端
131	控制单元内部控制尿素喷嘴＋B 电源电压输出端	206～209	控制系统内部不受控电源电压输入端
133	上游排温传感器信号输入端	214	数据总线低电平信号输入、输出端
134	控制单元内部控制上游排温传感器搭铁端	215	数据总线高电平信号输入、输出端
146	控制单元内部控制尿素泵电机电源电压输出端	252	系统 Key SW 开关信号输入端

(3) 系统外形与连接情况

博世 $DeNO_x$ 2.2 尿素喷射 SCR 系统的封装外形结构、连接情况（与排气管路的连接以及线束连接）见下面的介绍。

① 尿素喷射 SCR 系统的封装外形结构见表 5-42。

表 5-42 尿素喷射 SCR 系统的封装外形结构

项目	具体说明
封装外形与排气管路的连接示意图	(a) 封装外形 (b) 与排气管路的连接
示意图说明	图(a)所示为尿素喷射 SCR 后处理器系统的封装外形示意图，图(b)所示为 SCR 后处理器系统与排气管路之间的连接方式示意图。该图中的 1208100-682-0000 为 SCR 后处理器的零件号

② 尿素喷射 SCR 系统的连接线束见表 5-43。

表 5-43 尿素喷射 SCR 系统的连接线束

项目	具体说明	
SCR 系统的连接线束示意图	右图所示为尿素喷射 SCR 后处理器系统的连接线束示意图。该线束用于连接 DCU 与尿素喷射系统传感器、尿素喷嘴等电气部件	
传感器的固定	后处理器上的排温传感器与 NO_x 传感器线束捆扎固定，不允许线束与后处理器表面接触，线束远离高温热源，线束靠排气管处采取隔热措施	

(4) 系统使用的DCU、SM与DM介绍

DCU为尿素喷射控制单元的英文缩写，SM为尿素泵的英文缩写，DM为尿素喷嘴的英文缩写，这三种主要部件的情况见下面的介绍。

① DCU的情况介绍见表5-44。

表5-44 DCU的情况介绍

项目	具体说明
DCU外形示意图	右图所示为DCU的外形示意图。DCU通过CAN总线和柴油机ECU进行数据通信，读取柴油机当前的信息和状态，以及柴油机上各种传感器的信息，计算需要喷射的尿素量，同时给尿素泵SM、尿素喷嘴DM输出控制指令，控制整个系统的工作与停止
解冻与加热功能	DCU还具有尿素解冻与加热的功能。通过读取环境温度传感器数值，控制后处理加热用电磁水阀的开关，以便执行整套SCR系统尿素解冻与加热功能

② SM的情况介绍见表5-45。

表5-45 SM的情况介绍

项目	具体说明
SM外形示意图	右图所示为尿素泵SM外形示意图，它是尿素液力运动的动力所在，是SCR系统重要的执行部件。当DCU输出正常工作状态指令时，尿素泵就会从尿素箱中吸取一定量的尿素，同时使尿素管等尿素液路内充满稳定压力。当柴油机停止工作时，DCU发出结束工作的指令，尿素泵需要把尿素液路内的尿素回抽到尿素箱内，以确保尿素管路尤其是尿素喷嘴DM保持清洁。尿素泵自带电加热功能，当环境温度较低时，用于确保尿素泵内尿素不会冻结
连接口说明	尿素泵上有4个连接口，分别为尿素液路的进、回尿素口和去喷嘴的压力管尿素输出口以及SCR系统线束接口(位于泵底)，尿素连接口处分别标有INLET、BACKFLOW与OUTLET字样

③ DM的情况介绍见表5-46。

表5-46 DM的情况介绍

项目	具体说明	
DM外形示意图	右图所示为尿素喷嘴外形示意图，它是SCR系统定量喷射尿素的执行部件	喷嘴电磁阀插接件 冷却水进出接口 安装螺栓3×M6 尿素喷嘴接口
快插接头说明	DM上有3个SAE标准快插接头端，其中较小的SAE标准快插接头端(5/16″)为尿素喷嘴接头，另外2个(3/8″)为喷嘴冷却水进出接口	

注：1″=1in=25.4mm。

(5) 系统使用的传感器

博世DeNO$_x$ 2.2尿素喷射SCR系统使用的传感器有排温传感器、NO$_x$传感器、尿素

液位与温度传感器。

① 排温传感器的外形与维修注意事项见表5-47。

表5-47 排温传感器的外形与维修注意事项

项目	具体说明	
排温传感器外形	右图所示为排温传感器外形示意图。该传感器测温部分铠装的PT200为薄膜铂热电阻元件，用于检测进入催化器的排气温度，正常的检测温度范围为－30～650℃	
维修注意事项	排温传感器的信号线不耐温，故在更换该传感器安装新件时，其信号线不能与后处理器、管路等接触	

② NO_x 传感器总成示意图与各部分名称和结构见表5-48。

表5-48 NO_x 传感器总成示意图与各部分名称和结构

项目	具体说明
NO_x 传感器示意图	 (a) 总成示意图 (b) 各部分名称和结构
示意图说明	NO_x 传感器总成主要由传感器本体与 NO_x 传感器控制器两部分构成，用于检测柴油机尾气中 NO_x 的含量

③ 尿素液位与温度传感器结构与特点见表5-49。

表5-49 尿素液位与温度传感器结构与特点

项目	具体说明
尿素液位与温度传感器示意图	
结构与特点说明	尿素液位与温度传感器用于检测尿素箱内尿素的存量，同时提供尿素引出通道，用于尿素泵吸取尿素。尿素液位与温度传感器是一种组合式传感器，还提供了柴油机冷却液流动通道，用于满足SCR系统在寒冷时的尿素加热功能。尿素液位与温度传感器安装在尿素箱总成中

(6) 系统使用的其他附件

除了以上这些部件外，博世 $DeNO_x$ 2.2尿素喷射SCR系统还使用了其他一些附件。具体情况见下面的介绍。

① 博世 $DeNO_x$ 2.2尿素喷射SCR系统使用的尿素管情况见表5-50。

表 5-50 博世 $DeNO_x$ 2.2 尿素喷射 SCR 系统使用的尿素管情况

项目	具体说明
尿素管外形示意图	(a) 普通尿素管　(b) 加热型尿素管
示意图说明	尿素管是 SCR 后处理系统重要的液力输送部件，连接 SCR 系统各个液力执行器，保证系统的正常工作，尿素管应根据车辆生产厂家的要求定期进行更换。加热型尿素管是在普通尿素管的基础上增加了加热装置后得到的，可用于寒冷地区

② 博世 $DeNO_x$ 2.2 尿素喷射 SCR 系统使用的冷却水控制电磁阀情况见表 5-51。

表 5-51 博世 $DeNO_x$ 2.2 尿素喷射 SCR 系统使用的冷却水控制电磁阀情况

项目	具体说明
冷却水控制电磁阀外形与喷嘴冷却水管插接位置示意图	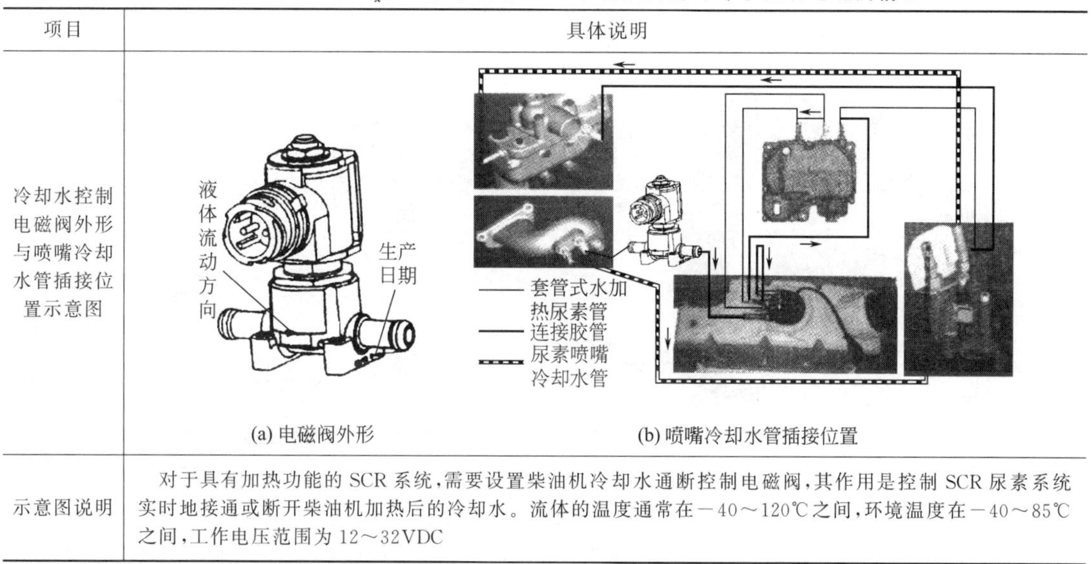 (a) 电磁阀外形　(b) 喷嘴冷却水管插接位置
示意图说明	对于具有加热功能的 SCR 系统，需要设置柴油机冷却水通断控制电磁阀，其作用是控制 SCR 尿素系统实时地接通或断开柴油机加热后的冷却水。流体的温度通常在 −40～120℃之间，环境温度在 −40～85℃之间，工作电压范围为 12～32VDC

③ 尿素箱总成与尿素管路的连接方式见表 5-52。

表 5-52 尿素箱总成与尿素管路的连接方式

项目	具体说明
尿素箱总成与尿素管路的连接方式示意图	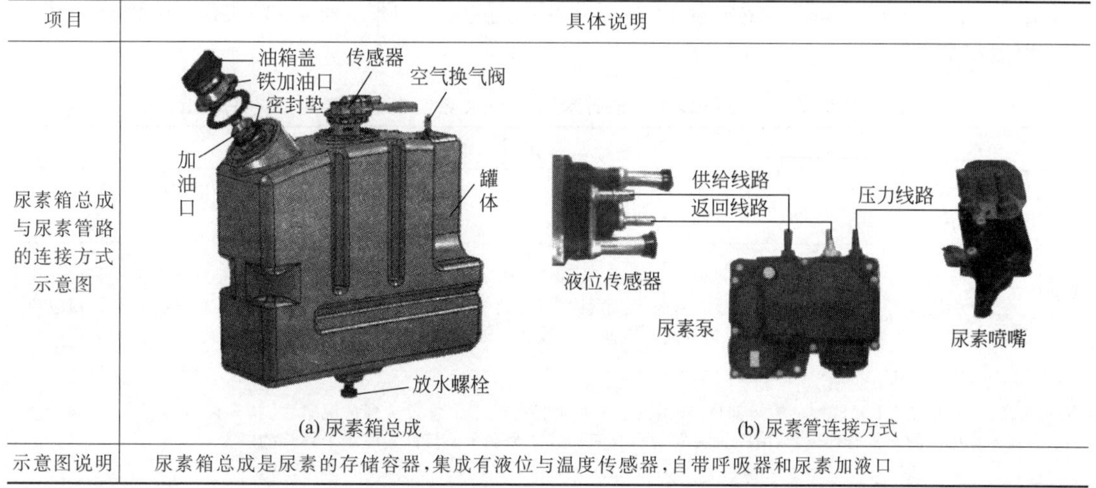 (a) 尿素箱总成　(b) 尿素管连接方式
示意图说明	尿素箱总成是尿素的存储容器，集成有液位与温度传感器，自带呼吸器和尿素加液口

5.6 博世第二代 $DeNO_x2$ 添蓝计量喷射 SCR 系统

配装博世第二代 $DeNO_x2$ 添蓝计量喷射 SCR 系统的柴油发动机，可以满足我国的国 Ⅳ 排放标准。

(1) 系统组成与工作情况

博世第二代 $DeNO_x2$ 添蓝计量喷射 SCR 系统在多种型号的柴油机上使用，玉柴 YC6L-42 型发动机就配装了该系统。

① 博世第二代 $DeNO_x2$ 添蓝计量喷射 SCR 系统的组成及其说明见表 5-53。

表 5-53 博世第二代 $DeNO_x2$ 添蓝计量喷射 SCR 系统的组成及其说明

<table>
<tr><th>项目</th><th>具体说明</th></tr>
<tr><td>系统组成与管路连接关系示意图</td><td>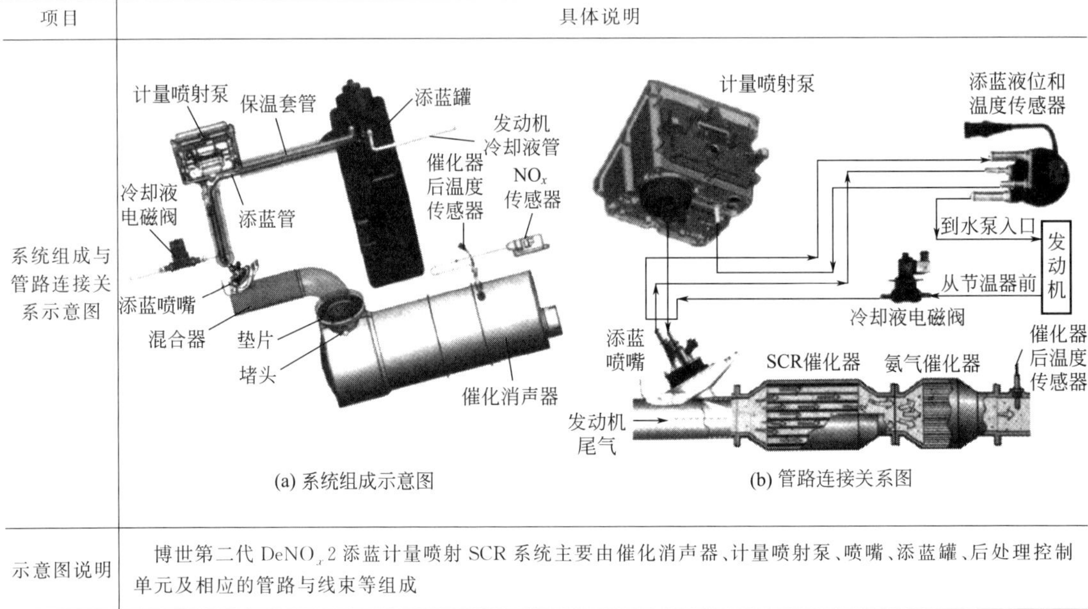

(a) 系统组成示意图 (b) 管路连接关系图</td></tr>
<tr><td>示意图说明</td><td>博世第二代 $DeNO_x2$ 添蓝计量喷射 SCR 系统主要由催化消声器、计量喷射泵、喷嘴、添蓝罐、后处理控制单元及相应的管路与线束等组成</td></tr>
</table>

② 博世第二代 $DeNO_x2$ 添蓝计量喷射 SCR 系统的连接电路与识图指导。图 5-2 所示为博世第二代 $DeNO_x2$ 添蓝计量喷射 SCR 系统电气连接示意图。表 5-54 列出了读识该接线图时的识图指导。

表 5-54 博世第二代 $DeNO_x2$ 添蓝计量喷射 SCR 系统电气连接电路的识图指导

项目	具体说明
图面总体情况	在图 5-2 中，图的下部 DCU 所连接的各种元件属于 SCR 系统，上部为发动机 ECU 电路接线，OBD 指示灯与 OBD 用诊断插件也在上部
线束与端子连接情况	图 5-2 所示是一种以线束为核心的接线图，故图中以较粗的黑线来表示线束簇，对于线束簇两端每根导线的连接情况，则采用对应的数字来表示，也就是右边括号中的数字对应左边 ECU 与 DCU 端子上的相应数字，知道了这一点，就可以很快找到右边元件连接在何处，而对于线束簇中具体导线的走向可以不考虑
插接件端子排列	在图 5-2 接线图的中间部位，还给出了两种插接件的端子位置排列情况示意图，一种为具有 42 个端子插接件的端子排列位置，另一种为发动机线束具有 2 个端子插接件各端子上连接的线号情况

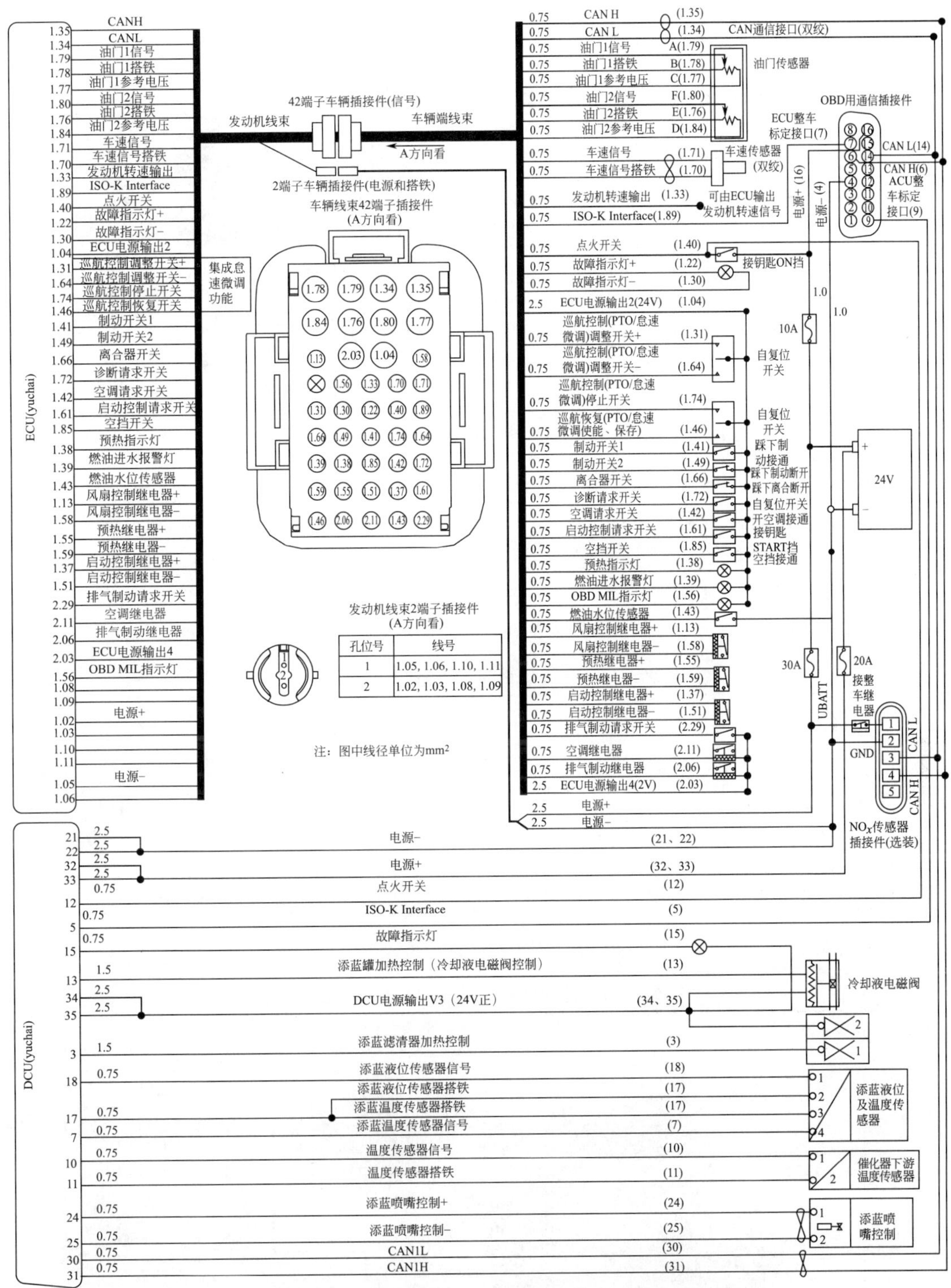

图 5-2　博世第二代 $DeNO_x$ 2 添蓝计量喷射 SCR 系统电气连接示意图

③ 博世第二代 $DeNO_x$ 2 添蓝计量喷射 SCR 系统的工作情况见表 5-55。

表 5-55 博世第二代 DeNO$_x$ 2 添蓝计量喷射 SCR 系统的工作情况

项目	具体说明
计量喷射泵(SM)和计量控制器	右图所示为博世第二代 DeNO$_x$ 2 添蓝计量喷射 SCR 系统工作原理示意图，该系统没有采用压缩空气辅助喷射方式。它的计量喷射泵(SM)和计量控制器(DCU)集成为一体，DCU 用于控制整个后处理系统的工作，包括传感器信号处理、添蓝喷射量的计算和各种执行器的控制。DCU 通过 CAN 总线和发动机 ECU 之间进行通信，以得到发动机的运行参数，再加上催化器温度信号，计算出添蓝喷射量，控制喷嘴喷射适量的添蓝到排气管内 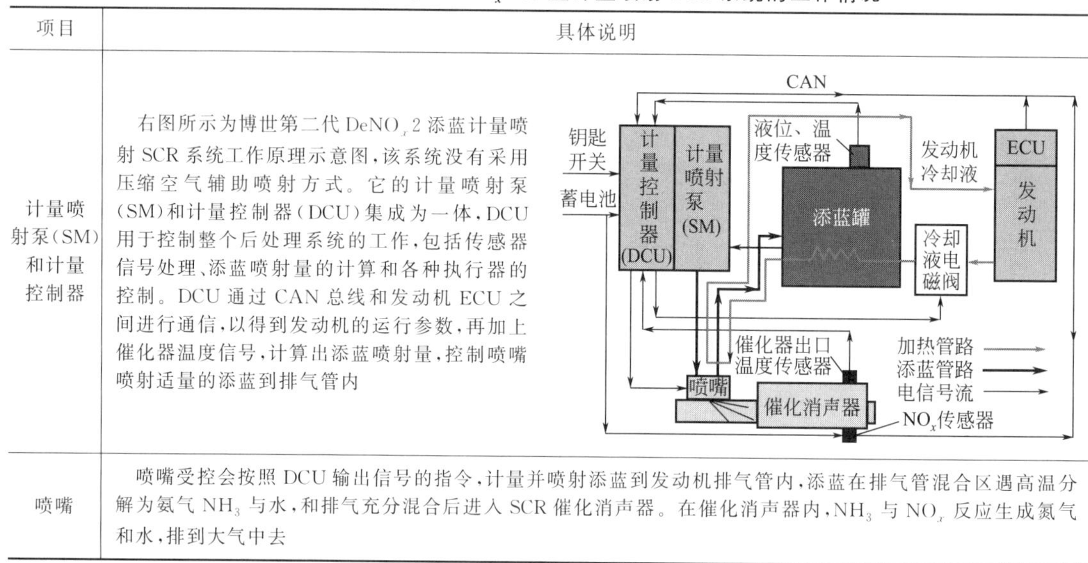
喷嘴	喷嘴受控会按照 DCU 输出信号的指令，计量并喷射添蓝到发动机排气管内，添蓝在排气管混合区遇高温分解为氨气 NH_3 与水，和排气充分混合后进入 SCR 催化消声器。在催化消声器内，NH_3 与 NO_x 反应生成氮气和水，排到大气中去

(2) 系统使用的计量喷射泵

博世第二代 DeNO$_x$ 2 添蓝计量喷射 SCR 系统使用的计量喷射泵内集成有计量控制器 DCU，是系统中的核心部件之一。

① 计量喷射泵的外形与加热功能见表 5-56。

表 5-56 计量喷射泵的外形与加热功能

项目	具体说明
外形示意图	右图所示为计量喷射泵的外形示意图。该泵内部集成有添蓝泵、滤清器、加热器、计量控制器(DCU)。外形尺寸为 235mm×203mm×190mm，工作环境温度为 −40～80℃，质量约为 4kg，防护等级为 IP67。供液能量为 20kg/h，压力为 0.5MPa
加热功能	寒冷季节，计量喷射泵可控制其内部加热器自动进行加热，用于进行化冰并防止添蓝冻结

② 计量喷射泵的接口与连接方式见表 5-57。

表 5-57 计量喷射泵的接口与连接方式

项目	具体说明
接口与连接方式示意图	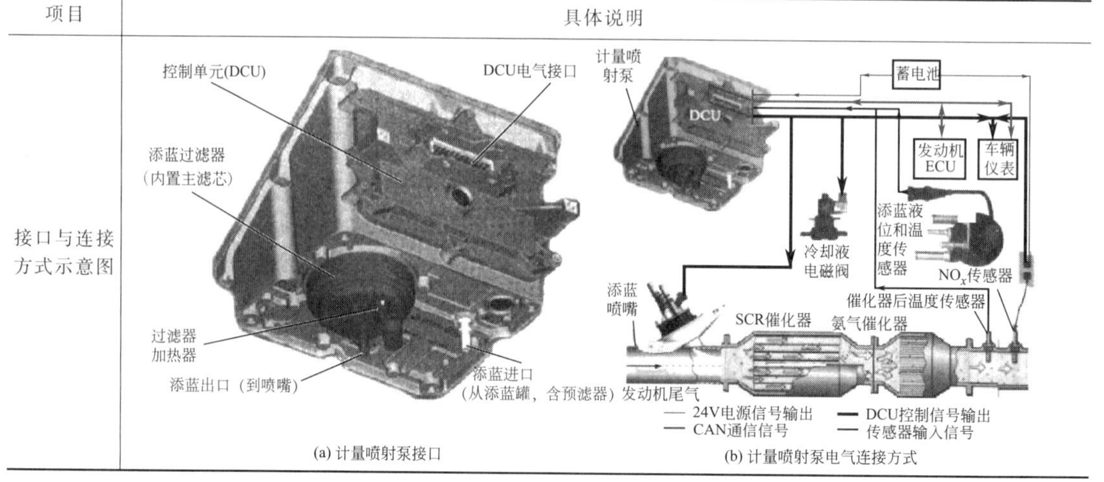 (a) 计量喷射泵接口　(b) 计量喷射泵电气连接方式

续表

项目	具体说明
示意图说明	计量喷射泵有 4 个液体接头与 1 个 DCU 电气接头

(3) 系统使用的 DCU 和 OBD

DCU 和 OBD 是博世第二代 $DeNO_x$ 2 添蓝计量喷射 SCR 系统的电子控制部件，它们的工作情况见表 5-58。

表 5-58 DCU 和 OBD 的工作情况

项目	具体说明
DCU	DCU 具有 OBD 功能，正常情况下打开钥匙后，可以听到泵运转时发出的短促声音
	当发动机启动后，内部添蓝泵开始运转，添蓝管道内建立起压力，使管道内压力始终维持在 0.5MPa，为喷射添蓝做好前期准备。如果排气温度高于 200℃，DCU 控制喷嘴喷射添蓝
	当启动钥匙关闭后，添蓝泵将持续工作 30s，把管道内的残液吸回添蓝罐，以免因添蓝结晶而导致管路出现堵塞现象，故 DCU 的总电源线不是由点火开关控制的
OBD	OBD 具有识别可能导致排放超标的故障区域的功能，并采用故障代码的方式把故障信息存储在电控单元存储器内，同时点亮故障指示灯。当故障导致排放明显恶化时，激活发动机减转矩功能，以避免排放进一步恶化，同时提醒驾驶员尽早进行修理

(4) 系统使用的催化消声器与传感器

催化消声器是催化氮氧化物的还原反应部件，用于防止氨气泄漏和降低发动机的排气噪声，是 SCR、氨气催化器和发动机排气消声器的集合体。

① 催化消声器的外形及其说明见表 5-59。

表 5-59 催化消声器的外形及其说明

项目	具体说明
催化消声器的外形示意图	 (a) 箱式催化消声器外形 (b) 桶式催化消声器外形
示意图说明	图(a)中标出了催化器前、后温度传感器的安装位置。图(b)所示为两种桶式催化消声器外形示意图，这两种桶式催化消声器的区别主要是两个传感器(温度传感器和 NO_x 传感器)的安装位置不同

② 催化消声器的结构特点见表 5-60。

表 5-60 催化消声器的结构特点

项目	具体说明
结构特点示意图	添蓝喷嘴 SCR催化器 氨气催化器 催化器后温度传感器 发动机尾气
示意图说明	这类催化消声器采用不锈钢材料制成，内装 SCR、氨气催化器芯子和消声管路，表层不锈钢板下部设置有绝热材料，运行过程中表面温度低于 200℃。法兰面接口为入口，另一光管接口为出口

③ 催化消声器上的传感器见表 5-61。

表 5-61 催化消声器上的传感器

项目	具体说明
传感器外形示意图	图(a)所示为 NO_x 传感器外形示意图，图(b)所示为催化器后温度传感器外形示意图，两者分别安装在催化器的前后 (a) NO_x传感器 (b) 催化器后温度传感器
需要说明	德国博世第二代 $DeNO_x$ 2 添蓝计量喷射 SCR 系统仅使用一只温度传感器，也就是催化器后温度传感器，没有使用的传感器孔采用了专门的堵头堵住

(5) 系统使用的冷却液电磁阀与加热器

冷却液电磁阀与加热器在添蓝计量喷射 SCR 系统受 DCU 控制用于化冰，具体工作情况见表 5-62。

表 5-62 冷却液电磁阀与加热器工作情况

项目	具体说明
冷却液电磁阀	右图所示为冷却液电磁阀的外形示意图。添蓝在－11℃就会结冰，为保证 SCR 系统在寒冷天气下也能够正常工作，就需要有化冰与加热装置。一旦后处理控制单元(DCU)通过安装在添蓝罐上的温度传感器判断出添蓝结冰，发动机冷却水温度达到设定的温度，DCU 就会通电接通冷却水电磁阀，以使热的冷却水流到添蓝罐的热交换器来解冻添蓝，同时由于冷却液水管与添蓝罐并行而且扎在一起，添蓝管内部的结冰也会融化 为了避免寒冷天气由于管路结冰或添蓝结晶带来的问题，SCR 系统在寒冷天气运行过程中也会进行加热，反复接通、关闭冷却水电磁阀，以使添蓝罐内的液温保持在 7～15℃之间 出口 入口
加热器	计量喷射泵内部设置有电加热装置，添蓝滤清器底部安装的电加热器如右图所示，计量喷射泵会自动处理内部的结冰和低温加热问题。但如果车辆使用地区的最低温度高于－5℃，则不需要化冰功能，也就是说，在最低温度大于－5℃地区使用的车辆，就可以不用安装冷却液电磁阀、加热管路与添蓝滤清器加热装置

(6) 系统使用的添蓝喷嘴与添蓝罐

添蓝喷嘴的作用是在 DCU 的控制下将添蓝按照所需要的量成雾状喷到排气管中，而添蓝罐用于盛装添蓝用。

① 添蓝喷嘴的外形与特点见表 5-63。

表 5-63 添蓝喷嘴的外形与特点

项目	具体说明	
外形示意图	喷嘴又称为计量模块，右图所示为添蓝喷嘴组件外形示意图	挡热板 冷却管(回流管) 压力管 定量供给阀接插口 定量供给阀 用于隔热的金属片
特点	喷嘴的主体是一个电磁阀，周围包围着添蓝流道，起到冷却电磁阀的作用。喷嘴的上端设置了添蓝的进回液口，侧面设有电气接口，外围设有隔热罩。喷嘴的工作环境温度范围在－40～80℃之间	

② 添蓝罐外形与接口定义的特点见表 5-64。

表 5-64 添蓝罐外形与接口定义的特点

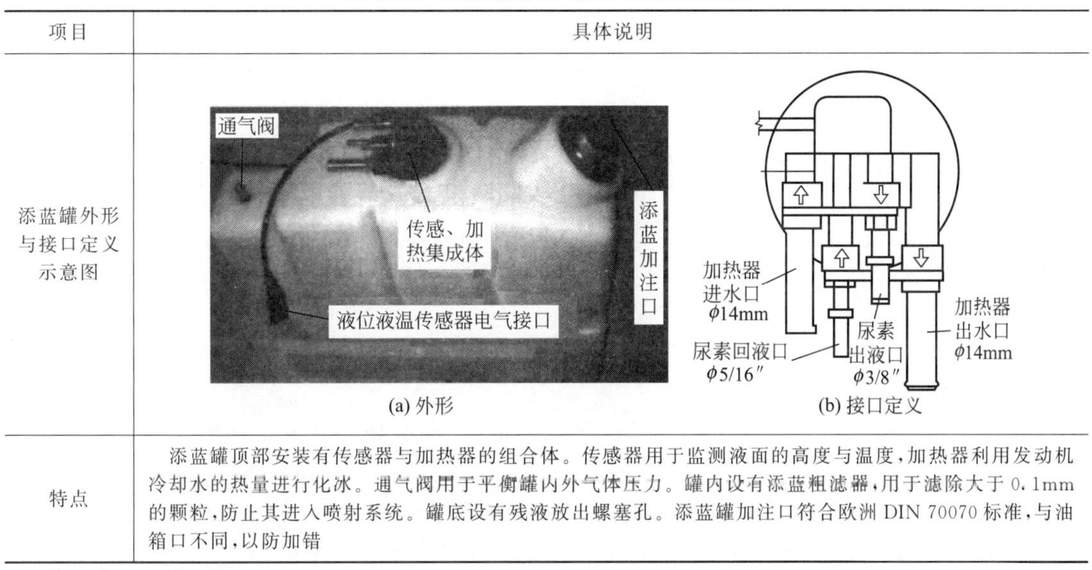

项目	具体说明
添蓝罐外形与接口定义示意图	(a) 外形　(b) 接口定义
特点	添蓝罐顶部安装有传感器与加热器的组合体。传感器用于监测液面的高度与温度，加热器利用发动机冷却水的热量进行化冰。通气阀用于平衡罐内外气体压力。罐内设有添蓝粗滤器，用于滤除大于 0.1mm 的颗粒，防止其进入喷射系统。罐底设有残液放出螺塞孔。添蓝罐加注口符合欧洲 DIN 70070 标准，与油箱口不同，以防加错

注：1″＝1in＝25.4mm。

(7) 系统使用的管路

管路具有连通 SCR 系统的作用，制作管路的材料有一定的强度，且耐添蓝的腐蚀。表 5-65 列出了 SCR 系统使用的管路情况。

表 5-65 SCR 系统使用的管路情况

项目	具体说明
类型	博世第二代 $DeNO_x2$ 添蓝计量喷射 SCR 系统使用了两种管路，即添蓝管与加热管。右图所示为添蓝管的外形示意图。添蓝管是连接添蓝罐、计量喷射泵、喷嘴以供添蓝在系统内部流动的管路

续表

项目	具体说明
规格	博世第二代 $DeNO_x$ 2 添蓝计量喷射 SCR 系统有三条添蓝管：从添蓝罐到计量喷射泵的添蓝进液管，从计量喷射泵到喷嘴的添蓝压力管，从喷嘴回到添蓝罐的添蓝冷却管。表 5-66 中列出了博世第二代 $DeNO_x$ 2 添蓝计量喷射 SCR 系统液体管路及接头规格

表 5-66 博世第二代 $DeNO_x$ 2 添蓝计量喷射 SCR 系统液体管路及接头规格

名称	管材(外径×内径)	接头	接头数量	说明
加热管	18mm×14mm	采用环箍进行安装	—	接头安装在添蓝罐与冷却液电磁阀上
添蓝进液管路(从添蓝罐到计量喷射泵)	8mm×6mm	采用 SAE J2004 9.5mm (3/8″)接头安装	2	—
添蓝压力管路(从计量喷射泵到喷嘴)	8mm×6mm	采用 SAE J2004 8mm (5/16″)接头安装	2	—
添蓝冷却管路(从喷嘴回到添蓝罐)	8mm×6mm	采用 SAE J2004 9.5mm(3/8″)和 8mm(5/16″)接头安装	两种规格各 1 个	喷嘴端为 9.5mm，添蓝罐端为 8mm

注：1″=1in=25.4mm。

5.7 美国天纳克选择性催化还原 SCR 后处理系统

配装天纳克选择性催化还原 SCR 后处理系统的柴油发动机，可以满足我国国 Ⅳ 排放标准的要求。

(1) 接线图识图

美国天纳克公司开发、生产的选择性催化还原 SCR 后处理系统在多种柴油发动机上得到了应用。

① 电气接线图。图 5-3 所示为天纳克选择性催化还原 SCR 后处理系统电气接线图，一汽大柴 BF6/4M1013、BF6/4M2012 系列柴油发动机就使用了该系统。

② 识图说明。图 5-3 所示接线图主要由几个部分构成，这几个部分在图纸的最上部功能方框中已经明确给出。在功能方框的下部各条线的功能说明见表 5-67。

表 5-67 在功能方框的下部各条线的功能说明

名称	点火	KL15	KL30	CAN-H	CAN-L
功能说明	受点火控制后输出的蓄电池电源线	受电源总开关控制后输出的蓄电池电源线	不受控制直接来自蓄电池的电源线	数据总线的高电平信号连接线	数据总线的低电平信号连接线

在上述几条线的下部到 31 号搭铁线之间就是 SCR 系统各种元件与 SCR 后处理系统电控单元 DCU 的连接线路了，上部为各种元件的方框，且方框中都写明了所表示的元件，下部整个一个长方形方框代表 DCU，且 DCU 各端子功能也明确写出，DCU 与各种元件间采用 A、B 两种插接件进行连接，“A-”或“B-”后面的数字表示端子号。

(2) 尿素输送与喷射控制模块和尿素喷嘴

天纳克选择性催化还原 SCR 后处理系统尿素输送与喷射控制模块和尿素喷嘴是系统的核心部件。

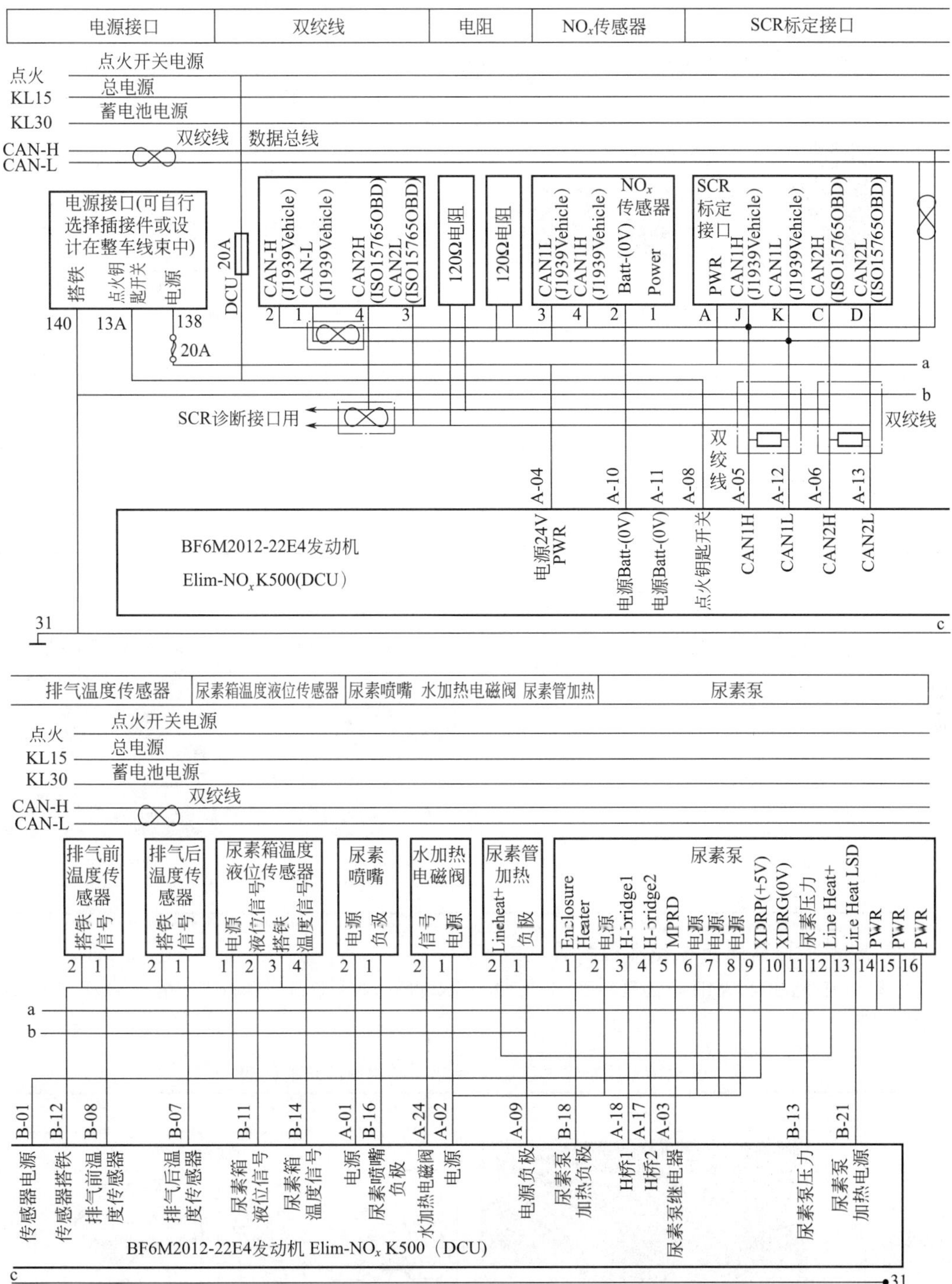

图 5-3　选择性催化还原 SCR 后处理系统电气接线图

① 尿素输送与喷射控制模块介绍见表 5-68。

表 5-68 尿素输送与喷射控制模块介绍

项目	具体说明
尿素输送与喷射控制模块外形示意图	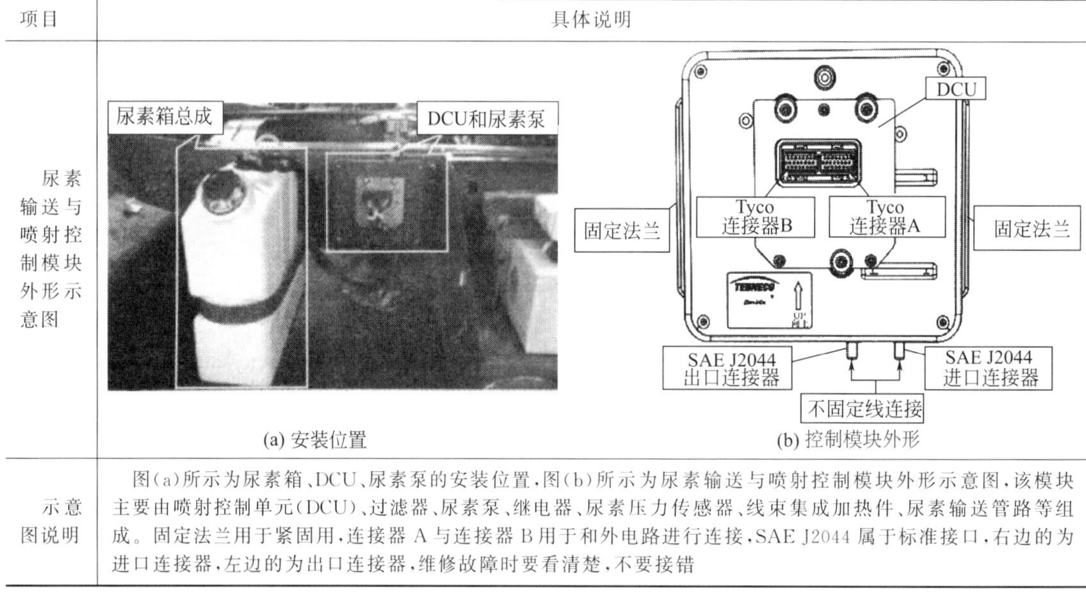 (a) 安装位置　　(b) 控制模块外形
示意图说明	图(a)所示为尿素箱、DCU、尿素泵的安装位置，图(b)所示为尿素输送与喷射控制模块外形示意图，该模块主要由喷射控制单元(DCU)、过滤器、尿素泵、继电器、尿素压力传感器、线束集成加热件、尿素输送管路等组成。固定法兰用于紧固用，连接器 A 与连接器 B 用于和外电路进行连接，SAE J2044 属于标准接口，右边的为进口连接器，左边的为出口连接器，维修故障时要看清楚，不要接错

② 尿素喷嘴介绍见表 5-69。

表 5-69 尿素喷嘴介绍

项目	具体说明	
尿素喷嘴外形与安装位置示意图	尿素喷嘴又称为尿素喷射器，图(a)所示为其外形示意图，喷嘴通常安装在排气管上，如图(b)所示。尿素喷嘴是 SCR 系统中用于精确控制尿素喷射的关键部件	尿素出口 尿素进口 (a) 外形　　(b) 安装位置
尿素喷嘴的冷却情况	在发动机运行过程中尿素在喷嘴内循环流动，冷却喷嘴 当发动机停止运行时，尿素喷射系统继续运行一段时间，以对喷嘴进行冷却，以防喷嘴被热的排气管损坏。在尿素正常循环冷却和喷嘴正常喷射情况下，排气温度通常不会超过 700℃	

(3) 尿素输送管路与冷却水控制阀

表 5-70 中列出了天纳克选择性催化还原 SCR 后处理系统尿素输送管路与冷却水控制阀的功能说明。

表 5-70 尿素输送管路与冷却水控制阀的功能说明

项目	具体说明
尿素输送管路安装位置与连接方式示意图	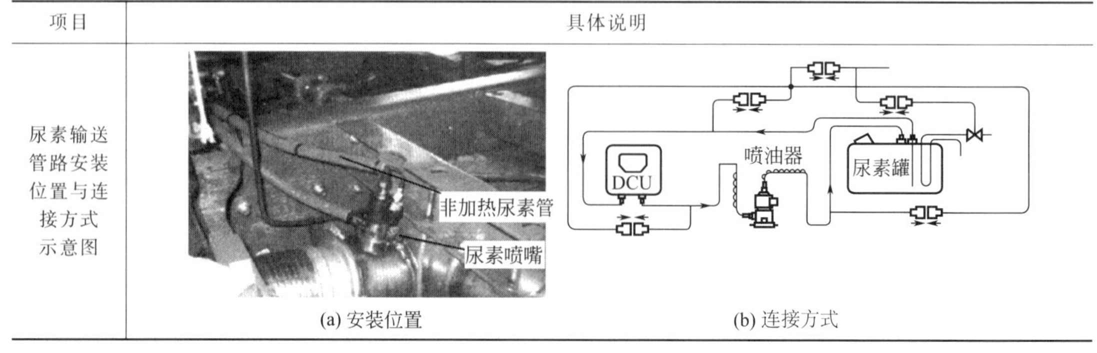 (a) 安装位置　　(b) 连接方式

续表

项目	具体说明
示意图说明	图(a)所示为尿素管的安装位置,图(b)所示为加热解冻尿素输送管路连接方式示意图。尿素溶液从尿素箱通过尿素管流出,经过尿素输送与喷射控制模块流进喷嘴,从喷嘴回流到尿素箱;当温度低于－11℃时,尿素溶液会结冰,尿素管路加热解冻系统会启动以确保管路中尿素溶液正常流动。加热系统耗电功率约 330W
冷却水控制阀	冷却水控制阀控制发动机冷却水流进尿素箱。当系统需要解冻时,此阀打开,发动机冷却水流入尿素箱;当尿素溶液解冻结束,此阀关闭,发动机冷却水不再流入尿素箱。该阀通过冷却水管与发动机冷却水管相连接,固定在底盘(或车架)上

(4) 尿素箱及传感器集成模块

① 尿素箱及传感器集成模块的总成结构见表 5-71。

表 5-71 尿素箱及传感器集成模块的总成结构

项目	具体说明
尿素箱总成与传感器集成模块外形结构示意图	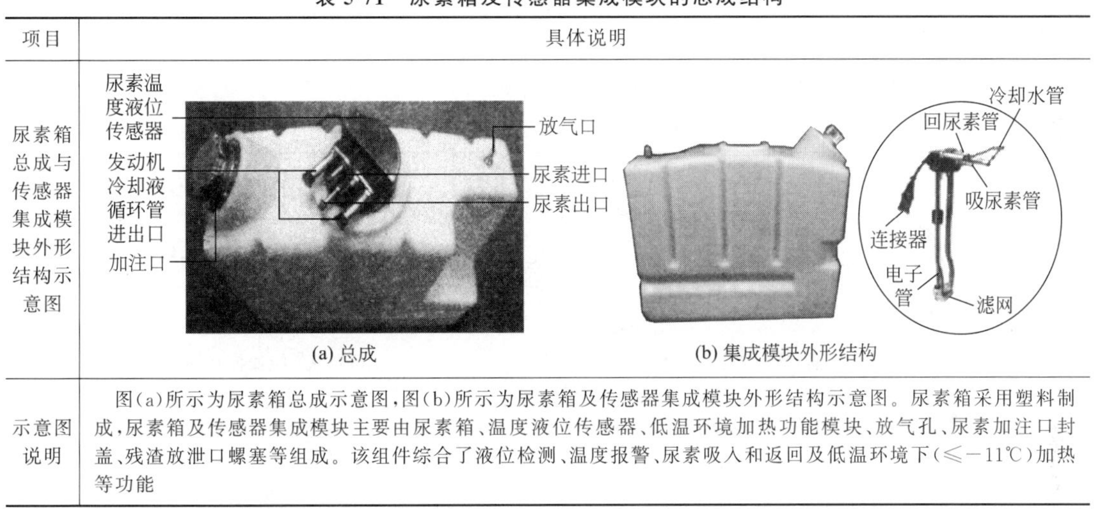 (a) 总成　(b) 集成模块外形结构
示意图说明	图(a)所示为尿素箱总成示意图,图(b)所示为尿素箱及传感器集成模块外形结构示意图。尿素箱采用塑料制成,尿素箱及传感器集成模块主要由尿素箱、温度液位传感器、低温环境加热功能模块、放气孔、尿素加注口封盖、残渣放泄口螺塞等组成。该组件综合了液位检测、温度报警、尿素吸入和返回及低温环境下(≤－11℃)加热等功能

② 尿素箱安装角度见表 5-72。

表 5-72 尿素箱安装角度

项目	具体说明	
安装角度示意图	右图所示为尿素箱三种不同的安装方式示意图	(a)　(b)　(c)
安装角度说明	尿素箱的安装角度因车辆的不同而有一定的差别,但一般都远离发动机和排气管,以保证其长时间工作过程中的温度不会超过 70℃。尿素箱的工作温度范围在－40～70℃之间	

③ 尿素泵总成介绍见表 5-73。

表 5-73 尿素泵总成介绍

项目	具体说明	
尿素泵总成示意图	右图所示为尿素泵总成示意图,由 DCU 控制通过尿素泵从尿素箱中抽取尿素水溶液,经由尿素过滤器,使尿素保持一定的压力,保证系统正常工作	尿素出口　尿素进口
安装注意事项	尿素泵总成有两个端口,一个为尿素出口,另一个为尿素进口,这两个端口通过管路与外部进行连接。在进行故障维修或更换新的尿素泵总成时,一定要搞清这两个端口的位置后再进行连接,以防连接错误	

(5) 其他元件

① 催化转化器及消声器的外形与特点见表 5-74。

表 5-74 催化转化器及消声器的外形与特点

项目	具体说明
催化转化器及消声器外形示意图	(a) 一字形　(b) L形　(c) 方形
示意图说明	催化转化器及消声器有桶形与方形两种结构形式，桶形又分为一字形[图(a)所示，也就是法兰盘与箱体成一字形]与 L 形[图(b)所示，也就是法兰盘与箱体成 L 形]两种

② 传感器的安装位置见表 5-75。

表 5-75 传感器的安装位置

项目	具体说明
传感器安装位置示意图	127mm(5″)　45°　出口传感器　进口传感器　催化器　喷嘴 (a)温度传感器安装示意图　(b) 安装需要避开45°的扇面位置　(c) 排气系统安装示意图
示意图说明	图(a)所示温度传感器安装示意图是对于排气管为竖直情况而言的，此时的传感器接头可以布置在圆周方向上的任意位置；对于排气管为倾斜或水平的情况，则传感器的安装需要避开图(b)所示的 45°扇面位置。图(c)所示为催化器的进、出口温度传感器的安装示意图，两个传感器安装在两侧，两者可以互换，但出口传感器的接头在催化器的下游，进口传感器的接头在催化器的上游

注：1″=1in=25.4mm。

③ DCU 的外形与特点见表 5-76。

表 5-76 DCU 的外形与特点

项目	具体说明	
DCU 的外形示意图	右图所示为 DCU 的外形示意图。DCU 主要功能是采集各传感器的信号，并根据 CAN 总线上的发动机工况信息和各传感器信号控制尿素的喷射时刻与喷射量，控制方式的合理与否直接影响 NO_x 转化率的高低与氨气泄漏的水平	
诊断功能	DCU 还可以对整个系统进行实时诊断，对系统出现的不同状态作出及时反应，实现车载诊断(OBD)功能	

5.8 满足京Ⅴ排放要求的 DOC+ DPF+ SCR 后处理系统

京Ⅴ排放是北京地区率先实施的排放要求，是由国Ⅴ排放向国Ⅵ排放要求的过渡阶段，其排放法规要求高于国Ⅴ。

(1) 系统组成与工作情况

柴油发动机使用的DOC+DPF+SCR后处理系统，是消除柴油机排气中氮氧化物的主要后处理技术之一。利用还原剂NH_3降低污染物NO_x排放，以满足京Ⅴ排放要求对于NO_x的限值要求。

① DOC+DPF+SCR后处理系统的组成见表5-77。

表5-77 DOC+DPF+SCR后处理系统的组成

项目	具体说明
DOC+DPF+SCR后处理系统组成示意图	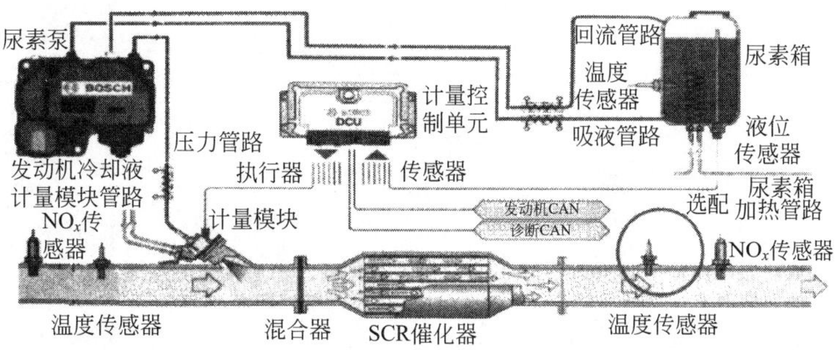 尿素泵 回流管路 尿素箱 温度传感器 计量控制单元 DCU 液位传感器 吸液管路 压力管路 发动机冷却液计量模块管路 执行器 传感器 尿素箱加热管路 选配 发动机CAN 诊断CAN NO_x传感器 计量模块 NO_x传感器 温度传感器 混合器 SCR催化器 温度传感器
示意图说明	计量控制单元(DCU)是整个系统的控制核心，DCU通过数据总线与发动机电控单元进行信息交换

② DOC+DPF+SCR后处理系统的工作情况见表5-78。

表5-78 DOC+DPF+SCR后处理系统的工作情况

项目	具体说明
工作情况	发动机排气经过进气口进入DOC+DPF+SCR总成内部后，在进气口多孔板的作用下使气体均匀性达到一定要求后进入DOC部件内部，经过DOC处理的气体HC、CO和SOF(可溶性有机物)会得到有效减少；然后气体进入DPF部件内部，经过DPF的过滤作用，气体中的PM含量与PN数(CO含量指标)会达到要求值以下；然后气体进入尿素混合管中，与尿素喷嘴喷射的尿素充分混合，使其分解出氨气，废气与氨气混合均匀的气体进入SCR部件，在催化剂的作用下将NO_x反应掉，达到降低NO_x的目的，最终经过DOC+DPF+SCR总成处理的发动机排气再排到大气中
工作特点	DOC+DPF+SCR后处理各系统之间通过电控系统进行控制，达到了较好的化学反应效果，同时电控系统检测尾气中相关气体的含量，修正相关控制数据，从而达到较好地净化尾气的目的

③ SCR后处理系统的化学反应见表5-79。

表5-79 SCR后处理系统的化学反应

项目	具体说明
化学反应原理示意图	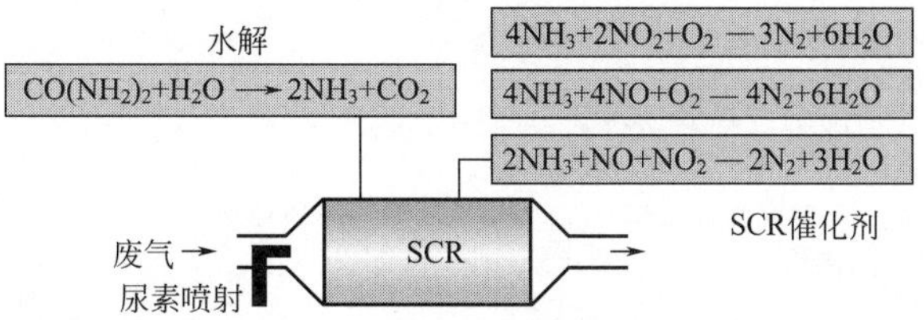 水解 $CO(NH_2)_2+H_2O \longrightarrow 2NH_3+CO_2$ $4NH_3+2NO_2+O_2 — 3N_2+6H_2O$ $4NH_3+4NO+O_2 — 4N_2+6H_2O$ $2NH_3+NO+NO_2 — 2N_2+3H_2O$ 废气→ 尿素喷射 SCR SCR催化剂
示意图说明	上图所示为SCR系统基本化学反应原理示意图。排气从增压器涡轮流出后进入排气管中，同时由安装在DPF后的排气管上的尿素喷射单元把适量的尿素水溶液以雾状形态喷入排气管中，尿素液滴在高温废气作用下发生水解和热解反应，生成所需要的还原剂NH_3，NH_3在催化剂的作用下将NO_x有选择性地还原为N_2

(2) 电控系统组成与原理

① DOC+DPF+SCR后处理电控系统的组成见表5-80。

表5-80 DOC+DPF+SCR后处理电控系统的组成

项目	具体说明
DOC+DPF+SCR后处理电控系统组成示意图	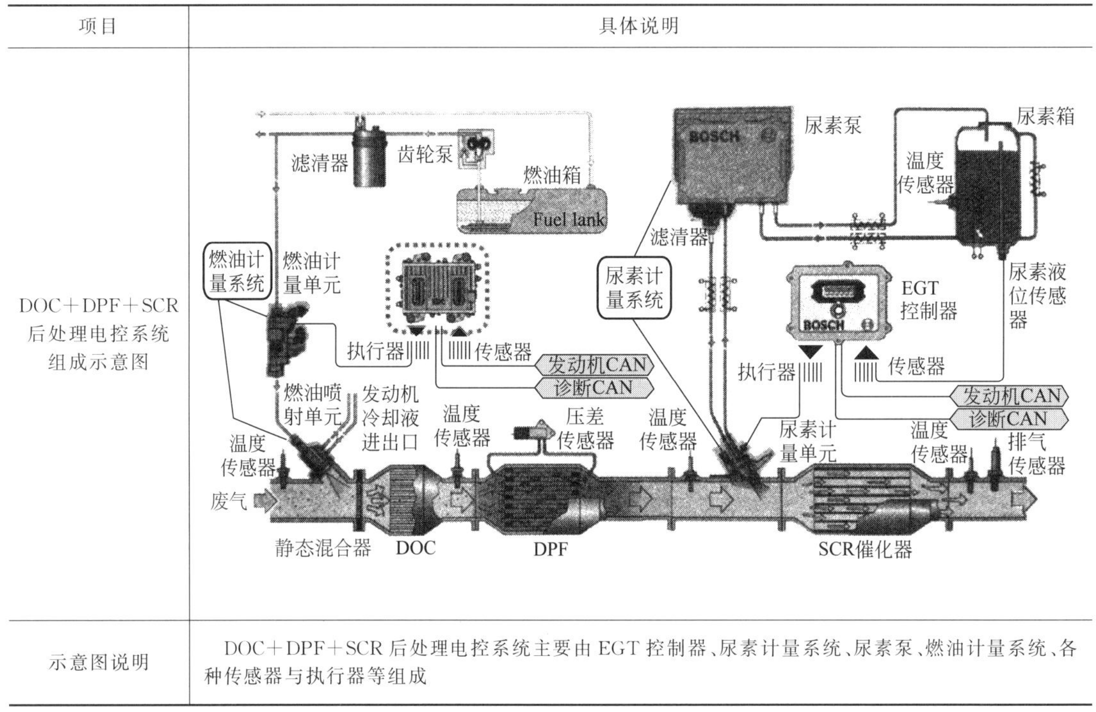
示意图说明	DOC+DPF+SCR后处理电控系统主要由EGT控制器、尿素计量系统、尿素泵、燃油计量系统、各种传感器与执行器等组成

② DOC+DPF+SCR后处理电控系统的工作原理见表5-81。

表5-81 DOC+DPF+SCR后处理电控系统的工作原理

项目	具体说明
DPF主动再生系统	DPF主动再生系统主要由燃油计量单元(MU)与燃油喷射单元(IU)两部分组成 燃油计量单元(MU)主要由1个切断阀、2个压力传感器(上游压力/温度传感器、下游压力传感器)、1个温度传感器和1个喷射阀组成,用于从发动机低压油路取油,把具有一定压力的燃油提供给燃油喷射单元,同时实现对燃油供给量的控制 燃油喷射单元(IU)主要由喷射阀与冷却水流道组成。喷射阀使柴油雾化,并将雾化的柴油喷入尾气管中。IU是一种机械部件,当压力满足条件时,打开IU喷射阀,喷入柴油进行主动再生。柴油在颗粒捕捉器前方的催化器中燃烧,以增加尾气的温度促使碳烟的氧化(从400℃到600℃)
SCR系统	SCR系统的控制单元与发动机控制单元(ECU)集成在一起,主要用于执行SCR的控制指令,并根据环境温度、排气温度、尿素液位、尿素温度、尿素压力、NO_x浓度等传感器信号控制尿素计量单元,根据需求定时定量地把尿素溶液喷射到排气气流中;尿素计量单元主要包括尿素箱、尿素供给单元、尿素喷射单元、加热组件及连接管和管路,保证尿素溶液的充分雾化和分解;催化反应单元主要包括SCR催化器,用于把柴油机排气中的主要有害成分NO_x还原为氮气和水

(3) 尿素管路与发动机冷却水管路

表5-82列出了满足京V排放要求的DOC+DPF+SCR后处理系统尿素管路与发动机冷却水管路分布情况。

表 5-82 DOC＋DPF＋SCR 后处理系统尿素管路与发动机冷却水管路分布情况

项目	具体说明	
尿素管路	右图所示为 DOC＋DPF＋SCR 后处理系统尿素管路与发动机冷却水管路分布情况。在尿素箱顶部安装有传感器总成，底部有残液释放螺塞孔。尿素管路包括3条尿素液力管路：吸液管路（从尿素箱到尿素泵）、回流管路（从尿素泵到尿素箱）、压力管路（从尿素泵到尿素喷嘴）	压力管路 尿素供给单元 吸液管路 回流管路 尿素喷射单元 液位传感器 尿素箱 冷却液电磁阀开关
冷却水管路	对尿素喷嘴进行冷却的发动机冷却液经发动机流出后，通过尿素喷嘴顶部的其中一个冷却水管接头流入尿素喷嘴内部，完成冷却循环后从另一个冷却水管接头流出。尿素系统对尿素泵与尿素管路采用电加热方式。尿素泵内部设置有电加热装置，尿素管路由加热电阻元件包裹着，加热电阻工作时就可以对尿素管路进行加热	

(4) 系统使用的传感器

DOC＋DPF＋SCR 后处理尿素系统使用的传感器有压差传感器、排气温度传感器、环境温度传感器、氮氧传感器、尿素箱温度传感器。

① 温度类传感器的具体情况见表 5-83。

表 5-83 温度类传感器的情况

项目	具体说明
排气温度传感器	右图所示为排气温度传感器外形示意图，DOC＋DPF＋SCR 后处理尿素系统排气温度传感器有 4 个，它们分别用于检测 DOC 前温度、DPF 前温度、SCR 前温度与 SCR 后温度，检测到的信号提供给 ECU 作为温度控制信号。检测的温度范围在－40～1000℃之间。检测精度：当温度在－40～200℃之间时为±3℃；当温度在200～1000℃之间时为±1.5％
环境温度传感器	环境温度传感器用于为后处理系统提供外界的温度情况，以供 ECU 对后处理系统是否需要加热进行判断。环境温度传感器的温度检测范围在－40～140℃之间，相对大气温度的最大偏差为±2.5℃，在－10～25℃之间时最大偏差不应超过 1℃
尿素箱温度传感器	尿素箱传感器属于总成件，采用无源控制方式，由发动机 ECU 提供电源。该传感器的工作电压为 5V，最大允许电压为 48V，温度检测范围为－40～85℃，相对真实温度的最大偏差为±2.5℃，在－10～25℃之间时最大偏差不应超过 1℃

② 压差传感器与氮氧传感器的情况见表 5-84。

表 5-84 压差传感器与氮氧传感器的情况

项目	具体说明
压差传感器	压差传感器用于检测 DPF 两端的压差，提供给 ECU 作为计算此时 DPF 内部的碳载量，DPF 上游的引气管连接在压差传感器的高压端，DPF 下游的引气管连接在压差传感器的低压端。该传感器的工作电压为 5V，压力范围为 0～100kPa，温度范围为－40～130℃

续表

项目	具体说明
氮氧传感器	右图所示为氮氧传感器外形示意图，该传感器用于检测尾气中氮氧的浓度，作为SCR闭环控制和OBD检测用。该传感器的24V供电电压由ECU提供，其最小工作电压为16V，最大工作电压为36V；正常工作电流为0.6A，峰值电流为12A；CAN传输速率为250Kbps；检测范围为0～1500×10^{-6} 后处理出口氮氧传感器的位置根据发动机用途的不同而变化，通常位于排气系统中的后处理催化器的出口处。后处理出口氮氧化物NO_x传感器是一个精密装置，它接收来自发动机电控单元（ECU或ECM）的指令。后处理出口氮氧化物NO_x传感器通常与氮氧化物控制模块集成为一体，故维修时作为一个整体部件，一般不能单独更换。后处理出口氮氧化物NO_x传感器用于检测发动机出口氮氧化物的排放情况

5.9 尿素喷射 SCR 系统常见故障处理方法

安装有尿素喷射SCR系统的车辆，都具有故障自检功能，当SCR系统出现故障时，系统会通过总线控制报警灯点亮，并将故障转换为故障代码存储起来。

（1）故障诊断与显示系统

配装尿素喷射SCR系统的车辆，在其仪表板上通常都有两个与SCR系统故障显示有关的指示灯，具体情况见表5-85。

表 5-85 尿素喷射 SCR 系统故障报警显示与诊断系统

项目	具体说明
指示灯	右图所示为仪表板上的SCR系统故障指示灯、OBD（有的车辆采用MIL表示）系统报警灯与添蓝液面高度显示示意图。不同的车辆，这三种信息显示的指示灯的位置或显示方式可能有所不同，但这三种显示凡配装SCR系统的车辆都有。SCR系统出现故障时，SCR指示灯就会点亮报警，并把故障转换为代码的形式存储起来，维修时只要调出故障代码，然后根据故障代码的有关提示，就可以有的放矢地去查找故障原因或部位了 添蓝液面高度显示　OBD报警灯　SCR系统故障指示灯
OBD插接件	右图所示为OBD插接件安装位置示意图，不同的车辆安装位置可能不一样。OBD插接件有16孔，截面呈梯形，是发动机、SCR后处理系统及OBD对外通信的接口，发动机系统、后处理系统以及OBD诊断工具都要通过该端口进行信息传输与故障诊断，是维修与OBD检测的专用接口。不同车辆上OBD接口的具体位置和调取故障代码的方法，通常在其维修手册上均有说明 安装支架　卡扣　OBD插接件

（2）常见故障处理方法

不同车辆柴油发动机上使用的尿素喷射SCR系统结构可能有一定的差别，但对常见故障处理的思路大同小异。表5-86列出了尿素喷射SCR系统常见故障处理方法。实际检修时，应优先读取故障代码，这样可以有的放矢地进行检查，避免走弯路。

表 5-86 尿素喷射 SCR 系统常见故障处理方法

故障现象	故障原因	处理方法
SCR 系统不能工作	系统供电电压消失或异常	查找供电电源消失或异常的原因并排除故障
	环境温度超过系统正常工作的温度范围	采取一定的措施使环境温度下降到系统正常工作温度的范围内
	尿素液力系统出现堵塞现象	查找堵塞的部位后，对堵塞部位进行清理并用清水进行清洗，堵塞严重的最好更换新件
	尿素太少或没有尿素	查找没有尿素或尿素太少的原因，并进行处理后，再添加尿素
	传感器本身或其连接线路不良或损坏	对传感器及其连接线路进行检查，如有必要，更换新的、同规格的传感器
	OBD 检测到系统内部出错	根据检测到的信息对有关部位进行检查，修理后还要检查是否仍有错误信息存在
	尿素管路泄漏	查找尿素管路泄漏的具体部位后，对其进行修理或更换新件
	尿素液力系统解冻加热功能失效	检查报错情况，然后根据实际情况对液力系统进行检查
	线束或插接件有断裂或损坏处	查找线束或插接件的损坏处，并进行修理或更换
	尿素泵出现堵塞现象	有条件的可以到指定维修点或自行进行修理，没有条件的只有更换新的、同规格的尿素泵
	液位传感器滤网堵塞	有条件的可以到指定维修点或自行进行修理，没有条件的只有更换新的、同规格的液位传感器
	传感器不匹配	更换新的、同规格的传感器
	不能建压	检查 OBD 系统故障信息，根据提示的信息进行相应的处理
		对于因尿素不合格导致的尿素泵堵塞现象，在故障处理后，应使用合格的尿素
		对于传感器反馈值不在泵正常工作要求范围内的情况，应查找原因并进行相应的处理
尿素喷射不稳定	泵压不稳定	检查是否有泄漏处；检查尿素是否干净；检查传感器提供的信息是否稳定；检查 OBD 信息提示情况并进行相应的处埋
	系统设置出现了变动	应重新对系统进行相应的设置
	传感器或其连接线路、插接件不良或损坏	查找出故障点后，修理或更换新的、同规格的配件

第6章 柴油发动机其他系统辅助装置

与电控燃油喷射柴油发动机配套的辅助装置较多，本章主要介绍供给系统(包括燃油供给、空气供给与废气排出)、冷却系统、启动系统、润滑系统中主要辅助装置，对于涡轮增压器则单独用一节来介绍。

6.1 柴油发动机燃油供给系统辅助装置

(1) 供油系统柴油箱

汽车柴油发动机供油系统使用的柴油箱主要是用来储存柴油的。表 6-1 中列出了汽车柴油发动机供油系统柴油箱的主要特点。

表 6-1 汽车柴油发动机供油系统柴油箱的主要特点

项目	具体说明
油箱内部	柴油箱的内部表面通常采用镀锌或锡的方式来防止生锈。在结构上，油箱内部一般采用隔板把油箱分成数格，以此来防止工作时由于配套机具运动(例如行驶的车辆引起油箱内柴油剧烈晃动而产生泡沫等)而影响柴油的正常供给
油箱加油口	为了防止颗粒较大的杂质随柴油带入油箱内，一般在油箱的加油口处设置铜丝滤网。加油口盖上还设置通气孔，以使油箱内部与大气保持相通，防止工作中油面下降时油箱内出现真空而影响供油
油箱下部	油箱下部设置了出油管与放油开关，出油管口通常高出油箱底平面，以防止箱底沉积的杂质由出油管口进入供油系统。油箱下部最低处还设置了放油螺塞，以便于清洗油箱时，将其底部的沉积物和水排出

(2) 供油系统柴油滤清器

汽车柴油发动机供油系统中使用的喷油泵、喷油器属于较精密的部件，其内部各零件之间的配合十分严密，配合间隙很小，有的间隙仅为 0.001～0.003mm，为了保证它们在很高的油压下正常工作，就必须使用较为洁净的柴油。

① 柴油滤清器的功能与类型见表 6-2。

表 6-2 柴油滤清器的功能与类型

项目	具体说明
功能	柴油滤清器的作用是滤除柴油中的尘土、水分以及其他机械杂质。如果柴油不洁净，即使很细微的杂质进入其中，均会加快喷油泵、喷油器等较精密部件的磨损，引起各种故障，影响工作性能和缩短使用寿命。因此，柴油在进入喷油泵前必须采取一定的滤清措施。柴油在注入油箱前必须经过 3～7 天的沉淀处理并在油箱上采用一些辅助措施，常见的措施就是在供油系统中设置滤清器
类型	柴油机使用的柴油滤清器主要有粗滤器与细滤器两种，但有单个粗滤器或细滤器和两级组合式粗滤器或细滤器之分。为了获得最佳的滤清效果，现在多数柴油机都采用两级组合式滤清器

② 柴油滤清器的安装位置见表 6-3。

表 6-3 柴油滤清器的安装位置

项目	具体说明
柴油粗滤器	柴油粗滤器通常安装在输油泵之前，其滤芯主要有金属缝隙式、片式、网式、纸质等几种。纸质滤芯由于具有滤清效果好、成本低、使用寿命长等特点，故得到了广泛应用
柴油细滤器	柴油细滤器通常安装在输油泵之后，用于滤除柴油中的微小杂质，滤芯主要有毛毡式、金属网式与纸质等几种

③ 柴油滤清器的基本组成与原理见表 6-4。

表 6-4 柴油滤清器的基本组成与原理

项目	具体说明	
基本组成	右图所示为柴油滤清器的典型结构示意图，主要由油杯和滤芯、顶簧、螺柱等组成。油杯是容器，滤芯位于油杯中	进油口 上盖 出油口 螺柱 滤芯 顶簧 油杯 密封圈
原理	来自油箱中的油经过上盖的进油口进入油杯，经过滤芯的过滤，杂质、水分等沉淀在油杯底部，干净的油透过滤芯从出油口进入发动机油路。油杯的另一个重要元件是位于中心处的一根直径约 8mm 的螺柱，透过它油杯可固定在滤清器上盖上	

④ 柴油粗滤器外形与特点见表 6-5。

表 6-5 柴油粗滤器外形与特点

项目	具体说明
外形	柴油粗滤器的典型外形如右图所示，用于滤除柴油中较大的杂质，以防细滤器被迅速堵塞而导致使用寿命缩短。进入粗滤器的柴油先会在下部的沉淀池内沉淀，沉淀物可以从排渣孔中被定期排出来
特点	粗滤器采用滤芯来滤清柴油，采用缝隙式滤芯时，当柴油从滤芯四周穿过缝隙继续向前流动时，大于缝隙尺寸的杂质就会被过滤在滤芯外面，由此达到了初步过滤柴油的目的

⑤ 柴油细滤器外形与特点见表 6-6。

表 6-6 柴油细滤器外形与特点

项目	具体说明
外形	柴油细滤器的典型外形如右图所示，用于滤除柴油中较小的细微杂质，该类杂质的粒子尺寸可小到数微米。细滤器通常采用纸或毛毡制成的滤芯，这两类不同的滤芯均利用其纤维间的微小缝隙来对柴油进行过滤
主要组成件的特点	毛毡滤芯可过滤 5～10μm 的杂质颗粒，由于其具有一定的机械强度与弹性，故脏后可以清洗并再次使用，大、中型柴油发动机上大都使用这类滤芯 纸滤芯过滤细度最小可达 5μm 以下，它的滤纸是采用树脂浸渍后而获得的一种特殊类型的滤纸，加工成形后还进行过热固化处理，故其不仅具有一定的机械强度和挺度，还具有良好的抗水性。滤纸是先加工成折扇形，然后再弯成圆筒形，该圆筒安装在滤清器座与壳体之间，上、下端面均设置有橡胶圈密封，以免柴油不通过滤纸而从接合面渗漏进滤芯内腔。滤芯上密布的微孔可以使柴油通过，把杂质滤除在外。由于这类滤芯重量轻、体积小、成本低、过滤性能好，故在中、小型柴油发动机上应用相当广泛，有的大功率柴油机也开始使用纸滤芯

⑥ 柴油组合滤清器的结构及其维护见表6-7。

表6-7 柴油组合滤清器的结构及其维护

项目	具体说明	
典型结构	以上所介绍的柴油粗滤器或细滤器都属于单级的，这类滤清器在早期生产的柴油发动机上得到了广泛的应用。为了使柴油过滤效果更好，现在多数的柴油发动机采用了两级组合方式的柴油粗滤器或细滤器，这类滤清器的典型结构如右图所示	油管接头衬套 出油管接头 出口 进口 橡胶密封圈 毛毡密封圈 滤油毡 滤油桶 外壳 紧固螺杆 绸滤布 滤芯衬垫 纸滤芯
维护	对于发动机上安装的是一次性不可拆洗式纸质滤芯柴油滤清器，应按照随车说明书中的更换周期要求进行更换。但如果所使用的柴油杂质少，也可以适当延长一些使用时间	

6.2 柴油发动机进、排气系统辅助装置

(1) 柴油发动机进、排气系统的结构与特点

表6-8列出了柴油发动机进、排气系统的典型结构和对进气温度的要求。

表6-8 柴油发动机进、排气系统的典型结构和对进气温度的要求

项目	具体说明
典型结构与特点	右图是一种应用在柴油发动机上的进、排气系统的典型结构示意图。灰尘是柴油发动机部件磨损的基本原因，大部分灰尘都是通过进气系统进入发动机的，而水会损坏和阻塞空气滤清器滤芯，还可能会腐蚀发动机和进气系统。为了排除这些不良因素，汽车柴油发动机进、排气系统在组成结构与选材上，都采取了相应的保护措施，例如设置空气滤清器，采用优质的材料制作进、排气管等
对进气温度的要求	右图所示为进气系统零件分解示意图。进入柴油发动机内空气的温度如果升高，就意味着空气的密度下降，由此会导致发动机排烟增加、功率下降、向冷却系统散热量增加、发动机温度升高。如果进气温度高于38℃后，每升高1℃，功率下降2%；进气温度超过40℃后，每升高1℃，发动机向冷却水散热量增加约3% 柴油发动机的工作温度理想值在16～33℃间。进气温度过低，会导致柴油无法被压燃、发火滞后、燃烧不正常

(2) 柴油发动机进气系统常用空气滤清器

电控柴油发动机进气系统常用空气滤清器来清洁吸入发动机气缸中的空气，空气滤清器是进气系统必备的一种装置。

① 空气滤清器的结构与作用见表 6-9。

表 6-9　空气滤清器的结构与作用

项目	具体说明	
典型结构	右图所示为空气滤清器的典型结构示意图，其主要由盖、衬垫、滤芯、壳体、底座、支架等组成	
作用	空气滤清器用于滤除流向进气管空气中所含的尘土和沙粒，减少气缸、活塞和活塞环的磨损，还可消除发动机进气行程中所产生的一定程度的噪声。当发动机运转时，新鲜空气由进气口进入空气滤清器内，经过纸质滤芯滤除污垢后，纯净的空气才会进入进气管	

② 空气滤清器的类型和适用场合。空气滤清器根据使用场合的不同主要分为轻型或普通型、中型与重型空滤式三类，这三类空气滤清器的特点与适用场合见表 6-10。

表 6-10　三类空气滤清器的特点与适用场合

项目	具体说明
轻型或普通型空气滤清器	轻型或普通型空气滤清器属于单级干式滤清器，适用于非公路上行驶车辆的使用
中型空气滤清器	中型空气滤清器属于两级滤清器，第一级为惯性式或离心式，第二级为干式纸质滤芯，适用于中度灰尘环境中的轻载车辆
重型空滤式空气滤清器	重型空滤式空气滤清器属于两级滤清器，第一级为惯性式或离心式，第二级为干式纸质滤芯，适用于重度灰尘环境中(通常还包括“安全”滤芯或第三级滤芯，用来在更换主滤芯时保护发动机)的车辆，右图为空气滤芯典型外形示意图

③ 空气滤清器的维护要求与维护方式见表 6-11。

表 6-11　空气滤清器的维护要求与维护方式

项目	具体说明	
维护要求	右图所示为一种典型的进、排气管外形示意图。一般国产中型载货汽车每行驶 20000km 左右，就应对空气滤清器进行一次清洁，并更换滤芯。轿车发动机的空气滤清器应按随车说明书的要求进行维护	
维护方式	维护时，先把滤芯从壳体中取出，放在平板上轻轻拍打或用压缩空气从里往外吹，但不能把纸质滤芯放在溶剂中浸泡。如果发现滤芯有破损现象，则必须更换新件，并把外壳清洗干净后才能装复	

(3) 柴油发动机排气系统

柴油发动机的排气系统主要由消声器、排气管和废气净化器等构成。消声器是用于降低排气噪声的机件，表 6-12 列出了消声器的作用、排气消声方法以及对消声器的基本要求。

表 6-12　消声器的作用、排气消声方法以及对消声器的基本要求

项目	具体说明
外形与作用	消声器的外形如右图所示。由于受排气门开闭与活塞往复运动的影响，废气在排气管中流动呈脉动形式，如直接将其排入大气，则会产生强烈的排气噪声，故在排气管口处通常都设置了排气消声器。其基本原理是消耗废气流的能量，并平衡气流的压力波动
排气消声方法	排气消声的方法常见主要有以下四种：多次改变气流方向；重复使气流通过收缩而又扩大的断面；把气流分隔成很多小的支流并沿着不平滑的平面流动；把气流冷却

续表

项目	具体说明
对消声器的基本要求	①消声器的消声性能要好，要能够根据排气噪声的频谱特性满足所需的消声量 ②消声器对气流的阻力要小，以便尽量减少柴油发动机的功率损失 ③消声器的内部结构应能够减少杂质沉积的可能，而且还应便于维护与保养 ④消声器的结构刚性要好，应避免因振动而辐射再生噪声。排气消声器的材料应能够承受排气高温，而且还要耐腐蚀

(4) 进、排气系统造成的柴油机故障及其检查项目与技术要求

进、排气系统造成的柴油机故障多为动力不足，了解进、排气系统造成的柴油机故障及其检查项目与技术要求，对快速判断故障性质并排除故障很有帮助。

① 胶管、环箍与空气滤清器的检查见表 6-13。

表 6-13 胶管、环箍与空气滤清器的检查

项目	检查方式	技术要求	
胶管、环箍的检查	眼睛观察	如右图所示，应重点检查进气胶管是否老化而出现了裂纹，环箍是否出现松动。如果进气胶管有裂纹，则应更换新件，环箍松动则应重新将其紧固牢固	
空气滤清器的检查	眼睛观察	对于空气滤清器的检查，可参考所修汽车维修手册或车辆使用说明书来进行，或在车辆每行驶 5000km 后更换一次	

② 三元催化器和进、排气管是否漏气及节气门的检查见表 6-14。

表 6-14 三元催化器和进、排气管是否漏气及节气门的检查

项目	使用的工具或仪表	技术要求
检查三元催化器	三元清洗剂	如果车辆行驶里程已经超过 200000km，则应更换新件。清洗三元催化器应在清洗节气门、喷油嘴与燃烧室之后进行。清洗过程中，怠速不宜太高，以免三元催化器过热
检查进、排气管是否漏气	眼睛观察、真空表检测	右图所示为各种外形不同的进气管示意图。不同的车型，所采用的进气管的外形也不完全相同。采用真空表检测真空度时，具体数值应参考维修手册或车辆使用说明书中的要求进行
检查节气门	节气门清洗剂	右图所示为节气门典型结构示意图。电子式节气门不可随意清洗，拆卸或直接喷洗后，均需要电脑对其进行设置或复位。如果清洗后不进行电脑设置，车辆会出现游车（怠速忽高忽低）、加不上油、尾气超标等不良后果

6.3 柴油发动机涡轮增压器

废气涡轮增压器简称涡轮增压器，是利用排气系统中的废气冲击泵轮来压缩进气系统中空气的，以便在加速和高负荷工况时提升发动机的输出功率。

(1) 功能、类型与特点

涡轮增压器也是发动机的辅助装置，通常用于对发动机进行增压，以此来提高发动机的输出功率。

① 涡轮增压器的功能与表示方式。涡轮增压器与发动机配套安装后，通常称该发动机为涡轮增压发动机。表 6-15 中列出了涡轮增压器的功能与表示方式。

表 6-15 涡轮增压器的功能与表示方式

项目	具体说明	
涡轮增压器功能	右图所示为安装了涡轮增压器的涡轮增压发动机外形示意图。汽车发动机安装废气涡轮增压器的目的，是为了利用发动机排气气流的动能，推动涡轮与压气机高速旋转，以此来对进气进行压缩，用于在加速和高负荷工况下增加进入气缸的空气量，使发动机的输出功率得到提高	
增压发动机表示方式	涡轮增压发动机是利用排气系统中的废气冲击泵轮来压缩进气系统中的空气的增压发动机，其英文称为 Turbocharger，通常轿车尾部看到的 1.6T、2.0T 等，数字后面的 T，就表示该车辆采用涡轮增压发动机	

② 涡轮增压器的类型与特点。涡轮增压器主要有可调叶片式与旁通支路式两种控制废气流量的方式。这两种涡轮增压器的主要特点如下。

a. 可调叶片式涡轮增压器的结构与特点见表 6-16。

表 6-16 可调叶片式涡轮增压器的结构与特点

项目	具体说明
结构与特点示意图	热 中冷器 发动机废气驱动泵轮 压缩并加热后的空气进入中冷器 空气入口 排气管 空气涡轮 废气泵轮 (a) 结构 (b) 进气口变小 (c) 进气口变大
结构说明	图(a)所示为可调叶片式涡轮增压器结构示意图，它是利用两个管子内部压力相同时，气体流过有颈缩的管子比流过没有颈缩的管子速度快很多这一原理制成的
特点说明	为了在发动机低速和满负荷工作时迅速产生足够的充气压力，可调叶片式增压器受控后，就会使其叶片转动而把进气口孔变小，如图(b)所示，当进气口变小后，废气的气流流速迅速增大，由此就提高了泵轮的转速→增压效果加大 如果需要减小充气压力，可转动可调叶片式增压器的可调叶片，使进气口变大，如图(c)所示，由此就会使废气流量增大，可以保证泵轮转速及充气压力恒定不变

b. 旁通支路式涡轮增压器的结构特点与废气阀见表 6-17。

表 6-17 旁通支路式涡轮增压器的结构特点与废气阀

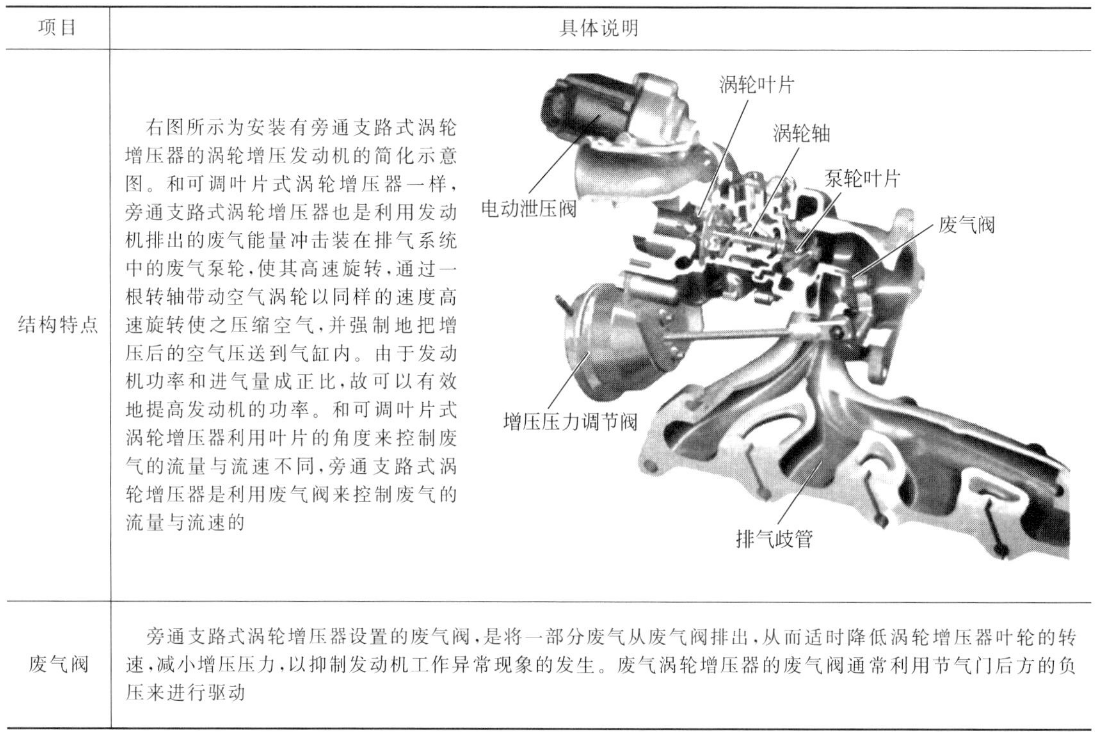

项目	具体说明
结构特点	右图所示为安装有旁通支路式涡轮增压器的涡轮增压发动机的简化示意图。和可调叶片式涡轮增压器一样，旁通支路式涡轮增压器也是利用发动机排出的废气能量冲击装在排气系统中的废气泵轮，使其高速旋转，通过一根转轴带动空气涡轮以同样的速度高速旋转使之压缩空气，并强制地把增压后的空气压送到气缸内。由于发动机功率和进气量成正比，故可以有效地提高发动机的功率。和可调叶片式涡轮增压器利用叶片的角度来控制废气的流量与流速不同，旁通支路式涡轮增压器是利用废气阀来控制废气的流量与流速的
废气阀	旁通支路式涡轮增压器设置的废气阀，是将一部分废气从废气阀排出，从而适时降低涡轮增压器叶轮的转速，减小增压压力，以抑制发动机工作异常现象的发生。废气涡轮增压器的废气阀通常利用节气门后方的负压来进行驱动

（2）工作过程

由于涡轮增压器使用过程中温度较高，故其结构上设计得比较特殊，在机油选取方面也有特殊要求。

① 涡轮增压器的典型结构见表 6-18。

表 6-18 涡轮增压器的典型结构

项目	具体说明	
结构示意图	废气涡轮增压器的结构形式较多，但通常都由废气涡轮与压气机两大部分共同构成。右图所示为废气涡轮增压器的典型结构示意图	排气管 喷嘴环 涡轮 转子轴 进气管 压气机壳 中冷器
示意图说明	废气涡轮增压器通常都采用离心式压气机，所以可以根据使用的涡轮机的类型将废气涡轮增压器分为两大类：一类为轴流式涡轮增压器，这类增压器广泛应用在船用大、中型柴油发动机上；另一类为径流式涡轮增压器，车辆上多采用这类增压器。但不管是哪一种类型的涡轮增压器，其整个增压过程基本上是不会消耗发动机本身的动力的。虽然涡轮增压器具有良好的加速持续性，而且最大转矩输出的转速范围宽，转矩曲线平直，但其低速时由于涡轮不能及时介入，因此动力性稍差一些	

② 涡轮增压器的工作过程见表 6-19。

表 6-19 涡轮增压器的工作过程

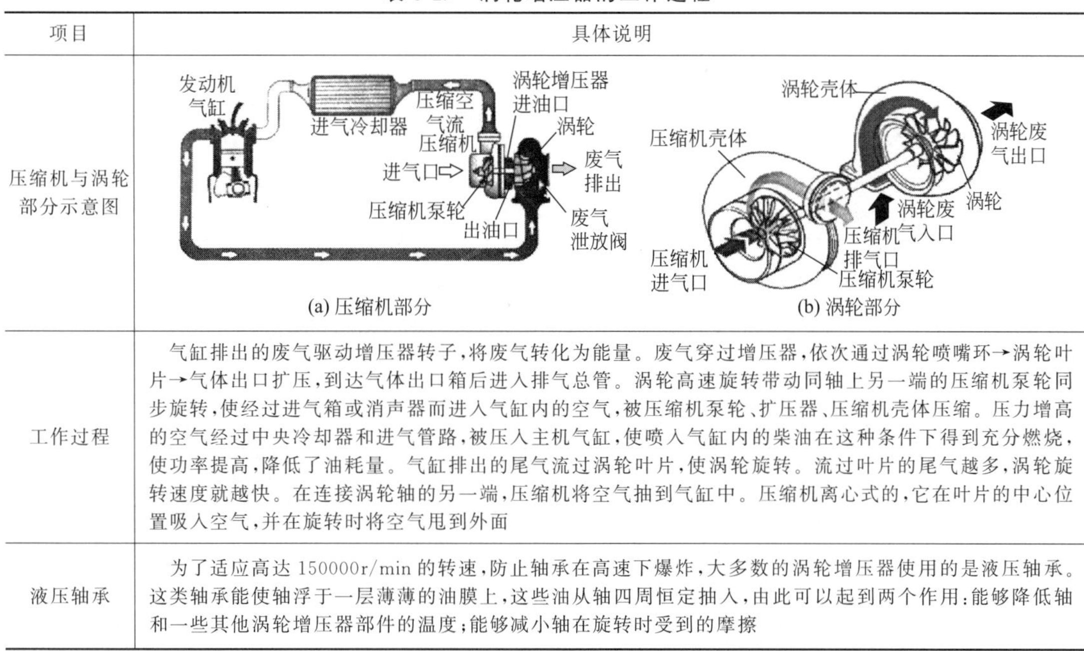

项目	具体说明
压缩机与涡轮部分示意图	(a) 压缩机部分　(b) 涡轮部分
工作过程	气缸排出的废气驱动增压器转子，将废气转化为能量。废气穿过增压器，依次通过涡轮喷嘴环→涡轮叶片→气体出口扩压，到达气体出口箱后进入排气总管。涡轮高速旋转带动同轴上另一端的压缩机泵轮同步旋转，使经过进气箱或消声器而进入气缸内的空气，被压缩机泵轮、扩压器、压缩机壳体压缩。压力增高的空气经过中央冷却器和进气管路，被压入主机气缸，使喷入气缸内的柴油在这种条件下得到充分燃烧，使功率提高，降低了油耗量。气缸排出的尾气流过涡轮叶片，使涡轮旋转。流过叶片的尾气越多，涡轮旋转速度就越快。在连接涡轮轴的另一端，压缩机将空气抽到气缸中。压缩机离心式的，它在叶片的中心位置吸入空气，并在旋转时将空气甩到外面
液压轴承	为了适应高达 150000r/min 的转速，防止轴承在高速下爆炸，大多数的涡轮增压器使用的是液压轴承。这类轴承能使轴浮于一层薄薄的油膜上，这些油从轴四周恒定抽入，由此可以起到两个作用：能够降低轴和一些其他涡轮增压器部件的温度；能够减小轴在旋转时受到的摩擦

(3) 维护与检测

排气系统堵塞、使用维护不当等均会对涡轮增压器产生一定的影响，必须对其进行正确维护与保养。

① 机油的选用与保养周期见表 6-20。

表 6-20 机油的选用与保养周期

项目	具体说明
机油选用	由于涡轮增压器在使用过程中温度较高，且其结构较为复杂，故在选用机油时有特殊的要求。一般的发动机机油不能满足涡轮增压器车型的使用要求，一定要选用涡轮增压车辆专用的机油
保养周期	当涡轮增压车辆（也就是车辆尾部有字母“T”的）长期在城市道路上行驶时，涡轮增压系统并不起太大作用，长时间堵车可能会产生积炭。过多的积炭，不仅会影响发动机的工作，对涡轮增压系统也会造成损害。故建议在 20000～30000km 期间进行保养时为车辆清除积炭

② 正确使用涡轮增压器的基本要求见表 6-21。

表 6-21 正确使用涡轮增压器的基本要求

项目	具体说明
启动	由于涡轮增压器多位于发动机的顶部，如右图所示，而所用的机油来自发动机的油底壳，机油经过机油冷却器和机油滤清器之后，才能到达涡轮增压器，中间需要一个较长的过程。因此，废气涡轮增压车辆应当轻踩加速踏板启动，升温前不加速。这是为了确保增压器全浮式轴承的润滑。发动机着火后，尤其是在冬天，应使车辆怠速运转一段时间，以便在增压器转子高速运转之前让润滑油充分润滑轴承。车辆刚启动后不要猛踩加速踏板，以防损坏增压器油封 进气凸轮轴　排气凸轮轴　涡轮增压器　排气门　活塞　连杆

续表

项目	具体说明
怠速	应尽量避免增压器长时间怠速运转。如果增压器长时间(10min以上)怠速运转,因涡流室与压气机中的压力比较低,少量润滑油有可能通过密封件渗漏进来,使压气机叶轮上黏附润滑油,从而会使增压器的工作效率降低
熄火	具有增压功能的发动机,当发动机大负荷、长时间运行后,在熄火之前应怠速运转3～5min,使增压器转子的转速降下来以后再熄火

③ 正确安装涡轮增压器的管路、故障检测与检修见表6-22。

表6-22 正确安装涡轮增压器的管路、故障检测与检修

项目	具体说明
管路安装方面	① 增压器中间壳体上的机油进油口与出油口应垂直安装。出油口从增压器接出后,应逐渐弯曲并连接到曲轴箱,中途不得有“死弯”,以免回油不顺畅而迫使机油向涡轮室或压气机渗漏 ② 应保持增压器中间壳体回油通道的畅通、管道不变形、密封件(密封环、油封)完好无损
检测方面	在检测废气涡轮增压发动机的过程中,应防止发动机熄火。如果涡轮增压发动机在大负荷状态下熄火,应设法重新启动,以防热量大量聚积而导致增压器的轴承抱死
防运动干涉	在检修过程中,一定要防止运动干涉现象的发生。发动机一熄火马上倾听叶轮与泵壳之间有无“嚓嚓”声。如果有此声音,则应检查转子轴的轴向间隙与径向间隙是否符合规定、浮动轴承是否严重磨损、增压器机壳是否变形、转子轴是否失去平衡等

④ 涡轮增压器工作性能的判断见表6-23。

表6-23 涡轮增压器工作性能的判断

项目	具体说明
手感法	采用手感的方法判断废气涡轮增压器的工作性能是否正常时,需要两个人配合进行,一个人踩住加速踏板,将发动机加速到3000r/min以上,使废气涡轮增压器起作用。另一个人用手握住节气门之前的进气软管,进气软管应有膨胀感觉,此时软管内的气体压力激增(在160～180kPa之间)。如果手感进气管柔软甚至收缩,则该涡轮增压器工作异常或没有工作
测压法	这种方法的实质就是检测发动机进气管压力。可用涡轮增压器压力表在涡轮增压器起作用时,检测进气管的压力应＞102kPa,在发动机熄火后,进气管的压力应等于大气压力

(4) 正确的更换方法

涡轮增压器如果更换不当轻者会造成其不能完好地发挥应有的作用,重者甚至会损坏新换的涡轮增压器。正确更换涡轮增压器,主要有以下四个步骤。

① 步骤1——清洁润滑油道(表6-24)。

表6-24 步骤1——清洁润滑油道

项目	具体说明	
放干净旧机油	右图所示为设置有涡轮增压器的发动机的典型结构示意图。在发动机热机时,停机放干净油底壳内的旧机油	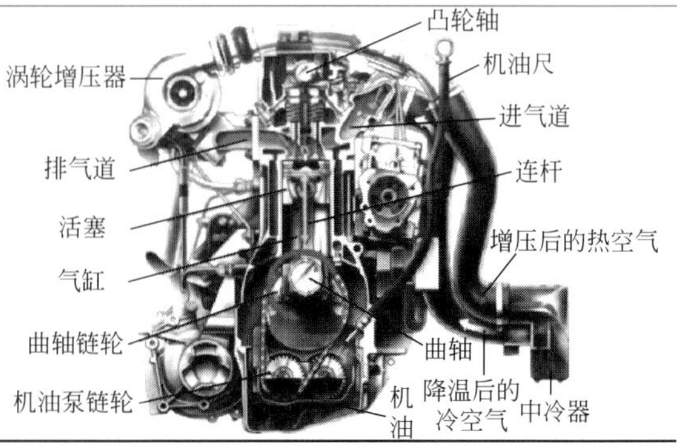
加注适量的清洗油	然后再向发动机内加注适量的清洗油(采用75%柴油与25%的机油勾兑),启动发动机使其运转3～5min后熄火,放掉清洗油,再加入适量的新机油,在发动机运转5～10min后熄火,放掉新机油。这样做的目的,就是反复对润滑油道进行清洗,使其干净	

② 步骤2——清洗与检查零件（表6-25）。

表6-25 步骤2——清洗与检查零件

项目	具体说明
进、回油管	清洗或更换增压器进、回油管，若有密封垫片，则应检查其是否有腐蚀、变形或堵塞现象存在
油底壳	对油底壳进行清洗，更换机油滤清器与空气滤清器滤芯，然后按规定给发动机内添加新机油
涡轮增压器	拆卸损坏的涡轮增压器，直观检查增压器进气管和发动机排气管内是否有杂物存在，以防杂物打坏泵轮、涡轮等

③ 步骤3——检查与安装新增压器（表6-26）。

表6-26 步骤3——检查与安装新增压器

项目	具体说明	
检查	右图所示是一种典型的废气涡轮增压器外形示意图。对需要更换的新废气涡轮增压器进行检查，主要应检查其外观是否完好，观察其铭牌上的型号是否和发动机相匹配，转子转动是否灵活。如果泵轮滞转或存在碰擦壳体的情况，则应查明原因后再安装	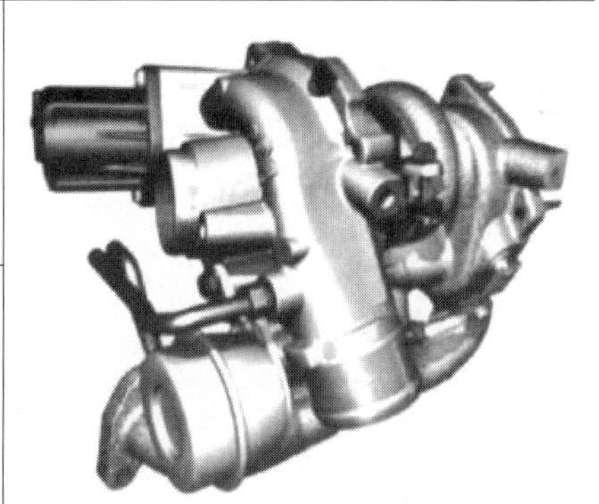
安装	对新增压器进行安装时，应先连接回油管，再向其进油口处加注少量机油，然后用手转动泵轮，直到润滑油到达各个轴承表面，最后安装进油管以及其他管道	

④ 步骤4——试验检查。涡轮增压器安装好经检查没有遗漏后，就可启动发动机使其怠速工作3～5min后，直观检查增压器，应无漏油漏气现象存在，所有连接部件应紧固密封，然后逐渐深踩加速踏板，如果没有异常现象则说明更换成功。

⑤ 正确更换涡轮增压器必须注意的问题见表6-27。

表6-27 正确更换涡轮增压器必须注意的问题

项目	具体说明
确保油、气道干净	在安装新的涡轮增压器之前，一定要确保油、气道的干净，要确保增压器进、回油管路的清洁畅通、布置合理适当，不能出现扭曲阻塞现象，增压器与进、排气道内也不能有任何异物存在。新增压器使用之前，需要进行预润滑，但加入的机油不能浸没增压器
安装方面	①增压器的废气阀、调节阀及与其相连接的零件不可随便拆装或更换，以防调节阀内的弹簧预紧力被改变而无法复原，从而对增压器的正常工作压力产生影响 ②在安装新的增压器时，应轻拿轻放，不能将废气阀的推杆作把手用，以防废气阀执行机构的灵敏度与可靠性受到影响

(5) 常见故障原因

废气涡轮增压器常见故障及其原因较多，但从大量的维修实际情况来看，可以将其归纳为以下几个方面。

① 润滑滞后引起的废气涡轮增压器常见故障及其原因见表6-28。

表 6-28 润滑滞后引起的废气涡轮增压器常见故障及其原因

项目	具体说明	
润滑滞后引起的故障	右图所示为因润滑滞后引起的几种故障的典型示意图	 (a) 浮动轴承磨损处  (b) 止推轴承磨损处  (c) 涡轮部件高温变色  (d) 止推轴承高温变色
故障原因	①进油管受阻(或流通截面过小)或破裂;②机油等级不够,机油滤清器阻塞;③车辆频繁启动、停机时驾驶员没有正规操作造成增压器润滑滞后,或增压器长时间没有使用,未进行润滑;④机油污染;⑤发动机缺机油或机油压力低,中间壳进油口阻塞	

② 异物引起的废气涡轮增压器常见故障及其原因见表 6-29。

表 6-29 异物引起的废气涡轮增压器常见故障及其原因

项目	具体说明
异物引起的故障	右图所示为因异物引起的两种故障的典型示意图。异物引起的故障主要有压叶轮打坏、涡轮部件深度划伤、浮动轴承内孔和外圆划伤、中间壳内孔严重划伤,或出现阻塞现象  (a) 压叶轮损坏 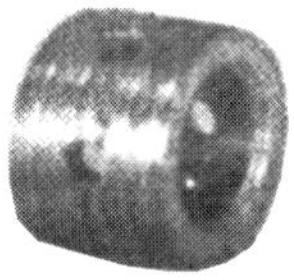 (b) 浮动轴承损坏
故障原因	①机油滤清器没有按规定要求更换,导致滤清器阻塞;②维修保养时脏物进入;③没有使用发动机厂家指定规格的滤清器;④制造过程中产生的毛刺没有清除干净

③ 过热引起的废气涡轮增压器常见故障及其原因见表 6-30。

表 6-30 过热引起的废气涡轮增压器常见故障及其原因

项目	具体说明
过热引起的故障	过热引起的故障主要有涡轮部件积炭,中间壳油路积炭,浮动轴承内孔、外圆积炭。右图所示为两种因过热引起的故障示意图 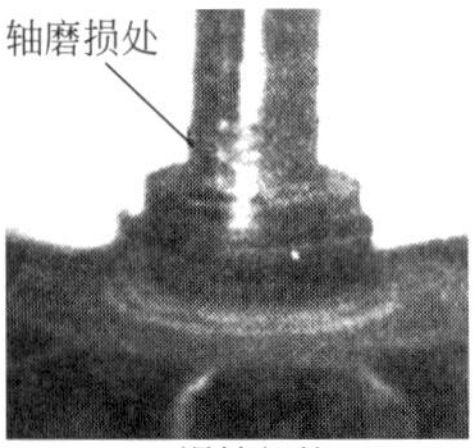 轴磨损处 油路产生积炭 (a) 涡轮部件 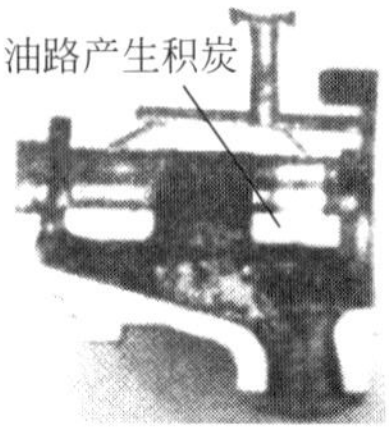 (b) 中间壳
故障原因	①排温过高;②机油温度过高;③反复热停车造成润滑油没有及时冷却;④空气滤清器堵塞;⑤劣质机油引起积炭

④ 转子不平衡引起的废气涡轮增压器常见故障及其原因见表 6-31。

表 6-31 转子不平衡引起的废气涡轮增压器常见故障及其原因

项目	具体说明
转子不平衡引起的故障	转子不平衡引起的故障主要有转子部件处浮动轴承区域单边磨损，浮动轴承或止推轴承单边磨损，压叶轮叶片碰坏，定距止推套及轴封烧坏或磨损。右图所示为转子不平衡引起的故障示意图 (a) 涡轮轴 (b) 转子部件 (c) 压叶轮 (d) 定距止推套及轴封 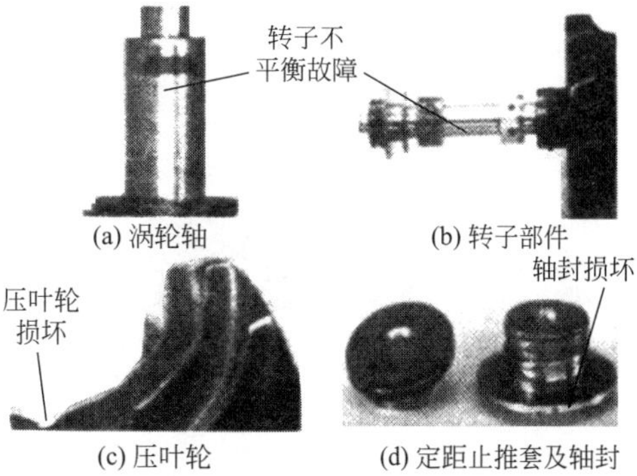
故障原因	①压叶轮或涡轮叶轮损坏；②动平衡刻线没有对准；③更换转子之前没有进行动平衡；④安装零件的方法不正确

6.4 柴油发动机润滑系统辅助装置

为了减轻磨损，减小摩擦阻力，延长发动机的使用寿命，电控柴油发动机上都必须有润滑系统。这一节介绍润滑系统的主要辅助装置。

(1) 机油散热器的结构特点

在某些大功率的柴油发动机上，除了利用油底壳对机油进行散热外，还专门设置了机油散热装置。机油散热器主要有普通型与特殊型两大类。

① 普通型机油散热器的结构特点见表 6-32。

表 6-32 普通型机油散热器的结构特点

项目	具体说明
结构特点示意图	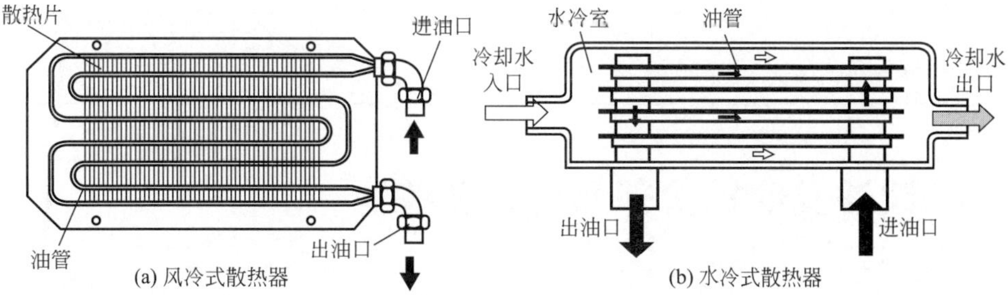 (a) 风冷式散热器 (b) 水冷式散热器
示意图说明	机油散热器与冷却液散热器的结构十分相似，通常设置在冷却液散热器前面，利用风扇风力使机油冷却。机油散热器主要有空气冷却(又称风冷)式与水冷却式两大类。图(a)所示为风冷式机油散热器典型结构示意图，它是一种利用空气为介质带走机油热量的机油冷却装置；图(b)所示为水冷式机油散热器典型结构示意图，它是一种利用水为介质带走机油热量的机油冷却装置，该装置主要由带散热片的油管与水冷室等组成

② 特殊型机油散热器的结构特点见表 6-33。

表 6-33 特殊型机油散热器的结构特点

项目	具体说明
结构特点示意图	滤清器 机油散热器 机油 机油滤清器 机油冷却器 冷却液 (a) 轿车 (b) 其他车辆
示意图说明	图(a)所示为应用在轿车上与滤清器组合在一起的特殊型机油散热器示意图。这类散热器是利用冷却系统的冷却液流经散热片间的缝隙,从而带走机油热量的,从机油滤清器出来的机油,经冷却后再流入主油道。图(b)所示为应用在其他汽车上滤清器与冷却器组合在一起的特殊型机油散热器示意图

(2) 机油冷却器的结构特点

在某些大功率的柴油发动机上，除了设置机油散热装置外，还设置了机油冷却器。表 6-34 列出了常用机油冷却器的结构特点。

表 6-34 常用机油冷却器的结构特点

项目	具体说明
类型	机油冷却器是利用发动机冷却液来对机油进行冷却的。冷却器油路和主油路串联,由于冷却液温度可自动控制,因此也使润滑油温度得到一定控制。这类冷却器主要有风冷式与水冷式两大类
风冷式特点	风冷式机油冷却器的外形很像一个小型散热器,是利用车辆行驶时的迎面风来对机油进行冷却的。由于这种冷却器散热能力大,故多在热负荷大的柴油发动机上使用。不过,由于这类机油冷却器在发动机启动后,需要较长的暖机时间才能使机油达到正常温度,故在普通轿车上应用较少
水冷式特点	水冷式机油冷却器的外形尺寸较小,设置占用的空间较小,故布置灵活,也不会造成机油冷却过度,机油温度稳定,故轿车上普遍采用这类冷却器

6.5 柴油发动机冷却系统辅助装置

冷却系统用于使工作中的电控柴油发动机得到适度的冷却，从而使其始终在最适宜的温度范围内工作。这一节介绍冷却系统的主要辅助装置。

(1) 节温器的结构与原理

发动机通过节温器来改变流经散热器的冷却水量，以改变冷却强度。常用的节温器有折叠式和蜡式。

① 节温器的外形、结构与功能见表 6-35。

表 6-35 节温器的外形、结构与功能

项目	具体说明
外形与结构示意图	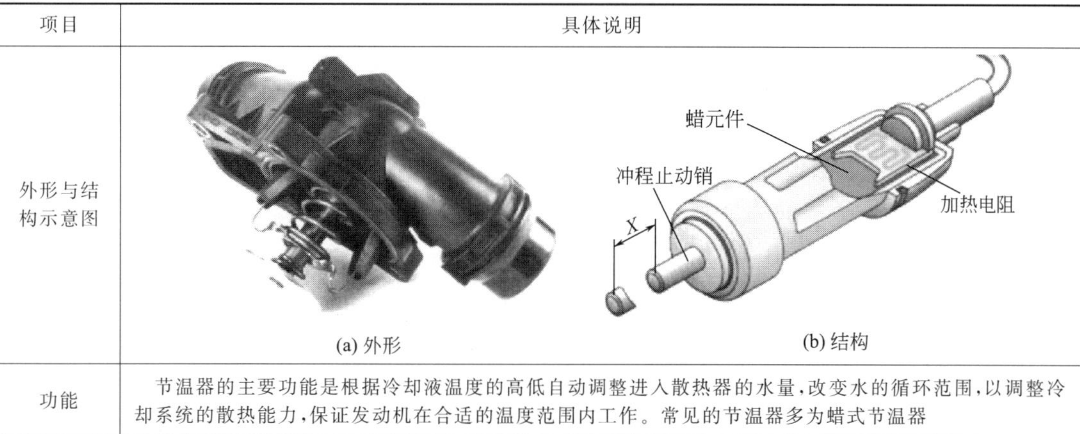 (a) 外形 (b) 结构
功能	节温器的主要功能是根据冷却液温度的高低自动调整进入散热器的水量，改变水的循环范围，以调整冷却系统的散热能力，保证发动机在合适的温度范围内工作。常见的节温器多为蜡式节温器

② 节温器的循环原理见表 6-36。

表 6-36 节温器的循环原理

项目	具体说明	
小循环	右图所示为节温器控制原理示意图。小循环是指冷车启动后，发动机逐渐升温，冷却液的温度还无法打开系统中的节温器，此时的冷却液不经过散热器，仅在冷却液泵与发动机水套之间循环流动，冷却液的这种流动方式即为小循环。其目的是使发动机尽快达到正常工作所需的温度	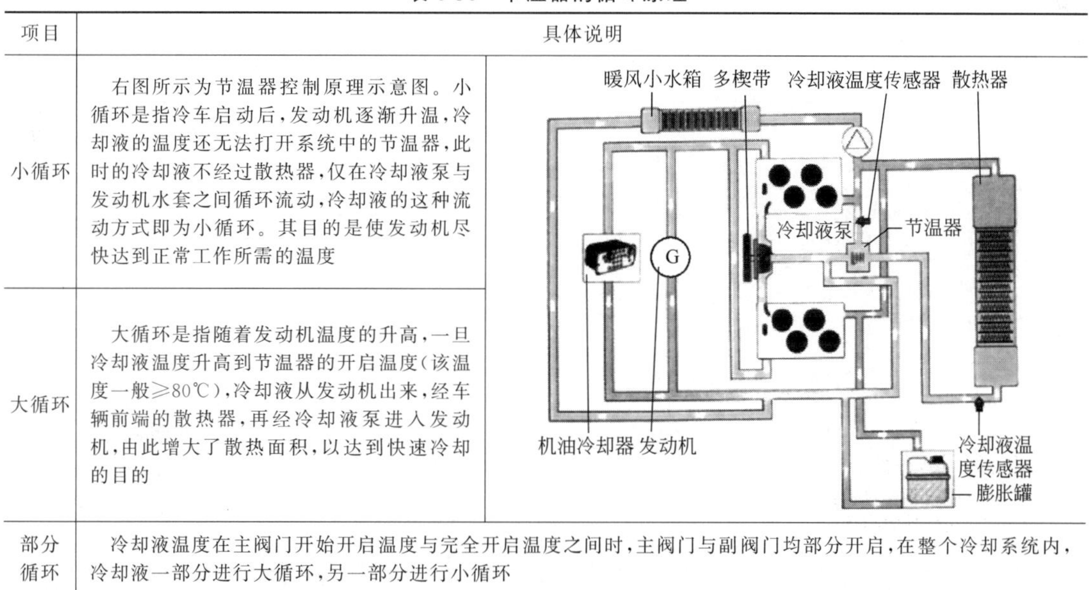
大循环	大循环是指随着发动机温度的升高，一旦冷却液温度升高到节温器的开启温度（该温度一般≥80℃），冷却液从发动机出来，经车辆前端的散热器，再经冷却液泵进入发动机，由此增大了散热面积，以达到快速冷却的目的	
部分循环	冷却液温度在主阀门开始开启温度与完全开启温度之间时，主阀门与副阀门均部分开启，在整个冷却系统内，冷却液一部分进行大循环，另一部分进行小循环	

③ 蜡式节温器内部结构与工作原理见表 6-37。

表 6-37 蜡式节温器内部结构与工作原理

项目	具体说明
内部结构与工作原理示意图	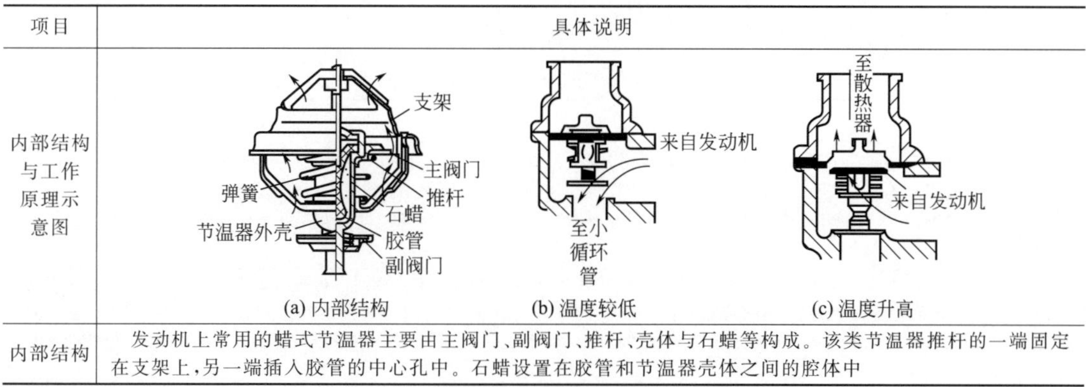 (a) 内部结构 (b) 温度较低 (c) 温度升高
内部结构	发动机上常用的蜡式节温器主要由主阀门、副阀门、推杆、壳体与石蜡等构成。该类节温器推杆的一端固定在支架上，另一端插入胶管的中心孔中。石蜡设置在胶管和节温器壳体之间的腔体中

续表

项目	具体说明
原理	当温度较低时，石蜡呈固态，节温器中的主阀门被弹簧推向上方和阀座压紧，处于关闭状态，此时，副阀门开启，冷却液进入小循环方式，来自发动机水套的冷却液经副阀门、小循环管直接进入水泵，再被泵回到发动机水套中 当温度升高时，石蜡逐渐熔化为液态，体积膨胀，迫使胶管收缩对推杆端部产生向上的推力，由于推杆固定在支架上，推杆对胶管、节温器壳体产生向下的反推力。一旦冷却液温度升高到一定值→反推力克服弹簧的弹力使胶管、节温器壳体向下运动→主阀门开始开启，同时副阀门开始关闭。当冷却液温度进一步升高到一定值→主阀门完全打开、副阀门也正好关闭小循环水路，此时，来自发动机水套的冷却液全部经过散热器进行大循环 主阀门开始开启到开到最大时的温度值，不同的车型有一定的差异，例如有的主阀门开始开启温度为75℃，有的为85℃，而完全开启时的温度有的为85℃，有的为105℃或120℃

(2) 节温器的检测与维修

蜡式节温器的安全寿命通常在50000km左右。由于其安全寿命较短，而且失效后无法修复，因此必须按照其安全寿命的要求定期进行更换。表6-38列出了柴油发动机冷却系统常用节温器的检测与维修方法。

表 6-38 柴油发动机冷却系统常用节温器的检测与维修方法

项目	具体说明
阀门的检修	先检查节温器阀门的工作状况：检查阀门能否严密关闭；检查阀门弹簧是否变形、失效；检查橡胶阀门是否老化、变形、扭曲；检查阀门处是否有污垢黏附，如果有，应对其进行彻底清理。然后根据阀门的工作状况，如果有使阀门失效的情况，均应考虑更换节温器；检查节温器排气阀处是否被污垢堵塞，发现问题应及时处理
检测方法	不同型号的节温器，其阀门的开启温度也不一样。例如A型节温器的阀门开始开启温度为(82±1.5)℃，阀门全部开启温度为(95±1.5)℃，而有的发动机安装的节温器在冷却液温度为80～83℃时，节温器的阀门开始开启，当冷却液温度为95℃时，节温器阀门完全打开。注意阀门的升程不应小于8mm。检测节温器时应先搞清所检测节温器的有关参数后再进行，以防误判 节温器好坏的检测如右图所示，可将其放到一个充满水的容器中加热，同时用温度计(表)对被加热的水温进行监测。当水温达到约87℃(车型不同，该温度值也不一样)时，观察节温器的阀门必须开启；水温达到120℃(车型不同，该温度值也不一样)时，节温器的阀门必须完全打开，也就是阀门的升程应达到要求的高度，阀门最低行程为7mm(车型不同，该数值也不一样)。如果观察到的结果与上述不符，则说明被检测的节温器有问题，不能继续使用

(3) 电动风扇热敏开关的检测与维修

电动风扇热敏开关应用于发动机冷却系统时，通常与电动风扇配合构成冷却强度调节系统。

① 热敏开关的作用与故障部位的判断见表6-39。

表 6-39 热敏开关的作用与故障部位的判断

项目	具体说明
作用	电动风扇热敏开关用于控制冷却风扇的工作，通常在冷却液温度低于一定值(例如88～93℃，车型不同，温度范围也不一样)时，该开关处于断开状态，冷却风扇不会工作；一旦冷却液温度达到一定值(例如93～98℃，车型不同，温度范围也不一样)时，电动风扇热敏开关就会自动接通，冷却风扇得电工作，强制为冷却液进行散热
故障部位的判断	对于由电动风扇热敏开关组成的强制冷却系统故障原因或部位的判断，可在冷却液温度高于98℃(车型不同，最高温度值可能不一样，应查阅故障车辆的维修手册来确定)时，观察冷却液电动风扇是否开始运转。如果观察到风扇不转，应先对保护风扇电动机的熔断器进行直观检查，看其是否熔断。观察到的情况可能有以下两种

续表

项目	具体说明
故障部位的判断	如果熔断器熔断，则说明风扇电动机供电回路可能有严重漏电、短路或搭铁现象存在，例如风扇电动机线圈有局部短路现象等，应查找故障原因并进行处理 如果观察到熔断器完好，拔下热敏开关插头，用短导线将其插座的两插片直接接通，观察风扇是否能够运转。观察到的情况可能有以下两种：如果此时风扇仍然不能运转，则说明电动冷却风扇电动机本身已经损坏，应更换新的、同规格的配件；如果此时风扇可以运转，则说明控制电动冷却风扇电动机工作的热敏开关本身已经损坏，应更换新的、同规格的配件

② 热敏开关的检测与维修见表6-40。

表6-40 热敏开关的检测与维修

项目	具体说明
热敏开关的检修	热敏开关本身是否损坏，也可采用指针式万用表对其进行检测，具体方法如右图所示。检测时，先将热敏开关拆下来放进可以进行加热水的容器中，把万用表的两表笔与热敏开关的接线端与外壳相连接，万用表置于 $R\times10$ 电阻挡，然后逐渐对容器中的水进行加热，同时采用温度计对加热的水温进行监测。当被加热的水温升高达到一定值（例如93～98℃，车型不同，温度范围也不一样）时，万用表指针的示值应近于零，说明热敏开关的导通状态正常；然后停止对水加温，使水温逐渐下降，当水温下降到一定值（例如83～93℃，车型不同，温度范围也不一样）时，万用表指针的示值应处于∞，说明热敏开关的断开状态正常。如果检测到的情况不符合上述规律，则说明热敏开关本身不良或损坏，应更换新的、同规格的配件 散热器热敏开关 温度计
注意事项	当发现热敏开关损坏更换新的热敏开关进行安装时，应注意其拧紧力矩要控制在25N·m左右，以防新配件再次损坏

6.6 柴油发动机启动系统辅助装置

汽车柴油发动机的压缩比、启动阻力矩均较大，加之柴油发动机为压缩自燃方式，故低温启动性能很差。为了改善低温启动性能，柴油发动机设置有启动辅助装置。

(1) 类型与特点

柴油机所用的启动系统辅助装置的作用是降低启动阻力矩和改善燃料的着火条件，常用减压和预热方式来满足这两方面的要求。

① 柴油机常用减压装置的结构与特点见表6-41。

表6-41 柴油机常用减压装置的结构与特点

项目	具体说明
结构	降低柴油发动机启动阻力矩的方法是在其配气机构的摇臂上加装减压装置，减压装置如右图所示。减压装置既可驱动气门摇臂，也可驱动气门挺杆，压下进气阀来实现减压，使气缸通过空气滤清器和大气连通 手柄 减压轴 锁紧螺母 调整螺钉 气门机构 (a) 非减压位置 (b) 减压位置
特点	在启动柴油发动机时，人工先把每个气缸的节气门压下1～1.5mm，以减小初次压缩空气的阻力，提高启动转速。一旦曲轴转速较高时，突然放松减压装置，旋转件的动能就会使压缩终了的温度提高而使柴油着火燃烧

② 启动预热装置的作用见表 6-42。

表 6-42 启动预热装置的作用

项目	具体说明	
需要预热装置的原因	柴油发动机不像汽油发动机那样采用火花塞点火，而是采用压燃方式，也就是依靠压缩气缸内的空气形成高压和高温(477～727℃)，再由喷油器喷出雾状燃油而自燃，故柴油机对进入气缸的空气温度有一定的要求	
预热方式	在柴油发动机冷态启动时，即使气缸内的空气压缩得很充分，压缩压力也会从燃烧室泄漏一部分(见右图)，加上发动机启动时曲轴转速慢，机体温度低，柴油比较容易结蜡，故在有些情况下，喷入气缸的燃油并没有升温到自燃温度，需要借助预热装置来改善启动时的着火性能。柴油发动机的启动预热装置大多数是对吸入的空气进行加热	燃烧室 压缩温度上升程度不同 压缩压力的泄漏 活塞 曲轴的转速低
预热装置的作用	柴油发动机启动预热装置的作用，是在发动机冷态启动之前对吸入的空气进行加热，以此来提高发动机的启动性能。即使在启动后，依据当时的冷却液温度，对空气继续加热一定时间，还可以减少柴油发动机的爆震和冒白烟	

③ 启动预热装置的类型见表 6-43。

表 6-43 启动预热装置的类型

项目	具体说明	
火焰预热装置	火焰预热装置通常都安装在进气管上，通过点燃喷入进气道的柴油对进气进行加热。当发动机内冷却水的温度低于 0℃时，该装置就自动启动。驾驶员在启动发动机的过程中，先将点火钥匙开关置于预热挡，一段时间后，预热指示灯熄灭后，驾驶员就可以启动发动机了	
电热丝式预热器	电热丝式预热器是利用电热丝直接对进气进行加热的，其安装位置如右图所示。小型直喷式柴油机通常安装在燃烧室(或涡流室)的内壁，如图(a)所示；大功率直喷式柴油发动机通常安装在进气管上，如图(b)所示	涡流室加热 预热塞 涡流室 (a) 小型直喷式柴油机 进气管加热 进气管 电热丝 (b) 大功率直喷式柴油机
PTC 空气加热器	PTC 空气加热器用于将电能产生的热量事先储存在加热器中，启动时热空气首先进入气缸，使发动机顺利启动。当驾驶员要启动发动机时，先按下预热开关，一段时间后，蜂鸣器开始鸣叫时，就说明预热加热完毕，驾驶员就可以将预热开关复位，然后就可以启动发动机了	

④ 启动预热指示灯的工作情况见表 6-44。

表 6-44 启动预热指示灯的工作情况

项目	具体说明	
预热指示灯工作情况	为了监测预热器电路是否接通并发挥作用，柴油机预热系统大都设置了预热指示灯。右图所示为安装在组合仪表内的预热指示灯的工作过程示意图。当接通(ON)钥匙开关后，预热指示灯点亮(见右图中向右指向箭头后显示的灯丝符号)，指示预热装置进入加热状态，一旦显示的灯丝符号消失(见右图向左第 1 个箭头后的空白显示)，就可以启动(START)发动机了	ON START
说明	如果预热指示灯不亮，则说明预热器没有工作，或已损坏。预热指示灯的发光时间根据冷却液的温度或发动机的型号不同而不一样。但通常预热指示灯熄灭时，都表示发动机已经做好了预热准备	

（2）启动预热装置的工作原理

目前，应用在柴油发动机上的启动预热装置多为火焰预热装置与电热丝式预热装置。这两类预热装置的工作情况如下所述。

① 火焰预热装置的结构特点和工作原理见表6-45。

表6-45 火焰预热装置的结构特点和工作原理

项目	具体说明
结构特点	火焰喷射式预热器有一个线胀系数较大的管状阀体，管内有空腔，顶端有油管接头，通过输油管和专用的小燃油箱连通，下部依靠螺纹与阀芯固结在一起，阀芯的顶端把小油孔封闭。在阀体的外面，绕有镍铬电热丝，电热丝的一端和外壳相连后搭铁，另一端与接线柱相连。预热器没有工作时，在阀体冷缩的作用下，阀芯锥形的尖端把小油孔封闭
工作原理	在寒冷的季节需要启动柴油机时，先把启动开关置于预热挡，火焰预热装置电路被接通后，其阀体受热伸长→阀芯下移→小油孔被打开→燃油从阀体下端汽化喷出，遇到高温的电热丝后形成火焰，进入气缸的空气就会被加热。为了保证火焰的稳定，提高加热效果，火焰预热装置还设有稳焰罩

② 电热丝式预热器结构特点与安装方式见表6-46。

表6-46 电热丝式预热器结构特点与安装方式

项目	具体说明
结构示意图	电热丝式预热器主要有内装阻丝式与外装阻丝式两大类。右图所示为这两类预热器的结构示意图。现在的柴油车大都采用内装阻丝式电热塞。电热丝式预热器主要由螺旋管状的铁镍铬电阻丝、耐热不锈钢发热体钢套、中心螺杆、绝缘体与外壳等构成。电热丝式预热器的内部电路为：中心螺杆→电阻丝→发热体钢套→外壳→搭铁。电热丝的接线方式有并联和串联两种，通常采用并联方式 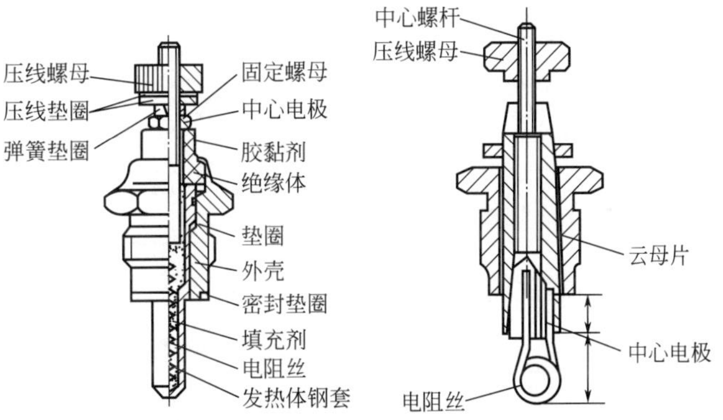 (a) 内装阻丝式 (b) 外装阻丝式
特点	电热丝式预热器的工作电流通常在2～6A之间，温度可升到约900℃，正常使用寿命在1000次以上
安装方式	电热丝式预热器简称电热塞或预热塞，通常采用螺纹拧紧在气缸盖上，下端炽热的电热丝伸入气缸的预燃室或燃烧室内

③ 电热丝式预热器的工作原理见表6-47。

表6-47 电热丝式预热器的工作原理

项目	具体说明
电热丝式预热器外形及其工作特性曲线与工作原理	右图所示为使用在丰田系列汽车上的自控温度式电热丝式预热器外形及其工作特性曲线。该电热丝式预热器的内部设置了随温度上升而电阻值变大的控制线圈，依靠该线圈所增加的电阻来降低流向与控制线圈串联连接的热线圈的电流量。由于电流量被降低，使预热器的温度不致上升过高 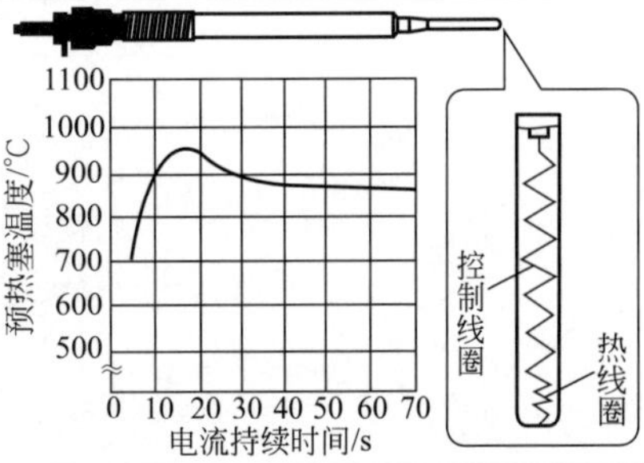

续表

项目	具体说明
需要说明的问题	还有一种电预热网，该类预热器的特点是将电热丝绕成网状，然后固定在片形的外框上，外框的形状与尺寸和汽车进气歧管的进气口一样，电预热网就安装在进气歧管的进气口上。当需要启动柴油机时，预热网通电并发热，对进入气缸的空气进行加热，以改善柴油机的启动性能

(3) 启动预热时间控制方式

汽车柴油发动机启动预热时间控制方式主要有手动控制与自动控制两种，而自动控制方式中又分为固定延时型与可变延时型两大类。

① 手动控制预热时间的控制原理与特点见表 6-48。

表 6-48 手动控制预热时间的控制原理与特点

项目	具体说明
控制原理	柴油发动机常用手动预热电路多用在早期的柴油车辆上。右图所示为其构成示意图 启动柴油机之前，把点火开关置于 ACC 挡，同时将预热开关闭合，电源由蓄电池正极→5A 熔断器→预热继电器线圈→搭铁→蓄电池负极。该电流回路使预热继电器得电吸合，其常开触点闭合后，就会使电热塞得电工作，经过一段时间(约 20s)的预热，就可启动发动机。这时将点火开关旋到 START 挡，发动机启动，松开钥匙，点火开关回位到 ON 挡，预热电路断开，电热塞不再加热，此时必须记住断开预热开关，以免发生故障
特点	手动预热方式虽然简单，但操作不便，且预热时间没有标准，导致预热时间要么过短，发动机难启动，要么过长，电热塞容易损坏

② 自动控制预热时间的控制原理与特点见表 6-49。

表 6-49 自动控制预热时间的控制原理与特点

项目	具体说明
自动控制预热时间的控制原理与特点示意图	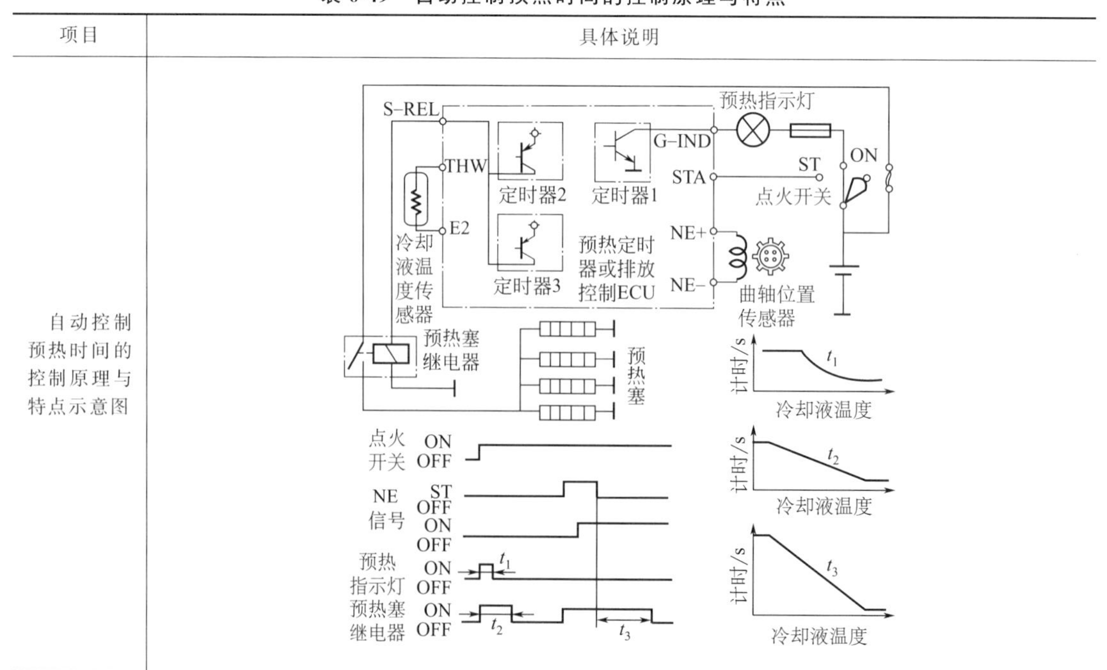

续表

项目	具体说明
定时器1、2工作情况	上图所示是一种典型的自动控制式预热控制电路，丰田系列汽车就采用该电路。当需要低温启动发动机时，接通点火开关后，预热定时器或排放控制ECU内部的定时器1和2均接通。定时器1用于接通组合仪表内的预热指示灯，定时器2用于接通预热继电器线圈的电流通路，该线圈得电吸合后，使其常开触点闭合后就会使预热塞得电产生热量。在依据冷却液温度决定的时间内，定时器1与定时器2均接通，然后同时断开。当定时器1断开时，预热指示灯也熄灭 当点火开关旋至"启动(START)"位时，预热定时器或排放控制ECU将预热塞继电器接通，防止预热塞温度在启动时下降，并改善启动性能
定时器3工作情况	当定时器3运行时，在依据冷却液温度决定的时间内，将预热塞继电器接通，进而对预热塞加热。当点火开关从启动(START)位旋至点火(ON)位时，对发动机的启动产生辅助作用

③ 两种典型的自动控制预热时间电路的控制原理与特点见表6-50。

表6-50 两种典型的自动控制预热时间电路的控制原理与特点

项目	具体说明
固定延时型	右图所示为固定延时型预热系统的典型应用电路。在该电路中，设置了预热定时器，定时器用于控制预热指示灯的发光时间和预热塞继电器的通电时间(也就是预热时间)。其中，指示灯的发光时间约为5s，预热时间约为18s。以上两项都按固定时间进行控制，不能进行调整 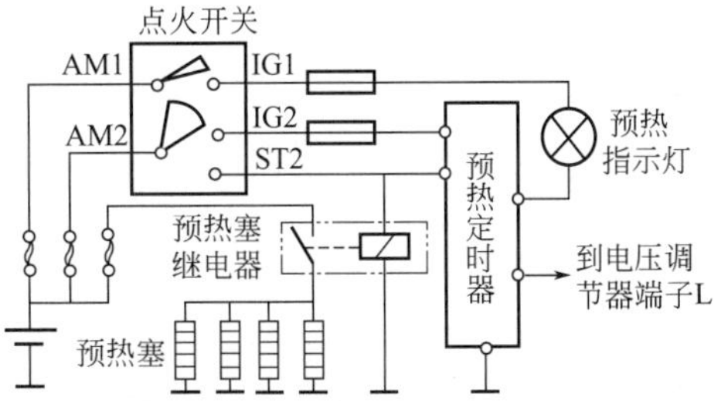
可变延时型	右图所示为可变延时型预热系统的典型应用电路。在该电路中，预热定时器用于控制预热指示灯的发光时间以及预热塞继电器的通电时间(也就是预热时间)，都是根据发动机冷却液的温度与交流发电机的电压(可用作发动机的运转信号)所决定的，并随上述两项而变化。其中，指示灯的发光时间为2～28s，预热时间为2～55s 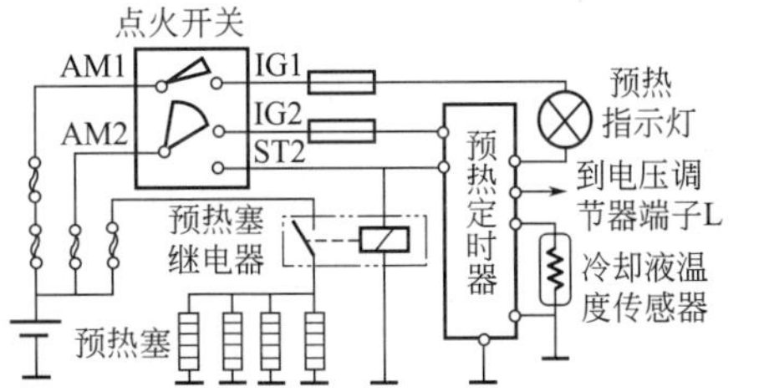

(4) 电子控制器式自动预热控制电路工作原理

这类自动预热控制电路通常单独设置一个电子控制器来对柴油发动机启动预热进行自动控制，表6-51列出了这类自动预热控制电路工作原理。

表6-51 电子控制器式汽车柴油发动机启动时自动预热控制电路工作原理

项目	具体说明
组成示意图	右图所示为电子控制器式自动预热的典型控制电路示意图。该系统主要由电子控制器、供油阀、预热继电器、电热塞、水温传感器、预热指示灯和点火开关等组成。其中，电子控制器是以集成电路芯片MC68HC705为核心的控制部件 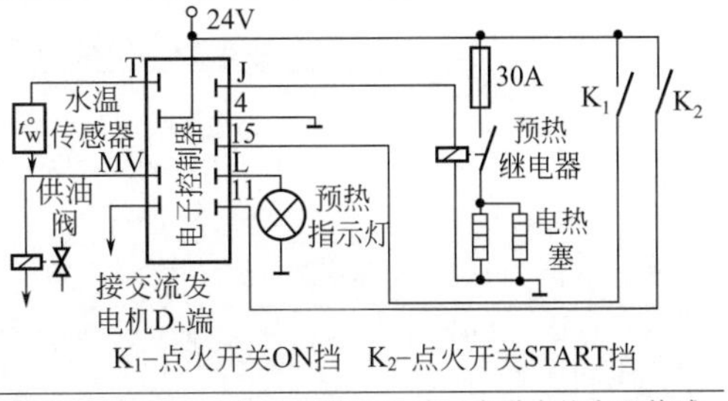
原理	电子控制器根据蓄电池电压高低和发动机水温高低自动调节加热时间。系统由安装在发动机水道中的水温传感器，传送出一个能反映发动机水温的电信号到自动预热电子控制器中，电子控制器的芯片中存储的程序根据此信号计算预热时间，从而控制预热塞的通电时间。发动机水温低，预热时间长；反之，预热时间短。这样准确控制预热时间，既能提高发动机性能，又能有效地延长预热塞的使用寿命，并可保护发动机、蓄电池等其他电气设备

(5) 微电脑式自动预热控制电路工作原理

这类自动预热控制电路通常不单独设置一个电子控制器来对柴油发动机启动预热进行自动控制，而将这些功能的电路均集成在发动机电子控制单元（MCU）内。

① 微电脑式自动预热控制电路安装位置与控制电路组成见表 6-52。

表 6-52 微电脑式自动预热控制电路安装位置与控制电路组成

项目	具体说明
安装位置	如右图所示，微电脑控制式进气预热装置安装在进气歧管处，它通过电热丝对进入气缸内的空气进行加热，采用铁镍铝合金制成的内热式电阻丝作为发热体，电阻丝的外面通过氧化铝陶瓷绝缘，绝缘体的外面是带有螺纹的金属壳体，以使其固定在发动机的进气管上。电阻丝的一端通过壳体金属搭铁，另一端通过绝缘体引到进气管的外面。通过对发热体的通电控制，从而实现对进入气缸空气的预热 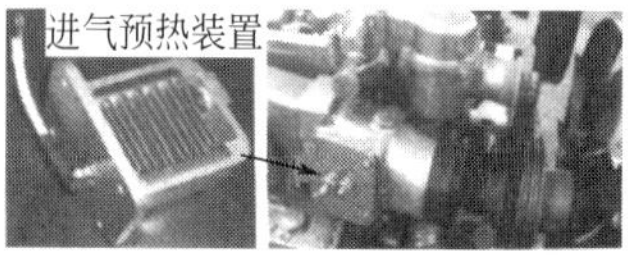 进气预热装置
组成	右图所示为微电脑控制式进气预热控制电路示意图。图中的 OUT1 为预热指示灯的输出控制端子，OUT2 为预热继电器的输出控制端子。该电路主要由预热熔丝、预热指示灯、预热继电器、预热装置、控制器 IC1 和驱动电路 IC2 等组成。其中，IC1 与 IC2 与相关的诊断电路均集成在发动机电控单元 ECU 中，用于将电能转化为热能，达到进气预热的目的。图中的“30 电”为来自蓄电池的电压 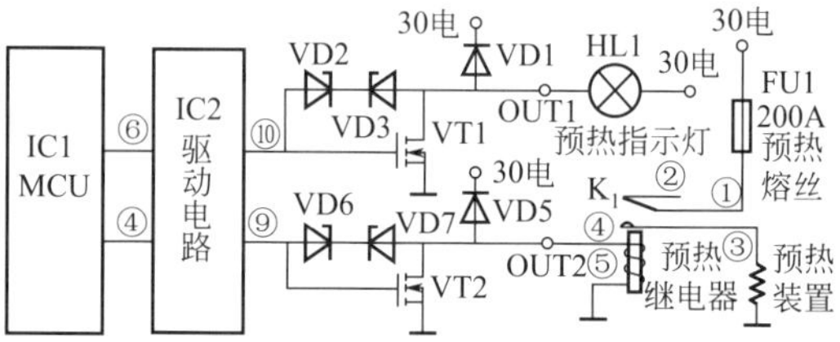 IC1 MCU；IC2 驱动电路；⑥；④；⑩；⑨；VD2；VD3；VD6；VD7；VT1；VT2；30电；VD1；VD5；OUT1；OUT2；HL1；预热指示灯；K1；①；②；③；④；⑤；预热继电器；FU1 200A 预热熔丝；预热装置

② 微电脑式自动预热控制电路工作原理见表 6-53。

表 6-53 微电脑式自动预热控制电路工作原理

项目	具体说明
启动预热条件	当发动机电控单元(ECU)通电以后，首先检测水温等启动预热条件，若启动预热条件满足后进入预热状态，ECU 输出控制指令使预热继电器接通，预热装置开始加热，同时输出预热指示灯点亮的控制信号，使预热指示灯点亮来提醒驾驶员预热器正处于预热工作状态，此时不要启动发动机
加热时间	加热时间的长短根据水温的高低而定，水温越低加热时间越长，一般加热时间在 0～45s。当预热指示灯熄灭，表示预热结束，此时可进行发动机的启动操作。待发动机启动成功后，为保证启动后的烟度良好，还需要继续加热一段时间，也就是通常所说的后热

(6) 启动预热装置的维修思路与步骤

电热丝式预热器通常用 RS 表示，R 表示“热”，S 表示“塞”。表 6-54 列出了启动预热装置的基本维修思路与步骤。

表 6-54 启动预热装置的基本维修思路与步骤

项目	具体说明
拆装	在拆装预热塞时，一定要掌握正确的拧紧力矩，以丰田车系 2L 或 3L 柴油发动机为例，要采用深度为 12mm 的套筒扳手拆卸和安装 4 个预热塞，其拧紧力矩为 13N·m
清理	在清理预热塞时，应避免沾上机油或柴油，可用干净布把预热塞的端子和胶木垫上的油污擦干净
检测	检测预热塞要求快捷而精准地进行。当预热塞已经烧红时，应当断开电源，切记通电时间过长，否则容易烧毁预热塞
更换	更换预热塞时，需要小心操作，不要损坏预热塞的套管和稳焰罩，否则将造成断路，或者缩短预热塞的使用寿命

(7) 电热丝式预热器故障检测与维修

接通预热开关，指示电阻达到红热的时间若在 20～30s 之内，则表示线路工作正常，否则说明电热丝式预热器有故障。

① 电热丝式预热器常见故障现象、故障原因及处理方法见表 6-55。

表 6-55 电热丝式预热器常见故障现象、故障原因及处理方法

故障现象	故障原因	处理方法
指示电阻不红热	指示电阻开路	更换新件或重新接通断路处
	连接线断开	重新接通断路处
指示电阻达到红热的时间过长	蓄电池电量不足	对蓄电池进行充电或更换新的、同规格的蓄电池
	连接线的线头松动	重新拧紧松动的接线头
	电热丝有故障	重新更换新的配件
指示电阻过快红热或烧坏	连接线有短路处	查找出短路点后进行绝缘处理
	电热塞短路	对电热塞进行修理或更换新的、同规格的配件

② 电热丝式预热器的检测方法以及使用电热塞时应注意的问题见表 6-56。

表 6-56 电热丝式预热器的检测方法以及使用电热塞时应注意的问题

项目		具体说明
检测与维修	电阻的测量	检测电热塞的电阻，看是否符合规定。阻值的误差应在规定值的 10%以内 ①一般双极外露阻丝式电热塞的电阻只有百分之几欧姆，工作电流达 2～6A ②一般内装阻丝式电热塞的电阻为 2～4.5Ω，工作电流达 2～6A(型号不同也不一样) 如果检测到的电阻值过小，说明其内部短路；如果测得的电阻值为∞，说明其内部断路
	断路的检测	发动机冷态时，向电热塞通电约 2min，然后用手触摸每一电热塞的中心螺杆，如果中心螺杆是冷的，则表明该电热塞断路
注意事项	通电时间	通电时间按发动机制造厂规定，一般应不超过 60s，发动机启动后应立即将电热塞的电源切断，否则会影响电热塞的使用寿命
	连接方式	单极型连接的电热塞，应将电源线接在电热塞组的中部，以防止线路电压降造成电阻丝发热时间有差异

第7章 柴油发动机电控系统电路识图技能

柴油发动机电控系统电路的基本结构与汽油发动机电控系统电路基本相同，也是由信号输入部分(传感器与各种开关信号)、电控单元(ECU)与执行器三个部分组成，故识读汽油发动机电控系统电路的基本方法同样适用于识读柴油发动机电控系统电路，对于这些内容，本章不再介绍，这里仅以一些柴油发动机较为典型的实际电路来介绍柴油发动机电控系统电路的识图技能。

7.1 读识柴油发动机电控系统电路要领

读识柴油发动机电控系统电路的方法与读识汽油发动机电控系统大同小异，这里先介绍一些与读识柴油发动机电控系统电路有关的基本要领。

(1) 读图目的与识图方式

读识柴油发动机电控系统电路时，应抓住这类电路的结构特点，并结合不同厂家画图的规则来进行，表7-1列出了读识柴油发动机电控系统电路目的与识图方式。

表7-1 读识柴油发动机电控系统电路目的与识图方式

项目	具体说明
读图目的	通过读识柴油发动机电控系统线路图，可以迅速地辨识出线路图中的电子电气元件，了解各传感器和电子执行器的工作方式，并能根据电控系统线路图系统地判断出可能发生故障的部位
识图(包括故障检修)应围绕ECU进行	在柴油发动机电控系统中，电控单元(ECU)作为整个电控系统的核心，对汽车所有的电气线路、电气元件进行实时监控，并对于任何状况的出现都能及时作出调整。故在识图时，应围绕ECU来进行 在对柴油发动机电控系统故障进行检修时，结合系统ECU端子图和系统线路布置图，就可以很方便地检测系统各个回路的工作状况，判断通断好坏以及ECU内部程序运行是否正常，如果ECU输出的控制信号异常或没有相应的控制信号输出，均说明ECU内部程序运行出现了异常
了解ECU工作情况	在柴油发动机电控系统中，ECU通常是将一个5V的参考电压提供给传感器，传感器经可变电阻，把变化的阻值转换为电压信号送回ECU。ECU通过反馈信号的变化监控传感器的工作状态。开关回路可以视为一种特殊的传感器信号。而执行器则是根据ECU的指令控制驱动回路。执行器许多都为电磁线圈，ECU通过输出高、低电平信号来控制电磁线圈中电流通路的形成或断开，也有的ECU端子输出变化的控制信号，通过改变线圈中流过电流的大小来改变线圈的作动力，从而改变执行器的动作

(2) 熟知电路电源流通方向与电流回路

熟知柴油发动机电控系统电路电源流通方向与电流回路，是读识任何电路的必备条件，表7-2列出了与读识柴油发动机电控系统电路有关的这方面的知识。

表 7-2 熟知电路电源流通方向与电流回路

项目	具体说明
熟知线路电源流通方向	在柴油发动机电控系统线路图中，所有电气元件的电流都是从电源(蓄电池)正极出发，经熔断器→开关→电气元件→搭铁，然后回到电源(蓄电池)负极形成一个回路
熟知电流回路	在柴油发动机电控系统线路图中，通常包括开关回路、传感器回路与驱动执行器回路。各个电流回路的情况如下所述 不同的柴油发动机电控系统线路所含有的开关回路的数量是不一样的，即使开关回路的数量相同，但开关的功能也不完全一样。开关回路通常包括空挡开关回路、空调开关回路、离合器开关回路、油门开关回路、动力开关回路、加热开关回路、制动开关回路、缓慢返回车库开关回路、空气低压开关回路等 不同的柴油发动机电控系统线路所含有的传感器回路的数量是不一样的，即使传感器回路的数量相同，但传感器的功能也不完全一样。传感器回路通常包括冷却液温度传感器回路、加速踏板位置传感器回路、燃油温度传感器回路、进气温度传感器回路、进气压力传感器回路、齿条传感器回路、预行程传感器回路、大气温度传感器回路、增压传感器回路、节气门传感器回路、空气流量传感器回路等 不同的柴油发动机电控系统线路所含有的驱动执行器回路的数量是不一样的，即使驱动执行器回路的数量相同，但驱动执行器的功能也不完全一样。驱动执行器回路通常包括调速器作动器回路、预行程作动器回路、喷油器电磁线圈回路、排气制动电磁阀回路、怠速控制回路、废气再循环控制回路、自诊断控制回路、电热塞控制回路等

7.2 一汽大柴 CA4DC2 系列柴油机共轨式燃油喷射系统概述与识图

一汽大柴 CA4DC2 系列柴油机是一种满足欧Ⅲ排放标准的、采用电控共轨式燃油喷射系统的柴油发动机。

(1) 系统组成与工作原理

一汽大柴开发的 CA4DC2 系列柴油机具有预喷射功能，其电控燃油喷射系统组成情况与工作原理说明如下。

① 大柴 CA4DC2 系列柴油机燃油系统组成与喷油压力情况见表 7-3。

表 7-3 大柴 CA4DC2 系列柴油机燃油系统组成与喷油压力情况

项目	具体说明	
组成情况	大柴 CA4DC2 系列柴油机燃油系统组成情况如右图所示。该系统配备了德国 BOSCH(博世)公司生产的高压共轨燃油喷射电控系统，对整个燃油系统进行最佳控制。燃油供给系统主要由低压供油部分(图中没有涂黑的管道部分)与高压供油部分(图中涂黑的管道部分)组成，图中的箭头指出了不同部位燃油的去向	
喷油压力	在大柴 CA4DC2 系列柴油机燃油系统中，喷油压力的建立和喷油量没有关系，喷油压力也与柴油机的转速和喷油量无关	

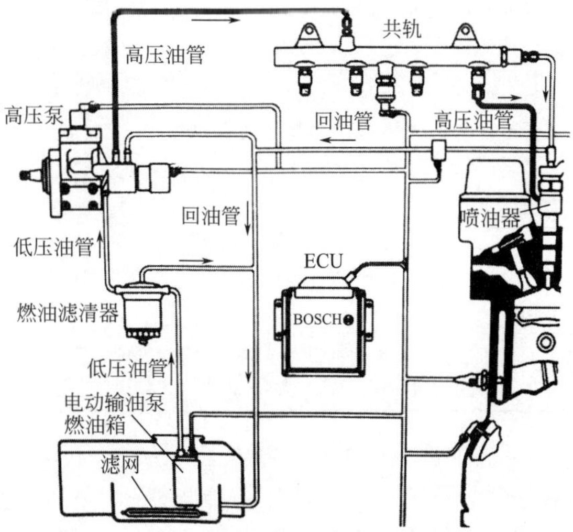

② 工作原理见表 7-4。

表 7-4 大柴 CA4DC2 系列柴油机燃油系统工作原理

项目	具体说明
喷油参数的形成	在高压燃油存储器（也就是共轨管）中，始终充满着高压燃油。而喷油量、喷油正时与喷油压力由电控单元（ECU）根据其内部存储的特性曲线（脉谱图）与各种传感器提供的柴油机运转工况的信息经计算后获得，然后通过控制每缸喷油器高速电磁阀的打开与关闭来实现
ECU 与传感器	电控共轨燃油喷射系统控制部分与传感器主要有电控单元（ECU）、曲轴转速传感器、凸轮轴相位传感器、加速踏板传感器、增压压力传感器、空气品质流量计、共轨压力传感器以及冷却液温度传感器
ECU 的控制功能	①电控单元（ECU）借助于传感器得知驾驶员的要求（加速踏板位置）以及柴油机与车辆的实时工作情况，处理由传感器产生并经数据导线输入的信号，对柴油机进行控制与调节 ②曲轴转速传感器检测柴油机的转速，凸轮轴相位传感器确定发火顺序和相位。加速踏板传感器是一种电位计，它通过电压信号告知 ECU 驾驶员对转矩的要求。空气品质流量计告知 ECU 柴油机实时的进气空气品质与流量，根据排放法规的要求来匹配相应的基本喷油量 ③在带有增压压力调节的增压柴油机上，增压压力传感器用于检测增压压力。在低温和柴油机处于冷态时，ECU 根据冷却液温度传感器与进气空气温度传感器的信号确定合适的喷油始点、预喷射油量和其他参数的最佳值

(2) 系统各主要组成件的情况

一汽大柴 CA4DC2 系列柴油机燃油系统配备了德国 BOSCH（博世）公司生产的电控共轨式燃油喷射系统。

① 低压供油部分。电控高压共轨系统的低压供油部分包括带有滤网的燃油箱、电动输油泵、燃油滤清器与低压油管。具体情况见表 7-5。

表 7-5 大柴 CA4DC2 系列柴油机燃油系统低压供油部分各主要组成件的情况

项目	具体说明
燃油箱	燃油箱采用耐腐蚀材料制成，可以承受至少 2 倍实际工作油压，可以在大于 0.3MPa 压力的情况下保持密封。当油箱出现超压时，可以经过适当的通道和安全阀自动泄压。即使车辆发生倾斜，或在弯道行驶，甚至发生碰撞时，燃油也不会从加油口或压力平衡装置中流出
电动输油泵	电动输油泵带有滤网，用于把燃油从燃油箱中吸出，把所需的燃油连续提供给高压泵。输油泵的任务是在任何工况下，为燃油提供所需的压力，并在整个使用寿命内，向高压泵提供足够的燃油。右图所示为电动输油泵（滚子叶片泵）结构示意图 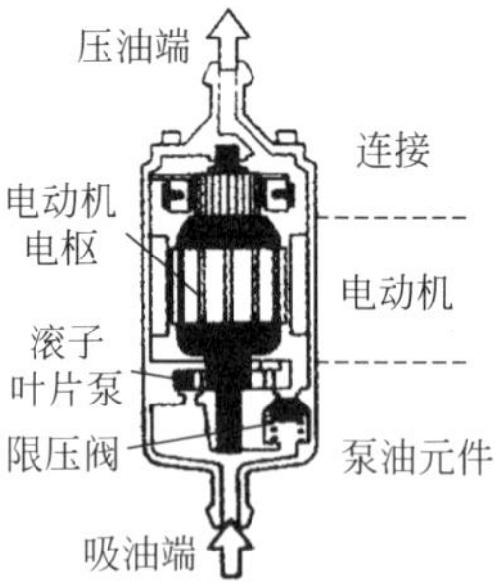 (a) 结构 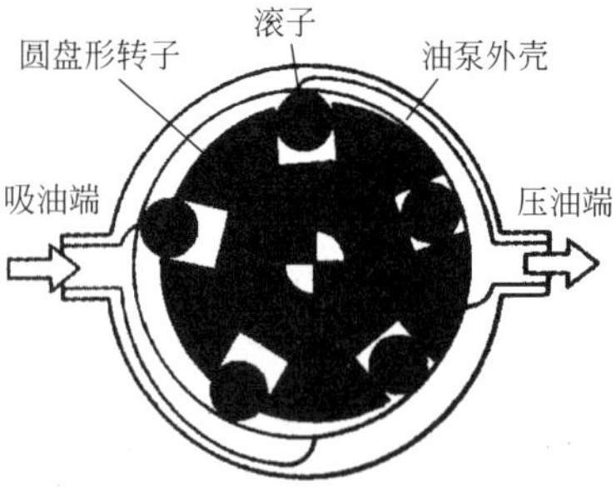　(b) 剖视图
燃油滤清器	燃油滤清器用于把进入高压泵前的燃油净化，从而防止高压泵、出油阀和喷油器等精密零件过早磨损或损坏
低压油管	低压油管通常采用钢管或阻燃的包有钢丝编织层的柔性管制成。油管在安装时采取了一定的措施，以防机械损伤，其上滴落的燃油不会聚集，也不会被引燃

② 高压供油部分。电控高压共轨系统的高压供油部分包括带调压阀的高压泵、作为高压存储器的共轨管（带有共轨压力传感器）、限压阀与流量限制器、喷油器、回油管与高压油管。具体情况见表 7-6。

表 7-6　大柴 CA4DC2 系列柴油机燃油系统高压供油部分各主要组成件的情况

项目	具体说明
高压泵	高压泵用于把送到共轨管的燃油压力升高到 135MPa，高压燃油经高压油管进入共轨管中
共轨管	在共轨管中，燃油始终保持一定的压力，即使喷油器喷油时，由于燃油的弹性而产生蓄压作用，燃油压力也基本保持不变。燃油压力由共轨压力传感器进行检测，通过调压阀调节到规定的数值。限压阀的作用是把共轨管中的燃油压力限制在 150MPa 以内
喷油器	喷油器电磁阀线圈的控制信号来自于电控单元（ECU），一旦高压燃油在喷油器中被电磁阀释放时，喷油器开启，把燃油直接喷入发动机燃烧室内
高压油管	高压油管能够承受喷油系统的最大压力和喷油间歇时的局部高频压力的波动。该油管采用钢管制成，外径通常为 6mm，内径为 2.4mm。各缸的高压油管长度是完全相同的，共轨与各缸喷油器之间的不同间距通过各缸高压油管的弯曲程度进行长度补偿，高压油管长度都比较短

（3）电控系统识图指导

为了满足不同生产厂家不同配置的需要，大柴 CA4DC2 系列柴油机有多种选装件可供选择，这里仅介绍一些必须配置的装置组成电路识图。

① 柴油机电控单元（ECU）的 K 端电路结构与端子功能见表 7-7。

表 7-7　柴油机电控单元（ECU）的 K 端电路结构与端子功能

项目	具体说明
电路结构	右图所示为大柴 CA4DC2 系列柴油机 ECU 的 K 端电路结构示意图。在该电路中，最左端的 GND 为系统接地线端（也就是搭铁端），该接地线与蓄电池的负极直接连接；最右端的＋12V（Term30）为供电电源连接端，该端与蓄电池正极直接相连接，与其他负载线是分开走线的 电控单元（ECU）的额定工作电压为 12V，连续工作电压在 10～16V 范围内；消耗电流在 12V 时，峰值电流为 20A；最大消耗功率在 12V 时，4 缸发动机约为 25W 左右
端子功能	电控单元（ECU）是通过插接件与外部进行连接的，在上述原理图中，发动机电控单元（ECU）的 K 端 94 芯插接件端子功能说明见表 7-8，供识图时参考

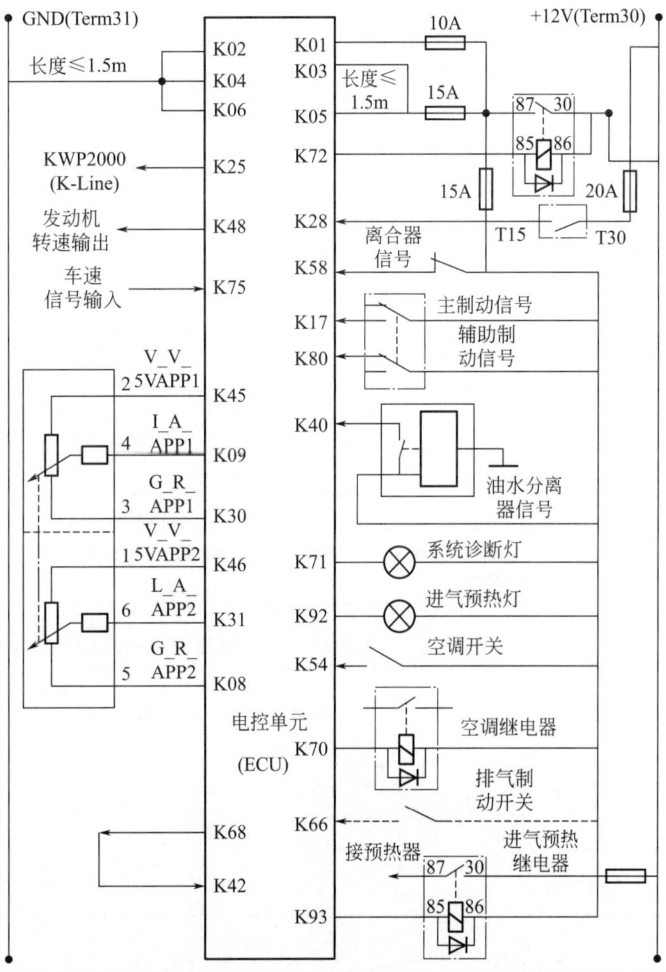

表 7-8 柴油机电控单元（ECU）的 K 端 94 芯插接件端子功能说明

端子	功能说明	端子	功能说明
K01	从主继电器送来的蓄电池正极电压输入端	K45	加速踏板传感器 1 电源电压输出端
K02	蓄电池负极连接端	K46	加速踏板传感器 2 电源电压输出端
K03	从主继电器送来的蓄电池正极电压输入端	K48	发动机转速信号输出端
K04	蓄电池负极连接端	K54	空调开关信号输入端
K05	从主继电器送来的蓄电池正极电压输入端	K58	离合器开关信号输入端
K06	蓄电池负极连接端	K66	排气制动开关信号输入端
K08	加速踏板传感器 2 搭铁端	K68	启动要求信号输出端
K09	加速踏板传感器 1 信号输入端	K70	空调继电器控制信号输出端
K17	主制动信号输入端	K71	系统诊断灯控制信号输出端
K25	通信接口 K-Line 输出、输入端	K72	主继电器线圈控制信号输出端
K28	T15 点火开关(开关到 BAT+)信号输入端	K75	车速传感器信号输入端
K30	加速踏板传感器 1 搭铁端	K80	辅助制动控制信号输入端
K31	加速踏板传感器 2 信号输入端	K92	预热指示灯控制信号输出端
K40	油水分离器信号输入端	K93	预热继电器线圈控制信号输出端
K42	启动要求信号输入端		

② 柴油机电控单元（ECU）的 K 端电路中电源与搭铁线路识图见表 7-9。

表 7-9 柴油机电控单元（ECU）的 K 端电路中电源与搭铁线路识图

项目	具体说明
	大柴 CA4DC2 系列柴油机 ECU 的 K 端电路采用 12V 蓄电池供电，ECU 的 K 端电路中电源线路分为主继电器供电线路与点火开关供电线路两个部分，各部分的具体情况如下
电源线路	电控单元(ECU)通过 K72 端控制主继电器的接通与断开。当 K72 端输出低电平时，主继电器线圈电流通路形成，其常开触点闭合后，12V 电源就会经该闭合的触点分多路输出。有一路经 10A 熔断器加到 K01 端，另一路经 15A 熔断器分别加到 K03 与 K05 端，还有一路经另一 15A 熔断器提供给其他各种电路使用。主继电器的各项参数见表 7-10，其触点容量大于或等于 40A，由于冷启动预热继电器的结构与主继电器相同，两者仅是触点的容量不同，故该表参数也同样适用于检测冷启动预热继电器时参考 电控单元(ECU)通过 K28 端接受点火开关提供的工作电源。当点火钥匙接通后，12V 的蓄电池电压就会经 20A 熔断器与点火钥匙闭合的触点加到 K28 端
搭铁线路	电控单元(ECU)的接地线(也称搭铁线)有多根，K02、K04、K06 端均为搭铁线，分别是 ECU 内部不同电路的接地线

表 7-10 主继电器与冷启动预热继电器的主要参数

参数名称	工作电压/V	线圈电感/mH	线圈电阻/Ω	线圈电流/mA	环境温度/℃
字母代号	U_{BATT}	L	R	I	T_A
最大值	16	300	500	350	100
额定值	12	—	—	—	—
最小值	8	—	75	100	−40

③ 柴油机电控单元（ECU）的 K 端电路中各种开关控制线路识图见表 7-11。

表 7-11　柴油机电控单元（ECU）的 K 端电路中各种开关控制线路识图

项目	具体说明
制动开关	制动开关分为主制动开关与辅助制动开关两种，两者的一端分别连接在电控单元（ECU）的 K17、K80 端子上，另一端与供电电源相连接。主制动开关信号来自于制动踏板（常开），辅助制动信号来自于气路（常闭）。这两路开关信号不良，会影响整车安全
离合器开关	离合器开关触点为常闭方式，其一端与电控单元（ECU）的 K58 端子相连，另一端与供电电源相连。离合器开关信号不良，会对怠速控制、排气制动等功能产生影响
空调开关	空调开关触点为常开方式，其一端与电控单元（ECU）的 K54 端子相连，另一端与供电电源相连，以实现空调怠速提升功能，提升后的怠速根据空调的负荷能力和发电机的发电量而定
排气制动开关	排气制动开关触点为常开方式，其一端与电控单元（ECU）的 K66 端子相连，另一端与供电电源相连，以实现车辆进行排气制动时，ECU 采取断油等措施。由于排气制动控制属于机械控制方式，故另外在油门控制处串联了相应的开关来实现（或解除）排气制动控制功能

④ 柴油机电控单元（ECU）的 K 端电路中其他控制线路识图。除了上述介绍的各种控制线路外，大柴 CA4DC2 系列柴油机 ECU 的 K 端电路中还有其他一些控制线路。

a. 燃油滤清器与电子加速踏板见表 7-12。

表 7-12　燃油滤清器与电子加速踏板

项目	具体说明
燃油滤清器	大柴 CA4DC2 系列柴油机的燃油滤清器为燃油细滤器，设置在整车粗滤器之后。该滤清器包括燃油加热器、油水分离器和手动泵。燃油加热器由燃油温控开关与加热器组成，油水分离器报警信号与 ECU 的 K40 端子相连
电子加速踏板	电子加速踏板传感器的相应端子与发动机电控单元（ECU）的 K45、K09、K30、K46、K31、K08 相连，发动机电控单元（ECU）通过电子端子踏板来感知驾驶员对整车动力性的要求，故电子端子踏板的性能和可靠性对整车的安全性有极大的影响

b. 车速信号来源、要求与提供方式见表 7-13。

表 7-13　车速信号来源、要求与提供方式

项目	具体说明
来源	车速传感器信号取自其他电路，该信号加到电控单元（ECU）的 K75 端子。车速信号既可以直接取自车速传感器，也可以从仪表板车速表处获得。ECU 对车速传感器输出的信号波形有一定的要求，具体情况如下图所示。当信号处于两条中间虚线之间（也就是 $U_{H\text{-}Min}=3.7V$ 与 $U_{L\text{-}Max}=2.2V$ 之间）时，ECU 将无法正确识别，车辆因此会无法进行挡位识别而影响 ECU 的部分功能，导致性能偏移、最大车速限制功能失效等问题 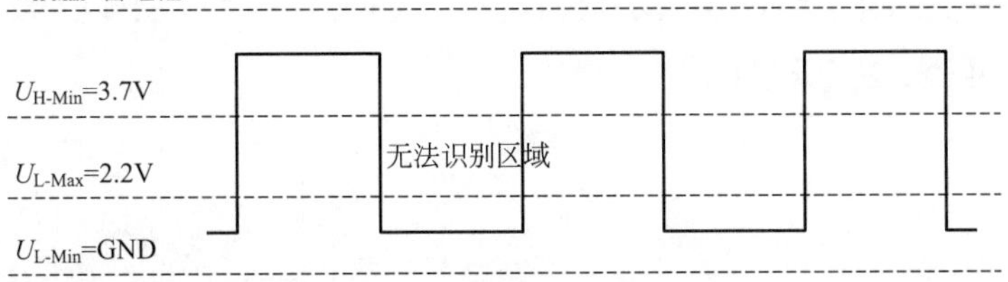 $U_{H\text{-}Max}$=蓄电池 $U_{H\text{-}Min}$=3.7V 无法识别区域 $U_{L\text{-}Max}$=2.2V $U_{L\text{-}Min}$=GND
提供方式	因存在电路干扰情况，车速传感器的输出信号不是同时并联提供给仪表板和 ECU，而是单独提供给 ECU 的（当然，也可以先单独输送给仪表板，然后再由仪表板输出提供给 ECU）

c. 冷启动预热继电器与预热指示灯见表 7-14。

表 7-14 冷启动预热继电器与预热指示灯

项目	具体说明
预热继电器	冷启动预热继电器的开关触点为常开方式，其线圈一端与电控单元（ECU）的K93端子相连，另一端与供电电源相连。当ECU输出低电平时，该继电器线圈电流通路形成，其常开触点就会闭合，为预热塞提供工作电源。该继电器的常开触点容量大于或等于150A，线圈电流为2.2A
预热指示灯	进气预热指示灯的一端与电控单元（ECU）的K92端子相连，另一端与供电电源相连。当ECU输出低电平时，该指示灯点亮。也就是说，当点火钥匙打到ON挡时，预热指示灯亮，在预热指示灯熄灭后，就可以启动发动机了

d.故障诊断插座与指示灯见表7-15。

表 7-15 故障诊断插座与指示灯

项目	具体说明
故障诊断插座	电控单元（ECU）的K25端子与整车的诊断插座相连。诊断插座通常安装在整车的仪表板处。采用AMP 179631-1标准OBD诊断插座（其端口形状与端子位置如右图所示），其16端子接电源正极（主继电器30端子），4与5端子接电源负极，7端子与ECU的K25端子相连
指示灯	系统诊断指示灯的一端与电控单元（ECU）的K71端子相连，另一端与供电电源相连。当ECU输出低电平时，该指示灯点亮 有的车型系统诊断指示灯（包括进气预热指示灯）采用发光二极管，此时电路的连接方式如右图所示，发光二极管的主要参数见表7-16

表 7-16 发光二极管的主要参数

名称	蓄电池电压/V	串联电阻/Ω	并联电阻/Ω	LED电流/mA	LED电压/V	环境温度/℃
字母代号	U_{BATT}	R_s	R_p	I_{LED}	U_{LED}	T_A
最大值	15	—	—	20	3	100
额定值	—	1.2	2.61	—	2	—
最小值	6	—	—	10	2	−40

7.3 电控高压共轨燃油喷射WD615系列柴油机燃油系统概述与识图

WD615系列高压共轨式柴油机是中国重汽与英国RICARD0公司联合设计开发，为重型汽车配套的动力装置。

（1）系统结构特点

WD615系列柴油机采用四气门结构、采用电控泄气制动方式，表7-17列出了该电控高压共轨燃油喷射系统的结构特点。

表 7-17 WD615 系列柴油机电控高压共轨燃油喷射系统的结构特点

项目	具体说明	
结构	右图所示为 WD615 系列柴油机电控高压共轨燃油喷射系统的结构示意图。该系统主要由输油泵、油轨、电控喷油器、发动机电控单元(ECU)、PCV 泵控制阀、各种传感器以及燃油滤清器等辅助系统共同组成	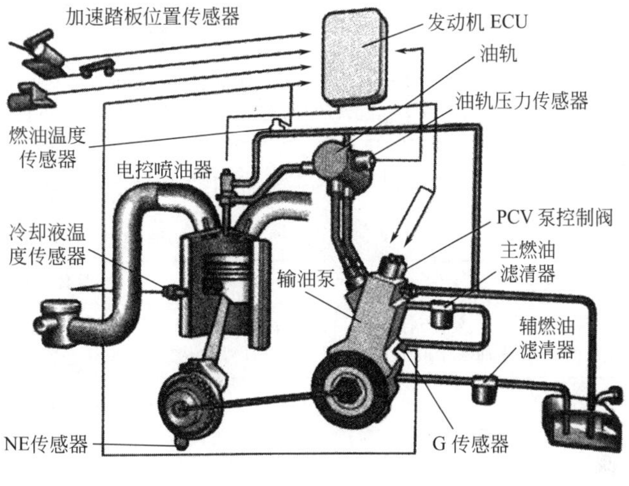 加速踏板位置传感器 发动机 ECU 油轨 油轨压力传感器 燃油温度传感器 电控喷油器 PCV 泵控制阀 冷却液温度传感器 主燃油滤清器 输油泵 辅燃油滤清器 NE传感器 G 传感器
特点	WD615 系列柴油机电控高压共轨燃油喷射系统在设计理念上，彻底改变了机械控制燃油喷射的传统模式，把影响发动机动力性、经济性，尤其是排放的所有因素，用传感器把这些信息随时随地提供给电控单元(ECU)，由 ECU 来控制燃油的喷射压力、喷油正时和喷油方式，使柴油机的性能，尤其是排放性能处于最佳状态	

(2) 系统使用的输油泵

输油泵是电控高压共轨燃油喷射系统的核心部件，用于向油轨持续不断地提供一个可变压力的高压燃油。

① 输油泵的组成与安装位置见表 7-18。

表 7-18 输油泵的组成与安装位置

项目	具体说明	
组成	右图所示为 WD615 系列柴油机电控高压共轨燃油喷射系统使用的输油泵基本组成示意图。该输油泵主要由进油泵、高压油泵、PCV 泵控制阀与 G 传感器(又称气缸识别传感器)等组成。其主要作用是向油轨持续不断地提供一个可变压力的高压燃油	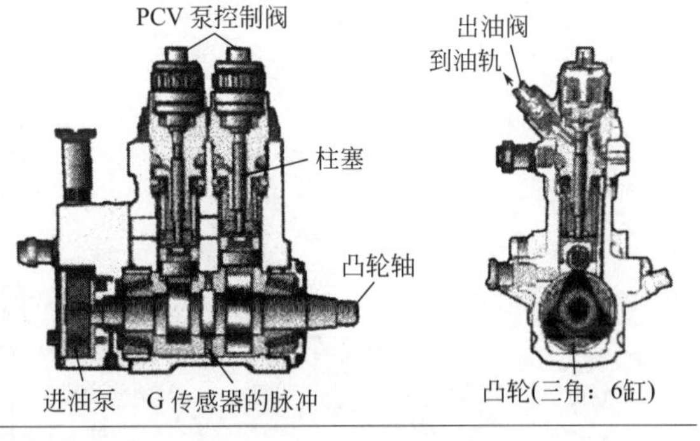 PCV 泵控制阀 柱塞 凸轮轴 进油泵 G 传感器的脉冲 出油阀 到油轨 凸轮(三角：6缸)
安装位置	高压油泵总成安装的位置和常规柱塞式燃油系统的高压泵基本相同。采用 4 个六方螺栓进行固定，其中的 2 个螺栓固定在缸体上，另 2 个固定在油泵支架上。油泵支架的支撑面是在缸体安装固定后再整体进行加工的，故在拆装有关部件时，不允许从缸体上把支架拆下来，以防安装精度被破坏	

② 进油泵与高压油泵的特点见表 7-19。

表 7-19 进油泵与高压油泵的特点

项目	具体说明
进油泵	进油泵采用摆线少齿型内齿油泵，主要用来把燃油箱中的燃油经滤油器吸出后，持续不断地提供给高压油泵，作为其输入的低压燃油
高压油泵	高压油泵主要由凸轮轴、带滚轮的挺柱体、柱塞、柱塞套与出油阀等组成，类似于常规柱塞式燃油系统中的高压泵，主要用于把低压燃油处理成 80～180MPa 的高压燃油

续表

项目	具体说明
高压油泵	高压油泵通常由 2 个柱塞缸构成，故凸轮轴上也有 2 副凸轮。为了保持高压油输出的频率和发动机转速同步，每副凸轮上的凸齿数为发动机缸数的 1/2，例如 4 缸发动机，每副凸轮凸齿为 2 个；6 缸发动机，每副凸轮凸齿为 3 个，依此类推 出油阀的作用与结构和常规的柱塞式燃油系统的高压泵出油阀十分相似，不多述 溢流阀安装在高压油泵的泵壳上，用于把超过规定压力的低压燃油卸荷，以保持低压油路的供油压力基本恒定

③ PCV 泵控制阀与 G 传感器的特点见表 7-20。

表 7-20 PCV 泵控制阀与 G 传感器的特点

项目	具体说明
PCV 泵控制阀	PCV 泵控制阀就是一种电磁阀，受 ECU 输出信号的控制，通过控制该阀的打开与关闭时间，来改变输出到高压油轨中的油量，进而改变高压油轨的压力，实际上也就改变了喷油器的喷油压力
G 传感器	G 传感器安装在高压油泵的壳体上，在其对应位置的凸轮轴上有一个齿盘。该齿盘在相隔 60°位置开有一个齿槽，同时，对应于发动机 1 缸压缩上止点的位置又开有一个齿槽。也就是说，安装在凸轮轴上的齿盘上共开有 7 个齿槽，对应发动机旋转 2 圈，油泵旋转 1 圈，G 传感器向 ECU 输送 7 个脉冲信号，其中的 6 个脉冲信号是等间隔对称的，而对应 1 缸压缩上止点位置的齿槽所产生的脉冲，即为 ECU 确定 1 缸压缩上止点位置的脉冲信号

④ 输油泵的工作原理见表 7-21。

表 7-21 输油泵的工作原理

项目	具体说明
柱塞下行、PCV 断电	如图(a)所示，当油泵柱塞下行时，柱塞把燃油吸入柱塞腔，此时 PCV 电磁阀断电→阀打开
柱塞上行、PCV 断电	如图(b)所示，当油泵柱塞开始上行时，PCV 电磁阀依然断电而阀仍然处于打开状态，进入柱塞腔的燃油被柱塞推动经 PCV 阀返回低压油腔
柱塞上行、PCV 通电	如图(c)所示，当 ECU 控制 PCV 电磁阀通电时→PCV 阀关闭，此后柱塞继续上行，一旦柱塞腔内油压大于共轨油压时→出油阀打开，把柱塞腔内的燃油经出油阀与高压管线推入油轨，以实现泵油，一旦柱塞达到上止点时就完成了一次泵油行程
柱塞下行、PCV 通电	如图(d)所示，当柱塞下行、PCV 电磁阀通电以后→PCV 阀复位后又重新打开，柱塞又开始了吸油行程，为下一次供油做好准备

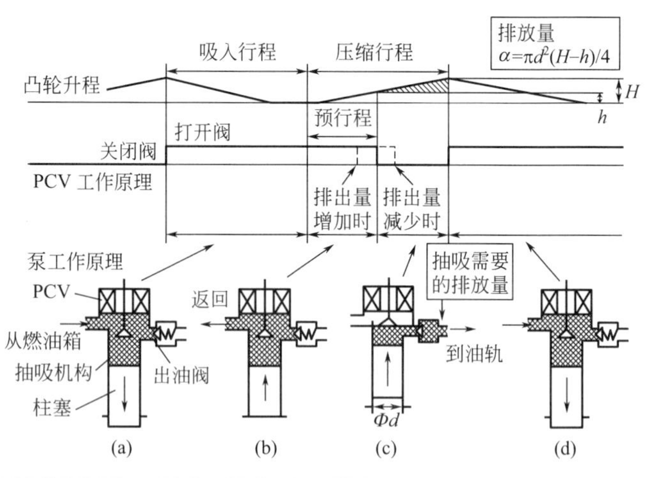

(3) 系统使用的油轨

WD615 系列柴油机燃油系统中使用的油轨实际上就是一个能够耐高压的密闭储能容器，该容器的具体情况见下面的介绍。

① 油轨结构与工作特点见表 7-22。

表 7-22 油轨结构与工作特点

项目	具体说明	
油轨结构示意图	右图所示为 WD615 系列柴油机燃油系统中使用的油轨结构示意图	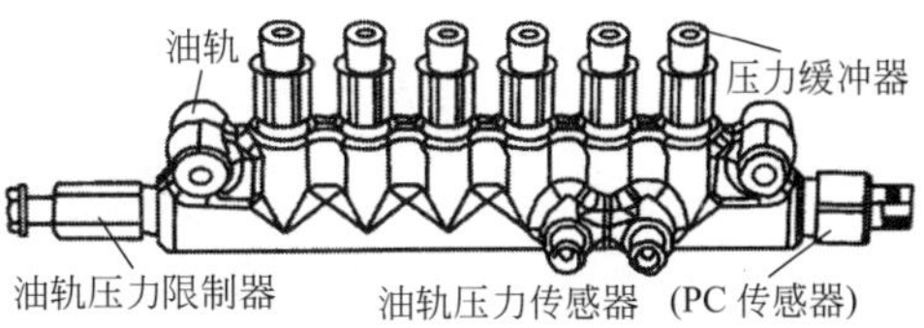 油轨 压力缓冲器 油轨压力限制器 油轨压力传感器 (PC 传感器)
工作特点	由输油泵输送来的高压燃油储存在油轨内，为喷油器提供可随机改变压力的高压燃油。油轨的压力是 ECU 根据发动机各种信息与驾驶员的要求，通过控制输油泵 PCV 阀的状态来决定的	

② 油轨组成件的特点见表 7-23。

表 7-23 油轨组成件的特点

项目	具体说明	
元件安装情况	压力缓冲器、油轨压力限制器与油轨压力传感器（PC 传感器）均安装在油轨上。这些元件的具体情况见下面的介绍	
压力缓冲器	压力缓冲器安装在油轨的每个出油接头上。在压力缓冲器接头内有一个缓冲活塞，如右图所示，活塞的油道上开有一个量孔，当该喷油器喷油时，高压燃油从油轨经活塞量孔流向喷油器。如果出现大的压力波动，活塞左侧油压就会高于活塞右侧的油压与弹簧压力，活塞就会向右移动，由此可以吸收高压脉动的能量[图(a)]，使经过缓冲器后的油压不会受到脉动的影响。压力缓冲器的另一个作用是当出油接头和高压油管有较大的泄漏时把出油接头关闭[图(b)]，防止燃油的大量泄漏	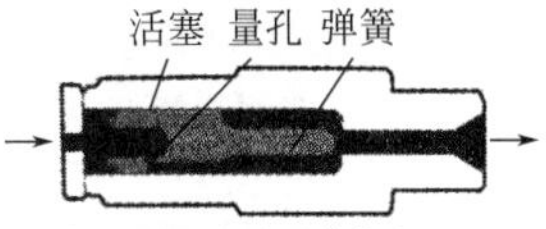 活塞 量孔 弹簧 (a) 压力脉冲吸收期间 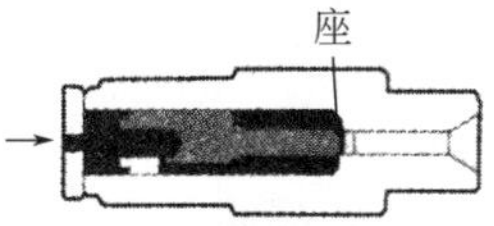 座 (b) 燃油切断
油轨压力限制器	油轨压力限制器用于限制油轨最高压力，例如油轨最高压力为 160MPa，则油轨压力限制器可以保证系统的最高压力不会超过该数值	
油轨压力传感器	油轨压力传感器用于随时把油轨压力信息反馈给电控单元 ECU，以使 ECU 发出相应的控制指令进行必要的修正	

(4) 系统使用的电控喷油器

WD615 系列柴油机燃油系统中使用的电控喷油器也是电控高压共轨燃油喷射系统的关键部件。

① 电控喷油器的组成与特点见表 7-24。

表 7-24 电控喷油器的组成与特点

项目	具体说明	
组成	右图所示为喷油器结构及其与系统之间的连接方式示意图。其中的喷油器主要由喷油嘴、喷嘴针阀、控制活塞与喷油器体等组成	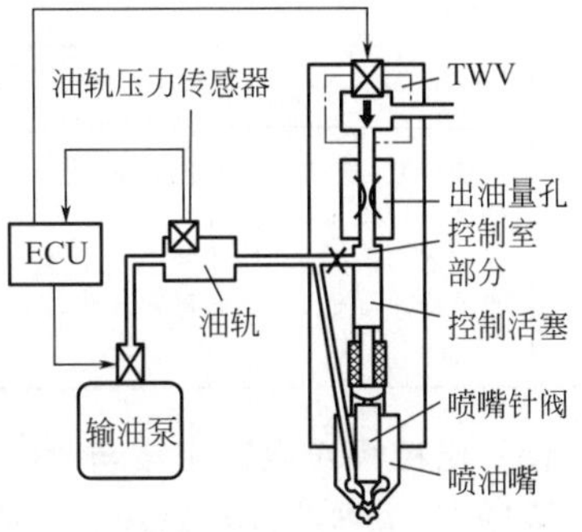 油轨压力传感器 TWV ECU 油轨 输油泵 出油量孔 控制室部分 控制活塞 喷嘴针阀 喷油嘴
特点	在喷油器体的上端设置有一个喷油控制电磁阀 TWV，该电磁阀受 ECU 输出的信号控制，喷油器喷油的整个过程，都是 ECU 通过控制 TWV 电磁阀来完成的，也就是说，对喷油量、喷油正时、喷油速率与喷油形式（多次喷射的形式）的控制，均是由电控喷油器来实现的	

② 电控喷油器的外形标记、连接方式与更换说明见表 7-25。

表 7-25 电控喷油器的外形标记、连接方式与更换说明

<table>
<tr><th>项目</th><th>具体说明</th></tr>
<tr><td>外形标记与连接方式</td><td>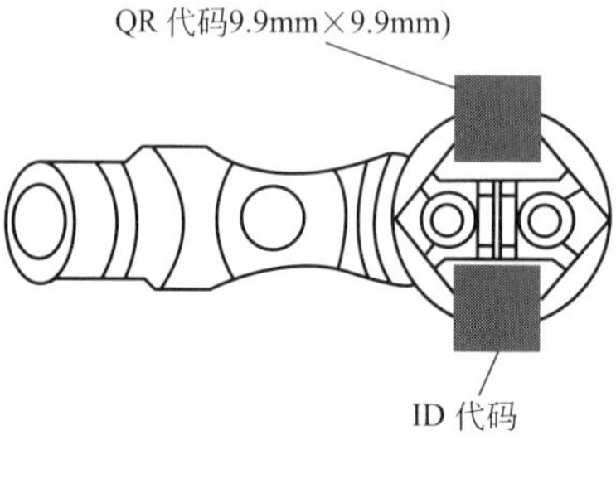
QR 代码9.9mm×9.9mm)
ID 代码
(a) 外形标记
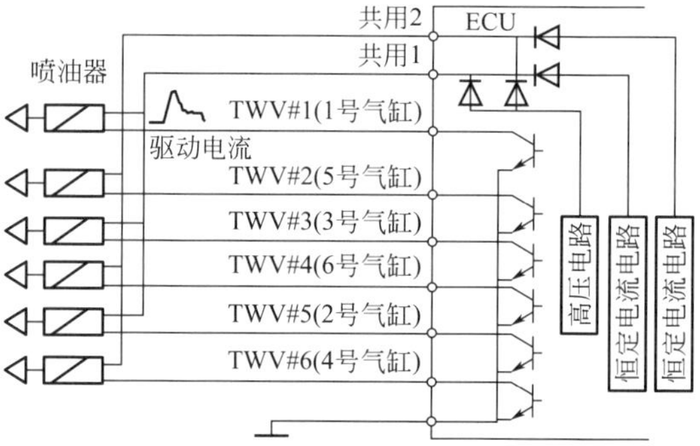
共用2
ECU
共用1
喷油器
TWV#1(1号气缸)
驱动电流
TWV#2(5号气缸)
TWV#3(3号气缸)
TWV#4(6号气缸)
TWV#5(2号气缸)
TWV#6(4号气缸)
高压电路
恒定电流电路
恒定电流电路
(b) 连接方式</td></tr>
<tr><td>更换说明</td><td>如图(a)所示，WD615 系列柴油机燃油系统中使用的电控喷油器，凡是其上面带有 ID 和 QR 代码的，维修需要更换喷油器时，必须首先把新喷油器的代码写入 ECU
另外，为了提高 TWV 阀动作的灵敏度，系统设计时采用了 100V 的直流电源作为控制电路的工作电压，TWV 阀电磁阀控制电路的连接方式如图(b)所示</td></tr>
</table>

③ 电控喷油器的工作原理见表 7-26。

表 7-26 电控喷油器的工作原理

<table>
<tr><th>项目</th><th>具体说明</th></tr>
<tr><td>单次喷射</td><td>如图(a)所示，当 ECU 控制喷油器 TWV 电磁阀断电时，TWV 阀芯被弹簧压紧在阀座上→喷油器出油量孔被关闭。从高压油轨来的高压油同时通入到控制活塞的上腔控制室与喷油嘴的针阀下腔。由于控制活塞的面积大于针阀，故控制活塞上腔油压与喷油器弹簧向下的压力远大于油压向上抬起针阀的力→喷油嘴针阀被牢固地压在喷油嘴上→喷油嘴关闭
如图(b)所示，当 ECU 控制喷油器 TWV 电磁阀通电时，TWV 阀芯被提起→喷油器出油量孔被打开→控制活塞上腔油压和回油接通卸荷，此时，高压油迅速使喷油嘴针阀抬起以实现喷油
如图(c)所示，当 ECU 再次控制喷油器 TWV 电磁阀断电时，TWV 阀芯重新落座→喷油器出油量孔被关闭→控制活塞在上腔油压的作用下重新把喷油器针阀压下落座，喷油结束
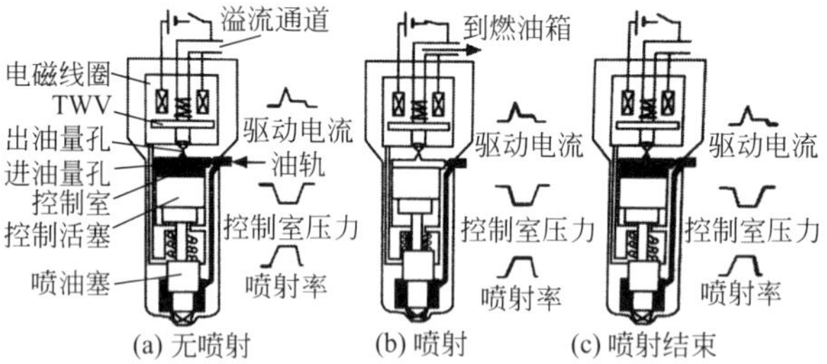
溢流通道
电磁线圈
TWV
出油量孔
进油量孔
控制室
控制活塞
喷油塞
驱动电流
油轨
控制室压力
喷射率
到燃油箱
驱动电流
控制室压力
喷射率
驱动电流
控制室压力
喷射率
(a) 无喷射 (b) 喷射 (c) 喷射结束</td></tr>
<tr><td>多次喷射</td><td>由于全部喷油都是 ECU 通过 TWV 阀来完成的，故喷油正时、喷油持续时间与油轨压力(喷油量)、喷油速率都是可以随机控制的。ECU 完全可以根据实际需要来实现多次喷射，具体喷射方式如右图所示，由此可以改善冷启动性能、降低噪声和限制排放等
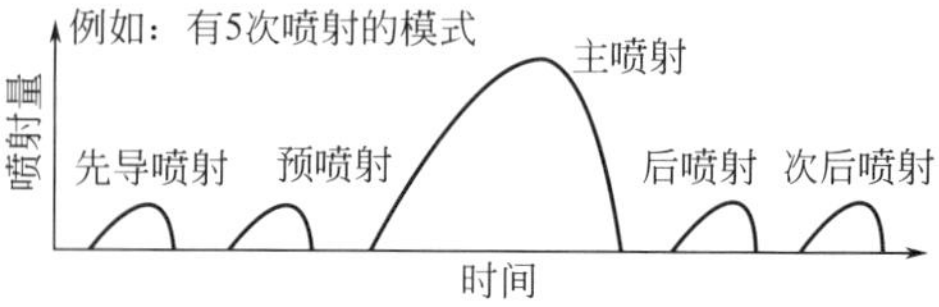
例如：有5次喷射的模式
主喷射
喷射量
先导喷射
预喷射
后喷射
次后喷射
时间</td></tr>
</table>

(5) 电控系统电路组成与 ECU 外部连接情况

WD615 系列柴油机高压共轨燃油喷射电控系统 ECU 是整个柴油机的控制中心，采用日本电装公司新一代电控共轨燃油系统，使用的输油泵总成和发动机的转速比为 1∶2。

① 电控系统电路组成见表 7-27。

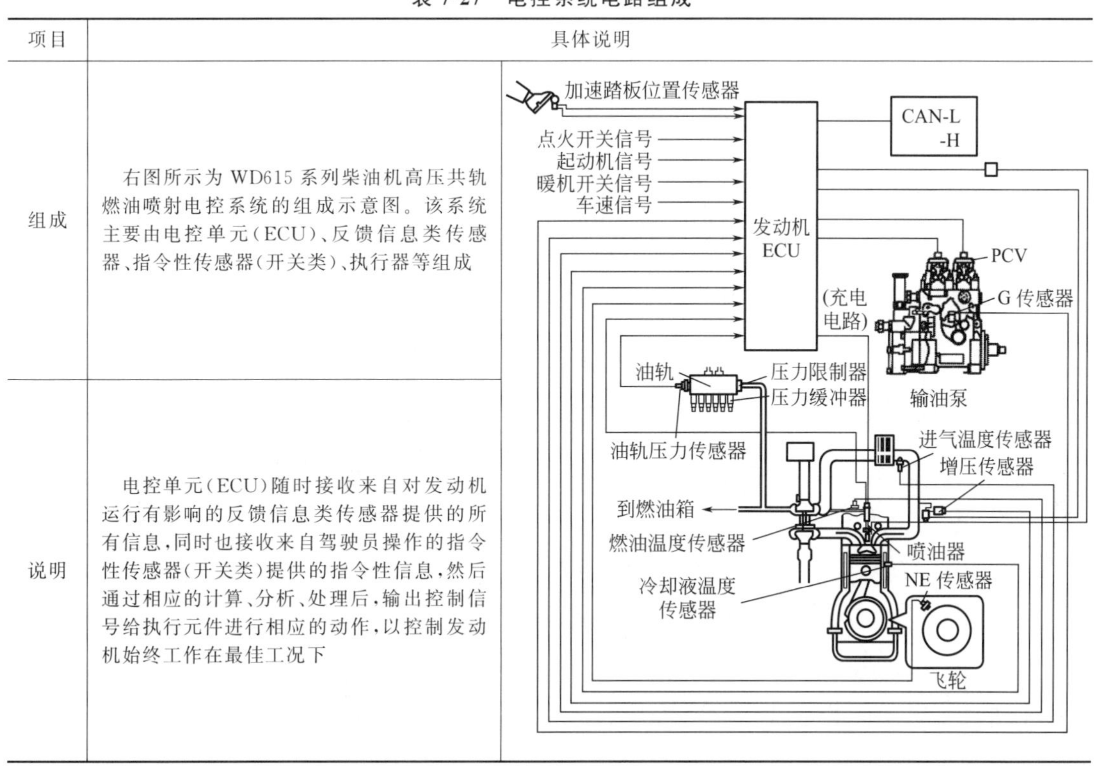

表 7-27　电控系统电路组成

项目	具体说明
组成	右图所示为 WD615 系列柴油机高压共轨燃油喷射电控系统的组成示意图。该系统主要由电控单元（ECU）、反馈信息类传感器、指令性传感器（开关类）、执行器等组成
说明	电控单元（ECU）随时接收来自对发动机运行有影响的反馈信息类传感器提供的所有信息，同时也接收来自驾驶员操作的指令性传感器（开关类）提供的指令性信息，然后通过相应的计算、分析、处理后，输出控制信号给执行元件进行相应的动作，以控制发动机始终工作在最佳工况下

② 电控单元（ECU）外部连接情况见表 7-28。

表 7-28　电控单元（ECU）外部连接情况

项目	具体说明
ECU 外部连接情况	发动机电控单元（ECU）外部连接电路如图 7-1 所示。右图所示为 ECU 与外电路连接用的线束和插接件使用情况示意图
说明	发动机电控单元（ECU）与外部线路的连接是通过插接件来实现的，与各个传感器、执行器等进行连接的插接件共有 5 个，这些插接件分别为 31 端子（31P）的插接件、32 端子（32P）的插接件与 34 端子（34P）的插接件各一个，两个 35 端子（35P）的插接件

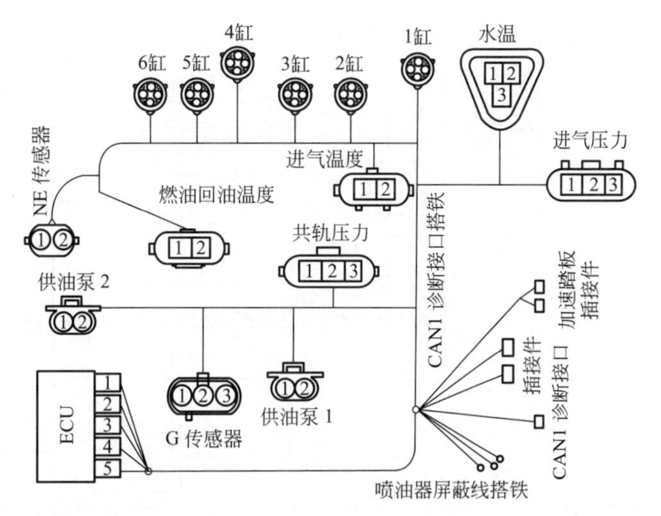

(6) 电控系统识图指导

在读识 WD615 系列柴油机高压共轨燃油喷射电控系统电路图（图 7-1）时，应围绕发动机电控单元（ECU）来进行。

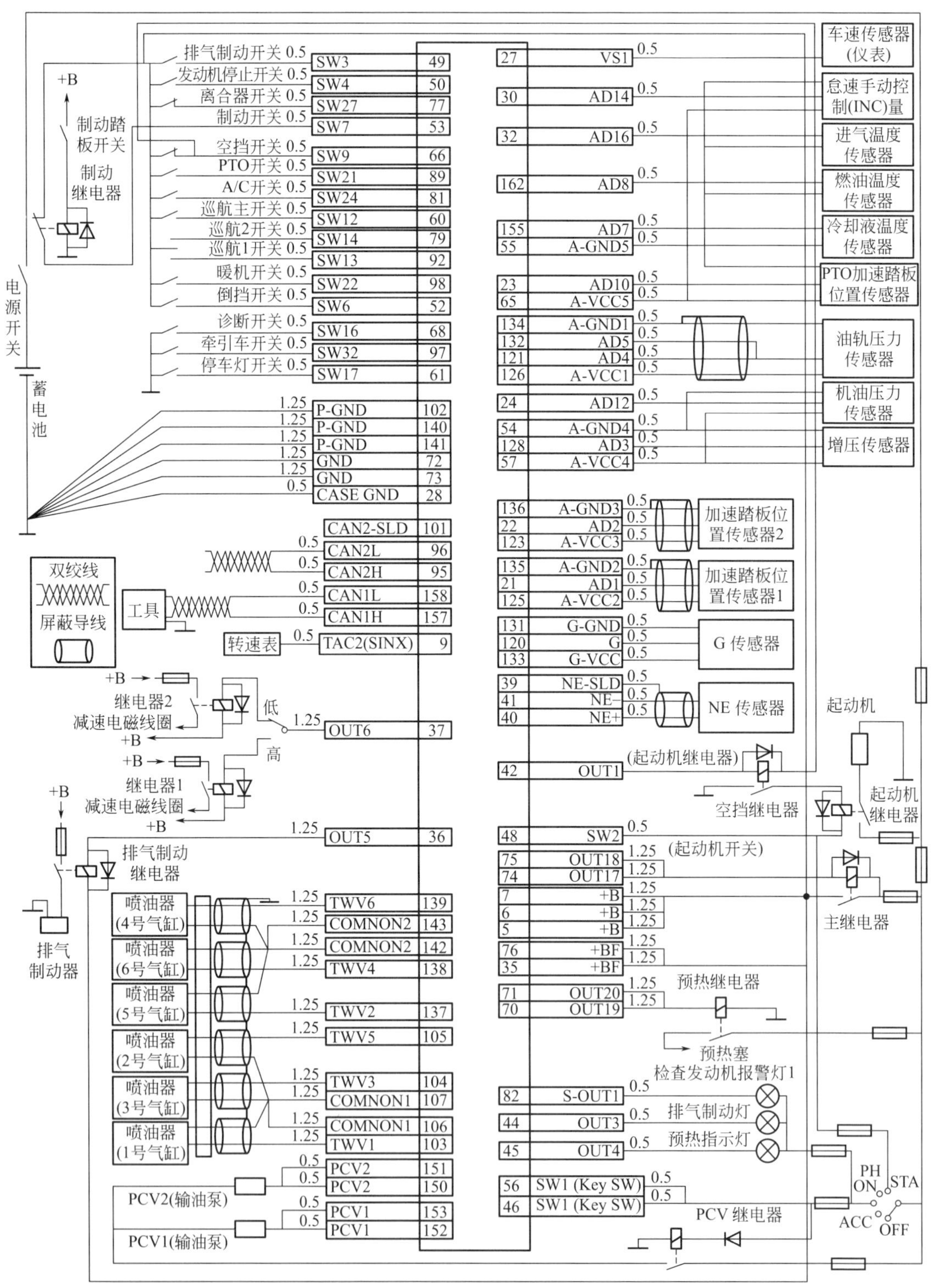

图 7-1 WD615 系列柴油机高压共轨燃油喷射电控系统 ECU 外部连接电路

① 端子功能、连接线标识和插接件读识指导见表 7-29。

表 7-29 端子功能、连接线标识和插接件读识指导

项目	具体说明
端子功能	电控单元(ECU)与外部线路的连接采用了5个插接件，这5个插接件各端子上的代号及其功能说明见表7-30～表7-34，各端子号对应于图7-1中ECU端子上的数字，凡是没有标出的端子均为空端子(备用端子，或供其他发动机使用)
连接线标识	在ECU的外部端子标注的字母或字母与数字组合，表示该端子的功能代号，引线上所标注的数字，表示该条连接线的直径，例如连接线上标注的“1.25”，表示该连接线的直径为1.25mm^2
插接件	在ECU的每一个端子上，都采用长方形方框将ECU的端子号数字与功能代号字母或字母与数字组合框在一起，而与该端子的连接线则与方框的外部相连接，这表示是采用插接件与外部接线相连的

表 7-30 插接件（34P）端子1～34的功能说明

端子号	代号	功能	端子号	代号	功能
1,2	GND	信号搭铁端(没有使用)	21	AD1	加速踏板位置传感器1信号输入端
3	IN3	没有使用	22	AD2	加速踏板位置传感器2信号输入端
4	IN3－	没有使用	23	AD10	PTO加速踏板位置传感器信号输入端
5～7	＋B	电源电压输入端	24	AD12	机油压力传感器信号输入端
8	TAC1	没有使用	25	AD19	没有使用
9	TAC2	转速表(SINX)控制信号输出端	26	AD20	没有使用
10	FOUT1	没有使用	27	VS1	车速传感器信号输入端
11	FOUT2	没有使用	28	CASE GND	壳体搭铁
12	FOUT3	没有使用	29	IN2	没有使用
13	FOUT4	没有使用	30	AD14	怠速手动控制(INC)量信号输入端
14	FIN1	没有使用	31	AD15	没有使用
15	FIN2	没有使用	32	AD16	进气温度传感器信号输入端
18	CASE GND	壳体搭铁(没有使用)	33	AD17	没有使用
19	KWP2000	没有使用	34	AD18	没有使用

表 7-31 插接件（35P）端子35～69的功能说明

端子号	代号	功能	端子号	代号	功能
35	＋BF	＋BF(＋B用于逆电动势)	47	OUT8	没有使用
36	OUT5	排气制动继电器控制信号输出端	48	SW2	起动机开关信号输入端
37	OUT6	发动机制动继电器控制信号输出端	49	SW3	排气制动开关信号输入端
38	OUT7	没有使用	50	SW4	发动机停止开关信号输入端
39	NE-SLD	NE传感器屏蔽线搭铁端	51	SW5	没有使用
40	NE＋	NE传感器＋信号输入端	52	SW6	倒挡开关信号输入端
41	NE－	E传感器－信号输入端	53	SW7	制动开关信号输入端
42	OUT1	起动机继电器控制信号输出端	54	A-GND4	传感器搭铁端4
43	OUT2	没有使用	55	A-GND5	传感器搭铁端5
44	OUT3	排气制动灯控制信号输出端	56	SW1	钥匙开关信号输入端
45	OUT4	预热指示灯控制信号输出端	57	A-VCC4	传感器电源4输出端
46	SW1	钥匙开关信号输入端	58	SW8	没有使用

续表

端子号	代号	功能	端子号	代号	功能
59	SW10	没有使用	65	A-VCC5	传感器 5 电源电压输出端
60	SW12	巡航主开关信号输入端	66	SW9	空挡开关信号输出端
61	SW17	停车灯开关信号输入端	67	SW11	没有使用
62	AD21	没有使用	68	SW16	诊断开关信号输入端
63	AD22	没有使用	69	SW18	没有使用

表 7-32 插接件（32P）端子 70～101 的功能说明

端子号	代号	功能	端子号	代号	功能
70	OUT19	预热继电器控制信号输出端	87	SW31	没有使用
71	OUT20	预热继电器控制信号输出端	88	SW20	没有使用
72,73	GND	信号搭铁端	89	SW21	PTO 开关信号输入端
74	OUT17	主继电器控制信号输出端(没有使用)	90	SW25	没有使用
75	OUT18	主继电器控制信号输出端	91	SW26	没有使用
76	+BF	+BF(+B用于逆电动势)	92	SW13	巡航 1 开关信号输入端
77	SW27	离合器开关信号输入端	93	SW28	没有使用
78	SW19	没有使用	94	SW29	没有使用
79	SW14	巡航 2 开关信号输入端	95	CAN2H	CAN2 总线高电平信号输入、输出端
80	SW15	没有使用	96	CAN2L	CAN2 总线低电平信号输入、输出端
81	SW24	A/C 空调开关信号输入端	97	SW32	牵引车开关信号输入端
82	S-OUT1	检查发动机报警灯 1 控制信号输出端	98	SW22	暖机开关信号输入端
83	S-OUT2	没有使用	99	SW23	没有使用
84	S-OUT3	没有使用	100	SW30	没有使用
85	S-OUT4	没有使用	101	CAN2-SLD	没有使用

表 7-33 插接件（35P）端子 102～136 的功能说明

端子号	代号	功能	端子号	代号	功能
102	P-GND	电源搭铁端	115	OUT16	没有使用
103	TWV1	喷油器 1 控制信号输出端	118	A-GND6	没有使用
104	TWV3	喷油器 3 控制信号输出端	119	NE(NRE)	没有使用
105	TWV5	喷油器 5 控制信号输出端	120	G	G 传感器信号输入端
106,107	COMNON1	喷油器电源 1 输出端	121	AD4	油轨压力传感器 1 信号输入端
108	OUT9	没有使用	122	AD11	没有使用
109	OUT10	没有使用	123	A-VCC3	传感器电源 3 输出端
110	OUT11	没有使用	124	NE-VCC	没有使用
111	OUT12	没有使用	125	A-VCC2	传感器 2 电源输出端
112	OUT13	没有使用	126	A-VCC1	传感器 1 电源输出端
113	OUT14	没有使用	128	AD3	增压传感器信号输入端
114	OUT15	没有使用	129,130	GND	信号搭铁端(没有使用)

续表

端子号	代号	功能	端子号	代号	功能
131	G-GND	G 传感器搭铁端	134	A-GND1	传感器搭铁端 1
132	AD5	油轨压力传感器 2 信号输入端	135	A-GND2	传感器搭铁端 2
133	G-VCC	G 传感器 5V 电源输出端	136	A-GND3	传感器搭铁端 3

表 7-34 插接件（31P）端子 137～167 的功能功能

端子号	代号	功能	端子号	代号	功能
137	TWV2	喷油器 2 控制信号输出端	154	AD6	没有使用
138	TWV4	喷油器 4 控制信号输出端	155	AD7	冷却液温度传感器信号输入端
139	TWV6	喷油器 6 控制信号输出端	157	CANIH	CAN1 总线高电平信号输入、输出端
140,141	P-GND	电源搭铁端	158	CAH1L	CAN2 总线低电平信号输入、输出端
142,143	COMNON2	喷油器电源 2 输出端	161	CASE GND	壳体搭铁端(没有使用)
144,145	SCVLO	没有使用	162	AD8	燃油温度传感器信号输入端
146,147	SCVHI	没有使用	163	AD9	没有使用
150,151	PCV2	输油泵控制信号输出端	165	CAN1-SLD	没有使用
152,153	PCV1	输油泵控制信号输出端	167	CASE-GND	壳体搭铁端(没有使用)

② 屏蔽线与数据总线读识指导见表 7-35。

表 7-35 屏蔽线与数据总线读识指导

项目	具体说明
屏蔽线	对于某些容易受干扰的连接线，例如在有些传感器、喷油器的连接线路上，画有类似于横向圆柱体的图形，该图形表示屏蔽线。屏蔽线就是该导线除了具有内芯线作为连通线路外，在该内芯线的外面还包裹有一层金属层，该金属层可以防止外部的干扰信号窜进内芯线被接收，也可以防止内芯线上的信号向外传播干扰其他电器，但屏蔽层都需要与地(搭铁)相连接，否则就起不到屏蔽的作用，在进行故障维修时，也应注意到这一点。在图 7-1 中，油轨压力传感器、加速踏板位置传感器 2、加速踏板位置传感器 1、NE 传感器、1～6 号气缸喷油器的连接线均属于屏蔽线
数据总线	数据总线用于车辆上使用的电子控制单元之间相互通信以及读取故障码或数据流等信息时使用。ECU 的 95、96 与 157、158 端子的外线路采用斜线交叉方式，表示该两根引线采用双绞线(也就是两根导线均匀地绞合在一起)进行走线，这也是为了防止两根线之间互相产生干扰

③ 控制情况与其他方面见表 7-36。

表 7-36 控制情况与其他方面

项目	具体说明
控制情况	对于 ECU 的控制情况，一般不必搞清 ECU 内部各种功能电路是怎样动作的，但一定要搞清其端子输出或输入信号的情况。这样，在进行故障检测时，就可以根据其端子上的信号输出或输入情况来判断故障原因
其他方面	对于 WD615 系列柴油机高压共轨燃油喷射电控系统中的其他元件，如继电器、各种开关等，图 7-1 中所画出的状态均为静态时的状态，也就是车辆没有工作时的状态。这些元件的电路图形符号与电工常见的符号表示方法一样，只要能够认识这些图形，就不难搞清其工作情况

(7) 电控系统信息反馈类传感器的作用与安装位置

WD615 系列柴油机高压共轨燃油喷射电控系统中使用了多种信息反馈类传感器，这些传感器的作用与安装位置见表 7-37。

表 7-37 信息反馈类传感器的作用与安装位置

项目	具体说明
作用	信息反馈类传感器用于随机地对发动机的运行有直接或间接影响的各种参数进行检测，然后把这些参数转换为脉冲、电阻或电压信号提供给 ECU。信息反馈类传感器主要有 G 传感器、NE 传感器(又称曲轴位置传感器)、车速信号传感器、增压压力传感器、冷却液温度传感器、进气温度传感器、回油温度传感器、燃油温度传感器
安装位置	右图所示为传感器在发动机上的安装位置 1—1～6 缸喷油器、泄气制动装置四芯连接器；2—出水温度传感器；3—进气加热器；4—进气压力传感器；5—进气温度传感器；6—油轨压力传感器；7—PCV1 供油泵电磁阀；8—PCV2 供油泵电磁阀；9—G 传感器；10—车下发动机停止开关线；11—线束总成(用于连接整车上的 ECU)；12—发动机线束出线固定点与 ECU 连接的长度从此点算起；13—回油温度传感器；14—NE 转速传感器

(8) 电控系统位置传感器的结构特点

WD615 系列柴油机高压共轨燃油喷射电控系统中使用的位置传感器主要为 G 传感器、NE 传感器、加速踏板位置传感器，这些传感器的结构特点见表 7-38。

表 7-38 位置传感器的结构特点

项目	具体说明
G 传感器	如右图所示，G 传感器为霍尔型，其对外有 3 个端子，G-VCC 为 ECU 提供的 5V 工作电源，GND 通过 ECU 搭铁，G 为信号输出端。该传感器安装在高压油泵中部壳体上，在其对应位置的凸轮轴上安装有一个齿盘。而在齿盘上，每相隔 60°(凸轮轴转角)对称开有 6 个齿槽，且对应于 1 缸压缩上止点前 78°(曲轴转角)的位置又有一个齿槽。这样，当发动机旋转 2 圈(曲轴转角)时，G 传感器输出 7 个脉冲信号，其中不对称的第 7 个脉冲信号所指示的位置，正好为发动机 1 缸压缩行程的位置。G 传感器输出的不对称第 7 个脉冲信号正好与 NE 传感器宽脉冲信号的位置重叠，由此可使 ECU 判断为 1 缸压缩行程位置 G 传感器 齿槽 输油泵 G 脉冲生成齿轮
NE 传感器	如右图所示，NE 传感器为电磁型，其对外有 NE＋与 NE－两个端子，该传感器固定在飞轮上，在飞轮沿外围圆周上每间隔 6°曲轴转角有一个小孔，总共有 56 个孔，其中有 4 个孔没有打，故曲轴每旋转 1 周，传感器发出 56 个短脉冲和 1 个宽脉冲(30°曲轴转角)信号，宽脉冲信号刚好对应在 1 缸与 6 缸压缩行程。NE 传感器一方面为 ECU 提供发动机转速信号，另一方面与 G 传感器共同提供气缸位置信号，用于为喷油正时的确定和控制提供依据 缺齿凹齿部 NE 传感器 飞轮 NE 脉冲发生装置

续表

项目	具体说明
加速踏板位置传感器	加速踏板位置传感器(包括 PTO 踏板位置传感器)为霍尔型。为了确保安全,该传感器有 2 套输出,每套输出有 3 个端子,这 3 个端子分别为 APS1 与 APS2(电压信号输出)、VCC1 与 VCC2(5V 电源)、GND1 与 GND2(搭铁)。其中的 APS 端子随时向 ECU 提供一个和加速踏板行程(踏板角度位置)成正比的电压信号

(9) 电控系统其他传感器的结构特点

WD615 系列柴油机高压共轨燃油喷射电控系统中使用的其他传感器主要为燃油温度传感器、进气温度传感器、回油温度传感器、增压压力传感器、机油压力传感器、油轨压力传感器等，这些传感器的结构特点见表 7-39。

表 7-39 其他传感器的结构特点

项目	具体说明
燃油温度传感器、进气温度传感器、回油温度传感器	燃油温度传感器、进气温度传感器、回油温度传感器均属于负温度系数热敏电阻型的传感器。它们均为两端子结构,分别向 ECU 输出一个随温度增高而电阻值减小的电阻信号
增压压力传感器、机油压力传感器、油轨压力传感器等	增压压力传感器、机油压力传感器、油轨压力传感器等均属于压敏电阻型的传感器。它们均为 3 端子结构,这 3 个端子的功能分别为 VCC 电源端子、GND 搭铁、AD(3,12,5)信号输出端。压力传感器根据压力的变化,会随时向 ECU 输出一个和压力成正比的电压信号

(10) WD615 系列柴油机电控系统指令性开关与执行器的类型与功能

WD615 系列柴油机高压共轨燃油喷射电控系统中使用的指令性开关种类较多，执行器多为电磁阀，具体情况见表 7-40。

表 7-40 指令性开关与执行器的类型与功能

项目	具体说明
指令性开关	指令性开关主要有起动机继电器、怠速油门控制传感器、整车制动开关、排气制动开关、发动机熄火开关、离合器开关、PTO 动力输出开关、空调怠速提速开关、巡航操作开关、暖风开关、倒挡开关、牵引车开关、停车灯开关、故障诊断开关 指令性开关用于把驾驶员的操作信息提供给 ECU,ECU 会根据反馈类传感器输送来的信息,通过对比、计算、处理后,输出控制信号去控制和调节执行元件,以使发动机始终工作在最佳状态
电磁阀	电磁阀主要有高压供油泵上的 PCV 阀与喷油器上的 TWV 阀,它们均属于执行元件。发动机的各种工况(动力性、经济性、噪声与排放)完全由这两个执行元件的工作来决定。ECU 随时向 PCV 阀输出接通或断开的电压信号,和发动机转速同步控制 PCV 阀的“通-断”间隔时间,通过改变其高压燃油的供油量来改变高压油轨的油压,进而改变喷油器的喷油压力,以便决定喷油器的喷油速率与喷油量。与此同时,ECU 随时向 TWV 阀输出一个“通-断”的电压信号,从而控制喷油器的喷油正时、喷油量与喷油次数

7.4 柴油发动机 TICS 式电控系统线路概述与识图

TICS 式电控系统，以其结构简单、对传统机械式发动机控制系统改动小、控制精度高、响应速度快、经济环保等优点，在电控发动机中占有一定的市场份额。

（1）电控系统线路组成

在对柴油发动机 TICS 式电控系统线路进行检修时，必须先掌握其线路组成，图 7-2 所示为柴油发动机 TICS 式电控系统线路原理图，是应用于五十铃 6HK1-TC 系列发动机上的 TICS 式电控系统电路。

① 连接方式。图 7-2 所示电路主要是围绕电控单元（ECU）来布置的，ECU 的各个端子是通过插接件与外电路元件相连接的。

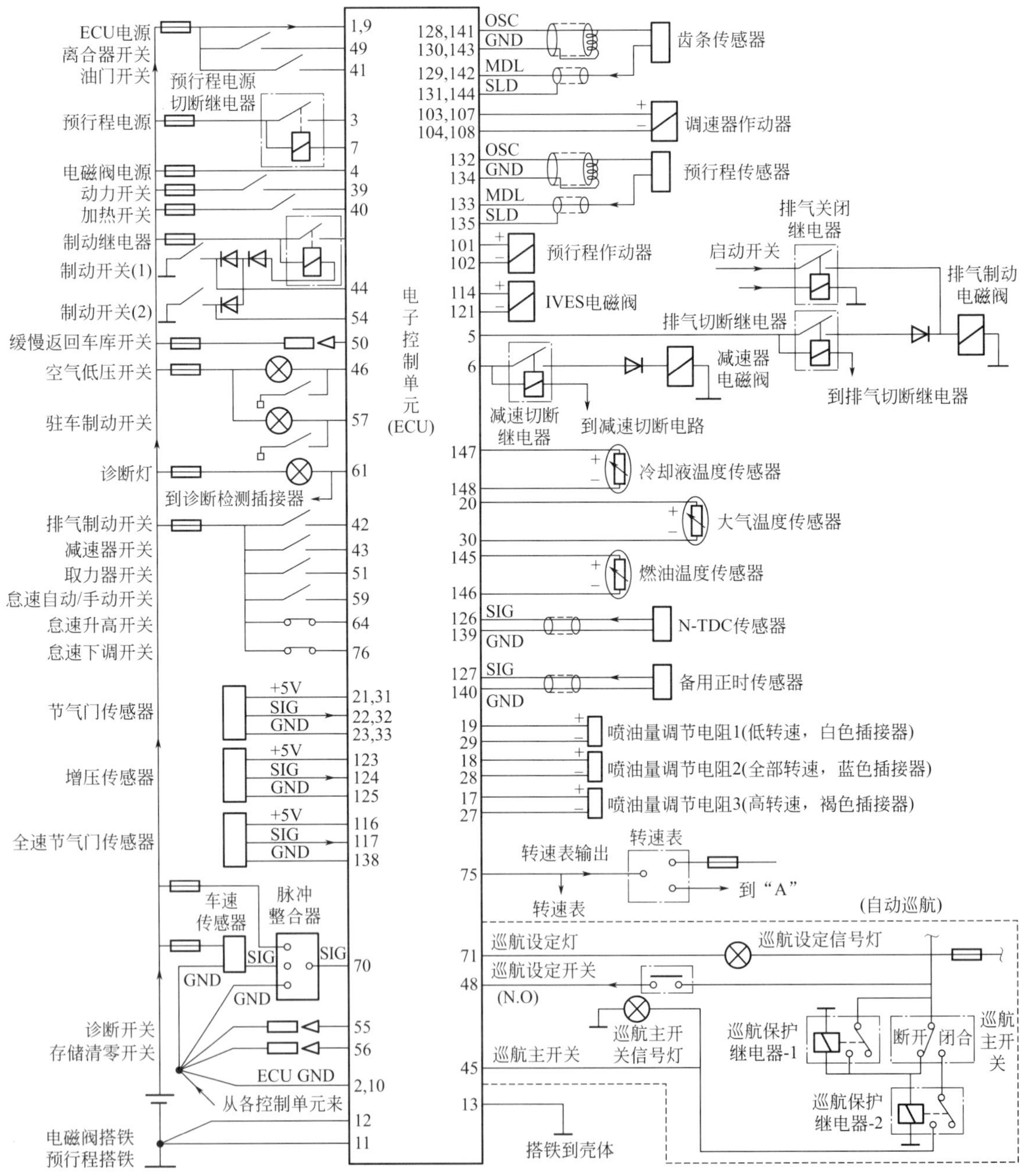

图 7-2 柴油发动机 TICS 式电控系统线路原理图

a. ECU 的外形及其说明见表 7-41。

表 7-41 ECU 的外形及其说明

项目	具体说明	
ECU 外形示意图	右图所示为 TICS 式电控系统所使用的电控单元（ECU）的外形示意图	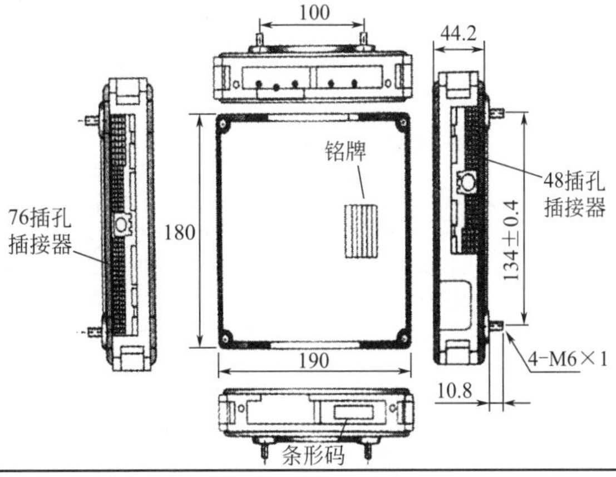 100 / 44.2 / 铭牌 / 48插孔插接器 / 76插孔插接器 / 180 / 134±0.4 / 190 / 4-M6×1 / 10.8 / 条形码
示意图说明	在 TICS 式电控系统中，ECU 通过两个插接件与外电路元件相连接，电控单元（ECU）的各端子号与其插接器连接后的端子号是一一对应关系，电控单元（ECU）的各端子功能说明见表 7-43，凡是表中没有列出的端子号均属于空端子或为备用端子	

b. ECU 插接件的情况见表 7-42。

表 7-42 ECU 插接件的情况

项目	具体说明
插接件端子排列示意图	发动机线束(地板侧)76插孔中央放松插接器详图 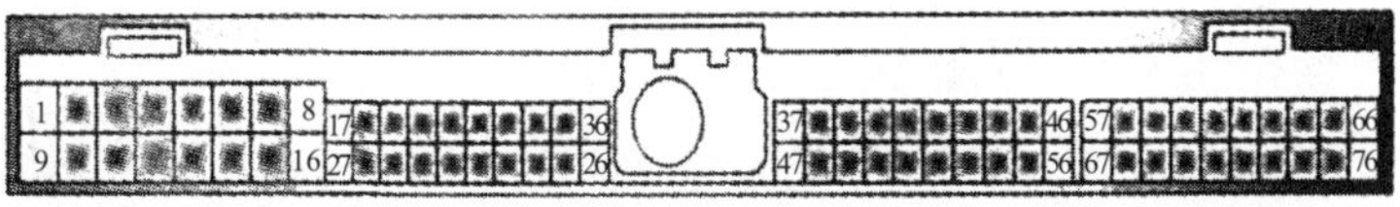 1 8 17 36 37 46 57 66 9 16 27 26 47 56 67 76 发动机线束(发动机侧)48插孔插接器详图 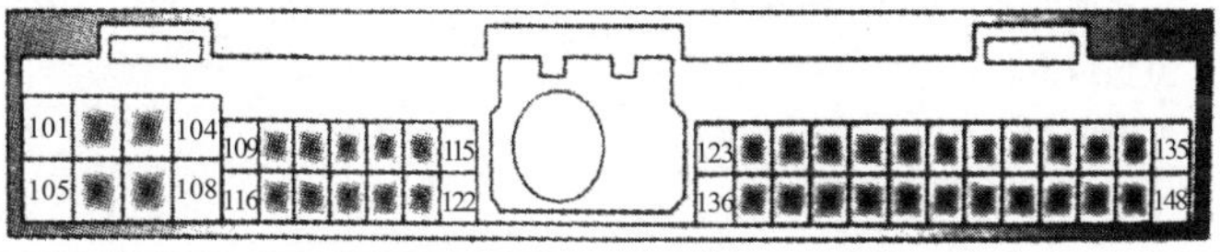 101 104 109 115 123 135 105 108 116 122 136 148
示意图说明	上图所示为 TICS 式电控系统 ECU 与外电路元件相连接的两个插接件的外形及其各端子的分布情况。在这两个插接件中，其中的一个有 76 个插孔，为中央防松插接器，安装在地板侧；另一个为具有 48 个插孔的插接器，安装在发动机侧

② 电控单元（ECU）端子功能。电控单元（ECU）有 148 个端子（但没有完全使用），通过插接件与发动机线束相连接，表 7-43 中列出了各有关端子的功能说明。

表 7-43 电控单元（ECU）各有关端子的功能说明

端子号	功能说明	端子号	功能说明
1,9	ECU 不受控供电电源电压输入端	7	预行程电源切断继电器线圈控制信号输出端（低电平时，预行程电源切断继电器线圈得电其常开触点闭合接通）
2,10	ECU 内部电路接地线端		
3	预行程受控电源电压输入端	11	ECU 内部预行程控制电路的搭铁端
4	ECU 内部电磁阀供电电源电压输入端（属于不受控电源）	12	ECU 内部电磁阀控制电路的搭铁端
		13	ECU 电路搭铁端（该端应与 ECU 组件的壳体相连接）
5	排气制动电磁阀线圈与排气切断继电器线圈供电电压输出端	17	喷油器 3 的"＋"控制信号输出端
		18	喷油器 2 的"＋"控制信号输出端
6	减速器电磁阀线圈与减速切断继电器线圈供电电压输出端	19	喷油器 1 的"＋"控制信号输出端
		20	大气温度传感器的"＋"信号输入端

续表

端子号	功能说明	端子号	功能说明
21,31	节气门传感器的+5V供电电压输出端	76	怠速下调开关控制信号输入端
22,32	节气门传感器检测信号输入端	101	预行程作动器"+"控制信号输出端
23,33	节气门传感器接地(即搭铁)端	102	预行程作动器"-"控制信号输出端
27	喷油器3的"-"控制信号输出端	103,107	调速器作动器"+"控制信号输出端
28	喷油器2的"-"控制信号输出端	104,108	调速器作动器"-"控制信号输出端
29	喷油器1的"-"控制信号输出端	114	IVES电磁阀"+"控制信号输出端
30	大气温度传感器的"-"信号输入端	116	全速节气门传感器+5V供电电压输出端
39	动力开关控制信号输入端	117	全速节气门传感器信号输入端
40	加热开关控制信号输入端	121	IVES电磁阀"-"控制信号输出端
41	油门开关控制信号输入端	123	增压传感器+5V供电电压输出端
42	排气制动开关控制信号输入端	124	增压传感器信号输入端
43	减速器开关控制信号输入端	125	增压传感器通过ECU内部电路接地线端
44	制动开关1控制信号输入端	126	N-TDC传感器信号输入端
45	巡航主开关控制信号输入端	127	备用正时传感器信号输入端
46	空气低压开关控制信号输入端	128,141	齿条传感器振荡信号输出端
48	巡航设定开关控制信号输入端	129,142	齿条传感器信号输入端
49	离合器开关控制信号输入端	130,143	齿条传感器屏蔽线通过ECU接地线端
50	缓慢返回车库开关控制信号输入端	131,144	齿条传感器信号屏蔽线防干扰连接端
51	取力器开关控制信号输入端	132	预行程传感器振荡信号输出端
54	制动开关2控制信号输入端	133	预行程传感器信号屏蔽线防干扰连接端
55	诊断开关控制信号输入端	134	预行程传感器屏蔽线通过ECU接地线端
56	存储清零开关控制信号输入端	135	预行程感器信号屏蔽线防干扰连接端
57	驻车制动开关控制信号输入端	138	全速节气门传感器通过ECU接地线端
59	怠速自动/手动开关控制信号输入端	139	N-TDC传感器通过ECU接地线端
61	诊断指示灯控制信号输出端	140	备用正时传感器通过ECU接地线端
64	怠速升高开关控制信号输入端	145	燃油温度传感器的"+"信号输入端
70	脉冲整合器信号输入端	146	燃油温度传感器的"-"信号输入端
71	巡航设定指示灯控制信号输出端	147	冷却液温度传感器的"+"信号输入端
75	转速信号输出端(用于驱动转速表)	148	冷却液温度传感器的"-"信号输入端

(2) 电控系统线路识图指导

柴油发动机TICS式电控系统线路并不复杂，读识该电路的难度也不大，在对图中各个元器件的图形符号搞清楚以后，再结合表7-43中所列的电控单元（ECU）的各端子功能，就可以清楚地知道各个单元功能电路的连接部位，看懂图7-2电路就不成问题了。对于各个单元功能电路中的元器件作用及其工作情况，读者可自行分析。

7.5 潍柴德龙WP系列柴油机共轨式燃油喷射系统识图

国产潍柴德龙WP系列柴油机共轨式燃油喷射系统的结构特点在本书第4章中已经介绍过，本节介绍其电控系统电路的识图。国产潍柴德龙WP系列柴油机共轨式燃油喷射电控系统电路如图7-3所示。

钥匙开关启动端
来自电气装置板
上的负载继电器
国Ⅲ发动机ECU(◡为1号插头，○为2号插头，✓为3号插头)
F109 15A
A100
X601
S1(常开)
S2(常闭)
S3
(常闭)
EDC
H603
H601
H602
H141
A185
K701
F603
25A
M100
BAD
S149
G100
G101
100A
25A
K501
S12
S13
S14
S159
S160
DIAG
S161
A/C
B4
B6
B7
X364
X242

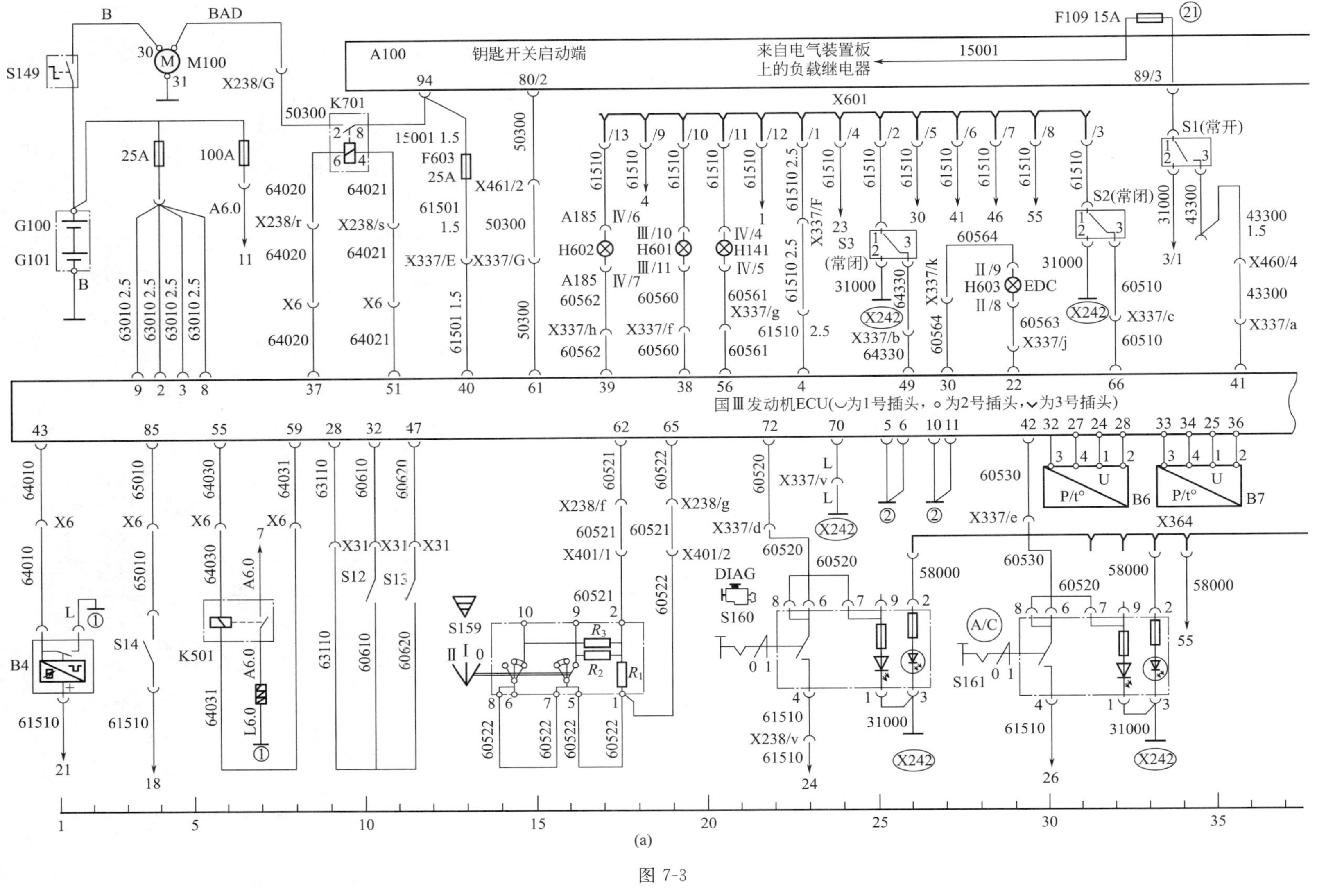

(a)

图 7-3

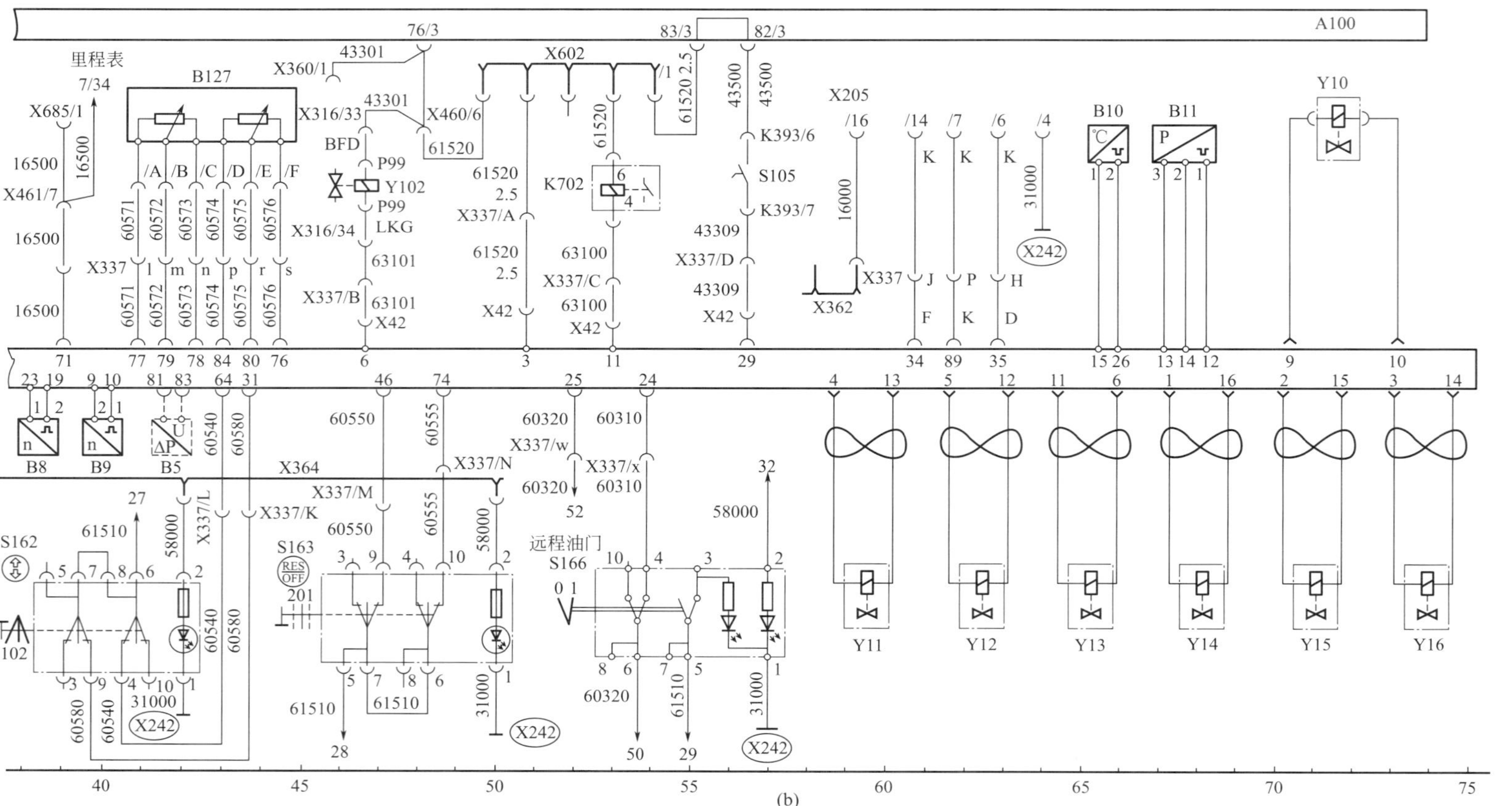

(b)

图 7-3 德龙 WP 系列柴油机共轨式燃油喷射电控系统电路

100(11)—中央电气板；A185(16)—组合仪表；B4(1)—油中有水传感器；B6(32)—机油压力传感器；B7(36)—进气压力传感器；F603(12)—启动熔断器；G100(1)—蓄电池 1；G101(1)—蓄电池 2；H141(21)—油水混合信号指示灯；H601(19)—冷启动信号指示灯；H602(17)—报警信号指示灯；H603(28)—EDC 诊断信号指示灯；K501(5)—电加热继电器；K701(10)—启动保护继电器；M100(6)—起动机；S1(34)—制动信号指示灯开关；S2(31)—离合器开关；S3(24)—冗余制动开关；S12(10)—车下启动发动机开关；S13(11)—车下停止发动机开关；S14(3)—空挡开关；S149(1)—整车电源总开关；S159(13)—多态选择开关；S160(21)—诊断开关；S161(28)—A/C 请求开关；X401(17)—4 孔插接件；X460(35)—驾驶室线束上插接器；X601(24)—61510 集中插接器；B5(42)—燃油压差传感器；B8(38)—曲轴转速传感器；B9(40)—凸轮轴转速传感器；B10(66)—水温传感器；B11(68)—共轨压力传感器；B127(43)—加速踏板传感器；K702(53)—空调控制继电器；S105(57)—排气制动开关；S162(38)—巡航加/减速开关；S163(45)—巡航关断/恢复开关；S166(52)—油门转换开关；X42(46.5,51,53,57)—发动机 ECU 插接器；X205(59)—数据接口；X238(8,8.5,11,17.5,19,23)—35 孔插接器；X337(41,43,43.5,46,47,48.5,51,52,54,57,60)—35 孔插接器；X362(58)—16000 分线器；X364(45)—58000 集中插接器；X461(39)—驾驶室线束上的插接器；Y10(72)—高压油泵燃油计量单元；Y11～Y16(60～75)—喷油器；Y102(47)—排气制动电磁阀

(1) 识图指导

德龙 WP 系列柴油机共轨式燃油喷射电控系统电路的画法与德系车辆的画法有很多相似的地方，例如其线束标识、图面坐标等。表 7-44 中列出了基本图面识图时必须掌握的几个方面的技能。

表 7-44　基本图面识图时必须掌握的几个方面的技能

项目	具体说明
图注	在图 7-3 中的图注中，零件号后括号中的数字表示该件在图中横坐标上的大概位置，这样的标注有利于在图中快速找到该元件
A100	在图 7-3 中，上部的 A100 代表电气装置板的内部电路，位于驾驶室副驾驶员前部仪表护面内
ECU 及其端子	中间长方形部分为发动机侧面自带的电控单元 ECU。ECU 的端子采用 3 个插接件(插头)与外线路相连接。为了区分这 3 个插接件的端子，采用"◡"代表第 1 个插接件端子，端子旁边的数字就是该插接件的端子号；采用"○"代表第 2 个插接件端子，端子旁边的数字就是该插接件的端子号；采用"∨"形代表第 3 个插接件端子，端子旁边的数字就是该插接件的端子号
线束线径	在图 7-3 中，线束采用了 5 位数字来表示，这 5 位数字都标注在连接线的旁边，该 5 位数字后面的数字就表示导线的线径。例如 13 区上面 F603 熔断器的连接线标号为 15001 1.5，其中的 15001 即为线束号，而后面的 1.5 就表示该线直径为 1.5mm。如果 5 位数字后面没有标出导线的线径，则表示该导线的直径为默认的 1mm
插接件	插接件多采用字母与数字组合来表示，例如 X401/2，前面的 X401 表示第 X401 号插接件，斜线后的 2 表示第 2 号线(X401 的 2 号端子)；同样道理，X238/s，前面的 X238 表示第 X238 号插接件，斜线后的 s 表示第 s 号线(X238 的 s 号端子)，其余的插接件依此类推

(2) 位置坐标与地址码的识别

德龙 WP 系列柴油机共轨式燃油喷射电控系统电路中的位置坐标与地址码的识别方法与德国大众公司的图面识别方法基本相同。

① 位置坐标与地址码的位置见表 7-45。

表 7-45　位置坐标与地址码的位置

项目	具体说明
位置坐标的位置	在德龙 WP 系列柴油机共轨式燃油喷射电控系统电路图的最下方有一组从左至右数字连续且逐渐变大的数字代号，这些数字代号就是位置坐标
地址码的位置	在德龙 WP 系列柴油机共轨式燃油喷射电控系统电路图的位置坐标线上方至中央电气装置板(A100)外框线之间的电路中，有与导线一端相连接且有箭头指向的数字，如图 7-3(a)中的 21、18、7、4 等，这些被指引导线的数字就是地址码

② 位置坐标与地址码之间的关系见表 7-46。

表 7-46　位置坐标与地址码之间的关系

项目	具体说明
位置坐标的作用	位置坐标，也就是在图纸最下面横线下方所标的连续编号 1、5、10、15 等，实际上是不存在的，这是为了方便标明在一页画不完的连线的另一端在何处而人为编制的。该顺序表达了整车的全部内容，既便于每一部分的相互独立，又保证相互联系，与连接线端的地址码相配合，体现了在一部分电路中难以表达的接线方法。
位置坐标与地址码之间的关系	如图 7-3(a)所示，在横坐标 1 的上方由油中有水传感器 B4 引出的 61510 线向下有一箭头，该箭头指向的数字为 21。该地址码垂直向下的横坐标为 1，也就是说从横坐标 1 这个位置引出的这根 61510 线要接到横坐标为 21 处的某个元件上去，如右图所示。换句话说，在位置坐标 21 处垂直向上，就可以找到 1，以表示分开画出的导线是一根线。这样就将两个相对独立的电路有机地连在一起，省去了横线 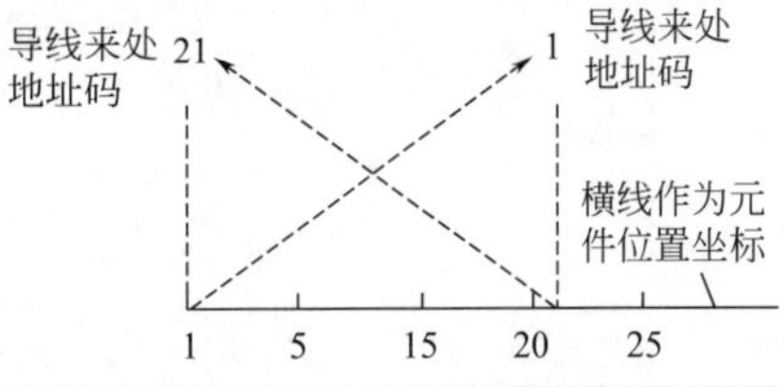 导线来处地址码　21　1　导线来处地址码 横线作为元件位置坐标 1　5　15　20　25

续表

项目	具体说明
位置坐标与地址码之间的关系	读图时必须将位置坐标与地址码结合起来看，记住两头对应的地址码，如21在横线上面的坐标为1，则在横坐标为21处的垂直上方应能找到1

(3) ECU端子功能

电控单元（ECU）是采用插接件通过线束与外线路进行连接的，其各端子功能说明见表7-47。

表7-47 电控单元（ECU）各主要端子功能说明

插接件	端子号	功能说明	插接件	端子号	功能说明
1号插接件	2,3	ECU内部不受控电源电压输入端	1号插接件	64	巡航加/减速开关控制信号输入端1
	4	指示灯等工作电源电压输出端		65	多态选择开关控制公共端
	5,6	ECU内部电路搭铁连接端		66	离合器开关控制信号输入端
	8,9	ECU内部不受控电源电压输入端		70	电控单元ECU内部电路搭铁端
	10,11	ECU内部电路搭铁连接端		71	车速里程表控制信号输出端
	22	EDC诊断信号指示灯控制信号输出端2		72	61510集中插接器手动开关控制信号输入端
	24	远程油门开关控制信号输入端		74	巡航关断/恢复开关控制信号输入端2
	25	供电电压输入端		76	加速踏板位置传感器2连接端2
	28	车下控制发动机开关的供电端		77	加速踏板位置传感器1连接端1
	29	排气制动开关控制信号输入端		78	加速踏板位置传感器1连接端2
	30	EDC诊断信号指示灯控制信号输出端1		79	加速踏板位置传感器2信号输入端
	31	巡航加/减速开关控制信号输入端2		80	加速踏板位置传感器信号输入端
	32	车下控制发动机开关控制信号输入端		81	燃油压差传感器信号输入端1
	34,35,89	数字接口传输端		83	燃油压差传感器信号输入端2
	37	启动保护继电器控制信号输出端1		84	加速踏板位置传感器2连接端1
	38	冷启动信号指示灯控制信号输出端		85	空挡开关控制信号输入端
	39	报警信号指示灯控制信号输出端	2号插接件	3	ECU内部电路电源电压输入端
	40	ECU内部不受控电源电压输入端		6	排气制动电磁阀控制信号输出端
	41	制动信号灯开关控制信号输入端		9	凸轮轴转速传感器信号输入端2
	42	A/C请求开关控制信号输入端		10	凸轮轴转速传感器信号输入端1
	43	油中有水传感器信号输入端		11	空调控制继电器控制信号输出端
	46	巡航关断/恢复开关控制信号输入端1		12	共轨压力传感器信号输入端1
	47	车下停止发动机开关控制信号输入端		13	共轨压力传感器信号输入端2
	49	冗余制动开关控制信号输入端		14	共轨压力传感器信号输入端3
	51	启动保护继电器控制信号输出端2		15	水温传感器信号输入端1
	55	电加热继电器控制信号输出端1		19	曲轴转速传感器信号输入端2
	56	油水混合信号指示灯控制信号输出端		23	曲轴转速传感器信号输入端1
	59	电加热继电器控制信号输出端2		24	机油压力、机油温度组合传感器连接端1
	61	来自中央电气装置板的80/2位置输出的启动信号输入端		25	进气压力、进气温度组合传感器连接端1
				26	水温传感器信号输入端2
	62	多态选择开关控制信号输入端		27	机油压力、机油温度组合传感器连接端4

续表

插接件	端子号	功能说明	插接件	端子号	功能说明
2号插接件	28	机油压力、机油温度组合传感器连接端 2	3号插接件	6	喷油器 3 电磁阀线圈控制信号输出端 2
	32	机油压力、机油温度组合传感器连接端 3		9	高压油泵燃油计量单元连接端 1
	33	进气压力、进气温度组合传感器连接端 3		10	高压油泵燃油计量单元连接端 2
	34	进气压力、进气温度组合传感器连接端 4		11	喷油器 3 电磁阀线圈控制信号输出端 1
	36	进气压力、进气温度组合传感器连接端 2		12	喷油器 2 电磁阀线圈控制信号输出端 2
3号插接件	1	喷油器 4 电磁阀线圈控制信号输出端 1		13	喷油器 1 电磁阀线圈控制信号输出端 2
	2	喷油器 5 电磁阀线圈控制信号输出端 1		14	喷油器 6 电磁阀线圈控制信号输出端 2
	3	喷油器 6 电磁阀线圈控制信号输出端 1		15	喷油器 5 电磁阀线圈控制信号输出端 2
	4	喷油器 1 电磁阀线圈控制信号输出端 1		16	喷油器 4 电磁阀线圈控制信号输出端 2
	5	喷油器 2 电磁阀线圈控制信号输出端 1			

(4) 启动与制动原理读识

了解了图面的基本信息以后，就可以对电气控制原理进行读识了，先从启动与制动方面的工作情况开始介绍。

① 预热启动与起动机控制见表 7-48。

表 7-48　预热启动与起动机控制

项目	具体说明
预热启动控制	ECU 的 55 端子与 59 端子为预热继电器 K501 控制信号输出端，而 K501 继电器的常开触点控制着加热塞的供电通路。ECU 根据发动机的温度传感器来感应环境温度，自动控制 K501 继电器线圈通电吸合，其常开触点闭合后，就会对进气进行加热，以便于冷启动。每次接通钥匙开关后，组合仪表上的冷启动信号灯会闪烁 3 次，以示 ECU 对发动机的进气道进行预加热，信号指示灯熄灭后就可启动车辆
起动机控制	当启动发动机时，接通钥匙开关的启动挡，中央电气装置板上的 80/2 位置输出的启动信号通过 50300 线与 X461/2、X337/G 插接件加到 ECU 的 61 端子。同时，此时由于空挡开关 S14 处于闭合状态，ECU 的 85 端子有高电平信号输入，发动机 ECU 收到这两个信号后，就会在其 37 端子与 51 端子之间形成供电电压加在启动保护继电器 K701(位于电气装置板右侧)线圈两端，该继电器得电工作后吸合，其常开触点闭合后，就会有启动电源加到起动机 M100 的启动端，使起动机工作

② 排气制动与车下启动/停止发动机控制见表 7-49。

表 7-49　排气制动与车下启动/停止发动机控制

项目	具体说明
排气制动控制	当踩下制动开关 S105(驾驶员座椅前部)时，ECU 的 29 端子就会有高电平信号输入，ECU 接收到该信号后，就会从其 6 端子(第 2 号插接件插头)输出低电平控制信号→排气制动电磁阀 Y102 得电工作。当发动机转速低于 800r/min 时，排气制动自动退出，以防止在下坡时压灭发动机。不能踩着油门来对排气制动功能进行检测，踩下油门会使排气制动功能失效
车下启动/停止发动机控制	除了驾驶室外，有些车辆在车架后部或侧面还设置了一组启动/停止发动机的按钮开关 S12、S13，这两个开关的控制信号来自 ECU 的 28 端子，输出的控制信号分别加到 ECU 的 32、47 端子上。有了这两组开关，在进行故障维修时特别方便 当车速传感器出现不良时，车下停止开关会失效。如果车下停止开关处于导通状态(触点粘连在一起)时，发动机就不能启动

(5) 巡航与 PTO 控制原理

德龙 WP 系列柴油机共轨式燃油喷射电控系统具有巡航与 PTO 控制功能，表 7-50 列出了巡航与 PTO 控制原理。

表 7-50 巡航与 PTO 控制原理

项目	具体说明
巡航控制	巡航工作时，发动机转速范围在 700～2500r/min 之间，变速器挡位最小为 4 挡，巡航工作最小启动车速为 25km/h，最大启动车速为 100km/h。巡航工作时的车速范围在 20～120km/h 之间。在以上条件均满足后，就可使用巡航加/减速开关 S162 来激活巡航，巡航处于保持状态后，可松开油门踏板，通过点压或长压巡航加/减速开关 S162 来调整车辆速度。巡航加/减速开关输出的控制信号加到 ECU 的 63 端子与 31 端子上 如果需要完全退出巡航，可使用巡航关断/恢复开关 S163 来退出巡航，该开关输出的控制信号加到 ECU 的 46 端子与 74 端子上。但此时不能使用恢复开关，仍要重复以上步骤才可以进入新的巡航。踩下离合器开关 S2、制动开关或排气制动开关都可以退出巡航，退出后可直接按巡航关断/恢复开关 S163 恢复先前的巡航状态。当踩下油门踏板超车，松开油门踏板后，巡航会自动恢复
PTO 控制	PTO 的使用与巡航十分类似，不同的是使用 PTO 时，整车不用行驶，启动发动机后，点压巡航关断/恢复开关 S163 后，发动机的转速上升到 1300r/min，压下巡航加/减速开关 S162，发动机转速会相应地上升或下降，压下巡航关断/恢复开关或踩下制动踏板，发动机转速会回到怠速状态。此外，在 PTO 状态下，离合器、排气制动开关和加速踏板均不会起作用

（6）其他控制功能

德龙 WP 系列柴油机共轨式燃油喷射电控系统除了以上介绍的控制功能外，还有一些其他控制功能，具体情况见表 7-51。

表 7-51 其他控制功能

项目	具体说明
空调控制	空调请求开关 S161 设置在翘板开关面板上，接通该开关后，ECU 的 42 端子就会有高电平信号输入，ECU 经分析、处理后，会从其 11 端子（第 2 号插接件插头）输出控制信号而使空调控制继电器 K702 线圈得电工作，其常开主触点闭合后，就会使空调压缩机得电工作；同时，ECU 还会自动对发动机的转速进行调整，如果在怠速状态下，将提升 100r/min
怠速微调	发动机在下述情况下会使怠速提升：发动机根据水温调整发动机怠速，例如水温为 40℃时怠速为 600r/min，0℃时怠速为 770r/min；开空调时，怠速提升 100r/min；有车速时，怠速提升 100r/min
CAN 控制	驾驶室仪表护面中间偏右的盖板内，有一检测接口 X205，上面已经把发动机上 CAN 总线（SAE J1939）引出，通过 ECU 的 34、35、89 端子可与整车其他 ECU 进行通信
有水报警控制	整车上带手油泵的粗滤器下部设置有油中有水传感器 B4，一旦粗滤器积水满时，ECU 的 43 端子就会收到 B4 输送来的信号，该信号经 ECU 分析后，就会从其 56 端子输出一个低电平，使油水混合信号指示灯 H141 点亮，以示报警，需要对粗滤器进行排水
发动机转矩与转速控制	连接在 ECU 的 62 端子与 65 端子外的多态选择开关 S159 可以用来限制发动机的转速与转矩，通常多用在专用车上。该开关位于驾驶室内开关上，有 3 个位置，可以实现发动机的低、中、全功率输出，可以根据实际情况对该开关进行操作，以实现节约燃油的目的
故障诊断控制	故障诊断开关 S160 安装在开关板上，它是一种自复位式开关，当按压该开关时，ECU 的 72 端子就会有一高电平信号输入，ECU 经处理后从其 30 端子与 22 端子输出控制信号，由此就会使组合仪表上的 EDC 诊断信号指示灯 H603 点亮，以示开关信号灯回路正常。但在车辆使用过程中，如该指示灯常亮，则就表示整车有故障，按下故障诊断开关松开后，EDC 诊断信号灯会以闪烁的方式，报出 3 位的故障代码，再根据故障代码表提示的内容，就可对发动机有的放矢地去进行检查、判断了

7.6 韩国斗山 DL08 系列发动机高压共轨电控燃油喷射系统线路识图

韩国斗山（DOOSAN）公司 DL08 系列发动机是一种 6 缸 4 冲程电控直喷发动机，电控系统采用了高压共轨电控燃油喷射方式。

（1）共轨燃油喷射系统构成情况

在读识斗山DL08系列发动机电控系统线路之前，先要了解该发动机共轨燃油喷射系统的基本构成和所使用的主要零部件情况。

① 共轨系统的基本构成与特点见表7-52。

表7-52 共轨系统的基本构成与特点

项目	具体说明	
示意图	右图所示为斗山DL08系列发动机高压共轨系统的基本构成示意图，该系统主要由燃油输送的低压部分、用于高压输送的高压段和电控单元（ECU）共同构成	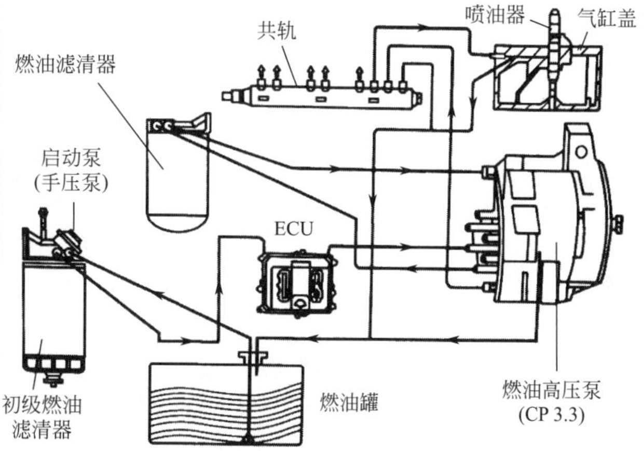
特点	在斗山DL08系列发动机高压共轨系统中，压力的产生与燃油喷射相互间是完全独立的，其工作情况如下所述 当准备对发动机进行操作时，电控单元（ECU）决定燃油数量、喷油时间与喷油压力，为发动机工作后就进入最佳性能状态做好前期准备，然后将燃油提供给气缸 燃油被储存在共轨管内并具有一定的压力，以备喷射，燃油喷射量由驾驶员确定，喷射启动与喷射压力以ECU预先存储的数据为基础，通过计算得到。电控单元（ECU）通过控制喷油器电磁阀通电时间的长短，来控制喷油器向发动机气缸内喷油数量的多少	

② 共轨方式时的喷射特性见表7-53。

表7-53 共轨方式时的喷射特性

项目	具体说明	
特性曲线示意图	右图所示列出了传统燃油喷射与共轨燃油喷射的特性曲线。传统燃油喷射和共轨燃油喷射的主要区别如下	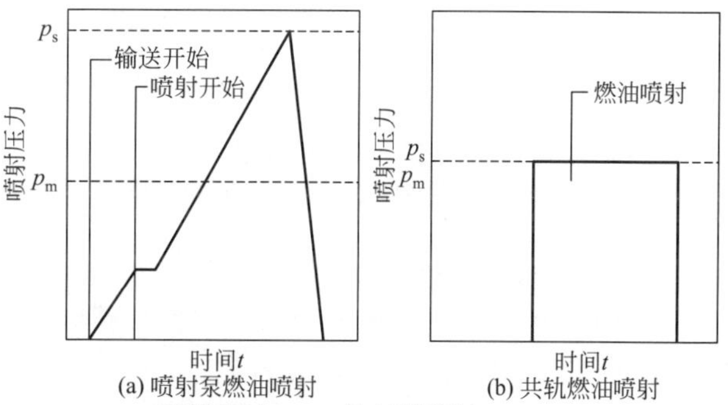 p_m—主喷射压力；p_s—最大喷射压力
特性比较	在传统的燃油喷射系统中，其点火与喷射同时进行，而共轨燃油喷射系统的点火滞后于燃油喷射，以便获得最佳的点火时刻 在传统的燃油喷射系统中，主要是由单个元件的作用来确定喷射特性，而共轨燃油喷射系统是一个整体的系统，由喷油器、共轨、燃油高压泵、电控单元（ECU）、曲轴速度传感器、凸轮轴速度传感器等共同来确定喷油特征	

③ 燃油罐、燃油滤清器、燃油输送泵。斗山DL08系列发动机系统使用的燃油罐、燃油滤清器、燃油输送泵是燃油低压系统的主要部件，表7-54中列出了燃油罐、燃油滤清器、燃油输送泵的功能特点。

表7-54 燃油罐、燃油滤清器、燃油输送泵的功能特点

项目	具体说明
燃油罐	燃油罐是由耐腐蚀性材料制成的，其在两倍工作压力下也不会泄漏，而且在任何情况下都保持30kPa的压力

续表

项目	具体说明
燃油滤清器	燃油滤清器用于在燃油到达高压泵之前对燃油进行过滤，以使柴油保持清洁，防止有些敏感元件（如高压泵等）受污染后过早磨损。当燃油滤清器过滤不良时，往往会造成泵元件、传输阀与喷油嘴等早期损坏
燃油输送泵	斗山 DL08 系列发动机燃油高压泵的背面，安装了一个齿轮型燃油输油泵，用于通过燃油进口与安全阀从燃油罐中抽取燃油，并且不断地向高压泵内输送所需要的燃油

④ 高压燃油输送。在共轨装置中，燃油系统的高压段包括带压力控制阀的高压泵、高压燃油管路、作为压力储存器的共轨管、共轨压力传感器、压力限制阀、喷油器和燃油回路。表 7-55 列出了高压燃油输送回路中主要部件的功能特点。

表 7-55 高压燃油输送回路中主要部件的功能特点

项目	具体说明
燃油高压泵	燃油高压泵为燃油低压段和高压段之间的分界点，是将燃油由低压变为高压的主要部件。高压泵使燃油增压，不断地产生共轨管中所需的 160MPa 系统压力，然后通过高压管路进入高压燃油共轨管内。超高压燃油在空转期间和部分负荷运行期间进行输送，过量的燃油经压力限制阀回流到燃油箱
共轨管	共轨管在高压条件下储存燃油。喷油器使用共轨管中的燃油进行燃油喷射后，会使共轨管产生阻尼，但通过共轨管容量的变化，其压力脉动会保持不变。压力传感器对共轨管内的燃油压力进行监测，压力限制阀维持所需要的压力值。共轨管内的燃油压力最大值为 160MPa
压力限制阀	压力限制阀安装在共轨管的连接末端，接近于柱塞阀的锥形末端，靠着阀体内部。在正常的工作压力（160MPa）下，压力限制阀内的弹簧强制针阀靠在阀座上，共轨管保持关闭状态；一旦超过工作压力时，管道压力克服弹簧阻力对活塞加载，以使燃油压力维持正常值，溢出的燃油通过回油管流回燃油罐
喷油器	喷油器属于电控方式，主要由电磁阀、控制室、进油孔、高压腔、中间销、进出燃油口、喷嘴与针阀等组成。燃油经高压连接管连接到喷油器，且通过电磁阀控制的排气孔到达控制室。喷油器的工作情况如下 当喷油器内部的电磁阀没有通电时，控制室和燃烧回路的排气孔关闭，控制室内的压力升高，超出了喷油器喷嘴针阀的压力阈值，多余的压力以流水剪切力的形式施加在阀门控制活塞上，使针阀退回阀座上，切断了高压燃油喷射到燃烧室的通道，燃油就不会通过喷油孔喷射到燃烧室 当喷油器内部的电磁阀通电时，控制室和燃烧回路的排气孔打开，燃烧室的压力下降，活塞上的液压压力也下降。当流水剪切力降低到喷嘴针阀的压力阈值以下时，喷嘴针阀打开，燃油就会通过喷油孔喷入燃烧室。而过量的燃油通过喷油器回油口，通过收集管路回流到燃油罐
高压燃油管	高压燃油管采用高压管制成，其外径为 8mm，内径为 3mm。高压燃油管用于输送高压燃油，压力最高达到 160MPa。在喷油间歇、不时发生的高频压力波动期间，高压燃油管可以承受最大的系统压力

(2) 电控共轨系统使用的主要部件

斗山 DL08 系列发动机电控共轨系统与其他电控共轨系统一样，也是由各种传感器、电控单元（ECU）及执行器三部分组成。

① 温度传感器的功能与数据见表 7-56。

表 7-56 温度传感器的功能与数据

项目	具体说明
功能	冷却液温度传感器与燃油温度传感器均为 NTC（负温度系数热敏电阻）元件，用于对发动机冷却液和共轨管内的燃油温度进行监测，并将监测到的数据提供给电控单元（ECU）
数据	上述两种传感器为同一规格，由德国 BOSCH 公司生产，零件号为 65.27423-7003。两者温度与电阻值之间的关系数据为：25℃时，2.5×(1±0.06)kΩ；100℃时，0.186×(1±0.02)kΩ

② 加速踏板及其传感器的组成、数据、功能与负荷开关的特点见表 7-57。

表 7-57 加速踏板及其传感器的组成、数据、功能与负荷开关的特点

项目	具体说明
加速踏板组成	加速踏板由操纵机构与加速踏板传感器构成，是一种电子油门踏板，由 DAEWOO 公司生产，零件号为 F7-312-22。它不是通过拉索和发动机油门相连的，而是通过电信号和发动机电控单元 ECU 相连接
加速踏板传感器组成	加速踏板传感器安装在加速踏板上，是一种电位计式传感器，由电位计与负荷开关两部分组成。传感器的5V 参考电源由 ECU 提供，随着加速踏板被驾驶员踩下位置的不同，其输出的信号电压也不一样，且输出电压和踏板位置之间为线性关系。加速踏板位置信号是 ECU 计算喷射系统控制压力、喷油器喷油量与供油时间的基本参数之一
负荷开关特点	负载开关为 0V 和 5V 的转换开关，当加速踏板处于怠速位置时，该开关输出给 ECU 的信号电压为 0V；当踩下加速踏板时，该开关输出给 ECU 的信号电压为 5V
数据	加速踏板传感器的输入电压为 5V，工作电流为 20～25mA；踏板行程信号电压为 350～4150mV；信号负载为 10kΩ。负荷开关电流为 50mA；开关电压为 5V；开关负荷大于 1kΩ
功能	加速踏板传感器把驾驶员的加速度输入信息传输给 ECU，作为加速踏板设置的一个功能，在加速时加速踏板传感器通过电位计产生电压，利用预先存储在 ECU 中的特性曲线，根据这些电压就可以计算出踏板的位置

③ 曲轴与凸轮轴速度传感器的结构特点见表 7-58。

表 7-58 曲轴与凸轮轴速度传感器的结构特点

项目	具体说明
曲轴速度传感器	曲轴速度传感器与凸轮轴速度传感器的规格相同，均由德国 BOSCH 公司生产，零件号为 65.27103-7008，均为由霍尔元件组成的位置传感器，用于感应活塞与曲轴的位置，由固定螺栓、传感器本体和安装垫片等组成，其电阻值在 20℃时为 0.186×(1±0.1)kΩ 当需要开始喷射时，活塞在燃烧室里的位置是确定的。发动机的活塞通过连杆与曲轴相连，曲轴上的传感器用于向电控单元(ECU)提供所有活塞位置的有关信息，以供 ECU 来确定曲轴的转速
凸轮轴速度传感器	凸轮轴控制发动机的节气门与排气门，它以曲轴的半速进行旋转。一旦活塞沿着上止点(TDC)方向移动时，凸轮轴的位置就决定了随后的点火是处于压缩行程还是排气行程。正常行驶中的车辆，如果凸轮轴速度传感器出现问题，ECU 仍然会接收曲轴速度传感器有关的发动机状态信息

④ 进气压力与温度传感器的结构特点与数据见表 7-59。

表 7-59 进气压力与温度传感器的结构特点与数据

项目	具体说明
结构特点	进气压力与温度传感器由德国 BOSCH 公司生产，零件号为 65.27444-7001，进气压力传感器属于压电电阻式，而进气温度传感器属于负温度系数热敏电阻式，两者组合为一体。进气压力与温度传感器通过 O 形环与进气歧管连接，用于检测进气歧管的绝对压力与温度，该传感器的 5V 供电由 ECU 提供，输出的温度与压力信号提供给 ECU，ECU 依据预先存储的特性曲线，来计算进气管的压力值
数据	进气压力与温度传感器中的温度传感器的温度与电阻值之间的关系：25℃时为 2.5×(1±0.06)kΩ；100℃时为 0.186×(1±0.02)kΩ

⑤ 共轨压力传感器的类型、结构与工作情况见表 7-60。

表 7-60 共轨压力传感器的类型、结构与工作情况

项目	具体说明
类型与结构	共轨压力传感器属于压电电阻式，由德国 BOSCH 公司生产，零件号为 65.10601-6003，由安装螺纹、高压连接管、隔板、计算回路与电气连接器等组成

续表

项目	具体说明
工作情况	燃油是通过共轨内的开口流向共轨压力传感器的，末端通过传感器隔板密封。高压燃油通过共轨压力传感器上的盲孔流到传感器内部的隔板上，通过隔板后部与之相连的模板上的感应元件转换为电信号，该信号再通过其内部的放大、测量信号回路处理后输送给ECU

⑥ 机油压力与温度传感器的特点与数据见表7-61。

表7-61　机油压力与温度传感器的特点与数据

项目	具体说明
机油压力传感器	机油压力传感器属于压电电阻式，由德国BOSCH公司生产，零件号为65.27441-7009。该传感器的特性参数见表7-62，其压力与电阻值之间的关系见表7-63，供检修时参考。机油压力与温度传感器对发动机的润滑油进行检测，并把检测结果提供给ECU
机油温度传感器	机油温度传感器属于热敏电阻式，由德国BOSCH公司生产，零件号为65.27405-5003。该传感器的最大允许工作温度为105℃，额定工作温度在90～95℃之间，其温度和电阻、电流之间的关系见表7-64，供检修时参考

表7-62　机油压力传感器的特性参数

项目	最大压力/MPa	报警压力/MPa	工作电压/V	工作温度/℃	连接螺纹
参数	≤3	$0.05^{+0.02}_{-0.01}$	8～24	−30～100	NPT1/8-27

表7-63　机油压力传感器的压力与电阻值之间的关系

压力/MPa	0	0.2	0.4	0.6	0.8
电阻值/Ω	28^{+5}_{-6}	52±4	88±4	124±6	155^{+15}_{-10}

表7-64　机油温度传感器的温度与电阻、电流之间的关系

温度/℃	电阻/Ω	电流/mA	温度/℃	电阻/Ω	电流/mA
50	$226^{+33.6}_{-36.6}$	$24.9^{+3.7}_{-2.6}$	115	$26.4^{+1.71}_{-2.21}$	$86.0^{+2.4}_{-1.8}$

⑦ 重点传感器信号作用说明见表7-65。

表7-65　重点传感器信号作用说明

项目	具体说明
干预开环和闭环控制	在电控系统中，利用各种传感器输入的信号，电控单元(ECU)记录驾驶员的请求(加速踏板装置)以及发动机和车身作为总体的即时工作特性。在此信息的基础上，ECU能够在车身尤其是在发动机上起到干预开环控制和闭环控制的调节作用
其他方面的控制	发动机的速度由曲轴速度传感器进行测量，凸轮轴速度传感器决定点火顺序。通过加速踏板模块的电位计产生信号，并把驾驶员踩下踏板的大概行程通知ECU。发动机设置了一个涡轮增压器和增压控制装置，增压传感器可同时检测中压情况。在室外低温且发动机冷却的情况下，ECU通过冷却液温度和空气温度传感器的数据，来改变和选定有关数据，以便在特殊的操作条件下启动

⑧ 电控单元（ECU）。电控单元（ECU）是整个电控共轨燃油喷射系统的核心，斗山DL08系列发动机电控共轨系统中使用的ECU是与整车车身部分电控系统的ECU组合在一起的，了解与ECU配套使用的插接件情况，对维修故障很有用。

a.电控单元（ECU）及其配套插接件简介见表7-66。

表 7-66 电控单元（ECU）及其配套插接件简介

项目	具体说明
ECU简介	右图上部所示为斗山 DL08 系列柴油发动机电控共轨燃油系统中使用的 ECU 外形示意图，该 ECU 的型号为 EDC7C1-10.5X，零件号为 65.11201-7013，使用的供电电源电压为 24V。它是发动机与整车的行车微电脑，是发动机和整车的控制中心
ECU插接件简介	斗山 DL08 系列发动机电控共轨系统中使用的 ECU 与外部的连接采用插接件的方式，如右图所示。ECU 上共有 3 个插接器，共有 141 个端子。这 3 个插接器分别为发动机插接器、车身插接器和喷油器插接器，大气温度传感器也与 ECU 等组合在一起
ECU特点	斗山 DL08 系列发动机电控共轨系统中使用的电控单元 ECU 功能非常强大，可以实现的功能非常多，具体见表 7-67

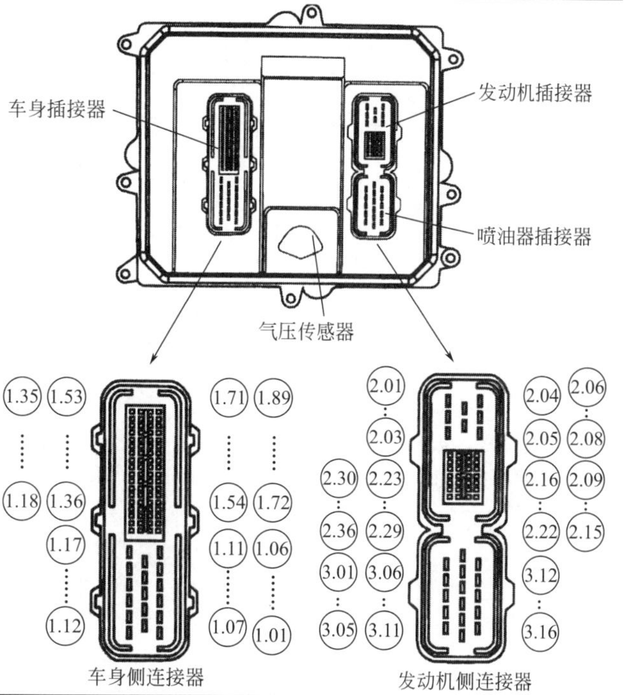

b. 电控单元（ECU）可以实现的功能见表 7-67。

表 7-67 电控单元（ECU）可以实现的功能

项目	具体说明
确定发动机启动程序	为了决定燃油量而设定冷却液温度、燃油温度、吸入空气温度；测定发动机的转速信号；将决定启动的燃油量提供给发动机
提取数据	在车辆正常运行时，即时提取车辆行驶所需要的数据，这些数据包括油门位置信息、发动机转速、车辆行驶速度等信号
调整怠速	根据实际情况，对发动机的怠速转速进行调整，它是利用恒速控制开关，根据驾驶员的需要来对发动机的怠速转速进行调整的
制动器控制	对于安装有气缸制动器(JAKE BRAKE)的发动机，通过操作发动机制动器开关来对气缸进行制动；而没有设置气缸制动器的发动机，则是利用 ECU 相应端子输出的控制信号来控制缓速器进行制动
恒速控制	利用恒速设定开关、恒速控制开关与加速踏板可以设定或解除车辆恒速控制方式，恒速控制的车速通常在 40～100km/h 范围内
限制高速	ECU 可以将一般的客车、载货汽车的速度限制在 100km/h 左右，将特种车辆的速度限制在 80km/h 左右
冷启动补偿	冷启动补偿是 ECU 通过对发动机进气歧管内的空气加热器进行控制来实现的，可以快速启动发动机。但必须满足以下条件，冷启动补偿功能才能起作用：系统的直流工作电源电压必须大于 18V；环境温度在 0～10℃之间
车门保护	当车门处于打开状态时，ECU 就会控制发动机的转速处于维持或下降至怠速转速状态，此时即使踩加速踏板也不能加速，以便进行安全保护
空转停止	为了减少汽车的排放量，车辆如果长时间处于怠速状态时，ECU 就会输出控制信号使发动机自动熄火
跛行回家	当车辆在行驶途中出现问题时，在保证安全的情况下，ECU 仍然会以最低的行驶速度进行行驶，以便能够使车辆到达修理场所

续表

项目	具体说明
信息记录	电控单元可以把各区间燃油使用量、燃油消耗、行驶距离、发动机使用时间、ECU 使用时间等行驶信息记录在 ECU 内部的存储器中
诊断功能	ECU 具有故障自诊断功能，一旦发现控制系统出现问题，一方面通过报警灯等进行故障报警，另一方面把故障信息转换为代码的形式存储起来，维修人员通过故障诊断开关来对故障进行诊断

⑨ 执行器与电控系统发动机侧电气控制情况。斗山 DL08 系列发动机电气控制分为发动机控制与车身控制两个部分，下面介绍执行器与电控系统发动机侧电气控制情况。

a. 执行器控制情况见表 7-68。

表 7-68　执行器控制情况

项目	具体说明	
示意图	如右图所示，斗山 DL08 系列发动机电控单元（ECU）控制的执行器包括发动机、车身与通信三个部分，具体情况如下所述	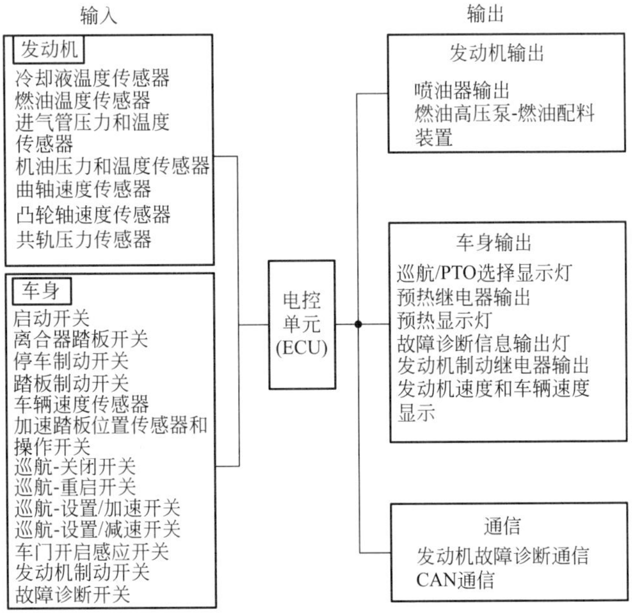 输入 发动机：冷却液温度传感器 燃油温度传感器 进气管压力和温度传感器 机油压力和温度传感器 曲轴速度传感器 凸轮轴速度传感器 共轨压力传感器 车身：启动开关 离合器踏板开关 停车制动开关 踏板制动开关 车辆速度传感器 加速踏板位置传感器和操作开关 巡航-关闭开关 巡航-重启开关 巡航-设置/加速开关 巡航-设置/减速开关 车门开启感应开关 发动机制动开关 故障诊断开关 电控单元(ECU) 输出 发动机输出：喷油器输出 燃油高压泵-燃油配料装置 车身输出：巡航/PTO选择显示灯 预热继电器输出 预热显示灯 故障诊断信息输出灯 发动机制动继电器输出 发动机速度和车辆速度显示 通信：发动机故障诊断通信 CAN通信
三个部分的执行器情况	电控单元（ECU）发动机部分的执行器包括喷油器电磁线圈、燃油高压泵-燃油配料装置 电控单元（ECU）车身部分的执行器包括巡航/PTO 选择显示灯、预热继电器线圈、预热显示灯、故障诊断信息显示灯、发动机制动继电器线圈、发动机速度和车辆速度显示灯 电控单元（ECU）通信部分的执行器包括发动机故障诊断通信、CAN 数据总线通信	

b. 电控系统发动机侧电气控制情况见表 7-69。

表 7-69　电控系统发动机侧电气控制情况

项目	具体说明
发动机侧线束	在发动机侧线束上，包含连接传感器、喷油器与发动机制动部分的各个分支，目前在中国国内使用的斗山 DL08 系列发动机通常不含发动机制动。在发动机出厂时，已经把发动机侧的线束安装固定完毕，而且和电控单元（ECU）发动机侧连接器也插接好，一般情况下不要随意拔插，也不会出现电气连接方面的问题
ECU 工作情况	在电控单元（ECU）常通电源电压（24V）具备条件（1、7、12、13 端子与蓄电池正极相连，3、9、14、15 端子与蓄电池负极相连，也就是搭铁）的情况下，接通点火开关至 ON 挡，ECU 接收各种传感器送来的信号，通过相关计算后控制执行器的工作，以对不同工况状态进行调整，决定启动条件、点火顺序、喷油时间和喷油量等因素

(3) 电控共轨燃油喷射系统车身侧控制线路原理识读指导

图 7-4 所示为斗山 DL08 系列发动机电控共轨燃油喷射系统车身侧控制线路，下面介绍该线路的各部分原理，供识读线路时参考。

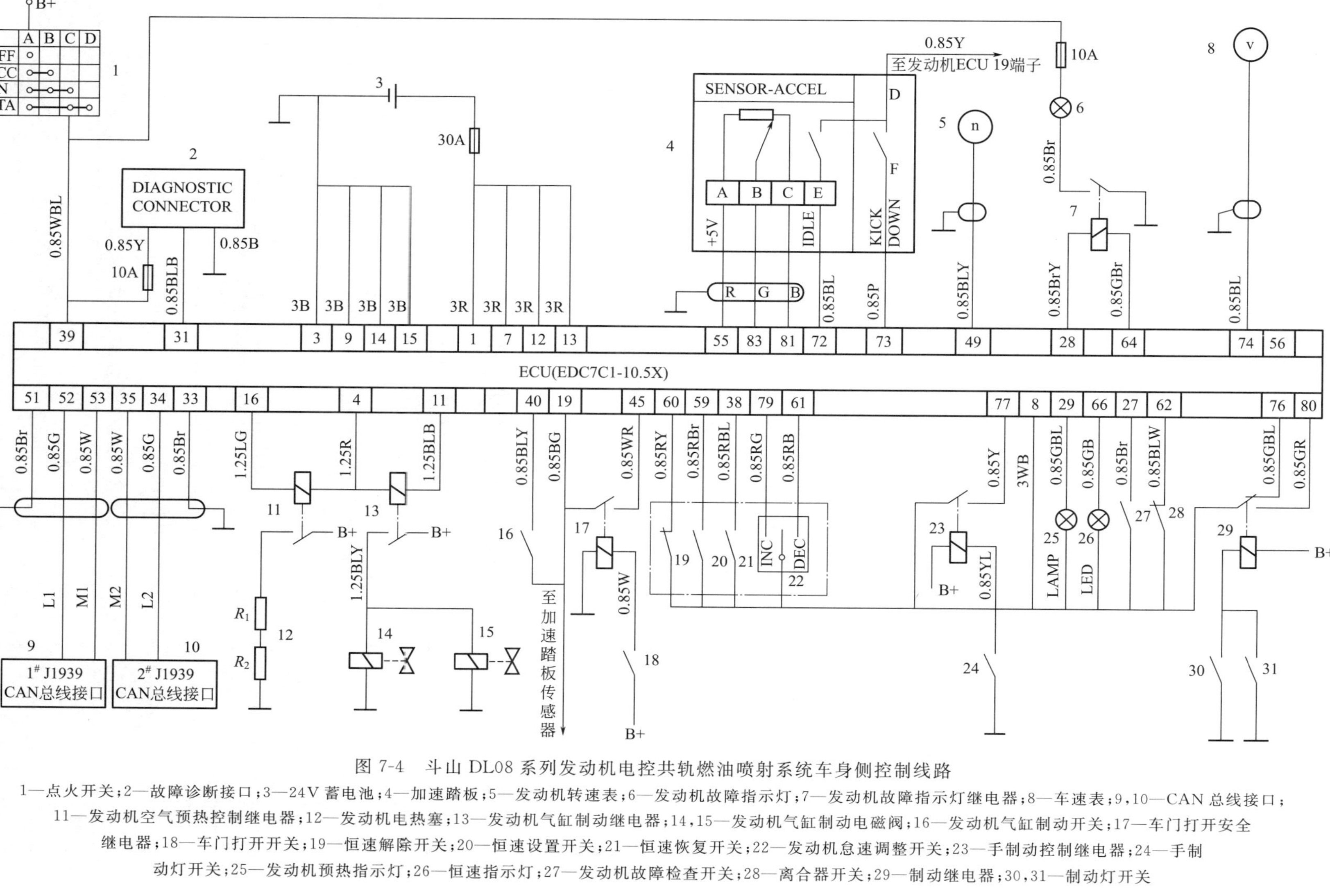

图 7-4 斗山 DL08 系列发动机电控共轨燃油喷射系统车身侧控制线路

1—点火开关；2—故障诊断接口；3—24V 蓄电池；4—加速踏板；5—发动机转速表；6—发动机故障指示灯；7—发动机故障指示灯继电器；8—车速表；9，10—CAN 总线接口；11—发动机空气预热控制继电器；12—发动机电热塞；13—发动机气缸制动继电器；14，15—发动机气缸制动电磁阀；16—发动机气缸制动开关；17—车门打开安全继电器；18—车门打开开关；19—恒速解除开关；20—恒速设置开关；21—恒速恢复开关；22—发动机怠速调整开关；23—手制动控制继电器；24—手制动灯开关；25—发动机预热指示灯；26—恒速指示灯；27—发动机故障检查开关；28—离合器开关；29—制动继电器；30，31—制动灯开关

① 车身侧控制线路电源与搭铁部分的识读见表 7-70。

表 7-70 车身侧控制线路电源与搭铁部分的识读

项目	具体说明
电源	ECU 的 1、7、12、13 端子通过 30A 熔断器与蓄电池正极相连，为 ECU 提供不受控（又称常通）电源；ECU 的 8 端子输出的 24V 供电为指示灯等电路提供工作电源
搭铁	ECU 的 3、9、14、15 端子与蓄电池的负极相连，为 ECU 供电提供负极回路；ECU 的 4、19 端子为 ECU 内部电路搭铁端

② 车身侧控制线路预热控制部分的识读见表 7-71。

表 7-71 车身侧控制线路预热控制部分的识读

项目	具体说明
预热控制	在发动机启动之前，ECU 根据进气管温度传感器输入的信号，决定是否需要预热。如果发动机进气管内的空气温度较低需要预热，则 ECU 的 16 端子（输出的电压）与 4 端子之间形成的 24V 电压加在预热控制继电器 11 线圈两端→预热控制继电器 11 工作，其常开触点闭合后，就会使进气歧管内的加热器得电工作，对进气进行加热
预热指示灯控制	在发动机预热时，ECU 的 29 端子输出为低电平（内部搭铁），从而使组合仪表上的预热指示灯点亮，以示发动机在进行预热。当预热结束，预热指示灯熄灭以后，就可以启动发动机了

③ 车身侧控制线路加速踏板控制部分的识读见表 7-72。

表 7-72 车身侧控制线路加速踏板控制部分的识读

项目	具体说明
加速踏板传感器	当发动机启动后，ECU 的 55 端子首先会有一个＋5V 的参考电压输出，并提供给加速踏板传感器（A 端），一旦加速踏板被踩下，加速踏板传感器检测到的加速踏板位置信号，就会通过 ECU 的 83 端子与 81 端子进入 ECU 的内部。ECU 根据该信号计算出喷射系统的控制压力、喷油器的喷油量与供油时间
加速踏板的负荷开关	加速踏板的负荷开关通过 ECU 的 72 加速踏板向 ECU 内部电路输入 0V 和 5V 的转换电压，以确定加速踏板是否处于踩下的状态。ECU73 加速踏板的功能和 72 加速踏板相同，通常情况下不连接

④ 车身侧控制线路车门打开保护与怠速控制部分的识读见表 7-73。

表 7-73 车身侧控制线路车门打开保护与怠速控制部分的识读

项目	具体说明
车门打开保护	当发动机启动后，如果车门处于打开状态，则通过外部车门打开安全继电器 17 使 ECU 的 19 端子与 45 端子之间接通，相当于 45 端子得到一个低电平信号。此时，ECU 会控制发动机喷油量的增加维持怠速转速，同时使加速踏板不起作用，发动机会维持在怠速转速状态
怠速控制	当车辆处于静止但发动机处于运转状态时，可以对发动机的怠速转速进行调整。具体方法：踩下制动踏板，按下恒速恢复开关保持 1s 后，利用怠速上升或下降开关，把从 ECU 的 8 端子输出的 24V 电压提供给 79 端子或 61 端子，ECU 会对燃油喷射量等参数进行相应的调整，以使发动机的怠速转速增加或减少。改变怠速转速后，还需按下恒速恢复开关来进行保存，否则会恢复到初始值

⑤ 车身侧控制线路制动控制部分的识读见表 7-74。

表 7-74 车身侧控制线路制动控制部分的识读

项目	具体说明
ECU 的 8 端子供电情况	在车辆运行过程中，如进行手制动、脚制动和离合器操作，通过外部继电器和开关，ECU 的 8 端子输出的 24V 电压就会通过 77 端子、76 端子或 80 端子、62 端子提供给 ECU，ECU 根据这些外部操作信号，对发动机的工作情况进行调整

续表

项目	具体说明
手制动	当手制动拉起时，手制动灯开关 24 接通而搭铁，手制动控制继电器 23 吸合→ECU 的 77 端子得到一个高电平信号后，会向发动机发出制动指令而对发动机的转速进行控制
脚制动	当踩下制动踏板时，制动灯开关 30、31 接通而搭铁→制动继电器 29 吸合后，输入到 ECU 的 24V 电压由 76 端子转换到 80 端子，ECU 根据该转换信号向发动机发出制动指令来对发动机的转速进行控制
气缸制动器	当气缸制动开关 16 断开时，ECU 的 40 端子为高电平（+5V），而 11 端子没有控制信号输出，故发动机气缸制动继电器 13 不会吸合，发动机气缸制动器不会工作；一旦气缸制动开关 16 接通时，ECU 的 40 端子就为低电平（0V），其 11 端子就会有电压输出→气缸制动继电器 13 就会吸合，发动机气缸制动器进入工作状态
说明	对于没有安装发动机气缸制动器的情况，可以在 ECU 的 40 与 19 端子之间串联一个缓速器开关或继电器触点，用 4 与 11 端子之间的发动机气缸制动继电器 13 的触点去控制缓速器的控制电源

⑥ 车身侧控制线路恒速与限速控制部分的识读见表 7-75。

表 7-75 车身侧控制线路恒速与限速控制部分的识读

项目	具体说明
恒速控制	在车辆运行过程中，如要进行恒速设定，车速必须在 40～100km/h 范围内，当车速在 40km/h 以下时，恒速会自动解除。利用加速踏板可以设置恒速。具体方法：踩加速踏板加速，当达到需要的车速时按下恒速设置开关，使 ECU 的 59 端子得到高电平，ECU 就会对燃油喷射量等有关参数进行调整，使车速进入恒速运行状态。在恒速行驶过程中，按动速度上升或下降开关，可以对恒速的速度值进行调整 如果需要解除恒速，则按下恒速解除开关，把 ECU 的 60 端子由高电平变为低电平后，恒速控制就会被自动解除。此外，在恒速行驶时，如果踩加速踏板，恒速功能会被暂时解除。当车速增加后被减速，达到以前设置的恒速设定值时，就在其速度的基础上保持恒速行驶功能 当车辆处于恒速控制时，ECU 的 66 端子输出低电平（内部搭铁），进而就会使组合仪表上的恒速指示灯点亮，以示车辆处于恒速运行模式
限速控制	当车辆运行时，车速传感器输出的车速信号加到 ECU 的 74 端子，ECU 就会根据当前车辆的运行速度，通过有关计算，来校正和控制恒速与限速

⑦ 车身侧控制线路转速表指示与缓速器控制部分的识读见表 7-76。

表 7-76 车身侧控制线路转速表指示与缓速器控制部分的识读

项目	具体说明
转速表指示	当发动机启动后，ECU 的 49 端子就会有发动机转速信号输出（12 个脉冲/转），该信号提供给仪表板上的发动机转速表，用于指示发动机的工作转速，ECU 的 74 端子为从车速表输入给 ECU 的车速信号，是一种 8 个脉冲/转的信号
缓速器控制	在车辆运行过程中，如果需要启动缓速器，则通过外部开关，使 ECU 的 40 端子与 19 端子之间接通，相当于 40 端子得到一个低电平信号，由此就会使 ECU 的 4 端子与 11 端子之间有一个 24V 电压形成，通过外部继电器就会控制缓速器进入工作状态，同时也会使发动机本身的工作状态得到相应的调整

⑧ 车身侧控制线路通信电路与熄火控制部分的识读见表 7-77。

表 7-77 车身侧控制线路通信电路与熄火控制部分的识读

项目	具体说明
通信电路	ECU 的 33、34、35 端子与 51、52、53 端子是与 ABS 等设备进行 CAN 总线通信的连接线。ECU 的 31 端子为车辆诊断仪与 ECU 的通信线，通过该线可以提取车辆运行状态和故障信息
熄火控制	ECU 的 39 端子与点火开关相连，当点火开关处于 ON 位置时，蓄电池电压就会加到 ECU 的 39 端子，断开该端子的供电，就可控制发动机熄火

⑨ 车身侧控制线路故障诊断控制与历史故障代码情况的识读见表 7-78。

表 7-78 车身侧控制线路故障诊断控制与历史故障代码情况的识读

项目	具体说明
故障诊断控制	当 ECU 的 39 端子处于供电状态或车辆在运行过程中，如果发动机或车辆线路出现问题，则 ECU 的 28 端子(输出电压)与 64 端子(内部搭铁)之间就会有 24V 的供电电压形成并加在这两端子外接的发动机故障指示灯继电器 7 线圈两端，该继电器吸合后，其常开触点就会闭合，进而就会使组合仪表上的发动机故障指示灯 6 点亮。发动机故障指示灯 6 点亮有微亮、常亮与闪烁三种情况，这三种情况的含义见表 7-79
历史故障代码	对于故障指示灯闪烁的情况，可用发动机故障检查开关把从 ECU 的 8 端子输出的 24V 电压提供给 27 端子，由此就可以调出发动机和车辆的历史故障代码

表 7-79 发动机故障指示灯微亮、常亮与闪烁三种情况的含义

灯亮情况	微亮	常亮	闪烁
含义	故障指示灯微亮，说明属于微弱程度的故障，不影响发动机的性能	故障指示灯常亮，说明属于中间程度的故障，对发动机的性能影响小，但需要进行检查	故障指示灯闪烁，说明属于重要程度的故障，发动机的功率降低或虽不降低，但低速行驶之后必须进行检修

(4) 电控共轨燃油喷射系统故障诊断

斗山 DL08 系列发动机共轨燃油喷射电控系统的运行故障，可以通过表 7-80 所列的两种方法调出 ECU 中存储的故障代码。

表 7-80 斗山 DL08 系列发动机共轨燃油喷射电控系统故障诊断

项目	具体说明
闪码法	对于故障指示灯闪烁类故障，可以采用以下方法来调出 ECU 内部存储的故障代码：按下仪表台上的故障诊断开关，组合仪表上的“发动机故障”指示灯闪烁，根据闪烁的时间确定故障代码，然后对照表 7-81 就可了解故障可能的原因了，根据该提示，就可有的放矢地对有关部位或零件进行检查了。每按动一次故障诊断开关，就表示一个故障代码
仪表法	采用 DOOSAN 公司开发的专用仪表 SCAN-200 进行诊断。用诊断仪的专用连接线连接好诊断仪，并将另一端的专用插座与车辆上的诊断接口对接，然后接通点火开关到 ON 挡，根据显示屏上的显示操作按钮，就能够快速准确地判断当前车辆系统的故障情况

表 7-81 斗山 DL08 系列发动机共轨燃油喷射电控系统故障代码及其含义

故障代码	故障原因	显示灯	具体损坏情况
1.1	冷却液温度传感器相关部件异常	C	传感器本身或其连接线束异常；冷却液温度过高
1.2	燃油温度传感器相关部件异常	C	传感器本身或其连接线束异常；燃油温度过高
1.3	进气管温度传感器相关部件异常	C	传感器本身或其连接线束异常；中冷器后进气温度过高；发动机或涡轮增压器、中冷器异常
1.4	进气管压力传感器相关部件异常	C	
1.6	大气压力传感器不良	C	安装在 ECU 的大气压力传感器本身不良或损坏
1.7	机油温度传感器相关部件异常	N	传感器本身或其连接线束异常；机油温度过高
1.8	机油压力传感器相关部件异常	C	传感器本身或其连接线束异常；机油压力异常(泄漏等)
2.1	蓄电池电压异常	C	蓄电池、交流发电机或 ECU 不良
2.2	燃油压力传感器相关部件异常	B	传感器本身或其连接线束异常
2.3	加速踏板传感器相关部件异常	B	加速踏板传感器、开关或相关线束有问题
2.4	加速踏板相关部件异常	B	脚制动器和加速踏板在驾驶时同时工作；脚制动开关或其相关线束有问题
2.5	车辆速度传感器或车辆里程表异常	C	车辆速度传感器本身、车辆转速计或其相关线束有问题

续表

故障代码	故障原因	显示灯	具体损坏情况
2.7	离合器踏板及其相关部件异常	C	离合器踏板开关本身或其相关线束有问题
2.8	踏板制动开关及其相关部件异常	C	踏板制动开关本身或其相关线束有问题
2.9	巡航控制开关本身或其相关部件异常	C	巡航控制开关本身或其相关线束有问题
3.2	共轨压力波动过大	B	查找共轨压力波动过大的原因并进行相应的处理
3.6	操作 ABS 时输入信号异常	N	ABS 连接器或其连接线束有问题
3.7	ASR 的 CAN 总线信号和车辆 T/M 异常	N	ASR 连接器本身、车辆 T/M 不良或它们的连接线束有问题
3.8	发动机速度过高报警	C	发动机超速运行
3.9	ECU 内部继电器异常	B	ECU 内部主继电器不良或损坏；供电电压异常
4.1	发动机异常停机引起的故障	B	查找导致发动机异常停机的原因并进行相应的处理
4.2	曲轴速度传感器或其相关部件异常	C	传感器本身或其连接线束异常；传感器间隙发生了变动
4.3	凸轮轴速度传感器或其相关部件异常	C	
4.4	发动机速度传感器或其相关部件异常	C	凸轮轴或曲轴传感器信号异常；冷却液温度过高
4.5	ECU 内部的 EEPROM 数据存储异常	C	当发动机停止时，在从 ECU 存储重要的操作数据到 EEPROM 时出现错误
4.6	在 ECU 电源接通后，初始化不正常	C	查找 ECU 电源接通后，初始化不正常的原因，并进行相应的处理
4.7	由于共轨压力过大，共轨压力限制阀打开	B	当共轨压力超过设定值或高压泵压力限定值时，压力限制阀被迫打开
4.8	电源异常	N	蓄电池电压异常；ECU、蓄电池或交流发动机异常
4.9	喷油器驱动控制电压（$1^{\#}$、$5^{\#}$、$3^{\#}$）异常	B	喷油器本身或其连接电缆、连接器不良；ECU 输出的控制信号异常
5.1	喷油器驱动控制电压（$6^{\#}$、$2^{\#}$、$4^{\#}$）异常	B	
5.8	与喷油器 $1^{\#}$ 相连接的部件线束异常	B	
5.9	与喷油器 $5^{\#}$ 相连接的部件线束异常	B	
6.1	与喷油器 $3^{\#}$ 相连接的部件线束异常	B	
6.2	与喷油器 $6^{\#}$ 相连接的部件线束异常	B	
6.3	与喷油器 $2^{\#}$ 相连接的部件线束异常	B	
6.4	与喷油器 $4^{\#}$ 相连接的部件线束异常	B	

续表

故障代码	故障原因	显示灯	具体损坏情况
6.6	与空气加热器灯相连接的部件异常	N	显示灯本身或其连接线束有问题
7.1	与故障诊断灯相连接的部件异常	N	
7.2	空气加热器操作继电器异常	C	空气加热器继电器本身或其连接线束有问题
7.3	发动机制动 2# 继电器异常	N	2# 发动机制动螺线管本身或其连接器、连接线束有问题
7.5	发动机制动 1# 继电器异常	C	1# 发动机制动螺线管本身或其连接器、连接线束有问题
8.3	与高压泵控制相连接的部件异常	C	高压泵燃油配量装置本身或其连接线束有问题
8.6	车辆发动机速度计异常	N	车辆发动机速度计本身或其连接线束有问题；冷却液温度过高
9.1	异常启动	B	启动程序异常；ECU 工作异常；供电异常
9.2	1# 气缸点火不正常	C	喷油器本身不良；压缩机压力降低；凸轮轴/曲轴速度传感器信号异常
9.3	5# 气缸点火不正常	C	
9.4	3# 气缸点火不正常	C	
9.5	6# 气缸点火不正常	C	
9.6	2# 气缸点火不正常	C	
9.7	4# 气缸点火不正常	C	
9.8	几个气缸点火不正常	C	
9.9	喷油器打开时间太长	C	查找喷油器打开时间超过设置值的原因并进行处理
10.1	发动机速度异常(附加功能)	C	使用曲轴和凸轮轴速度传感器计算发动机速度时出现错误
10.2	加速踏板本身或其相关部件异常	B	车辆启动时脚制动器和加速踏板同时工作
10.3	冷却风扇异常	C	传感器本身或其连接器、相关线束异常
10.4	燃油压力异常	B	查找共轨燃油压力波动过大的原因并进行处理
11.1～11.6	平稳运行控制异常	N	喷油器螺线管本身有问题；气缸偏移过大

注：B—故障发生时，发动机低速运行后需要检查和测量的情况；C—在发动机运行后需要检查的情况（无紧急事件检查）；N—发动机及其性能无损坏的情况。

第8章 柴油发动机电控系统故障诊断与维修基本技能

当汽车柴油发动机电控系统出现问题时，要采用一定的方法来确定故障的范围，然后进行故障的排除，本章将介绍这方面的技能。

8.1 对维修人员的基本要求和检修电控共轨燃油喷射系统必须注意的问题

柴油发动机电控系统故障检修是一项技术性很强的工作，不仅对维修人员有一定的要求，还要注意有关方面的问题。

(1) 对汽车高压共轨燃油喷射系统故障维修人员的基本要求

表 8-1 列出了对汽车高压共轨燃油喷射系统故障维修人员的基本要求。

表 8-1　对汽车高压共轨燃油喷射系统故障维修人员的基本要求

项目	具体说明
熟悉和掌握车辆结构、原理、元件位置	汽车高压共轨燃油喷射系统故障维修人员必须熟悉和掌握所修汽车高压共轨燃油喷射系统线路的结构、工作原理(图)、控制元件的实物接线(图)方式，及各种元件在车辆上的位置
熟练掌握和运用各种检查故障的方法	汽车高压共轨燃油喷射系统故障检修是一项技术性很强的工作，要迅速有效地找到故障原因，就必须灵活运用各种检修方法，亦即要熟练掌握和运用各种检查故障的方法

(2) 检修电控共轨燃油喷射系统必须注意的问题

电控共轨燃油喷射系统使用的燃油品质一定要满足要求，不能被污染，以防损坏系统中的精密零部件，除此之外，还应注意表 8-2 中所列的几个方面的问题。

表 8-2　检修电控共轨燃油喷射系统必须注意的问题

项目	具体说明
维修方法与工具	在电控共轨燃油喷射系统中，由于机械、液压、电子等各方面专业技术的集成度很高，传感器及控制元件的种类繁多，数量与类型均不同，故其维修方法和所使用的工具也不尽相同，传统的维修手段已经不能满足实际需求
人员	对于电控共轨燃油喷射系统的维修人员来说，一定要具备机械、液压、电子等方面的基础知识；能够熟练使用由车辆制造厂开发的故障诊断工具；对所要修的电控共轨燃油喷射系统的控制原理和电路图要熟悉

续表

项目	具体说明
检修基本步骤	在对电控共轨燃油喷射系统故障进行检修时，可先采用诊断工具或由车辆制造厂提供的故障诊断仪读出故障代码，然后根据故障代码的提示有的放矢地去进行故障分析、检查，进而排除故障
防止损坏 ECU	在车辆上进行焊接作业或进行充电时，一定要把蓄电池的连接线和 ECU 的接头断开，以免损坏 ECU
注意耐压	在电控共轨燃油喷射系统中，多数情况下都有几种电源电压存在，大部分传感器的耐压能力较差，检修时一定要注意，以免损坏传感器。例如某车辆上的电控共轨燃油喷射系统中有 5 种电压，其中 ECU、进气加热器及故障诊断工具插头的电压为 24V，油轨压力调节阀为脉宽调制信号（PWM），模拟传感器的电源电压为 5V，数字传感器的电源电压为 8V 等

8.2 柴油发动机系统的维护

对柴油发动机系统进行维护涉及面很广，不可能一一全面介绍，限于篇幅，这里仅给出一些日常维修中经常会遇到的情况。

(1) 发动机润滑系统常用机油黏度等级的识别

了解汽车发动机润滑系统常用机油黏度等级，对正确选用润滑机油有一定的帮助。表 8-3 中列出了汽车发动机润滑系统常用机油黏度等级的划分规律。

表 8-3 汽车发动机润滑系统常用机油黏度等级的划分规律

项目	具体说明
SAE 与 API 含义	机油的外包装上往往有 SAE 与 API 标志。SAE 为美国汽车工程师协会的简称，其后面标号标注的为机油的黏度值，如右图所示。10W 是指机油的 SAE 标准黏度值，该值表示这种机油是多级机油，W 代表冬天（Winter），W 前面的数字代表冰点温度，该数值越低越好，W 后面的数字代表机油在 100℃时的运动黏度，该数值越高说明其黏度越高。API 为美国石油协会的简称，其后面标号标注的为机油的质量级别 0W/30 5W/30 10W/30 10W/40 15W/40
机油黏度等级分类	四行程发动机的机油黏度等级分类适用于美国汽车工程师学会 SAE 的分类，具体情况如表 8-4 中所列。不同黏度级别发动机机油及其适用气温范围如表 8-5 中所列，供选用时参考

表 8-4 四行程发动机的机油黏度等级分类

项目	具体说明
冬季用油牌号	0W、5W、10W、15W、20W、25W，字母 W 表示冬季，W 前面的数字越小，其低温黏度越小，低温流动性越好，适用的最低气温越低
夏季用油牌号	20、30、40、50，数字越大，其黏度越大，适用的最高气温越高
冬、夏通用油牌号	5W/20、5W/30、5W/40、5W/50、10W/20、10W/30、10W/40、10W/50、15W/20、15W/30、15W/40、15W/50、20W/20、20W/30、20W/40、20W/50W，在这些牌号中，代表冬季部分的数字越小（适用的最低气温越低）、代表夏季部分的数字越大（适用的最高气温越高），则适用的气温范围越大

表 8-5 不同黏度级别发动机机油及其适用气温范围

SAE 黏度级别	5W/30	10W/30	15W/30	15W/40	20W/20	30	40
适用气温	−30～30	−25～30	−20～30	−20～40 以上	−15～20	−10～30	−5～40 以上

(2) 柴油机燃料用油、润滑用油、冷却液用水的选用原则

在对柴油发动机进行维护或维修时，往往会遇到给柴油机加油、加水问题，这是维修人员最基本的技能，必须熟练掌握。

① 燃料用油的选用原则见表8-6。

表8-6 燃料用油的选用原则

项目	具体说明					
国产柴油牌号的区分	柴油机通常采用轻柴油作为燃料用油。通常在加油站进行添加，如右图所示，国产柴油的牌号是以凝点来区分的。凝点是指柴油失去流动性而开始凝固时的温度，为柴油低温流动性指标					
选用原则	下表列出了各种牌号柴油的适用范围，供选用时参考。在该表中，“适用范围”中的数据均为适用于风险率为10%的最低气温。					
	轻柴油牌号	5	0	−10	−20	−35	−50
	适用范围	在8℃以上地区使用	在4℃以上地区使用	在−5℃以上地区使用	在−14℃以上地区使用	在−29℃以上地区使用	在−44℃以上地区使用

② 润滑用油的选用原则见表8-7。

表8-7 润滑用油的选用原则

项目	具体说明
润滑油	润滑油通常为机油，一般为桶装方式，如右图所示，其性能指标主要为黏度。国产柴油机机油的牌号是按该机油100℃时的运动黏度来定义的，黏度越大号数越大 选用原则：在保证润滑可靠的情况下，通常应选用黏度低的机油，以便降低功率损失，有利于启动；机油的选用要根据发动机的配合间隙、工作状态、工作环境的不同而选择对应的质量等级与黏度等级，通常选用质量等级为CF、CH、CI级的机油，黏度等级为5W/30、10W/40、15W/50、20W/50的机油；储存或添加机油，应按照有关规定进行
润滑脂	润滑脂俗称黄油，是一种黏稠的半固体膏状物质，如右图所示，具有较强的黏附能力，能够起到密封、防腐和减振作用，特别适用于不能密封润滑、承载较大及不易经常添加润滑剂的摩擦零件的润滑。通常选用2号合成钙基润滑脂

③ 冷却液用水的选用原则见表8-8。

表8-8 柴油机冷却液用水的选用原则

项目	具体说明
选用原则	柴油发动机冷却液要选用清洁后的软水，而井水、自来水属于硬水，如需要用井水或自来水，则最好烧开沉淀后再用
注意事项	①柴油散热器必须保持规定的水位，发现水量不足应及时添加，以防缺水发生事故 ②柴油机正式运行前要预热到40～60℃。正常工作时，冷却液温度保持在90～95℃之间。在气温低于5℃时，若不使用防冻剂，应及时放净冷却水，以防冻裂机件；冬季停机时，要等温度下降后再把水放出机外，然后转动一下曲轴以使水泵等处的水都被放净

(3) 柴油机加注燃料用油、润滑用油、冷却液用水时应注意的问题

在对汽车柴油发动机加注燃料用油、润滑用油、冷却液用水时，通常还应注意一些细节问题。

① 加注燃料用油、冷却液用水时应注意的问题见表 8-9。

表 8-9 加注燃料用油、冷却液用水时应注意的问题

项目	具体说明
加注柴油	加注的柴油要根据大气温度，分别选用夏季、冬季所对应的柴油。柴油在注入柴油机之前，必须静置沉淀 72h 以上，再将上层不含水和杂质的清洁柴油加到柴油机中
加注冷却液用水	右图为给柴油发动机加注冷却液用水时的示意图。加注冷却液用水时，先拧开加注口盖（对于带有排气阀的发动机，还要打开排气阀），然后加水，一直加到加注口的标记处

② 加注机油的方法与加注量见表 8-10。

表 8-10 加注机油的方法与加注量

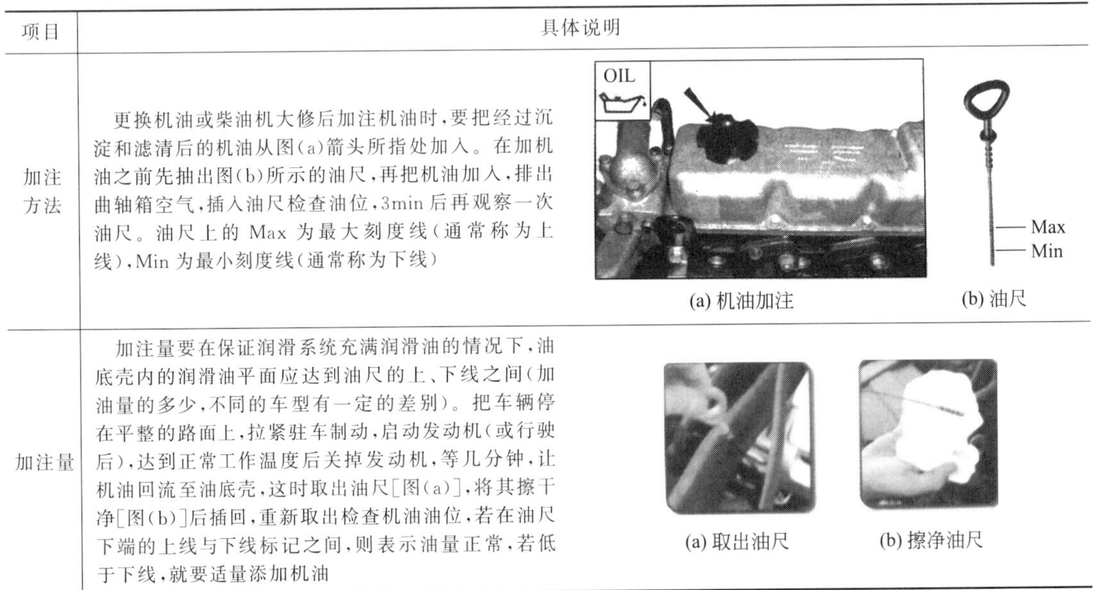

项目	具体说明
加注方法	更换机油或柴油机大修后加注机油时，要把经过沉淀和滤清后的机油从图(a)箭头所指处加入。在加机油之前先抽出图(b)所示的油尺，再把机油加入，排出曲轴箱空气，插入油尺检查油位，3min 后再观察一次油尺。油尺上的 Max 为最大刻度线（通常称为上线），Min 为最小刻度线（通常称为下线） (a) 机油加注 (b) 油尺
加注量	加注量要在保证润滑系统充满润滑油的情况下，油底壳内的润滑油平面应达到油尺的上、下线之间（加油量的多少，不同的车型有一定的差别）。把车辆停在平整的路面上，拉紧驻车制动，启动发动机（或行驶后），达到正常工作温度后关掉发动机，等几分钟，让机油回流至油底壳，这时取出油尺[图(a)]，将其擦干净[图(b)]后插回，重新取出检查机油油位，若在油尺下端的上线与下线标记之间，则表示油量正常，若低于下线，就要适量添加机油 (a) 取出油尺 (b) 擦净油尺

(4) 柴油机所用柴油品质的判断方法

汽车柴油发动机使用的柴油好坏，对柴油机的寿命影响很大，判断柴油机所用柴油品质是否有问题，通常可采用下面介绍的几种方法之一来进行。

① 观察柴油颜色、闻柴油的味道（表 8-11）。

表 8-11 观察柴油颜色、闻柴油的味道

项目	具体说明
观察柴油颜色	如右图所示，合格的 0# 柴油，其颜色通常呈淡黄色或黄色，而且清澈、透明（说明其干净）。如果观察到的柴油浑浊或其颜色呈黑色（氧化或含杂质）或无色（含水），均说明该柴油不合格
闻柴油的味道	合格的 0# 柴油，用鼻子闻时有油腻味或刺激性气味存在，如闻到的味道发臭，则说明该柴油不合格

干净　含水　氧化或含杂质

② 看柴油的密度、检测柴油的闪点（表8-12）。

表8-12 看柴油的密度、检测柴油的闪点

项目	具体说明
看柴油的密度	常温下，合格的0#柴油，其相对密度为0.85左右。若密度太高，则说明该柴油干点过高，发动机工作时会出现燃烧不完全现象，且冒黑烟、产生积炭；若密度太低，则说明该柴油的低碳成分过多，发动机工作时会出现爆震现象，且加速无力或闪点过低。如发现该发动机有以上情况发生，就说明该柴油不合格。柴油的密度可以采用密度计直接进行测量判断
检测柴油的闪点	闪点是衡量柴油着火危险性的指标，闪点越低，发生着火的危险性就越大。合格的0#柴油，国家标准要求的闪点为55℃。但只要有少量的烃混入柴油中，其闪点则会骤然下降。如果条件允许，可以采用闪点仪来对柴油进行检测；如果没有条件，也可取少许柴油，敞口在太阳下，闪点较低的柴油，会观察到油挥发时放出大量的烟气

③ 观察或检测柴油的凝点（表8-13）。

表8-13 观察或检测柴油的凝点

项目	具体说明
观察	柴油的标号是采用凝点作为指标的，0#柴油的凝点就是0℃。当气温在20℃以上时，凝点高，不会对机械产生太大的影响。但冬季如果凝点过高，就会造成机械输油管堵塞、熄火。如果出现上述现象或发现使用的柴油结蜡，就可以判断该柴油不合格
检测	找一个容积[图(a)]为300mL左右、干净且干燥的塑料瓶，取约200mL柴油倒入该塑料瓶内[图(b)]，然后把该塑料瓶盖好，放入冰箱冷冻室冷冻1～2h后取出，用量程适当的温度计插入塑料瓶中，让柴油溶解，测量其熔点，就可判断出该柴油是否合格 (a) (b)

(5) 柴油发动机机油是否变质的鉴别方法

如果不是通用油，则汽油发动机机油不能用于柴油发动机，不同牌号的机油也不能混在一起使用。下面介绍几种较常用、有效的鉴别机油是否变质的方法，供参考。

① 机油黏度选用原则与添加的机油量检查方式见表8-14。

表8-14 机油黏度选用原则与添加机油量的检查方式

项目	具体说明	
机油黏度选用原则	应注意车辆使用地区气温的变化，及时更换黏度等级合适的机油。在满足使用要求的情况下，机油黏度要尽可能选择小一些的	
添加机油量的检查方式	检查机油液面应在发动机处于水平位置、且发动机停转几分钟以后再进行，如右图所示，添加的机油应控制在油尺的Min与Max刻线之间，机油过多会增加曲轴的转动阻力，降低发动机的输出功率，而且过多的机油还会窜入燃烧室参与燃烧，造成发动机烧机油而导致冒蓝烟	

② 鉴别机油是否变质的方法见表8-15。

表 8-15 鉴别机油是否变质的方法

项目	具体说明
油滴痕迹观察法	找一张干净的白色滤纸，如右图所示，在滤纸上滴数滴被鉴别的机油，等机油渗透后，观察滤纸表面情况，如发现滤纸表面有黑色的粉末，且用手触摸该黑色的粉末有阻涩感，则说明该机油内杂质已经很多，不能继续使用。性能良好的机油，将其滴到滤纸表面时，应无粉末，且用手摸其表面干而光滑，且在白色滤纸上呈黄色痕迹 白纸
油流观察法	找两个量杯，在一个量杯中倒入待鉴别的机油，另一个空量杯放在桌子上待用；把盛有机油的量杯拿到距离桌面 300～400mm 的上方，然后把杯子里的机油缓慢地往桌上的空杯子里倒，同时观察机油往下流动时的情况。质量好的机油，机油往下流动时细长、均匀、连绵不断。如发现油流忽快忽慢，时而还有大块流下，则说明该机油已经变质
光照观察法	如果天气晴朗光照较好，则可采用旋具把机油撩起，与水平面呈 45°，对照阳光观察油滴情况。在光照下，可清晰地看到被鉴别的机油中是否有磨屑。如果没有发现磨屑，则该机油还可继续使用；如有过多的磨屑，则应更换新的机油
手捻观察法	把机油滴在拇指与食指之间反复研磨，性能良好的机油，手感润滑性较好，且磨屑少、没有摩擦。如果感觉手指之间有较大的摩擦感，则说明该机油中杂质较多，不能继续使用

(6) 柴油发动机系统的维护项目

对汽车柴油发动机系统的维护，通常包括日维护，一级、二级和三级维护几种情况，日维护与一级维护通常主要由驾驶员来进行，但维修人员在修理好车辆后，应介绍这方面的基本要求；二级和三级维护一般由专业维修人员来进行。表 8-16 列出了汽车柴油发动机系统的维护项目。

表 8-16 汽车柴油发动机系统的维护项目

维护等级		维护项目
日维护		做好柴油机的清洁工作；检查油底壳中机油油面的高度；检查水箱中的冷却水情况；检查柴油机水、油、气路各连接处的密封情况。拆下空气滤清器的灰盘盖，对灰尘进行清洁。消除上述检查时发现的故障或不正常现象
一级维护	根据车辆生产厂家提供的时间间隔确定，通常累计工作 50h，车辆行驶 1500～2000km	一级维护的项目与上述的日维护基本相同，但还要注意检查风扇皮带的张紧度
二级维护	根据车辆生产厂家提供的时间间隔确定，通常累计工作 150h，车辆行驶 6500～8000km	二级维护的项目与上述的一级维护基本相同，增加了以下要求：更换机油，对油底壳、机油收集器、柴油箱、柴油管路进行彻底清洗；更换机油、燃油滤清器；对气门间隙进行调整，并对气门弹簧进行检查；对缸盖螺栓的预紧力进行检查；对供油提前角进行检查，必要时应进行适当的调整；对喷油器的喷油压力与雾化情况进行检查
三级维护	根据车辆生产厂家提供的时间间隔确定，通常累计工作 900h，车辆行驶约 45000km	三级维护的项目与二级维护基本相同，增加了以下要求：对机油冷却器进行彻底清洗；对缸盖螺栓、主轴承螺栓和连杆螺母的拧紧力矩进行检查，发现拧紧力矩不足应紧固至规定值

(7) 正确维护与检修柴油发动机系统必须注意的问题

对柴油机的保养与维护十分重要，保养与维护得当则会延长柴油机的使用寿命，下面介绍对柴油发动机系统进行维护时通常应注意的问题，供参考。

① 对柴油发动机系统进行维护与检修时的一般安全措施见表 8-17。

表 8-17　对柴油发动机系统进行维护与检修时的一般安全措施

项目	具体说明
防火	在向油箱加注燃油时严禁吸烟，并及时擦净溢出的燃油；维修留下的沾有燃油的材料、物件等必须移到安全场所。发动机或附件运行时，不得向油箱加注燃油，不得擦拭，人员必须在安全距离外
	由于电解液产生的气体极易燃，故不得使火星或明火接近蓄电池(尤其是当蓄电池进行充电时)。在维修操作前，一定要先断开蓄电池连接线
防烫伤	在发动机高温或冷却液加压时，不得打开冷却系统的加注盖，因为高温冷却液的泄出会导致人员烫伤
	涡轮增压器是在高速和高温下运行的，手指、工具和碎物等要远离涡轮增压器的进口和出口，并避免与热表面接触
防损伤	柴油和润滑油(尤其是旧润滑油)会损伤人的皮肤。维修操作时，要用手套保护双手或用特制的溶液保护皮肤。不要的旧润滑油要丢弃在安全的地方，以防污染
	柴油机供油系统有比汽油机高几十倍甚至上百倍的燃油压力，故在检修燃油系统时一定要注意，尤其是在更换零部件时，一定要按照维修手册的步骤进行泄压
	发动机启动前，要确保变速机构操纵杆位于空挡位置。在恶劣情况下紧急维修时要特别谨慎
	在水箱中进行部件试压时，一定要用安全栅对维修人员进行保护。并采用安全铁丝紧固待测试部件的软管接头。切忌使压缩空气接触皮肤

② 铭牌参数、更换零件方面见表 8-18。

表 8-18　铭牌参数、更换零件方面

项目	具体说明
铭牌参数方面	对所修车型发动机铭牌上的型号等技术参数一定要搞清楚。因为有些柴油发动机，因其配套车型和生产厂家的不同，可能有多种变型，其功率、转速及其相应各个零部件的尺寸与结构也可能有所不同。如果在更换新件或装配过程中不注意这些细节问题，就有可能在发动机装配后造成难以判断的故障。例如，135 系列柴油机的变型较多，有给工程机械配套用的、给发电机组用的、船舶上用的、车辆上用的等，每一种类型柴油机的某些零件往往是不能替代或混用的，如活塞就有十几种，其燃烧室形式和有些尺寸是不一样的，用错的后果是很严重的，往往会造成机械故障
更换零件方面	柴油发动机在拆卸后，重新装配时，对于某些易损件、紧固锁止零件等均要更换新的、同规格的配件，如自锁螺母、弹簧垫片等

③ 清洗与润滑方面见表 8-19。

表 8-19　清洗与润滑方面

项目	具体说明
清洗方面	对柴油发动机进行清洗是装配过程中十分关键的一环，会对发动机的初期磨合与使用寿命产生直接影响，拆卸后的发动机各个零部件与机体等，必须用汽油、柴油或其他清洁剂清洗干净，然后再用压缩空气仔细吹净内外表面的杂质颗粒，尤其是缸盖、进气管与机体内部的拐角处，一定要清洗干净
润滑方面	对拆卸后的柴油机，要仔细、认真地对发动机内外表面和润滑油道进行清洗，并进行预润滑，但预润滑剂一定要清洁，其品质一定要满足柴油发动机实际工作的需要

④ 工具与数据方面见表 8-20。

表 8-20　工具与数据方面

项目	具体说明
工具	一定要按使用说明书或其他有关技术数据对发动机进行拆卸与装配，尽可能使用专用工具进行拆卸和安装，要按规定紧固力矩、紧固方法与顺序来紧固螺栓或螺钉等
数据	对于没有接触过的柴油机，由于对其内部结构与原理不了解，故在检修前，一定要想办法找到有关说明书或文件资料，对有关的技术数据、结构等有所了解、心中有数后再动手，切勿盲目拆卸，以免造成难以挽回的后果。在拆卸时，为了安装方便，在有些关键部分，可以做一些记号或画一张图 对发动机进行装配时，要按有关数据进行测量与安装，以确保每一个装配尺寸均在允许范围内。尤其是活塞与缸套、轴瓦及活塞环的开口间隙等装配尺寸必须符合有关规定，以防出现故障时不容易判断

⑤ 装配方法与记号方面见表 8-21。

表 8-21 装配方法与记号方面

项目	具体说明
安装间隙	有关部位的安装间隙一定要满足技术条件的要求。正确的装配方法可以保证零部件或总成的安装质量。例如在安装活塞和活塞销时，如果两者属于过盈配合，则要把活塞加热到 100～200℃后再进行装配，如果在室温下冷装配，不仅费力费时，还容易造成活塞变形，直接影响其与缸套的配合间隙，甚至会引起拉缸等事故
安装方向	在安装有方向性要求的零部件时，一定要注意安装方向，例如活塞头部一般都打有箭头作为标记，安装时通常朝前，斜切口式连杆在安装时，一定要按原来的方向装配，不然就会导致机械故障

⑥ 共轨电控系统装配要求与调试方面见表 8-22。

表 8-22 共轨电控系统装配要求与调试方面

项目	具体说明
共轨电控系统装配要求	①电控喷油器不得分解 ②飞轮转速传感器与凸轮轴位置传感器的空气间隙应保持在 0.8～1.5mm 之间，并确保传感器头的垂直度 ③任何一根高压油管拆卸后，必须更换新件 ④共轨蓄压器上的限压阀与限流阀，仅能承受连续五次拆装，装配前接头处要涂抹润滑油，衬垫要强制更换
调试	调试安装好的柴油发动机是修理工作的最后一道工序，调试的正确与否，对发动机的使用性能与排放要求产生直接的影响。通常应对气门间隙、供油提前角、机油压力等进行调整，使之符合有关规定

⑦ 其他方面见表 8-23。

表 8-23 其他方面

项目	具体说明
磨合	大修后的柴油机，需中、低速轻载磨合运行 2000km(应根据厂家要求确定)后，才允许全速全负荷使用
铅封	喷油泵在柴油机出厂前已调整并对各限位螺钉进行了铅封，维修时尽可能不要拆除铅封进行调整
火焰预热塞	火焰预热器上的火焰预热塞为易损件，正常的使用寿命为 400～500 次，即 2 年左右。在启动过程中如预热塞正常，则其外露部分的温度明显高于其周围部件的温度(凭手感)。如发现异常，则可能为热管电阻丝熔断，应及时更换预热塞
节温器	维修保养时，严禁在拆下节温器的情况下运转柴油机，否则会带来以下两种不良后果： ①当需要冷却液进行大循环时，由于部分冷却液进入小循环，导致发动机过热 ②当需要冷却液进行小循环时，由于部分冷却液进入大循环，使发动机升温过慢或过冷

8.3 检修汽车高压共轨燃油喷射系统故障的一般步骤

由于高压共轨燃油喷射具有独特的优点，现在的电控柴油车，多数采用这种喷射方式为发动机提供柴油，这一节的内容也以该类电喷系统为例。

汽车高压共轨燃油喷射系统出现问题后，通常都是根据故障现象，通过一系列的分析、判断、检测来确定故障的大概范围和损坏元件。

(1) 排除高压共轨燃油喷射系统故障时通常的步骤

表 8-24 列出了高压共轨燃油喷射系统故障诊断基本步骤。这里虽然以高压共轨燃油喷

射系统的故障诊断为例，但对于其他柴油机电控系统的检修也同样具有参考价值。

表 8-24　高压共轨燃油喷射系统故障诊断基本步骤

项目	具体说明
故障诊断前应注意的问题	在对故障车辆进行检修之前，不要盲目动手拆卸，更不能盲目启动柴油发动机，以防故障的进一步扩大。只有在了解了故障产生的过程，确认可以试车的情况下，才可启动柴油发动机，这一点对于任何一位维修人员均很重要
诊断思路与步骤	由于汽车电控柴油机故障的多样性与复杂性，必须按一定的诊断思路去解决问题，以便快速找到故障的原因进而排除故障，右图列出了汽车高压共轨燃油喷射系统故障诊断基本步骤，供检修故障时参考。该图左边各个方框中的具体要求和内容说明详见下面的具体介绍 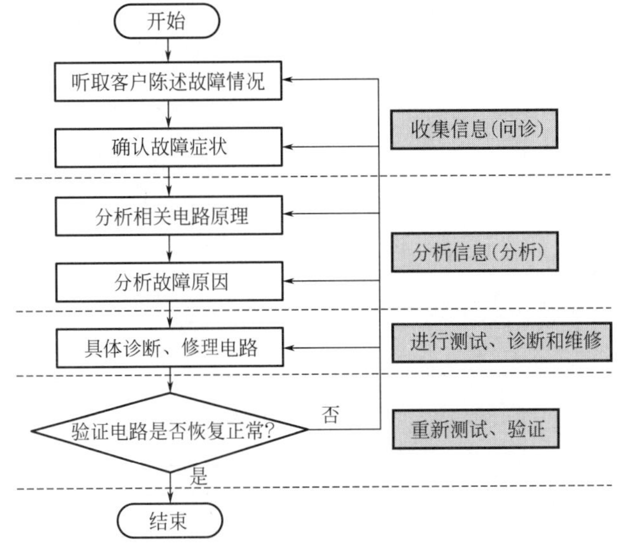

(2) 听取客户陈述故障情况

对高压共轨燃油喷射系统故障进行调查了解，通常是向有关人员了解发生故障的情况，然后通过直观观察来排除某些明显的故障，或通过发现某些细节来判断故障的大概部位、可能的原因等。

① 向用户了解情况。维修人员在处理故障前，应先向用户了解发生故障的情况，因为用户最熟悉所使用车辆的性能和经常发生故障的部位。通常需要向用户了解表 8-25 所列的几种情况。

表 8-25　需要向用户了解的情况

序号	需要了解的情况
1	故障发生在启动之前还是之后；如故障是在车辆运行过程中发生的，则车辆是自动停止的，还是发现异常后由驾驶员停下来的
2	出现故障时车辆的工况及操作了哪个按钮、开关；故障发生前是否过载、频繁启动和停车等
3	故障发生前后有何异常情况(如是否有异常声响或振动、异常气味，是否有冒烟、冒火等现象)
4	以前是否出现过类似故障，当时是怎样处理的

② 直观观察。不借助仪器和仪表，仅凭眼睛或其他感觉器官，即眼（看）、耳（听）、鼻（闻）、手（拨和摸），以及应用必要的工具（如旋具等）对车辆机械系统、线束等进行外表检查，从而发现损坏部位或故障原因。这种检查方法十分简捷，对检修车辆机械或线路故障十分有效。

a. 直观眼看时通常需要了解的情况见表 8-26。

表 8-26 直观眼看时通常需要了解的情况

项目	具体说明
静态观察	首先观察车辆线束的各接线头、开关、熔断器、操作旋钮等是否处于正确位置或有无松动(指接头、熔断器等);继电器与开关触点、线路接头等是否烧融、氧化;熔断器熔体是否熔断;导线或线束是否烧焦等;在更为细致的检测和诊断之前,还应先进行目测检查,以消除一般性故障,如漏油、漏气、漏水、漏电以及电路连接器松动、蓄电池电压过低和有关机械部件损坏等
启动观察	车辆启动后,观察车辆线路相关处有无冒烟、打火等异常现象。一旦发现不良,应迅速断电,以防故障进一步扩大
断电观察	断电后,可视情况分别观察相应部分的连线、开关和连接处是否异常,导线上是否有焦痕或鼓包,是否有折断压痕等。在允许启动的情况下,还可以观察车辆相关机械的运转和传动系统的运行是否正常

b. 直观耳听时通常需要了解的情况见表 8-27。

表 8-27 直观耳听时通常需要了解的情况

项目	具体说明
检查方法	车辆启动后,仔细听有无异常声音,如线路接头处有无打火声,启动时是否噪声很大,运行时有无机械零件碰撞声等
需要说明的问题	利用耳听法,还可以积累对各种车辆启动、各种开关的开或闭等工作方式的感性认识,使维修各种车辆电控系统故障变得简单

c. 直观鼻闻、手拨或摸时通常需要了解的情况见表 8-28。

表 8-28 直观鼻闻、手拨或摸时通常需要了解的情况

项目	具体说明
鼻闻	发动机停转后,靠近柴油发动机、电控系统 ECU、绝缘导线等处,鼻闻有无焦味或其他怪味出现。如有焦煳味,说明绝缘层已被烧坏,主要原因多为过载、短路等。找出发出气味的部位或元件(零件、接线),也有助于维修工作的顺利进行
手拨或摸	发动机停转后,触摸或轻拉车辆线束的连线、传动皮带盘等,凭手感判断其接触是否牢固,松紧程度是否正常。例如轻摸柴油机、电控单元、各种零部件表面,感觉温度是否过高。只要不断积累手感的实践经验,凭手感也可以很快发现故障部位或故障元件(零件)

(3) 确认故障症状

在认真听取用户对故障现象的描述以后,通常还要进行必要的验证,以确认故障症状是否与用户描述的一致。在车辆允许启动的情况下,可以启动车辆进行观察,来确认故障症状。

(4) 分析相关电路原理以确定故障大概范围

根据调查了解到的情况或发现的细节问题,来确定故障的大概范围或可能的原因。通常是参阅车辆的电气原理图及有关技术说明书进行电路分析,大致估计产生故障的可能部位,是在电控系统外还是电控系统内,是在柴油机本身还是在其控制电路等,尽量缩小故障范围。也可以根据某些厂家提供的纵向与横向坐标定位,直接查询可能出现问题的原因、部位或部件。

① 分析判断故障部位的常用方法。对于复杂的车辆电控系统线路,可先将复杂线路划分成若干个单元,然后配合必要的现场检测,来分析判断故障。下面介绍几种常用、有效的分析判断故障部位的方法,供参考。

a. 推理分析法的思路、类型与特点见表 8-29。

表 8-29　推理分析法的思路、类型与特点

项目	具体说明
推理分析法思路	这种方法就是根据车辆出现的故障现象，由表及里，寻根溯源，进行层层分析和推理 在车辆电气装置中，其各组成部分和功能都有内在的联系，例如连接顺序、动作顺序、电流流向、电压分配等都有着特定的规律，故当某一组件、部件或元器件出现问题时，必然会对其他部分产生影响，表现出特有的故障现象 因此，在分析车辆线路故障时，可以从这一故障联系到对其他部分的影响或由某一故障现象找出故障根源。这一过程就是逻辑推理过程，亦即推理分析法
类型与特点	推理分析法通常分为顺推理分析法与逆推理分析法两种，这两种分析方法的主要特点如下所述 顺推理分析法通常是根据故障车辆，从电源开始，到控制设备及线路等进行一一分析与判断 逆推理分析法通常是由故障车辆倒推到控制设备及线路、电源等，来确定故障的大概部位。这种方法在某些情况下比顺推理分析法快捷一些，只要找到了故障部位，就不必再往下查找了

b. 状态分析法的思路与特点见表 8-30。

表 8-30　状态分析法的思路与特点

项目	具体说明
状态分析法思路	这种方法就是根据车辆出现故障时电气部件所处的状态来进行分析。车辆的运行过程一般都可以分解成若干连续的阶段，这些阶段也可以称为状态。任何车辆都处在一定的状态下工作，例如柴油机的工作过程就可以分解成启动、运转、停止等状态。车辆出现的故障总发生于某一状态，而在该状态中，各种元件处于何种状态，正是分析故障原因的重要依据
特点	例如采用状态分析法分析柴油发动机启动时，哪些元件工作、哪些触点闭合等，可以快速排除柴油机启动方面的故障。一般来说，状态划分得越细，对分析判断、排除故障越有利

c. 电位、电压分析法的思路与说明见表 8-31。

表 8-31　电位、电压分析法的思路与说明

项目	具体说明
电位、电压分析法思路	车辆线路在不同状态下，其各连接点具有不同的电位分布。因此，可通过分析（检测）线路中某些关键点上的电位及其分布，来确定故障的类型和部位。实际上，当线路中存在故障时，各点电位必将发生变化，据此就可以分析判断出故障点
说明	由于阻抗的变化会导致电流的改变，电位的变化也造成了电压的变化，因此，也可以采用电流分析法与电位分析法配合来确定线路故障点

d. 简化分析法的思路与举例见表 8-32。

表 8-32　简化分析法的思路与举例

项目	具体说明
简化分析法思路	组成车辆线路的部件、元器件等虽然都是必需的，但从不同的角度去考虑，总可以划分出主要的和次要的部件、元器件。故在分析车辆线路故障时，可根据具体情况注重分析主要的、核心的、本质的部件或元器件，这就是简化分析法
举例	例如，某车辆柴油机可运转，但不能怠速运转。在分析该故障时，就可以把与正常运转有关的控制部分删去，将线路简化成只有怠速控制的线路，据此线路来分析故障原因

e. 单元分割分析法的思路与举例见表 8-33。

表 8-33　单元分割分析法的思路与举例

项目	具体说明
单元分割分析法的思路	再复杂的柴油机电控线路，通常都是由若干个功能相对独立的单元构成。故在检修车辆线路故障时，可把这些单元分割开来，然后根据故障现象进行分析，尽量把故障范围压缩在其中一个或几个单元，以便于有的放矢地进行下一步检查

续表

项目	具体说明
举例	例如检修柴油机不运转故障时，在保证供电正常的情况下，启动柴油机，观察启动继电器是否吸合。具体情况如下所述 如果启动继电器可以吸合，则故障与后级执行单元（起动机）有关。故障原因可能为起动机传动系统故障、断线或起动机本身问题 如果启动继电器不能吸合，则故障在控制线路，通常为启动按钮、启动继电器或其触点等有问题 这样，由中间单元为分界，就可以将整个线路一分为二，以判断故障是在前一半还是后一半，是在控制线路还是起动机或其线路

f. 经验分析法的思路与举例见表 8-34。

表 8-34 经验分析法的思路与举例

项目	具体说明
经验分析法思路	应用在检修中长期积累的经验来分析同类或类似车辆线路经常出现的一些常见性故障。采用经验分析法判断车辆线路故障的大概部位时，是根据自己日积月累获得的实际经验来进行的，故在日常检修中应注意积累自己或别人的检修经验
举例	例如，车辆启动不良，有时好有时坏，其故障点往往与启动按钮、启动继电器常开触点通电闭合时接触不良或接线松动等有关

g. 其他分析方法的思路与特点见表 8-35。

表 8-35 其他分析方法的思路与特点

项目	具体说明
回路分割分析法	一个复杂的车辆线路总是由若干回路构成，每个回路都具有特定的功能，电气故障就意味着某功能的丧失。因此，故障也总是发生在某几个回路中。对车辆有关功能回路进行分割，实际就是简化线路，缩小了故障查找的范围，具有事半功倍的效果
菜单分析法	这种方法特别适用于初学者，其实质就是根据故障现象和特征，将引起该故障的原因顺序罗列出来，通过一一分析或验证，来找出故障原因或具体故障元件
比较分析法	这种方法特别适用于对车辆的特征、工作状态等不十分了解的情况，其实质就是通过和同类车辆的特征、工作状态进行比较，来分析确定故障原因。例如判断线圈是否局部短路，可采用与同类且完好的线圈进行测量比较来判别
代换分析法	这种方法直观可靠，特别适用于初学者，其实质就是根据故障现象，采用性能良好的元件代换怀疑有故障元件，以此来确定故障原因或部位

② 利用纵向与横向坐标定位直接查询故障原因。利用纵向与横向坐标定位直接查询故障原因的方法见本章后面内容中的具体介绍，这里不再赘述。

(5) 具体诊断、检测电路

经过上述分析、判断故障发生的可能部位以后，就可以采用相应的检测手段来查找故障的具体原因或部位了。由于柴油发动机的 ECU 具有故障自诊断功能，控制系统会将检测到的故障以代码的形式保存在存储器中，故在进行故障诊断时，通常优先采用一定的方式（闪码或解码器）调出故障代码。这样，就可以根据故障代码的提示有的放矢地去进行检测了。常用的检测手段见本章后面的内容。

(6) 对找出的故障原因进行处理

当采用一定的检查方法找出了故障原因或损坏的元件后，就可以对故障原因进行处理了，对于损坏的电气元件，最好采用原规格型号的元件来进行替换，严禁改动原系统线路，以保证车辆的技术参数和安全性能不会改变。

(7) 验证电路是否恢复正常

检修后的车辆，经检查测试电源供电系统、电控系统均正常后，再进行试运行。在试运行期间注意观察电路系统工作情况及柴油机的运行情况，在保证各系统安全、可靠运行的情况下再投入使用。

8.4 采用示波器检测柴油发动机喷油系统压力波形的方法

由于电子技术在柴油机上的广泛应用，对柴油机电控系统故障的诊断也与传统的人工检查有了较大的不同。现在可以借助科学技术的新成就，利用必要的仪器、设备，在整车不解体的情况下进行检测，从而确定汽车技术状况、工作能力和故障部位。汽车柴油发动机喷油系统可以在不解体的情况下，采用示波器对其高压油管中的压力变化进行精确的检测。

(1) 柴油发动机电控燃油喷射过程关键点正常的波形曲线

采用示波器检测柴油发动机高压油管内的压力波形，再通过对其波形进行分析，就能够准确、迅速地诊断出喷油系统是否存在故障及故障部位、原因，这是目前普遍采用的检测车辆喷油系统故障的一种常用方法。表 8-36 列出了柴油发动机电控燃油喷射过程关键点正常的波形曲线，供参考。

表 8-36 柴油发动机电控燃油喷射过程关键点正常的波形曲线

项目	具体说明	
波形示意图	右图所示为采用示波器检测出的电控柴油机燃油喷射系统中高压油管内(喷油器入口和喷油泵出口处)的压力 p、喷油器针阀升程 s 随喷油泵凸轮轴转角 θ 的变化曲线。在该曲线中压力 p_0、p_{max}、p_b、p_r 分别表示针阀开启压力、最高压力、针阀关闭压力、油管中残存压力。从曲线中可以清楚地看出，整个燃油喷射过程可分为三个阶段，这三个阶段的具体情况如下所述	 (a) 喷油泵出口端压力曲线 (b) 喷油器入口端压力曲线 (c) 喷油器针阀升程曲线
曲线的三个阶段说明	第Ⅰ阶段为喷射滞后阶段，该阶段是从喷油泵柱塞关闭进油孔开始到喷油器针阀开启开始喷油为止，也就是喷油泵油压上升到超过高压管内的残余压力 p_r，燃油进入高压油管使压力上升到针阀开启压力 p_0 的一段时间。针阀开启压力 p_0 过高、高压油管渗漏、出油阀偶件或喷油器偶件密封不严、高压油管太长，均会导致喷油滞后阶段增加 第Ⅱ阶段为喷射阶段，该阶段是从喷油器针阀开启到喷油泵进、回油孔打开为止。在这一阶段中，当喷油器针阀升高到最大升程时，燃油大量进入燃烧室，其时间的长短和喷油泵柱塞的有效行程有关 第Ⅲ阶段为自由膨胀阶段，该阶段是从喷油泵进、回油孔打开到喷油器针阀关闭为止。在这一阶段，柱塞有效行程结束，出油阀关闭后，尽管燃油不再进入高压油管，但由于油管中的压力仍然高于针阀关闭压力 p_b，燃油会继续从喷油孔中喷出，如果高压油管中的最大压力 p_{max} 不足，则该阶段就会缩短，反之，则该阶段延长	

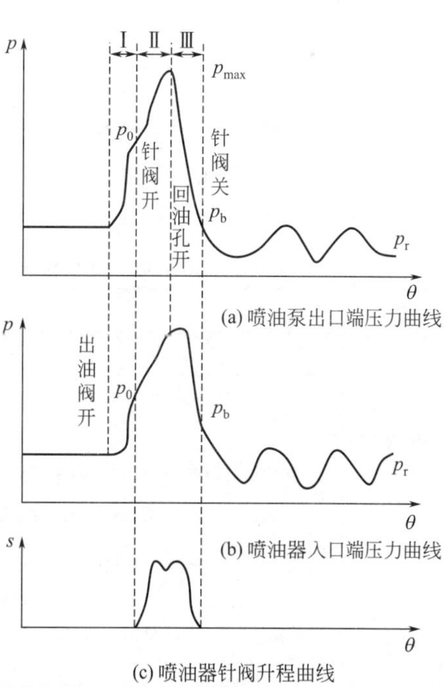

(2) 示波器检测到的喷油系统压力波形及其对分析故障原因的作用

采用示波器可以检测到汽车柴油发动机喷油系统的压力波形主要有全周期单缸波、多缸平列波、多缸并列波、多缸重叠波。各波形对分析故障原因的作用分别见表 8-37。

表 8-37 柴油发动机喷油系统压力波形及其对分析故障原因的作用

项目	具体说明
全周期单缸波	右图所示为全周期单缸波的正常波形示意图，该波形是指喷油泵凸轮轴旋转 360°时，某单缸高压管中的压力变化波形。通过对该波形的检测，可以得到每个缸的上述 p_0、p_{max}、p_b、p_r 四个参数(以下均同，不重述) 1 5 3 6 2 4
多缸平列波	右图所示为多缸平列波的正常波形示意图，该波形是指以高压油管中的残余压力 p_r 为基线，按发动机着火顺序将各缸压力波形从左到右首尾相接所形成的波形。通过对该波形的检测和分析，可以得到每个缸的上述四个参数是否一致 1 5 3 6 2 4
多缸并列波	右图所示为多缸并列波的正常波形示意图，该波形是指把各缸的压力波形首尾对齐，按发动机着火顺序将各缸压力波形在垂直方向从下而上展开排列所形成的波形。通过对该波形的检测和分析，可以得到每个缸的上述Ⅰ、Ⅱ、Ⅲ阶段(表 8-36)的时间是否一致，进而判断各缸喷油量的均匀性 4 2 6 3 5 1
多缸重叠波	右图所示为多缸重叠波的正常波形示意图，该波形是指将各缸压力波形首尾对齐重叠在一起所形成的波形。通过对该波形的检测和分析，可以比较各缸油压波形是否一致，进而判断各缸喷油量的均匀程度

(3) 喷油系统正常压力波形典型特征及其具体检测方法

采用示波器检测柴油发动机喷油系统压力波形来判断故障，最关键的是要搞清楚正常的压力波形，表 8-38 中列出了喷油系统正常压力波形典型特征及其具体检测方法。

表 8-38 喷油系统正常压力波形典型特征及其具体检测方法

项目	具体说明
正常的压力波形典型特征	当汽车柴油发动机喷油系统的工作性能与技术状况良好时，其压力波形通常均具有以下所述的典型特征
	在各缸的全周期单缸波形中，其四个主要参数(p_0、p_{max}、p_b、p_r)的大小，应符合其相应型号柴油发动机的规定值
	在多缸平列波形中，各缸的四个主要参数(p_0、p_{max}、p_b、p_r)的大小，应基本一致
	在多缸并列波形中，整个燃油喷射过程的三个阶段(Ⅰ、Ⅱ、Ⅲ)的时间应基本一致
	在多缸重叠波形中，各缸的波形应基本重合
具体检测方法	采用示波器对汽车柴油发动机喷油系统压力波形进行检测时，将示波器通过压力传感器分别与柴油发动机各缸高压油管的喷油器端或喷油泵端相连接，然后接通示波器电源，启动柴油发动机即可检测出相应的压力波形

(4) 根据检测到的喷油系统故障压力波形分析故障原因

当柴油发动机喷油系统出现故障时，采用示波器检测到的即为故障压力波形，通过对故障波形的分析，就可以诊断出故障原因。下面介绍几种典型的故障波形及其原因分析。

① 低压波及其原因分析见表 8-39。

表 8-39 低压波及其原因分析

项目	具体说明
低压波示意图	如果示波器检测到如右图所示的低压或无压力波形时，则表示高压油管中压力很低或无压力
故障原因	① 喷油泵弹簧折断或其他原因而导致喷油泵不能泵油或泵油很少。应更换新件或进行检修 ② 喷油器针阀在开启位置咬死而不能关闭或密封不严。应进行彻底清洗或更换新件 ③ 高压油管接头严重松动或油管破裂。应进行修理或更换新件

② 无抖动的光滑压力波及其原因分析见表 8-40。

表 8-40 无抖动的光滑压力波及其原因分析

项目	具体说明
无抖动的光滑压力波示意图	如果示波器检测到如右图所示的无抖动的光滑压力波形时，则表示喷油器没有喷油
故障原因	①喷油器针阀开启压力调整过高。应重新对其进行适当调整 ②喷油器针阀被高温烧蚀而“咬死”无法打开。应进行修理或更换新的、同规格的配件 ③喷油器的喷油孔被堵死而无法喷油。应进行彻底清洗或更换新件

③ 两个抖动点的压力波及其原因分析见表 8-41。

表 8-41 两个抖动点的压力波及其原因分析

项目	具体说明
两个抖动点的压力波示意图	如果示波器检测到如右图所示的出现在压力上升阶段有两个抖动点的压力波形时，则表示喷油器在喷油之前就存在有滴漏现象
故障原因	①喷油器针阀密封不严。应进行彻底清洗或更换新件 ②喷油器针阀严重磨损。应更换新的、同规格的喷油器 ③有脏物粘在针阀密封面上。应进行彻底清洗或更换新件

④ 残余窄幅抖动并逐渐降低的压力波及其原因分析见表 8-42。

表 8-42 残余窄幅抖动并逐渐降低的压力波及其原因分析

项目	具体说明
残余窄幅抖动并逐渐降低的压力波示意图	如果示波器检测到如右图所示的出现残余窄幅抖动并逐渐降低的压力波形时，则表示高压油路密封不严
故障原因	高压油路中油管接头松动或油管出现微小的破损。应紧固油管接头或更换新的配件

⑤ 残余压力上下抖动的波形及其原因分析见表 8-43。

表 8-43 残余压力上下抖动的波形及其原因分析

项目	具体说明
残余压力上下抖动的波形示意图	如果示波器检测到如右图所示的残余压力上下抖动的波形时，则表示喷油器隔次喷油

续表

项目	具体说明
故障原因	①喷油泵泵油量过小。应查找泵油量过小的原因并排除故障 ②喷油器弹簧压力过高。应进行适当调整或更换新件

⑥ 严重不重合的重叠波及其原因分析见表 8-44。

表 8-44 严重不重合的重叠波及其原因分析

项目	具体说明
严重不重合的重叠波示意图	如果示波器检测到如右图所示的多缸重叠波中各缸的波形严重不重合时，则表示各缸喷油量不均匀
故障原因	①喷油器有故障。应对其进行检测、修理或更换新的、同规格的配件 ②喷油泵有问题。应对其进行检测、修理或更换新的、同规格的配件

8.5 查找电控柴油机线路故障部位常用的检测方法

查找电控柴油机线路故障部位的方法较多，通过测量线路中的电阻、电压（电位）的大小或有无来判断故障，是最基本、也是最直接可靠的方法。

(1) 测量电压检查判断柴油机电控系统故障的大概部位

表 8-45 中列出了采用汽车数字式万用表测量电压检查判断柴油机电控系统故障大概部位的方法。

表 8-45 测量电压检查判断柴油机电控系统故障的大概部位

项目	具体说明
直流电压的特点	在检修柴油机电控系统时，测量有关电路的直流电压来查找故障所在，是最常用也是最有效的方法之一。尤其是对以电控单元为主组成的柴油机电子控制电路单元组件，主要是采用测量各组件引出端子上直流电压的方法来判断电控单元系统工作情况的好坏。因为控制系统的内部损坏情况，一般总能在其相应的某些引出端子的直流电压上反映出来
检测方法	可通过检查各个传感器、执行器以及电控单元(ECU)各连接器端子上的技术参数，与所掌握的各标准数据进行对比，以此来查找故障。检测时，可将万用表转换开关置于直流合适的挡位，测量故障线路的线路电压或电气元件的接点电压

(2) 测量在路电阻检查判断柴油机电控系统故障的大概部位

表 8-46 中列出了采用汽车数字式万用表测量在路电阻检查判断柴油机电控系统故障大概部位的方法。

表 8-46 测量在路电阻检查判断柴油机电控系统故障的大概部位

项目	具体说明
测量方法	测量在路电阻，就是用万用表的欧姆挡直接在电路中测量各种零部件、连接线束、接插件、电控单元(ECU)组件引出端子以及各种连线的直流电阻，以此来判断零部件是否开路、短路、漏电等。由于被测零部件或元器件接在整个电路中，所以用万用表所测得的数值受到其他各个支路的影响，这在分析测试结果时应予以注意
适用范围	柴油机电控系统中的大部分零部件或元器件均可用测量电阻的方法进行定性的检查，而且任何故障的检修，最后很可能要依据测量电阻来确定故障零部件或元器件

(3) 测量开路电阻检查判断柴油机电控系统故障的大概部位

表 8-47 中列出了采用汽车数字式万用表测量开路电阻检查判断柴油机电控系统故障大概部位的方法。

表 8-47 测量开路电阻检查判断柴油机电控系统故障的大概部位

项目	具体说明
测量方法	开路电阻测量，是将被测零部件（或元器件）的一端或整个零部件（或元器件）从电路上脱开，再进行电阻测量。虽然此法比较麻烦，但由于这种测量方法排除了外围电路的影响，免除了在路测量的局限性，测量的结果准确、可靠。将测得的结果与新件进行对比，往往会很快确认故障原因
适用范围	开路电阻测量不仅适用于对各种零部件或元器件的测量，对电路中因导线断裂、接插件的插座与插头间腐蚀、霉断、漏电等引起的故障，也可以用此法很方便地检查出来

(4) 采用故障征兆模拟法来诊断柴油机电控系统软性故障

检查汽车电控系统的软故障通常可采用故障征兆模拟法来进行诊断。具体方法与步骤见表 8-48。

表 8-48 采用故障征兆模拟法来诊断柴油机电控系统软性故障

项目	具体说明
先进行故障分析	模拟车辆出现故障时相似的条件和环境，在停车的条件下，对车辆施以外部作用，再模拟出现故障时的相近的温度、湿度、负荷和振动等，验证故障征兆，找出故障部位
检测特点	采用这种检查方法通常仅需要类似万用表这样简单的测量工具，即可准确地判断出故障的可能部位或原因

(5) 采用振动的方法查找柴油机电控系统线束与插接件的故障

柴油机电控系统线束与插接件、传感器或继电器故障所占比例较高，这主要与其工作环境恶劣有关。

① 采用振动的方法查找柴油机电控系统线束与插接件或线束簇插接件故障（表 8-49）。

表 8-49 采用振动的方法查找柴油机电控系统线束与插接件或线束簇插接件故障

项目	具体说明
线束与插接件的检查	对于汽车出现的某些时有时无的故障，如怀疑线束与插接件不良，如右图所示，用手轻轻晃动插接件和线束，同时观察故障是否会消除或出现。由此可以查找出松动或电路接触不良部位 插接件 轻轻晃动线束
线束簇插接件的检查	对于长时间暴露在空气中的线束簇插接件，由于受空气中潮气的侵蚀，会在其端口表面形成一层较薄的氧化层。而该氧化层采用眼看的方法，往往无法看清而进行准确的判断。对此，可以采用右图所示的方法，轻轻弯曲线束簇，如故障随之消除或出现，则说明该插接件有问题，可以进一步对其进行修理或更换新件 线束 上下左右弯曲线束 插接件

② 采用振动的方法查找电控系统插接件锁止情况与传感器或继电器故障（表 8-50）。

表 8-50 采用振动的方法查找电控系统插接件锁止情况与传感器或继电器故障

项目	具体说明
插接件锁止情况的检查	对于因锁止不良造成的插接件接触不良故障，如图（a）所示，可以用手拉动插接件端的每根导线，检查是否有未被锁止的端口。端口没有被锁止多是由于锁扣松动引起的，如图（b）所示 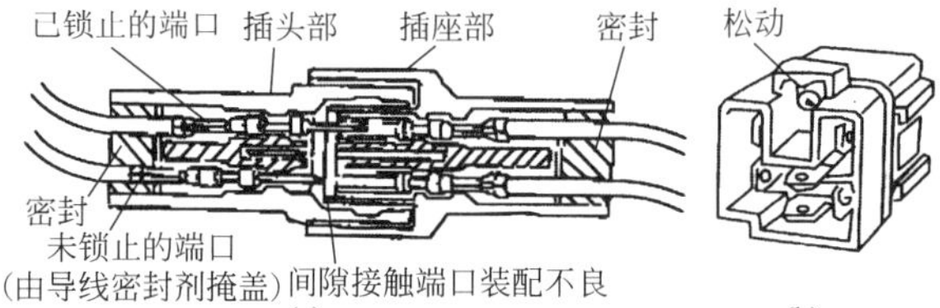 已锁止的端口 插头部 插座部 密封 密封 未锁止的端口（由导线密封剂掩盖） 间隙接触端口装配不良 (a) 松动 (b)
传感器或继电器故障的检查	对于柴油机出现的某些时有时无的故障，如怀疑传感器或继电器不良，可以按右图所示的方法，用手或旋具绝缘柄轻轻对传感器或继电器的外表面进行敲击，如故障随之消除或出现，则说明该传感器或继电器有问题，可以进一步对其进行修理或更换新件。这种方法可以查出松动、接触不良或固定不良的传感器或继电器 继电器组 轻轻敲击继电器（或传感器） 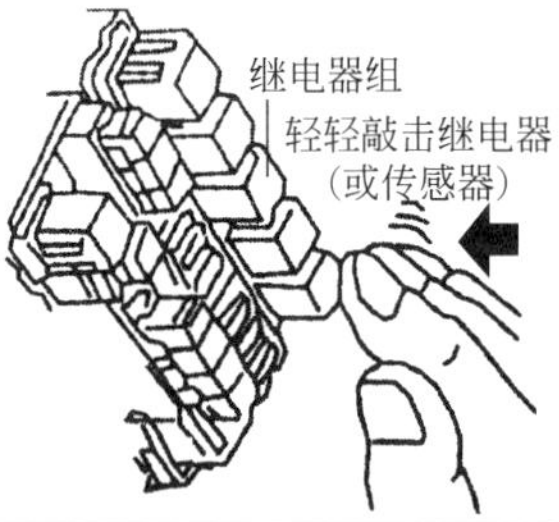

(6) 采用温度法诊断柴油发动机电控系统软性故障

温度法就是对怀疑元件或组件进行加热或冷却，以此来判断故障部位或元件的一种方法。

① 加热法检测热稳定性不良故障见表 8-51。

表 8-51 加热法检测热稳定性不良故障

项目	具体说明
适用场合	加热检查法又称加温检查法，这种方法特别适用于那些故障发生在夏季、暂停车之后、启动过一会儿才能够正常工作的或经过一段时间工作后才出现故障的车辆
具体操作方法	遇到上述这类故障的车辆时，首先根据故障出现时的现象，初步确定需要加热的部位，启动后采用加热枪或类似的加热工具距元件10mm左右进行烘烤，如右图所示。当烤到哪个元件故障消失（或故障出现时），则说明被烘烤的元件不良，应换新件。注意加热部位的元件温度不得超过60℃ 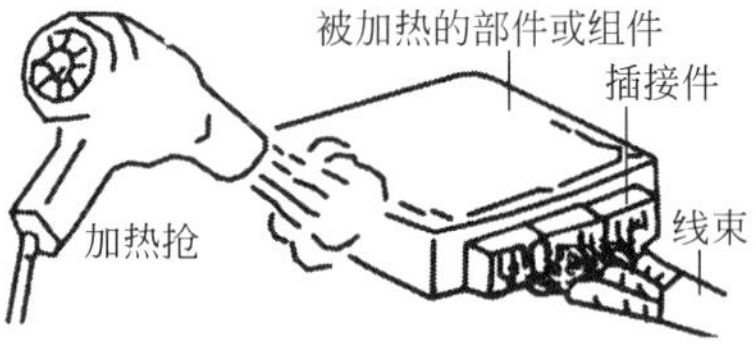 被加热的部件或组件 插接件 加热抢 线束

② 冷却法检测热稳定性不良故障见表 8-52。

表 8-52 冷却法检测热稳定性不良故障

项目	具体说明
适用场合	冷却检查法又称冷冻检查法，这种方法特别适用于那些工作一段时间暖机后故障消失的汽车。出现这种情况的原因可能与电路系统某部分结冰有关
利用环境温度检查	将需要修理的车辆停放在露天过夜，以便在早晨温度足够低的情况下，先根据故障出现时的现象，初步判断出故障的大概部位，然后对可能受影响的电气元件进行快速全面的检查
冷冻检查	将有疑问的元件放在冰箱内冷冻，使冷冻的元件结冰，然后再将其取出安装到汽车上，看故障是否出现，如右图所示（某电磁阀插头中有少量水汽时的情况），如出现，就说明该元件不良，暖机后水汽被蒸发故障消失也符合该元件故障的特征  电磁阀 插头中进入水汽或受潮 短路

续表

项目	具体说明
蘸酒精棉球冷却检查	对于某些电子元器件出现的受热后故障出现的车辆，可用镊子夹住蘸有酒精的棉球，对怀疑部位的元件进行逐个冷却散热（约 1min），冷却顺序是先晶体管（集成电路）后阻容元件。当酒精棉球放在哪个元件上故障消失时，则说明被冷却的元件不良，应换新件

(7) 采用满负荷试验法、浸水法、重接或重焊法检修柴油发动机故障

表 8-53 中列出了汽车电气满负荷试验法、浸水法、重接或重焊法检修柴油发动机电控系统故障的技能。

表 8-53 汽车电气满负荷试验法、浸水法、重接或重焊法检修柴油发动机电控系统故障的技能

项目	具体说明
满负荷试验检查方法	如果怀疑故障是由于车辆上电气负荷过大而引起的，可接通所有电气负荷，包括空调、大灯、电喇叭等，在满负荷状态下检查汽车电控系统是否出现故障，以此来确认故障是否为用电负荷过大引起的
浸水检查方法	柴油发动机的某些故障是在雨雪天气时才会出现的，究其原因多为水进入到电气元件所致。检测与维修这类故障时，可如右图所示，通过浸湿汽车或采用汽车清洗机模拟雨雪天气来查找故障原因或部位。但不要将水直接喷到任何电气元件上 水冲汽车模拟雨水 水管
重接或重焊检查方法	重接或重焊检查方法特别适用于故障时有时无且振动时故障现象较明显的故障车。这些故障一是零部件或元器件内部接触不良，二是接头虚焊或虚接，后者较为常见。在肉眼无法看清虚焊点或虚接件的情况下，可在故障怀疑部位，用烙铁重焊或将接头取下后去除氧化层重新接上，直至故障消失

(8) 采用模块分割、静态与动态测试检查柴油机电控系统故障

判断柴油机电控系统故障具体部位的方法较多，除了上面所介绍的外，还有下面几种方法。

① 模块分割检查方法的特点与检测思路见表 8-54。

表 8-54 模块分割检查方法的特点与检测思路

项目	具体说明
特点	模块分割是指在维修人员头脑中的分割，它是建立在系统分析的基础上。对任何一个电控系统部件的维修，如果没有对这种模块进行基本分析，往往会感到无从下手
检测思路	采用模块分割的方法检查柴油机电控系统的故障，检查的思路应该从模块入手，当一个模块经确认无问题后，再检查下一个模块，对具体部件的各种不同的模块，应采用不同的诊断方法。常用的拔插法、交换法、信号波形分析对比的方法，均适用于对元件级故障进行判断

② 静态测试方法的特点、信号特征与类型、检测思路见表 8-55。

表 8-55 静态测试方法的特点、信号特征与类型、检测思路

项目	具体说明
特点	静态测试法就是将整个电控系统暂停在某个特定的状态，采用数字式万用表检测怀疑部件的电压、电流和电阻。其中，测量集成电路芯片和晶体管有关端子上的直流工作电压，对发现产生故障的原因和部位是十分重要的、有效的，也是最常用的方法

续表

项目	具体说明
信号特征与类型	在汽车电控系统中，所有可进行静态测试的信号就其特征来说，大体可以分为高电平或低电平、脉冲信号与第三态（即高阻态）。这几种信号的主要特点如下所述
	高电平或低电平是柴油发动机电控系统微电脑中"1"和"0"的基本逻辑形态，并不是表示高电平就是1、低电平就是0，这一点一定要搞清楚
	脉冲信号实际上也是一种变化快一些的"1"和"0"的基本逻辑形态
	第三态（即高阻态）也就是浮空状态，既不输出高电平也不输出低电平，具有很高的输出电阻
检测思路	在柴油发动机电控系统中，某个特定工况下，其信号特性是一定的，为上述三类中的某一类，根据原理分析或厂家给出的各点状态或参数，可利用数字式万用表或示波器、逻辑电笔等进行测试，由测得的结果就可以分析出故障元件

③ 动态测试方法的特点与检测思路见表8-56。

表8-56 动态测试方法的特点与检测思路

项目	具体说明
特点	在汽车电控系统中，采用静态测试的方法，可以解决很多问题，也是动态测试的前提。但是，汽车电控系统的有些故障出现在车辆运行（即动态）情况下，无法在静态环境中分析或检测出来。此外，有些故障出现的原因是某些器件的动态参数问题引起的。对此，就必须采用动态测试的方法，来查找故障原因和损坏的器件
检测思路	动态测试的方法也是建立在熟悉微电脑控制系统工作原理基础之上的。它是在车辆运行的情况下，采用示波器或其他仪器测试怀疑器件各点的波形（包括波形的幅度、占空比、形状、宽度等）或测试波形频率、个数等，然后与正常的波形数据进行对比，以此来找出故障的原因和部位

(9) 对号入座检修柴油发动机故障

对号入座检查法就是根据观察到的故障现象，到柴油机故障检修一览表（对号入座表）中找出相应的故障部位或元器件，并用好的元器件替换来检修故障的一种方法。由于这种方法简便、可行，故尤其适用于初学者。对号入座表的使用方法见表8-57。

表8-57 对号入座表的使用方法

项目	具体说明
对号入座表的使用方法	具体使用时应根据故障现象，利用柴油机故障检修一览表，找到相应的故障元器件的"座位"。柴油机故障检修一览表分得越细，检修的实效就越好。有人把这种检修方法称为开"标准药方"。掌握的"标准药方"越多，检修就越方便。对于初学者来说，既要积累自己的柴油机故障检修经验，又要注意搜集、汇编出越来越细致的柴油机故障检修一览表，这样就能提高检修效率
备注	在柴油机故障检修一览表中，一种故障现象可能由多个元件损坏造成的，通常不能立即查到故障元件，还是要通过必要的测量并进行分析，才能找出故障零件，而且不可能将所有型号元件的所有故障都列入表内，这就使该方法的应用受到了一定的限制

① 柴油发动机不能启动故障对号入座表见表8-58。

表8-58 柴油发动机不能启动故障对号入座表

故障原因	排除方法	说明
蓄电池充电不足	对蓄电池进行充电或更换新的蓄电池	综合方面故障
环境温度低，启动时间长不发火	如果外界温度低，可采取预热等方法进行处理	
起动机连接线接触不良	对连接线进行检查，看其连接是否牢靠和正确	
燃油系统中存在气体	先检查从燃油箱到输油泵之间的管路和燃油滤清器等是否漏气，然后用输油泵排除系统内的空气	

续表

故障原因	排除方法	说明
供油提前角不对	检查并调整	综合方面故障
燃油管路阻塞	对管路的畅通情况进行检查	
燃油滤清器阻塞	更换新的、同规格的燃油滤清器	
燃油泵不供油或断续供油	检查燃油泵内活塞、活塞弹簧、止回阀以及进油螺钉的密封或损坏情况	
电刷接触不良	对整流子表面进行彻底清洁	
喷油器喷油不良	对喷油器喷雾状况和喷油压力进行检查，检查喷油泵柱塞、出油阀的磨损情况，检查出油阀弹簧是否断裂	

② 柴油发动机功率不足故障对号入座表见表 8-59。

表 8-59　柴油发动机功率不足故障对号入座表

故障原因	排除方法	说明
燃油系统中存在气体	先检查从燃油箱到输油泵之间的管路和燃油滤清器等是否漏气，然后用输油泵排除系统内的空气	综合方面故障
供油提前角不对	检查并调整	
空气滤清器阻塞	对空气滤清器进行彻底清洁或更换新的滤芯	
活塞环磨损或结胶	更换新的、同规格的活塞环或对清除结胶	
气门间隙不对	对间隙进行适当调整	
气门漏气	检查气门弹簧是否折断、弹力是否减退，气门间隙是否得当，气门锥面密封是否严密	
气门弹簧或气门挺杆损坏	更换新的、同规格的配件	

③ 柴油发动机功率突然下降故障对号入座表见表 8-60。

表 8-60　柴油发动机功率突然下降故障对号入座表

故障原因	排除方法	说明
供油不足	对喷油泵柱塞与出油阀座的磨损情况进行检查	综合方面故障
压气机或增压器叶片沾污	对污垢进行彻底清洗	
喷油器雾化不良	对喷油器进行清洁、调整压力	
柴油机进、排气管漏气	修理或更换新的密封垫	
增压器转速下降	对增压器的油道进行清洗，清除增压器内浮动轴承和止推轴承上的积炭	
排气管路堵塞	彻底清除堵塞物	
调速器失灵	对调速器进行检查并适当调整	

④ 柴油机运转不稳定故障对号入座表见表 8-61。

表 8-61　柴油机运转不稳定故障对号入座表

故障原因	排除方法	说明
供油系统中有空气	对系统进行排除空气的处理	综合方面故障
燃油中水分过多	对燃油的含水量进行检查	
气缸窜气	对缸盖螺栓进行检查，必要时更换缸盖垫和对气缸套台阶凸出机体上平面高度及高度差进行检查	

续表

故障原因	排除方法	说明
高压油管漏油	检查并修理,排除漏油处	综合方面故障
喷油泵各缸供油不均匀	对喷油泵进行检查或调整	
调速器工作异常	对调速器进行检查和校对	

⑤ 柴油发动机突然停机故障对号入座表见表 8-62。

表 8-62　柴油发动机突然停机故障对号入座表

故障原因	排除方法	说明
燃油系统进入空气	排除燃油系统中的空气	综合方面故障
燃油管道或燃油滤清器阻塞	对阻塞的零部件进行彻底清洗,更换新的、同规格的滤芯	
空气滤清器阻塞	对空气滤清器进行彻底清洁或更换新的滤芯	
活塞与缸套抱死	更换新的活塞和缸套	
曲轴抱死(通过转动曲轴判定)	油压不足或断油所致,对曲轴和轴瓦进行修理或更换	
燃油输送泵失效	对输送泵进行修理或更换新件	

⑥ 柴油发动机运转时出现不正常的响声故障对号入座表见表 8-63。

表 8-63　柴油发动机运转时出现不正常的响声故障对号入座表

故障原因	排除方法	说明
供油时间过早,造成气缸内发出有节奏的清脆的金属敲击声	对供油提前角进行适当调整	机械方面故障
供油时间过迟,气缸内发出低沉不清晰的声响	对供油提前角进行适当调整	
增压器轴弯或叶轮变形导致叶轮与壳体摩擦,发出高频啸叫声	对变形情况进行检查、修理或更换	
压气机喘振(因压气机沾污使通道狭窄,引起压缩空气周期性倒流)	彻底清洗、校正处理	
活塞与气缸间隙过大,柴油机启动后气缸内发出撞击声,但随柴油机走热而减轻	更换活塞或缸套	
曲轴或凸轮轴轴向间隙过大,怠速时有前后游动的撞击声	更换止推片,适当对间隙进行调整	
齿轮由于磨损而间隙变大,突然降低转速时,在齿轮室处可听到金属撞击声	根据检查的情况看是否需要更换齿轮	
活塞销与销孔之间间隙过大,声音轻而尖,在怠速时尤其清晰明显	检查、更换损坏的零件,保证规定的间隙	
气门弹簧折断或推杆弯曲、气门或摇臂的间隙过大,在气缸盖罩处听到杂乱的声音或有节奏的较轻的敲击声	检查、更换损坏的零件,调整气门间隙使其满足要求	
主轴瓦和连杆轴瓦间隙过大,当柴油机转速突然降低时,可听到金属撞击声,低速时声音沉重而有力	检查、更换损坏的零件,保证规定的间隙	

⑦ 喷油方面故障对号入座表见表 8-64。

表 8-64　喷油方面故障对号入座表

故障现象	故障原因	排除方法	说明
喷油器严重漏油	调压弹簧折断	更换新的、同规格的弹簧	喷油器方面故障
	压帽变形	更换新的、同规格的压帽	
	针阀与阀座面损坏	更换新的、同规格的配件	

续表

故障现象	故障原因	排除方法	说明
喷油压力低	调节螺钉松动	对螺钉重新进行调整，使压力达到规定值	喷油器方面故障
	喷油器调压弹簧压力太高	对弹簧的压力重新进行调整	
	喷油器弹簧变形或断裂	更换新的、同规格的弹簧	
	喷油器喷孔堵塞	彻底清洗，排除堵塞物	
	喷油器针阀咬死	彻底清洗、研磨或更换新件	
喷油少或喷不出油	针阀与阀体严重磨损	更换新的、同规格的配件	
	针阀与阀体咬死	彻底清洗、研磨或更换新件	

⑧ 冷却水出水温度过高故障对号入座表见表8-65。

表8-65 冷却水出水温度过高故障对号入座表

故障原因	排除方法	说明
天气炎热负载过重	减轻负荷、降低车速	冷却水系统故障
冷却水路被污物阻塞	彻底清洗、排除堵塞物	
水量不足	添加适量的冷却水	
散热水箱散热片上灰尘过多	对散热水箱的散热片进行彻底清洗	
水泵故障或水泵皮带松动	拆检水泵，更换并调整水泵皮带张紧度	
节温器失灵，水走小循环	更换新的、同规格的节温器	

⑨ 增压器方面故障对号入座表见表8-66。

表8-66 增压器方面故障对号入座表

故障现象	故障原因	排除方法	说明
增压压力过低	进、排气管路漏气	检查进、排气管是否开裂，各垫片密封是否良好	增压器方面故障
	增压器轴承损坏	更换新的、同规格的轴承	
增压器异响振动	增压器轴承润滑不良咬轴	拆卸检查增压器，然后检查修理增压器，并对增压器润滑油路进行检查	
	增压器叶轮有异物进入	拆检排除异物	
	废气涡轮或压气机叶片变形或损坏	拆检进行修理或更换新件	

⑩ 调速器方面故障对号入座表见表8-67。

表8-67 调速器方面故障对号入座表

故障现象	故障原因	排除方法	说明
怠速不稳或过高	操纵臂没有完全放到底	检查或调整	调速器方面故障
	齿圈与调节齿杆卡住	检查或调整	
游车	调速弹簧产生永久变形	更换新的、同规格的弹簧	
	飞锤张开和收拢距离不一致	检查或校正	
	浮动杠杆严重磨损间隙过大	修理或更换新的配件	
飞车	转速过高	检查高速限位螺钉是否松动	
	调速弹簧断裂	更换新的、同规格的弹簧	
	调节齿杆与齿圈卡死	检查与修理	

⑪ 机油温度过高故障对号入座表见表 8-68。

表 8-68 机油温度过高故障对号入座表

故障原因	排除方法	说明
柴油发动机过载	适当减轻负荷	机油系统故障
漏气严重	更换新的、同规格的活塞环或缸套	
机油不足或过多	按照厂家的要求增加或减少机油量	
机油冷却器机芯卡滞及油道堵塞，旁通阀失灵	清洗或更换冷却器机芯，检查清洗旁通阀	

⑫ 机油压力不足故障对号入座表见表 8-69。

表 8-69 机油压力不足故障对号入座表

故障原因	排除方法	说明
油底壳内机油量不足	添加适量的机油	机油系统故障
机油黏度低	更换黏度符合厂家规定型号的机油	
供油时间过迟，气缸内发生低沉不清晰的声响	清洗或更换新的、同规格的机油滤清器滤芯及机油冷却器机芯	
机油收集器堵塞	彻底清洗	
机油压力表或压力传感器指示不准	更换新的、同规格的机油压力表或压力传感器	
限压阀阻塞或调压弹簧折断	对调压阀进行清洗或更换新的、同规格的弹簧	
离心式机油滤清器转子开裂损坏	更换新的、同规格的转子总成	
机油泵齿轮、轴承及壳体平面磨损	更换新的、同规格的机油泵	
曲轴轴颈与主轴瓦、连杆轴瓦间的间隙过大	更换严重磨损的轴瓦或曲轴	

⑬ 喷油泵不供油或供油不足故障对号入座表见表 8-70。

表 8-70 喷油泵不供油或供油不足故障对号入座表

故障原因	排除方法	说明
供油系统内有空气	排除空气	喷油泵方面故障
输油泵止回阀卡滞或弹簧断裂	对输油泵止回阀进行彻底清洗或更换新的、同规格的弹簧	
出油阀卡滞或弹簧断裂	对出油阀进行彻底清洗或更换新的、同规格的弹簧	
出油阀杆身及密封面磨损	进行检测修理或更换新件	
油泵柱塞磨损或弹簧断裂	更换新的、同规格的配件	
进油压力低	更换新的、同规格的柴油滤清器滤芯	
柱塞齿圈螺钉松动	对油量重新进行调整，拧紧齿圈螺钉	
喷油泵柱塞芯套内漏，油底壳油面升高	对喷油泵进行检查，更换新的柱塞芯套零件	

⑭ 柴油机冒白烟、冒蓝烟故障对号入座表见表 8-71。

表 8-71 柴油机冒白烟、冒蓝烟故障对号入座表

故障现象	故障原因	排除方法	说明
柴油机冒白烟	气缸内出现渗漏水	对气缸垫密封情况进行检查，检查缸盖是否有裂纹，缸套是否有穴蚀、穿孔或裂纹等	排气烟度方面故障
	燃油中水分过多	更换符合规定牌号的燃油	

续表

故障现象	故障原因	排除方法	说明
柴油机冒蓝烟	活塞环卡死或磨损过大	进行检查、修理或更换新的配件	排气烟度方面故障
	气门杆油封脱落或损坏	更换新的、同规格的油封	
	增压器油封失效	对增压器进行修理，更换新的、同规格的油封	
	活塞环开口位于同侧	按照 120°分布方式重新装配	

⑮ 柴油机冒黑烟故障对号入座表见表 8-72。

表 8-72　柴油机冒黑烟故障对号入座表

故障原因	排除方法	说明
空气滤清器堵塞，导致供油不足	清除空气滤芯灰尘或更换新的、同规格的滤芯，对增压柴油机转子旋转灵活性进行检查	排气烟度方面故障
燃油品质太差	更换符合规定牌号的燃油	
柴油机超负荷运转	适当减轻柴油机的工作负载	
气门间隙不对，气门杆因污垢而在导管中黏滞或气门密封锥面漏气	对气门间隙进行检查，对气门与气门导管孔进行彻底清洗，对气门密封锥面进行检查并研磨	
供油提前角失准	对供油提前角重新进行适当调整	
个别气缸没有工作	查找没有工作的气缸并找出不工作的原因进行修理或更换	
喷油器喷油不良或喷油压力过低	对喷油器进行彻底清洗，必要时更换新件，对喷油压力过低的喷油器应重新进行调整	

(10) 利用纵向与横向坐标定位直接查询故障原因

利用纵向与横向坐标定位直接查询柴油机常见故障原因，特别适用于初学维修人员，对于一般维修人员有的放矢地快速排除故障也具有一定的参考价值。

① 博世共轨柴油电控系统故障纵向与横向坐标定位直接查询表。采用博世电控系统的柴油机十分普遍，具有一定的代表性，表 8-73 列出了博世共轨柴油电控系统故障纵向与横向坐标定位直接查询表。

表 8-73　博世共轨柴油电控系统故障纵向与横向坐标定位直接查询表

故障诊断步骤	故障现象															
	启动问题	熄火后无法启动	熄火后能够启动	怠速问题	怠速过高或不喷油	间歇性熄火且有异响	发动机发抖	噪声过大	功率不足	油耗增大	冒白烟或蓝烟	冒黑烟	发动机过热	发动机不能熄火	喷油器自行喷油	发动机转速过高
自诊断系统	●	●	●	●	●	●	●	●	●	●	●	●	●	●		
点火开关														●		
ECU 供电	●	●				●	●									
主继电器	●	●	●			●	●									
15 号线	●	●	●			●	●							●		
电线/熔断器/插头	●	●	●			●	●							●		

续表

故障诊断步骤	故障现象															
	启动问题	熄火后无法启动	熄火后能够启动	怠速问题	怠速过高或不喷油	间歇性熄火且有异响	发动机发抖	噪声过大	功率不足	油耗增大	冒白烟或蓝烟	冒黑烟	发动机过热	发动机不能熄火	喷油器自行喷油	发动机转速过高
进气系统	●			●					●			●				
油牌号/油箱无油	●	●	●	●		●			●				●			
柴油滤清器	●	●		●		●			●		●					
柴油预热装置	●	●							●		●					
凸轮轴与曲轴的正时传动	●	●				●										
柴油低压系统	●	●	●	●		●			●	●	●					
柴油高压系统	●	●	●	●		●		●	●						●	
废气再循环	●			●					●			●				
冷却水温	●					●			●			●	●			
供油系统中有空气	●	●		●		●										
预热塞主继电器	●															
油压调节阀	●	●	●	●		●		●								
喷油器	●	●	●	●		●		●	●	●	●	●				
轨压传感器	●			●		●		●	●							
发动机机械	●	●				●	●	●	●	●	●	●	●		●	
发动机防盗系统		●														
发动机 ECU		●			●							●		●		●
空气质量计				●					●							
电子加速踏板位置传感器					●				●		●	●			●	
低压油路密封性差						●										
离合器开关							●									
制动开关							●									
车速信号							●									
涡轮增压器									●	●		●	●		●	
机油量											●			●	●	
空气冷却控制系统													●			
发动机水冷循环													●			

② 一汽大柴电控高压共轨系统故障纵向与横向坐标定位直接查询表。一汽大柴生产的电控柴油机在国内有一定的使用量，故其也具有一定的代表性，表 8-74 列出了一汽大柴电控高压共轨系统故障纵向与横向坐标定位直接查询表。

表 8-74 一汽大柴电控高压共轨系统故障纵向与横向坐标定位直接查询表

故障现象										故障原因	分类
启动困难或不能启动	能够启动但运转不平衡或无法控制	过热、报警	运转情况不好	所有缸均不工作	机油压力低	机油消耗太高	冒蓝烟	冒白烟	冒黑烟		
●										离合器未脱开	运行方面的故障
●								●		温度低于极限	
●			●							停车杆在停车位置	
		●				●				机油油位太低	
		●					●	●		机油油位太高	
						●	●	●		发动机过于倾斜	
●										速度杆在中间位置	
		●	●						●	空滤器脏/增压器故障	进气方面的故障
		●	●						●	空滤器指示失灵	
			●						●	低速减油装置损坏	
		●	●						●	进气管泄漏	
		●								水泵损坏	冷却方面的故障
		●								冷却液热交换器脏	
●	●	●	●	●						风扇不工作/皮带故障	
●										蓄电池亏电	电气方面的故障
●										起动机接线断裂	
●										起动机损坏、齿圈故障	
●	●		●					●	●	气门间隙不合适	发动机方面的故障
●	●		●	●						高压油管泄漏	
●	●	●	●	●				●	●	喷油器损坏	
●	●		●	●						燃油系统有空气	
●	●		●	●						柴油滤清器脏	
		●								机油滤清器损坏	
●					●	●				机油等级或黏度不对	工作条件方面的故障
●	●		●					●		柴油不合标准	
		●								冷却液液面过低	

③ 电控柴油机排气系统增压器故障纵向与横向坐标定位直接查询表。表 8-75 列出了电控柴油机排气系统增压器故障纵向与横向坐标定位直接查询表。

表 8-75 电控柴油机排气系统增压器故障纵向与横向坐标定位直接查询表

故障现象								故障可能原因与处理方法	
发动机功率不足	发动机排气冒黑烟	发动机耗油量过大	发动机排气冒蓝烟	增压器工作噪声过大	增压器出现周期性响声	压气机一侧漏油	涡轮机一侧漏油	可能原因	处理方法
●	●	●	●			●		空气滤清器过脏	依据发动机生产厂家的规定要求更换相应的滤芯
	●	●	●	●	●	●		压气机进气管不通畅	根据实际情况进行去污处理或更换损坏的零部件
●			●					压气机出气管不通畅	
●			●					发动机进气管不通畅	
				●				空气滤清器到压气机间的管道漏气	更换密封或对紧固件重新拧紧一次
●	●	●	●	●				压气机到发动机进气管的管道漏气	更换密封或对紧固件重新拧紧一次
●	●	●	●	●				发动机进气管与气缸盖接合面漏气	按照发动机生产厂家的规定要求更换相应的垫片或对紧固件重新拧紧一次
●	●	●	●	●		●		发动机排气管不通畅	根据实际情况进行去污处理或更换损坏的零部件
●	●					●		消声器或其后面的排气管不通畅	根据实际情况进行去污处理或更换损坏或不良的零部件
●	●			●		●		发动机排气管与气缸盖接合面漏气	按照发动机生产厂家的规定要求更换相应的垫片或对紧固件重新拧紧一次
●	●			●		●		涡轮机进口与发动机排气管的连接处漏气	更换相应的垫片或对紧固件重新拧紧一次
				●				涡轮机排气管漏气	查找漏气的原因并进行相应的处理
		●	●			●	●	增压器回油管不通畅	进行去污处理或更换损坏的零部件
		●	●			●	●	发动机曲轴箱呼吸器不通畅	根据实际情况进行去污处理或更换损坏的零部件
		●	●			●	●	增压器中间壳积污或结焦	根据实际情况更换机油和机油滤清器,对增压器进行修理或更换新的、同规格的配件
●	●							喷油泵或喷油器调整不当	按照发动机生产厂家的规定要求更换或调整有关部件
●	●							发动机正时不正确	按照发动机生产厂家的规定要求更换磨损的零件
●	●	●	●			●	●	发动机活塞环或缸套磨损严重而导致窜气	按照发动机生产厂家的规定要求更换磨损的零部件或对发动机进行修理

续表

故障现象								故障可能原因与处理方法	
发动机功率不足	发动机排气冒黑烟	发动机耗油量过大	发动机排气冒蓝烟	增压器工作噪声过大	增压器出现周期性响声	压气机一侧漏油	涡轮机一侧漏油	可能原因	处理方法
●	●	●	●			●	●	发动机内部出现问题(如活塞、气门等)	按照发动机生产厂家的规定要求更换磨损的零部件或对发动机进行修理
●	●	●	●	●	●	●	●	压气机叶轮或扩压器叶片严重积污	进行去污处理,并找出空气没有过滤的原因并进行处理
●	●	●	●	●	●	●	●	增压器损坏	找出增压器损坏的原因并进行处理后再更换新的、同规格的增压器

④ 纵向与横向坐标定位直接查询表使用方法。使用纵向与横向坐标定位直接查询表时，先根据车辆的故障现象，在查询表故障现象一栏下面各种故障现象描述中找到与所修车辆相同或相近的故障现象，例如对一汽大柴电控高压共轨系统启动困难或不能启动故障，则顺着表 8-74 中该栏纵坐标往下看，凡是有黑点的都与该故障有关。进一步只要再依次向右查看各黑点的横坐标，就可以找到各自的故障原因与处理方法了。

(11) 柴油发动机故障检修方法归纳总结

对汽车电气故障的检修是一项技术性很强的工作，要迅速有效地找到故障原因，就必须灵活运用各种检修方法，具体要求见表 8-76。

表 8-76　柴油发动机故障检修方法归纳总结

内容	具体说明
学会灵活运用各种方法诊断与检查故障	在上述各种检查柴油发动机故障的方法之中,每一种方法都可用来检查和判断多种故障;同一种故障又可以采用多种方法来进行检查。故在检修柴油发动机故障时,应灵活运用这些方法,才能使检修工作事半功倍。检修的速度完全取决于检修者掌握检修方法的多少和熟练程度,以及灵活运用的能力
从检修实效出发灵活采用不同的检查顺序	各种检查柴油发动机故障方法的检查顺序是不完全相同的。如有的检查方法是从后往前逐级进行检查;而有的则是从前往后逐级进行检查。在实际检修过程中,可不必过多地考虑这种顺序,而应从检修实效出发,采用最方便地检修方法和步骤。例如,在检修柴油发动机电控系统故障时,通常优先采用测量供电电压的方法;检修柴油发动机电控系统执行器故障时,通常应先测量执行器输出的信号是否正常等

第章　柴油发动机常用传感器的检测

与汽油发动机电控系统一样，柴油发动机电控系统也使用了多种传感器，传感器的好坏直接影响着发动机的工作状况，是电控柴油机不可缺少的重要元件。

9.1　柴油发动机电控系统传感器类型与作用

了解各种传感器的类型与作用是电控柴油机故障诊断与维修的重要基础，也是对维修人员的基本要求。

(1) 柴油机电控系统常用传感器的类型

与汽油发动机电控系统一样，柴油发动机电控系统使用的传感器也分为温度类、位置与方向类、压力类、速度类等。

(2) 柴油机电控系统常用传感器的作用

不同类型的传感器使用在不同的场合，有不同的作用，各种类型传感器的作用简述如下。

① 温度类传感器的作用见表 9-1。

表 9-1　温度类传感器的作用

类型	作用	说明
冷却液温度传感器	该传感器为电控单元(ECU)提供发动机冷却液的温度信号。有的车型还利用该信号作为自动降低发动机功率的保护信号，一旦冷却液温度超过一定限度时使发动机自动停机；还有些重型货车利用该传感器信号对冷却风扇进行控制	多数电控柴油机在启动时，尤其在寒冷气温状态下，还利用机油温度传感器输出的信号使 ECU 进入快怠速控制状态（也有发动机的 ECU 是利用冷却液温度传感器输入的信号进行快怠速控制的）。一旦机油温度（或冷却液温度）达到预设限值或发动机运转到规定的时间后，发动机的怠速转速就会自动恢复至正常状态。输入到 ECU 中的机油温度传感器信号还会使 ECU 改变喷油脉宽调制(PWM)时间，以控制发动机冷态时的白烟排放
进气温度传感器	该传感器为电控单元(ECU)提供发动机进气管内空气的温度信号，作为喷油与排放控制信号，ECU 将根据进气温度对喷油器的喷油脉宽调制信号进行调节，以控制排放	
燃油温度传感器	该传感器通常安装在第二级燃油滤清器盖内，用于为电控单元(ECU)提供发动机燃油的温度信号。由于燃油随着温度的升高会膨胀，这将导致发动机功率降低，设置燃油温度传感器的目的，就是使 ECU 根据燃油温度变化的情况，自动调整提供给单体式喷油器的脉宽调制信号，以此来控制喷油量	
机油温度传感器	该传感器为电控单元(ECU)提供发动机机油的温度信号，作为 ECU 报警和保护性停机信号。一旦机油温度超过正常的安全限值时，仪表板上的黄色报警灯就会点亮，当机油温度进一步上升到预设的最高温度限值时，就会触发发动机停机功能而使发动机停止运转	

② 位置与方向类传感器的作用见表 9-2。

表 9-2 位置与方向类传感器的作用

类型	作用
冷却液液位传感器	该传感器用来监测散热器上水室或膨胀水箱中冷却液的液位，监测到的信号主要是提供给电控单元(ECU)内部的保护电路。一旦冷却液液位过低时，ECU 就会输出保护控制信号使发动机停止运转。在发动机没有启动时，输出的保护控制信号使发动机无法启动，同时也控制仪表板上的液位过低报警灯点亮
加速踏板位置传感器	该传感器常见有电位计式与变阻器式两大类。通常安装在加速踏板的下面，用于向 ECU 提供驾驶员脚踩踏板的情况，实际上就是驾驶员所希望提供的油量。该传感器接受 ECU 提供的 5V 基准直流电压，当驾驶员踩下加速踏板时，加速踏板位置传感器向 ECU 提供反映加速踏板踩下程度的百分比。在加速踏板位置传感器上设有怠速确认开关，该开关可以保证即使在加速踏板位置传感器电路发生故障时发动机仍然能够保持怠速运转。在加速踏板处于怠速位置时，ECU 向加速踏板位置传感器提供 5V 工作电源，电位计滑臂所处的位置使输入电压通过整个线圈，通过滑臂向 ECU 返回电压大约只有 4.5V，将该电压与存储的、代表加速踏板全开的电压值进行比较。加速踏板位于怠速和全开之间的任何位置时，由电位计滑臂位置决定的输出信号电压值与驾驶员要求供油量成正比。因此，按照驾驶员要求的供油量，加速踏板位置传感器输出的电压信号在 0.5～4.5V 之间变化
调节滑套位置传感器	该传感器提供给电控单元(ECU)的信号，作为喷油正时的基准信号
针阀升程传感器	该传感器提供给电控单元(ECU)的信号，作为喷油正时的基准信号

③ 压力类传感器的作用见表 9-3。

表 9-3 压力类传感器的作用

类型	作用
机油压力传感器	该传感器向电控单元(ECU)提供发动机主油道的压力情况，一旦机油压力低于设定值时，ECU 就会启动降低发动机转速与功率的保护程序，以此来调整发动机的转速与功率。如果监测到危险的机油压力时，ECU 就会输出控制信号使仪表板上的红色报警灯闪亮，向驾驶员报警，有些发动机或车辆还可能伴有蜂鸣声。对于 ECU 设置有停机保护功能的车辆，一旦机油压力低于设定值 30s 后，还会使发动机自动停机。不过，有此系统的车辆，通常还设置了手动延时按钮，通过按压该按钮，可以使发动机的运转时间延长 30s，以便于驾驶员能够将车辆安全地停靠到路边
冷却液压力传感器	该传感器通常应用于大排量发动机上，用来严密监测水泵与气缸体内冷却液的压力
燃油压力传感器	该传感器通常用于监测第二级燃油滤清器出口处的燃油压力，输出的信号提供给电控单元(ECU)
共轨压力传感器	该传感器用于时刻监测共轨系统中的压力情况，并将监测到的信号转换为电压后提供给电控单元(ECU)
进气歧管压力传感器	该传感器提供的信号用来检查增压压力。发动机电控单元(ECU)会把实际检测值与增压压力曲线上设定值进行比较。如果发现实际值偏离设定值，则发动机电控单元(ECU)就会通过电磁阀对增压压力进行调整，从而实现对增压压力的控制作用
大气压力传感器	该传感器向发动机电控单元(ECU)提供一个瞬时环境空气压力情况，该数值取决于海拔高度。有了该信号，发动机电控单元(ECU)就可以计算出一个控制增压压力和废气再循环的大气压力修正值
曲轴箱压力传感器	该传感器通常用在矿山、电站和船舶的大排量柴油发动机上，用来直接监测曲轴箱内的压力。在二行程柴油发动机上，该传感器用于监测发动机气缸体中曲轴箱的空气压力

④ 速度类传感器的作用见表 9-4。

表 9-4 速度类传感器的作用

类型	作用
车速传感器	该传感器通常安装在汽车变速器输出轴上，用于向发动机电控单元(ECU)提供车速信号。该信号用于进行巡航 控制、车速限制
曲轴转速传感器	该传感器又称发动机转速传感器，产生的信号记录发动机转速和准确的曲轴位置，利用该信号发动机电控单元(ECU)就会计算出喷油始点和喷油量
辅助转速传感器	该传感器又称凸轮轴位置传感器，该传感器每转一圈向发动机电控单元(ECU)提供一个信号，发动机电控单元(ECU)据此确定哪个气缸的活塞处于压缩行程上止点(TDC)

⑤ 空气流量传感器的作用。空气流量传感器将检测到的信号转换为电压信号提供给柴油发动机电控单元（ECU），ECU 就会根据该传感器检测到的进气量来计算喷油量与废气再循环率。

(3) 柴油机高压共轨电控系统常用传感器故障的典型特征

不同的高压共轨系统所使用的传感器的类型、数量有一定的差异，表 9-5 中列出了几种较常用的传感器出现问题时的典型特征。

表 9-5 几种较常用的传感器出现问题时的典型特征

类型	功能	故障典型特征
加速踏板位置传感器	用于检测油门开度的变化来对共轨系统喷油程度进行控制	油门开度为零
轨压传感器	用于检测共轨燃油的压力值	信号波动或无信号输出，出现熄火
增压压力传感器	用于检测涡轮增压器后的空气压力值	信号波动或输出默认值
水温传感器	用于检测冷却水温度的变化情况	信号波动或输出默认值
空气流量传感器	用于检测发动机进气温度及进气质量流量	信号波动或输出默认值
曲轴转速传感器	用于检测发动机的曲轴转速	没有信号输出，出现熄火，但在常温下可再次启动
凸轮轴位置传感器	用于检测柴油发动机 1 缸的压缩上止点与排气上止点	无法监控压缩、排气位置，出现冷启动困难现象

9.2 冷却液温度传感器的检测

电控柴油发动机可实现自动控制，它能够根据环境、工况等的变化进行自我调节和控制，这主要是通过安装在发动机和车辆上的各种传感器来实时监测当前的运行参数。冷却液温度传感器就是其中的一种十分重要的传感器。

(1) 热敏电阻式冷却液温度传感器的通用检测方法

表 9-6 列出了电控柴油发动机上常用的热敏电阻式冷却液温度传感器的基本特点与检测方法。

表 9-6 电控柴油发动机上常用的热敏电阻式冷却液温度传感器的基本特点与检测方法

项目	具体说明
外形、基本特点与参考数据	电控柴油发动机常用的冷却液温度传感器为双线型热敏电阻式，其典型外形如右图所示。随着温度的升高，热敏电阻的阻值降低，正常情况下电阻值在 500Ω～40kΩ 之间变化，表 9-7 列出了一个典型的康明斯温度传感器的参数(不同车型有一定的差别，具体参数值可参考其电路图提供的技术参数表) 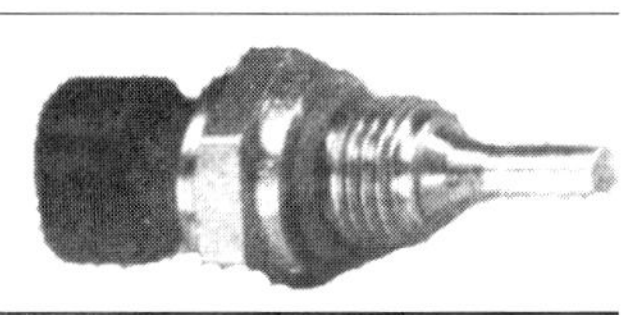

续表

项目	具体说明
安装位置	电控柴油发动机常用的冷却液温度传感器通常安装在柴油机节温器罩壳上
连接电路与检测方法	右图所示为电控柴油发动机常用的冷却液温度传感器的连接电路。随着温度的升高，热敏电阻阻值降低，从而使信号电压降低，根据温度传感器的工作原理，就可以采用检查热敏电阻阻值的方法来检查冷却液温度传感器，通过对比实际检测值与参考值，就可以判断其好坏。具体检测方法如下：先将传感器从线路中断开(即拔下接线插头)；采用万用表检测传感器当前温度下的电阻值，然后把该电阻值和发动机厂家提供的技术参数规范进行对比，就可判断该温度传感器的工作是否正常 冷却液温度传感器 线束 信号线 A/D 搭铁线 ECU

表 9-7 典型的康明斯温度传感器的参数

温度/℃	0	25	50	75	100
电阻/Ω	5000～7000	1700～2500	700～1000	300～450	150～220

(2) 铜热电阻式冷却液温度传感器的通用检测方法

表 9-8 列出了电控柴油发动机上常用的铜热电阻式冷却液温度传感器外形、安装位置与检测方法。

表 9-8 电控柴油发动机上常用的铜热电阻式冷却液温度传感器外形、安装位置与检测方法

项目	具体说明
外形与安装位置	右图所示为铜热电阻式冷却液温度传感器的外形及其安装位置，这是应用在 CA6DE3 系列发动机电控系统中的冷却液温度传感器。铜热电阻式冷却液温度传感器与柴油发动机电控单元 ECU 之间的连接方式和热敏电阻式冷却液温度传感器连接方式基本相同 (a) 外形　(b) 安装位置
检测方法	对铜热电阻式冷却液温度传感器的检测，可以采用万用表检测其在不同温度时的电阻值，来判断其好坏，检测方法与检测热敏电阻式冷却液温度传感器基本相同，表 9-9 列出了应用在 CA6DE3 系列发动机电控系统中铜热电阻式冷却液温度传感器的正常电阻值，供检测时对比参考

表 9-9 CA6DE3 系列发动机电控系统中铜热电阻式冷却液温度传感器的正常电阻值

温度/℃	−40	−30	−20	−10	0	10	20	30	40	50
最小值/Ω	33850	19543	11722	7273	4651	3055	2220	1520	1062	757
正常值/Ω	45300	25600	15080	9200	5800	3760	2500	1700	1180	873
最大值/Ω	61198	33850	19543	11722	7273	4651	2817	1903	1313	925.7
温度/℃	60	70	80	90	100	110	120	130	140	150
最小值/Ω	547.9	402.4	299.7	226.2	173	128.4	101.1	80.4	64.5	52.3
正常值/Ω	603	441	327	246	187	145	114	90	72	58
最大值/Ω	663.9	483.5	357.1	267.5	202.7	164.4	128.4	101.1	80.4	64.5

9.3 压力传感器的检测

压力传感器的基本原理是依靠测定压力差来进行工作的，检测时的基准压力通常是指大气压。

(1) 压力传感器的类型

压力传感器的种类较多，有膜片式（可变电感式）、应变片式、差动变压器式、半导体式等多种。按原理分类的压力传感器类型见表 9-10。

表 9-10 按原理分类的压力传感器类型

项目	具体说明
广义分类	汽车压力传感器根据其原理可以广义地分为三类：压阻传感器、电容传感器和压电传感器。在压阻传感器中，由于单晶硅压阻具有比薄膜压阻高 6 倍的灵敏度，易于集成及 LIS 加工等特点，被广泛应用在汽车压力传感器中。电控柴油发动机使用的压力传感器多为电容式与压电式两大类，右图所示为几种汽车电控柴油发动机压力传感器的外形示意图 
两类传感器特点	电容式压力传感器是通过其内部的一个电容来感应压力的变化，当压力变化时，压力差使电容的两个极板之间的距离发生变化，进而输出一个电压信号给柴油发动机电控单元(ECU) 压电式压力传感器是通过其内部的一个压电晶体来感应压力的变化，一旦压力发生变化时，作用在压电晶体上的压力差就会使压电晶体输出一个电压信号给柴油发动机电控单元(ECU)

(2) 压力传感器的连接电路与检测导线

无论是哪一种类型的压力传感器，对它们的检测思路十分相似，但必须对其连接方式要清楚，有些场合还需要准备一些专用检测工具。

① 压力传感器的连接电路与端子功能说明见表 9-11。

表 9-11 压力传感器的连接电路与端子功能说明

项目	具体说明
连接电路示意图	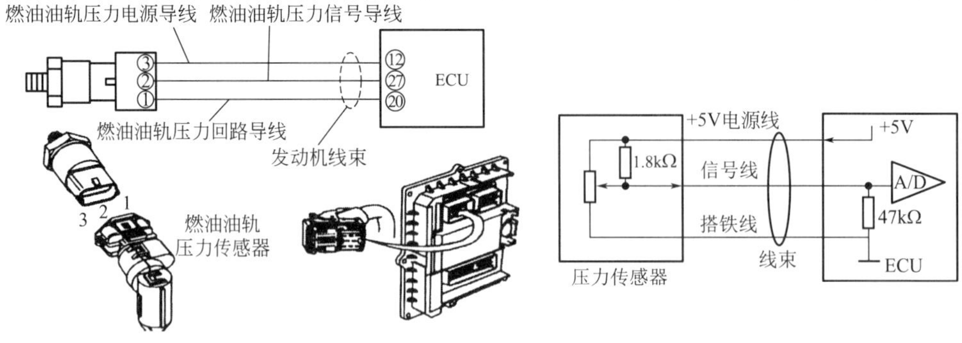 燃油油轨压力电源导线 燃油油轨压力信号导线 ③ ② ① ⑫ ㉗ ⑳ ECU 燃油油轨压力回路导线 发动机线束 3 2 1 燃油油轨压力传感器 (a) 传感器接线图与装配图 +5V电源线 +5V 1.8kΩ 信号线 A/D 47kΩ 搭铁线 压力传感器 线束 ECU (b) 连接电路
示意图说明	电控柴油发动机上使用的各种压力传感器与 ECU 之间的连接方式基本相同，图(a)所示为燃油压力传感器接线图与装配图，供参考。图(b)所示为压力传感器与电控单元(ECU)内部电路之间的连接方式示意图。压力传感器使用的工作电压为 5V，通常由发动机电控单元(ECU)内部稳压电路把蓄电池电压稳压后提供给压力传感器
端子说明	电控燃油喷射发动机上使用的压力传感器多为三线式，其中的一根为向 ECU 提供压力的信号线，另一根为电源线，还有一根为搭铁线。这类传感器与发动机电控单元(ECU)之间的连接方式也基本相同，仅是与 ECU 的端子编号(或代号)不一样

② 压力传感器的专用检测导线示意图与检测指导见表 9-12。

表 9-12 压力传感器的专用检测导线示意图与检测指导

项目	具体说明
专用检测导线示意图	大部分压力传感器通常无法通过检测电阻的方式来判断其好坏，而是需要在压力传感器工作时通过检测其输出电压来判断。因此，在检测压力传感器时需要专用的检测导线，以保证传感器正常工作的同时将三条线引出便于检测，不同的压力传感器需要使用不同的检测导线。右图所示为几种不同的压力传感器检测专用导线示意图 测试导线插头端 测试导线测试端 (a) 椭圆形三针凹型 (b) 椭圆形三针凸型 (c) 圆形
检测指导	不同的压力传感器由于插头不同，故选用的专用检测导线也就不一样，但检测方法基本相同，都必须在发动机运行状态下进行，具体检测方法如下 ①断开压力传感器与线路的连接插头，并选择合适的检测专用导线（也就是专用检测导线插头和传感器插头要相同） ②采用万用表在专用导线的检测端分别测出传感器的输入电压和输出信号电压，并将检测到的数据与发动机厂家提供的正常值进行对比，以此来判断被检测传感器是否正常

(3) 柴油发动机电控系统 TMAP 传感器的通用检测方法

TMAP 是进气压力传感器与进气温度传感器集成在一起形成的组合式传感器的简称，这类传感器的通用检测方法见表 9-13。

表 9-13 柴油发动机电控系统 TMAP 传感器的通用检测方法

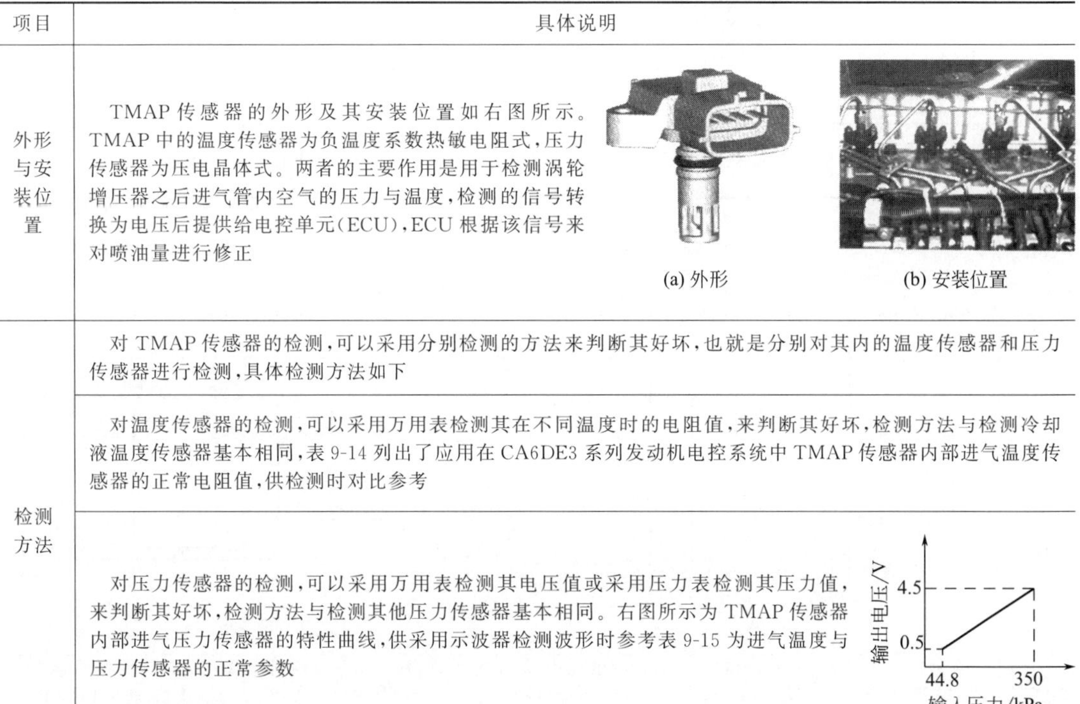

项目	具体说明
外形与安装位置	TMAP 传感器的外形及其安装位置如右图所示。TMAP 中的温度传感器为负温度系数热敏电阻式，压力传感器为压电晶体式。两者的主要作用是用于检测涡轮增压器之后进气管内空气的压力与温度，检测的信号转换为电压后提供给电控单元（ECU），ECU 根据该信号来对喷油量进行修正 (a) 外形 (b) 安装位置
检测方法	对 TMAP 传感器的检测，可以采用分别检测的方法来判断其好坏，也就是分别对其内的温度传感器和压力传感器进行检测，具体检测方法如下
	对温度传感器的检测，可以采用万用表检测其在不同温度时的电阻值，来判断其好坏，检测方法与检测冷却液温度传感器基本相同，表 9-14 列出了应用在 CA6DE3 系列发动机电控系统中 TMAP 传感器内部进气温度传感器的正常电阻值，供检测时对比参考
	对压力传感器的检测，可以采用万用表检测其电压值或采用压力表检测其压力值，来判断其好坏，检测方法与检测其他压力传感器基本相同。右图所示为 TMAP 传感器内部进气压力传感器的特性曲线，供采用示波器检测波形时参考表 9-15 为进气温度与压力传感器的正常参数 输出电压/V 4.5 0.5 44.8 350 输入压力/kPa

表 9-14 应用在 CA6DE3 系列发动机电控系统中 TMAP 传感器内部进气温度传感器的正常电阻值

温度/℃	−40	−30	−20	−10	0	10	20	25	30	40
最小值/Ω	41255	23935	14260	8716	5497	3553	2353	1940	1613	1114
正常值/Ω	44373	25572	15141	9202	5774	3714	2448	2014	1671	1150
最大值/Ω	47492	27209	16022	9689	6050	3875	2544	2089	1730	1186
温度/℃	50	60	70	80	90	100	110	120	130	
最小值/Ω	794.0	568.9	417.6	310.0	234.4	180.4	139.8	108.9	86.0	
正常值/Ω	816.7	583.1	426.7	315.8	238.1	182.8	141.2	110.3	87.4	
最大值/Ω	839.3	597.4	435.8	321.6	241.8	185.1	142.6	111.8	88.8	

表 9-15 进气温度与压力传感器的正常参数

参数	供电电压/V	检测压力范围/kPa	检测温度范围/℃
数值	5.0±0.25	44.8～350	−40～130

(4) 共轨压力传感器的外形、安装位置、结构与连接电路

共轨压力传感器又称轨压传感器，用于实时检测共轨管中的实际压力信号，该信号提供给发动机电控单元（ECU）后，用于对压力控制阀（PCV）或者是进油计量阀进行反馈控制，以稳定油压。

① 共轨压力传感器的外形与安装位置见表 9-16。

表 9-16 共轨压力传感器的外形与安装位置

项目	具体说明
外形与安装位置示意图	共轨管 进油 共轨压力传感器 限压阀 回油 与喷油器连接 流量限制器 (a) 外形 (b) 安装位置
示意图说明	该传感器通常安装在共轨管上。对共轨压力传感器进行拆卸时，一定要小心，以防发生泄漏

② 共轨压力传感器的结构与连接电路见表 9-17。

表 9-17 共轨压力传感器的结构与连接电路

项目	具体说明
结构与连接电路示意图	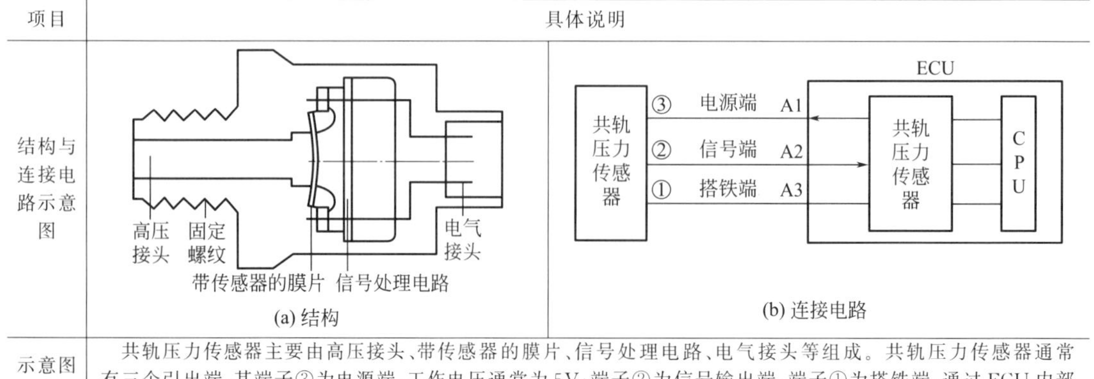 (a) 结构 (b) 连接电路
示意图说明	共轨压力传感器主要由高压接头、带传感器的膜片、信号处理电路、电气接头等组成。共轨压力传感器通常有三个引出端：其端子③为电源端，工作电压通常为 5V；端子②为信号输出端；端子①为搭铁端，通过 ECU 内部电路搭铁

(5) 共轨压力传感器的通用检测方法

对共轨压力传感器的检测除了对其连接线路、输出电压进行检测来判断其好坏外，还可以采用专用诊断仪读取柴油机电控单元（ECU）中的数据流来判断故障原因。表 9-18 列出了共轨压力传感器的通用检测方法。

表 9-18　共轨压力传感器的通用检测方法

项目	具体说明
连接线路的检测	采用万用表的电阻挡，分别检测传感器①～③端子到 ECU 的 A1～A3 端子之间的电阻值，以判断连接线路是否有短路、断路和搭铁故障
电压的检测	拔下共轨压力传感器的连接插接器，接通点火开关后，检测传感器侧插头③端子与搭铁之间的电压应为 5V，②端子与搭铁之间的电压应为 0.5V 左右，①端子与搭铁之间的电压为 0V
读取数据流	采用专用诊断仪读取柴油机电控单元（ECU）中的数据流，可以对某些软性、疑难故障原因进行准确的判断，与共轨压力数据流有关的参数一般有以下几种：燃油系统共轨压力设定值、共轨压力值、共轨压力传感器的输出电压、实际共轨压力最大值，但不同的车型可能有差别

(6) 机油压力传感器的结构、原理、检测方法

无论是汽油发动机还是柴油发动机，均设置了机油压力传感器，该传感器在有的车辆电路图中称为机油压力开关。

① 可变电阻式机油压力传感器的结构与原理见表 9-19。

表 9-19　可变电阻式机油压力传感器的结构与原理

项目	具体说明
结构特点	可变电阻式机油压力传感器通常采用螺钉拧在缸体的油道里，其内部有一个可变电阻，一端输出信号，一端与搭铁的滑动臂相连
工作原理	如图(b)所示，当油压升高时，油压通过润滑油道接口推动膜片弯曲，膜片推动滑动臂移动到低电阻值位置，使电路中的输出电流增大 如图(a)所示，当油压下降时，膜片推动滑动臂移动到高电阻值位置，使电路中的输出电流减少，最终在机油压力表上把机油压力的大小用指针指示出来 接机油压力表　可变电阻　滑动触臂　弹簧　膜片　润滑油道接口 (a) 油压下降时　(b) 油压升高时

② 可变电阻式机油压力传感器的通用检测方法见表 9-20。

表 9-20　可变电阻式机油压力传感器的通用检测方法

项目	具体说明
加压检测方法	把传感器装在一台小型手摇式油压机上，如右图所示，并串联一块标准油压表，然后按下表所列的压力对传感器进行加压，并检测其输出信号电压值（不同的发动机该数据有一定的差异，应以实际发动机的标准值为准），如果检测的数据相差较大，则说明被检测的传感器有问题，应更换 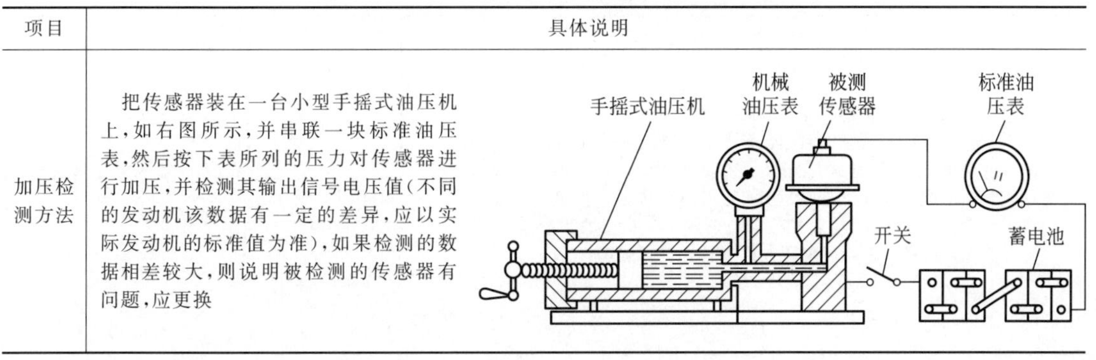

续表

项目	具体说明				
检测数据	压力/kPa	0	172.37	344.74	517.11
	直流电压/V	0.11～0.16	1.17～1.59	2.24～3.04	3.3～4.49
说明	有的车型采用了一种将机油压力传感器与机油温度传感器组合在一起的集成式传感器，如右图所示，对这类传感器的检测可分别进行，也就是采用检测冷却液温度传感器的方法来检测该传感器中的机油温度传感器，而对该传感器内的机油压力传感器的检测，则可以按照上面介绍的方法进行 				

(7) 大气压力传感器的结构与原理

大气压力传感器用于检测大气压力的变化，发动机电控单元（ECU）得到该信号后，用来对喷油量等进行修正。

① 大气压力传感器的结构与安装位置见表 9-21。

表 9-21 大气压力传感器的结构与安装位置

项目	具体说明
结构与安装位置示意图	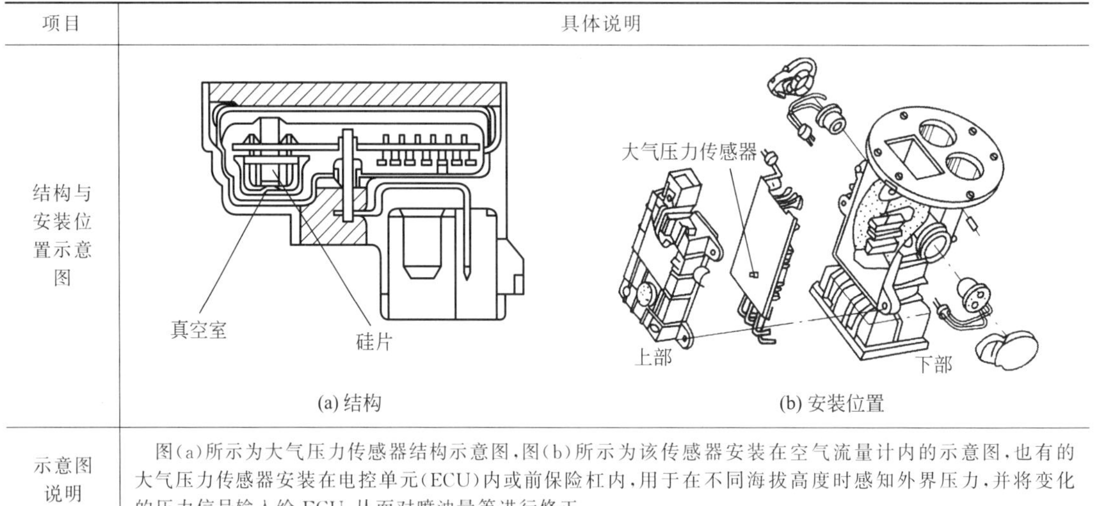 (a) 结构　(b) 安装位置
示意图说明	图(a)所示为大气压力传感器结构示意图，图(b)所示为该传感器安装在空气流量计内的示意图，也有的大气压力传感器安装在电控单元(ECU)内或前保险杠内，用于在不同海拔高度时感知外界压力，并将变化的压力信号输入给 ECU，从而对喷油量等进行修正

② 大气压力传感器的制作特点与工作原理见表 9-22。

表 9-22 大气压力传感器的制作特点与工作原理

项目	具体说明
制作特点	大气压力传感器是采用集成电路与微加工技术制成的，它是将压力传感元件、温度补偿电路与放大电路制作在一块半导体基片(硅片)上。在硅片的中间，从反面经异向腐蚀形成一个正方形的膜片(利用膜片将压力变换为应力)，在膜片的表面，通过扩散杂质形成 4 个 P 型的测量电阻[图(a)]，采用惠斯通电桥方式进行连接[图(b)]。 R_1 R_4 R_3 R_2 测量电阻 膜片 真空腔 硅杯 (a) 扩散杂质形成测量电阻 R_1 R_4 U_o R_2 R_3 U_E (b) 内部连接方式

续表

项目	具体说明
工作原理	大气压力传感器是利用膜片的压阻效应将加在膜片上的压力变换成电阻的变化，以便在其两个输出端之间输出与大气压力成比例的电位差。另外，膜片的里面与硅杯之间设置有真空腔，用于缓和外部的应力，并以此真空腔的压力为基准来测量大气压力

③ 大气压力传感器的连接电路与输出特性曲线见表 9-23。

表 9-23 大气压力传感器的连接电路与输出特性曲线

项目	具体说明
连接电路与输出特性曲线示意图	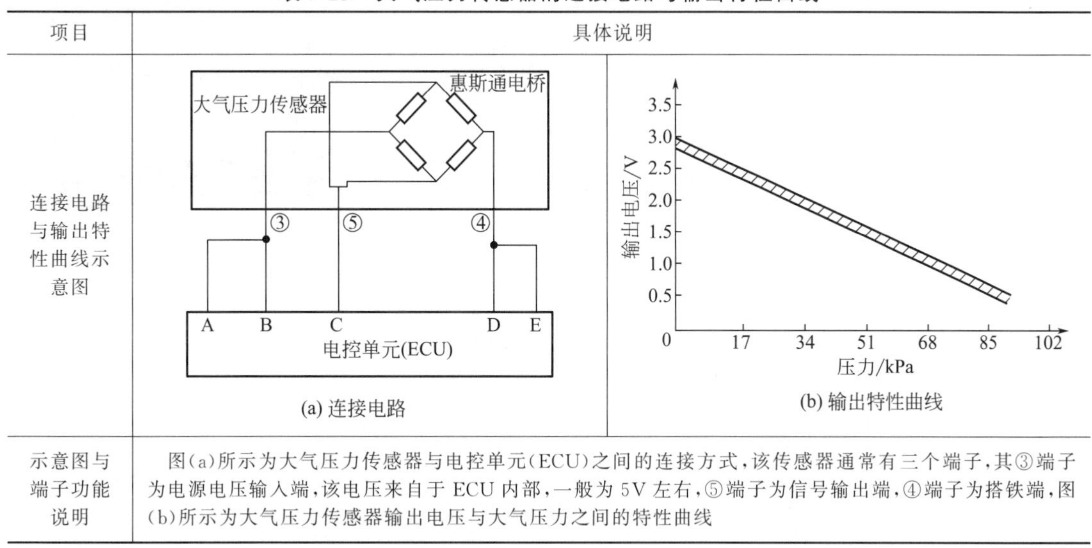(a) 连接电路 (b) 输出特性曲线
示意图与端子功能说明	图(a)所示为大气压力传感器与电控单元(ECU)之间的连接方式，该传感器通常有三个端子，其③端子为电源电压输入端，该电压来自于 ECU 内部，一般为 5V 左右，⑤端子为信号输出端，④端子为搭铁端，图(b)所示为大气压力传感器输出电压与大气压力之间的特性曲线

(8) 大气压力传感器的通用检测方法

为了减少接触电阻，许多大气压力传感器与发动机电控单元（ECU）之间的连接，采用多端并联方式。表 9-24 列出了大气压力传感器的通用检测方法，供参考。

表 9-24 大气压力传感器的通用检测方法

项目	具体说明
搭铁情况的检测	拆下大气压力传感器与 ECU 之间的连接插接件，用万用表电阻挡检测 ECU 的 D 端与搭铁之间的电阻值应近于 0Ω。否则应查找原因，使搭铁良好
供电电压的检测	将万用表置于直流电压挡，两表笔连接在传感器插接件的③与④端子之间，接通点火开关(ON)后，检测供电电压应在 4.5～5.5V 之间。如有问题，应对传感器与 ECU 之间的连接线路进行检测
输出电压的检测	插好传感器的连接插接件，将万用表置于直流电压挡，两表笔连接在传感器插接件的⑤与④端子之间，接通点火开关(ON)后，检测传感器输出端电压应在 0.5～4.3V 之间(不同车型有差别，应参考车辆厂家提供的数据)。如有问题，应对传感器或其连接插接件进行检查

9.4 曲轴位置传感器的检测

柴油机电控系统使用的曲轴位置传感器许多厂家将其称为曲轴转速传感器，通常与凸轮轴位置传感器配合使用。

(1) 单曲轴转速传感器的检测

表 9-25 列出了电控柴油发动机上常用的单曲轴转速传感器的基本特点与检测方法。

表 9-25 电控柴油发动机常用单曲轴转速传感器的基本特点与检测方法

项目	具体说明
外形与工作情况	曲轴转速传感器外形如右图所示，用于检测柴油发动机的转速，并将检测到的信号转换为电压后提供给柴油发动机电控单元（ECU），ECU根据该信号计算出发动机的转速，并参考凸轮轴位置传感器信号，知道各缸活塞在气缸内的行程位置，从而控制喷油时刻、喷油压力、喷油量等
安装位置	柴油机上安装的曲轴转速传感器，通常设置在飞轮壳外侧。右图所示为曲轴转速传感器安装位置示意图。曲轴转速传感器与飞轮顶面之间有一定的间隙，发动机型号不同，该间隙的数值也不一样，例如有的发动机为(1±0.5)mm，更换传感器后必须用塞尺进行检查确认，如果不符合要求，应对其进行适当调整；曲轴转速传感器紧固螺钉的拧紧力矩有一定的要求，应按厂家的规定拧紧 曲轴转速传感器
故障特征	曲轴转速传感器故障的典型特征为起动机正常，但发动机无法启动，诊断仪显示同步信号故障
故障原因	电控柴油机的喷油正时主要取决于曲轴转速传感器与凸轮轴位置传感器。如果柴油机出现不能启动、两个信号全部丢失情况，则可能原因主要有：传感器损坏，传感器连接线束短路或断路；传感器松动，致使传感器与感应齿之间的间隙过大或过小，该间隙正常情况下一般为(1±0.5)mm
检测方法	通常应按以下顺序检查各个部位或零件：检查曲轴转速传感器、凸轮轴位置传感器是否完好无损，插接件和导线是否完好无损，有无断路或短路→拆下曲轴转速传感器、凸轮轴位置传感器检查其是否有脏物附着→采用万用表检测传感器静态电阻值是否在750～950Ω之间，点火开关在ON挡时的电压是否在2～3V之间→采用故障诊断仪进行检测，看是否有故障代码存在。有故障代码则按故障代码的提示进行检修，没有故障代码按常规方法进行检修

(2) 双霍尔式曲轴转速传感器的检测

现在的新型柴油发动机电控系统，许多机型应用了双霍尔式曲轴转速传感器，表 9-26 列出了这类传感器的检测方法。

表 9-26 双霍尔式曲轴转速传感器的检测方法

项目	具体说明
外形与安装位置	图(a)所示为应用在CA6DE3系列发动机电控系统中的双霍尔式曲轴转速传感器，该传感器用于检测曲轴角度和发动机转速信号，它与凸轮轴位置传感器共同构成正时信号。双霍尔式曲轴转速传感器把感应到的飞轮的磁场变化情况转换成脉冲信号后，提供给柴油发动机电控单元（ECU）。飞轮圆周上的齿共有60－2＝58个，每齿相差6°曲轴转角，因此曲轴每转一周，曲轴转速传感器就输出60－2＝58个脉冲 (a) 外形 (b) 安装位置 如图(b)所示，双霍尔式曲轴转速传感器通常安装在靠近曲轴飞轮的飞轮壳上，它的安装方向与飞轮的旋转方向具有唯一的对应关系
检测方法	对双霍尔式曲轴转速传感器的检测，可以采用万用表检测其供电电压值，对于绝缘电阻可以采用绝缘电阻表进行检测，对于输出的脉冲信号则可以采用示波器进行检测，对于与飞轮的空气间隙则可以采用塞尺进行检测。表9-27列出了双霍尔式曲轴转速传感器的有关参数，供检测时对比参考

表 9-27 双霍尔式曲轴转速传感器的有关参数

参数	供电电压/V	绝缘电阻/MΩ	低电位/V	检测转速范围/(r/min)	与飞轮空气间隙/mm	脉冲信号幅值/V
数值	5.0±0.25	>1	<0.5	15～8000	1.5±0.1	5.0±0.25

9.5 凸轮轴位置传感器的检测

在柴油发动机的电控系统中，也使用了凸轮轴位置传感器，该传感器有的汽车生产厂家又称为辅助转速传感器或位置传感器。

(1) 凸轮轴位置传感器结构与原理

柴油发动机上应用的凸轮轴位置传感器与汽油发动机一样，也是与曲轴位置传感器配合使用。

① 凸轮轴位置传感器的类型与结构特点见表 9-28。

表 9-28 凸轮轴位置传感器的类型与结构特点

项目	具体说明
类型	汽车电控柴油发动机速度与位置传感器用于检测发动机运行速度和凸轮轴的位置。通常有磁绕组式与霍尔效应式两大类，如下图所示 凸轮轴位置传感器 (a) 磁绕组式 靶轮旋转方向 1 2 (b) 霍尔效应式
结构特点	汽车柴油发动机使用的凸轮轴位置传感器多为单霍尔方式，其基本结构如图(b)所示。主要用于检测凸轮的实际位置，以使 ECU 能够判断出发动机第 1 缸位置，从而确定喷油的时刻，该传感器与曲轴位置传感器组成正时信号。靶轮上通常设置有 6+1=7 个槽，其中 1～6 槽每槽相差 120°曲轴转角，第 0 槽与第 6 槽相差 30°曲轴转角，凸轮每转一周，凸轮轴位置传感器就会输出 6+1=7 个信号

② 凸轮轴位置传感器的安装位置见表 9-29。

表 9-29 凸轮轴位置传感器的安装位置

项目	具体说明	
安装位置示意图	右图所示为凸轮轴位置传感器安装位置示意图，柴油机上安装的凸轮轴位置传感器通常设置在高压油泵外侧或安装在凸轮轴端部，用于检测柴油发动机转速并确定发动机的相位	凸轮轴位置传感器
说明	在发动机电控系统的线束上，凸轮轴位置传感器的插接件端通常有与曲轴位置传感器一样的颜色标记，采用双绞线与柴油发动机电控单元(ECU)进行连接	

(2) 凸轮轴位置传感器的通用检测方法

凸轮轴位置传感器的故障原因与检测思路以及磁绕组式与霍尔式凸轮轴位置传感器的检测方法见下面的介绍。

① 凸轮轴位置传感器的故障原因与检测思路见表 9-30。

表 9-30 凸轮轴位置传感器的故障原因与检测思路

项目	具体说明
故障原因	电控柴油机的喷油正时主要取决于曲轴转速传感器与凸轮轴位置传感器。如果柴油机出现不能启动、两个信号全部丢失情况，其可能原因主要有传感器损坏，传感器连接线束短路或断路；传感器松动，致使传感器与感应齿之间的间隙过大或过小，该间隙正常情况下一般为(1±0.5)mm
检测要求	①检查传感器是否出现松动现象。如松动且检查间隙发生了改变，则应对传感器与感应齿之间的间隙进行适当调整，使其满足要求 ②检查传感器本身是否损坏。如损坏，应更换新的、同规格的传感器；检查传感器连接线束是否有短路或断路现象，如有，应对其进行修理或更换
检测电阻、电压	对汽车柴油发动机凸轮轴位置传感器好坏的检测判断，可以采用万用表对其进行电阻和电压的测量，并与表 9-31 所列的正常值进行对比，以判断其好坏

表 9-31 凸轮轴位置传感器的典型数据

检测参数	供电电压/V	绝缘电阻/MΩ	低电位/V	转速范围/(r/min)	与飞轮空气间隙/mm	脉冲信号幅度/V
正常值	5±0.25	＞1	＜0.2	0～4000	1.4±0.1	5±0.25

② 磁绕组式凸轮轴位置传感器的工作原理与检测方法见表 9-32。

表 9-32 磁绕组式凸轮轴位置传感器的工作原理与检测方法

项目	具体说明
工作原理	磁绕组式凸轮轴位置传感器的工作原理示意图如右图所示，该传感器内部有一电磁铁芯和磁场绕组，电磁铁芯产生电磁场，速度信号轮在旋转时切割磁场，在磁场绕组上产生交流信号，ECU 通过计算交流信号的频率就可计算出信号轮的转速 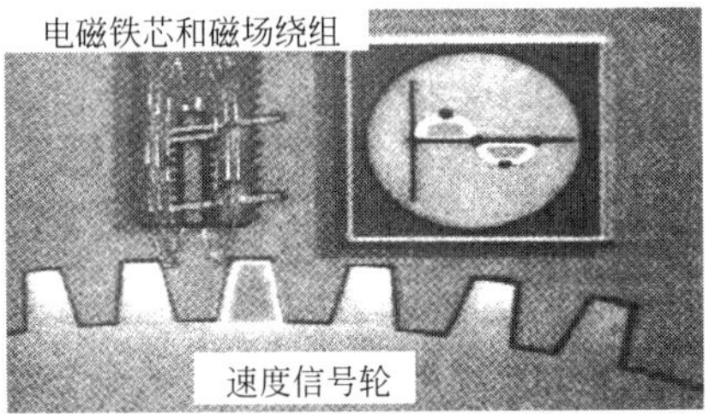
检测方法	磁绕组式凸轮轴位置传感器可以通过检测其线圈电阻值来检查其工作是否正常。具体可参考随电路图提供的传感器数据表
说明	有些磁绕组式凸轮轴位置传感器内部设置了两组线圈绕组，这两组绕组功能完全一样，只不过其中的一组是另一组的备用绕组。检测方法与温度传感器检测方法基本相同

③ 霍尔效应式凸轮轴位置传感器的工作原理与检测方法见表 9-33。

表 9-33 霍尔效应式凸轮轴位置传感器的工作原理与检测方法

项目	具体说明
工作原理	霍尔效应式凸轮轴位置传感器又称霍尔效应式速度传感器，该传感器工作原理示意图如右图所示。霍尔效应式凸轮轴位置传感器内部有一特殊半导体，在金属物体接近该半导体时其电阻值会发生变化，通过传感器内部电路输出信号电压 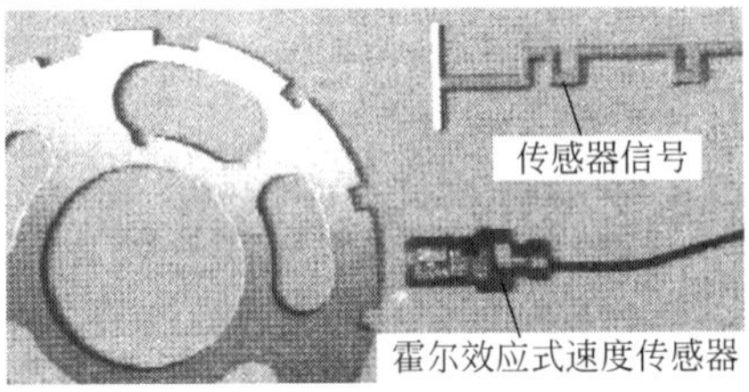
检测方法	霍尔效应式凸轮轴位置传感器无法通过检测其电阻值来判断其工作是否正常，但可以通过盘转发动机检测其输出电压的方法来判断其工作的好坏。在盘转发动机时，正常工作的霍尔效应式凸轮轴位置传感器的输出电压在 0V 和 5V 之间切换(0V 和 5V 为名义电压，实测电压值一般比 0V 稍高，比 5V 稍低)。其检测方法与压力传感器的检测方法基本相同
说明	如果在霍尔效应式凸轮轴位置传感器的信号轮上做出一个异形的轮齿或其他标记，这类传感器就可以测量出凸轮轴(或曲轴)的位置。所以，霍尔效应式凸轮轴位置传感器也可以是发动机位置传感器。通常把安装在凸轮轴上的传感器称为位置传感器，安装在曲轴上的传感器称为速度传感器

9.6 加速踏板位置传感器的检测

加速踏板位置传感器（APPS， Accelerator Pedal Position Sensor），在电路中往往仅用前三个大写字母 APP。

(1) 加速踏板位置传感器概述

加速踏板位置传感器是随着智能电子节气门、电控柴油共轨系统而产生的一种新型位置检测装置。

① 加速踏板位置传感器的功用与类型见表 9-34。

表 9-34 加速踏板位置传感器的功用与类型

项目	具体说明
功用	采用电控高压共轨系统的汽车电喷柴油发动机系统通常都使用了电子油门，如右图所示，与电子油门配合的加速踏板位置传感器用于检测加速踏板的运动行程，向发动机电控单元(ECU)反映驾驶意图的信息，也就是说，汽车柴油发动机使用的加速踏板传感器用于检测加速踏板的位置，并将检测到的加速踏板角度变化，转换为线性电压后提供给 ECU，以确定基本喷油量和转矩需求
类型	汽车柴油发动机加速踏板位置传感器主要有电位计式与双霍尔式两种，它们各自的特点如下 汽车柴油发动机电位计式加速踏板传感器是由两路类似于普通收音机上使用的电位器组合而成，故其特性曲线类似于线性，根据该特性，对其的检测可以按照检测收音机上使用的电位器的方法来进行 汽车柴油发动机霍尔式加速踏板传感器是由两路非接触式的霍尔传感器组成，没有怠速开关。ECU 通过比较两路传感器输出信号的数值确定加速踏板的位置

② 电位计式加速踏板位置传感器的外形、安装位置与特性曲线见表 9-35。

表 9-35 电位计式加速踏板位置传感器的外形、安装位置与特性曲线

项目	具体说明
外形与安装位置	汽车柴油电喷发动机系统使用的电位计式加速踏板位置传感器的外形如图(a)所示，通常安装在发动机舱内，通过一根拉索连接到加速踏板上，如图(b)所示。该传感器用于检测加速踏板的运动行程，向发动机电控单元(ECU)反映驾驶意图的信息 (a) 外形　(b) 连接方式
特性曲线	与电控高压共轨柴油发动机系统电子油门配合的加速踏板位置传感器通常多为两路相同的电路，有两路信号输出，右图所示为装配博世 EDC16 电控高压共轨系统柴油发动机上使用的两路加速踏板位置传感器的特性曲线示意图，图中的 APS1 为第一路加速踏板位置传感器的特性曲线，APS2 为第二路加速踏板位置传感器的特性曲线，这是踏板位置(W. O. T)与其传感器输出电压之间关系的特性曲线，依据该曲线可以大致检测两路传感器的好坏。由于两路传感器的内部结构与连接电路基本相同，故也可以采用对比检测的方法来判断哪一路传感器不良 不同车型所使用的加速踏板位置传感器的特性曲线可能有差异，对于右图来说，信号 1 与信号 2 输出电压成 2∶1 的比例关系，在发动机怠速情况下，信号 1 电压约为 0.75V，信号 2 电压约为 0.35V 输出特性曲线　5Vdc　3.84±0.05　1.92±0.05　0.75±0.05　0.35±0.05　电压/V　APS1　APS2　C.T　踏板位置　W.O.T

③ 霍尔式加速踏板位置传感器的原理与特性曲线见表 9-36。

表 9-36 霍尔式加速踏板位置传感器的原理与特性曲线

项目	具体说明
原理	应用于电控节气门系统中的加速踏板位置传感器采用非接触式的霍尔集成电路来提高其可靠性，并被安装在加速踏板臂上。包括一个固定在踏板轴上的永磁铁，一个输出电压与磁通量成正比的霍尔集成电路、一个有效地将永磁铁的磁通量转入霍尔集成电路的定子。其具体工作情况如下
	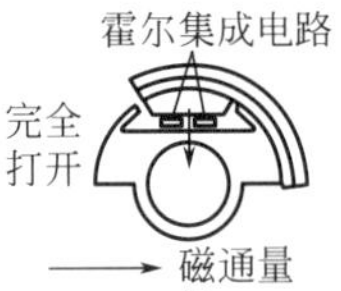 如图(a)所示，当加速踏板全闭时，流入霍尔集成电路的磁通量保持最小，此时传感器输出电压最小 如图(b)所示，当加速踏板全开时，流入霍尔集成电路的磁通量保持最大，此时传感器输出电压最大 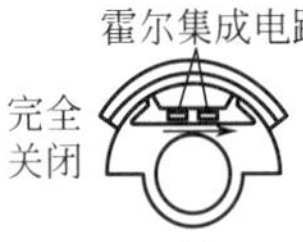 霍尔集成电路 完全关闭 (a) 霍尔集成电路 完全打开 磁通量 (b)
特性曲线	由上可见，根据加速踏板位置的不同，霍尔集成电路就会产生不同的电压值，该电压提供给发动机电控单元 ECU。加速踏板主传感器和副传感器的输出信号曲线如右图所示 为了保证系统的绝对可靠性，电控节气门系统中采用了两个加速踏板位置传感器，即加速踏板位置主传感器与加速踏板位置副传感器，这也提高了系统检测的准确性与可靠性 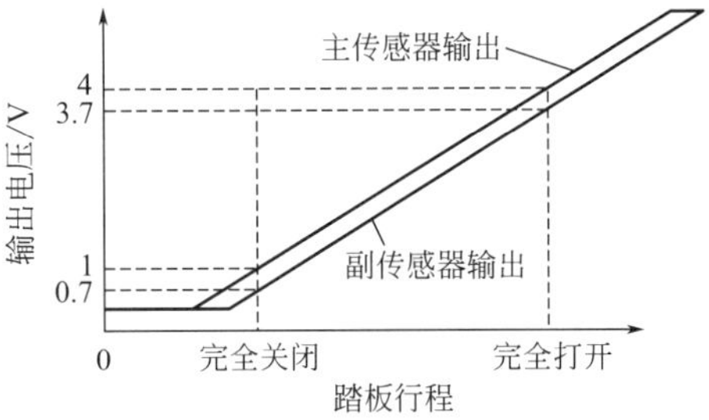 主传感器输出 副传感器输出 输出电压/V 4 3.7 1 0.7 0 完全关闭 完全打开 踏板行程

(2) 电位计式加速踏板位置传感器的通用检测方法

对汽车电控柴油机上使用的电位计式加速踏板位置传感器的检测，主要是检测其电阻、电压等来判断其好坏。

① 电位计式加速踏板位置传感器的安装位置与连接方式见表 9-37。

表 9-37 电位计式加速踏板位置传感器的安装位置与连接方式

项目	具体说明
安装位置与连接方式示意图	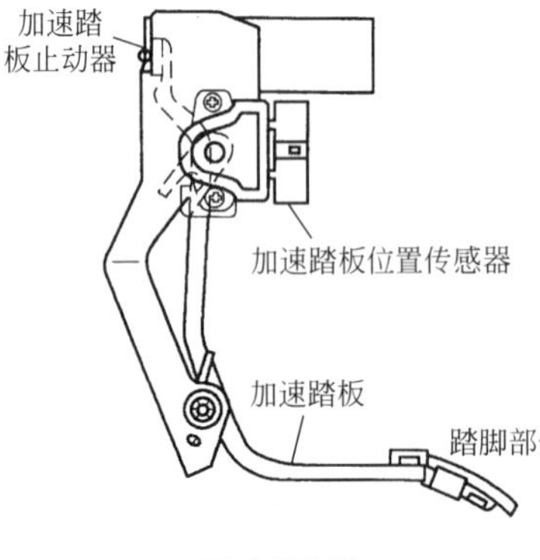 加速踏板止动器 加速踏板位置传感器 加速踏板 踏脚部位 (a) 安装位置 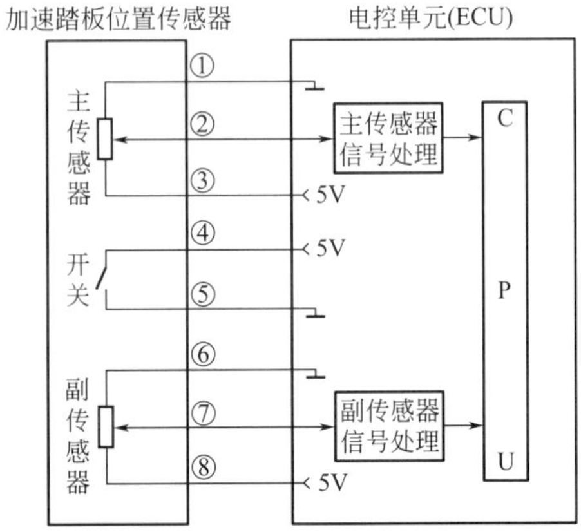 加速踏板位置传感器 电控单元(ECU) 主传感器 ① ② ③ 5V 主传感器信号处理 开关 ④ 5V ⑤ 副传感器 ⑥ ⑦ ⑧ 5V 副传感器信号处理 CPU (b) 连接方式

续表

项目	具体说明
示意图说明	图(a)所示为汽车电控柴油发动机上使用的电位计式加速踏板位置传感器安装位置。其与柴油发动机电控单元(ECU)之间的连接方式如图(b)所示

② 电位计式加速踏板位置传感器的通用检测方法见表9-38。

表 9-38 电位计式加速踏板位置传感器的通用检测方法

项目	具体说明
电阻的检测	在点火开关断开的情况下，断开电位计式加速踏板位置传感器连接插接件，用万用表电阻挡单独检测传感器各端子之间的电阻值，并与表9-39中所列的正常值进行对比，如差别较大，则说明其不良或损坏
电压的检测	在断开电位计式加速踏板位置传感器连接插接件的情况下，接通点火开关，用万用表直流电压挡检测传感器线束侧③端子与搭铁、⑧端子与搭铁之间的电压，该电压均应在4.9～5.2V之间；④端子与搭铁之间的电压应大于4V
输出信号初始电压的检测	在连接好电位计式加速踏板位置传感器连接插接件的情况下，接通点火开关，用万用表直流电压挡检测传感器线束侧②端子与搭铁、⑦端子与搭铁之间的电压，该电压正常值应在0.8～1.2V之间

表 9-39 电位计式加速踏板位置传感器的各端子之间的正常电阻参考值

检测的端子	正常的电阻值
①与②端子之间	3.5～6.5kΩ
②与③端子之间	将加速踏板由怠速位置直到完全踩下，其电阻值应随加速踏板的踩下而平稳地变化
④与⑤端子之间	放松加速踏板为0
	踩下加速踏板为∞
⑤端子与搭铁之间	2Ω以下
⑥与⑧端子之间	将加速踏板由怠速位置直到完全踩下，其电阻值应随加速踏板的踩下而平稳地变化
⑦与⑧端子之间	3.5～6.5kΩ

(3) 内带电阻的电位计式加速踏板位置传感器的通用检测方法

内带电阻的电位计式加速踏板位置传感器是一种冗余设计方式，两个电位计的固定电阻部分采用并联方式，滑动部分则各自单独引出。

① 内带电阻的电位计式加速踏板位置传感器的检测见表9-40。

表 9-40 内带电阻的电位计式加速踏板位置传感器的检测

项目	具体说明
内部结构与端子功能示意图	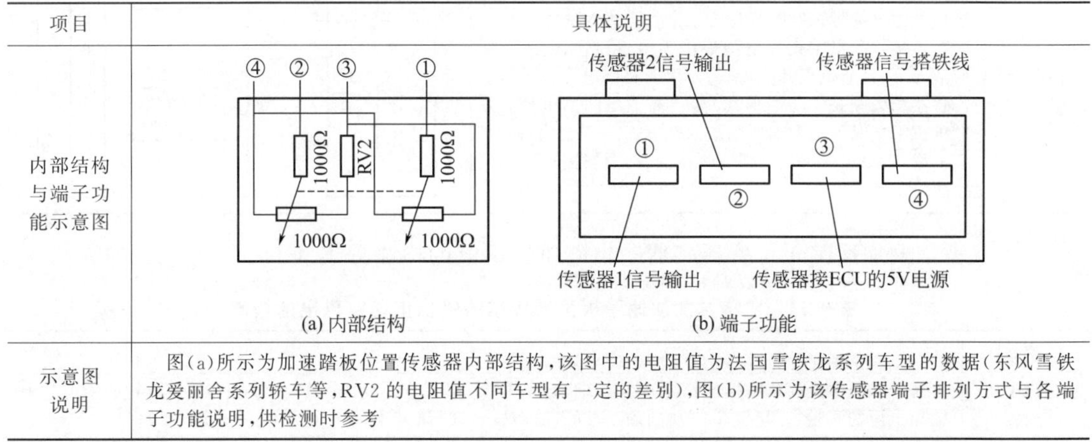 (a) 内部结构 (b) 端子功能
示意图说明	图(a)所示为加速踏板位置传感器内部结构，该图中的电阻值为法国雪铁龙系列车型的数据(东风雪铁龙爱丽舍系列轿车等，RV2的电阻值不同车型有一定的差别)，图(b)所示为该传感器端子排列方式与各端子功能说明，供检测时参考

续表

项目	具体说明
检测方法	内带电阻的电位计式加速踏板位置传感器也是一种双电位器传感器，两者采用同方向安装方式，也就是两者的电阻值会同时线性增加或减小。其目的与电子节气门总成中的两个电位器一样，增加系统的可靠性，保证行车的安全性。采用万用表的电阻挡对加速踏板位置传感器中的两个电位器进行检测时，其检测方法与检测普通收音机中使用的电位器十分相似。为便于检测，图(a)中给出了两个电位器及其分压电阻的电阻值，该电阻值不同品牌的车型有一定的差别

② 内带电阻的电位计式加速踏板位置传感器的初始化见表 9-41。

表 9-41 内带电阻的电位计式加速踏板位置传感器的初始化

项目	具体说明
初始化条件	以东风雪铁龙爱丽舍系列轿车发动机系统加速踏板位置传感器为例，当出现表 9-42 中所列的情况时，就必须进行初始化(亦即学习程序)
操作方法	不踩油门踏板→接通点火开关到点火位置→踩下加速踏板到底→松开加速踏板→启动发动机不踩加速踏板
说明	在执行加速踏板位置传感器初始化程序时，一定要清楚加速踏板位置传感器的停止位置，以便了解加速踏板的停止位置；清楚加速踏板位置传感器的最大位置，以便了解加速踏板踩到底时的位置

表 9-42 加速踏板位置传感器必须进行初始化的情况

出现的情况	情况 1	情况 2	情况 3	情况 4	情况 5
具体说明	更换发动机电子控制单元(ECU)	维修、更换加速踏板位置传感器	发动机电子控制单元(ECU)下载后	发动机电子控制单元 ECU 的远程编码	更换发动机冷却液温度传感器

(4) 双霍尔式加速踏板位置传感器的通用检测方法

电控柴油发动机上常用的双霍尔式加速踏板位置传感器的连接方式及其检测方法见下面的介绍。

① 双霍尔式加速踏板位置传感器的连接方式与连续电压的检测见表 9-43。

表 9-43 双霍尔式加速踏板位置传感器的连接方式与连续电压的检测

项目	具体说明	
连接方式示意图	双霍尔式加速踏板位置传感器广泛应用在三菱系列轿车上，该传感器与发动机电控单元(ECU)之间的连接方式如右图所示	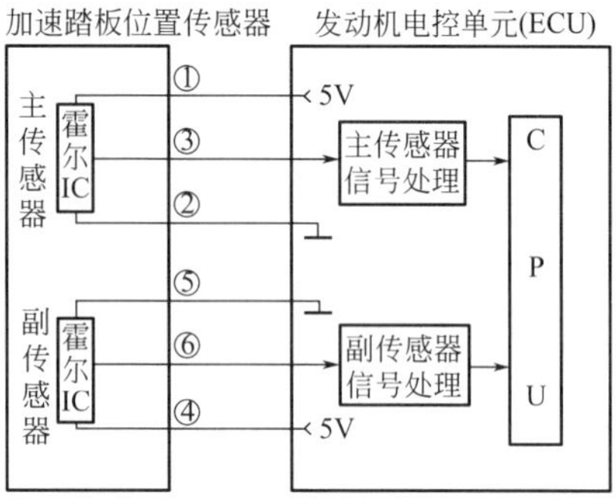 加速踏板位置传感器 发动机电控单元(ECU) 主传感器 霍尔IC ① 5V ③ 主传感器信号处理 ② 副传感器 霍尔IC ⑤ ⑥ 副传感器信号处理 ④ 5V CPU
连续电压的检测	对于双霍尔式加速踏板位置传感器，可以采用万用表检测其输出信号来判断其是否正常。具体方法如下 在连接好双霍尔式加速踏板位置传感器连接插接件的情况下，接通点火开关，采用万用表直流电压挡，检测传感器线束侧③与②端子、⑤与⑥端子之间的电压，该电压正常情况下随着加速踏板的踩下而连续变化，而且应平稳，不会出现突变现象。否则说明该传感器或其连接线路不良或损坏	

② 双霍尔式加速踏板位置传感器输出电压、供电的检测见表 9-44。

表 9-44 双霍尔式加速踏板位置传感器输出电压、供电的检测

项目	具体说明
输出电压检测	对于双霍尔式加速踏板位置传感器输出电压的检测，可以在怠速、全负荷工况下，采用万用表对其进行输出电压的测量，并与表 9-45 所列的正常值进行对比，以判断其好坏

续表

项目	具体说明
供电检测	在断开双霍尔式加速踏板位置传感器连接插接件的情况下，接通点火开关，采用万用表电压挡，检测传感器①与②端子、④与⑤端子之间的+5V供电电压是否正常
需要说明的问题	判断双霍尔式加速踏板位置传感器的好坏，也可以采用解码器调出ECU中存储的数据流，看其电压数据是否可以随加速踏板的踩下而同步变大。如果变化不同步或中间有断点，则说明被检测的传感器或其连接线路不良或损坏

表9-45 双霍尔式加速踏板位置传感器的输出电压参考值

检测参数	供电电压/V	传感器1怠速电压/V	传感器2怠速电压/V	传感器1和传感器2同步误差/V	传感器1全负荷电压/V	传感器2全负荷电压/V
正常值	5±0.25	0.7±0.05	0.375±0.05	两者相差±0.07	3.84±0.25	1.92±0.3

第10章 柴油发动机常用喷油器的检测与维修

柴油发动机燃料供给系统使用的喷油器，是一种非常重要的执行元件，本章主要介绍该元件的结构特点、常见故障原因以及检测与维修方法。

10.1 喷油器概述

柴油机燃料供给系统喷油器的好坏，对燃油的雾化质量与可燃混合气的良好形成至关重要。

(1) 喷油器的功能、类型与特点

喷油器是柴油机燃料供给系统的关键部件，早期的柴油机使用的喷油器为普通型，现在的高压共轨电控系统使用电磁式喷油器。

① 喷油器的功能见表10-1。

表10-1 喷油器的功能

项目	具体说明
普通喷油器	普通喷油器的一个功能是把喷油泵输送过来一定数量的高压燃油喷散雾化，促进燃油着火和燃烧；喷油器的另一个功能是使燃油喷射按照燃烧室的类型合理分布，以保证燃油和空气得到迅速而完善的混合，进而形成均匀的混合气
电控喷油器	电控喷油器是柴油发动机电控高压共轨系统的核心部件，其作用是通过操作电磁阀开关来准确控制向气缸喷油的时间、喷油量和喷油规律

② 喷油器的类型见表10-2。

表10-2 喷油器的类型

项目	具体说明
根据结构形式分类	喷油器根据其结构形式的不同，可分为开式喷油器与闭式喷油器两大类。其中，开式喷油器的喷口没有阀门，高压油腔与燃烧室相通；闭式喷油器的高压油腔与燃烧室隔断。现在大多数柴油发动机常使用闭式喷油器
闭式喷油器的类型	闭式喷油器主要有孔式喷油器与轴针式喷油器两大类。这类喷油器有两种工作方式：一种为自动开闭喷油嘴方式，它的喷口阀门通过燃油压力来打开；另一种为机械开闭喷油嘴方式，它是通过凸轮和杠杆来打开阀门

③ 喷油器的特点见表10-3。

表 10-3 喷油器的特点

项目	具体说明
孔式喷油器	孔式喷油器喷孔的位置与方向和燃烧室形状相适应，以保证油雾直接喷射到球形燃烧室壁上；喷射压力较高，但由于喷油头细长，喷孔小，故对加工精度要求较高
轴针式喷油器	轴针式喷油器不喷油时针阀关闭喷孔，使高压油腔与燃烧室隔开，燃烧气体不会冲入油腔内引起积炭；喷孔直径较大，便于加工且不容易堵塞；针阀在油压达到一定压力时开启，供油停止时，又在弹簧的作用下立即关闭，故喷油开始与停止均较干脆利落，不存在漏油现象；无法满足对喷油质量有特殊要求的燃烧室的需要

④ 喷油器适用场合见表 10-4。

表 10-4 喷油器适用场合

项目	具体说明
孔式喷油器	孔式喷油器通常适用于直接喷射方式的柴油发动机上，孔数为 1～8 个，孔径在 0.2～0.8mm 之间
轴针式喷油器	轴针式喷油器适用于喷雾要求不高的涡流室式和预燃烧室式柴油发动机上

(2) 孔式喷油器的典型结构与特点

孔式喷油器的喷油嘴针阀偶件中的针阀不直接伸出喷孔，喷油嘴喷孔小而且较多，其数量和位置会依据燃烧室的形状和要求来确定。

① 孔式喷油器的典型结构见表 10-5。

表 10-5 孔式喷油器的典型结构

项目	具体说明
孔式喷油器	孔式喷油器典型结构如右图所示，主要由喷油嘴、喷油器体与调压装置三大部分共同构成。喷油嘴是关键部件，主要由针阀与针阀体构成，两者采用优质合金钢制成。针阀的下端有一圆锥面和阀体下端的环形锥面共同起密封作用，用来切断或打开高压油腔和燃烧室的通路 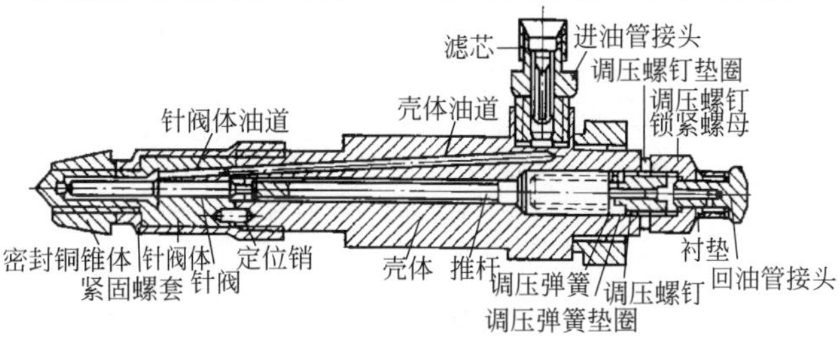
低惯量孔式喷油器	低惯量孔式喷油器如右图所示，喷油器的调压弹簧的预紧力由调压垫片来调整，由于其调压弹簧下置，故使顶杆较短，从而减少了顶杆的重量和惯性力，减轻了针阀的跳动，这种情况对喷油十分有利 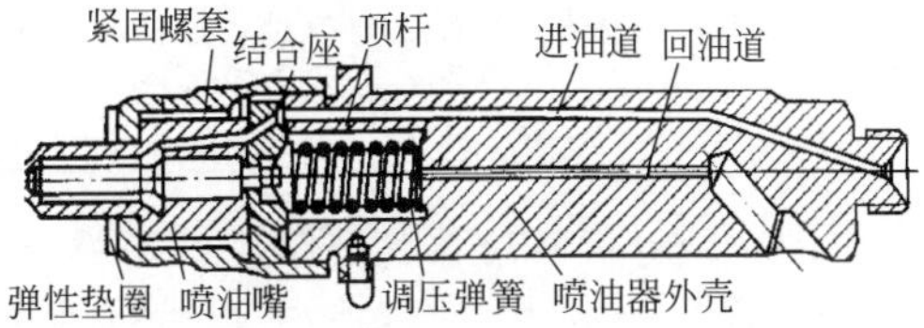

② 孔式喷油嘴的类型见表 10-6。

表 10-6 孔式喷油嘴的类型

项目	具体说明
类型示意图	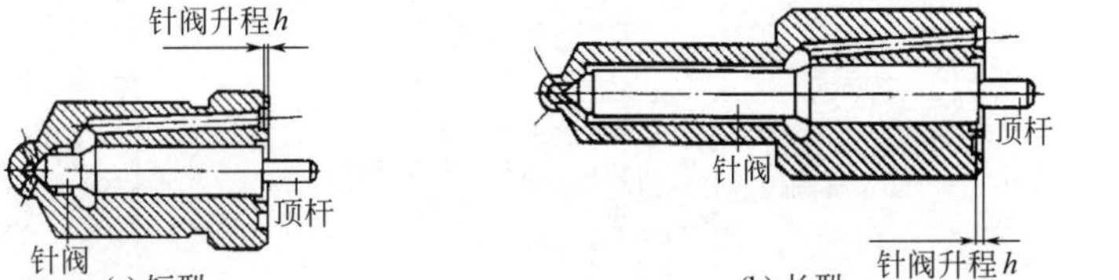 (a) 短型 (b) 长型
示意图说明	孔式喷油嘴主要有短型和长型两大类，如上图所示。其中，短型孔式喷油嘴[图(a)]针阀较短，受热较大，故适用于热负荷不高的柴油发动机；由于长型孔式喷油嘴[图(b)]的针阀导向圆柱面远离燃烧室，故减少了针阀受热变形卡死在针阀体内的可能性，故适用于热负荷较高的柴油发动机

③ 孔式喷油器的调压装置特点。孔式喷油器的调压装置由调压弹簧、调压弹簧垫圈、调压螺钉、调压螺钉锁紧螺母与推杆等构成。旋进调压螺钉，可以提高喷油开启压力。采用调压螺钉锁紧螺母可防止调压螺钉出现松动。

④ 孔式喷油器针阀偶件的特点见表 10-7。

表 10-7 孔式喷油器针阀偶件的特点

项目	具体说明
互换性方面	如右图所示，孔式喷油器的针阀偶件属于精密部件，两者的配合面通常是经过精磨后再相互研磨而成的，故选配与研磨好的针阀是不能与其他针阀进行互换的。这一点在故障检修更换针阀时一定要注意
间隙方面	针阀上部的圆柱表面与针阀体相应内圆柱面之间属于滑动配合，配合间隙通常在 0.002～0.003mm 之间。该间隙如果变大，就会出现漏油而导致油压下降，进而会影响喷雾质量；如果间隙过小，则会造成针阀无法自由滑动
锥面方面	针阀中部的锥面全部暴露在针阀体的环形油腔（也就是高压油腔）中，用于承受油压，所以称该锥面为承压锥面。针阀下端的锥面和针阀体上相应的内锥面配合，以保证喷油器内腔密封，所以称该锥面为密封锥面

⑤ 孔式喷油器的缝隙式滤芯特点见表 10-8。

表 10-8 孔式喷油器的缝隙式滤芯特点

项目	具体说明
调压弹簧作用	缝隙式滤芯的典型结构如右图所示。安装在喷油器体上的调压弹簧，通过顶杆使针阀紧压在针阀体的密封锥面上把喷孔关闭
缝隙式滤芯特点	为了防止细小杂物堵塞喷孔，在进油管接头中通常设置了缝隙式滤芯。由于滤芯有磁性，由此能防止金属杂质进入。如右图所示，油由不直通沟槽 1 进入，通过棱边 2，进入另一个不直通沟槽 3，然后进入喷油器

1，3—不直通沟槽；2—棱边

(3) 轴针式喷油器的典型结构与特点

表 10-9 中列出了汽车柴油机燃料供给系统常用轴针式喷油器的典型结构与特点。

表 10-9 汽车柴油机燃料供给系统常用轴针式喷油器的典型结构与特点

项目	具体说明
典型结构示意图	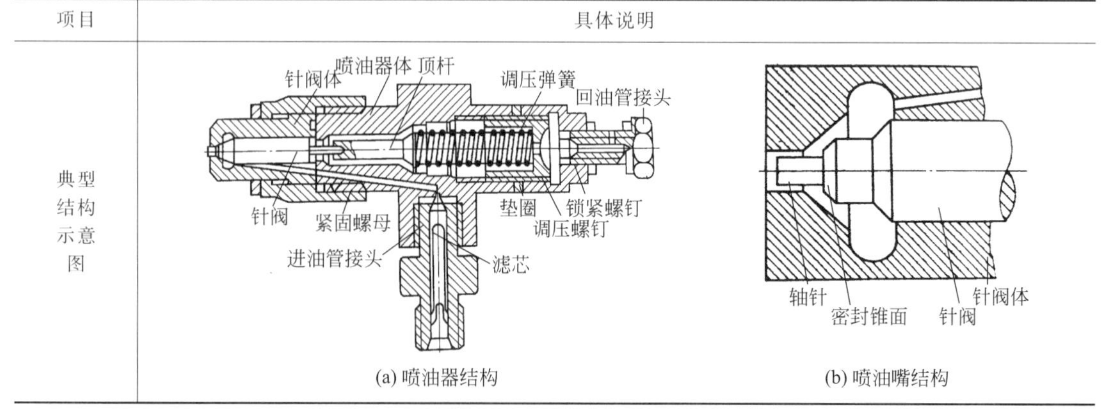(a) 喷油器结构　(b) 喷油嘴结构

续表

项目	具体说明
示意图说明	轴针式喷油器典型结构如图(a)所示，由喷油嘴、喷油器体与调压装置三大部分共同构成。轴针式喷油器典型结构与孔式喷油器相比，仅是针阀偶件不同，如图(b)所示。这类针阀前端有一段圆柱面和倒锥面，也就是轴针。轴针的一部分伸出喷孔，圆柱和锥体与喷孔之间有一定的径向间隙，该间隙通常在0.02～0.06mm之间。它的喷孔一般只有一个，孔的直径也较小，在1～3mm之间，工作时轴针在喷孔内上下运动，且能够自动清除喷孔中的积炭。轴针式喷油器的喷油压力不是太高，通常在12～14MPa之间

(4) 电控喷油器的典型结构与特点

电控喷油器多用于柴油发动机电控共轨燃油喷射系统，下面介绍其典型结构与特点。

① 电控喷油器的结构与特点见表10-10。

表10-10 电控喷油器的典型结构与特点

项目	具体说明
结构示意图	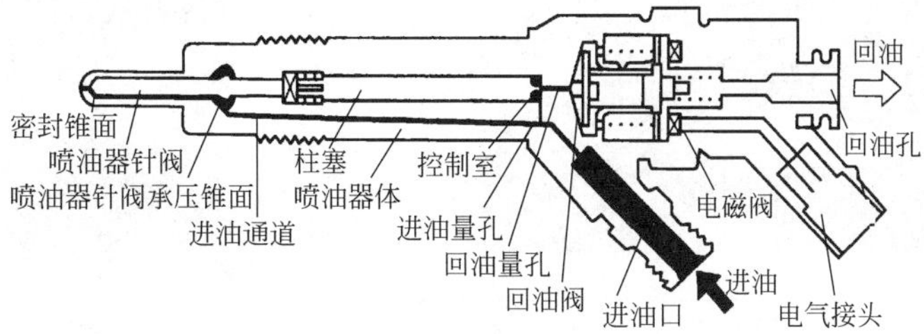
特点	电控喷油器大多用在共轨柴油喷射系统中，是该系统的关键部件，上图为使用在共轨柴油喷射系统中的喷油器的典型结构，其主要由喷油器针阀、柱塞、电磁阀、电气接头、喷油器体等组成。电控喷油器的回油阀受电磁阀的控制，只有当电磁阀线圈通电工作后，回油阀才会打开

② 电控喷油器的工作原理见表10-11。

表10-11 电控喷油器的工作原理

项目	具体说明	
高压油流程	从共轨管流来的高压油，经进油管进入喷油器中，其中的一部分高压油从进油孔流向控制室，作用在柱塞上，并压向喷油器针阀，使其关闭密封锥面而停止喷油，而另一部分高压油则经喷油器体的斜油道进入喷油器针阀承压锥面，力图顶开针阀喷油	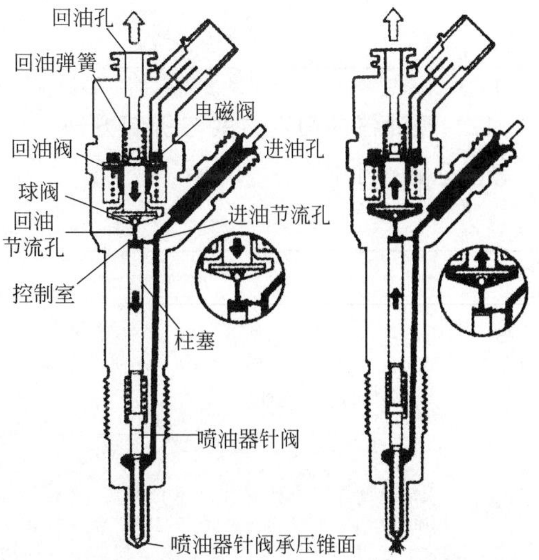 (a) 喷油器关闭状态 (b) 喷油器打开状态
电磁阀不通电	喷油器不喷油时，电磁阀不通电，此时回油阀处于关闭状态，由于柱塞上部的受压面积比针阀承压锥面大，故而使作用在柱塞上的液压力大于作用在喷油器针阀承压锥面的向上分力，针阀关闭，如图(a)所示	
电磁阀通电	一旦电磁阀通电，回油阀受电磁力的作用就会自动打开→控制室和回油孔连通→柱塞上方的液压力小于喷油器针阀承压锥面的向上分力→针阀升起而使喷油器进入喷油状态，如图(b)所示	
喷油量的大小	喷油器喷油量的大小主要由喷油嘴开启的持续时间确定，实际上是由ECU输出脉宽以及喷油压力、针阀的升程等来共同确定。由于高压喷射压力非常高，喷油嘴喷孔非常小，故在使用中一定要注意柴油的清洁度	

10.2 共轨管与喷油器的拆卸与安装

(1) 共轨管的拆卸方法

共轨管是电控柴油发动机高压共轨系统特有的，喷油器就与其相连接，对共轨管的拆卸有一定的要求与顺序。安装是拆卸的逆过程，具体拆卸方法见表 10-12。

表 10-12 高压共轨电控燃油喷射系统共轨管的拆卸方法

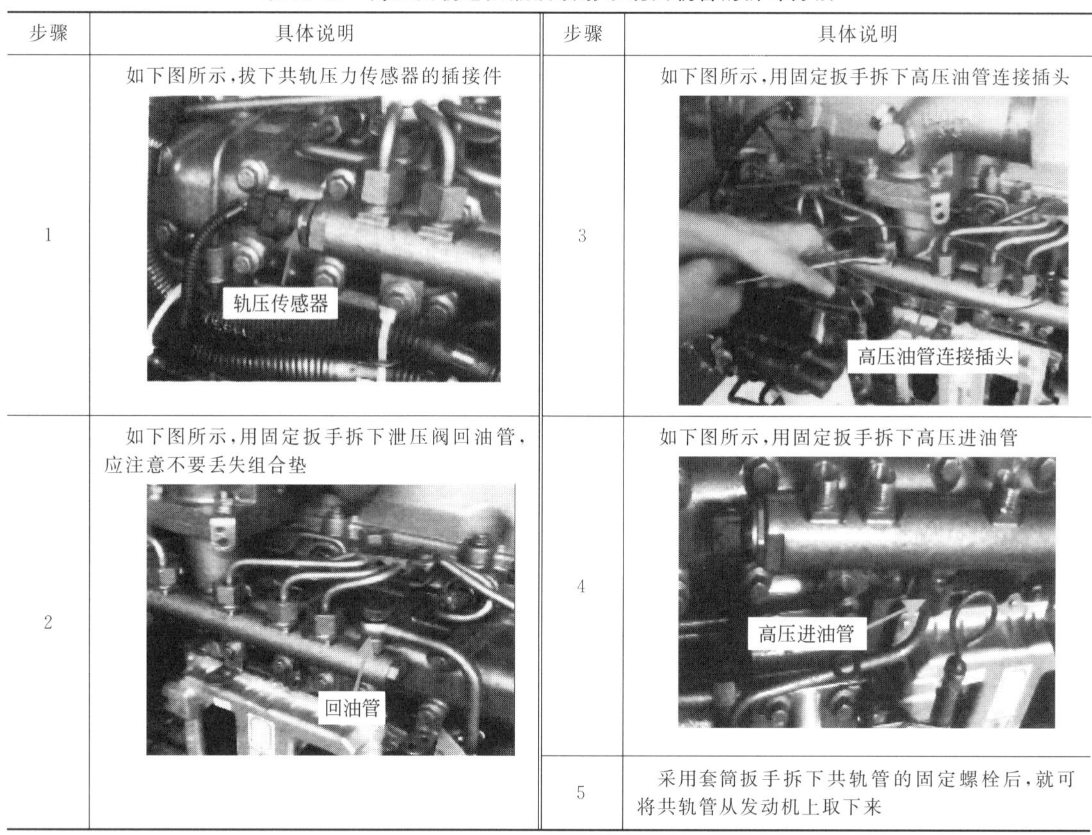

步骤	具体说明	步骤	具体说明
1	如下图所示，拔下共轨压力传感器的插接件	3	如下图所示，用固定扳手拆下高压油管连接插头
2	如下图所示，用固定扳手拆下泄压阀回油管，应注意不要丢失组合垫	4	如下图所示，用固定扳手拆下高压进油管
		5	采用套筒扳手拆下共轨管的固定螺栓后，就可将共轨管从发动机上取下来

注：在拆卸过程中，一定要注意保持清洁，对油管插头还要有防护措施，拆下的共轨管要放在清洁的台面上。

(2) 喷油器的固定方式与拆卸方法

① 喷油器的固定方式见表 10-13。

表 10-13 喷油器的固定方式

项目	具体说明	
实物示意图	孔式喷油器的外形示意图如图(a)所示，图(b)所示为轴针式喷油器的外形示意图。这两类喷油器属于常用零件，也属于易损件	(a) 孔式喷油器　(b) 轴针式喷油器
固定方式说明	喷油器的固定方式主要有压板固定、空心螺套固定与利用喷油器本身的凸缘固定三种。最常用的为压板固定方式，依靠压板定位销来确定喷油器在缸盖上正确的安装位置	

② 喷油器总成的拆卸、清洗、性能检查和总成的分解见表 10-14。

表 10-14 喷油器总成的拆卸、清洗、性能检查和总成的分解

项目	具体说明
总成的拆卸	在对喷油器总成进行拆卸时，先要拆下高压油管与固定螺钉，然后用木锤敲击，使喷油器总成松动后，就可将其从发动机上拆下来。如果较难拆，可采用专用拉拔器将其拉出
总成的清洗与性能检查	对从发动机上拆下的喷油器总成，要先对其外部进行一次彻底地清洗，然后采用一定的方法(利用专用试验台或其他方法)对喷油器的喷雾和漏油情况、喷射初始压力等进行检查。如果检查均没有问题，则就不要对其进行解体了
总成的分解	对于需要解体的喷油器总成，先分解喷油器的上部，也就是先拧松调压螺钉紧固螺母，取出调压螺钉、调压弹簧与顶杆后，再把喷油器倒夹在台虎钳上，拧下针阀体紧固螺母后，就可拿出针阀体与针阀了

③ 喷油器分解后零件的清洗见表 10-15。

表 10-15 喷油器分解后零件的清洗

项目	具体说明
零件表面清洗	对分解后的喷油器进行清洗时，先采用钢丝刷对各个零件表面的积炭和脏污进行清理，零件表面积存的褐色物质，可采用酒精或丙酮等有机溶液浸泡后再将其清除
针阀偶件清洗	要单独对针阀偶件进行清洗，可先将其放在柴油中浸泡一定时间后，再来回拉动针阀进行清洗
油道与喷孔清理	喷油器体与针阀体的油道，可采用通针或直径合适的钻头进行疏通；堵塞的喷油器喷孔，则可以采用直径约 0.3mm 的通针进行疏通。无论是疏通油道还是疏通喷孔，动作都要轻，以防损伤油道或喷孔

④ 喷油器针阀偶件的分解与检查见表 10-16。

表 10-16 喷油器针阀偶件的分解与检查

项目	具体说明
针阀偶件的分解	对于针阀偶件，要将其一起浸泡在清洁的柴油中。如果针阀与针阀体较难分开，可把针阀尾端夹在台虎钳上再拉出，但台虎钳的钳口部位应垫上橡胶片，以防夹坏针阀
直观检查	观察针阀和针阀座之间的配合表面是否有烧伤或腐蚀等痕迹，针阀与轴针是否有变形或损伤
检查针阀偶件时的具体操作方法	在对针阀偶件的配合情况进行检查时，如图(a)所示，可把针阀体倾斜 60°左右，将针阀拉出 1/3 行程，如图(b)所示，在放开针阀后，针阀要能够依靠其自身的重力自动缩进针阀座内，上述动作反复多次，但每次都要转过一定角度，如果在某个位置时针阀不能平稳下滑，则应更换新的针阀偶件 拉出1/3长度 约60° (a)　使其自由滑下 (b)

(3) 喷油器的安装方法

① 安装喷油器的本体见表 10-17。

表 10-17 安装喷油器的本体

项目	具体说明
针阀部分	先在喷油器本体上安装好针阀、针阀体与紧固螺母，紧固螺母的拧紧力矩应控制在 60～80N·m 之间
安装上部元件	对喷油器体的上部零件进行安装，也就是安装顶杆、调压弹簧、调压螺钉，拧上调压螺钉紧固螺母
调试	对进油管接头进行安装后，就可对安装好的喷油器总成进行调试，调试合格后，再安装好护帽即可

② 往发动机上安装喷油器见表 10-18。

表 10-18　往发动机上安装喷油器

项目	具体说明
安装高度	往发动机上安装好喷油器总成后，还应检查安装在气缸盖上的喷油器伸出气缸盖底面的高度。该高度厂家都有一定的要求，如果不符合要求，可拆下锥形垫圈，然后在喷油器紧固螺套与锥形垫圈之间加垫片进行调整，或更换新的锥形垫圈
密封	对于锥形垫圈和气缸盖安装孔之间接触不严密的情况，可把锥形垫圈拆下，对其进行加热再冷却后，使其硬度减小后再按原样装好。但在安装之前，还应采用专用铰刀对座孔内的积炭、污垢等进行一次彻底清理
定位销安装	安装喷油器体上的定位销（或定位块）时，一定要将定位销（或定位块）嵌入座孔的定位槽内
压板紧固	压板的圆弧状凸起面要朝向喷油凸肩，以保证压紧力与喷油器轴线保持在同一平面内，这对密封有利。紧固压板螺母的拧紧力矩应控制在 22～28N・m 之间

（4）柴油共轨燃油喷射系统电控喷油器的拆卸方法

柴油共轨系统使用的电控喷油器较为贵重，拆卸时一定要仔细小心，表 10-19 中列出了拆卸柴油共轨系统电控喷油器的步骤和应注意的事项，供参考。

表 10-19　拆卸柴油共轨系统电控喷油器的步骤和应注意的事项

项目	具体说明
拆卸步骤	先把喷油器的线束连接插接件拆下来→采用一字旋具把缸盖线束锁片撬出以便于拆除锁片→拆下缸盖罩螺栓，取下缸盖罩（在取出缸盖罩时，要轻轻拿起，同时也要把喷油器线束塞进缸盖罩内）→拆下喷油器线束→用套筒扳手拆下该高压连接管螺母（由于此处螺母较薄，一定要采用套筒扳手来进行拆卸，安装也应使用套筒扳手）→拆下喷油器压板，就可取下被拆卸的喷油器了
注意事项	在拆卸喷油器时，喷油器上部的电磁阀体不能受力，以防损坏，可采用工具在喷油器压板下轻轻敲动后将其取下。如果仍然不能拆下来，则应检查高压连接管是否已经拆掉

（5）柴油共轨燃油喷射系统电控喷油器的安装方法

电控喷油器的安装步骤见表 10-20。

表 10-20　电控喷油器的安装步骤

项目	具体说明	
安装步骤 1	把喷油器放到气缸盖需要安装的位置。把喷油器的高压连接孔朝向进油一侧，将其导入气缸盖时，要求孔应对准确，而且喷油器导入时也不应有特别大的阻力→把喷油器压板同时安装到喷油器的卡口位置	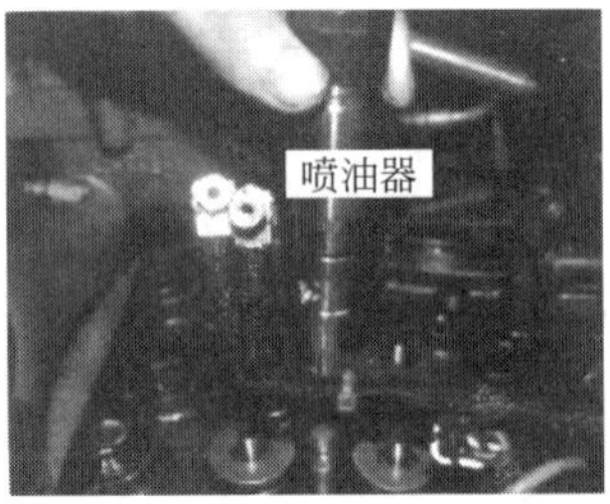 喷油器
安装步骤 2	把喷油器压板安装到位。把喷油器压板上紧，使喷油器安装到位后，再松开喷油器压板螺母	 扳手

续表

项目	具体说明
安装步骤3	①导入喷油器高压连接管，但应将其定向珠朝上 ②轻轻晃动高压连接管，如果发现喷油器有轻微的晃动，则进行下一步的操作 ③拧紧高压连接管螺母，然后再松开高压连接管压紧螺母 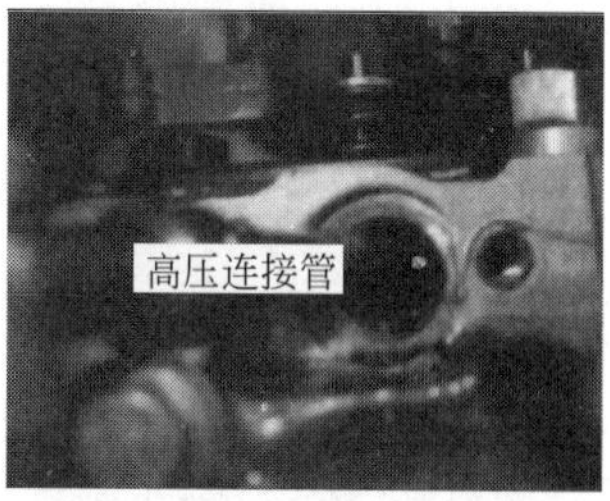 高压连接管
安装步骤4	将喷油器压板螺母拧紧
安装步骤5	按照车辆生产厂家对高压连接管的螺母拧紧力矩的具体要求，将高压连接管的螺母拧紧  连接管螺母
安装步骤6	将喷油器线束按与拆卸前的原状态安装好后，还应仔细对安装好的线束进行检查，主要是检查喷油器线束是否与摇臂之间接触而出现了短路，如有短路现象，则应仔细对其进行调整或采取一定的绝缘措施 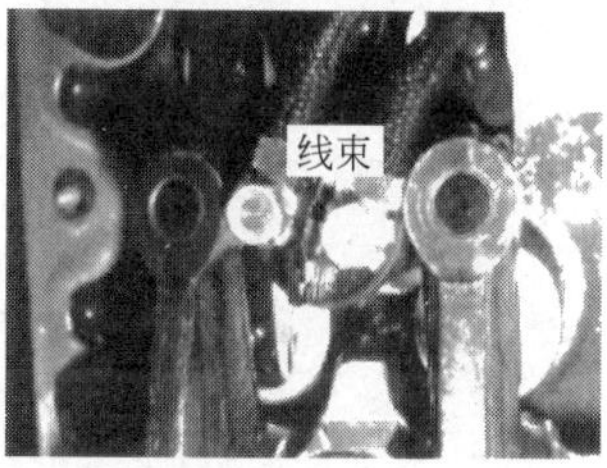 线束

10.3 喷油器的检测

喷油器是故障率较高的部件之一，在检修柴油机故障时，经常会碰到喷油器的检测问题，故对其的检测技能必须掌握。

(1) 喷油器喷雾质量与喷油压力的检测

喷油器喷雾质量与喷油压力是喷油器的两个重要性能指标，下面介绍几种较为简单、有效的判断喷油器喷雾质量与喷油压力的方法。

① 自制T形三通接头对比判断喷油器喷雾质量见表10-21。

表10-21 自制T形三通接头对比判断喷油器喷雾质量

项目	具体说明
检测前的准备	①自制一个T形三通接头，另找一个与被检测喷油器类型相同、确认性能良好的喷油器作为比较标准 ②把被检测的喷油器和其对应的高压油管拆下，然后把上述的三通接头连接到喷油泵的高压管接头上，再把标准喷油器和被检测喷油器分别连接到三通接头上
检测方法	启动发动机使其怠速运转，观察两个喷油器喷射的角度与射程是否相当。如果差别较大，就说明被检测的喷油器的喷孔不良或堵塞，可对故障喷油器进行疏通处理

② 在车对比判断喷油器喷雾质量。如果没有上述的T形三通接头，也可把标准喷油器与被检测喷油器分别安装到高压油管接头上。然后利用启动机启动发动机运转进行喷射对比判断，以判断被检测喷油器的喷雾质量。

③ 试验台判断喷油器喷雾质量见表10-22。

表10-22 试验台判断喷油器喷雾质量

项目	具体说明	
检测示意图	对于喷油器喷雾质量的判断，有条件的，也可以采用专用的试验台来对其进行检查，则更加容易和方便。右图所示为采用喷油器试验台来检测喷油器喷雾质量的示意图，喷油器试验台采用手动油泵泵油	压力表 接头 储油罐 喷油器 手柄
操作方法	检测时，应先把被检测的喷油器安装到试验台的接头上，然后用手摇动手柄，同时观察喷油器的喷雾情况，判断方法与前面相同	

④ 直观检查判断故障原因。如果怀疑喷油器存在喷油质量差的问题，则可以采用表10-23所列的直观检查的方法，根据观察到的实际情况，来判断故障的可能原因或部位。

表10-23 直观检查判断喷油器故障的可能原因或部位

具体操作与观察到的情况	故障可能原因或部位
启动发动机后熄火，用手指摸两喷油器的喷油嘴处，发现被检测喷油器的喷嘴处有较多的柴油	这种情况多为被检测喷油器的针阀关闭不严
启动发动机后使其空转，然后拧松某缸喷油器的高压油管接头，观察发现流出的柴油含有少量或大量气泡	这种情况多为喷油器针阀密封不严或卡在不关闭位置
启动发动机后使其空转，然后拧松某缸喷油器的高压油管接头，观察发现流出的柴油清洁没有气泡，而拧紧油管接头后，发动机转速不发生变化，且手摸油管脉动很强	这种情况多为喷油器针阀卡死不能喷油所致

⑤ 喷油压力与喷射干脆程度的检测见表10-24。

表10-24 喷油压力与喷射干脆程度的检测

项目	具体说明
喷油压力	在上述喷雾质量检测的基础上，可仔细观察两个喷油器的喷油时刻是否一致。如果两者喷油时刻基本保持一致，则说明被检测的喷油器喷油时刻基本正常。如果不一致，则应对被检测喷油器的调压弹簧进行适当调整或对有关内部零件进行检修，直至使两者喷油时刻保持一致 在上述喷雾质量检测的基础上，可仔细观察两个喷油器的停止喷油时刻是否一致。如果不一致，应对喷油器的调压弹簧进行检查或调整
喷射干脆程度	喷射干脆程度是指每次喷油器喷油时，伴随针阀的开启要有明显、清脆的爆破声，后期不得出现滴油现象。如果无法满足要求，则应对喷油器进行彻底清洗或更换磨损的零件

(2) 检测P型与S型喷油器必须注意的问题

对喷油器喷油压力与喷雾质量的检测，最好在专用的试验台上进行。正常的喷油器，当采用30次/min的速度对其泵油时，喷油器的喷雾应均匀，断油应彻底，还应听到特殊的清脆响声。表10-25中列出了检查P型与S型喷油器必须注意的问题。

表 10-25 检查 P 型与 S 型喷油器必须注意的问题

项目	具体说明
S 型喷油器	S 型喷油器的喷油调整压力在 18.65～19.55MPa 之间，如果压力偏高或偏低，可通过松开或拧紧喷油压力调整螺栓来满足要求
P 型喷油器	P 型喷油器的喷油调整压力在 24～25.4MPa 之间，该类喷油器喷油压力的调整方法与 S 型喷油器有较大的区别，它是通过选用不同厚度的垫片来进行的。垫片厚度在 1～2mm 之间不等，厚度每隔 0.01mm 就有一种规格，喷油器生产厂家出厂的喷油器产品，其垫片的厚度通常选择在 1.7～1.9mm 之间
安装	对 P 型或 S 型喷油器的安装，对喷油器的偶件以及各有关零件都应进行仔细清洗，还应检查各密封面是否有划痕或污垢存在。安装针阀时，观察针阀偶件在倾斜 45°时，要能够自由滑入针阀体中
拧紧力矩	喷油器拧紧螺母的拧紧力矩为(35±5)N·m，拧紧力矩过大将会导致针阀体变形而造成针阀卡滞
防污垢	为了防止污垢进入喷油器总成内积聚而造成拆卸困难，喷油器总成插入缸盖后要安装防尘护套

(3) 一般工具或仪表检测判断电控喷油器故障的方法

对于电控柴油发动机使用的电控喷油器好坏的判断，可以采用以下介绍的方法之一或综合起来确认。

① 测听法检测判断电控喷油器故障的方法见表 10-26。

表 10-26 测听法检测判断电控喷油器故障的方法

项目	具体说明
检测工具与操作要领	采用测听法检测喷油器好坏时，可在柴油发动机热车后处于怠速状态下进行，采用通心螺钉或异响听诊器（右图为两种不同的异响电子听诊器外形示意图）来测听各缸喷油器工作时的声音，以此来确定故障原因
测听结果分析	测听的结果可能有以下所述的两种情况。如果测听到某缸喷油器工作时的声音很小，则说明该喷油器工作异常，可能为针阀卡滞，应拆下来进一步检查如果测听某缸时听不见该缸喷油器工作时的声音，则说明该缸喷油器没有工作。对此，应对喷油器的控制线路或喷油器本身的电磁线圈进行检查。如检查控制线路与电磁线圈均无问题，则可能是喷油器针阀完全卡死、电磁阀断路，可更换新的喷油器

② 试灯法检测判断电控喷油器故障的方法见表 10-27。

表 10-27 试灯法检测判断电控喷油器故障的方法

项目	具体说明
检测前的准备	采用试灯对喷油器控制线路进行检查时，可先脱开喷油器的连接器，把点火开关置于 ON 位置，检测连接器上电源端子上的电压应为蓄电池电压
检测方法	把试灯两端并联在连接器的两个端子上，启动发动机，试灯应闪烁，否则应对喷油器到发动机电控单元 ECU 之间的连接导线进行检查

③ 断缸观察转速法检测判断电控喷油器故障的方法见表 10-28。

表 10-28 断缸观察转速法检测判断电控喷油器故障的方法

项目	具体说明
检测思路与操作方法	采用断缸法检测喷油器好坏时，可在柴油发动机热车后处于怠速状态时进行，依次拔下各缸喷油器的线束插头，使喷油器停止喷油，进行断缸检测。此时观察发动机的转速情况，以此来确定故障原因
结果分析	检测的结果可能有以下所述的两种情况。如果拔下某缸喷油器的线束插头后，发动机转速明显下降，则说明该缸喷油器工作正常。如果拔下某缸喷油器的线束插头后，发动机转速没有明显下降，则说明该缸喷油器没有工作或工作不良，应进一步检查

④ 断缸检测数据对比法判断电控喷油器故障的方法见表 10-29。

表 10-29 断缸检测数据对比法判断电控喷油器故障的方法

项目	具体说明
检测思路	这种检测方法的实质就是在柴油发动机怠速运转状态下，用断缸法就车对喷油器系统前、后数据进行对比，以此来判断故障
检测没有断缸时的数据	连接好发动机转速表（也可以利用车辆上的转速表代替）、尾气分析仪等检测设备，读取发动机转速、尾气排放等有关数据
检测断缸时的数据	采用断开喷油器供电的方法，逐一停止各缸喷油器的工作，读取和记录各缸断油时的转速和尾气排放指标，同时观察发动机运转情况（噪声、振动、排烟）的变化
数据对比分析	对比各次断缸时的数据，通过数据分析，就可以发现存在问题的喷油器。也就是说，当某缸断油后，发动机转速（功率）下降较少，或排放改善程度较高，或运转异常状况消失时，就可以基本确定该缸喷油器异常

（4）示波器检测电控喷油器的方法

示波器是一种显示波形的仪器，采用示波器来检测电控喷油器控制信号波形来判断喷油器故障，既直观又迅速。

① 示波器检测控制信号波形判断电控喷油器故障见表 10-30。

表 10-30 示波器检测控制信号波形判断电控喷油器故障

项目	具体说明
驱动电路设置电容的目的	柴油机高压共轨燃油喷射系统喷油器驱动电路中设置了电容，该电容可以增大电磁阀通电初期的电流，提高喷油器的响应速度
喷油器控制信号的波形	右图所示为一次典型的喷油过程，从左到右依次为预喷射（引燃喷射）和主喷射。利用示波器检测喷油器控制信号波形时，可以把检测到的实际控制信号波形与右图所示的正常波形进行对比，通过分析其喷油脉宽、波形等信息是否正常，来判断喷油器系统的工作情况和查找故障原因或部位 预喷射 主喷射 (a) 控制电流曲线 预喷射 主喷射 (b) 电磁阀升程曲线 预喷射 主喷射 (c) 针阀升程曲线 预喷射 主喷射 (d) 喷油过程（喷油率）曲线

② 示波器检测预喷射控制电流波形判断喷油器故障见表 10-31。

表 10-31 示波器检测预喷射控制电流波形判断喷油器故障

项目	具体说明
波形的特点	预喷射通常在活塞压缩行程上止点前 90°～40°曲轴转角范围内进行，使少量燃油（1～4mL）喷入燃烧室，先期产生预调节并发火，对主喷射燃油产生引燃作用；缩短主喷油量的着火延迟期，使其燃烧平缓；降低气缸压力上升率和峰值，使燃烧较为柔软；可减小燃烧噪声、工作振动、燃油消耗和排放。由于喷油脉宽很小，在示波器上显示的主要是驱动电路的电容放电波形

续表

项目	具体说明
预喷起始时间	预喷起始时间，也就是预喷的通电开始时间，用曲轴转角表示，应与相应工况下的规定值一致。当检测到发生明显偏移时，就说明系统存在喷油正时不准故障
检测结果分析	驱动电流的最大值和增长段、减小段斜率，与驱动电容的容量、喷油器电路的电阻值有关。具体分析如下 当检测电流幅值和曲线斜率均变小时，通常为电阻过大所致，应进一步检测电路的连接情况与电磁阀的电阻值 如果检测到的信号仅为电流幅值过小，则应检测驱动电容的技术状况。预喷控制电流过小，会导致喷油器相应速度下降→喷油过少、雾化不良，甚至导致预喷功能消失 如果检测到的波形出现跳动或杂波时，则电路中可能存在连接不良现象 预喷射脉宽应满足维修手册中的规定数值，如检测到的实际数值过大或过小时，应重点检查ECU、传感器及其相应连接电路

③ 示波器检测主喷射控制电流波形判断喷油器故障见表10-32。

表10-32 示波器检测主喷射控制电流波形判断喷油器故障

项目	具体说明
主喷射驱动电流波形的特点	柴油机高压共轨燃油喷射控制系统中主喷射提供了发动机输出功率所需要的燃油，喷油持续时间较长，其驱动电流波形从左到右依次分为电容放电阶段和限流阶段，具体情况分别见下面的介绍
电容放电阶段	电容放电阶段的电流波形检测分析方法与上述的预喷波形相似，不再重述
限流阶段	电容放电结束后就进入限流阶段，由电路对电流进行限制，以防止喷油器电磁线圈过热。限流阶段的波形，其幅值应满足维修手册中的要求。具体分析如下 如果检测到的幅值过小，就会造成喷油器针阀开启不全，导致主喷油量减小、雾化不良等故障 如果检测到的幅值过大，就会造成喷油器电磁阀过热，容易造成喷油器早期损坏 如果检测到的波形幅值异常，应重点对喷油器的电阻值及其连接电路进行检查。如果检测不到驱动电流波形，则应检查喷油器电路或电磁阀是否有断路处

④ 高压油管内压力、喷油器针阀升程曲线正常波形见表10-33。

表10-33 高压油管内压力、喷油器针阀升程曲线正常波形

项目	具体说明	
正常波形	知道汽车柴油发动机喷油系统高压油管内压力、喷油器针阀升程曲线正常波形，会给利用示波器检测对比波形判断该系统故障带来极大的方便。右图所示为利用示波器检测到的高压油管内（喷油器入口端及喷油泵出口端）的压力 p、喷油器针阀升程 s 随喷油泵凸轮轴转角 θ 变化的正常曲线波形示意图	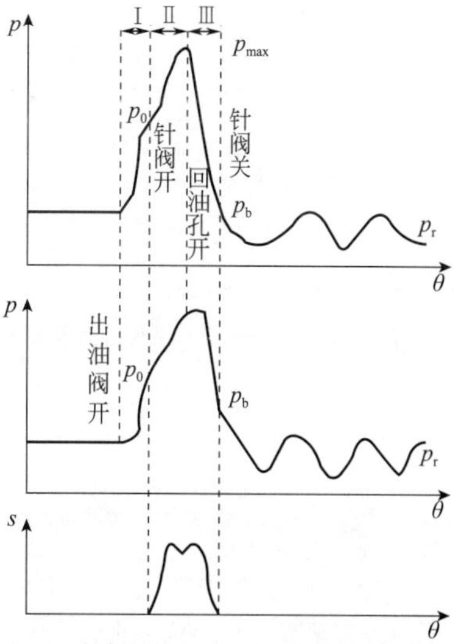 p I II III p_{max} p_0 针阀开 回油孔开 针阀关 p_b p_r θ; p 出油阀开 p_0 p_b p_r θ; s θ p_0—针阀开启压力；p_{max}—最高压力；p_b—针阀关闭压力；p_r—油管中残余压力
整个燃油喷射过程的三个阶段	燃油喷射第Ⅰ阶段，也就是喷射滞后阶段。该阶段从喷油泵柱塞关闭进油孔开始到喷油器针阀开启开始喷油为止 燃油喷射第Ⅱ阶段，也就是喷射阶段。该阶段从喷油器针阀开启到喷油泵进、回油孔打开为止 燃油喷射第Ⅲ阶段，也就是自由膨胀阶段。该阶段从喷油泵进、回油孔打开到喷油器针阀关闭为止	

10.4 喷油器故障检修

这一节主要介绍喷油器常见故障的检修方法，对于泵喷嘴故障则在下一节中单独进行介绍。

(1) 普通喷油器常见故障的原因及其处理方法

普通喷油器出现的故障类型较多，限于篇幅不可能一一介绍，下面仅介绍一些较常见、典型的故障原因及其处理方法。

① 喷油器喷油很少或不喷油故障原因及其处理方法见表10-34。

表10-34 喷油器喷油很少或不喷油故障原因及其处理方法

故障原因	处理方法
喷油器针阀与阀体间配合过紧，或针阀被污物卡住，而使出油截面减小，导致出油少甚至不出油	检修这类故障时，应先检查针阀与阀体之间的活动情况，如属于污物造成过紧或卡住故障，则排除污物后如喷雾良好的喷油器，仍然可以继续使用，但如出现喷油不良现象，则应更换新件。如果发现管路中有气体，应及时排干净
喷油器上的积炭把喷孔堵塞或部分堵塞，导致喷油量减少	对于有积炭的喷油器，清除积炭后观察喷孔的畅通情况，如果仍然不畅通，则只有更换新件
喷油器的调压弹簧弹力过大，使喷油泵的压力不能顶开针阀或顶开很小，就又立即关闭，从而造成了出油少或不出油	对于喷油器的调压弹簧问题，可采用调整弹簧压力的方法，然后观察喷雾情况，以确定是否需要更换弹簧
喷油泵不泵油或泵油很少，使油压难以克服调压弹簧压力，故针阀开启很小或不开启，喷油器的喷油少甚至不喷油	对于喷油泵不泵油或泵油很少故障，应对喷油泵进行修理或更换损坏的零部件

② 喷油器和缸盖结合孔漏气窜油故障原因及其处理方法见表10-35。

表10-35 喷油器和缸盖结合孔漏气窜油故障原因及其处理方法

项目	具体说明
故障原因	这种故障经常会发生在维修或保养后的车辆上，往往与安装操作不当(如喷油器压板的凹形没有朝下安装，紧固时单边偏压，没有按规定力矩均匀拧紧等，这些情况均会造成喷油器头部变形偏斜而出现漏气窜油现象)有关，对污物清理不彻底，或更换的垫圈等不符合要求等也会出现这种故障
处理方法	在回装喷油器时，一定要仔细对安装孔内的积炭进行彻底清理，所使用的铜垫圈一定要平整，不能使用石棉板或其他材质的垫圈代替，以防散热不良或不起密封作用。如果需要自制铜垫圈，则要采用紫铜板按规定的厚度加工，以确保喷油器伸出缸盖平面的距离满足技术要求。铜垫圈厚度过大或过小，均会对气缸的压缩比产生影响

③ 喷油器回油管破损故障原因及其处理方法见表10-36。

表10-36 喷油器回油管破损故障原因及其处理方法

项目	具体说明
故障原因	这种故障多是由于针阀偶件严重磨损或针阀体和喷油器壳之间配合不严密引起的，使喷油器的回油量明显增加，有的可达0.1～0.3kg/h，造成回油管破损
处理方法	回油管破损会造成回油流失而浪费。对此，应及时进行更换，并注意安装的密闭性，以使回油顺利流进油箱。另外，如果回油管是连接到柴油滤清器上的，则其终端要设置单向阀，以防滤清器中的柴油倒流入喷油器内

④ 喷油器喷油压力太低故障原因及其处理方法见表10-37。

表10-37 喷油器喷油压力太低故障原因及其处理方法

项目	具体说明
故障原因	造成该故障的原因较多，归纳起来主要有以下几个方面：喷油器调压弹簧的调压螺钉、锁紧螺母松动，或调压弹簧压力过小、折断；喷油器的针阀导向部分和阀体间隙变大，导致泄漏，针阀锥面密封不良，导致喷油压力下降；喷油器和喷油器阀体接触面不平而漏油，使喷油泵的高压油泄压；喷油泵的泵油压力不足，造成喷油压力变低
处理方法	检修这类故障时，先要对松动的部位进行处理，也就是拧紧调压螺钉、锁紧螺母（要在调整后进行），对阀座和喷油器壳体接触面间隙变大或密封不严的，如果经研磨不能解决问题，则应更换喷油器或喷油器壳体，以保证喷油器阀座和壳体密封。不密封的可在喷油压力试验仪（右图）上进行检查。如不合格，应更换喷油器偶件，以使其出油压力提高 采用60次/min的速度压动喷油压力试验仪的手柄，同时观察在喷油过程中压力表上的指示值。同台发动机各气缸喷油器的喷油压力差不得超过980kPa。如果喷油压力不能满足要求，可旋动喷油器的调整螺钉进行调整，旋入螺钉，喷油压力提高，反之则降低。喷油压力要以压力表指针摆动始点为准，调好后锁紧护帽

⑤ 喷油器滴油故障原因及其处理方法见表10-38。

表10-38 喷油器滴油故障原因及其处理方法

项目	具体说明
故障原因	这种故障往往与密封不良有关。例如，长期工作后针阀体的密封锥面受针阀强烈冲击与高压油不断喷射的影响，出现刻痕或斑点等，均会使密封变差而导致滴油
处理方法	出现该故障的典型特征是在柴油发动机温度低时，排气管冒白烟，机温上升后则变成黑烟，且排气管还会发出不规则的放炮声。此时，如果停止向该缸供油，则排烟与放炮声均会消失。对此，可拆开喷油器，在针阀头部蘸少量氧化铬细研磨膏（但不能沾在针阀孔内）对锥面进行研磨，然后用柴油将其清洗干净，安装好进行试验，如果仍然不能满足要求，则更换新的针阀偶件

⑥ 喷油提前角过大故障原因及其处理方法。喷油提前角是指从喷油开始到活塞到达上止点时曲轴所转过的角度。最佳喷油提前角是在柴油机额定转速与全负荷情况下通过试验得到的，该数值因所使用的柴油性质和发动机的实际情况不同而不一样。

a. 喷油提前角过大故障原因见表10-39。

表10-39 喷油提前角过大故障原因

项目	具体说明
喷油泵滚轮体调整螺钉调整不当	滚轮体调整螺钉调得过高，使喷油泵柱塞上方泵腔内的燃油压力提前升高泵油，造成喷油器提前喷油，也就是喷油提前角过大
联轴器调整不当	这里是指喷油泵的驱动轴与喷油泵凸轮轴的连接是采用联轴器的情况。采用联轴器可改变喷油泵凸轮轴的转角，来调整喷油提前角。提前角大时，喷油器也会提前喷油，换句话说，就是喷油提前角的调整是通过对喷油泵的供油提前角的调整来实现的
喷油器的喷油压力调整不当	如喷油器喷油压力过低，喷油泵的泵油压力没有达到规定压力时，喷油器就会提前喷油，也就是喷油过早。因气缸压力没有达到相应值，燃油燃烧不完全
喷油泵出油阀或喷油器针阀关闭不严	因出油阀与喷油器的磨损、弹簧弹力减弱或折断及机械杂质等影响，均会导致出油阀或喷油器针阀关闭不严，喷油泵就会使燃油过早喷入燃烧室

b. 喷油提前角过大故障处理方法见表10-40。

表 10-40 喷油提前角过大故障处理方法

项目	具体说明
先排除关闭不严故障	检修这类故障时,先要检查造成出油阀或喷油器针阀关闭不严的原因并进行处理
检查与调整喷油提前角的基本方法	先检查调整第1缸柱塞的供油时刻,再以此为基准按发动机的工作顺序,依次对各缸柱塞供油时刻间隔角度进行检查和调整。常用的检查方法有溢油法、测时管法和不解体检测等方法
检查与调整喷油提前角的步骤	①先将喷油泵第1缸的高压油管拆下来,然后转动发动机曲轴,同时仔细观察喷油泵出油阀油面的高度,如果油面开始上升,则说明供油开始,停止转动曲轴 ②观察飞轮壳检视孔上指针所指飞轮上的刻度值是否和最佳喷油提前角相符,如果没有达到最佳喷油提前角就开始了喷油,则说明提前角过大;反之,如超过最佳提前角,则说明提前角过小 ③在对喷油提前角进行调整时,转动曲轴,使飞轮上的最佳喷油提前角对正飞轮壳检视孔上的指针 ④松开喷油泵联轴器上的固定螺钉,然后转动喷油泵凸轮轴,一直转动到喷油泵第1缸出油阀口油面开始上升为止 ⑤最后紧固好联轴器固定螺钉即可

⑦ 喷油器喷射不良故障原因及其处理方法见表10-41。

表 10-41 喷油器喷射不良故障原因及其处理方法

项目	具体说明
故障原因	喷油器出现喷射不良故障时,会使发动机功率下降、转速不稳定、有敲击声、排气管冒黑烟、启动困难或耗油量增大等。这种故障往往是与柴油黏度过大、喷油压力过低、喷孔或其导向部分磨损、有积炭、调压弹簧调整不当、弹簧端面磨损或弹力下降有关,应重点围绕这几个方面进行检查
处理方法	出现这种情况时,对于单缸柴油发动机,则其无法继续工作;而对于多缸柴油发动机,则其功率会严重下降、排气管冒黑烟,发动机工作时的运转声也不正常 另外,如果粒径过大的柴油雾滴不能充分燃烧,顺缸壁流入机油盘→机油油面升高、黏度下降、润滑恶化时,还有可能造成烧瓦拉缸事故。对此,应对喷油器进行彻底清洗、检修和重新调整等

(2) 普通喷油器针阀和针阀体常见故障原因及其处理方法

普通喷油器的针阀和针阀体是这类喷油器中故障率较高的元件,故这里由表10-42单独列出其常见故障现象、故障原因与处理方法。

表 10-42 普通喷油器针阀和针阀体常见故障现象、故障原因与处理方法

故障现象	故障原因	处理方法
针阀粘连或卡住	这种故障多是由于针阀被柴油中的水分或酸性物质腐蚀而生锈造成的。例如针阀密封锥面受损后,就会导致气缸内的可燃气体窜入针阀配合面而形成积炭→针阀卡住→喷油器就失去喷油功能→该缸工作停止	先把针阀偶件放到废机油中加热到沸腾冒烟,然后将其取出后用垫着软布的手钳夹住针阀尾部缓慢活动使其能够抽出,针阀抽出后蘸上少量机油放回阀体中反复活动研磨,直到针阀偶件倒置时,针阀能够从阀体中自由缓慢退出。对于针阀粘连或卡住严重经采用上述方法仍然不能满足要求的,则只有更换新的针阀偶件
针阀喷孔变大	这种故障多是由于高压油流不断地喷射冲刷→针阀喷孔被逐渐磨损变大,由此就会造成喷油压力下降→喷射距离变短、柴油雾化不良→缸内积炭逐渐增加等不良后果,进而对发动机的正常工作产生影响	单孔轴针式喷油器的喷孔直径通常大于1mm,可在孔端放一颗直径4～5mm的铜球,用锤子轻轻敲击,以使喷孔局部发生塑性变形而使孔径缩小。对于多孔直喷式喷油器,由于其孔数多、孔径小,故只有采用高速钢磨制的冲样在孔端轻轻敲击。如果采用上述方法仍然不能满足要求,则只有更换新的针阀偶件
针阀和针阀孔导向面磨损	这种故障多是由于长期使用后,针阀和针阀孔之间的导向面因柴油中杂质污垢的侵入磨损间隙变大或出现拉痕所致	出现这种情况往往会使针阀与针阀孔之间的间隙变大,进而引起喷油器内漏增加、压力降低、喷油量减少、喷油时间滞后等不良现象,故障的典型特征往往会造成柴油发动机启动困难,如果喷油时间延迟过多,车辆甚至无法继续运行。对此,应更换新的针阀偶件

续表

故障现象	故障原因	处理方法
针阀体端面磨损	这种故障多是由于长期使用后，针阀体端面受针阀频繁往复运动的冲击所致，冲击严重时还会形成凹坑	出现这种情况时，由于针阀升程的增大，势必会对喷油器的正常工作产生影响。对此，可把针阀体夹在磨床上对其端面进行修磨，然后再采用研磨膏在玻璃板上进行研磨

(3) 喷油器异常导致的柴油发动机间歇性熄火故障的检修方法

① 喷油器异常故障的常见原因见表10-43。

表10-43　喷油器异常故障的常见原因

项目	具体说明
安装位置与弹簧方面	喷油器松动其安装位置发生了变化；喷油器调压弹簧失调或折断
脏污与积炭方面	喷油嘴与喷油器体结合表面间严重脏污；针阀座脏污或积炭导致针阀关闭不严；喷油器表面积炭；喷孔严重脏污出现堵塞
磨损或破裂方面	针阀卡死在阀体内或喷油器破裂；喷油器偶件严重磨损或腐蚀

② 喷油器异常故障的检修方法见表10-44。

表10-44　喷油器异常故障的检修方法

检修步骤	检修方法	“检修方法”一栏中是与否的判断	
		是	否
1	使发动机进入低速运行状态，然后通过拧松某气缸喷油泵高压油管，使喷油器断油来判断哪一个喷油器有问题，也就是断油后观察此时发动机的工作状态是否会发生变化	被断油的喷油器有故障，转到步骤2	故障与喷油器没有关系，应检查其他部位
2	观察喷油器是否有积炭、喷孔是否堵塞及针阀脏污等情况	应进行去污处理	转到步骤3
3	观察针阀是否被卡死在阀内或喷油器壳体损坏	根据实际情况进行检修或更换	转到步骤4
4	对于排气歧管温度偏高或偏低的气缸喷油器应拆下进行检查，但在拆下喷油器时，不得弄弯油管。为了防止回油管受伤，要把连接喷油器的回油管总成一起拆下		

(4) 电控喷油器故障检修的基本步骤

在对柴油机高压共轨燃油喷射系统电控喷油器故障进行检修时，应先进行系统油液压力的检测，使其处于正常状态。正常的系统油液压力通常在130～160MPa之间（具体值应根据实际车型要求确定）。表10-45列出了检修柴油机高压共轨燃油喷射系统电控喷油器故障的基本步骤。

表10-45　检修柴油机高压共轨燃油喷射系统电控喷油器故障的基本步骤

检修步骤	检修方法	“检修方法”一栏中是与否的判断	
		是	否
1	检查柴油机高压共轨燃油喷射系统油压是否正常	转到步骤2	对高压供油系统进行检修
2	检查柴油机高压共轨燃油喷射控制系统数据流中控制喷油器脉宽是否正常	转到步骤3	对ECU、传感器及其相应的连接电路进行检查

续表

检修步骤	检修方法	“检修方法”一栏中是与否的判断	
		是	否
3	检查柴油机高压共轨燃油喷射控制系统数据流中控制喷油器信号波形是否正常	转到步骤4	对ECU、传感器及其相应的连接电路进行检查
4	检测喷油器动作情况是否正常	转到步骤5	更换新的、同规格的喷油器
5	检测喷油器电磁阀线圈的电阻值是否正常	转到步骤6	对ECU、传感器及其相应的连接电路进行检查
6	检测喷油响应、喷油率、喷油形状是否正常	对喷油器进行检测与维修	对ECU、传感器及其相应的连接电路进行检查

(5) 电控喷油器常见故障及其原因

表10-46中列出了高压共轨燃油喷射系统电控喷油器常见故障及其原因以及其对柴油机产生的影响。

表10-46 高压共轨燃油喷射系统电控喷油器常见故障及其原因以及其对柴油机产生的影响

项目	具体说明
常见故障	电控喷油器技术状况的好坏，对柴油机的供油系统会产生重大的影响。喷油器较常见的故障为不喷油或喷油异常、喷油响应性能变差、喷油形状与雾化效果不能满足要求等
故障原因	造成电控喷油器故障的原因通常多为喷油器的控制电磁阀线圈烧毁、电磁阀磨损、针阀卡滞、密封不良、喷油孔磨损或堵塞等。当然，喷油器的控制电路本身或其连接线路异常时，也会导致喷油器不能工作或工作异常
对柴油机的影响	当喷油器及其控制电路出现故障时，通常会导致柴油机动力下降、排放超标、转速不稳、工作有噪声、振动增加等不良现象，严重时甚至会造成柴油机不能启动

10.5 电控泵喷嘴故障检测与维修

轿车柴油发动机电控泵喷嘴系统主要由泵喷嘴、驱动摇臂机构、电子控制单元、各种传感器等组成。泵喷嘴是电控泵喷嘴系统的主要执行器。

(1) 电控泵喷嘴电磁阀的典型结构与工作原理

电控泵喷嘴系统结构复杂，喷射压力大，最大可达205MPa。其中任一部件损坏或失效均会导致泵喷嘴系统不能正常工作，必须更换泵喷嘴。

① 电控泵喷嘴电磁阀的特点见表10-47。

表10-47 电控泵喷嘴电磁阀的特点

项目	具体说明
无高压油管	电控泵喷嘴一般由喷油泵、喷油器和电磁阀等部分组成，无高压油管，直接集成安装在气缸盖上。泵喷嘴电磁阀位于泵喷嘴的中部，由柴油机电子控制单元(ECU)进行控制
双保险功能	泵喷嘴电磁阀有双保险功能，如果电磁阀保持打开状态，泵喷嘴内无法建立起油压；如果电磁阀保持关闭状态，泵喷嘴高压油腔内无法再充注燃油。这两种状态下，都没有燃油喷射到气缸内

② 电控泵喷嘴电磁阀的结构与原理见表10-48。

表 10-48 电控泵喷嘴电磁阀的结构与原理

项目	具体说明	
结构示意图	泵喷嘴电磁阀的典型结构如右图所示，主要由电磁阀针、电磁阀座、电磁阀线圈、电磁阀弹簧、供油管等构成	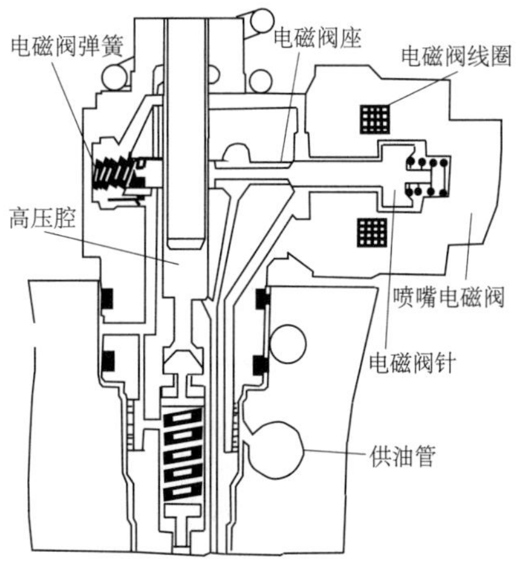 电磁阀弹簧 电磁阀座 电磁阀线圈 高压腔 喷嘴电磁阀 电磁阀针 供油管
工作原理	正常情况下发动机工作时，柴油直喷系统电控单元(ECU)会根据喷射凸轮位置传感器激活某一泵喷嘴电磁阀[由发动机电控单元(ECU)控制电磁阀线圈电路搭铁]→电磁阀线圈电流通路形成，把电磁阀针压到电磁阀座内，从而切断供油管到泵喷嘴单元高压腔通道，喷射循环开始；当发动机电控单元(ECU)停止激活泵喷嘴电磁阀后，电磁阀线圈断电，电磁阀弹簧打开电磁阀针→高压管到泵喷嘴单元高压腔通道接通，充注燃油，油压下降，主喷射循环结束 这样，发动机电控单元(ECU)精确控制各缸泵喷嘴电磁阀激活时刻与激活时间，从而精确调节各缸泵喷嘴的喷射始点和喷射量	

(2) 电控泵喷嘴电磁阀的连接方式与故障检修提示

宝来系列轿车 TDI 柴油发动机就采用上述这种泵喷嘴，表 10-49 中列出了应用在该轿车上的泵喷嘴的连接方式与故障检修提示。

表 10-49 泵喷嘴的连接方式与故障检修提示

项目	具体说明	
连接方式	以大众宝来轿车 TDI 柴油发动机为例，在其电控泵喷嘴系统中，有 4 个泵喷嘴电磁阀 N240～N243，分别通过连接线和发动机电控单元 ECU(J248)的相关端子相连。也就是说，轿车柴油发动机的每个气缸都设置了一个泵喷嘴，用于根据发动机的工况产生所需的高喷射压力(大于 30MPa)，并按准确的时间和喷油量喷油。右图所示为 4 个电控泵喷嘴与发动机电控单元之间的连接方式	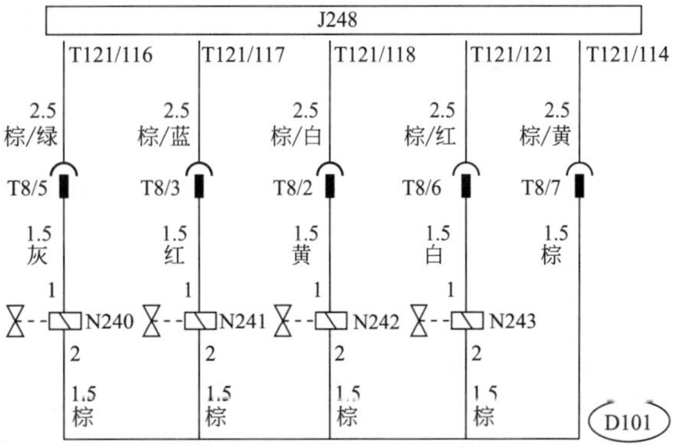 J248 T121/116 T121/117 T121/118 T121/121 T121/114 2.5 棕/绿 2.5 棕/蓝 2.5 棕/白 2.5 棕/红 2.5 棕/黄 T8/5 T8/3 T8/2 T8/6 T8/7 1.5 灰 1.5 红 1.5 黄 1.5 白 1.5 棕 1 N240 1 N241 1 N242 1 N243 2 2 2 2 1.5 棕 1.5 棕 1.5 棕 1.5 棕 D101
检修提示	从大量的维修实例来看，泵喷嘴的机械部分在设计使用寿命内通常不会损坏，而泵喷嘴电磁阀出故障的可能性较大。在对泵喷嘴故障进行诊断时，可先采用故障诊断仪(如大众公司的 V. A. G1552 等)读取故障代码和数据块(如宝来轿车的"显示组 018")，然后再根据各缸显示区的泵喷嘴状态值，利用万用表依据电路图检测泵喷嘴电磁阀线圈电阻及其连接线路，查找故障原因并进行处理。由此可使故障诊断效率大大提高，同时也可避免不必要的检测而导致人为故障，造成故障的进一步扩大	

(3) 电控泵喷嘴电磁阀的检测方法

轿车柴油发动机电控泵喷嘴电磁阀失效后，将会导致柴油发动机运转不平稳，功率也将下降。

① 故障诊断仪检测方法。以大众宝来系列轿车柴油发动机电控泵喷嘴电磁阀为例，采用大众系列轿车 V. A. G1552 故障诊断仪来进行故障诊断，具体检测方法见表 10-50，供参考。

表 10-50 故障诊断仪检测电控泵喷嘴电磁阀的方法

步骤	具体说明
1	把 V. A. G1552 故障诊断仪与车辆上的故障诊断座正确连接好，接通点火开关，输入地址码 01，选择发动机电控单元，发动机应怠速运转
2	分别按压 V. A. G1552 故障诊断仪上的 0 和 8 按键，进入读取测量数据块功能，按 Q 键确认；分别按 0、1 和 8 键进入"显示组 018"，按 Q 键确认
3	等发动机怠速运转 1min 后，检查显示区 1～4 的泵喷嘴状态值，显示区 1、2、3、4 处的状态值分别表示 1、2、3、4 气缸泵喷嘴状态值。正常情况下这 4 个区显示的状态值均应为 0，如某显示区显示的状态值不为 0，则应检测该缸泵喷嘴电磁阀的电阻值及其连接电路

② 汽车万用表检测方法。以大众宝来系列轿车柴油发动机电控泵喷嘴电磁阀为例，采用汽车数字式万用表检测电控泵喷嘴电磁阀的方法与步骤见表 10-51。但在检测之前，应断开点火开关与气缸盖处的泵喷嘴连接器。

表 10-51 采用数字式万用表检测电控泵喷嘴电磁阀的方法与步骤

检修步骤	检测方法	"检测方法"一栏中是与否的判断	
		是	否
1	如右图所示(与检测没有关系的端子号没有标出)，检测泵喷嘴的 8 针连接器端子⑦与⑤之间(1 缸)、⑦与③之间(2 缸)、⑦与②之间(3 缸)、⑦与⑥之间(4 缸)0.5Ω 的标准电阻值是否正常	转到步骤 2	对电阻值不符合要求的泵喷嘴本身进行检查或更换新的、同规格的配件
2	对各个泵喷嘴的电路之间、电路与车身之间进行检查，看是否有短路处	转到步骤 3	正常值为∞，如不正常则查找泵喷嘴电磁阀的控制电路工作情况
3	拆下上部齿形皮带护罩和气缸盖罩，用旋具撬开泵喷嘴连接器，支撑住连接器的另一端，防止其倾斜。检测泵喷嘴端子之间 0.5Ω 的标准电阻值是否正常	转到步骤 4	如电阻值不符合要求，则说明该泵喷嘴电磁阀失效，应进行修理或更换
4	检测泵喷嘴端子②与连接器 T8 端子(以下均同)⑤(灰色)之间(1 缸)、②与③(红色)之间(2 缸)、②与⑥(白色)之间(4 缸)、②与②(黄色)之间(3 缸)电路是否断路，泵喷嘴与 4 个连接器之间电路是否短路	查找故障原因并排除故障	转到步骤 5
5	拆下泵喷嘴的 8 针连接插头，将测试盒 V. A. G1598/31 连接到发动机电控单元的线束上，接发动机电控单元。参考表 10-49 中电路图检测测试盒与插头之间的线路电阻：端子②与插孔 T121/118、端子③与插孔 T121/117、端子⑤与插孔 T121/116、端子⑥与插孔 T121/121、端子⑦与插孔 T121/114 线路电阻最大值为 1.5Ω，看是否符合规定	检查或更换发动机电控单元 J248	查找电阻值不符合规定值的原因并排除故障

(4) 电控泵喷嘴不喷油、喷油不足的常见原因与处理方法

柴油发动机电控泵喷嘴系统喷油泵不喷油或喷油不足故障较为常见，问题大都出在发动机的柴油供给系统，应围绕这部分零部件查找故障原因。

① 电控泵喷嘴不喷油故障。柴油发动机电控泵喷嘴出现不喷油故障时，柴油机就会因无高压油供应而无法启动。表10-52列出了出现该故障的常见原因及其处理方法。

表10-52 电控泵喷嘴不喷油故障的常见原因及其处理方法

常见原因	处理方法
油箱中的柴油已经用完或油箱开关没有打开	按照规定加注一定量的柴油，对于燃油箱开关没有打开的情况，则应打开油箱开关
柴油中有空气，出现了气阻现象	对柴油油路中存在的空气进行排除
柴油滤清器或油管堵塞	更换新的、同规格的柴油滤清器；如果油管出现堵塞，则应对管路进行彻底清洗
输油泵不良或损坏	对输油泵进行检查，确认不良时，有条件者可以将其拆开进行修理
出油阀关闭不严或断裂	出油阀关闭不严往往与污垢严重有关，应对其进行清洗、研磨、更换油封垫圈；对于严重损坏的出油阀则只有更换新件
柱塞偶件严重磨损或咬死	对于严重磨损的柱塞偶件，只有更换新的配件；对于咬死的柱塞偶件，则能修就修，不能修也只能更换新件

② 电控泵喷嘴喷油不足故障。柴油发动机电控泵喷嘴出现喷油不足或喷油量过少故障时，柴油机的输出功率就会下降，不能达到预期的动力要求。表10-53列出了出现该故障的常见原因及其处理方法。

表10-53 电控泵喷嘴喷油不足故障的常见原因及其处理方法

常见原因	处理方法
喷油泵位置发生了移动	先松开喷油泵的固定件，然后对喷油泵的安装位置重新进行调整，调整合格后再将其固定牢固
出油阀关闭不严或断裂	出油阀关闭不严往往与污垢严重有关，应对其进行清洗、研磨、更换油封垫圈；对于严重损坏的出油阀则只有更换新件
燃油管插头漏油	观察燃油管插头漏油的原因，并根据实际情况对其进行修理或更换
柱塞偶件严重磨损	对于严重磨损的柱塞偶件，只有更换新的配件，但注意柱塞偶件应配对更换
油量调节机构松动	先松开油量调节机构的固定件，然后对油量调节机构的安装位置重新进行调整，调整合格后再将其固定
调速手柄行程过小	查找调速手柄行程过小的原因，然后根据实际情况进行调整或修理、更换
活塞、推杆磨损	对于磨损严重的活塞、推杆，通常只有更换新的配件
止回阀关闭不严，自紧油封损坏	对于止回阀关闭不严现象，应观察是否为污垢严重所致，如是，则应进行彻底清洗；自紧油封损坏后，只有更换新的、同规格的配件

(5) 泵喷嘴喷油器喷射后出现滴漏的原因及其处理方法

喷油器喷射后出现滴漏，就会导致气缸中的燃油不能完全燃烧，由此会造成排放黑烟。表10-54列出了泵喷嘴喷油器喷射后出现滴漏的常见原因及其处理方法。

表10-54 泵喷嘴喷油器喷射后出现滴漏的常见原因及其处理方法

常见原因	处理方法
燃油颗粒积累在喷油器针阀前端	当燃油喷射停止时，如果燃油颗粒积累在喷油器针阀前端，就会发生喷油器滴漏。对此，应选用质量好、杂质少的柴油。对于不良的喷油器，还应对其进行彻底清洗

续表

常见原因	处理方法
出油阀(卡滞或密封不严)或喷油嘴出现问题	在结构设计上,为了防止滴漏的发生,通常是利用出油阀的减压阀拉回任何可能在喷射后滴出的柴油。因此,如果出油阀或喷油嘴出现问题,滴漏就会出现,因为喷射后高压油管中仍然存在残余的压力 出油阀的典型结构如右图所示,该阀安装在喷油泵的分配头上,每次喷油结束时,出油阀迅速关闭燃油管路来保持高压油路内的残余压力。同时,喷油嘴必须迅速关闭,以免燃油滴漏。一旦出油阀出现卡滞或密封不严,必然会出现滴漏现象 对于以上情况,应重点对出油阀或喷油嘴的工作情况进行检查,并根据实际情况进行修理或更换新件 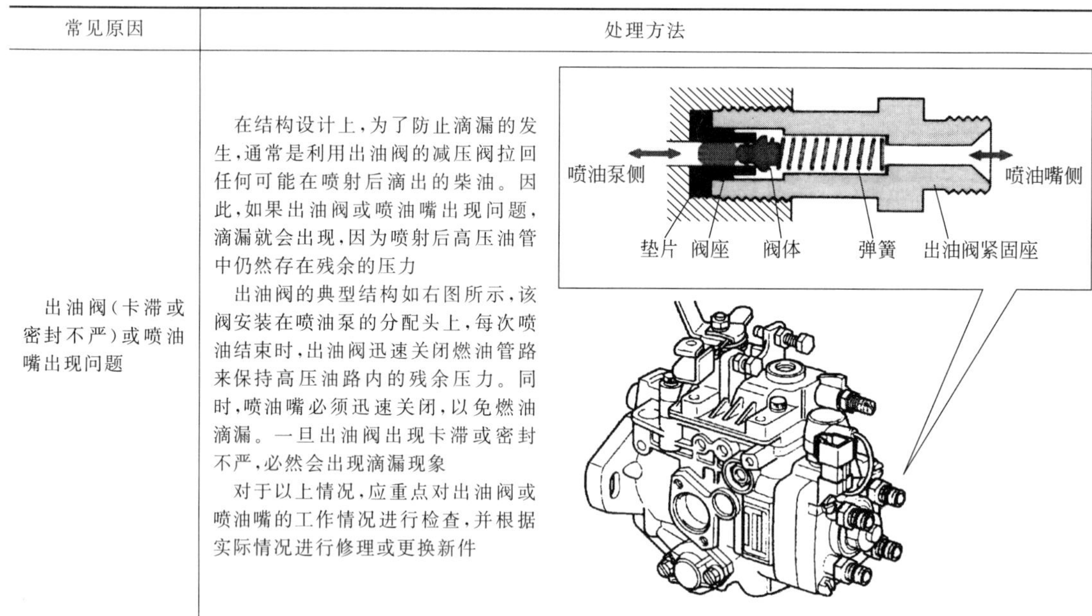

(6) 泵喷嘴其他容易出现的故障及其处理方法

泵喷嘴其他容易出现的故障及其处理方法见表10-55。

表 10-55 泵喷嘴其他容易出现的故障及其处理方法

常见故障	处理方法
高压油泵油腔内有空气	如果高压油泵油腔内有空气,就会使车辆在启动时,由于喷油嘴没有燃油喷出而导致发动机无法着火。对此,应排出高压油泵油腔内的空气。可松开油泵放气螺钉,用手油泵进行放气
达不到标定转矩	这种情况往往是校正装置特性发生了变化或调整不当引起的,应对喷油泵的校正装置进行精确调整或修理
达不到高压油泵标定的转速	如果加油手柄没有达到最大油量位置,就会因加油量不足而导致发动机达不到高压油泵标定的转速 如果调速弹簧预紧力变小,也会造成发动机达不到高压油泵标定的转速。对此,应把调速螺钉拧紧1/4～1/2圈
柱塞弹簧或出油阀弹簧断裂	这种情况往往会使某缸不能供油→发动机动力下降,转速不稳定。对此,应更换新的、同规格的柱塞弹簧或出油阀弹簧
输油泵工作异常	这种情况的典型特征是输油泵供油不足或时供时断。故障原因多为止回阀变形关闭不严或止回阀上夹有杂质、污垢,止回阀弹簧弹力变弱或弹簧断裂。对此,应根据实际情况进行修理或更换
怠速不稳定	这种情况只要将怠速限位螺钉拧紧一些,使怠速转速适当提高后,就可使问题得到解决
柱塞漏油或输油泵漏油	查找柱塞或输油泵出现漏油的原因,并根据实际情况,能修理的就修理,不能修理的则更换同规格的新件
油泵提前器松脱	这种情况出现时,会使供油角度不稳定。对此,应查找油泵提前器出现松脱的原因,然后进行调整、固定

第11章 柴油发动机各种泵类件的检测与维修

汽车柴油发动机燃油喷射系统使用了各种泵类件，如供油泵(也称输油泵)、喷油泵、高压油泵等，对于泵喷嘴系统中使用的泵，在上一章中已经介绍过，这里不再赘述。

11.1 燃料供给系统输油泵

输油泵主要用来保证低压油路中燃油的正常流动，克服柴油滤清器和管道中的阻力，并以一定的压力向喷油泵输送足够的燃油。

(1) 输油泵的类型与基本结构

柴油发动机燃油喷射系统使用的输油泵又称供油泵，表 11-1 列出了这类泵的类型与基本结构。

表 11-1 输油泵的类型与基本结构

项目	具体说明
类型	柴油发动机输油泵根据其结构的不同，主要有活塞式、转子式、滑片式(在分配式喷油泵上使用)、膜片式、齿轮式等多种。中小功率柴油发动机一般都采用活塞式输油泵，下面介绍的主要是这类输油泵
基本结构示意图	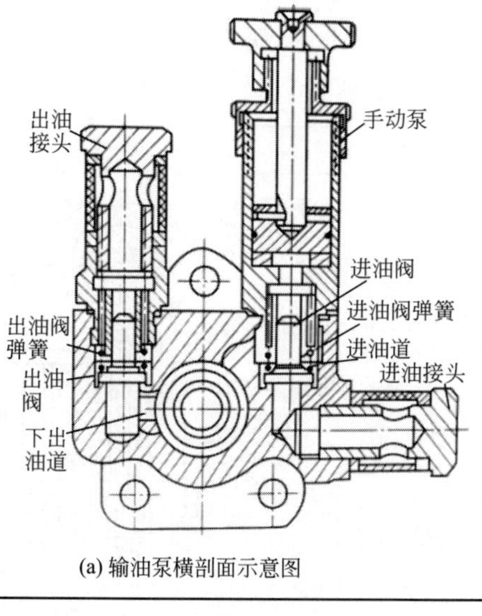 出油接头 手动泵 进油阀 进油阀弹簧 出油阀弹簧 进油道 进油接头 出油阀 下出油道 (a) 输油泵横剖面示意图 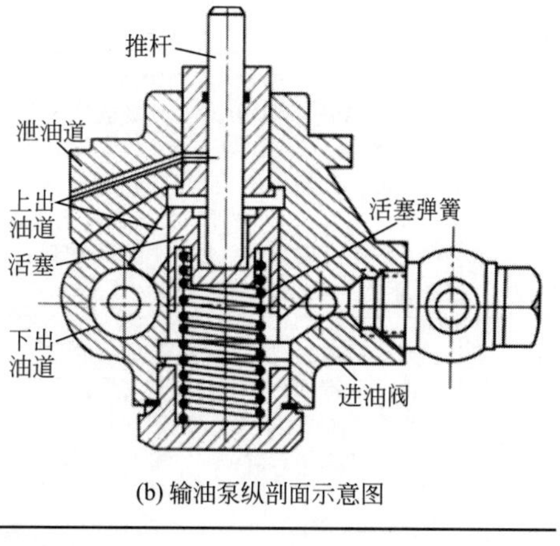 推杆 泄油道 上出油道 活塞弹簧 活塞 下出油道 进油阀 (b) 输油泵纵剖面示意图

续表

项目	具体说明
示意图说明	图(a)所示为活塞式输油泵的基本结构横剖面示意图，图(b)所示为其纵剖面示意图。该输油泵主要由出油泵、进油阀、手动泵、出油接头、进油接头、活塞、推杆等组成

(2) 输油泵的工作原理

输油泵的工作原理可以从准备压油→吸油和压油→输油量的自动调整这三个过程来进行说明。

① 输油泵的准备压油、吸油和压油过程见表11-2。

表 11-2　输油泵的准备压油、吸油和压油过程

项目	具体说明
输油泵的准备压油、吸油和压油过程示意图	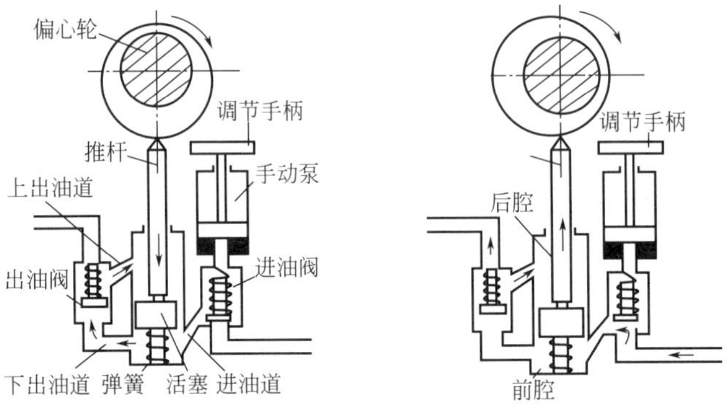 偏心轮 调节手柄 推杆 手动泵 上出油道 出油阀 进油阀 下出油道 弹簧 活塞 进油道 (a) 准备压油过程 调节手柄 后腔 前腔 (b) 吸油和压油过程
准备压油过程	柴油发动机工作时，喷油泵凸轮轴被曲轴驱动，偏心轮随之转动。当偏心轮凸起部分最高点向推杆位置转动时，如图(a)所示，推杆就会被推动并使活塞移动压油(同时也往下压缩了活塞弹簧)。由于活塞前腔因容积减小而油压升高，进油阀在上述压力的作用下关闭，而出油阀被推开，由此就会使该油腔中的柴油经出油阀与主油道流进油压较低的活塞后腔内
吸油和压油过程	当偏心轮随凸轮轴继续旋转而使凸起部分逐渐远离推杆时，如图(b)所示，活塞弹簧就会推动活塞和推杆回行，此时活塞后腔油压升高而前腔油压下降，于是出油阀关闭，活塞后腔的压力油经出油道流向喷油泵。由于此时的前腔出现真空，由柴油箱或柴油滤清器流出的柴油经进油阀、进油道流入活塞前腔。到此，输油泵就完成了一次压油和吸油的过程 偏心轮不断旋转，活塞就不停地往复运动，柴油就会被连续不断地压向喷油泵

② 输油泵的输油量自动调整过程见表11-3。

表 11-3　输油泵的输油量自动调整过程

项目	具体说明	
调整特性	由于柴油由输油泵流向喷油泵是依靠活塞弹簧推动活塞而压出的，故输油压力是由弹簧的弹力来确定的，并保持在一定的范围内。活塞往复运动时，当其运动到最前端，也就是弹簧受到最大压缩时的变形量，取决于偏心轮的偏心距；而活塞退到最后端位置，则为弹簧力与活塞后端油腔中油压相等时的位置。由此可见，活塞式输油泵可在保持输油压力一定的情况下，根据需要来改变输油量	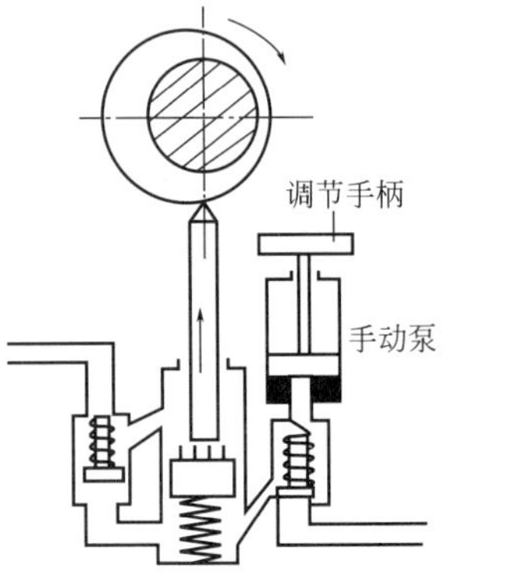 调节手柄 手动泵
调整过程	当负荷增大、喷油泵需要的柴油量大(也就是输油量大)时，柴油从后端油腔中流出较快，活塞行程长 当柴油机负荷减小时，输油量也会相应减小，活塞后端油腔中的柴油流出较少，油压相对升高，如右图所示，活塞后退的行程就短。	

(3) 输油泵的手动泵油工作原理

在介绍输油泵的手动泵油工作原理之前，了解设置手动泵的目的有助于对手动泵油工作原理的理解，具体见表11-4。

表11-4 输油泵的手动泵油工作原理

项目	具体说明	
设置手动泵的目的	输油泵上设置手动泵的目的，是为了在启动前使柴油充满低压油路和排除油路中的空气	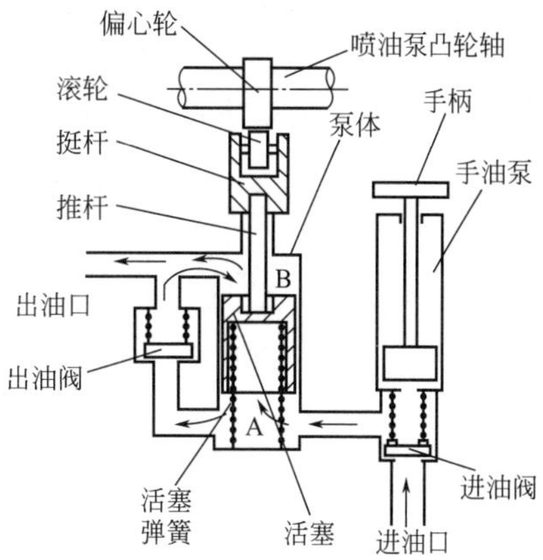 偏心轮 喷油泵凸轮轴 滚轮 手柄 泵体 挺杆 手油泵 推杆 B 出油口 出油阀 A 活塞弹簧 进油阀 活塞 进油口
手动泵油工作原理	如右图所示，当上下拉动手动泵手柄进行泵油时，活塞就会在泵体内抽动，抽动形成一定的真空就会使进油阀被吸开，柴油被吸入泵体，然后再压入泵室A，并推动出油阀而输出。在停止使用手动泵后，要及时把手柄拧紧在手动泵体上，以防止空气渗进油路而对输油泵的工作造成影响	

11.2 燃料供给系统喷油泵

柴油机燃料供给系统的高压油路主要由高压喷油泵、高压油管和喷油器总成共同构成。高压喷油泵简称为高压油泵或喷油泵，是高压油路的关键部件。

(1) 喷油泵的功能

汽车柴油发动机燃料供给系统使用的喷油泵主要用来提高燃油压力，并按照柴油发动机运行工况的不同要求，定时、定量地把高压柴油提供给喷油器进行喷油。

(2) 喷油泵的类型与特点

表11-5中列出了汽车柴油发动机燃料供给系统常用喷油泵的类型与特点。

表11-5 喷油泵的类型与特点

项目	具体说明
转子式喷油泵	这类喷油泵仅有一对柱塞副，是通过转子的转动来实现喷油的增压和分配的。由于其体积较小，对发动机在汽车上的布置十分有利，故在电控柴油机喷射系统中应用越来越广泛
喷油泵-喷油器	这类喷油泵是把喷油泵和喷油器组合在一起而形成的，由于其可以直接安装在柴油发动机的气缸盖上，故可以消除高压油管造成的某些不良影响。不足的是需要在发动机上另外设置驱动机构
柱塞式喷油泵	这类喷油泵虽然属于传统的结构，但由于其性能较好、工作可靠，故现在的很多柴油发动机仍然使用这类喷油泵，也是下面内容主要介绍的对象

11.3 柱塞式喷油泵

柱塞式喷油泵在早期的汽车柴油发动机燃料供给系统中应用相当广泛，现在不少柴油货车仍然使用。

(1) 柱塞式喷油泵的基本结构及其特点

虽然柱塞式喷油泵的型号较多，但从它们的整体结构上看，却大同小异。表 11-6 列出了柱塞式喷油泵的基本结构及其特点。

表 11-6 柱塞式喷油泵的基本结构及其特点

项目	具体说明
基本结构示意图	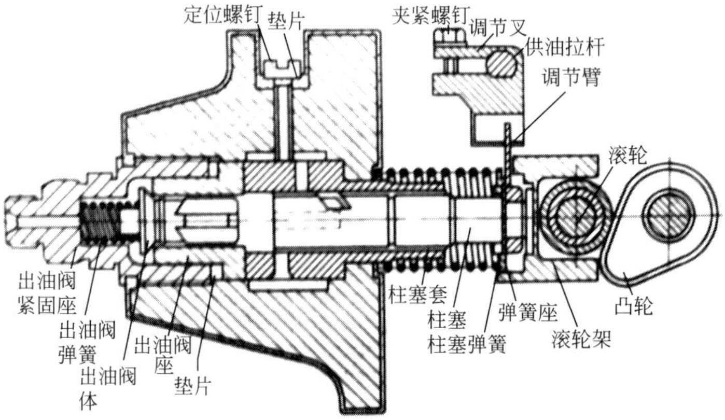
示意图说明	上图是一种汽车柴油发动机燃料供给系统常用柱塞式喷油泵的典型结构。其中的泵油机构为该喷油泵的关键部件，该机构主要由柱塞偶件（柱塞套与柱塞）、出油阀偶件（出油阀体与出油阀座）等构成
特点	柱塞式喷油泵主要是通过柱塞在柱塞套内的往复运动来进行吸油与压油的，每一个柱塞偶件向一个气缸供油。单缸柴油发动机由一套柱塞偶件组成单体泵；多缸柴油发动机由多套柱塞偶件在同一壳体内构成多缸泵，分别给各缸供油

(2) 柱塞式喷油泵的工作原理

柱塞式喷油泵的工作原理可以从泵油过程、进油过程、供油过程、回油过程等几个方面来进行说明。

① 柱塞式喷油泵的泵油、进油过程见表 11-7。

表 11-7 柱塞式喷油泵的泵油、进油过程

项目	具体说明
泵油过程	柱塞式喷油泵工作时，在喷油泵凸轮轴上凸轮和柱塞弹簧的共同作用下，驱动柱塞进行右、左往复运动来实现泵油工作。泵油过程可以从右图中清楚看出。柱塞在向右运动的全过程中，包括预备行程、减压带行程、有效行程和剩余行程 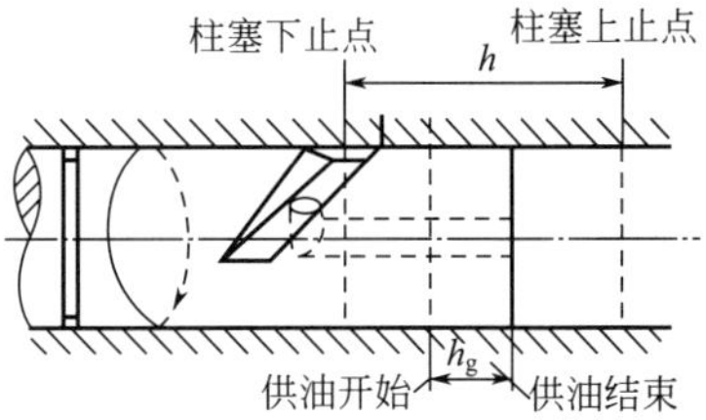

续表

项目	具体说明
进油过程	如右图所示，当凸轮的凸起部分旋转过去以后，在弹簧力的作用下，柱塞向左移动→柱塞右部空间（该空间通常称为泵油室）形成真空→柱塞右端面将柱塞套上的进油孔打开→充满在油泵上体油道内的柴油经油孔进入泵油室。一旦柱塞移动到下止点，进油就会结束 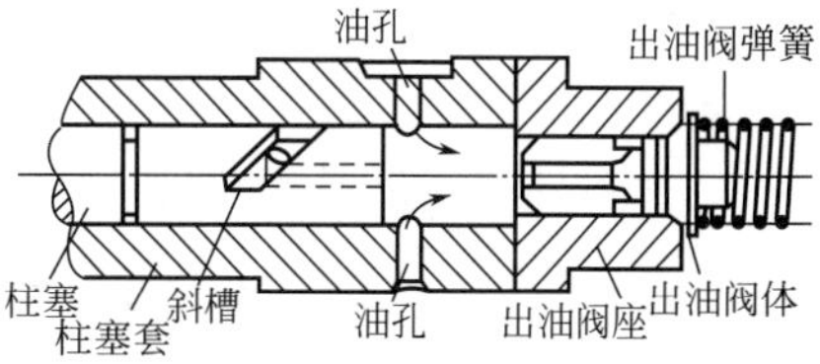 油孔 出油阀弹簧 柱塞 柱塞套 斜槽 油孔 出油阀座 出油阀体

② 柱塞式喷油泵的供油、回油过程见表11-8。

表11-8 柱塞式喷油泵的供油、回油过程

项目	具体说明
供油过程	如右图所示，当凸轮轴转到凸轮的凸起部分顶起滚轮体时→柱塞弹簧被压缩→柱塞向右移动→燃油受压→一部分燃油经油孔流回喷油泵右体油腔。一旦柱塞顶面遮住套筒上进油孔的上缘时，由于柱塞与套筒之间的配合间隙很小（通常在0.0015～0.0025mm间），就会使柱塞顶部的泵油室成为一个密封油腔→柱塞继续右移→泵油室内的油压迅速升高，一旦泵油压力大于出油阀弹簧力与高压油管剩余压力之和时，就会推开出油阀→高压柴油就会经出油阀进入高压油管，通过喷油器喷入燃烧室 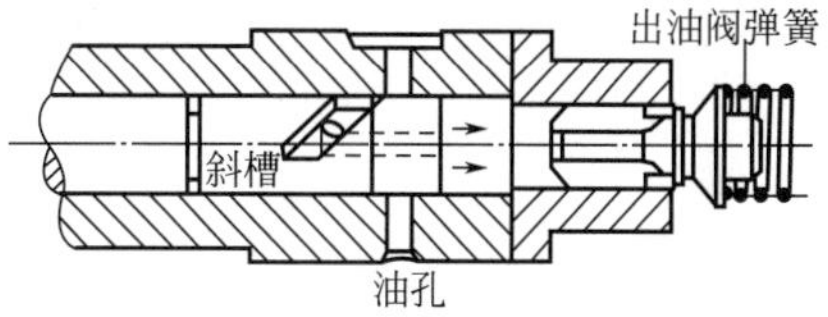 出油阀弹簧 斜槽 油孔
回油过程	如右图所示，在柱塞向右供油一旦右移到柱塞上的斜槽（停止供油一边）与套筒上的回油孔相通时，泵油室低压油路就会和柱塞头部的中孔与径向孔以及斜槽连通→油压骤然下降→出油阀在弹簧力的作用下迅速关闭而停止供油 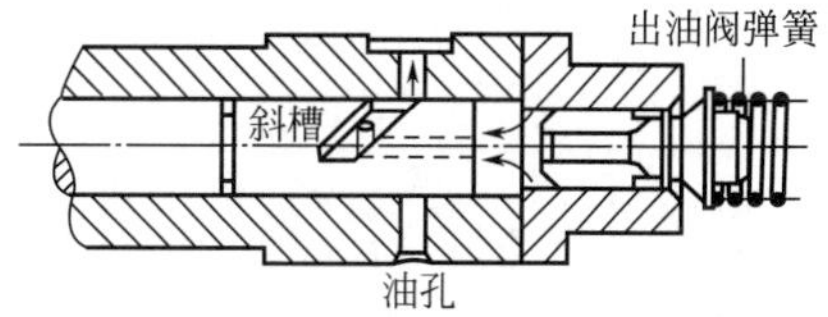 出油阀弹簧 斜槽 油孔
下一个循环	此后，柱塞还要右移，一旦凸轮的凸起部分转过去以后，在弹簧的作用下，柱塞又左移，进而就开始重复进行下一个循环过程

(3) 柱塞式喷油泵的传动机构

柱塞式喷油泵的传动机构属于机械结构，具有机械系统的特性，表11-9列出了传动机构的工作原理。

表11-9 柱塞式喷油泵的传动机构的工作原理

项目	具体说明	
结构示意图	柱塞式喷油泵的传动机构主要由凸轮、滚轮架、衬套与滚轮等构成，其典型结构示意图如右图所示	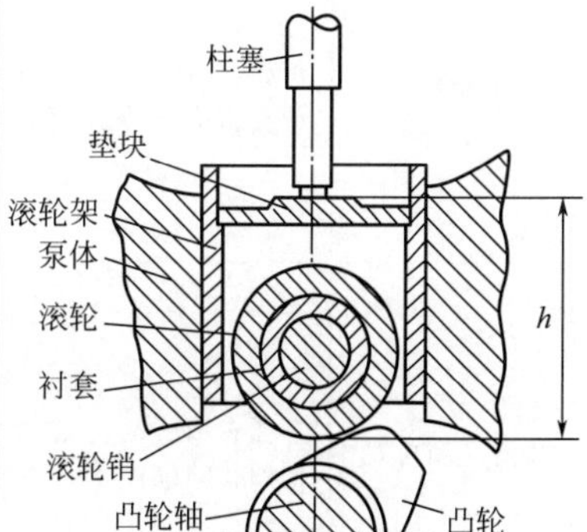 柱塞 垫块 滚轮架 泵体 滚轮 衬套 滚轮销 凸轮轴 凸轮 h
工作原理	喷油泵的往复运动是由凸轮与滚轮等来驱动的，凸轮轴是由柴油机的曲轴通过正时齿轮来驱动的，带有衬套的滚轮可以在滚轮销上转动，滚轮销则安装在滚轮架的座孔中。滚轮架外形类似于一圆柱体，可以在泵体的圆孔中进行相应的往复运动，其上安装有调整垫块，供支承喷油泵柱塞用	

(4) 柱塞式喷油泵的供油量调节机构

喷油泵供油量调节机构的主要作用是在柱塞往复运动的同时使柱塞转动，用改变柱塞运动的有效供油行程，来达到改变供油量的目的。喷油泵供油量调节机构主要有齿杆式与拨叉式两大类。

① 齿杆式供油量调节机构典型结构与供油量均匀性调整见表 11-10。

表 11-10 齿杆式供油量调节机构典型结构与供油量均匀性调整

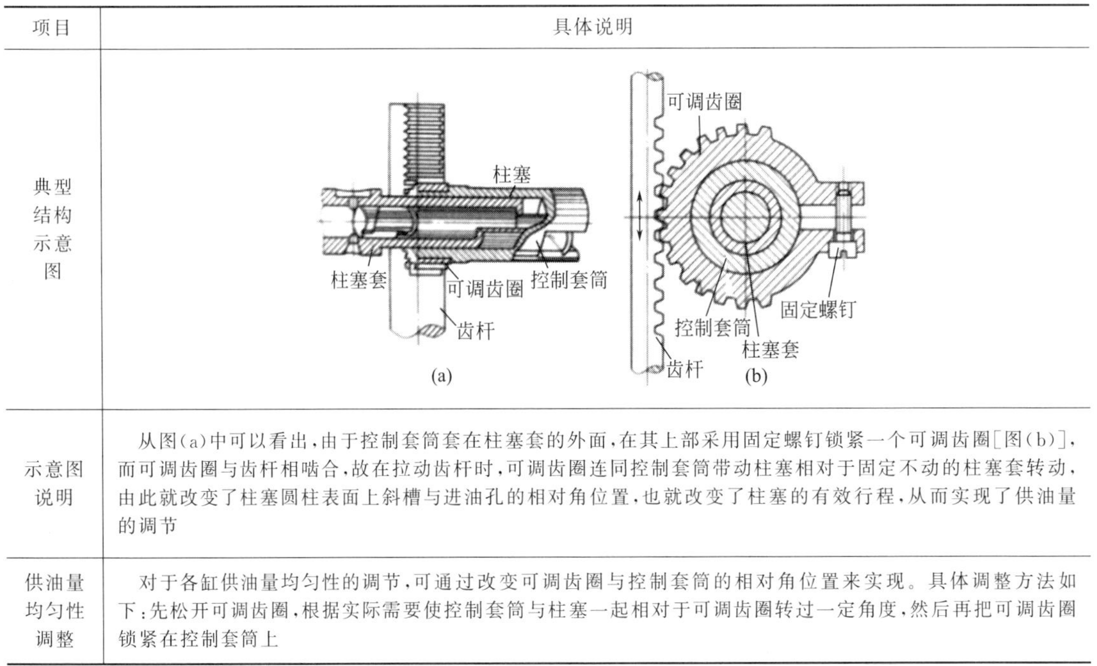

项目	具体说明
典型结构示意图	(a) (b)
示意图说明	从图(a)中可以看出，由于控制套筒套在柱塞套的外面，在其上部采用固定螺钉锁紧一个可调齿圈[图(b)]，而可调齿圈与齿杆相啮合，故在拉动齿杆时，可调齿圈连同控制套筒带动柱塞相对于固定不动的柱塞套转动，由此就改变了柱塞圆柱表面上斜槽与进油孔的相对角位置，也就改变了柱塞的有效行程，从而实现了供油量的调节
供油量均匀性调整	对于各缸供油量均匀性的调节，可通过改变可调齿圈与控制套筒的相对角位置来实现。具体调整方法如下：先松开可调齿圈，根据实际需要使控制套筒与柱塞一起相对于可调齿圈转过一定角度，然后再把可调齿圈锁紧在控制套筒上

② 齿杆式供油量调节机构工作原理见表 11-11。

表 11-11 齿杆式供油量调节机构工作原理

项目	具体说明
工作特点	齿杆式供油量调节机构通过转动柱塞可以使有效行程和每一循环的供油量发生变化。发动机在各种工况时，柱塞的螺旋线或斜槽上线的位置如下
熄火位置	在此位置时，柱塞螺旋槽的直切槽对正进、回油孔，供油量等于零
怠速位置	如右图所示，在怠速位置时，柱塞的螺旋线或斜槽上线对应进、回油孔的位置，调节齿杆保持不动状态 柱塞油孔 柱塞套 调节齿杆 泵腔
中等负荷位置	如右图所示，在中等负荷位置时，柱塞的螺旋线或斜槽上线对应进、回油孔的位置，调节齿杆沿调节齿圈向右运动 柱塞 油孔 调节齿杆

续表

项目	具体说明
全负荷位置	如右图所示，在全负荷位置时，柱塞的螺旋线或斜槽上线对应进、回油孔的位置，调节齿杆沿调节齿圈向右达到最大位置 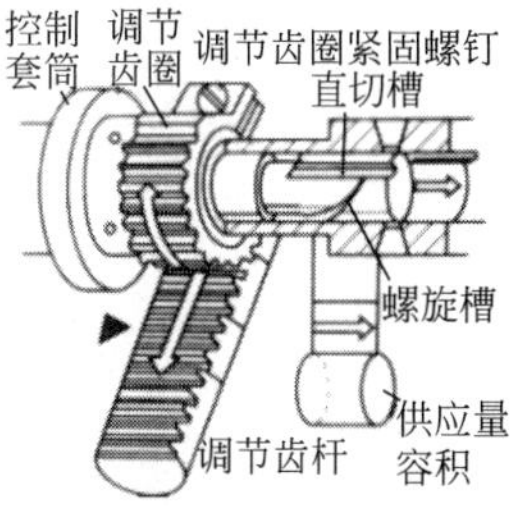 控制套筒 调节齿圈 调节齿圈紧固螺钉 直切槽 螺旋槽 供应量容积 调节齿杆
留有余地位置	在留有余地的位置时，额定供油量的位置不是在螺旋线或斜槽上线的最下端，而是偏上一些

③ 拨叉式供油量调节机构的典型结构与供油量均匀性调整见表11-12。

表11-12 拨叉式供油量调节机构的典型结构与供油量均匀性调整

项目	具体说明
典型结构	右图所示为拨叉式供油量调节机构典型结构示意图。从中可以看出，柱塞左端设置了一个调节臂，该调节臂的端头固定在拨叉的槽内，拨叉采用固定螺钉夹紧在调节拉杆上。调节拉杆安装在油泵下体孔内的油量调节套筒中，其轴向位置由人工和调节器控制。一旦驾驶员或调速器推动供油拉杆轴线移动，拨叉就会带动调节臂与分泵柱塞一同相对于柱塞套筒转过一定角度，从而改变喷油量 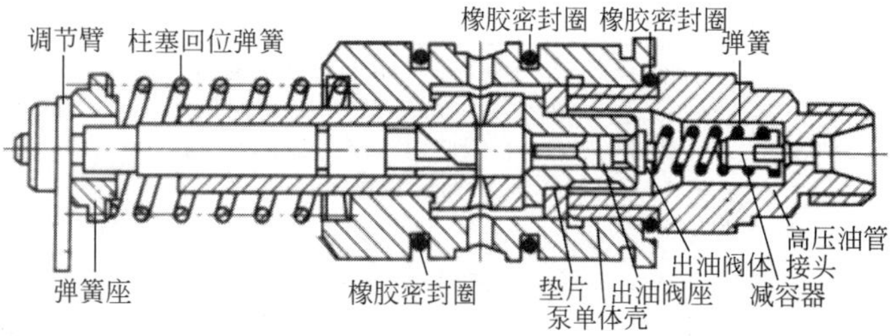 调节臂 柱塞回位弹簧 橡胶密封圈 橡胶密封圈 弹簧 高压油管 出油阀体 接头 弹簧座 橡胶密封圈 垫片 出油阀座 减容器 泵单体壳
供油量均匀性调整	松开固定螺钉改变拨叉与拉杆的相对位置，就可以调节气缸的供油量，由此就可实现供油量均匀性的调整

(5) 柱塞式喷油泵中的柱塞偶件

下面介绍柴油机燃料供给系统常用柱塞式喷油泵中柱塞偶件的典型结构及其主要特点。

① 柱塞式喷油泵中柱塞偶件的典型结构见表11-13。

表11-13 柱塞式喷油泵中柱塞偶件的典型结构

项目	具体说明
两种结构总成与分解示意图	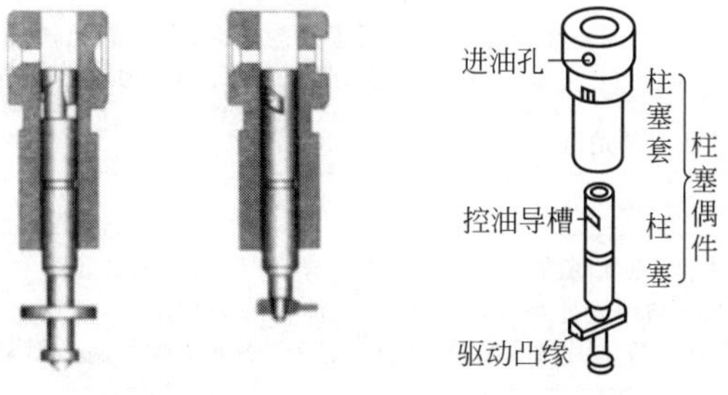 进油孔 柱塞套 柱塞偶件 控油导槽 柱塞 驱动凸缘 (a) 两种结构总成图 (b) 分解图
示意图说明	柱塞与柱塞套是一对精密的偶件，采用耐磨性高的优质合金钢(轴承钢)制成，并经热处理和时效处理，然后经配对研磨而成，其径向间隙一般在0.002～0.003之间，故不能单独和其他柱塞或柱塞套进行互换

② 柱塞式喷油泵中柱塞偶件的主要特点见表 11-14。

表 11-14 柱塞式喷油泵中柱塞偶件的主要特点

项目	具体说明
安装方式	柱塞套筒安装在壳体座孔内，采用定位螺钉和定位孔固定，用于防止柱塞套筒转动
柱塞	柱塞是一个光滑的圆柱体，在其上部铣有螺旋槽或斜槽，并利用直切槽或轴向孔和径向孔使槽与柱塞上端的泵油室相通。柱塞的下部设置了供安装弹簧座的圆柱体和十字凸块（或压入调节臂），以便柱塞进行往复运动来调节供油量
柱塞套筒	柱塞套筒是一个光滑的圆柱形长孔，套筒上部开有进油和回油用的小孔，或是开有两个径向的孔，无论是哪一种情况，这些孔都与壳体上的低压进油室相通

(6) 柱塞式喷油泵中的出油阀偶件

出油阀偶件是柱塞喷油泵中的又一对精密度要求较高、配对使用、易损坏的组件之一。

① 柱塞式喷油泵中出油阀偶件的典型结构与特点见表 11-15。

表 11-15 柱塞式喷油泵中出油阀偶件的典型结构与特点

<table>
<tr><th>项目</th><th colspan="2">具体说明</th></tr>
<tr><td>材质</td><td>右图所示为出油阀偶件的典型结构示意图。出油阀与出油阀座是一对精密的偶件，采用耐磨性高的优质合金钢制成，其导孔、上下端面及座孔都采用精密研磨而成，故配对后是不能互换的</td><td rowspan="2">座面
泄压环
出油阀
出油阀偶件
出油阀座
出油阀
出油阀座
(a) 分解图　(b) 总成图</td></tr>
<tr><td>圆锥、尾部和圆柱面</td><td>出油阀的圆锥部为阀的轴向密封锥面，阀的锥部与导孔间采用滑动配合作为导向用。出油阀的尾部加工有切槽，形成十字形断面，以便于燃油流过。出油阀中部的圆柱面称为减压带，其和密封锥面之间形成一个减压容积</td></tr>
<tr><td>紧固与密封</td><td colspan="2">阀座的下端面与柱塞套筒的上端面严密贴合，采用压紧螺母按规定拧紧力矩进行紧固。压紧螺母和阀座之间安装有一定厚度的铜制高压密封垫圈。出油阀压紧螺母与壳体上端面之间还设置了低压密封垫圈</td></tr>
<tr><td>减容器</td><td colspan="2">在出油阀压紧螺母内腔中还设置有带槽的减容器，用来减小内腔空间的容积，并且还具有限制出油阀最大升程的作用</td></tr>
</table>

② 柱塞式喷油泵中出油阀偶件的功能说明见表 11-16。

表 11-16 柱塞式喷油泵中出油阀偶件的功能说明

<table>
<tr><th>项目</th><th colspan="4">具体说明</th></tr>
<tr><td rowspan="3">可防止喷油前滴油，提高喷射速度</td><td colspan="4">在喷油泵处于供油状态时，一旦油压 $p_{泵}$ 高于出油阀弹簧的预紧力 $p_{弹簧}$ 和高压油管内的残余压力 $p_{残}$ 后，出油阀就会升起→密封锥面离开阀座。这样，只有等到出油阀上的减压带完全离开阀座的导孔时，泵油室的燃油才会进入高压油管，下表列出了三种油压力与出油阀状态之间的关系</td></tr>
<tr><td>油压力的情况</td><td>出油阀状态</td><td>油压力的情况</td><td>出油阀状态</td></tr>
<tr><td>$p_{泵}>p_{弹簧}+p_{残}$</td><td>打开</td><td>$p_{泵}<p_{弹簧}+p_{残}$</td><td>关闭</td></tr>
<tr><td>可防止喷油后滴油，提高关闭速度</td><td colspan="4">在停止供油、出油阀减压带的下沿进入导孔时，高压油管和泵室之间的通路就会被切断。一旦出油阀完全落座后下降一定距离 h，就会使高压油管的容积增大，油压因此也会迅速下降 1～2MPa，由于断油迅速，故可有效防止因油压波动和“管缩油涨”引起的喷后滴油现象的发生</td></tr>
<tr><td>其他方面</td><td colspan="4">可防止燃油出现倒流，使油管内保持一定的残余压力</td></tr>
</table>

(7) 柴油机燃油系统供油提前角自动调节器

表 11-17 为柴油机燃油系统供油提前角自动调节器的典型结构及其工作情况，供参考。

表 11-17 柴油机燃油系统供油提前角自动调节器的典型结构及其工作情况

项目	具体说明
典型结构示意图	柴油发动机燃油系统供油提前角自动调节器的典型结构如右图所示，属于密封组件，其内腔充满了润滑油，通常安装在喷油泵凸轮轴的前端，采用联轴器进行驱动，主要由主动件、从动件以及离心件三部分共同构成 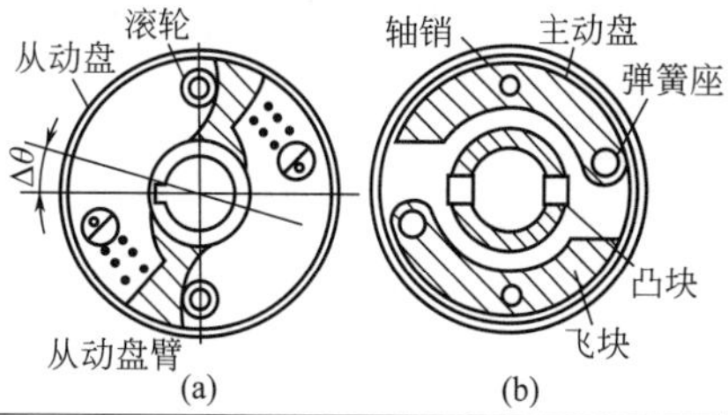
工作情况	柴油发动机工作时，一旦其转速达到设定值时，供油提前角自动调节器的两个飞块在离心力的作用下绕其轴销向外甩开→滚轮迫使从动盘带动凸轮轴如图(a)所示旋转一个角度 $\Delta\theta$，直到弹簧的张力和飞块的离心力平衡为止，这时主动盘变为和从动盘同步旋转。此时，供油提前角＝初始角＋$\Delta\theta$ 在上述基础上，如果柴油发动机的转速再升高，就会使飞块进一步张开[图(b)]→从动盘相对于主动盘又沿着旋转方向向前转动一个角度。同样道理，随着发动机转速的不断升高，提前角就会不断增大，一直到最大转速 在上述设定转速的情况下，如果柴油发动机的转速降低→飞块收拢→从动盘就会在弹簧力的作用下相对于主动盘退后一定的角度→供油提前角就会相应减小

(8) 国产系列柱塞式喷油泵典型结构及其特点

国产系列柱塞式喷油泵主要有 A 型、B 型、P 型、PDA 型 VE 型等，可以满足各种车辆的需要。

① 国产系列柱塞式喷油泵的基本特点。国产柱塞式喷油泵系列化最大的特点，是以柱塞行程、柱塞泵缸中心距以及结构形式为基础，根据柴油发动机单缸功率范围对供油量的要求不同，分别配制不同尺寸的柱塞直径，形成了各种在一个工作循环内供油量不等的喷油泵，以此来满足各种柴油发动机的需要。喷油泵系列化以后，给喷油泵的生产、装配、维修均带来了极大的便利。

② 国产系列柱塞式喷油泵的典型结构见表 11-18。

表 11-18 国产系列柱塞式喷油泵的典型结构

项目	具体说明
外形结构	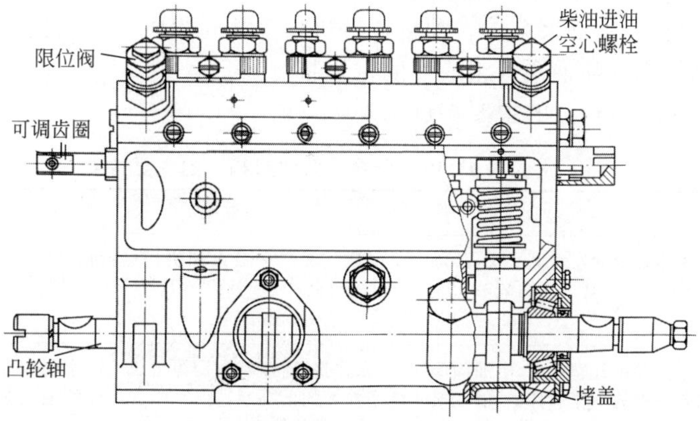 A 型喷油泵外形

续表

项目	具体说明
外形结构	A 型、B 型、P 型柱塞式喷油泵的结构与工作原理基本相同 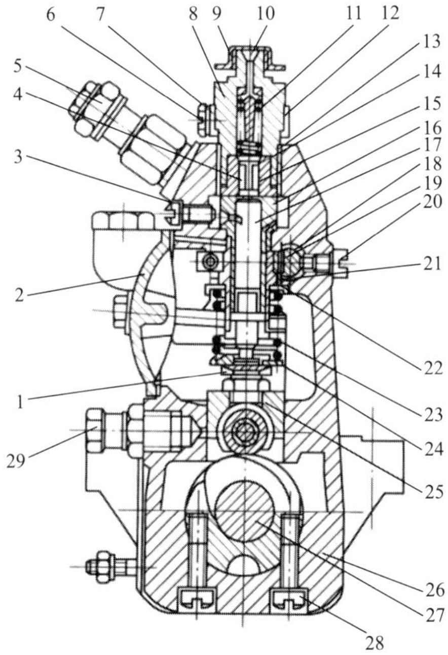 典型结构 1—调整螺钉；2—检查窗盖；3—挡油螺钉；4—出油阀体；5—限压阀部件；6—槽形螺钉；7—前夹板；8—出油阀紧固座；9—减容器；10—锁紧螺母；11—出油阀弹簧；12—后夹板；13—O 形密封圈；14—垫圈；15—出油阀座；16—柱塞套；17—柱塞；18—可调齿圈；19—调节齿杆；20—齿杆限位螺钉；21—控制套筒；22—弹簧上支座；23—柱塞弹簧；24—弹簧下支座；25—滚轮架部件；26—泵体；27—凸轮轴；28—紧固螺钉；29—润滑油进油空心螺栓

③ 国产系列柱塞式喷油泵各组成件的特点。国产系列柱塞式喷油泵主要由分泵（泵油机构）、传动机构与喷油泵泵体、油量调节机构等共同构成。下面仍然以 A 型喷油泵为例来说明国产系列柱塞式喷油泵各组成件的主要特点。

a. 分泵（泵油机构）的主要特点见表 11-19。

表 11-19　分泵（泵油机构）的主要特点

项目	具体说明
分泵设置方式	对于多缸柴油发动机来说，其每一个气缸均需要一套泵油机构进行供油。这套泵油机构就是分泵。实际上，分泵就是一套单独的泵油机构，发动机有几个缸，就设置几个分泵。例如，六缸发动机就需要设置 6 个分泵
分泵的组成	分泵主要由柱塞偶件、出油阀偶件、柱塞弹簧、出油阀弹簧等组成。柱塞与柱塞套、出油阀与出油阀座均为喷油泵内部的精密偶件，不能互换。柱塞弹簧的上端通过弹簧座支承在喷油泵泵体上，下端通过弹簧座支承在柱塞尾端，利用柱塞弹簧的预紧力，可使柱塞始终和凸轮保持接触

b. 传动机构与喷油泵泵体的主要特点见表 11-20。

表 11-20 传动机构与喷油泵泵体的主要特点

项目	具体说明
传动机构	对于 A 型喷油泵来说，其传动机构通常由凸轮轴、滚轮、挺杆等组成，如右图所示。凸轮轴通常被曲轴正时齿轮驱动，对于四行程柴油发动机来说，喷油泵凸轮轴的转速为曲轴转速的一半，在一个工作循环内，凸轮轴每转一圈，就会轮流向各个气缸供油一次。当喷油器开启压力确定后，其喷油规律就会由喷油泵的凸轮来进行控制。凸轮轴上的凸轮用来驱动活塞式喷油泵 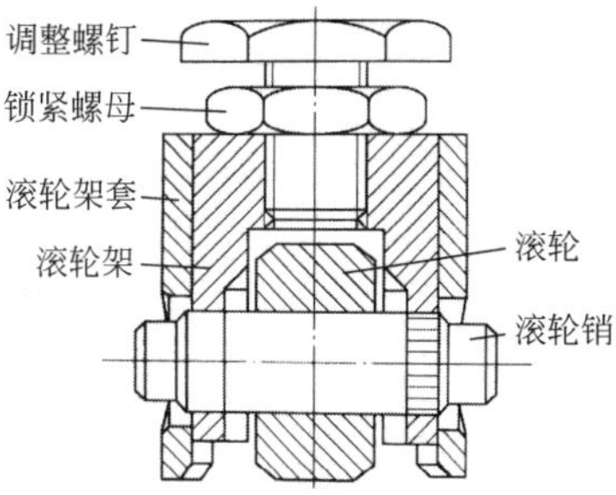
喷油泵泵体	喷油泵的泵体通常有分开方式与整体方式两大类。A 型喷油泵的泵体一般采用铝合金铸造而成。其上安装有泵油机构、油量调节机构与传动机构等。且在泵体的上部还设有纵向低压油道和各柱塞套的径向油孔。油道的一端连接进油管接头，另一端连接回油管接头，多余的燃油通过限压阀流回低压油路或燃油箱

c. 油量调节机构的类型与主要特点见表 11-21。

表 11-21 油量调节机构的类型与主要特点

项目	具体说明	
类型与示意图	喷油泵所使用的油量调节机构主要有两种，一种为齿条齿圈式油量调节机构[图(a)]，另一种为拨叉式油量调节机构[图(b)]	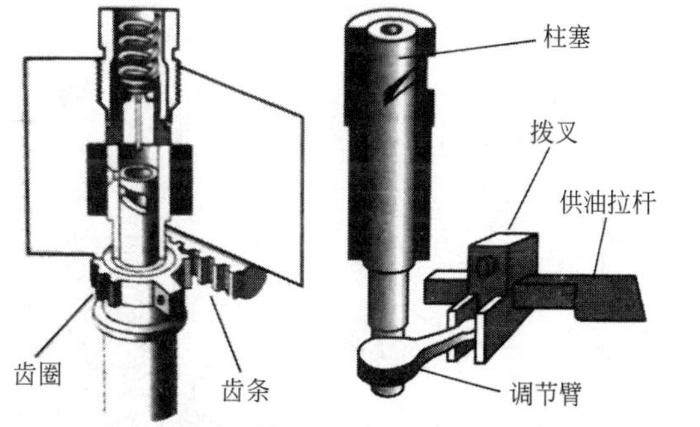 (a) 齿条齿圈式　(b) 拨叉式
特点	A 型喷油泵通常多与齿条齿圈式(又称为齿杆式)油量调节机构配套使用	

11.4 分配式喷油泵

柴油发动机燃油系统使用的分配式喷油泵具有结构简单、零部件较少、体积小、重量轻、高速性能好、故障率低、较容易维修等特点，故在轻型柴油汽车上被广泛应用。

(1) 分配式喷油泵的基本结构

分配式喷油泵根据其结构特点的不同可分为单柱塞式与转子式（又称径向压缩式）两种，前者应用较广泛。

① 单柱塞分配式喷油泵的总体外形示意图见表 11-22。

表 11-22 单柱塞分配式喷油泵的总体外形示意图

项目	具体说明
总体外形示意图	调节手柄 电磁阀 调速器 飞块 断油阀 外壳 驱动轴 输油泵 燃油压送、分配 定时器
示意图说明	单柱塞分配式喷油泵是一种具有一个分配柱塞(或分配转子)和多个出油口的喷油泵。单柱塞分配式喷油泵主要由电磁阀、调速器、断油阀、定时器、输油泵等组成

② 单柱塞分配式喷油泵的具体结构及其说明见表 11-23。

表 11-23 单柱塞分配式喷油泵的具体结构及其说明

项目	具体说明
具体结构示意图	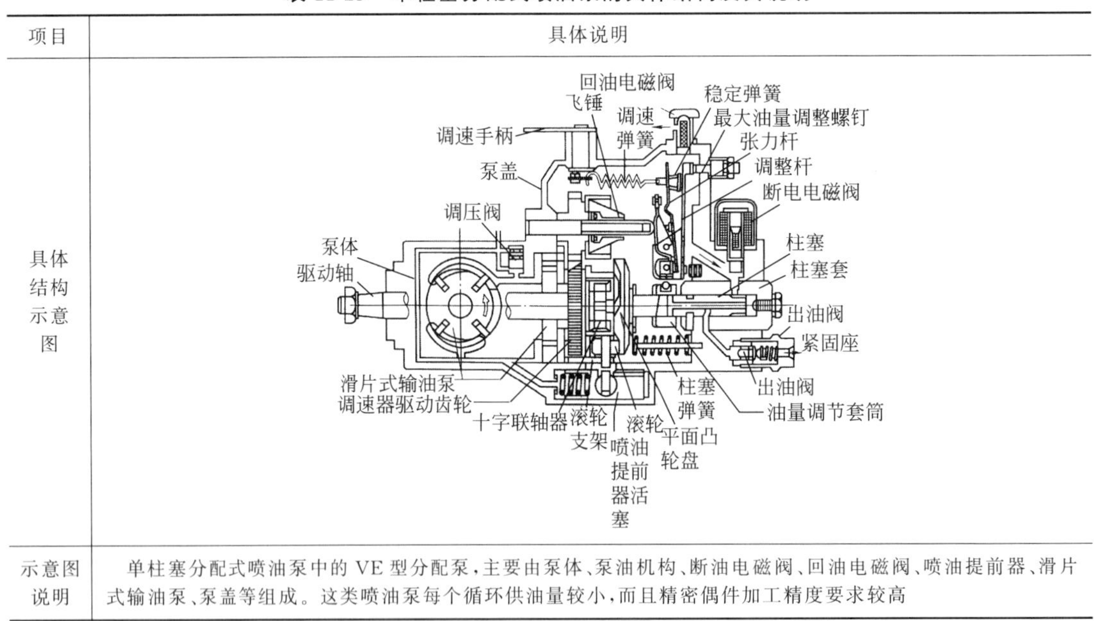
示意图说明	单柱塞分配式喷油泵中的 VE 型分配泵,主要由泵体、泵油机构、断油电磁阀、回油电磁阀、喷油提前器、滑片式输油泵、泵盖等组成。这类喷油泵每个循环供油量较小,而且精密偶件加工精度要求较高

(2) 单柱塞分配式喷油泵的泵体、泵盖与驱动机构

表 11-24 列出了柴油发动机燃油系统单柱塞分配式喷油泵的泵体、泵盖与驱动机构的结构特点。

表 11-24 单柱塞分配式喷油泵的泵体、泵盖与驱动机构的结构特点

项目	具体说明
泵体和泵盖	单柱塞分配式喷油泵的泵体与泵盖均采用铝合金铸造而成,用于支承该喷油泵的全部零部件。泵盖和泵体间采用橡胶垫圈进行密封,以防发生漏油。回油电磁阀、调速手柄、怠速调整螺钉、最大油量调整螺钉与高速限制螺钉等零件均安装在泵盖上

续表

项目	具体说明
驱动机构	单柱塞分配式喷油泵的驱动机构如右图所示，主要由平面凸轮盘、十字联轴器、滚轮、滚轮支架、调速器驱动齿轮与驱动轴等共同组成 正常工作情况下，发动机曲轴通过中间传动装置驱动着驱动轴。由驱动轴带动滑片式输油泵转动，同时还通过调速器驱动齿轮驱动调速器工作；而驱动轴的右端是通过十字联轴器来驱动平面凸轮盘进行转动的，由于凸轮盘上的凸轮数量和发动机气缸数一样，并紧靠在滚轮上，滚轮支承在滚轮支架上，这样就会使平面凸轮盘在转动的同时，还受滚轮的作用进行左右往复运动，以便驱动分配泵的柱塞也转动并进行往复运动

(3) 单柱塞分配式喷油泵的泵油机构

单柱塞分配式喷油泵的泵油机构以VE型分配泵的结构较为典型，其他许多型号单柱塞分配式喷油泵的泵油机构与此十分类似。

① 单柱塞分配式喷油泵的泵油机构基本构成见表11-25。

表11-25 单柱塞分配式喷油泵的泵油机构基本构成

项目	具体说明	
泵油机构基本构成示意图	右图所示为单柱塞分配式喷油泵泵油机构的典型结构示意图，这是一种为四缸发动机配套的VE型分配泵	
示意图说明	VE型分配泵主要由柱塞、柱塞套、油量调节套筒、柱塞弹簧、出油阀偶件等构成。泵油机构是单柱塞分配式喷油泵的核心，其作用是定时、定量产生高压油	

② 单柱塞分配式喷油泵的泵油机构中柱塞与平面凸轮盘的工作特点见表11-26。

表11-26 单柱塞分配式喷油泵的泵油机构中柱塞与平面凸轮盘的工作特点

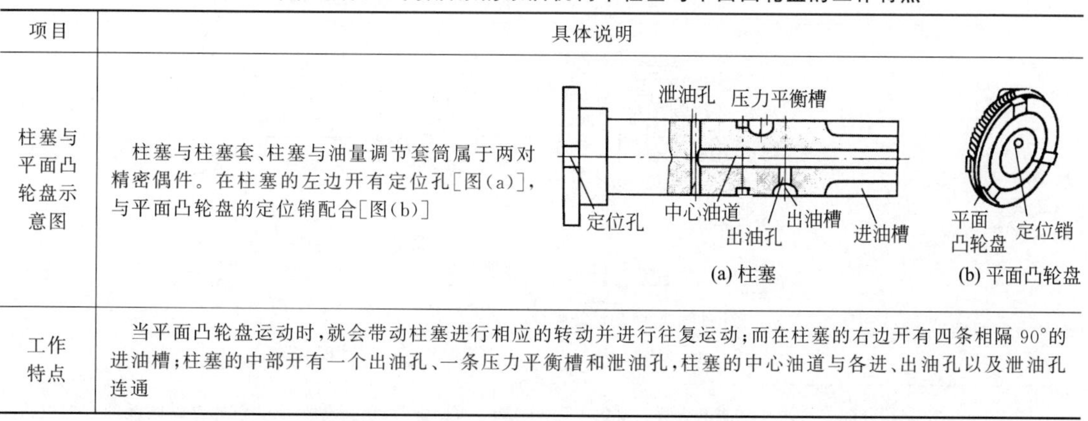

项目	具体说明
柱塞与平面凸轮盘示意图	柱塞与柱塞套、柱塞与油量调节套筒属于两对精密偶件。在柱塞的左边开有定位孔[图(a)]，与平面凸轮盘的定位销配合[图(b)] (a) 柱塞　(b) 平面凸轮盘
工作特点	当平面凸轮盘运动时，就会带动柱塞进行相应的转动并进行往复运动；而在柱塞的右边开有四条相隔90°的进油槽；柱塞的中部开有一个出油孔、一条压力平衡槽和泄油孔，柱塞的中心油道与各进、出油孔以及泄油孔连通

③ 单柱塞分配式喷油泵的泵油机构中柱塞套与油量调节套筒的工作特点见表11-27。

表 11-27 单柱塞分配式喷油泵的泵油机构中柱塞套与油量调节套筒的工作特点

项目	具体说明
柱塞套	见表 11-25 中单柱塞分配式喷油泵泵油机构的典型结构示意图，柱塞套被固定在泵头上，其右边有一进油孔，位置和柱塞的四个进油槽相对应，柱塞每旋转一周，进油孔与各进油槽各接通一次；柱塞套中部开有一个出油孔，柱塞每转一周，柱塞套出油孔分别和柱塞出油孔各接通一次
油量调节套筒	油量调节套筒上的凹坑和调速器相连，能够在柱塞上左右移动，当柱塞向右运动到露出泄油孔时，柱塞中心油道上的高压油就会自动进行泄压

④ 单柱塞分配式喷油泵的泵油机构工作原理见表 11-28。

表 11-28 单柱塞分配式喷油泵的泵油机构工作原理

项目	具体说明
进油过程	见表 11-25 中单柱塞分配式喷油泵泵油机构的典型结构示意图，当分配泵工作时，一旦平面凸轮盘的下凹部分转到和滚轮相接触，在柱塞弹簧的作用下，转动的柱塞向左移动接近终点时，泄油孔就会被油量调节套筒完全封闭。当柱塞的一个进油槽和柱塞套的进油孔相对时，泵腔内的燃油就会自动进入柱塞中心油道，直到柱塞进油槽和柱塞套的进油孔错开时，进油才会结束
泵油过程	当分配泵工作时，一旦平面凸轮盘的下凹部分向凸起部分转换，转到和滚轮相接触时，柱塞从左向右移动。此时，由于柱塞中心油道的油压急剧升高，一旦柱塞的出油槽和柱塞套的某个出油孔相对时，高压燃油就会经出油孔→出油阀→高压油管，输送给相应缸的喷油器。这样，柱塞每转一周，对于四缸柴油发动机来说，分别进油 4 次、出油 4 次，向每个气缸喷油一次
回油过程	在上述状态时，柱塞在平面凸轮盘的作用下继续向右移动，一旦柱塞的泄油孔露出，油量调节套筒和泵腔连通时，柱塞中心油道内的高压油就会流回泵腔，油压也会急剧降低，至此供油也就结束了 柱塞从出油槽和柱塞套出油孔接通到关闭的行程，即为柱塞的有效行程。有效行程越大，分配泵向外的供油量越多。调整油量调节套筒的位置，就可以改变柱塞的有效行程，进而也就改变了分配泵的供油量
均压过程	在柱塞上设置有压力平衡槽，该槽始终和泵腔连通。在供油结束、柱塞转过 180°时，柱塞上的压力平衡槽就会和该缸柱塞套出油孔连通进行泄压，使其和泵腔油压平衡，也就是保证在各缸分配油路内的压力在喷射之前趋于均衡，以使各缸喷油量均匀

(4) 单柱塞分配式喷油泵的断油电磁阀与喷油提前器

单柱塞分配式喷油泵的断油电磁阀属于电气被控执行器，而喷油提前器则属于液压工作方式。

① 单柱塞分配式喷油泵的断油电磁阀的典型结构与连接电路见表 11-29。

表 11-29 单柱塞分配式喷油泵的断油电磁阀的典型结构与连接电路

项目	具体说明
典型结构与连接电路示意图	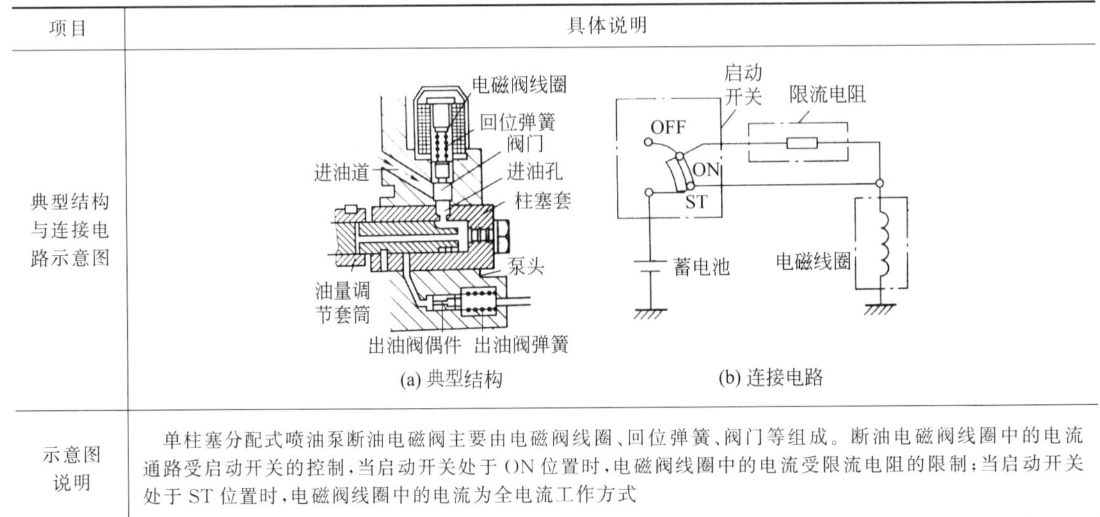 (a) 典型结构　(b) 连接电路
示意图说明	单柱塞分配式喷油泵断油电磁阀主要由电磁阀线圈、回位弹簧、阀门等组成。断油电磁阀线圈中的电流通路受启动开关的控制，当启动开关处于 ON 位置时，电磁阀线圈中的电流受限流电阻的限制；当启动开关处于 ST 位置时，电磁阀线圈中的电流为全电流工作方式

② 单柱塞分配式喷油泵的断油电磁阀的工作情况见表 11-30。

表 11-30 单柱塞分配式喷油泵的断油电磁阀的工作情况

项目	具体说明
启动发动机	如表 11-29 中图(b)所示，当启动发动机、把启动开关置于 ST 位置时，蓄电池电压就会直接加到断油电磁阀线圈的两端，使电磁阀得电工作，其产生的电磁吸力就会使回位弹簧被压缩，进而吸动阀门→进油孔打开→燃油进入泵油机构
发动机启动后	一旦发动机启动、启动开关置于 ON 位置时，由于此时有限流电阻串联在电磁阀线圈的供电回路中，就会使流过断油电磁阀线圈中的电流减小，但由于油压的作用，电磁阀的阀门仍可保持在开启状态
发动机停机	当发动机停止运转、启动开关置于 OFF 位置后，电磁阀线圈的电流通路断开。这样，阀门在回位弹簧的作用下就会回到静止状态时的位置→油路被切断，供油也就自动停止了

③ 单柱塞分配式喷油泵的喷油提前器的典型结构与连接情况见表 11-31。

表 11-31 单柱塞分配式喷油泵的喷油提前器的典型结构与连接情况

项目	具体说明
典型结构示意图	右图所示单柱塞分配式喷油泵的喷油提前器的典型结构示意图，它属于液压工作方式 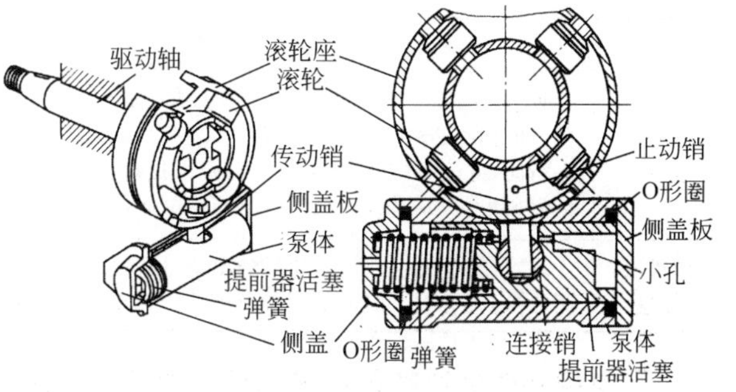
连接方式	单柱塞分配式喷油泵的喷油提前器的滚轮座通过传动销与连接销和提前器活塞相连。在活塞的右边有一小孔和泵体内腔燃油连通。活塞的左边安装有弹簧，和滑片式输油泵进油腔相连

④ 单柱塞分配式喷油泵的喷油提前器的工作情况。正常情况下、发动机稳定运转时，喷油提前器活塞左右两端压力是平衡的。一旦发动机转速增加时，滑片式输油泵的运转也会加快→泵腔内油压升高→提前器活塞的右边压力大于左边→弹簧被压缩→提前器活塞左移，通过传动销带动滚轮座顺时针旋转（也就是逆着驱动轴方向旋转）→滚轮提早顶起平面凸轮，提早供油和喷油。发动机转速越高，泵腔燃油的压力也会越大，提前器活塞左移越多，喷油也会越早。

11.5 电控共轨燃油喷射系统高压油泵

高压油泵是柴油机电控共轨燃油喷射系统中高压油路与低压油路的分界点。下面介绍其结构与工作原理。

(1) 电控共轨燃油喷射系统高压油泵的结构与特点

柴油机电控共轨燃油喷射系统高压油泵的作用是通过控制燃油输出量在共轨内产生燃油压力。在所有工况下，它主要负责供给足够的高压燃油。

① 电控共轨燃油喷射系统高压油泵典型结构见表 11-32。

表 11-32 电控共轨燃油喷射系统高压油泵典型结构

项目	具体说明
典型结构示意图	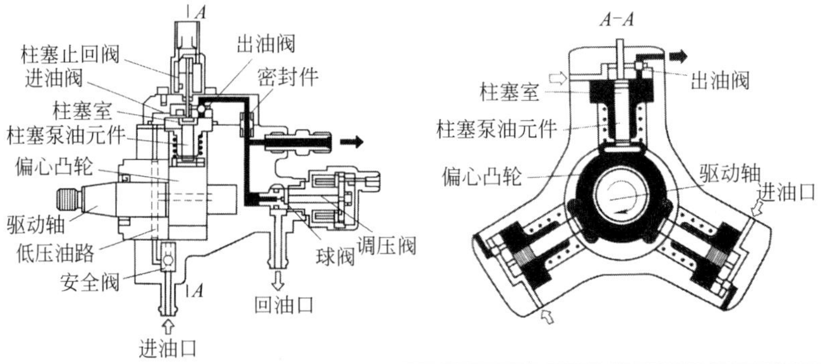
示意图说明	上图所示为柴油机电控共轨燃油喷射系统常用高压油泵的一种典型结构。由于其采用了三个径向分布的柱塞泵油元件，并相互错开 120°，由偏心凸轮进行驱动，故具有出油量大、受载均匀的特点

② 电控共轨燃油喷射系统高压油泵特点见表 11-33。

表 11-33 电控共轨燃油喷射系统高压油泵特点

项目	具体说明
柴油流过路径	见表 11-32 中的典型结构示意图，柴油机工作时，由输油泵流来的柴油经过安全阀后，一部分经节流小孔流向偏心凸轮室作润滑冷却用，而另一部分则经低压油路进入柱塞室。这样，当偏心凸轮转动驱动柱塞下行时，进油阀打开，柴油就会被吸入柱塞室；当偏心凸轮顶起时，进油阀关闭，柴油被压缩，压力剧增，一旦该压力达到共轨压力时，就会使出油阀被顶开→高压油就会被输送到共轨管
多余燃油流回路径	在怠速或小负荷状态，如果输出油量有多余，则会经调压阀流回油箱。也可以通过控制电路使柱塞止回阀通电，使电枢上的销子下移→进油阀被顶开→某缸柱塞供油被切断，以减少供油量和功率损耗

(2) 电控共轨燃油喷射系统高压油泵的工作原理

柴油机电控共轨燃油喷射系统高压油泵的工作原理可以从表 11-34 所列的几个方面来进行分析。

表 11-34 电控共轨燃油喷射系统高压油泵的工作原理

项目	具体说明
工作原理示意图	右图所示为高压油泵的工作原理示意图，图中的黑实线为油管，虚线为回油管。其工作原理可以从下列四个方面来进行分析说明
节流阀被推起	燃油从输油泵经过节流孔流进压力腔内，一旦燃油压力超过弹簧力时，节流阀被向上推起
燃油被送到进、出油阀	节流阀向上移动时，一旦节流阀的环肩打开燃油通道时，燃油就会被输送到进、出油阀
电磁阀 A 和 B 工作	当电磁阀 A 和 B 接收到来自 ECU 的控制信号后，就会打开压力腔侧回油通道→压力腔的燃油就会从侧回油通道流出
节流控制	一旦压力腔内的压力降低，节流阀由于弹簧力的作用而下降，以对燃油通道进行节流。由于 ECU 控制着电磁阀 A 与 B 的通电时间(占空比)，故可以保证提供给进、出油阀的燃油量最佳

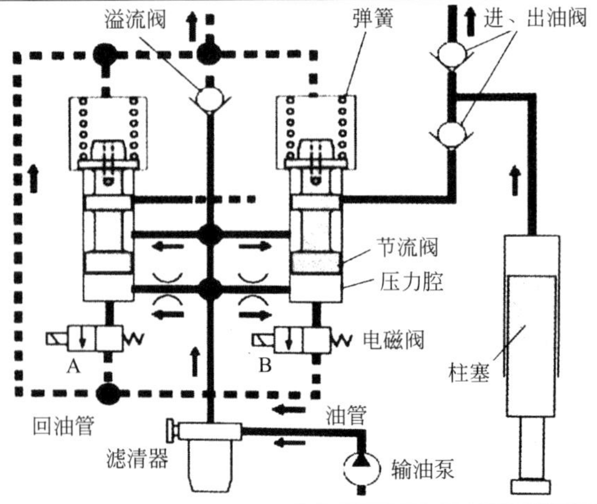

11.6 喷油泵的拆卸与安装

(1) 柱塞式喷油泵的拆卸与安装

柱塞式喷油泵型号较多，它们的工作原理基本相同，拆卸与安装方法也大同小异。表 11-35 中列出了汽车柴油发动机常用柱塞式喷油泵的拆卸与安装应注意的问题。

表 11-35 汽车柴油发动机常用柱塞式喷油泵的拆卸与安装应注意的问题

项目	具体说明
拆卸场所与工具	拆卸柱塞式喷油泵应选择在室内清洁场所进行，以防不良环境中的灰尘或其他污垢污染清洗好的喷油泵。拆卸和安装喷油泵最好采用专用的工具
拆卸前的准备	在拆卸喷油泵前，要用清洁的柴油对被拆卸的喷油泵以及所使用的拆装工具进行彻底清洗，以保证污垢不会带进喷油泵内；对于有安装要求的零件，如齿条、调整螺钉等，应做相应的标记注明应该装配的位置，以便安装时不会装错
拆卸顺序	先拆下出油阀座，当拆下柱塞套定位螺钉、推杆体与导向螺钉后，就可从喷油泵体前后分别取出其他各种零件了。对于出油阀垫圈长期受压变形，使出油阀座和柱塞套不能依靠自身的重力自由取出的情况，可采用直径大于柱塞套外径的清洁木棒，从喷油泵的泵体后部对柱塞套进行推压，直到取出出油阀座和柱塞套
偶件的清洁	对于柱塞式喷油泵中的柱塞偶件和出油阀偶件，拆卸时不要碰伤或刮伤其工作面，拆下后要用干净的柴油进行彻底清洗，洗好后要成对地安装好放在一起，如需要更换则应成对一起换。在安装之前，还应检查是否有污物沾上

(2) 单柱塞分配式喷油泵的拆卸

单柱塞分配式喷油泵被广泛应用于轻型柴油车辆上，表 11-36 列出了常用单柱塞分配式喷油泵的拆卸方法。

表 11-36 常用单柱塞分配式喷油泵的拆卸方法

项目	具体说明
拆卸说明	这里所说的拆卸是指从发动机上拆下单柱塞分配式喷油泵，具体方法如下
确定1缸上止点位置	使用飞轮摇柄缓慢转动发动机，以便把正时销插入凸轮轴齿轮上的正时销孔内。为了防止正时销被切断，在找到1缸上止点位置后，还要及时将正时销从正时销孔中拔出
锁死泵轴	把喷油泵轴锁紧螺栓上的垫块拿下来，以便锁死泵轴，然后就可拆下孔盖与泵轴上的螺母
拆下喷油泵	采用齿轮拔出器把泵轴上的齿轮拔下来，拆下喷油泵安装螺母后，就可从发动机上取下单柱塞分配式喷油泵了

(3) 电控系统高压油泵的拆卸

高压油泵是柴油发动机电控燃油供给系统重要部件，对其进行正确拆卸十分重要，表 11-37 列出了电控系统高压油泵的拆卸方法。

表 11-37 电控系统高压油泵的拆卸方法

项目	具体说明
分解图	右图所示是一种典型的高压油泵分解图，其他高压油泵的结构与其大同小异。在拆卸高压油泵前，应对其外表进行彻底的清洗
拆卸要求与步骤	拆卸高压油泵时可以参考以下步骤进行：使用套筒扳手拆下油泵齿轮盖板上的螺栓，然后取出油泵齿轮盖板→拆下油泵齿轮压紧螺母→采用专用齿轮拉拔器把高压油泵齿轮取出→采用套筒扳手拆下泵体连接螺栓→用一只手扶住高压油泵，另一只手取出高压油泵连接盘→取下高压油泵

(4) 电控系统高压油泵的安装

不同车型所使用的柴油电控系统高压油泵虽然有一定的差别，但它们的安装思路基本是一致的，表 11-38 列出了柴油电控系统高压油泵的安装方法。这里虽然是以日本电装公司 ECD-2U 型共轨系统高压油泵为例，但对于其他车型的高压油泵的安装，也具有一定的参考价值。

表 11-38 电控系统高压油泵的安装方法

步骤	具体说明
1	把飞轮转动到第 1 缸压缩上止点位置
2	把定位销插入齿轮后，把齿轮与连接盘的位置固定住
3	使定位销对准飞轮壳上的定位孔，把油泵装入。如果发现齿轮不能顺利啮合，可左右轻微转动进行调整，直到能够装入
4	定位销在飞轮壳上的位置如图所示
5	把 5 个连接螺栓拧上，在这 5 个连接螺栓中，它们的螺纹尺寸相同但长度不同，有 2 个为 M10×30，另外 3 个为 M10×45
6	最后，把作为定位用的定位销拔去，对安装好的高压油泵进行检查、清洁，确认无误后，才可装车试验

11.7 共轨系统高压油泵常见故障原因查询与柱塞式喷油泵易损件的检修

利用纵向与横向坐标定位直接查询柴油机共轨系统高压油泵常见故障原因，特别适用于初学维修人员，对于一般维修人员有的放矢地快速排除故障也具有一定的参考价值。

(1) 共轨系统高压油泵故障纵向与横向坐标定位直接查询方法

表 11-39 列出了共轨系统高压油泵故障纵向与横向坐标定位直接查询方法。

表 11-39 共轨系统高压油泵故障纵向与横向坐标定位直接查询方法

项目	故障现象									
	启动困难	怠速问题	发动机间歇性熄火	功率不足	油耗增大	发动机熄火	发动机转速不变	发动机满负荷冒白烟	发动机不能熄火	发动机故障灯亮
自诊断系统	●	●	●	●	●	●	●	●	●	●
废气再循环		●	●	●	●					

续表

项目	故障现象									
	启动困难	怠速问题	发动机间歇性熄火	功率不足	油耗增大	发动机熄火	发动机转速不变	发动机满负荷冒白烟	发动机不能熄火	发动机故障灯亮
进气系统					●					
制动开关		●	●				●			
发动机转速传感器	●	●	●	●		●				
发动机油压压力开关	●				●					
喷油器			●							
油泵 ECU	●	●	●			●			●	
车速传感器		●	●							
预热时间控制	●									
发动机 ECU 主继电器	●									
大气压力传感器					●					
回油管接头								●		
空调器		●								
发动机气缸压力	●				●					
柴油滤清器								●		
离合踏板(开关)		●	●							
涡轮增压限压阀				●	●					
油路中有空气								●		
油量控制电磁阀	●	●			●	●			●	
机油温度				●						
发动机控制(几个阀门)					●					
喷油器针阀位置传感器	●	●				●				
油门踏板位置传感器		●	●				●			
供油提前电磁阀				●						
发动机 ECU		●	●			●				
油箱无油			●			●				
油箱通风装置								●		
进气温度传感器				●						
燃油温度传感器				●						
发动机冷却水温度传感器		●		●						
涡轮增压器				●	●					
防盗系统	●									

(2) 柱塞式喷油泵中柱塞偶件的检修

柱塞式喷油泵中的柱塞偶件属于易损件，下面介绍柱塞偶件常见故障的原因及其检修方法。

① 柱塞偶件磨损原因及其产生的后果见表11-40。

表11-40 柱塞偶件磨损原因及其产生的后果

项目	具体说明
原因	虽然喷油泵柱塞偶件的表面硬度和配合精度都非常高，但经长期使用后，还是会出现磨损现象。磨损的原因除了受燃油压力与流速等因素的影响外，还受到燃油中杂质的影响。尤其是当柱塞上行到顶面关闭套筒上的进油口后，燃油中直径相当于配合间隙的机械杂质就有可能被卡入间隙中成为磨料，一旦柱塞副被磨损到一定程度时，就会出现泄漏，从而改变了供油性能
后果	当燃油泄漏量增加到一定程度时，就会导致供油时间延迟、供油停止时间提前、供油持续时间缩短，供油量和供油压力均会下降，进而造成喷油器雾化不良，引起发动机启动困难、怠速不稳等；同时，由于各缸分泵机构磨损程度的不同，也使各缸循环油量不均匀度增加，最终必将导致发动机工作不稳定

② 柱塞偶件的直观检查、滑动平顺性检查见表11-41。

表11-41 柱塞偶件的直观检查、滑动平顺性检查

项目	具体说明
直观检查	当柱塞偶件被分解后，用眼睛直接观察柱塞表面是否有明显的磨损痕迹或扭曲现象，柱塞套内圆柱表面是否有锈蚀或明显的刻痕，柱塞头部斜槽、直槽和环槽边缘是否存在剥落或锈蚀等不良现象
滑动平顺性检查	在对柱塞偶件进行滑动平顺性检查前，先用干净的柴油对柱塞副进行彻底清洗，然后涂上干净的柴油进行检查。如图(a)所示，把柱塞套倾斜60°左右，用手将柱塞拉出柱塞全行程的1/3左右；然后如图(b)所示，松开手后，观察柱塞应在自重的作用下平滑地自动进入柱塞套内。下一步就是转动柱塞。在其他位置重复上述过程，观察柱塞是否也平稳地滑入柱塞套。只要有一个位置不合格，均说明该柱塞偶件不良，应进行修理或更换 (a) 拉出　(b) 松手

③ 柱塞偶件密封性的检查见表11-42。

表11-42 柱塞偶件密封性的检查

项目	具体说明
手动试验检查	如右图所示，一只手握住柱塞套，用两个手指堵住柱塞套顶上和侧面的进油孔，使柱塞处于最大供油位置，另一只手拉出柱塞，应感觉到有明显的吸力，放松柱塞时，柱塞应能迅速回到原位。否则，就说明该柱塞偶件密封性不良，应更换新的柱塞偶件
试验器检查	采用喷油器试验器对柱塞偶件的密封性进行检查时，先要拆除分泵机构的出油阀，使泵内的空气被放掉→把喷油器试验器的高压油管连接在出油阀接头上→移动供油量调节机构的齿条或拉杆，使喷油泵处于最大供油位置→转动喷油泵凸轮轴，使被检查柱塞移动到行程的中间位置，柱塞顶面要完全盖住进油孔和出油孔→把喷油器试验器的压力调整到20MPa后停止泵油，测定压力下降到10MPa的时间。同一喷油泵的全部柱塞偶件的密封性误差要在5%范围内。如果发现误差较大，则应进行修理或更换

(3) 柱塞式喷油泵中出油阀偶件的检修

汽车柴油发动机常用柱塞式喷油泵中的出油阀偶件也属于易损件，下面介绍出油阀偶件常见故障的原因及其检修方法。

① 出油阀偶件磨损原因及其产生的后果见表11-43。

表11-43 出油阀偶件磨损原因及其产生的后果

项目	具体说明
原因	虽然喷油泵出油阀偶件的表面硬度和配合精度都非常高，但经长期使用后，也会出现磨损现象。磨损部位大都发生在密封锥面、减压环带与导向部位。当然，与出油阀相配合的出油阀座在密封的锥面和座孔圆周表面也会出现相应的磨损，但前两方面磨损是主要的，具体原因说明如下 密封锥面磨损除了停止供油时，由于弹簧力与高压油管内残存油压对阀座的冲击外，还会由燃油中机械杂质被卡入间隙中成为磨料所致 减压环带与导向部位磨损主要是由于减压环带进入阀座时，由进入配合间隙内的机械杂质的切削作用而形成的磨粒磨损
后果	通常情况下，柱塞式喷油泵一般采用减载式出油阀，当其减压环带、密封锥面出现磨损后，就会使出油阀的减压作用严重减弱甚至消失，迅速停止喷油功能就会大打折扣，可能还会出现二次喷油或滴油。这也会使减载功能不能灵敏地随发动机的转速增强而增强，实际上就是不能很好地校正进油节流作用所造成的转速越高、回油节流作用越强、供油越早、供油越多和充气系数减小的不协调的有害速度特性。这会严重破坏减压作用，进而使供油速度特性曲线趋于平坦或稍向下倾斜。造成的后果是影响了喷油正时和燃油喷射规律或出现后期滴油现象，由此必将引起发动机燃烧不正常，甚至出现冒黑烟与功率下降等故障

② 出油阀偶件的检修方法见表11-44。

表11-44 出油阀偶件的检修方法

项目	具体说明
直观检查	当出油阀偶件被分解后，用眼睛直接观察柱塞表面的减压环带是否有明显的磨损痕迹，锥形密封面阀座是否存在金属脱落或严重磨损、锈蚀等现象。发现问题，应进行修理或更换
滑动平顺性检查	在对出油阀偶件进行滑动平顺性检查之前，先采用干净的柴油对出油阀进行彻底清洗，然后涂上干净的柴油进行检查。把出油阀偶件置于与桌面呈垂直状态，用手拉出出油阀至其全行程的1/3左右；然后松开手，观察出油阀是否在自重的作用下平滑地自动落座。如果不能，则说明该出油阀有卡滞现象，应对其进行修理或更换出油阀偶件
密封性检查	如图(a)所示，用一只手的手指堵住出油阀阀座下的方孔，另一只手拉起出油阀松开后，如图(b)所示，出油阀下落到减压环带进入阀座时应能停住。在此位置时，如图(c)所示，用手指轻轻压入出油阀，放松手指后，如图(d)所示，出油阀应能迅速向上弹回原位置。而下面的手指从出油阀下端面移开时，出油阀应能够在自重的作用下自动完全落座 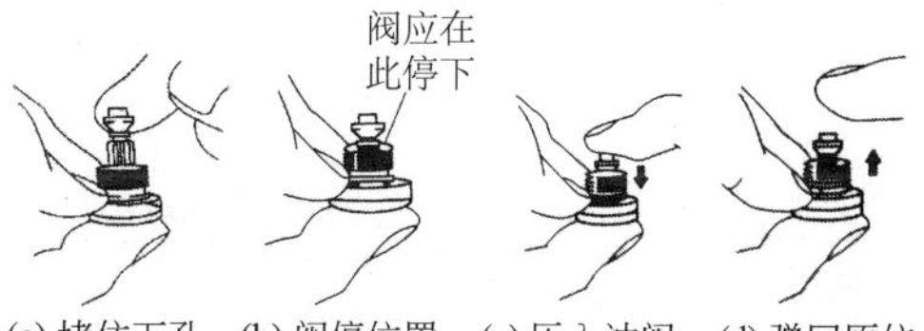 阀应在此停下 (a) 堵住下孔 (b) 阀停位置 (c) 压入油阀 (d) 弹回原位

(4) 单柱塞分配式喷油泵易损件的检修

单柱塞分配式喷油泵被广泛应用于轻型柴油车辆上，表11-45列出了常用单柱塞分配式喷油泵易损件的检修方法。

表11-45 常用单柱塞分配式喷油泵易损件的检修方法

项目	具体说明
油封的检查与更换	① 采用油封拔出器拔出油封后，直观检查其密封面是否有毛刺或被划伤，如果有毛刺则应将其去除，但修整量不能过大，以防影响密封性。修整后的油封要进行清洗、烘干处理 ② 安装新油封时，应采用保护套筒把油封调节到位，套筒要采用和油封外圆(金属表面)接触的深套筒
停油电磁阀的检查与更换	停油电磁阀一旦出现问题，就会造成油泵始终处于停油位置而使发动机无法启动 判断电磁阀是否有问题时，可直接在电磁阀线圈两端连接12V(指12V电系的车辆)或24V(指24V电系的车辆)的蓄电池电压，并在通电的瞬间，仔细听电磁阀是否会发出轻微的“咔嗒”声。如果没有声音，则说明该电磁阀有问题，应对其进行修理或更换 更换新的电磁阀时，要先在新电磁阀上安装好O形圈，然后再把电磁阀拧在油泵分配头上，注意拧紧力矩要符合规定

续表

项目	具体说明
出油阀总成的检查与更换	对于磨损严重的出油阀总成，例如出油阀密封面、出油阀与出油阀座表面等损坏，均应更换新件。在更换时，一定要注意出油阀总成和密封垫的拧紧力矩要符合规定，通常应控制在 30N·m 左右

11.8 喷油泵的调整与更换

在对喷油泵或共轨电控系统高压油泵等进行修理后，往往需要对其进行调整，有些磨损不严重的故障，通过调整也会使问题得到解决。

(1) 喷油正时对柴油发动机燃油系统的影响情况

柴油发动机燃油系统喷油正时的调整也是对喷油泵供油提前角的调整，表 11-46 列出了喷油正时对柴油发动机燃油系统的影响情况。

表 11-46 喷油正时对柴油发动机燃油系统的影响情况

项目	具体说明
供油提前角的定义	柴油发动机供油提前角调节特性是指在发动机转速一定和油量控制机构（喷油泵的供油拉杆）位置一定的条件下，其功率、燃料消耗率等性能指标随提前角的变化而变化的关系
供油提前角过大	当供油提前角过大时，由于气缸内空气温度较低，喷入燃料时的混合气形成条件较差，滞燃期较长，由此可能造成柴油机工作粗暴、怠速不稳和启动困难等故障
供油提前角过小	当供油提前角过小时，将会使气缸中的可燃混合气滞后燃烧，由此就会使最高温度与压力下降，甚至燃烧不完全，进而导致柴油机功率降低、柴油机过热、排气冒黑烟、燃料经济性降低等
最佳的供油提前角	右图所示为柴油发动机供油提前角调节特性曲线。由该曲线可以看出，随着供油提前角 θ 的改变，发动机的功率与燃料消耗率也随之变化。对应于最大功率和最小燃料消耗率的供油提前角即最佳供油提前角。故在发动机使用和维修时，应注意按照使用说明书的要求，检查调整发动机静态最佳供油提前角。柴油机最佳的供油提前角不是一个常数，随柴油机负荷（供油量）和转速的变化而改变，也就是随转速的增大而加大，它一般由供油提前角自动调节装置来控制。对于电控柴油机，则由 ECU 根据发动机工况进行精确控制 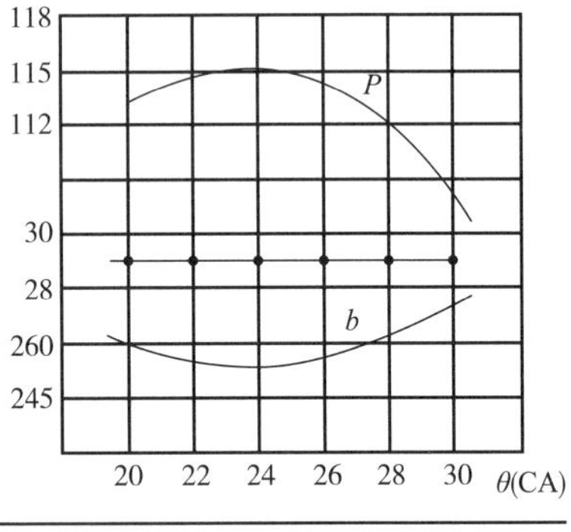

(2) 调整喷油泵必须了解的基本知识及其准备要求

调整喷油泵是一项技术性很强的工作，在搞清需要调整泵工作原理的情况下，还必须了解一些与调整有关的基本知识及其准备要求。

① 调整喷油泵必须了解的基本知识见表 11-47。

表 11-47 调整喷油泵必须了解的基本知识

项目	具体说明
调整场所	对汽车柴油发动机喷油泵进行修理和调整的场所，应选择在光线充足、场地无尘恒温的环境中进行。尤其是调整场所的环境温度，对喷油泵的供油影响极大。这是因为柴油黏度与温度有直接的关系，温度较低时，柴油黏度较大，柱塞的泄漏较少而使供油量增加，这种情况在磨损的柱塞上表现得尤为突出。调整场所的环境温度最好保持在 40℃左右

续表

项目	具体说明
调整项目	对喷油泵进行调整的项目主要为供油时间和供油量的调整。由于喷油泵的供油量和调速器的性能有较大关系，故在对喷油泵进行调整前，应先调整好调速器，然后再调整供油量与供油均匀度。但由于调整供油量往往需要改变供油拉杆的位置，而这又会对调速器产生影响，这就需要对供油量与调速器进行反复调整，以使两者兼顾并均处于较佳状态

② 调整设备与调整前对喷油泵的安装要求见表 11-48。

表 11-48　调整设备与调整前对喷油泵的安装要求

项目	具体说明
调整设备	对喷油泵的调整，一般都采用专用的检测仪器来进行，右图就是一种较常用的喷油泵试验装置，该装置可以对喷油泵的供油时间与供油量进行调整
安装要求	利用试验装置对喷油泵进行调整时，先把喷油泵装在试验装置上，然后连接好相应的管路，按规定要求给喷油泵和调速器加好润滑油，拆下控制齿条盖和冒烟限制器，装上齿条位移的测量仪，调好零位

③ 调整喷油泵必须注意的问题见表 11-49。

表 11-49　调整喷油泵必须注意的问题

项目	具体说明
同轴度	安装在试验装置上的喷油泵一定要牢固可靠，喷油泵凸轮轴与试验装置上的传动轴要保持一定的同轴度
垫块高度	由于不同型号喷油泵的尺寸是不一样的，故在底座间应选用高度合适的垫块，联轴器胶木接盘的长孔和十字轴接头的配合，不得有明显的晃动现象
运转平稳性与限压阀	喷油泵固定好后，运转要平稳，没有异常响声。如果泵上设置有燃油限压阀，则要安装回油管，没有设置限压阀的，应堵住其回油孔
润滑与放气	喷油泵运转前，要检查并补足喷油泵和调速器之间的润滑油，再进行一定时间的磨合运转。然后向喷油泵供油，把低压油路的压力调整到 100MPa 左右，并对低压油腔进行放气。最后，拧松标准喷油器内的放气螺钉

④ 运行要求与观察的项目见表 11-50。

表 11-50　运行要求与观察的项目

项目	具体说明
运行要求	①确认安装没有问题并做好前期工作后，就可以启动喷油泵了，使其转速逐渐增加到 400r/min 左右 ②转动操纵臂，使其达到最大供油位置并进行排气，排除高压油路中的空气后，拧紧放气螺钉，再提高喷油泵的转速，使其保持在 600～800r/min 之间
观察的项目	在上述运行过程中，应仔细观察试验台与安装在其上面的喷油泵的情况，具体观察的项目如表 11-51 中所列，一旦发现异常，则应及时停止运转，必须在排除异常情况后，再进行喷油泵和调速器的调整

表 11-51 具体观察的项目

序号	观察的项目	序号	观察的项目
1	各分泵的供油是否正常，操纵臂、供油拉杆以及其他操纵部位运动是否有阻滞现象	3	各部位轴承是否过紧，温度是否过高
		4	各运动部位有无异常响动
2	各衬垫和接头处是否有渗漏现象	5	凸轮轴转动是否平顺

(3) 喷油泵供油时间的调整

喷油泵供油时间的调整方法常见有溢油法与测时管法两种，下面分别介绍这两种方法的具体操作情况。

① 溢油法调整喷油泵的供油时间见表 11-52。

表 11-52 溢油法调整喷油泵的供油时间

项目	具体说明
调整原理	溢油法是利用油泵试验装置的高压燃油泵，先把燃油加压到大于 44MPa 后，提供给喷油泵的低压油腔。这样，当柱塞处于下止点时，由于柱塞套上的进油口没有被遮盖→高压燃油就会从低压油腔顶开出油阀，经高压油管，从标准喷油器的放气油管流出。然后转动凸轮轴，使柱塞上行。一旦柱塞顶部边缘刚好把进油口遮住时→高压燃油被阻断→回油管立刻停止回油。此时就为该柱塞开始供油时刻，具体数值可在信息显示装置上直接读出
操作方法	采用溢油法进行试验时，从第 1 缸开始。具体方法如下 ①先将试验装置上的变速手柄置于“0”位置，把油路转换阀控制杆转换到高压供油位置，并拧松标准喷油器的放气螺钉 ②启动油泵电动机，一旦发现柴油从标准喷油器的放气油管流出，就应把调速器的操纵臂置于最大供油处 ③缓慢转动试验装置上的传动轴，一旦观察到第 1 缸喷油器放气油管刚停止出油并使传动轴停住时，检查喷油泵联轴器上的刻度线是否和喷油泵壳前端面的刻度线对正，如上图所示。表 11-53 列出了可能出现的情况及其调整方法 ④调整好第 1 缸柱塞的供油开始时刻后，就可以此为基础，根据柴油机工作顺序，对其他缸柱塞供油进行调整，供油时刻调整误差应控制在±0.5°范围内 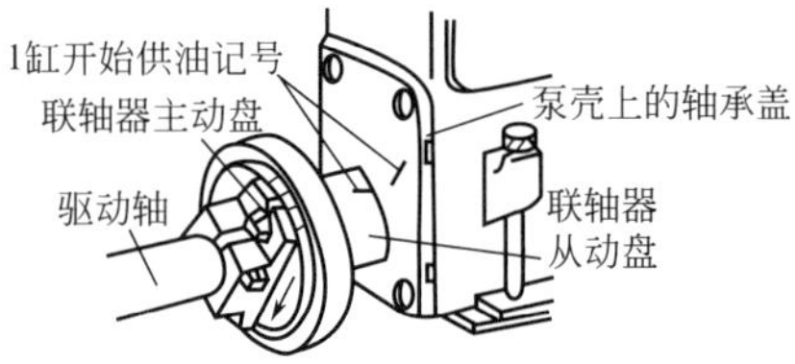

表 11-53 刻度线可能出现的情况及其调整方法

出现的情况	联轴器上刻度线超前	联轴器上刻度线滞后
具体调整方法	出现这种情况，说明供油开始时刻偏晚，应对滚轮组件的有效高度进行调整，也就是通过把调整螺钉旋出一些或增加调整垫片的厚度来解决	出现这种情况，说明供油开始时刻过早，应适当减小滚轮组件的有效高度

② 溢油法调整喷油泵供油时间时必须注意的问题见表 11-54。

表 11-54 溢油法调整喷油泵供油时间时必须注意的问题

项目	具体说明
燃油压力方面	在进行上述调整时，如果发现放气油管的燃油出现断续现象，则说明燃油压力过低，可拧紧其他喷油器放气螺钉，只留被检测气缸喷油器的回油管。此时，可使燃油压力提高
检测误差方面	采用溢油法来检测新喷油泵或更换新柱塞副的喷油泵的供油开始时刻较为准确，对于柱塞副磨损的喷油泵，由于配合间隙变大，高压油渗漏，回油不干脆，故检测误差较大
试验装置方面	采用溢油法对喷油泵的供油开始时刻进行检测的精度较高，操作方便，但只能在试验装置具有高压油路的情况下才能进行

③ 测时管法调整喷油泵的供油时间见表11-55。

表11-55 测时管法调整喷油泵的供油时间

项目	具体说明
操作方法	测时管的典型结构如右图所示。检测时，先把测时管安装在第1缸的出油阀接头上，转动喷油泵凸轮轴使分泵泵油，直到测时管不再冒气为止。把多余的燃油除去，以使管内燃油正好和管口齐平，然后缓慢转动凸轮轴，一旦观察到管口油面上凸时停止转动，此时即为第一分泵的供油开始时刻，进一步通过观察其和联轴器刻度线的情况，就可得到被检测喷油泵的供油时间。发现问题后的调整方法与上述溢油法相同，检测其他各缸分泵的方法也一样，不再赘述 圆孔 约70mm
特点	采用测时管对喷油泵的供油开始时刻进行检测的精度尚可，但操作不是很方便，工作效率较低

(4) 喷油泵正时标记的安装及其供油提前角的调整

对喷油泵正时标记的安装及供油提前角的调整都有一定的技巧，如果厂家维修手册有要求，则按要求进行，如果没有这方面的资料，则可参考以下方法进行。

① 喷油泵正时标记的安装见表11-56。

表11-56 喷油泵正时标记的安装

项目	具体说明	
操作示意图	如右图所示，先将曲轴转到第1缸压缩上止点位置，此时可从齿轮室盖的检视孔中观察到喷油泵提前角从动盘上的刻线记号，如果该刻线记号的延长线和检视孔的记号正好对齐，则说明该喷油泵已经安装好，否则应重新安装，直到两标记对齐为止	两者对齐
说明	这里虽然是以国产无锡柴油机厂生产的4DX系列柴油机为例，但对于其他类型的柴油机来说其基本思路是一样的，具有一定的参考价值	

② 喷油泵供油提前角的调整见表11-57。

表11-57 喷油泵供油提前角的调整

项目	具体说明
调整思路	供油提前角是否准确，对柴油发动机的工作性能、可靠性以及排放是否达标均有较大的影响。对供油提前角的调整，应围绕找提前角与具体调整方法两个方面来进行
找提前角	将曲轴顺时针方向旋转(从飞轮端看的方向)到第1缸压缩上止点前40°，然后逆时针方向旋转，直到喷油泵第1缸出油阀阀座内油面发生波动为止，此时齿轮室盖上指针所指的扭转减振器的刻度，就是需要找的供油提前角，如右图所示 供油提前角

续表

项目	具体说明
调整方法	如果供油提前角不对需要进行调整，则先松开喷油泵和过渡盘连接的四个螺栓，如右图所示，然后就可根据实际情况进行调整了。如果需要增大供油提前角，则转动喷油泵泵体使油泵出油嘴端朝靠近柴油机机体侧转动；反之，则油泵出油嘴端朝离开柴油机机体侧转动 调整结束后，将上述松开的四个螺栓重新拧紧，最后还要拧紧油泵支架上的紧固螺母，并对供油提前角进行复查，确认无误后才可使用 两侧面共四个螺栓

(5) 喷油泵供油量的调整

喷油泵的供油量包括额定转速供油量、怠速供油量、启动供油量、校正供油量以及停机供油量等。通常主要对前两者进行重点调整。

① 对喷油泵供油量的调整要求见表 11-58。

表 11-58 对喷油泵供油量的调整要求

项目	具体说明
数据要求	喷油泵的各种供油量是由柴油机生产厂家经过多次试验后确定的，故在调整时，尽量按厂家提供的规定数据来进行调整，没有这方面资料时，最好与厂家联系获取
各缸供油不均匀度要求	调整喷油泵供油量首先要使调节拉杆和拨叉、调节齿杆和齿圈、齿圈和控制套筒的相互安装位置满足负荷要求。安装位置不正确，就会由于最大供油量过大或过小而出现误判。各缸供油不均匀度 J 可参考以下公式计算 $J=\frac{2(G_{max}-G_{min})}{G_{max}+G_{min}}$ 式中，G_{max} 为最大供油量；G_{min} 为最小供油量

② 喷油泵额定转速供油量的调整见表 11-59。

表 11-59 喷油泵额定转速供油量的调整

项目	具体说明
额定转速供油量不均匀度	额定转速供油量是用来保证柴油发动机在额定负荷时所需要的燃油量。供油量不均匀度的调整，以额定转速供油量不均匀度为最重要。这是由于柴油发动机额定转速下运行的机会较多，通常情况下要求额定转速供油不均匀度不得大于 3%
调整方法	使喷油泵以额定转速运转，转动操纵臂到最大供油位置，把供油杯放在接油位置，喷油 100 次，观察各缸供油量。如果不符合要求或不均匀，如右图所示，松开调节齿圈或柱塞拨叉的夹紧螺钉，将柱塞控制套筒相对于调节齿圈移动一定距离后，再把螺钉紧固，就可改变供油量。但在调整时，应先判断出哪个方向是增加(或减少)供油量的移动方向，也就是在观察到操纵臂向增加供油量方向转动时，根据控制套筒的旋转方向或柱塞拨叉的移动方向，来确定应向哪一边移动 旋具

③ 喷油泵怠速供油量的要求与调整方法见表11-60。

表11-60 喷油泵怠速供油量的要求与调整方法

项目	具体说明
基本定义与要求	怠速供油量是指柴油发动机节气门完全关闭、加速踏板完全松开，且对外没有功率输出并保持最低转速稳定运行运转的情况下的供油量。通常情况下要求怠速供油不均匀度不得大于30%
调整方法	对怠速供油量的调整是在额定转速供油量及其不均匀度调整合格的情况下进行的。也就是先让喷油泵在怠速状态下运转，然后缓慢地向供油量增加的方向转动操纵臂，一旦标准喷油器前端开始喷油时，固定好操纵臂，喷油100次观察其供油量。如果发现不均匀度不符合要求，则可按照上述额定转速供油量调整方法进行调整

④ 喷油泵启动供油量的要求与调整方法见表11-61。

表11-61 喷油泵启动供油量的要求与调整方法

项目	具体说明
作用与要求	启动供油量主要是用来保证发动机的启动，所需的供油量通常比额定负荷供油量高约50%左右
调整方法	通常情况下启动和短时间超负荷运转供油不均匀度要求不高，亦即对启动和短时间超负荷运转供油不均匀度要求可以放宽一些，一般情况下可以不调整

⑤ 喷油泵其他供油量的调整见表11-62。

表11-62 喷油泵其他供油量的调整

项目	具体说明
校正供油量	喷油泵校正供油量的作用，主要是用于短时间超负荷运转时提供的油量，一般情况下可以不调整
停机供油量	喷油泵停机供油量的作用，主要用于正常的停机，一般情况下也可以不调整

⑥ 供油量调整中出现的问题及其解决方法见表11-63。

表11-63 供油量调整中出现的问题及其解决方法

项目	具体说明
一个缸达不到要求	在进行上述调整中，如果发现某一缸达不到要求，则应重点检查出油阀是否被卡住。具体方法是，启动试验装置上的输油泵，然后松开标准喷油器的放气螺栓，如果油管不断喷油，就说明出油阀被卡住或出油阀弹簧折断。当然，也可能是出油阀偶件圆锥密封面不符合要求，应对其进行检查或更换新的偶件。如果更换出油阀偶件后仍然不能解决问题，则需要拆下柱塞偶件进行检查或更换
两个缸达不到要求	在进行上述调整中，如果发现两个缸达不到要求，且在进行额定供油量均匀度调整、怠速供油量检验时，出现一个缸供油量多另一个缸供油量少的情况，拆下这两个缸的出油阀偶件，将两者互相对调后，往往可以使问题得到解决
一个柱塞供油不稳定	在进行上述调整中，如果发现一个柱塞供油不稳定，或大或小，则应重点检查调节齿圈供油螺钉是否松动，柱塞凸块在控制套筒直槽中的间隙是否变大，柱塞和柱塞套筒之间的配合是否过松
操纵臂在停止位不能断油	在进行上述调整中，如果发现操纵臂在停止位置时仍然不能停止供油，这种情况多为调节齿杆或拉杆的安装位置发生了改变，或调速器停止供油螺钉位置发生了移动，使额定转速供油量超出标准所致，应进行仔细检查和排除

(6) 单体泵喷油正时的调整

单体泵的供油和分立泵一样，但单体泵上没有设置供油正时提前器，而是通过调整喷油泵柱塞和喷油泵挺柱之间的距离来实现供油提前角调整的，也就是通过调整不同厚度的垫片来对喷油正时进行调整。表 11-64 列出了垫片调整规律及其厚度的确定。

表 11-64　垫片调整规律及其厚度的确定

项目	具体说明
垫片调整规律	设调整垫片的厚度为 H，H 大，供油提前角就大，H 小，供油提前角就小，要使喷油泵供油提前角正好适合柴油机的工作需要，调整垫片的厚度 H 一定要合适，具体确定方法如下
垫片厚度的确定	垫片厚度计算公式为 $H=(L-V_h)-(L_0+A/100)$ 式中，L 为缸体中喷油泵的安装平面到喷油泵挺柱表面之间的高度，标准缸体上的标准孔 $L_e=150$mm，更换缸体后缸体中安装平面到挺柱之间的高度改变为 $L=L_e+X+Y$，其中 $X+Y$ 为改变后的高度差；V_h 为喷油泵柱塞由下止点上升至开始泵油时刻的预行程，该数值可从柴油机型号中的数据表中查得；L_0 为缸体中单体泵即将供油时的安装平面到单体泵挺柱面之间的标准长度，该数值一般为 143mm；$A/100$ 为单体泵标准长度 L_0 与实际长度之差，A 值在单体泵出厂时就标注在泵体上
	更换缸体与单体泵时垫片厚度的取法是，按照上述计算公式计算得到理论值后，取整到 1 位小数。例如，当计算得到的理论值 $H=1.554$mm，则可取整为 $H=1.6$mm 对于维修时仅更换单体泵的情况，则调整垫片的厚度计算公式为 $H=EK-(L_0+A/100)$ EK 能够在柴油机的型号中查得，一般柴油机的铭牌中都标有 EP 值，可由 EP 值查出 EK 值

(7) 电控单体泵电磁铁的更换方法

电控单体泵电磁铁线圈烧毁后，通常都需要进行更换，表 11-65 列出了更换电控单体泵电磁铁时的基本要求与更换时必须注意的问题。

表 11-65　更换电控单体泵电磁铁时的基本要求与更换时必须注意的问题

项目	具体说明
基本要求	对电控单体泵电磁铁进行更换时，更换场所一定要高度清洁，以确保电磁铁总成的洁净度，没有经过授权或培训过的维修人员不能进行电磁铁的更换
必须注意的问题	如右图所示，在对电磁铁进行更换时，先采用专门的拆卸工具把电磁铁后盖拧开，然后依次取下电磁铁与电磁铁密封圈 在装配之前，先要将电磁铁密封圈套在电磁铁前端环槽上，然后再涂抹适量的硅脂。电磁铁安装一定要到位，以防装配好的单体泵无法正常工作，甚至出现漏油现象。最后将电磁铁后盖拧紧即可，拧紧力矩应控制在 38～42N·m 之间

(8) 电控单体泵总成的更换方法

对电控单体泵总成的更换有一定的技巧，表 11-66 列出了更换电控单体泵总成时的步骤与方法。这里是以 WP2000 型泵体单元为例，对于其他型号的泵体单元也具有一定的参考价值，因为它们的更换思路是基本相同的。

表 11-66 更换电控单体泵总成时的步骤与方法

项目	具体说明
拆卸	在更换电控单体泵泵体单元时，先应交替地松开锁紧螺母，然后通过转动油泵凸轮轴，就可以依靠凸轮将泵体单元顶出来，进一步就可取出泵体单元、柱塞、大弹簧、大弹簧座，如右图所示
安装	在更换新的泵体单元时，先采用新的柱塞和大弹簧、大弹簧座，按右图所示的方法，连接好后放在泵箱内的挺杆组件上 转动凸轮轴使柱塞下降至低点，然后将泵体单元上的密封圈表面涂抹适量的润滑硅脂后，就可把泵体单元放到泵箱内，轻轻旋转泵体单元，直到露出双头螺栓后，就可把锁紧螺母装上了。最后再交替拧紧锁紧螺母，拧紧时的预拧紧力矩控制在 10～15N·m 之间，最终拧紧力矩保持在 40～45N·m 之间

锁紧螺母 橡胶密封圈 橡胶密封圈 柱塞 大弹簧 大弹簧座

(9) 电控单体泵的匹配方法

当更换新的单体泵时，往往需要对新的单体泵进行匹配，表 11-67 列出了电控单体泵的匹配方法。

表 11-67 电控单体泵的匹配方法

项目	具体说明
匹配方法示意图	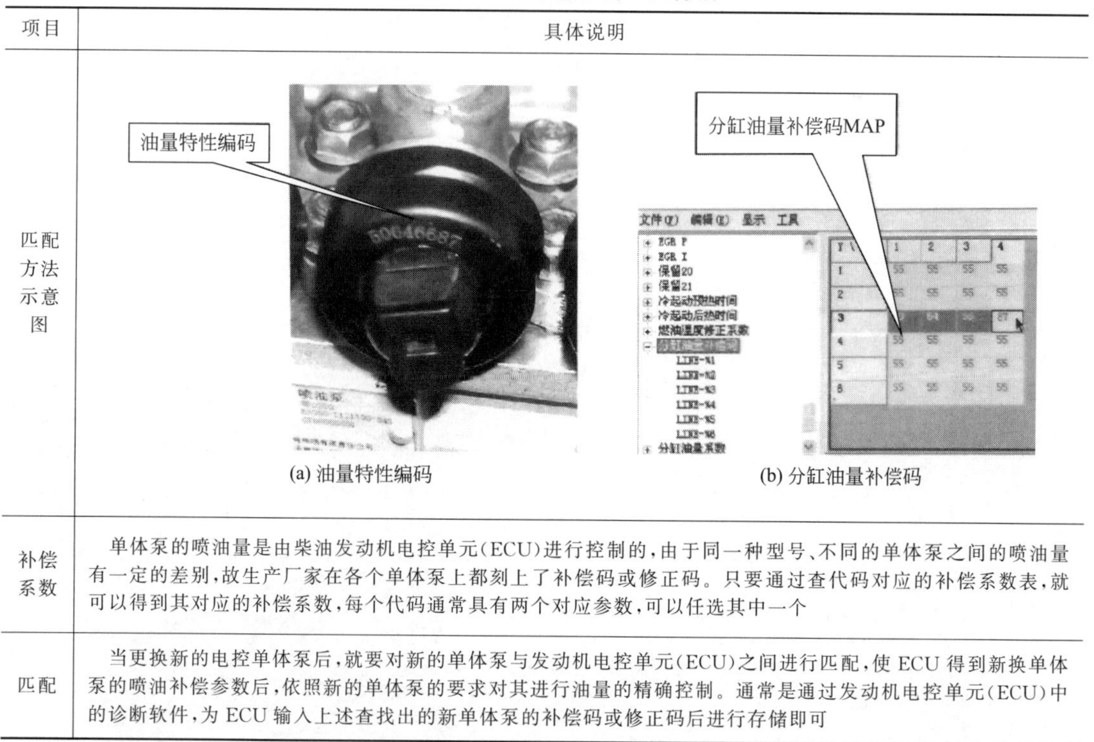 (a) 油量特性编码　(b) 分缸油量补偿码
补偿系数	单体泵的喷油量是由柴油发动机电控单元(ECU)进行控制的，由于同一种型号、不同的单体泵之间的喷油量有一定的差别，故生产厂家在各个单体泵上都刻上了补偿码或修正码。只要通过查代码对应的补偿系数表，就可以得到其对应的补偿系数，每个代码通常具有两个对应参数，可以任选其中一个
匹配	当更换新的电控单体泵后，就要对新的单体泵与发动机电控单元(ECU)之间进行匹配，使 ECU 得到新换单体泵的喷油补偿参数后，依照新的单体泵的要求对其进行油量的精确控制。通常是通过发动机电控单元(ECU)中的诊断软件，为 ECU 输入上述查找出的新单体泵的补偿码或修正码后进行存储即可

第12章 柴油发动机常见故障检修方法与实例

对柴油发动机故障的检修，是一项综合性很强的工作，既要具有电路方面的知识，又要熟悉机械系统工作原理，在此基础上，还要具备一定的动手能力。本书在前面的内容中，对电路、机械方面的知识做了一定的介绍，本章主要介绍动手能力，也就是说，面对一台故障柴油发动机，怎样入手排查寻找故障点。

12.1 排出燃油供给系统空气的方法

柴油发动机的有些故障是由于燃油供给系统进入了空气引起的，对此，只有将系统中的空气排出，问题才能得到解决。

(1) 柴油机低压油路密封性与完整性的检查

对柴油机低压油路密封性与完整性的检查，通常可用压力表来进行，表12-1中列出了其检测方法。

表 12-1 柴油机低压油路密封性与完整性的检查

项目	具体说明	
使用的仪表	对柴油机低压油路密封性与完整性进行检查时，可以采用如右图所示的A、B、C三块压力表来进行检测。其中A、B表均是一种三接头的压力表，C表为单接头压力表	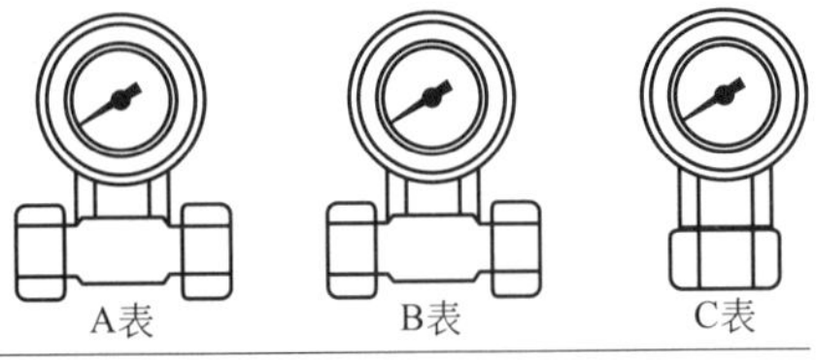 A表 B表 C表
A、B表的连接	将A、B两块压力表连接在燃油滤清器进出油接头的A与B处(见右图)，对燃油的压力进行检测，正常情况下，检测到的压力值应在0.4～0.5MPa之间。如果检测到的压力值低于0.25MPa，则就说明低压油路有泄漏处，应逐段进行检查，直至找到泄漏点	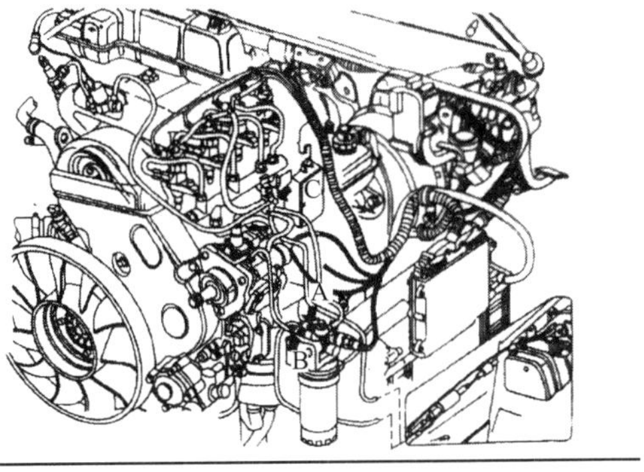 C A B
C表的连接	将C表连接在回油管接头盒C处(见右图)，对燃油回路的压力进行检测。正常情况下，检测到的压力值应在0.2～0.25MPa之间。如果检测到的压力值过低，也应逐段进行检查，以排除燃油压力变低的原因	

（2）排出空气的方法

柴油机燃油供给系统与汽油机一样有时也会有空气进入，进入的空气必须及时排出，否则会影响柴油机的工作。

① 燃油系统进空气后对柴油机的影响及放气听声排出空气的方法见表 12-2。

表 12-2　燃油系统进空气后对柴油机的影响及放气听声排出空气的方法

项目	具体说明
对柴油机的影响	柴油发动机的燃油供给系统进了空气以后，往往会使柴油机不容易启动，有时即使启动了运转也不稳定，甚至会自动熄火。熄火的原因是空气在油路中形成气阻，导致低压柴油无法进入喷油泵，进而出现不能供油或供油量过少的现象
放气听声排出空气的方法	这是一种最常规、简单的方法，如右图所示。具体操作时，先拧开喷油泵两侧上端的任一放气螺塞数圈，用手挤压手油泵，直到排出的柴油连续、通畅、无气泡，并发出“吱吱”声为止，然后拧紧放气螺塞，把手油泵压回原位即可

② 采用观察方式排出空气的方法见表 12-3。

表 12-3　采用观察方式排出空气的方法

项目	具体说明
示意图与操作思路	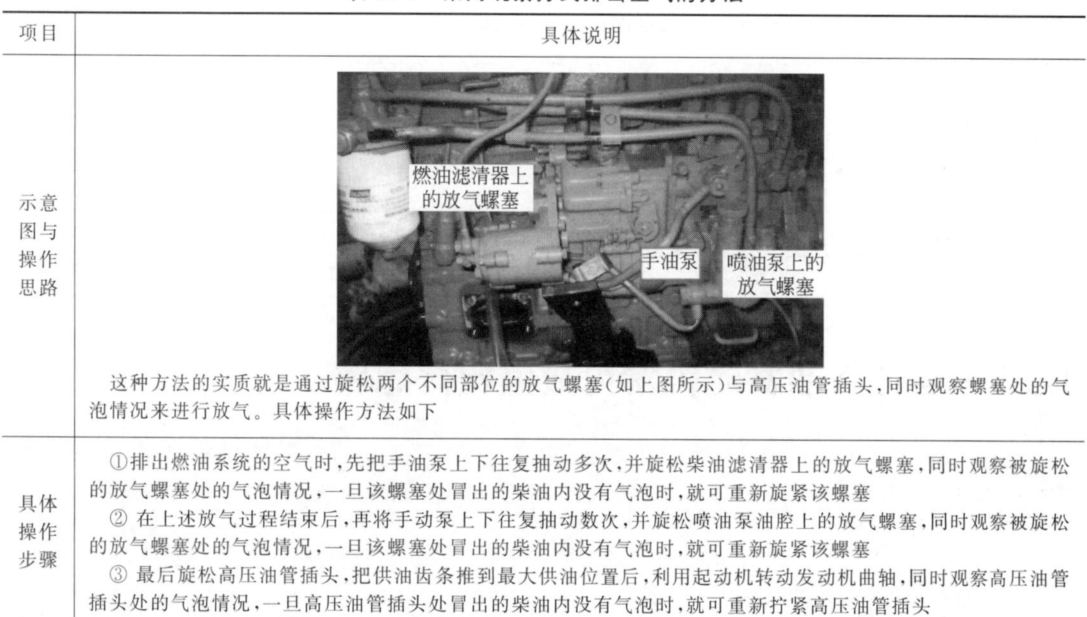 这种方法的实质就是通过旋松两个不同部位的放气螺塞（如上图所示）与高压油管插头，同时观察螺塞处的气泡情况来进行放气。具体操作方法如下
具体操作步骤	①排出燃油系统的空气时，先把手油泵上下往复抽动多次，并旋松柴油滤清器上的放气螺塞，同时观察被旋松的放气螺塞处的气泡情况，一旦该螺塞处冒出的柴油内没有气泡时，就可重新旋紧该螺塞 ② 在上述放气过程结束后，再将手动泵上下往复抽动数次，并旋松喷油泵油腔上的放气螺塞，同时观察被旋松的放气螺塞处的气泡情况，一旦该螺塞处冒出的柴油内没有气泡时，就可重新旋紧该螺塞 ③ 最后旋松高压油管插头，把供油齿条推到最大供油位置后，利用起动机转动发动机曲轴，同时观察高压油管插头处的气泡情况，一旦高压油管插头处冒出的柴油内没有气泡时，就可重新拧紧高压油管插头

12.2　柴油发动机气缸压缩压力的检测及压力低的处理方法

柴油发动机气缸压缩压力的检测方法同汽油发动机基本相同，处理柴油发动机气缸压缩压力低的方法也与汽油发动机大同小异。

（1）柴油发动机气缸压缩压力的检测

表 12-4 中列出了柴油发动机气缸压缩压力的检测方法和对气缸压缩压力的基本要求。

表 12-4 柴油发动机气缸压缩压力的检测方法和对气缸压缩压力的基本要求

项目	具体说明
检测方法	启动柴油发动机，使机体温度达到约80℃→采用压缩空气将各个喷油器安装孔周围的灰尘和污垢吹干净→拆下喷油器上的高压油管与回油管插头，拆下各缸喷油器→在被检查的气缸上安装好量程为10MPa的压力表→在保证压力表插头与喷油器座孔不漏气的前提下(插头与座孔之间要安装密封垫圈，插头要紧固在座孔内)，按下启动按钮使曲轴转动，一旦听到被检查的气缸压缩三次后立刻松开启动按钮。此时，压力表指针所指示的数值，就为该缸的压缩压力
基本要求	为了保证柴油发动机具有良好的动力性与经济性，对气缸压缩压力的要求是不应低于其正常压力的80%。同时，为保证柴油发动机的工作平衡，各缸的压缩压力差要求不大于平均值的5%

(2) 柴油发动机气缸压缩压力低的处理方法

导致柴油发动机气缸压缩压力低故障的原因较多，表12～5中列出了常见原因及其处理方法。

表 12-5 柴油发动机气缸压缩压力低的常见原因及其处理方法

常见原因	处理方法
活塞压缩终了时气缸温度偏低	气缸内的温度是由预热装置把进气管内的空气加热后改善的，进而就可以使气缸压缩压力升高。因此，出现活塞压缩终了时气缸温度偏低故障时，应对启动预热系统的有关元器件进行检查
活塞环或气缸壁严重磨损	更换新的、同规格的整套活塞环或缸套
活塞环卡死或各环开口朝向一侧，密封不严	要按正确的方向和要求重新对活塞环进行安装，或更换新的活塞环
气门密封变差	对气门弹簧进行检查，看其是否变形或折断，如果没有发现问题，则应仔细观察气门密封不严的原因并进行处理
喷油器没有拧紧	要按照规定的拧紧力矩，重新对喷油器进行紧固，同时还要对螺纹处的间隙进行密封
气缸垫密封不严	检查气缸垫是否有烧蚀现象，检查气缸盖螺栓的拧紧力矩是否符合规定

12.3 电控柴油发动机常见故障检修思路

对于某一种故障现象，怎样快速查找出故障原因或部位，这是检修电控柴油机的难点，这就要求维修人员要有正确的检修思路，熟悉各种故障的常见原因，了解各种易损件损坏时的典型特征。这也是下面所要介绍的内容。

(1) 电控柴油发动机启动困难或不能启动故障检修思路

导致电控柴油发动机启动困难或不能启动故障的原因较多，归纳起来主要有表12-6中所列的几个方面，可围绕这些方面对相关系统或部位进行检查。

表 12-6 电控柴油发动机启动困难或不能启动故障检修思路

项目	具体说明
预热时间不够	在冷启动时，如果预热时间不够，就会使温度过低，导致启动柴油机时，排气管冒白烟，但发动机不着火
燃烧室积存柴油过多	启动之前的准备工作没有做好，导致多次启动不着，使进入燃烧室的柴油积存过多，而造成启动更加困难

续表

项目	具体说明
喷油器异常	如果喷油器不喷油或喷油雾化质量太差,在摇转曲轴时,听不到喷油器的喷油声,或采用启动机启动柴油机时,排气管看不到灰白烟
压缩压力不足	如果压缩压力不足,就会导致压缩行程终了的气体温度过低,使喷进燃烧室的柴油无法发火燃烧
其他问题	如果控制单元(ECU)有问题;燃油箱到喷油器之间的油路进入了空气;空气滤清器进气管全部或大部分堵塞;供油提前角过大或过小(时间控制器不良),均会造成柴油发动机启动困难或不能启动故障

(2) 电控柴油发动机运转不平稳故障检修思路

电控柴油发动机出现运转不平稳故障时,不同类型的喷油系统,其检查与排除故障的方法有一定的差别。以柱塞泵为例,柴油机出现运转不平稳故障的典型特征是从排气和工作响声可听到转速忽高忽低,究其原因归纳起来主要有表12~7中所列的几个方面,可围绕这些方面对相关系统或部位进行检查。

表12-7 电控柴油发动机运转不平稳故障检修思路

项目	具体说明
调速器问题	电子调速器有故障,各连接件不灵活或间隙变大;调速器壳体内润滑油油面过高,或润滑油黏度过大
个别缸问题	个别缸的供油拨叉紧固螺钉松动,或齿箍与控制套松动;个别缸的出油阀弹簧和柱塞弹簧断裂,或弹性变弱;个别缸喷油雾化不良;个别缸气门弹簧变软或断裂
间隙问题	柱塞调节臂和调节拨叉之间间隙过大(柱塞泵);供油拉杆(或齿杆)和拉杆衬套之间间隙过大或过小→运动不灵活
传感器问题	空气流量计有问题;进气温度传感器有故障;控制套筒位置传感器工作异常或不能继续工作
其他问题	多缸柴油机的供油不均匀度过大,压缩压力不一致;供油提前角过大或过小,时间控制器有故障;燃油油路进入了空气;空气滤清器或进气管部分堵塞

(3) 电控柴油发动机功率不足故障检修思路

导致电控柴油发动机功率不足故障的原因较多,归纳起来主要有表12~8中所列的几个方面,可围绕这些方面对相关系统或部位进行检查。

表12-8 电控柴油发动机功率不足故障检修思路

项目	具体说明
传感器问题	冷却液温度传感器有问题,使柴油机温度过高或过低;进气温度传感器工作不良或不能继续工作;空气流量计出现故障
堵塞问题	油箱开关没有完全打开、电动输油泵有故障引起供油不足,或燃油管路部分堵塞;空气滤清器或进气管部分堵塞;排气管积炭过多,或不适当地将排气管改细、加长
间隙问题	气门弹簧断裂,或气门间隙调整不当;曲轴与轴瓦、活塞与气缸等相对运动件之间装配间隙过小或润滑不良,导致摩擦阻力增大
供油问题	柴油本身不符合规定要求;柴油中混有水分,或油路中有空气;喷油器喷油压力过低,或喷油雾化不良;喷油泵最大供油量不符合要求,或各缸供油不均匀度过大;供油提前角过大或过小;供油拉杆不能达到最大供油位置;压缩压力不足
其他问题	排气催化装置出现了问题;配气相位不正确;气缸垫或燃烧室镶块烧损

(4) 柴油机出现突然停车故障检修思路

柴油机出现突然停车的典型特征是车辆在行驶过程中发动机突然熄火，无法继续工作。表12-9列出了出现该故障的常见原因及其处理方法。

表12-9 柴油发动机出现突然停车故障的常见原因及其处理方法

常见原因	处理方法
油箱中柴油用完	按照规定加注一定量的柴油
燃油中混有水分	一旦柴油中混入了水分，就会使进入气缸内的燃油无法燃烧，由此就迫使发动机突然熄火而停车。对此，应对燃油供给系统进行彻底清洗，并选用性能良好的柴油
油管突然破裂	因某种原因柴油发动机供油系统的某部分油管突然破裂后，因燃油大量流失而导致供油系统无法继续供油，这必然会造成发动机熄火而停车。对此，应查找油管突然出现破裂的原因，并根据实际情况进行修理或更换
燃油结冰	这种情况多出现在冬天较寒冷的地区。对于寒冷的冬天使用车辆，对柴油也应采取一定的防冻措施
机油压力过低	机油压力出现过低情况时，往往会导致主轴承及连杆轴承被烧干→柴油发动机的活塞被卡住等。对此，应找出机油压力过低的原因并处理
喷油泵柱塞突然卡住	当喷油泵柱塞突然卡住时，就会使喷油泵喷油停止，由于喷油泵不能继续喷油→发动机因得不到供油而熄火，从而造成了柴油机突然停车。对此，应查找喷油泵柱塞突然卡住的原因，并进行相应处理
柱塞弹簧突然断裂	柱塞弹簧突然断裂后，就会使喷油泵喷油停止，由于喷油泵不能继续喷油→发动机因得不到供油而熄火，从而造成了柴油机突然停车。对此，应更换新的、同规格的弹簧
点火正时突然改变	这种故障多是由于车辆长期处于振动状态，与点火正时有关的零件或部件位置发生了改变或移动所致，应查找松动的零件或部件，并重新紧固好
气门卡住	当气门卡住后，致使柴油发动机无法继续正常地工作而自动熄火，从而导致了突然停车。对此，应找出气门卡住的原因并进行修理或更换
进气管或空气滤清器堵塞	一旦进气管或空气滤清器出现堵塞，就会使发动机气缸内因得不到供气而迫使发动机迅速熄火，从而导致了突然停车。对此，应对进气管或空气滤清器进行清理，排除堵塞现象
喷油泵突然不能工作或工作不良	当喷油泵突然不能工作或工作不良时，就会使喷油泵不能继续喷油→发动机因得不到供油而熄火，从而造成了柴油机突然停车现象。对此，应找出喷油泵突然不能工作或工作不良的原因并进行修理或更换

(5) 柴油机电控系统主要元件故障典型特征

柴油机电控系统因车辆工作环境的恶劣有时也难免出现问题，从大量的维修实践来看，其主要元件故障典型特征见表12-10。

表12-10 柴油机电控系统主要元件故障典型特征

项目	具体说明
控制单元ECU	柴油机电控单元(ECU)的可靠性一般都较高(保护电路较多)，不太容易出问题，但也不排除出问题的可能性。例如集成电路损坏，电控单元(ECU)固定螺栓松动，某电子元件焊接接头脱焊，电阻或电容等元件失效等
插接件	在电控单元(ECU)组成的自动控制系统电路中，往往使用多种插接件，这些插接件经长期使用后，因环境恶劣之故，会发生老化、锈蚀甚至断裂等现象，有的虽然没有断裂，但因污垢、水汽等的侵蚀，往往会发生松动或接触不良现象，由此就会使柴油机出现工作不稳定现象，由此而产生的某些故障有时还易使检修陷入困境
传感器	由于传感器的零件损坏，如弹片弹性失效、真空膜片破损、回位弹簧断裂或脱落，均会导致传感器的检测功能失效或工作不良，无法及时、准确地反映柴油机的工作状况，从而使电控系统失控或控制不正常，柴油机工作不协调，甚至无法继续工作。例如速度传感器、加速踏板位置传感器、燃油温度传感器等失效，均会造成柴油机工作不正常

续表

项目	具体说明
执行机构	电磁阀的工作通常都受电控单元 ECU 输出的脉冲信号的控制，一旦电磁阀线圈损坏，就会造成电磁阀无法受控而引起柴油机工作异常。另外，供油齿杆、执行机构活塞、伺服阀等出现问题都会造成柴油机故障

12.4 柴油发动机喷油不均匀、喷油量过多故障原因、检测与维修

柴油发动机出现的喷油不均匀或喷油量过多故障，通常都与燃油供给系统有关零部件的状况有关，应围绕该思路对相关部位进行检查。

(1) 柴油发动机喷油不均匀故障原因及其处理方法

柴油发动机出现喷油不均匀故障后，往往会导致柴油机怠速不稳、转速波动大和功率不足等现象。表 12-11 列出了出现该故障的常见原因及其处理方法。

表 12-11 柴油发动机喷油不均匀故障的常见原因及其处理方法

常见原因	处理方法
高压系统中存在空气	对柴油油路高压系统中存在的空气进行排除
杂质导致柱塞阻滞	对造成柱塞阻滞的杂质、污垢进行彻底清除
油量调节机构松动	查找造成油量调节机构出现松动的原因，并根据实际情况进行处理后，再固定油量调节机构
油量调节机构有问题→各缸供油量不均匀	查找造成油量调节机构出现问题的原因，并根据实际情况进行处理，以保证各缸供油量均匀
低压油路油压过低	对输油泵、燃油滤清器以及低压油路中各有关零部件进行仔细检查，看是否有泄漏处
柱塞弹簧断裂	更换新的、同规格的柱塞弹簧
出油阀弹簧断裂	更换新的、同规格的出油阀弹簧
出油阀偶件严重磨损	对出油阀偶件严重磨损的情况，能修则修(研磨修整)，不能修则只有更换新的、同规格的出油阀偶件

(2) 柴油发动机喷油量过多故障原因及其处理方法

柴油发动机出现喷油量过多故障后，往往会导致柴油机排气管排出大量的黑烟；发动机转速升高后，在迅速收油后，转速不能立即降低。或者车辆在高速路上行驶过程中，一旦遇到障碍迅速收油时，车速不能立即降低，这是十分危险的。表 12-12 列出了出现该故障的常见原因及其处理方法。

表 12-12 柴油发动机喷油量过多故障的常见原因及其处理方法

常见原因	处理方法
喷油泵的喷油量变大	使发动机进入高速运转状态，然后在迅速收油的瞬间，用手摸高压油管，如果油管仍有脉动的感觉，就可判断为喷油泵的喷油量变大，导致发动机不易降速。对此，应查找喷油泵喷油量变大的原因，并根据实际情况进行相应处理
泵杆行程变小	对此，应重点对供油拉杆进行检查、调整，一般通过适当的调整会使问题得到解决。如果调整无效，则需把喷油泵放在试验台上进行检查、调整

12.5 柴油发动机喷油过早、过迟故障原因、检测与维修

柴油发动机出现的喷油过早、过迟故障，通常也与燃油供给系统有关零部件的状况有关，应围绕该思路对相关部位进行检查。

(1) 喷油过早故障原因及其处理方法

柴油发动机喷油过早的典型特征是柴油机气缸内出现有节奏而清脆的金属敲击声，发动机过热、无力、冒黑烟，怠速不良或不能启动。柴油机的喷油时间是由喷油泵进行控制的，表 12-13 列出了出现该故障的常见原因及其处理方法。

表 12-13 柴油发动机喷油过早故障的常见原因及其处理方法

常见原因	处理方法
连接盘固定螺钉松动移位	查找造成连接盘固定螺钉松动移位的原因，并根据实际情况重新进行调整后，再把固定螺钉拧紧，使其固定牢固
喷油泵内柱塞挺杆正时调整螺钉松动移位	检修时，可先把固定盘固定螺钉松开，然后缓慢推迟喷油时间，观察故障是否有好转的迹象。如果情况有所好转，则故障就为喷油泵内柱塞挺杆正时调整螺钉松动移位引起的，进而导致了喷油过早。对此，应对正时调整螺钉进行精确调整后固定好

(2) 喷油过迟故障原因及其处理方法

柴油发动机喷油过迟的典型特征是柴油机气缸内发出低沉而不清晰的敲击声，发动机的转速不能随着加速踏板的踩下深度加大而迅速提高，发动机过热、无力，冒白烟。表 12-14 列出了出现该故障的常见原因及其处理方法。

表 12-14 柴油发动机喷油过迟故障的常见原因及其处理方法

常见原因	处理方法
连接盘固定螺钉松动移位	查找造成连接盘固定螺钉松动移位的原因，并根据实际情况重新进行调整后，再把固定螺钉拧紧，使其固定牢固
喷油泵内柱塞挺杆正时调整螺钉松动移位	检修时，可先把固定盘固定螺钉松开，然后缓慢提前喷油时间，观察故障是否有好转的迹象。如果情况有所好转，则故障就为喷油泵内柱塞挺杆正时调整螺钉松动移位引起的，进而导致了喷油过迟。对此，应对正时调整螺钉进行精确调整后固定好
喷油泵驱动齿轮半圆键出现滑动或漏装	查找喷油泵驱动齿轮半圆键出现滑动的原因，并根据实际情况进行修理或更换，对于漏装的半圆键，应将其重新安装好

12.6 柴油发动机出现飞车故障原因、检测与维修

柴油机出现飞车的典型特征是柴油机突然超出额定最高转速，收油后转速仍然降不下来，且伴有巨大的声响和浓烟。

(1) 飞车故障常见原因

柴油机出现飞车对机件的损伤极大，必须采取果断措施迅速熄火，然后再查找原因。表 12-15 列出了出现该故障的常见原因及其处理思路。

表 12-15 柴油发动机出现飞车的常见原因及其处理思路

常见原因		处理思路
喷油泵方面	喷油泵的供油齿杆和调速器脱离连接	找出喷油泵的供油齿杆和调速器脱离连接的原因后，还要进行相应的处理，以防该现象再次出现
	柱塞卡在最大供油量的位置	找出柱塞卡在最大供油量位置（如右图所示）的原因后，根据实际情况对柱塞进行清洗、研磨或更换
	加速踏板或供油齿杆卡滞	找出加速踏板或供油齿杆出现卡滞的原因后，还应进行相应的处理
	柱塞弹簧断裂	更换新的、同规格的弹簧
	调节齿圈松脱	找出调节齿圈松脱的原因后，进行修理或更换
	凸轮轴轴向间隙过大	凸轮轴轴向间隙过大故障往往与长时间使用后出现严重磨损有关。对此，应更换新的、同规格的配件
调速器方面	调速器弹簧断裂	应更换新的、同规格的调速器弹簧
	限位螺钉松动	当限位螺钉松动后，往往会使调速器不起作用。对此，应找出限位螺钉松动的原因，并根据实际情况进行调整固定
	飞锤脱落	找出飞锤脱落的原因后，还应根据实际情况采取一定的措施，以防同类现象再次发生
加油操纵臂松脱		加油操纵臂上安装有复位弹簧，该弹簧松脱或断裂，就会使发动机转速失去控制，从而造成飞车现象的发生。可根据实际情况对复位弹簧进行重新安装，对于断裂的弹簧，则只有更换新的、同规格的配件

(2) 飞车故障处理方法

表 12-16 列出了柴油发动机出现飞车故障的检查步骤与应急处理方法。

表 12-16 柴油发动机出现飞车故障的检查步骤与应急处理方法

项目	具体说明
检查步骤	当车辆出现飞车现象时，要迅速收油，如加速踏板运动缓慢，转速不减，通常多为供油拉杆卡阻；如果收油正常，则应检查限位螺钉是否松动。如果上述检查均无问题，则应重点对调速器进行检查
应急处理方法	一旦柴油机出现飞车，应迅速采取最有效的应急措施去进行处理，以防问题进一步扩大。常见有以下所述的几种应急方法 ①切断气路，可迅速堵死空气滤清器的进气口，使发动机气缸内因得不到供气而迫使发动机迅速熄火 ②切断油路，可迅速切断喷油泵进油管的油路，使喷油器因得不到燃油供应而迫使发动机迅速熄火 ③如果车辆是在行使过程中出现了飞车，可挂上高速挡，踩制动踏板进行强制制动，以迫使发动机迅速熄火

12.7 共轨燃油喷射系统柴油发动机无法启动故障原因、检测与维修

由于高压共轨燃油喷射具有独特的优点，现在的电控柴油车，多数采用这种喷射方式为发动机提供柴油，故这一节的内容也以该类电喷系统为例。

(1) 共轨蓄压式电控燃油喷射系统常见故障检修思路

共轨蓄压式电控燃油喷射系统常见故障类型较多，但最常见的为发动机无法启动、发动机过热和发动机动力不足三大类。表 12-17 中列出了这三类故障的常见检修思路。

表 12-17 共轨蓄压式电控燃油喷射系统常见故障检修思路

项目	具体说明
发动机无法启动	柴油发动机出现无法启动故障，通常应检查蓄电池的连接线、蓄电池是否失效，低压油路是否存在气体，低压油路是否有积水，燃油滤清器是否堵塞，预热启动装置是否失效，预热启动电磁阀是否损坏，电控喷油泵是否失效，高压油泵是否损坏，电控喷油器及其O形密封圈是否失效，气缸压力是否正常，电动输油泵是否失效，低压油路、回油油路是否有泄漏或堵塞处，多头回油管接头盒到电磁阀的油路是否畅通，电磁阀到电热启动器的油路是否畅通，燃油滤清器旁通油道是否畅通，共轨蓄压器限压阀是否失效，电控喷油器是否正常，高压油泵及第三停油阀是否失效，飞轮转速传感器是否正常、其位置是否发生了移动，控制单元(ECU)是否有问题
发动机过热	柴油发动机出现过热故障，通常应检查发动机冷却液数量是否充足，水泵V带张紧力是否合适，水泵是否失效，节温器是否损坏，散热器是否被堵塞或出现泄漏现象，空气滤清器及输气管是否有堵塞或节流现象，气缸盖衬垫是否损坏，电磁离合器风扇工作是否正常
发动机动力不足	柴油发动机出现动力不足故障，通常应检查燃油箱燃油数量是否合格，燃油箱吸油管是否正常，空气滤清器是否堵塞，高、低压油路有无泄漏，节温器是否正常，高压油泵是否正常，电控喷油器及限压阀是否正常，气门间隙是否符合规定，气缸压缩压力是否满足要求，废气涡轮增压器工作是否正常，加速踏板位置传感器是否损坏

(2) 共轨燃油喷射系统柴油机无法启动故障的原因

表12-18列出了共轨燃油喷射系统柴油机无法启动故障的原因。

表 12-18 共轨燃油喷射系统柴油机无法启动故障的原因

项目	具体说明
柴油机启动条件	柴油机属于压燃式内燃机。柴油机能否顺利启动，不但需要大量燃油充分雾化后喷入气缸，而且还要求气缸内空气压缩后具有一定的温度与压力，这样才会使柴油自燃
常见原因	电控高压共轨燃油喷射系统柴油机如果出现不能启动故障，其常见原因通常与启动系统、电控燃油系统、进排气系统或柴油机配合间隙有关，可根据故障所伴随的典型特征，按步骤进行分析判断

(3) 共轨燃油喷射系统柴油机不能启动时对电路进行的基本检测

当汽车高压共轨燃油喷射系统柴油机出现不能启动故障时，可先采用专用诊断仪读取电控系统中存储的故障代码，然后参考故障代码提示的范围确定故障的可能原因或部位。在对电路与控制系统故障进行排查时，通常应先进行表12-19中所列的几个方面的基本检测。

表 12-19 共轨燃油喷射系统柴油机不能启动时对电路进行的基本检测

项目	具体说明
供电电源的检测	①汽车高压共轨燃油喷射系统柴油机电路与控制系统正常工作的必备条件是其供电电源必须正常。供电电压消失或供电异常，均会造成控制系统不能工作或工作异常 ②在高压共轨燃油喷射控制系统中，ECU的供电取自于蓄电池，而其他大部分元件的供电是由ECU提供的 ③导致电源部分故障的原因大多为插接件损坏等造成的电路接触不良，熔丝熔断和错误的接线等
导通性的检测	对高压共轨燃油喷射控制系统进行导通性检查，主要是检测电路或导线两点之间的电阻值(该电阻值应小于0.5Ω)，以确认被检测两点之间的导通是否正常
对搭铁短路的检测	对搭铁短路、就是电路上的某点按电路设计要求不应搭铁，但实际电路已经出现了搭铁的故障。对这类故障，可以采用万用表检测电阻值的方法来查找搭铁点
导线之间短路的检测	导线之间短路就是电路上导线与导线之间按电路设计要求不应导通，但实际电路已经出现了导通的故障。对导线与导线之间出现的短路故障，其检测方法与检查搭铁故障基本相同。正常情况下，两导线之间的开路电阻应大于1MΩ
元件功能的检测	高压共轨燃油喷射控制系统中使用了各种不同功能的元器件，对这些不同功能元器件的检测，应根据不同的功能采用不同的检测仪表。例如对于温度传感器，可利用万用表检测其电阻值来判断其好坏；对于压力传感器可以使用专用的检测导线在其工作时测量其输出的信号电压；对于电磁阀，可以通过诊断仪来对其进行检测

(4) 共轨燃油喷射系统柴油机不能启动线束与插接件故障的检测

电控高压共轨燃油喷射系统柴油机出现的不能启动故障，线束与插接件故障所占比例较高，表 12-20 列出了采用万用表对线束与插接件故障进行检测的方法。

表 12-20 共轨燃油喷射系统柴油机不能启动线束与插接件故障的检测

项目	具体说明
直观检查	应先直观检查喷油器线束与传感器线束连接是否良好，整车各个线束插接件是否有脱落现象，插接是否牢靠，可用手摇的方法进行检查，必要时，还可用万用表检测电阻来配合进行确认，以保证不会误判
检测示意图	(a) 检查连接线路　(b) 喷油器接线
检测方法	如图(a)所示，采用万用表按照线路走向，检查连接线路是否有断裂、损坏或接触不良的情况。图(b)所示为喷油器接线，可用万用表检测其通断情况

(5) 共轨柴油发动机钥匙开关启动挡启动时起动机无反应故障的检测

这种故障可采用数字式万用表对有关部位进行检测，具体见表 12-21。

表 12-21 共轨柴油发动机钥匙开关启动挡启动时起动机无反应故障的检测

项目	具体说明	
检查供电	先检查蓄电池电压是否正常，确认无问题后，检查钥匙开关启动挡如没有电源输出，则更换点火开关	采用数字式万用表检测插接件处的24V供电电压是否正常
检查空挡开关	空挡开关有两个端子，通常与 ECU 相连接，其中的一端为 24V 电压端，如该电压消失，就会造成起动机无反应，可按右图所示采用数字式万用表直流电压挡检测该电压是否正常	
检查起动机	检查起动机本身及其线束、线束连接器等	

(6) 共轨燃油喷射系统柴油机不能启动起动机部分故障的检修

高压共轨燃油喷射系统柴油机出现不能启动故障，有些是由起动机部分引起的，表 12-22 中列出了出现这种情况时的检修方法。

表 12-22 高压共轨燃油喷射系统柴油机不能启动起动机部分故障的检修

项目	具体说明
原理	汽车高压共轨燃油喷射系统柴油机的启动机通常受 ECU 的控制，ECU 在接收到空挡信号后，就会输出电流驱动启动继电器，控制起动机启动
检修方法	如果判断故障出在起动机系统，可以参考以下步骤检查有关部位：检查换挡手柄是否挂在空挡位置→检查停车开关的位置，正常应处于断开状态→检查空挡开关及连接线是否完好→检测蓄电池电压是否过低，而无法带动起动机→检查起动机继电器及其连接线路是否良好→检查起动机本身是否损坏→检查点火开关、启动开关是否损坏

（7）共轨燃油喷射系统柴油机不能启动轨压无法建立故障的检修

高压共轨燃油喷射系统柴油机出现不能启动故障，有些是由于轨压无法建立引起的，表 12-23 中列出了出现这种情况时的检修方法。

表 12-23 高压共轨燃油喷射系统柴油机不能启动轨压无法建立故障的检修

项目	具体说明
典型特征	高压共轨燃油喷射系统柴油机不能启动轨压无法建立故障的典型特征是起动机能够正常工作，但柴油机无法启动
检修方法	高压共轨系统对燃油的油路要求较高，低压和高压油路均应密闭。任何一个环节出现问题，轨压均无法正常建立。当检测发现故障为轨压无法建立引起的，则可参考以下步骤检查有关部位 检查油箱油位是否过低→检查手动泵工作是否正常→检查低压油路是否有空气，如有应进行排空气处理。排气方法为松开粗滤器上的放气螺塞，用手压动粗滤器上的手动泵，直到放气螺塞处持续出油为止。如果低压油路空气排净后柴油机仍不能启动，则检查高压油路是否有空气，如有也应排出高压油路的空气。排气方法为松开某缸高压油管，用起动机带动柴油机运转，直到高压油管持续出油为止。然后检查高压油路有无泄漏→检查油路是否畅通，检查柴油滤清器是否堵塞→检查轨压传感器初始电压值是否在 0.5V 左右，或设定轨压是否在 30～50MPa，如不正常先检查插接件是否牢靠，如无检查设备，可以拔下轨压传感器再启动柴油机→检查流量计控制阀是否良好

（8）共轨燃油喷射系统柴油机不能启动诊断仪显示同步信号故障的检修

高压共轨燃油喷射系统柴油机不能启动故障，有些是由于同步信号故障引起的，表 12-24 中列出了出现这种情况时的检修方法。

表 12-24 共轨燃油喷射系统柴油机不能启动诊断仪显示同步信号故障的检修

项目	具体说明
典型特征	启动柴油机时，起动机工作基本正常，但发动机无法启动，采用故障诊断仪诊断故障时，显示为同步信号故障
检修方法	出现该故障时，通常可以按以下顺序检查各个部位或零件。检查曲轴转速传感器（该传感器的外形如右图所示）、凸轮轴相位传感器是否完好无损，插接件和导线是否完好无损，有无断路或短路→拆下曲轴转速传感器、凸轮轴相位传感器检查其是否有脏物附着→采用万用表检测传感器静态电阻值是否在 750～950Ω 之间，ON 挡电压是否在 2～3V 之间→采用故障诊断仪进行检测，看是否有故障代码存在。有故障代码则按故障代码的提示进行检修，没有故障代码按常规方法进行检修

（9）共轨燃油喷射系统柴油机不能启动自检故障灯不亮故障的检修

高压共轨燃油喷射系统柴油机出现不能启动故障时，有时自检故障灯也不亮，表 12-25 中列出了出现这种情况时的检修方法。

表 12-25 共轨燃油喷射系统柴油机不能启动自检故障灯不亮故障的检修

项目	具体说明
典型特征	启动柴油机时，起动机工作基本正常，但发动机无法启动，观察仪表板处的故障指示灯也不亮
检修示意图	水温传感器处电压的检测

续表

项目	具体说明
检修方法	如果故障属于钥匙开关在 ON 挡，ECU 自检时发动机故障灯不亮，诊断仪连接不上，进一步按上图所示采用数字式万用表在发动机水温传感器处检测 5V 电压为 0V 时，则应检查发动机电喷系统的线束以及主熔丝或主继电器连接是否可靠，特别是钥匙开关的 ON 挡电源一定要能够顺利加到 ECU 上

(10) 共轨燃油喷射系统柴油机不能启动低压或高压油路故障的检修

高压共轨燃油喷射系统柴油机出现不能启动故障时，有些是由于低压或高压油路故障引起的，表 12-26 中列出了出现这种情况时的检修方法。

表 12-26 共轨燃油喷射系统柴油机不能启动低压或高压油路故障的检修

项目	具体说明
典型特征	启动柴油机时，起动机工作基本正常，但发动机无法启动，低压油路或高压油路故障
检修示意图	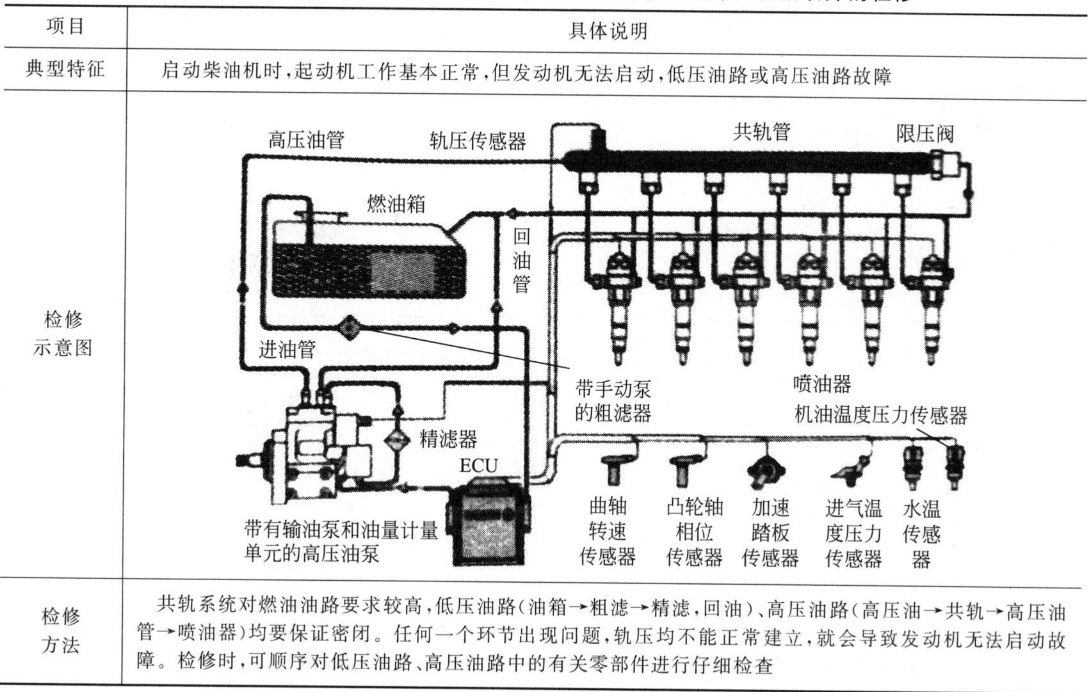
检修方法	共轨系统对燃油油路要求较高，低压油路(油箱→粗滤→精滤，回油)、高压油路(高压油→共轨→高压油管→喷油器)均要保证密闭。任何一个环节出现问题，轨压均不能正常建立，就会导致发动机无法启动故障。检修时，可顺序对低压油路、高压油路中的有关零部件进行仔细检查

12.8 电控共轨柴油发动机不着车故障原因、检测与维修

电控共轨柴油发动机最常见的故障就是不着车故障，这种故障涉及面广，是在启动系统正常的情况下出现的故障。

(1) 常见原因与诊断方法

表 12-27 列出了电控共轨柴油发动机不着车故障较常见的原因与诊断方法。

表 12-27 电控共轨柴油发动机不着车故障较常见的原因与诊断方法

项目	具体说明
常见原因	①喷油器不喷油常见原因有喷油器阻塞，喷油器回油太多，低压油路故障，高压油路故障，轨压传感器故障，正时信号传感器故障，微电脑供电电源或微电脑本身故障等 ②气缸压缩压力过低是电控共轨柴油发动机十分常见的故障，这种故障排除较容易，前面已经介绍过，不再赘述

续表

项目	具体说明
诊断方法	采用故障诊断仪读取微电脑控制系统存储器中存储的故障代码，根据故障代码的提示确定问题是在电控系统，还是在供油部分

(2) 高压油路的检测与维修

表12-28列出了电控共轨柴油发动机不着车高压泵与喷油器回油量故障的检修方法。

表12-28 电控共轨柴油发动机不着车高压泵与喷油器回油量故障的检修方法

<table>
<tr><th>项目</th><th colspan="3">具体说明</th></tr>
<tr><td rowspan="3">高压泵的检测</td><td colspan="3">将高压共轨管的所有出油口堵住(堵头可以自制)，断开燃油计量阀或给共轨压力调节阀提供12V工作电压，但不要超过2min，采用检测仪检测共轨压力值，并运行发动机5～6s，读取油压值，然后根据下表中所列的情况就可以判断出故障的原因，然后进行适当处理</td></tr>
<tr><td>检测到的油压/MPa</td><td>0～100</td><td>100～150</td></tr>
<tr><td>故障原因</td><td>高压泵故障(前提为低压正常)</td><td>高压泵正常(属基本正常)</td></tr>
<tr><td>喷油器回油量的检查</td><td colspan="3">在对喷油器回油量进行检查时，应确保发动机转速超过200r/min，冷却液温度低于30℃，采用堵头堵住高压油泵方向的回油管，断开燃油计量阀或给共轨压力调节阀提供12V工作电压，但不要超过2min，各喷油器的回油管接至盛油的试管，并运行发动机5～6s，采用检测仪检测共轨压力值，然后根据表12-29中所列的情况就可以判断出故障的原因，然后进行适当处理</td></tr>
</table>

表12-29 根据检测的情况判断故障原因

喷油器类型	博世型			德尔福型		
共轨油压/MPa	0～100	20～100	100～150	0～100	20～100	100～150
喷油器回油量/mL	80～120	>120	80～120	80～200	200～500	80～200
检测结果分析	高压泵故障	超过3次以后喷油器功能弱化	高压泵和喷油器均正常	高压泵故障	喷油器故障	高压泵和喷油器均正常

(3) 低压油路的检测与维修

表12-30列出了电控共轨柴油发动机不着车低压油路故障的检修方法。

表12-30 电控共轨柴油发动机不着车低压油路故障的检修方法

项目	具体说明
两种不同系统检测示意图	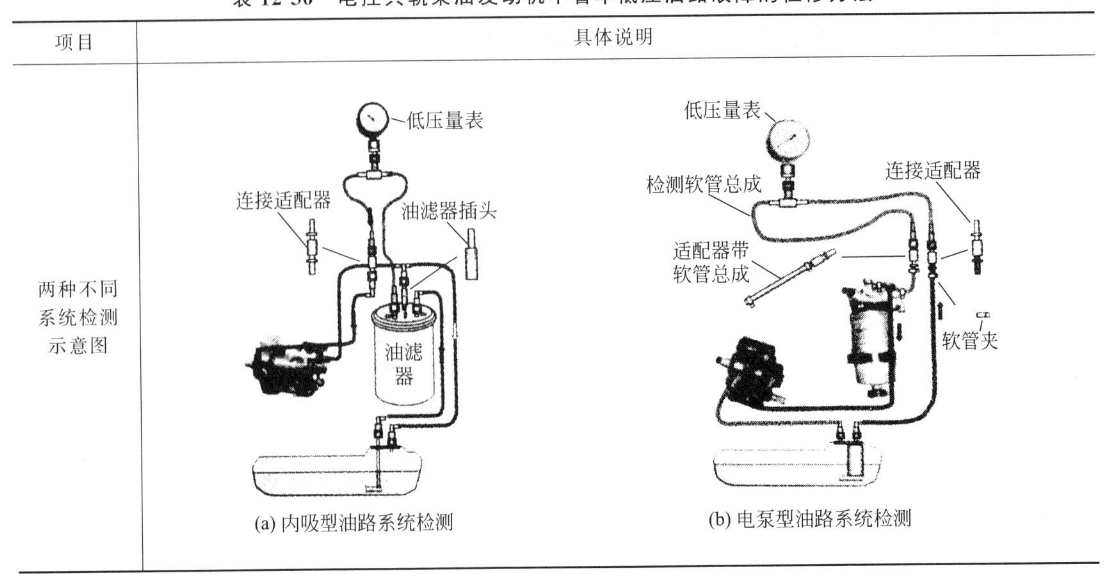 (a) 内吸型油路系统检测　(b) 电泵型油路系统检测

续表

项目	具体说明
内吸型油路系统	对于采用内吸型油路系统的共轨柴油发动机，可采用真空表来对其真空度进行检测，具体检测方法如图(a)所示，但这种检测仅适用于在着车情况下的测量
电泵型油路系统	对于采用电泵型油路系统的共轨柴油发动机，可采用油压表来对其压力进行检测，具体检测方法如图(b)所示。检测时，连续启动发动机5～6s，然后读取测量值即可。这种检测不仅适用于着车情况，也适用于不着车情况
检测结果分析	表12-31列出了上述内吸型(博世1型和德尔福型)与电泵型两种油路系统检测到的结果分析情况

表12-31 内吸型（博世1型和德尔福型）与电泵型两种油路系统检测到的结果分析情况

内吸型(博世1型和德尔福型)				电泵型			
检测到的真空度/kPa	0～9	11～25	27～80	检测到的压力/kPa	0～150	150～300	400～600
检测结果分析	系统漏气或吸油泵损坏	基本正常	油液滤清器或油路堵塞(输油泵没有损坏)	检测结果分析	输油泵故障或油路漏油	基本正常	油液滤清器或油路堵塞

12.9 柴油发动机其他常见故障的检测与维修

除了以上介绍的几种常见故障外，柴油发动机还会出现冒烟（冒黑烟、冒白烟）、功率下降、转速不稳等故障。

(1) 柴油发动机可以运转但大量冒黑烟故障检检测与维修方法

这种故障的典型特征是发动机可以正常启动、运转，但在工作时会冒出许多黑烟。这类故障对于个别气缸喷油过多故障，可采用逐缸停止喷油的方法来判断问题出在哪一缸上。

① 柴油发动机可以运转但大量冒黑烟故障的常见原因见表12-32。

表12-32 柴油发动机可以运转但大量冒黑烟故障的常见原因

序号	原因	序号	原因
1	燃油品质有问题，或车辆处于超负荷运行状态	5	喷油时间过早，混合质量差造成燃烧不完全
2	喷油泵供油过多或各缸供油不均匀	6	空气滤清器出现局部堵塞造成燃烧不完全
3	柱塞与套筒调整后位置发生了变动，从而使供油量加大	7	喷油泵老化，其性能发生了改变，致使供油量加大
4	喷油器喷油质量差，造成了燃烧不完全	8	调速器失效导致供油量过多，最大油量限制螺钉失调

② 柴油发动机可以运转但大量冒黑烟故障的检修方法与步骤见表12-33。

表12-33 柴油发动机可以运转但大量冒黑烟故障的检修方法与步骤

检修步骤	检修方法	“检修方法”一栏中是与否的判断	
		是	否
1	在断开某缸供油的同时，观察此时是否不再冒黑烟，且发动机运转无变化或变化很小	被断油的气缸喷油器有问题或喷油泵供油过多，转到步骤2	故障与喷油器没有关系，应检查其他部位

续表

检修步骤	检修方法	“检修方法”一栏中是与否的判断	
		是	否
2	检查有问题气缸喷油泵调整齿轮锁紧螺钉是否松动而导致了供油过多	重新对喷油泵调整齿轮锁紧螺钉进行紧固	转到步骤 3
3	拆下喷油器检查其喷油情况是否良好	转到步骤 4	应对喷油针阀进行研磨或更换新件
4	检查调速器飞锤是否有卡滞现象而造成供油过多	进行修理或更换排除卡滞现象	转到步骤 5
5	如果上述检查没有发现问题，则松开万向节连接盘的紧固螺钉，把喷油时刻调迟。如黑烟消失，且发动机不振抖，则说明喷油时间过早，应检查喷油时间是否失准。若正常，应再检查供油提前角是否过早，发现问题，可通过减薄滚轮体上垫块厚度或调低滚轮体上螺钉高度来解决		

(2) 柴油发动机可以运转但大量冒白烟故障检测与维修方法

这种故障的典型特征是发动机可以正常启动、运转，但在工作时会冒出许多白烟。这类故障多由喷油器喷雾不良引起，可采用逐缸停止喷油的方法来判断问题出在哪一缸上，当然，也可把所有喷油器拿到喷油器试验台上进行检查。

① 柴油发动机可以运转但大量冒白烟故障的常见原因见表 12-34。

表 12-34 柴油发动机可以运转但大量冒白烟故障的常见原因

序号	原因	序号	原因
1	燃油系统中有水或空气存在	3	喷油时间过迟或各缸喷油间隔角不一致
2	喷油器喷油时出现滴漏，从而导致了雾化不良	4	喷油压力低导致燃油没有得到完全燃烧就被排出

② 柴油发动机可以运转但大量冒白烟故障的检修方法与步骤见表 12-35。

表 12-35 柴油发动机可以运转但大量冒白烟故障的检修方法与步骤

检修步骤	检修方法	“检修方法”一栏中是与否的判断	
		是	否
1	断开某缸供油的同时，观察此时是否不再冒白烟，且发动机运转无变化或变化很小	被断油的气缸喷油器有问题，应对其进行修理或更换	转到步骤 2
2	观察发动机是否有运转无力、过热，且伴有低沉的敲击声	转到步骤 3	转到步骤 4
3	检查万向节连接盘的紧固螺钉情况以及键与键槽是否松动或磨损	应对故障进行修理或更换	转到步骤 4
4	调整提前角看白烟是否消失	转到步骤 5	检查滚轮体调整螺钉是否松动
5	检查喷油器滴油的原因，判断是喷油压力低引起的还是针阀磨损造成的，发现问题应进行修理或更换新件		

(3) 喷油器雾化不良造成的柴油发动机功率下降、转速不稳定故障的检测与维修方法

这种故障的典型特征是，发动机可以启动、运转，但功率下降、转速不稳定、有敲击声、排气管冒黑烟、启动困难或耗油量增加等。这类故障多由喷油器喷雾不良引起。

① 喷油器雾化不良造成柴油发动机功率下降、转速不稳定的常见原因见表 12-36。

表 12-36 喷油器雾化不良造成柴油发动机功率下降、转速不稳定的常见原因

项目	具体说明
柴油雾化形成原理	柴油雾化的形成，主要是喷油泵把一定压力的柴油压送到环状喷油腔。在喷油器调压弹簧弹力的作用下，把柴油体积尽可能压缩到最小，使其密度最大、压强最大。一旦柴油压力大于喷油器开始喷油压力时，就会克服弹簧力而将针阀打开→柴油由喷孔喷入燃烧室。由于喷入燃烧室的柴油体积出现剧烈膨胀，故形成雾状，这就是雾化
柴油黏度过大	黏度大的柴油，其油分子之间相互吸引力就大→喷出的油粒直径大，这就是雾化不良；柴油黏度的大小，除了和其标号有关外，还与温度有关，温度低时黏度大，温度高时黏度小
喷油器调压弹簧异常	喷油器调压弹簧调整不当或自身弹力下降等均会造成雾化不良。由喷油器的工作原理可看出，燃油喷射压力的大小主要取决于调压弹簧的预紧力。如果预紧力变小→柴油喷射压力不足→柴油出现雾化不良
喷油器针阀导向部分磨损	喷油器针阀导向部分工作时处于频繁往复运动状态，由此就会导致与其配合的偶件之间产生摩擦进而磨损→喷油时有少量柴油从偶件的间隙中漏回油箱→喷油器的喷油压力下降，从而导致了雾化不良
针阀与阀座间不良	喷油器针阀与阀座表面粗糙度对柴油的雾化影响极大。当喷油器工作时，针阀锥面和阀座锥面会产生高频冲击振动→产生塑性挤压，这种情况往往会导致锥面疲劳而出现裂纹、脱层或变形现象 另外，机械杂质、液力冲刷或腐蚀等因素，也会造成针阀密封面被破坏而出现漏油→喷油压力下降→柴油雾化不良

② 喷油器雾化不良造成柴油发动机功率下降、转速不稳定的检修方法与步骤见表 12-37。

表 12-37 喷油器雾化不良造成柴油发动机功率下降、转速不稳定的检修方法与步骤

检修步骤	检修方法	“检修方法”一栏中是与否的判断	
		是	否
1	采用喷油器试验台对喷油器进行试验，或对喷油泵本身进行检查，看是否有问题	发现问题则根据实际情况进行检修或更换	转到步骤 2
2	调整调压弹簧的弹力，观察雾化情况是否改善	故障为弹力不足引起的，应进行检修	转到步骤 3
3	观察调压弹簧调整弹力后喷油器回油量是否变大	故障由针阀偶件严重磨损或针阀锥面磨损等引起，应进行检修	转到步骤 4
4	如果在喷油器试验台上检查雾化良好，再观察在车上喷油器雾化是否变差	转到步骤 5	转到步骤 6
5	更换标号较低的柴油再进行试验，观察雾化情况是否良好	故障由原柴油黏度大引起	对喷油泵的工作情况进行检查
6	在喷油器试验台上对喷油器进行密封性检测，当压力接近标准压力时，以 10 次/min 左右的速度缓慢按动手动泵手柄，直至达到喷射压力并开始喷油，在此过程中，观察喷油器不应渗漏。喷射结束后，允许喷嘴处有微量潮湿，但不能形成滴油现象，否则为不合格		

12.10 柴油发动机常见故障检修实例

柴油发动机故障类型较多，下面选一些有代表性的常见故障检修实例进行介绍，由于这些实例都为完整的检修过程，希望能使读者从中得到一些启发，进而去解决实际问题。

(1) 长城哈弗 CUV 起动机工作正常但发动机始终不能着火

长城哈弗 CUV 属于后轮驱动越野车。据用户介绍，该车在一次意外事故中把油底壳碰

碎，导致了烧瓦，经修理修好烧瓦故障与更换油底壳后，就出现了起动机工作正常但发动机始终不能着火现象，更换多个零件和各方面检查，问题始终未能得到解决。

① 了解车辆情况。包括了解车辆状况以及车辆结构，通过对车辆的全面熟悉与了解，以便于下面的检修。具体了解到的情况见表 12-38。

表 12-38 了解车辆状况以及车辆结构

项目	具体说明
车辆状况	经观察该车辆已经行驶了约 50000km，经对故障车辆进行观察，发现故障确如用户所述，启动柴油发动机时，起动机工作基本正常，但发动机没有着火的迹象。采用元征 X-431 型故障诊断仪的 V50 程序读取车辆电控单元内部存储的故障代码，没有发现故障代码。对车辆与发动机启动有关的部件、连接线等进行直观检查，没有发现明显的损坏现象
车辆结构	车上搭载 GW2.8TC 型增压共轨柴油发动机，采用 BOSCH（博世）公司的 CRS2.0（第二代）高压共轨式燃油喷射系统，电控系统主要由各种传感器、ECU、执行器以及相应的连接线束等组成。柴油供给系统最大供油压力为 145MPa，采用 BOSCH EDC16C39 型电控单元对供油过程进行控制，采用五速手动变速器，电控系统传感器与执行器使用情况如下所述 该车使用的传感器有负温度系数、二端子式冷却液温度传感器，电磁感应、二端子式曲轴位置传感器，霍尔效应、三端子式凸轮轴位置传感器，双电位计、六端子式加速踏板位置传感器，带进气温度、热膜型、五端子空气流量传感器，三端子燃油含水率传感器，设置在 ECU 内部的大气压力传感器，压敏元件、三元件式共轨压力传感器 该车辆使用的执行器有喷油器电磁阀、高压油泵的进油计量比例电磁阀、EGR 电磁阀等 ECU 根据加速踏板位置传感器、空气流量传感器、凸轮轴位置传感器等输入信号，来确定共轨内燃油的压力，ECU 通过输出占空比信号，来控制高压油泵上进油计量比例电磁阀，以满足所需要的共轨压力，再依据共轨压力传感器的输入信号，来对进油计量比例电磁阀进行反馈控制，以实现共轨压力的闭环控制；同时，还通过喷油器上的电磁阀，来控制供油提前角、供油量与供油规律 在电控高压共轨系统中，高压油泵为独立的燃油压力源，ECU 采用直接控制方式

② 故障原因分析。根据上述了解到的情况结合该车实际情况来看，出现发动机始终不能着火故障的部位和原因见表 12-39。

表 12-39 发动机始终不能着火故障的部位和原因

序号	部位和原因	序号	部位和原因	序号	部位和原因
1	电源电压异常	6	没有燃油或燃油品质低劣	11	喷油器电磁阀故障
2	防盗系统问题	7	燃油系统有空气	12	低压油路堵塞或漏气
3	熔丝、导线连接或插接件不良	8	共轨压力传感器损坏	13	高压油泵或进油计量比例电磁阀不良→高压无法建立
4	预热电路（冬天）未工作	9	凸轮轴位置传感器不良	14	配气正时不正确
5	主继电器不能闭合	10	曲轴位置传感器损坏	15	电控单元（ECU）单元有问题

对表 12-39 中所列的 15 项都进行了检查，没有发现明显的问题，对各部分搭铁情况也检查过，也曾试着更换过共轨压力传感器、曲轴位置传感器和电控单元（ECU），均不起作用。由此看来，该车故障较为隐蔽，经仔细分析、研究，确定先对几个重要传感器和执行器进行检查。

③ 检查有关零件。表 12-40 中列出了对曲轴位置传感器、凸轮轴位置传感器、共轨压力传感器、喷油器电磁阀以及进油计量比例电磁阀的检查情况。

表 12-40　对传感器与执行器的检查情况

项目	具体说明
检查曲轴位置传感器情况	对曲轴位置传感器与信号轮之间的间隙进行检测，该间隙约为1.35mm，在正常值范围内；采用万用表电阻挡检测曲轴位置传感器线圈电阻约为0.8kΩ，也无问题；把示波器连接到曲轴位置传感器线圈两端，然后启动发动机，同时观察示波器上的波形，并未发现异常
检查凸轮轴位置传感器情况	对提供给凸轮轴位置传感器的约5V直流供电进行检查，在正常值范围内；对凸轮轴位置传感器的信号连接端、搭铁端，以及与ECU之间的连接情况进行检查，也未发现问题；采用上述同样的方法，用示波器检测凸轮轴位置传感器输出信号波形，也没有什么异常
检查共轨压力传感器情况	对提供给共轨压力传感器的约5V直流供电进行检查，在正常值范围内；对共轨压力传感器的信号连接端、搭铁端，以及与ECU之间的连接情况进行检查，也未发现问题；把点火开关置于ON位置，采用故障诊断仪来读取ECU中存储的数据流，观察到共轨压力传感器输出信号电压约为0.5V，启动时共轨压力超过20MPa，均在正常值范围内
检查喷油器电磁阀情况	采用万用表对4个喷油器电磁阀线圈进行检测，测得的电阻值在0.3～0.4Ω之间，属于正常值范围；对各个喷油器端子与ECU之间的连接情况进行检查，没有发现异常；把试灯的两端分别连接在喷油器电磁阀线束侧的端子上，启动发动机时观察到试灯时亮时灭，说明喷油器控制电路基本正常，启动时喷油器回油管回油正常，估计喷油器启动时应该可以喷油
检查进油计量比例电磁阀情况	采用万用表检测进油计量比例电磁阀线圈两端的电阻值约为2.5Ω左右，基本正常；对进油计量比例电磁阀与ECU之间的连接情况进行检查，也没有发现问题

④ 进一步分析、检查、故障处理与总结见表12-41。

表 12-41　进一步分析、检查、故障处理与总结

项目	具体说明
进一步分析	根据上面检查的结果来看，几个重要的传感器与执行器应该没有问题，而ECU曾经更换过，可以暂时将其排除在外。考虑到启动时喷油器可以喷油，但发动机却不能着火，怀疑正时不对
检查正时	仔细对正时记号进行检查，没有发现问题，同时采用检测气缸压力的方法来进行验证，也正常。由此可以排除配气正时异常的可能性
查找故障原因	经进一步的分析，结合大量的维修经验，怀疑可能是飞轮和曲轴安装位置错误，造成曲轴位置传感器提供给ECU的曲轴位置信号错误
检查曲轴信号	对传动轴、变速器、离合器等进行拆卸，然后摇转发动机使其1缸处于上止点位置（可通过观察曲轴前端带轮的记号来确定）时，观察到"T"装配记号没有处在正上方位置，顺时针方向偏离约30°曲轴转角，显然这是不正常的
故障处理	依照标记重新安装好飞轮、离合器、变速器与传动轴等零部件后，可以顺利启动发动机，说明故障已被排除
总结	本例故障是因车辆发生意外后出现的，显然与维修人员安装有关零部件时，忽视了1缸上止点位置有关。故在对事故车辆故障进行检修时，不仅需要仔细对有关零部件是否损坏进行仔细检查，尤其是受过碰撞的车辆，还要仔细检查有关零部件的位置是否发生了变动，这对检修某些奇怪、特殊、软性故障很有帮助

（2）江淮瑞风商务车行驶过程中有时会自动熄火

据用户介绍，该商务车在行驶过程中有时会自动熄火，有时又很正常，故障时好时坏没有什么规律。

① 了解情况分析原因。为了判断故障的可能原因或部位，先对车况进行实际了解，具体了解到的情况和故障可能原因见表12-42。

表 12-42　了解车辆实际情况和分析故障原因

项目	具体说明
了解车况	该车为2003年上半年出厂的HFC6470KA1C8型江淮瑞风商务柴油车，装配的是D4BH 2.5L型涡轮增压柴油发动机与五速手动变速箱，已经行驶了约232200km

续表

项目	具体说明
了解故障信息	在与用户的交谈中了解到，该车最近频繁出现熄火现象，曾在某汽车修理厂对柴油箱和燃油喷射泵内的滤网进行过彻底清洗，也更换过柴油滤芯，但问题仍然没有解决，有时熄火后过一段时间又能够启动着车，有时却又无法启动
分析原因	从大量的维修实例来看，柴油车出现熄火故障的原因通常有以下几个方面：燃油品质有问题；燃油系统管路中有空气；燃油系统管路中污垢严重出现了脏堵；燃油喷射泵本身出现了问题；燃油系统切断电磁阀或其他供电线路不良等。根据用户介绍的情况来看，由于该车对柴油箱和燃油喷射泵内的滤网进行过清洗，也更换过喷射泵过滤网（大泵滤网），故可以暂时排除脏堵的可能性。再结合故障出现没有规律、时好时坏的情况来看，这是一种软故障，很可能是某连接线接触不良时好时坏，或某元件性能不良，时正常时不正常造成的。综合起来看，燃油系统切断电磁阀或其他供电线路不良造成该车故障的可能性较大

② 检查与维修。根据以上原因分析，初步确定燃油控制系统为检修的入手点，具体检查和维修方法见表 12-43。

表 12-43 检查与维修

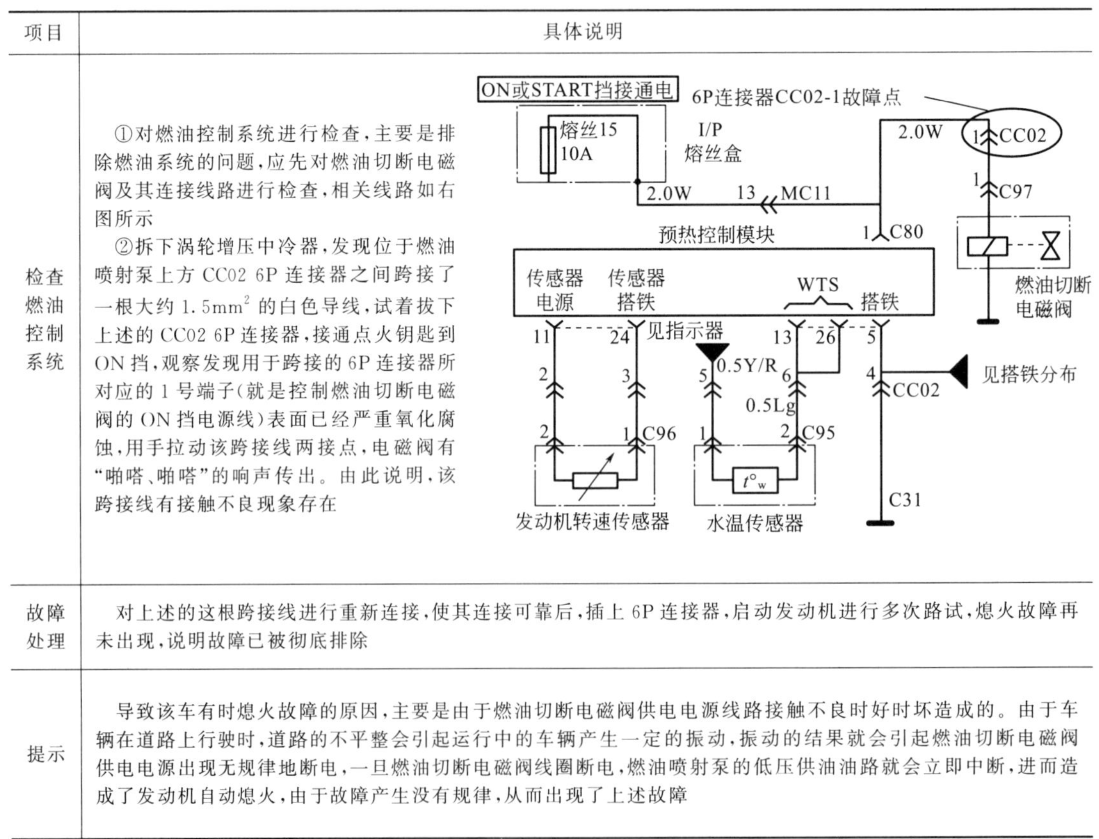

项目	具体说明
检查燃油控制系统	①对燃油控制系统进行检查，主要是排除燃油系统的问题，应先对燃油切断电磁阀及其连接线路进行检查，相关线路如右图所示 ②拆下涡轮增压中冷器，发现位于燃油喷射泵上方 CC02 6P 连接器之间跨接了一根大约 1.5mm² 的白色导线，试着拔下上述的 CC02 6P 连接器，接通点火钥匙到 ON 挡，观察发现用于跨接的 6P 连接器所对应的 1 号端子（就是控制燃油切断电磁阀的 ON 挡电源线）表面已经严重氧化腐蚀，用手拉动该跨接线两接点，电磁阀有“啪嗒、啪嗒”的响声传出。由此说明，该跨接线有接触不良现象存在
故障处理	对上述的这根跨接线进行重新连接，使其连接可靠后，插上 6P 连接器，启动发动机进行多次路试，熄火故障再未出现，说明故障已被彻底排除
提示	导致该车有时熄火故障的原因，主要是由于燃油切断电磁阀供电电源线路接触不良时好时坏造成的。由于车辆在道路上行驶时，道路的不平整会引起运行中的车辆产生一定的振动，振动的结果就会引起燃油切断电磁阀供电电源出现无规律地断电，一旦燃油切断电磁阀线圈断电，燃油喷射泵的低压供油油路就会立即中断，进而造成了发动机自动熄火，由于故障产生没有规律，从而出现了上述故障

(3) 舒驰 YTK6605T3 型客车急加速熄火

据用户介绍，该客车在急加速行驶时，经常会出现发动机突然熄火现象，熄火后立即再启动时，发动机又可以工作。

① 了解情况。为了判断故障的可能原因或部位，先对车况进行实际了解，具体了解到的情况见表 12-44。

表 12-44　了解车辆实际情况和故障信息

项目	具体说明
了解车辆实际情况	①该车为 2011 年下半年出厂的客车，装配的是玉柴 YC4FA115-30 型电控高压共轨式柴油发动机，已经行驶约 50000km。对车辆进行路试，故障确如用户所述，在行驶过程中确实存在急加速经常出现熄火的现象 ②玉柴 YC4FA115-30 型电控高压共轨式柴油发动机装配的是博世 EDC15 型电控系统，采用 CB18 轻型高压油泵，其具体结构示意图如右图所示，主要由低压油路与高压油路、电控系统等几个部分组合而成。其中低压油路由燃油箱、燃油管路、带手动泵的柴油滤清器、输油泵（和高压泵集成在一起）等组成；高压油路由 CB19 高压油泵、高压油管、共轨管、喷油器及其连接管等组成 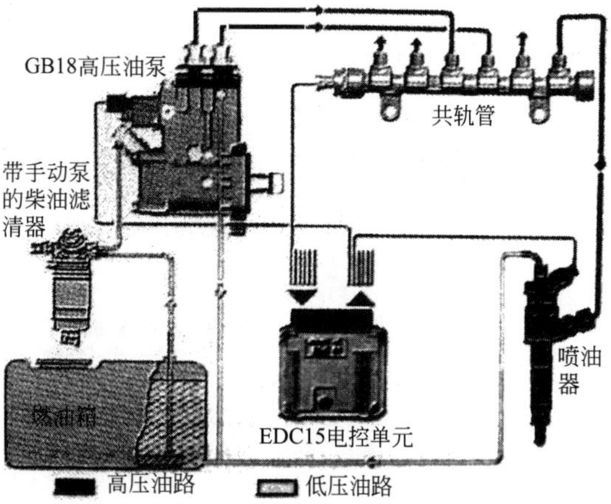
了解故障信息	连接玉柴专用诊断仪，读取的故障代码有三个，具体情况见表 12-45。P162D 不是主要问题，一般不会造成发动机熄火故障，故暂时不考虑，重点分析其他两个故障码

表 12-45　读取的三个故障代码及其含义

故障代码	P162D	P1011	P1012
含义	水报警指示灯驱动电路故障-开路（无信号，故障确认）	轨压闭环控制模式故障 0-轨压低于目标值（超高限，故障恢复状态）	轨压闭环控制模式故障 1-轨压低于目标值（超高限，故障恢复状态）

② 分析故障可能的原因。应围绕故障代码 P1011 与 P1012 来进行，具体分析情况见表 12-46。

表 12-46　分析故障可能的原因

项目	具体说明
原理分析	博世 EDC15 型电控系统对共轨压力的控制采用闭环方式，也就是在每个工作循环中，电控单元 EDC 实时监测轨压传感器反馈来的实际轨压信号，然后根据柴油机当前的工况，与预先存储在 EDC 中的 MAP 图中的设定轨压值进行对比，得到轨压偏差值（轨压偏差＝设定轨压－实际轨压），EDC 会依据该偏差值来控制高压油泵上燃油计量阀开度的大小，来对进入高压油泵的燃油量进行调整，以便控制轨压增大或减小
产生故障代码的原因	由上述原理分析可以看出，当实际轨压低于设定值，亦即轨压偏差达到 20MPa 以上时，系统就会判断为轨压闭环控制方式故障 0（并记录故障代码 P1011）；而当轨压偏差达到 20MPa、且当 EDC 控制燃油计量阀开度达到最大而仍无法消除偏差时，系统就会判断为轨压闭环控制方式故障 1（并记录故障代码 P1012）
故障原因	根据上述分析故障代码产生的原因后，可以初步判断，由于发动机在急加速时需要的燃油消耗量增加，但燃油供给系统无法提供足够的燃油，进而导致系统共轨管内压力不足，从而造成了发动机熄火。而造成轨压不足的原因可能为低压油路出现堵塞引起的，当然，也不排除高压部分有故障的可能性

③ 判断故障的大概部位。经分析判断故障的可能原因后，就可以有的放矢地对低压或高压部分进行检查了，按照由易到难的原则，可先对低压油路进行检查，具体检查方法见表 12-47。

表 12-47　判断故障的大概部位

项目	具体说明
静态试验	断开原车低压管路，直接从燃油箱接一根油管到输油泵，启动车辆后，发动机运转正常，原地急加速不会熄火

续表

项目	具体说明
路试	对车辆进行路试，同时将诊断仪连接好来记录车辆行驶时的数据，当车辆行驶约 1km 左右、驾驶员把加速踏板踩到底时，发动机突然熄火。读取故障码时，发现仍然会出现上述的故障码，由此就可以排除低压油路出问题的可能性，问题出在高压油路部分
分析采集的数据	根据故障诊断仪采集到的数据，并将其绘制成曲线图方式如右图所示。从该图中的曲线可以看出，在发动机熄火的前一刻，油门开度达到 100%后，实际的轨压和设定轨压的偏差一直在增大，当达到某个时刻因实际轨压与设定轨压偏差过大，故电子控制单元 EDC 就会控制喷油器停止喷油，循环喷油量变为 0，实际轨压迅速下降为 0，从而导致了发动机立即熄火 从曲线图中还可以看出，在循环喷油量变为 0，也就是发动机熄火之前，虽然轨压偏差一直在增大，但实际轨压的曲线有缓慢上升的态势，由此说明轨压不足并不是由于燃油泄漏造成的，很可能为高压油泵泵油能力不足导致的 油门开度 发动机转速 循环喷油量 设定轨压值 实际轨压值

④ 拆卸高压油泵。博世 EDC15 型电控系统采用的高压油泵型号为 CB18，其拆卸方法见表 12-48。

表 12-48 拆卸高压油泵的方法

项目	具体说明
高压油泵与油泵驱动齿轮安装标记示意图	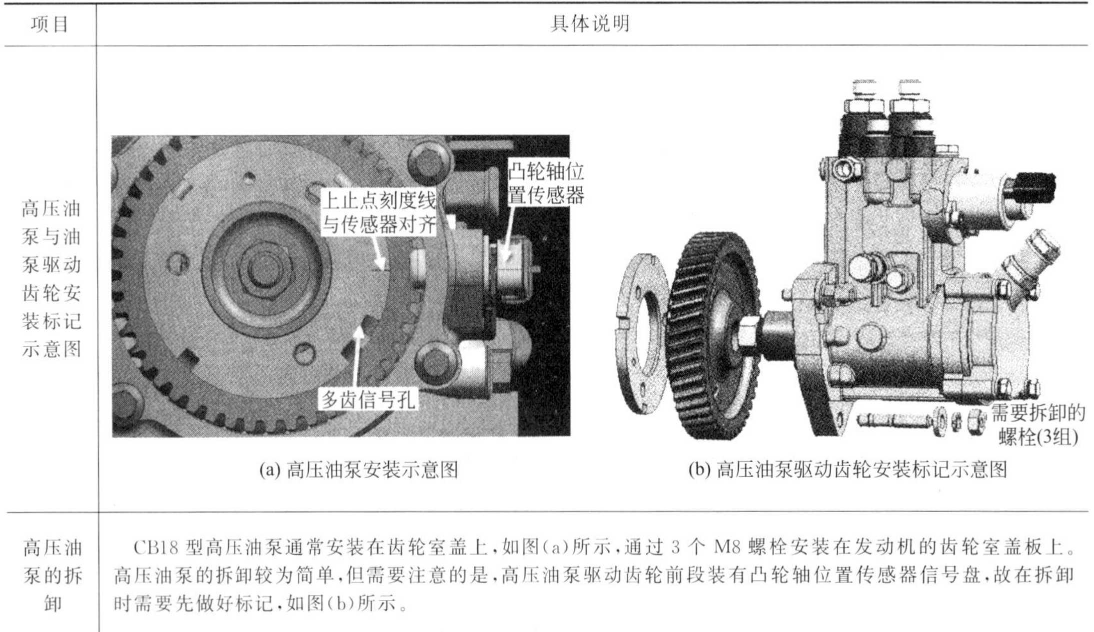 (a) 高压油泵安装示意图　(b) 高压油泵驱动齿轮安装标记示意图
高压油泵的拆卸	CB18 型高压油泵通常安装在齿轮室盖上，如图(a)所示，通过 3 个 M8 螺栓安装在发动机的齿轮室盖板上。高压油泵的拆卸较为简单，但需要注意的是，高压油泵驱动齿轮前段装有凸轮轴位置传感器信号盘，故在拆卸时需要先做好标记，如图(b)所示。

⑤ 故障检查。当把高压油泵拆下来解体后，就可对其进行仔细检查了，具体检查方法见表 12-49。

表 12-49 故障检查

项目	具体说明
直观检查油泵大体情况	 (a) 高压油泵外形 (b) 解体后的高压油泵 (c) 出油阀状态对比 图(a)所示为高压油泵外形，解体后的高压油泵如图(b)所示，仔细观察发现油泵内有大量的水迹，而且有一个出油阀处于卡滞状态[与正常状态对比情况如图(c)所示]，造成油泵实际上只有 1/2 的泵油能力
检查出油阀	对出油阀作进一步拆解检查，结果发现阀体表面有较严重的磨损痕迹，如右图所示。检查到此，故障原因基本上已经找到。故障是由于系统管路内污垢严重等原因造成的 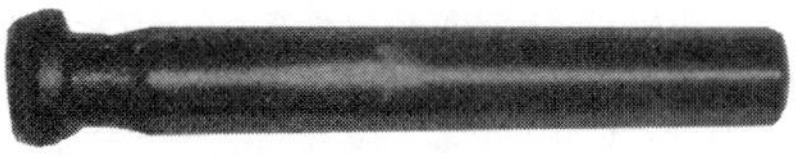

⑥ 故障处理与总结。找到了问题的根源以后，进一步对故障进行处理就容易多了，具体处理方法与维修后的总结情况见表 12-50。

表 12-50 具体处理方法与维修后的总结

项目	具体说明
故障处理	对车辆的燃油箱以及全车的燃油管路进行一次彻底清洗，更换新的、同规格的高压油泵，长时间进行路试，没有发现问题，经用户使用近二个月后反馈，上述故障再没有出现，说明故障已经彻底排除
总结	经询问用户得知，该车故障主要是由于用户使用了不合格、含水量较高的柴油，加之车辆已经行驶约 50000km 但从没有更换过柴油滤清器，这两方面的原因最终造成柴油中的水分进入了高压油泵→高压油泵内部的精密偶件，造成其润滑不良而出现了磨损卡滞现象，从而导致了高压油泵供油量不足，出现了急加速熄火现象 本例属于用户使用不当造成的故障，对于这类故障，维修人员在排除车辆的故障后，还应向用户介绍一些正确使用车辆、添加油品等方面的知识，以防同类故障再次发生

(4) 大宇 GDW6902C 型客车发动机故障灯有时闪亮

据用户称，该车近一段时间在使用过程中，发现其发动机故障指示灯有时会闪亮，此时加速无力，但指示灯不闪亮时，车辆一切正常。

① 了解情况。为了判断故障的可能原因或部位，先对车况进行实际了解，具体了解到的情况见表 12-51。

表 12-51 了解车辆实际情况和故障信息

项目	具体说明
了解车辆实际情况	该车辆为 2008 年年底出厂的桂林大宇客车有限公司生产的 CDW6902C 型客车，该车辆已经行驶约 815000km，装配的是斗山 DL08 型柴油发动机，该发动机采用德国博世公司的高压共轨燃油喷射系统，该系统燃油供给部分的结构示意图如右图所示 对车辆进行路试，故障确如用户所述，但故障灯闪亮往往在怠速、滑行时出现，在故障灯闪亮时，车辆加速无力，其他情况下车辆基本正常 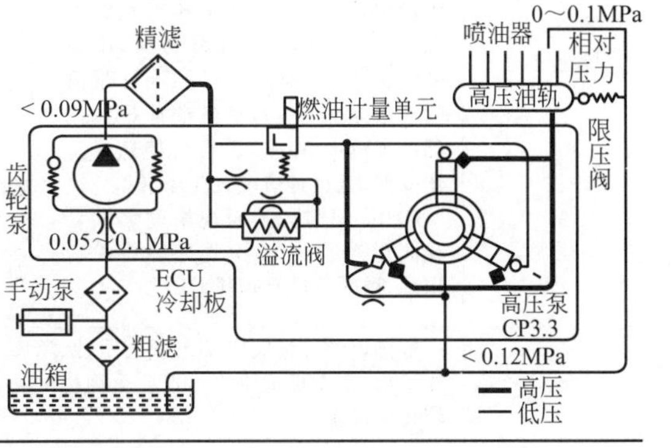 精滤 喷油器 0~0.1MPa 相对压力 <0.09MPa 燃油计量单元 高压油轨 限压阀 齿轮泵 0.05~0.1MPa 溢流阀 手动泵 ECU 冷却板 高压泵 CP3.3 粗滤 <0.12MPa 油箱 高压 低压

续表

项目	具体说明
了解故障信息	①接通钥匙开关，观察仪表部位发动机故障指示灯的显示情况，以此来判断系统自检是否正常。结果发现自检基本正常 ②启动发动机后，发动机故障指示灯闪亮。采用SCAN-200诊断工具读取发动机电控单元(ECU)中存储的故障代码，发现有两个故障代码，一个故障码为3.2，该故障代码的含义为共轨压力异常，另一个故障代码为3.7，其含义为ASR的CAN信号和车辆T/M异常

② 故障原因分析。了解到了上述情况后，就可以结合该车燃油流动情况来对故障原因或部位进行分析了，具体分析情况见表12-52。

表12-52 故障原因分析

项目	具体说明
故障代码3.7	从读取到的故障代码来看，ASR系统故障一般仅会对发动机的输出功率进行限制，仔细观察该车辆上没有安装ASR防侧滑系统，故对该故障代码暂时不考虑
故障代码3.2	排除了故障代码3.7后，进一步就可确定故障代码3.2才可能与故障灯有时闪亮有关。右图所示为该车辆燃油流动示意图，故障可能与此有关。因为如果粗滤器、精滤器堵塞，齿轮泵、高压泵(高压油泵集成齿轮泵和高压泵)、溢流阀、限压阀、燃油计量阀工作异常，喷油器漏油等，均会引起高压油轨内高压燃油的压力出现异常 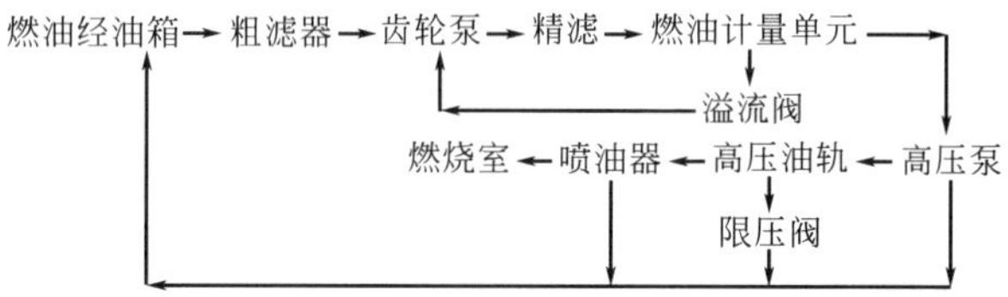 燃油经油箱→粗滤器→齿轮泵→精滤→燃油计量单元→高压泵→高压油轨→喷油器→燃烧室；燃油计量单元→溢流阀；高压油轨→限压阀

③ 查找故障原因与排除故障。根据以上分析，初步确定故障可能与管路燃油系统有直接关联，检修的入手点应由此开始，具体检修方法见表12-53。

表12-53 查找故障原因与排除故障

项目	具体说明
排除滤清器、溢流阀故障的可能性	考虑到该车辆仅是在怠速、滑行时故障指示灯才会闪亮，而在低速与高速行驶时，故障指示灯不会闪亮。由此初步又可以排除燃油滤清器出现堵塞、溢流阀引起故障的可能性。因为燃油滤清器堵塞，高压油泵、溢流阀引起的故障典型特征是车辆急加速无力、高速行驶时动力差，而此时的发动机故障指示灯会常亮，并不是闪亮
检查限压阀	脱开和限压阀连接的低压油管，启动发动机，限压阀处没有燃油漏出，由此排除了限压阀出问题的可能性
检查燃油计量阀	①断开燃油计量阀插接件，检测燃油计量阀线圈之间的电阻值约为2.9Ω，在正常值范围内(正常值在2.6～3.3Ω之间)。燃油计量阀属于断电常开状态，其工作特性如右图所示。当松开加速踏板时，电流处于最大值，此时流经燃油计量阀的燃油量最小，如果燃油计量阀内部出现锈蚀、堵塞，就有可能造成上述故障，且这种情况发生率较高 ②用一只新的、同规格的燃油计量阀更换后试车，上述故障再没有出现，说明故障已被排除 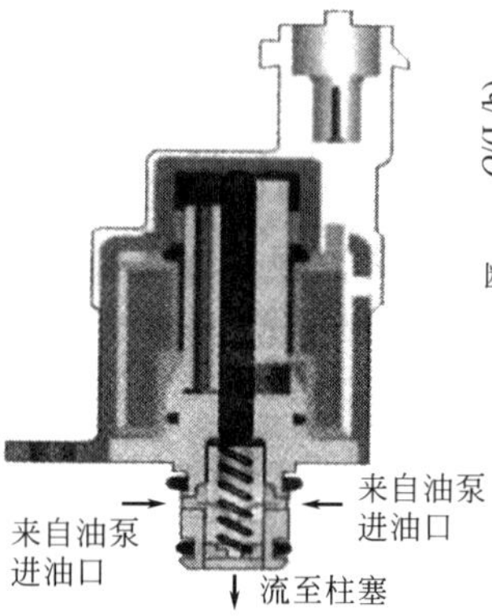 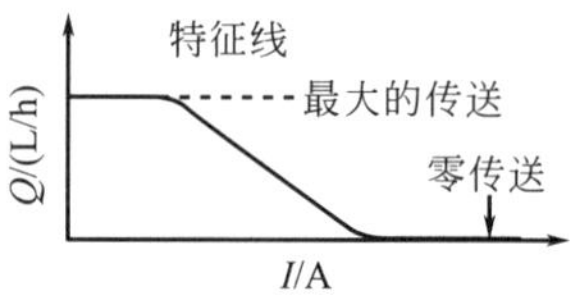 来自油泵进油口　来自油泵进油口　流至柱塞 特征线　最大的传送　零传送　Q/(L/h)　I/A 断电常开，电流越大，流量越小 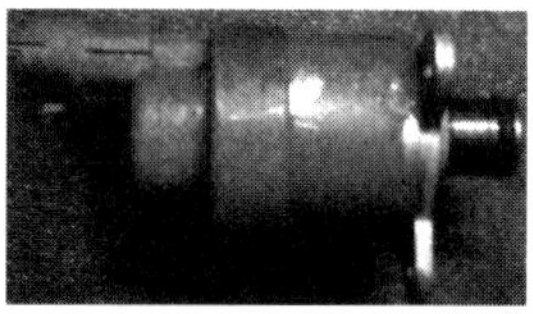 燃油计量阀实件
提示	本例燃油计量阀内部出现的锈蚀、堵塞现象，多是由于燃油中的颗粒与水分超标造成的。故在检修好故障后，还要提示用户一定要重视燃油滤清器的定期更换，以及油水分离器中水层的排放，以防同类故障再次发生

（5）一汽捷达 GDF 先锋柴油车加速无力

据用户介绍，该轿车前段时间还好好的，但近期越来越差，在行驶过程中加速越来越无力，长时间行驶水温还偏高。

① 了解情况。为了判断故障的可能原因或部位，先对车况进行实际了解，具体了解到的情况见表 12-54。

表 12-54 了解车辆实际情况和故障信息

项目		具体说明
了解车辆实际情况		①观察该车辆为 2007 年下半年出厂的捷达 GDF 先锋柴油车，装配的是 AQM 型柴油发动机，已经行驶约 135000km ②对车辆进行路试，故障确如用户所述，在行驶过程中加速无力，且随着行驶时间的延长，水温也偏高
了解故障信息	诊断故障代码	采用大众公司的专用故障诊断仪 V. A. G1551 与车辆诊断插座进行连接，读取电控单元（ECU）中存储的故障代码，结果显示的故障代码信息为喷油正时阀 N108 始点信号调整控制出现差异
	分析	根据读取的故障信息来看，估计发动机供油正时的调整出现了问题，没有满足实际需求，这一点与该车辆的故障特征基本相符。因为供油时刻的偏差，不仅会使发动机的动力下降，也会使水温偏高
	读取数据流	在正常水温情况下，使发动机处于怠速运转工况，采用故障诊断仪读取电控单元（ECU）自诊断系统中存储的数据流，主要是读取 004 组数据流，结果该数据流显示喷油始点实际值为 4°ATDC，稍高于标准值。AQM 型柴油发动机在怠速运转时，其喷油始点正常值范围为 0°ATDC～3°ATDC

② 故障原因分析。了解到了上述情况后，就可以结合该车电控系统的结构来对故障原因或部位进行分析了，具体分析情况如下。

a. SDI 电控转子泵直喷系统基本结构见表 12-55。

表 12-55 SDI 电控转子泵直喷系统基本结构

项目	具体说明
SDI 电控转子泵直喷系统结构示意图	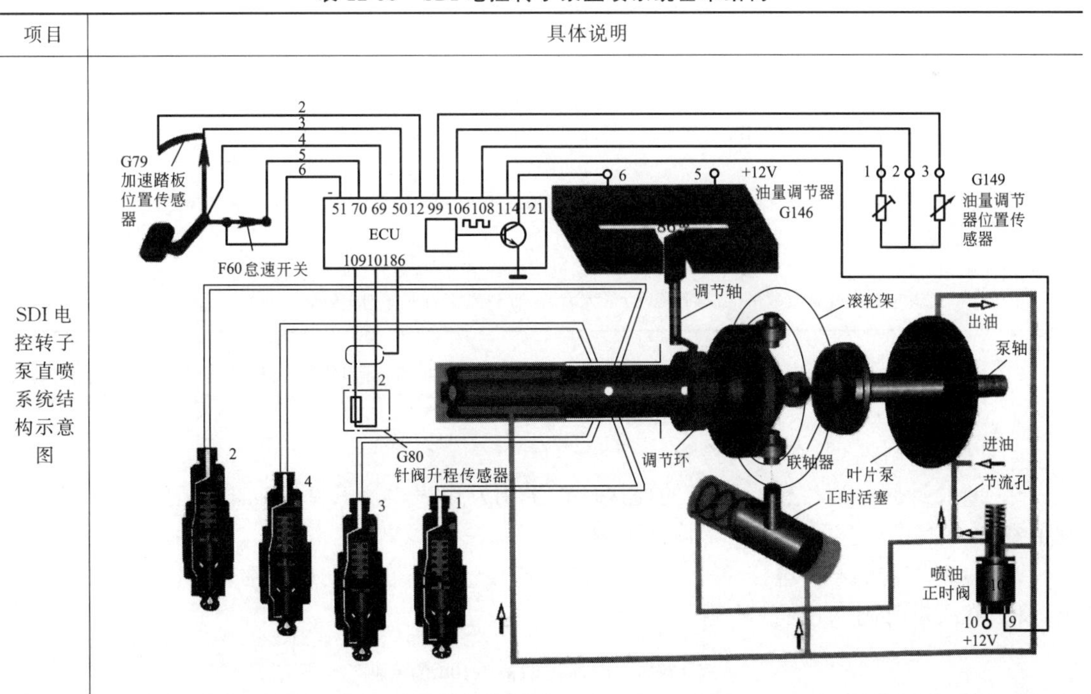
示意图说明	捷达 GDF 先锋柴油车使用的 AQM 型发动机采用 SDI 电控转子泵直喷系统，属于位置控制式电控柴油机。SDI 电控转子泵直喷系统的基本结构如上图所示。该系统的工作情况见下面的具体介绍

b. 工作过程与供油正时分析见表 12-56。

表 12-56 工作过程与供油正时分析

项目	具体说明
工作过程	柴油进入转子泵以后，叶片泵先对其进行加压，然后再输送到泵腔，最后才由单柱塞泵进行加压，以实现为各缸喷油器供油
供油正时	供油时刻的控制是通过喷油正时阀 N108 来实现的，控制方式为闭环控制。反馈信号来自于针阀升程传感器 G80。导致供油正时调整失灵故障的原因主要有以下三个方面：供油系统出现了问题，致使供油不顺畅；喷油正时阀 N108 本身或与其有关的连接线路出现了故障；针阀升程传感器 G80 本身或与其有关的连接线路出现了问题

c. 正时阀控制过程分析见表 12-57。

表 12-57 正时阀控制过程分析

项目	具体说明
端子功能与控制信号	在喷油正时阀 N108 的两个端子中，⑩端子为 12V 供电输入端，⑨端子为控制信号输入端，控制信号来自于电控单元 ECU，属于占空比控制信号，其控制过程可以分为高、低电平两个方面来进行分析说明
⑨端子为高电平	当 N108 的⑨端子为高电平时，由于喷油正时阀 N108 线圈中没有电流通过，故其阀芯在弹簧作用下复位，使正时活塞弹簧室的供油通道被关闭→弹簧室油液经节流孔被吸入叶片泵进油腔→弹簧室油压下降
⑨端子为低电平	当 N108 的⑨端子为低电平时，由于喷油正时阀 N108 线圈中有电流通过而进入工作状态，故其阀芯在电磁力的作用下克服弹簧力而上移，从而打通了正时活塞弹簧室的供油通道→弹簧室油压上升。当控制信号占空比一定时，弹簧室油压保持一定值不变

d. 正时活塞工作情况分析见表 12-58。

表 12-58 正时活塞工作情况分析

项目	具体说明
工作情况说明	从结构上来看，正时活塞右侧受叶片泵输出油压的作用，左侧受喷油正时阀 N108 调节油压（弹簧室油压）与弹簧力的共同作用，具体工作情况可以从弹簧室油压降低与升高两种情况来进行分析
弹簧室油压降低	当弹簧室油压降低时，正时活塞将压缩弹簧左移，直到弹簧力增长到正时活塞左右受力平衡为止
弹簧室油压升高	当弹簧室油压上升时，就会导致正时活塞左侧作用力（弹簧力与喷油正时阀 N108 调节油压两者之和）大于右侧叶片泵输出油压时→正时活塞右移，直到弹簧力下降到正时活塞左右受力平衡为止

③ 查找故障原因。根据以上原理分析，初步确定喷油正时阀 N108 与针阀升程传感器 G80 为检修的入手点，具体检修方法如下。

a. 针阀升程传感器 G80 的检测。

ⅰ. 断开针阀升程传感器 G80 的插接件，采用万用表检测其两端的电阻值约为 88Ω（正常值在 80～120Ω 之间），在正常值范围内。

ⅱ. 检查该传感器与电控单元 ECU 之间的连接情况，也未发现异常现象。

b. 喷油正时阀 N108 的检测见表 12-59。

表 12-59 喷油正时阀 N108 的检测

项目	具体说明
电阻与连接情况检测	断开喷油泵插接件，采用万用表检测喷油正时阀 N108 的端子⑨与⑩之间的电阻值约为 15Ω（正常值在 14～17Ω 之间），在正常值范围内；检查该阀与电控单元（ECU）之间的连接情况，也未发现异常现象

续表

项目	具体说明
波形检测	将发动机置于怠速运行情况下，采用示波器检测正时阀N108控制端子⑨上的波形如右图所示，属于矩形方波信号（占空比信号），显然波形较为标准，说明电控单元ECU提供给正时阀N108控制端子⑨上的信号基本正常
观察波形变化情况	在上述状态下，使发动机加速，观察上述波形变化情况，占空比能够随转速的改变同步进行变化，这也进一步证明电控单元（ECU）输出的控制指令信号确实没有问题

c. 重新读取数据流与确定故障原因见表12-60。

表12-60 重新读取数据流与确定故障原因

项目	具体说明
重新读取数据流	仍然采用大众公司的故障诊断仪来读取电控单元（ECU）中存储的004组数据，结果发现喷油始点实际值被定格在5°ATDC，且保持不变（也就是不会随发动机转速的改变而发生变化）。显然，这是不正常的
确定故障原因	根据上述检查的结果来看，初步可以确定，喷油泵正时活塞可能没有带动滚轮架进行转动，来完成供油时刻的调节，问题出在喷油泵的可能性较大，应拆卸喷油泵进行检查

④ 排除故障与提示。找到了故障的具体原因后，进一步找出故障点就比较容易了，具体查找方法与故障检修后的提示见表12-61。

表12-61 排除故障与提示

项目	具体说明
排除故障	①右图所示为该车喷油泵外形示意图。先采用清洁剂对该喷油器表面进行清洗，然后将其分解后进行仔细检查，结果发现正时活塞卡在了最大延迟位置 ②把正时活塞拆下来进行观察，发现活塞表面损伤明显，和活塞相匹配的泵体圆柱孔也严重磨损，更换新的、同规格的喷油泵，试车，一切正常，故障排除
提示	①当正时活塞卡在了最大延迟位置后，由于高速时不能对喷油提前角进行有效调整→高速时喷油过迟（正常情况下，发动机在高速时喷油始点最大值可达10°ATDC），从而造成了发动机加速无力、温度偏高现象 ②在检修某些特殊故障时，通过读取车辆内部存储的数据流来帮助了解喷油提前角的调整情况，往往会使问题变得简单，可迅速排除故障

参考文献

[1] 陈成勇. SCR技术的控制原理. 汽车电器，2010，5：32.
[2] 周新勇. 电控柴油机传感器的结构原理及测试. 汽车电器，2008，6：40.
[3] 陈成勇. 柴油机高压共轨燃油喷射系统故障检修. 汽车电器，2010，3：35.
[4] 姜盛杰. 玉柴YC4FA115-30发动机急加速熄火故障. 汽车电器，2013，3：40.
[5] 王盛良. 汽车发动机构造与检修技术. 第2版. 北京：机械工业出版社，2013.
[6] 杨波，李维娟，张金友. 汽车发动机构造与维修. 北京：北京理工大学出版社，2014.
[7] 周行卜. 锡柴国Ⅳ客车电气维护. 汽车电器，2012，8：28.
[8] 周行卜. 锡柴国Ⅳ客车电气维护. 汽车电器，2014，3：49.
[9] 刘汉涛. 汽车发动机维修轻松入门800问. 北京：机械工业出版社，2016.
[10] 朱大鑫. 涡轮增压与涡轮增压器. 北京：机械工业出版社，1992.
[11] 徐瑾. 汽车原理与构造. 北京：中国劳动社会保障出版社，2007.
[12] 刘明琴，韩文涛，徐小林. 汽/柴油发动机电控燃油喷射系统的对比分析. 汽车电器，2005，5：43.
[13] 马淑芝，侯志辉. 精编中外轿车实用维修全书（电气分册）. 长春：吉林科学技术出版社，1999.
[14] 刘明琴. 汽油机与共轨式柴油机电控燃油喷射系统对比分析. 汽车电器，2012，12：55.
[15] 梁超，强添纲，邱继武. 机械柴油喷射与电控共轨柴油喷射的差异比较. 汽车电器，2006，10：31.
[16] 刘华. 华泰圣达菲轿车电控高压共轨系统. 汽车电器，2009，6：34.
[17] 刘华. 华泰圣达菲轿车电控高压共轨系统. 汽车电器，2009，7：34.
[18] 宋婷婷，冯德军，王云强. 韩国现代汽车高压共轨燃油喷射系统分析. 汽车电器，2010，10：36.
[19] 邹长庚，赵琳. 现代汽车电子控制系统构造原理与故障诊断. 北京：北京理工大学出版社，2000.
[20] 田杰，商高高，彭仁辉. SOFIM8140系列高压共轨燃油喷射系统. 汽车电器，2006，1：19.
[21] 陆涛. 中国重汽WD615系列高压共轨欧Ⅲ柴油机燃油系统. 汽车电器，2010，2：27.
[22] 刑连在. 浅析Caterpillar公司HEUI共轨燃油喷射系统. 汽车电器，2008，4：25.
[23] 高强. T444E RTE型柴油机的电动液压喷油系统. 汽车电器，2005，8：39.
[24] 张飞虎. 五十铃6HK1-TC电控系统及故障检修. 汽车电器，2013，3：29.
[25] 石志伟，梁明亮. 柴油共轨发动机起动故障快速诊断. 汽车电器，2013，3：42.
[26] 陈成勇. 柴油机高压共轨燃油喷射系统故障检修. 汽车电器，2010，3：35.
[27] 周行卜. 玉柴国Ⅳ客车发动机电气原理. 汽车电器，2012，2：11.
[28] 周新勇. 电控柴油机传感器的结构原理及测试. 汽车电器，2008，6：40.
[29] 陈子明. 韩国斗山大宇DL08发动机电控燃油喷射系统. 汽车电器，2007，10：30.
[30] 敏瑞. 西门子电控高压共轨喷油系统. 汽车维修与保养，2008，5：55.
[31] 敏瑞. 西门子电控高压共轨喷油系统. 汽车维修与保养，2008，7：48.
[32] 敏瑞. 博世第三代压电控制共轨喷油系统. 汽车维修与保养，2008，9：70.
[33] 敏瑞. 博世第三代压电控制共轨喷油系统. 汽车维修与保养，2008，11：84.
[34] 敏瑞. 博世第三代压电控制共轨喷油系统. 汽车维修与保养，2008，12：92.
[35] 殷晨光. 国Ⅳ柴油机压缩空气辅助喷射SCR系统. 汽车电器，2010，4：38.
[36] 汪晖. 探讨柴油机尾气后处理技术及电气系统验证. 汽车电器，2013，3：23.
[37] 赵江峰. 柴油重型载货车京Ⅴ电控及后处理技术. 汽车电器，2015，9：46.
[38] 周行卜. 一汽大柴国Ⅳ汽车发动机SCR系统. 汽车电器，2014，11：55.